Histoire Du Duché De Valois Par Claude Carlier...

Claude Carlier

AD 170/1c

HISTOIRE

DU DUCHÉ

DE VALOIS,

ORNÉE DE CARTES ET DE GRAVURES;

CONTENANT

CE QUI EST ARRIVÉ DANS CE PAYS

Depuis le temps des Gaulois , & depuis l'origine de la
Monarchie Françoise , jusqu'en l'année 1703.

par Carlier Prieur d'Andresy.

TOME PREMIER.

A PARIS,

Chez GUILLYN, Libraire, Quai des Augustins, au Lys d'or.
Et à COMPIEGNE,
Chez LOUIS BERTRAND, Libraire-Imprimeur du Roi & de la Ville.

M. DCC. LXIV.

AVEC APPROBATION ET PRIVILEGE DU ROI.

A

MONSEIGNEUR

LE DUC D'ORLÉANS

PREMIER PRINCE DU SANG,

DUC DE VALOIS.

ONSEIGNEUR,

Le Duché de Valois est de tous les apanages
que vous tenez de la Couronne, celui que vous

ã ij

EPITRE.

honorez le plus souvent de votre présence.

Cet avantage répand sur la Province un éclat d'autant plus flatteur, que les motifs & les attraits qui vous y conduisent, y amenoient presqu'habituellement nos plus grands Rois des deux premieres races ; le plaisir de la chasse, dans la belle & immense forêt, qui vous appartient ; de vastes plaines, des vallées abondantes, un air pur, & tout ce qui est nécessaire à l'entretien & à l'amusement d'une Cour nombreuse.

Les mêmes agrémens, depuis le commencement de la troisiéme race jusqu'au siécle où nous vivons, y ont fixé les puissans Comtes du Vexin, issus du sang de Charlemagne : les Princes des deux branches Royales de Vermandois & de Valois passoient avec un plaisir égal, tantôt à Villers-Cottcretz, tantôt à Crépy, les temps de l'année,

EPITRE.

où les affaires de l'Etat ne les obligeoient pas de se porter ailleurs.

L'Histoire que j'ai l'honneur de vous présenter, MONSEIGNEUR, n'étant que l'exposition des évenemens qui se sont passés dans le Valois, sous le Gouvernement de ces Princes, ne pouvoit paroître que sous vos auspices.

D'autres motifs m'ont encore engagé, MONSEIGNEUR, à vous en offrir l'hommage : c'est à la faveur de votre auguste nom, que je dois les secours importans, qui ont accéléré & facilité mes recherches : Vous êtes le successeur des Monarques & des Seigneurs puissans, pour qui le Valois a été une source de délassemens & de plaisirs , & un vaste champ où ils aimoient à répandre leurs bienfaits.

EPITRE.

Puiſſe cet Ouvrage, qui eſt le fruit d'un long travail, vous être auſſi agréable, que votre protection lui a été avantageuſe.

Je ſuis, avec un très-profond reſpect,

MONSEIGNEUR,

Votre très-humble & très-obéiſſant ſerviteur;
CARLIER, Prieur d'Andreſy.

PRÉFACE.

I. L'HISTOIRE fe divife en autant de branches que la Géographie. Les Hiftoires générales ou univerfelles fe rapportent aux Mappemondes & aux Cartes des Empires & des parties du monde : les Hiftoires particulieres, des Gouvernemens, des Provinces & des domaines titrés, répondent aux Cartes-topographiques, qui contiennent la defcription des lieux d'un même canton. Il y a auffi des Cartes & des Hiftoires particulieres de Villes, de bourgades même, & de terres feigneuriales.

Les Auteurs qui écrivent fur l'Hiftoire des Gouvernemens & des Provinces, ont plufieurs avantages fur ceux qui travaillent fur des Royaumes entiers, ou fur les diftricts particuliers des villes ou des terres feigneuriales : leur fujet étant moins vafte que celui des premiers, ils peuvent porter leur attention fur tous les objets dignes de remarque : ils ne font pas d'ailleurs obligés, d'entrer dans des détails indifférens à la plûpart des lecteurs, comme ceux auxquels on doit néceffairement fe livrer dans les defcriptions hiftoriques des banlieues, des terres & des bourgs.

Les Hiftoires topographiques font de leur nature

plus satisfaisantes & plus instructives, que les deux genres précédens. Elles retracent aux yeux d'une maniere sensible & avec des couleurs plus vives, les évenemens que la mémoire des hommes ne peut contenir, & dont la tradition ne pourroit gueres transmettre les circonstances sans les altérer. On y voit plus à découvert les hommes illustres : elles nous rendent même en quelque sorte les juges des hommes puissans & extraordinaires, qui ont rempli le pays de leurs noms, & dont la domination a été presque arbitraire. On y considere dans un plus grand jour, à la faveur des détails & des discussions, les intérêts & les passions; le jeu & le ressort des actions; le dénoûment des intrigues qui en ont imposé; la succession des puissances; l'accroissement ou la décadence des lieux, des Tribunaux, des Jurisdictions, du commerce. On y découvre enfin la vertu & le vice, dans les points de perspective qui leur sont convenables.

II. Le pays de Valois a ceci de distingué sur la plûpart des provinces du Royaume, les plus riches même & les plus étendues, que depuis l'origine de la Monarchie Françoise jusqu'à nos jours, il a été presque toujours possédé par de puissans Seigneurs issus du sang Royal, qui l'ont honoré presqu'habituellement de leur présence.

Les Maisons Royales de Cuise, de Verberie, du Ch. .

ne, du Mont de Chaftres, &c. celles de May en Multien, de Villers-Cotteretz même & de Nanteuil-le-
Haudouin, font auffi anciennes que l'établiffement des
Francs dans les Gaules. C'étoient autant de métairies,
après que les cantons où elles font fituées, eurent été
défrichés par les *Létes*. Nos premiers Rois changerent
ces métairies en des Maifons de plaifance, puis en des
Palais, où ils tenoient leurs Parlemens, & affem-
bloient les Grands de la nation, aux jours de l'année
deftinés à ces convocations. Plufieurs Conciles y furent auffi affemblés. Le principal attrait qui y conduifoit les Rois & les Grands de leur Cour, étoit la
beauté & l'étendue des forêts. Ils y célébroient leurs
grandes parties de chaffes pendant les faifons de l'année, qu'ils confacroient d'une maniere particuliere
à ce divertiffement : ces parties leur tenoient lieu
des fpectacles & de ces fêtes d'appareil, qui fervent
aujourd'hui de délaffement aux grands Seigneurs.

Cet état brillant du pays de Valois a duré tout le
temps des deux premieres races, & a été varié par
un nombre d'évenemens, qui feront la matiere d'une
partie du premier Livre de cette Hiftoire.

Le pays de Valois ne perdit rien de fa premiere
dignité, dans la révolution qui fit paffer la Couronne,
des Princes iffus de Charlemagne, fur la tête de Hugues Capet : il gagna même à ce changement. Ou-

tre que les succeffeurs de ce Prince continuerent d'occuper les mêmes Maifons de plaifance, où les Rois
des deux premieres races avoient coutume de paffer
une partie de l'année, les premiers Seigneurs de la
Monarchie acquirent dans le Valois plufieurs terres,
foit par des alliances, foit par préfent.

Dès le commencement du dixiéme fiécle, les puiffans Comtes de Vexin, vainqueurs des Normands &
des troupes de barbares, qui avoient attaqué leurs
domaines, ou ceux de leurs voifins qu'ils avoient reçus
fous leur fauve-garde, céderent une partie de leurs
états à la concurrence de leurs compétiteurs, & vinrent établir le fiége de leur domination au fort château de Crépy. Les terres & les grands biens qu'ils
poffédoient dans la Picardie & dans la Flandres, dans
la Normandie & dans la Champagne, leur rappor-
portoient des revenus immenfes, avec lefquels ils vivoient en Souverains, & entretenoient une Cour auffi
nombreufe & auffi brillante que celles des Rois.

Ils s'allient aux Comtes de Ponthieu & de Breteuil,
Seigneurs de Nanteuil : cette alliance eft l'origine
d'une feconde branche de cette illuftre Maifon, qui
ne finit dans le Valois que vers l'an 1300.

La branche aînée s'éteint à Crépy, par le défaut
d'hoirs mâles : mais elle renaît en quelque forte, &
redevient plus refpeɛable encore, par le mariage de

l'héritiere du château de Crépy avec Hugues le Grand frere de Philippe I, qui, à l'exemple de ſes prédéceſſeurs, s'établit dans le chef-lieu de notre province.

L'illuſtre Maiſon des Valois, qui remplit le Trône pendant l'eſpace de plus de deux cens ſoixante ans, paroît peu de temps après la mort des derniers deſcendans de Hugues le Grand. Ces Rois honorerent ſouvent le Valois de leur préſence par de fréquens voyages ; & ils accorderent ſucceſſivement ces domaines en apanage aux premiers Princes de leur Sang. Depuis le Roi Henry III, le dernier rejetton mâle de cette illuſtre Maiſon, & depuis le décès de la Reine Marguerite de Valois, ces mêmes domaines ont toujours été poſſédés par des premiers Princes du Sang, dont le ſéjour y répand encore le même éclat, que lorſqu'il étoit tenu par les Princes de l'illuſtre branche des Valois.

On ſait, juſqu'à quel point a été portée la puiſſance des fameux Comtes de Troyes ou de Champagne, depuis l'introniſation de Hugues Capet juſqu'en l'année 1284, que leurs domaines furent réunis à la Couronne de France. Leurs fréquens voyages au château d'Ouchy, & la préſence habituelle d'un Vicomte *immédiat* dans ce château, ont donné lieu à dès évenemens importans, que nous expoſerons à l'endroit qui ſera propre à chacun.

Les anciens Seigneurs de Braine étoient des Francs, qui avoient fuivi Clovis dans fes conquêtes. Ceux auxquels cette terre paffa par acquifition, étoient des grands Vaffaux ou grands Officiers des Comtes de Champagne. André de Baudiment, Sénéchal de ce Comté, eut une petite fille nommée Agnés de Braine, qui époufa en fecondes nôces Robert de France, premier du nom, fils de Louis le Gros & frere du Roi Louis VII. Ce Prince établit fa réfidence à Braine dès le douziéme fiécle, & a été la tige d'une illuftre & nombreufe poftérité, dont les actions feront la matiere d'une fuite de traits, qui nous occuperont fous les dates qui leur feront convenables.

Je ne parle ni des anciens Seigneurs de Pierrefonds, ni de plufieurs familles de Fieffés & d'Avoués, dont le crédit a été énorme dans le canton pendant plufieurs fiécles.

Ces Seigneurs & ces Princes ont illuftré le Valois, non-feulement par leurs féjours, par leurs faits d'armes & par l'éclat avec lequel ils y vivoient; ils y ont auffi fondé des Abbayes & des Chefs-d'Ordres, des Collégiales, des Prieurés & des bénéfices de tous les genres, dont l'origine & le gouvernement feront le fujet principal de la partie eccléfiaftique de cette Hiftoire. L'origine, la forme & les changemens des Tribunaux & des Jurifdictions, les révolutions des finances & du commerce ; les édifices publics, les fortifications des châteaux & des villes ; le paſſage du gouvernement féodal au gouvernement monarchique ; la ſuite & le renouvellement des Coutumes ; les anecdotes & les uſages ſinguliers des temps d'ignorance, & de ceux où les ſciences, la police & les mœurs ont commencé à reparoître ; les ſiéges & les guerres occaſionnées par ces Seigneurs, & les révolutions qui ont anéanti leur pouvoir illégitime ou arbitraire, ſeront expoſés dans les premiers Livres de cet Ouvrage.

Le Valois parut ſous une nouvelle face, & reçut une nouvelle forme de gouvernement, vers le temps où les Princes de ſon nom ſont montés ſur le Trône. On peut rapporter à cette époque, la réunion des ſix Châtellenies ſous l'autorité d'un même Seigneur. Les Rois eux-mêmes s'empreſſerent à combler de bienfaits, & à décorer de toutes ſortes de priviléges un pays, qu'ils regardoient comme leur patrimoine.

Les forts châteaux de la Ferté-Milon & de Pierrefonds ſont rebâtis ſur la fin du quatorziéme ſiécle, dans un goût d'architecture de grandeur & de majeſté, dont on voit encore de ſuperbes reſtes. Les guerres des Navarrois & des Anglois ſous l'infortuné Charles VI, la renaiſſance des lettres en France & le renouvellement du château de Villers-Cotteretz ſous le regne de François I, les guerres de Religion , la réforme des Tribunaux & de la Jurisprudence, seront des objets également intéressans & utiles, depuis le milieu jusqu'à la fin de cette Histoire.

Je ne cite ici parmi les Seigneurs, dont les Maisons ont paru dans le Valois, & ont donné lieu à des évenemens dignes de remarque, ni les Montmorency, ni les Châtillons, dont plusieurs rejettons ont fait branche , & se sont long-temps fixé dans leurs terres du Valois : non plus que les Roucy, les Sarrebruches & les la Mark, qui ont succédé à Braine, aux Seigneurs de la Maison Royale de Dreux : les Pacy, les Lénoncourt, les Guifes, les Schombergs & les Seigneurs de la Maison d'Etrées, qui ont remplacé à Nanteuil les derniers rejettons de la noble & ancienne Maison de Vexin.

L'annonce de cet Ouvrage seroit trop longue, & la liste des noms trop nombreuse, si nous voulions citer ici toutes les grandes Maisons & les hommes illustres qui doivent figurer dans cette Histoire. Nous n'avons dessein, que de faire pressentir la dignité & l'utilité de notre entreprise, par l'exposition de quelques points de vue généraux.

III. Ces considérations ont été l'un des motifs, qui nous ont porté à travailler sur l'objet dont nous traitons. L'amour de la patrie , la vue de l'intérêt public

&

& l'exemple de plusieurs Ecrivains, se sont joints à ce premier motif.

Philippe de Beaumanoir exposant les raisons qui l'avoient déterminé à écrire sur le Comté de Clermont dont il étoit originaire, les réduit à trois principales, qui sont, le service & l'attachement qu'il croyoit devoir au Prince Robert de France fils de S. Louis, qui tenoit en apanage le Comté de Clermont, l'intérêt commun de ses concitoyens & l'amour de la patrie.

Cet illustre Ecrivain trouvoit une sorte d'analogie entre le service de Dieu & celui des Seigneurs, & entre le précepte d'aimer son prochain & cet instinct naturel, qui fait qu'on se dévoue avec satisfaction à l'instruction & à l'utilité de ses compatriotes.

Toute autorité venant de Dieu, les Rois en sont les premiers dépositaires. Plus le Seigneur d'un apanage ou d'une terre touche de près à la personne des Rois, par sa naissance ou par ses emplois, plus c'est un devoir, suivant Beaumanoir, de s'appliquer à assurer ses droits, à mettre sous ses yeux l'histoire de ses domaines, & à lui présenter les évenemens, qui se sont passés sous ses prédécesseurs, dans les pays qui lui sont soumis.

Beaumanoir écrivoit alors sur un territoire appartenant à l'illustre Chef de la Branche des Bourbons :

Tom. I.   *b* le Duché de Valois, qui est limitrophe au Comté de Clermont, est présentement soumis à un premier Prince du Sang de l'auguste Maison des Bourbons. Ajoutons, que pendant long-temps, les deux pays de Clermont & de Valois ont été régis suivant les principes d'un même droit coutumier, & nous trouverons une entiere ressemblance entre la position de Beaumanoir & la nôtre ; entre le premier des motifs qui le portoient à écrire, & les sentimens que doit nous inspirer la dignité du Prince qui possède le Duché de Valois, & qui l'honore souvent de sa présence.

Il n'est pas de personnes instruites, qui ne soient agréablement affectées de trouver rassemblé dans une même compilation, tout ce qui s'est passé dans le canton qu'elles habitent, touchant le gouvernement ecclésiastique & civil, les mœurs, les coutumes, les intérêts de ses ayeux, de ceux avec lesquels elles ont des droits & des prétentions communes.

L'amour de la patrie est un sentiment naturel & comme inné, qui se présente continuellement à l'esprit. Il n'est personne, suivant la remarque d'Ovide, en qui il n'excite les plus douces sensations, & qui n'en soit agréablement affecté.

Nescio quâ natale solum dulcedine cunctos
Ducit, & immemores non sinit esse sui.

C'eſt par un effet de ce ſentiment naturel, que l'Empereur Veſpaſien goûtoit plus de plaiſir à ſéjourner dans un village du pays des Sabins où il avoit pris naiſſance, que dans les plus ſuperbes palais de l'ancienne Rome. Anthor dans Virgile, expirant de la douleur que lui cauſoient ſes bleſſures, trouve encore dans cette cruelle ſituation, quelqu'adouciſſement à rappeller à ſon eſprit l'image d'Argos ſa chere patrie ; *& dulces moriens reminiſcitur Argos.*

Il eſt toujours honorable de ſuivre cette eſpéce d'inſtinct ; c'eſt même un procédé digne d'éloge, de s'y livrer ſans partage lorſqu'il n'eſt pas outré., & tant qu'il ne porte pas à des entrepriſes contraires à l'équité & aux intérêts légitimes des voiſins.

IV. Au temps de Beaumanoir, les Hiſtoires particulieres ne conſiſtoient que dans l'expoſition des uſages & des coutumes locales des cantons & des arrondiſſemens, ſoumis à l'autorité d'un ſeul & même chef.

Les diviſions des contrées en cantons & en pays ſont anciennes : la Gaule Belgique étoit ainſi diſtribuée, avant les conquêtes de Céſar. S'il n'eſt pas certain, il eſt au moins probable, que le premier arrondiſſement des deux pays de Valois & d'Orceois doit ſe rapporter au temps du gouvernement des Princes Gaulois. On apprend de Céſar, de quelle maniere &

fuivant quelles maximes on fe gouvernoit dans ces
anciens diftricts. On y fuivoit les mêmes loix municipales : chacun concouroit à ce qui pouvoit entretenir l'union & la pratique des devoirs de la vie civile. Les habitans de ces *pays* fe regardoient comme
les membres d'une même famille, & fe donnoient le
nom de *freres*.

Les Coutumes locales du Valois font très-anciennes : on en trouve des traces dès le neuviéme fiécle ;
mais les premiers cahiers dont nous ayons connoiffance, n'ont pas été rédigés avant la fin du douziéme.
Bergeron cite un ancien regiftre, fous le nom de
Coutumes de Vermandois & de Valois. Il paroît, qu'il
poffédoit cet écrit dans fa bibliothéque. Ce cahier
eft échappé à nos perquifitions. On doit en rapporter la rédaction au temps, où le Valois & le Vermandois appartenoient aux Comtes de la branche
Royale de Crépy, iffus du Roi Henry I, par Hugues
le Grand frere de Philippe I.

Nous pourrions citer ici un grand nombre de Recueils, qui paffoient dans le temps pour des Compilations hiftoriques. Ces Recueils contiennent des notions détachées, fur les reliefs, les ufages, les fois &
hommages, les droits feigneuriaux, les devoirs des
vaffaux, &c. Nous ne les nommons pas ici, tant parce
qu'il feroit trop long d'en faire l'énumération, que

parce que nous citons dans le cours de cette Histoire ceux de ces écrits, qui méritent le plus d'attention.

Nous ne nous étendons pas non plus sur les écrits de ceux, qui ont traité directement & historiquement du Valois ; nous nous contenterons d'indiquer la forme & l'année de leurs Ouvrages , parce que nous nous proposons d'en faire l'analyse dans cette Histoire, sous les dates qui leur conviendront.

Le premier Auteur qui ait entrepris d'écrire sur le Valois , est Charles de Bovelles. Ses recherches ne consistent que dans des étymologies, contenues dans son Traité *De differentiâ Vulgarium linguarum*, qui parut en l'année 1513.

Etienne Forcadel mit au jour en 1579, un Ecrit latin de soixante-huit pages , intitulé : *De origine Valesiorum.* Cet écrit ne renferme que des conjectures, des étymologies forcées , presque sans traits remarquables.

Nicolas Bergeron, Avocat au Parlement , est le premier, qui ait travaillé solidement & avec fruit sur l'Histoire du Valois On a de lui une brochure intitulée , *le Valois Royal , ou louanges du Valois à la Royne de Navarre , Duchesse d'icelui.* Cet écrit , imprimé en 1583, par Charles Beys , n'est qu'un prélude de ce que l'Auteur se proposoit de mettre au jour , s'il eût joui d'une vie plus longue. Ce discours qui remplit cent vingt-huit pages *in-*12, contient des faits importans. Le ftyle en eft furanné : tout le difcours n'eft prefqu'une feule phrafe.

Le Pere le Long, au N° 14597 de fa bibliothéque, cite une Hiftoire manufcrite du Valois par Laurent Bouchel. Cette Hiftoire n'eft autre chofe, que le difcours de Bergeron placé à la tête du Commentaire de Bouchel, fur les trois Coutumes de Senlis, Clermont & Valois, auquel on a ajouté quelques corrections, & quelques extraits des regiftres *olim* du Parlement de Paris.

Le meilleur écrit que nous ayons fur le Valois, pour l'ordre & pour le ftyle, eft une defcription compofée par Damien de Templeux, & imprimée en dix-fept colonnes dans le grand Atlas de Blaeu. Damien de Templeux vivoit dans le même temps à peu près que Bouchel.

Nous avons d'autres defcriptions du Valois par Mercator, Taffin & différens Géographes : ces defcriptions font fuccintes & fort inférieures à celle de Templeux.

En 1652, D. Muldrac, Religieux de Long-pont, publia un Ouvrage latin fous ce titre : *Chronicon Abbatiæ Longi-pontis Sueffionenfis, &c.* Cette Chronique eft un Recueil *in-*12, de Chartes & de piéces originales rangées par ordre de date, touchant les biens de l'Abbaye de Long-pont répandus dans différentes parties du Valois. Ce volume a été pour nous une source de faits très-féconde.

Le même Religieux publia dix ans après (en 1662) un Ouvrage François, qui a pour titre : » le Valois » Royal, amplifié & enrichi de plufieurs piéces cu- » rieufes, extraites des Cartulaires & archives des Ab- » bayes, Eglifes & Greffes du Valois & de graves Au- » teurs, par F. Antoine Muldrac, Religieux & ancien » Prieur de Long-pont en Valois. A Bonne-fontaine, » &c «. Cet Ecrit, plus ample que le Valois Royal de Bergeron, contient cent foixante-dix pages en carac- teres fort menus : il renferme beaucoup plus de faits, mais le ftyle en eft peu fupportable.

On lit dans le Dictionnaire de Moréry, éd. de 1732, qu'il exifte une Hiftoire manufcrite en deux volumes *in-folio*, des deux villes de Senlis & de Cré- py, compofée par M. Duruel Curé de Sarcelles. Nous avons eu communication d'un Ouvrage, fous le mê- me nom d'Auteur & fous le même titre. Le format du manufcrit étoit *in-folio*, mais les matieres qu'il contenoit, auroient à peine rempli un *in-12* d'un for- mat ordinaire. L'Auteur fe répand beaucoup en di- greffions, & n'écrit rien qu'on ne trouve dans les Abrégés que nous venons de citer.

V. L'Hiftoire que nous mettons au jour, a été com-

mencée en 1748. N'ous l'avons entreprife, à l'exemple de Bergeron & des autres Ecrivains que nous venons de citer, pour compléter en quelque forte le travail, que ces Auteurs n'avoient fait qu'ébaucher. Nous
avions déja raffemblé un certain nombre de recherches & de textes pour notre propre fatisfaction, &
pour la folution de quelques doutes que nous voulions éclaircir.

Feu M. Minet, Préfident premier au Préfidial de
Valois, avoit alors travaillé fur le même fujet, &
avoit amaffé des matériaux, qu'il eut la complaifance
de nous communiquer. Nous trouvâmes dans le fond
de fes recherches & dans les nôtres, finon une moif-
fon affez abondante, pour remplir toutes les parties
d'une Hiftoire complette du Duché de Valois, au
moins des fecours & des lumieres, à la faveur defquels nous pouvions tracer un plan, & entrevoir de
nouvelles facilités & des moyens fûrs d'arriver au
terme auquel nous fommes parvenu.

Les recherches qui nous ont été communiquées
par feu M. le Préfident Minet, font contenues dans
trois cahiers manufcrits : le premier eft un *Effai de*
Mémoire hiftorique fur le Valois, contenant trente-fix
pages *in-4°* d'une écriture très-menue : c'eft une efpéce de fupplément au Valois Royal de Bergeron &
de Muldrac. L'Auteur y traite des principales Jurifdictions

dictions de la province, de ſes marchés, de ſon commerce : le ſecond cahier eſt un Recueil de Mémoires,
ſous le nom de *Traité du Valois*, d'environ cinq cens
pages. Tous ces Mémoires ne ſont pas également
intéreſſans : il n'en eſt point cependant, où nous
n'ayons trouvé quelques faits dignes de remarque.
Le troiſiéme cahier étoit un eſpéce de *carton*, rempli
de feuilles détachées, ſur leſquelles ce Magiſtrat avoit
écrit divers extraits, & des notes curieuſes recueillies
de diverſes piéces, qui lui étoient tombées entre les
mains.

Après avoir compulſé & vérifié les traits de ces
regiſtres, que nous croyions convenir à notre objet,
nous ſommes paſſé à d'autres recherches, & nous
avons commencé à voyager dans tous les lieux du
Valois, où nous préſumions pouvoir faire quelques
découvertes, ſoit dans les dépôts, ſoit dans les archives, ſoit à l'aſpect des édifices, de la poſition des
lieux, des tombeaux, des médailles & de toutes les
eſpéces de monumens dont on peut tirer des inductions, pour raſſembler les faits hiſtoriques, ou pour
l'intelligence & l'éclairciſſement de ceux qui ſont
obſcurs.

La mort de M. Minet arriva pendant le cours de
nos premiers voyages. Malgré l'eſprit de parti, qui
depuis ce temps s'eſt élevé contre lui, nous ne fai-

fons pas difficulté de lui rendre cette juftice, que nous devons à fes premiers fecours, à fon zele & à fa fincere amitié, l'origine d'une partie de nos découvertes hiftoriques ; & que fans les correfpondances & les facilités qu'il nous a procurées avec toute la cordialité d'un galant homme, nous n'aurions peut-être jamais entrepris l'Ouvrage que nous publions. Nous ne ferons ici, ni fon éloge, ni fon apologie : nous nous contenterons de remarquer, que l'envie s'eft trop déchaînée contre lui, & que ceux qui fe font efforcés de déprimer fes travaux depuis qu'il n'exifte plus, euffent peut-être mieux fait de fuivre fon exemple, plutôt que de le décrier, dans un temps où ils étoient moralement fûrs, que perfonne ne prendroit en main fa défenfe.

La cabale excitée contre la mémoire de ce Magiftrat, nous fufcita divers obftacles. Nous paffons fous filence les difficultés que nous avons éprouvées dans nos voyages & dans nos recherches, parce que nous fommes venus à bout de les vaincre.

Nous ne ferons pas ici, comme il arrive à la plûpart des Auteurs, le dénombrement des compilations que nous avons confultées, des Cartulaires, des archives que nous avons vifitées, des courfes que nous avons faites, des fatigues que nous avons effuyées, des mauvaifes réceptions dont nous avons couru les rifques , & des frais que nous avons faits pendant quinze années, pour arriver, s'il étoit poffible, à la perfection de notre objet.

Les encouragemens que nous avons reçu depuis quelques années , de la part de perfonnes auffi refpectables par leur rang, que par leurs lumieres ; les témoignages de zele & d'amitié, que nous ont rendus plufieurs concitoyens également verfés dans le genre que nous cultivons & dans la connoiffance des lieux, & les avis de plufieurs Savans du premier ordre, ont effacé de notre efprit jufqu'aux moindres traces de nos premiers défagrémens.

V I. Ce feroit ici le lieu de nommer les perfonnes , auxquelles nous avons des obligations effentielles.

S'il y a quelque perfection dans le plan & dans l'exécution de cette Hiftoire , nous la devons principalement à l'un des premiers Magiftrats du Royaume , * dont le nom fera refpectable aux Loix & aux Lettres , tant que la Juftice & les Sciences auront quelque crédit parmi les hommes. Nous lui avons l'obligation, non-feulement de nous avoir ouvert des dépôts précieux , & de nous avoir confié un grand nombre de piéces importantes , nous lui fommes auffi redevables de nous avoir conduit, comme par la main,

* M. Joly de Fleury , ancien Procureur Général du Parlement.

dès l'entrée de notre carriere. Il nous a témoigné jufqu'à la fin de fa vie le même intérêt, qu'il nous avoit marqué d'abord pour l'exécution de nos vues. Nous citerons, comme une derniere preuve de fa complaifance & de fes bontés un trait auffi flatteur pour nous, qu'il eft honorable pour cette Hiftoire. Le dernier écrit qu'il ait lû avant le moment fâcheux où la mort l'enleva prefque fubitement, étoit une feuille manufcrite de cet Ouvrage.

Malgré l'attention que nous avons apportée à vifiter les lieux, & à tirer parti des enfeignemens qui nous ont été offerts, nos recherches euffent été infuffifantes & même défectueufes dans bien des points, fans les avis & fans les réflexions judicieufes de plufieurs perfonnes éclairées, qui ont bien voulu nous accorder leur entremife pour vérifier nos découvertes, pour puifer dans de nouvelles fources, confulter de nouveaux dépôts, & raffembler diverfes notions dans chacun des fix diftricts, dont le Duché de Valois eft compofé.

Nous fommes redevables à M. Laurens, Lieutenant particulier au Bailliage & ancien Siége Préfidial de Valois, d'avoir fuppléé par fes voyages & par fes recherches, à bien des notions qui nous manquoient, fur plufieurs points importans & fur divers lieux de la Châtellenie de Crépy. Nous lui devons auffi des

éclairciffemens fur des points de l'ancienne Jurifprudence du Valois, & principalement fur la Coutume
& fur différens ufages.

Nous avons reçu de M. Brulart, Lieutenant de la
Prevôté Royale de la Ferté-Milon, tous les fervices
qu'on peut attendre d'un zéle éclairé pour l'honneur
de la patrie. C'eft lui qui nous a communiqué le manufcrit de la Chronique de la Ferté-Milon, que nous
citons plufieurs fois au feptiéme Livre de cette Hiftoire. Nous avons aufli tranfcrit plufieurs faits intéreffans d'un Ecrit de fa compofition, touchant l'état ancien & l'état moderne de la même Ville. Il a eu la
complaifance de réitérer plufieurs voyages & quelques-unes de nos opérations, dont nous n'avions pas
pu nous affurer fur les lieux.

La Châtellenie de Pierrefonds, la plus étendue &
la plus nombreufe du Valois, eft aufli celle dans le
reffort de laquelle nous avons trouvé plus de difficultés & plus d'embarras, touchant la fuite de quelques
familles illuftres, au fujet des lieux, de plufieurs évenemens, & par rapport à des noms anciens dont nous
ignorions la fignification.

M. l'Abbé d'Heffelin, Vicaire Général & Doyen de
la Métropole de Sens, a eu la complaifance d'éclaircir une partie de nos doutes, d'applanir nos difficultés,
& même de nous fournir des notions fur des points,

qui nous paroiſſoient obſcurs. Etant originaire du canton, où ſes ancêtres ont eu des alliances avec d'anciens Seigneurs de ce diſtrict, il poſſéde des ti-tres & des enſeignemens, qu'il nous a obligeam-ment communiqués.

M. Duronſſoy, Notaire Royal à Verberie, nous a beaucoup aidé de ſes recherches, & nous a procuré un grand nombre de copies de titres inſtructifs, qui demandoient autant d'intelligence que de patience à tranſcrire. Il nous a fait part de ſes obſervations, ſur les deux chefs-lieux de Béthizy & de Verberie, & ſur les dépendances de leurs reſſort.

Nous avons reçu des ſervices importans, tou-chant les Châtellenies d'Ouchy & de Neuilly-Saint-Front, de la part de M. de Pienne, Doyen du Mont-Notre-Dame, & de M. Jardel, Officier chez le Roi, réſident ordinairement à Braine.

Des vues patriotiques, de la ſagacité dans le choix des matieres, & une critique éclairée, caractériſent les recherches, que M. Jardel a bien voulu nous faire paſſer. Il nous a fait part des manuſcrits de ſa biblio-théque, & de ſes découvertes ſur l'Hiſtoire naturelle & ſur les productions du canton, ſur le commerce & ſur la navigation de la riviere de Veſle. Il a eu la com-plaiſance de ſuppléer par ſes voyages & par de nou-velles perquiſitions, aux renſeignemens qui nous manquoient à l'égard de différens articles, fur lefquels nous n'avions pu acquérir toutes les connoiffances qui nous étoient néceffaires.

La mort a enlevé M. de Pienne il y a peu de mois, dans un temps où nous recevions de lui des fervices diftingués. Le zele & le difcernement avec lefquels il nous obligeoit depuis près de quinze années, nous ont rendu fa perte fenfible. Son caractere étoit celui d'un homme droit, exact, d'une attention fcrupuleufe touchant les pofitions des lieux & les points de géographie. Il a laiffé deux écrits ; l'un eft une efpéce de Mémoire chronologique & critique, fur les lieux voifins de fa réfidence : la partie la plus importante de ce Mémoire eft celle des guerres. Il avoit auffi compofé un Mémoire favant & inftructif, fur le martyre de S. Rufin & de S. Valere. Il mourut le cinq Mai 1764, âgé de foixante-quatre ans, fous les yeux d'un pere plus que nonagénaire, déja affligé par la perte d'un autre fils plus jeune, Capitaine de Grenadiers au Régiment de Narbonne. La mort, qui avoit refpecté ce Militaire pendant la derniere guerre, furtout à la belle défenfe de Fritzlard, où il avoit donné des marques d'intrépidité & d'une grande habileté dans la fcience militaire, avoit terminé fa vie peu de temps avant celle de fon aîné, loin des dangers auxquels il avoit été fi fouvent expofé.

M. de Pienne a été regretté relativement aux devoirs de la vie civile, comme un Eccléfiaftique très-régulier, qui joignoit à un grand fond de connoiffances pratiques de fon état un amour du travail, qui ne lui permettoit pas de paffer un inftant du jour, fans chercher à l'employer utilement : conduite bien oppofée aux fentimens fi communs de ceux, qui font confifter dans un loifir habituel le principal agrément de la vie.

Les bornes de cette Préface ne nous permettent pas de faire ici l'énumération de toutes les perfonnes, qui fe font empreffées à nous obliger, chacune felon fon pouvoir & felon l'occafion. Nous ferons une feule exception, à laquelle le devoir & la reconnoiffance nous obligent. Nous avons reçu de M. l'Abbé de Breteuil, Chancelier de Mgr le Duc d'Orléans, des facilités de tous les genres, avec lefquelles les fecours qui nous font venus d'ailleurs, quelqu'avantageux qu'ils nous ayent été, ne peuvent entrer en parallele. Ses procédés ont excité en nous des fentimens, que l'expreffion ne peut rendre, & que le public doit partager avec nous, pour peu que cet Ouvrage foit bien reçu.

VII. Nous avons difpofé nos matieres, fur le plan qui nous a paru le plus naturel. Nous divifons cette Hiftoire en huit Livres : nous débutons par une Introduction

troduction, dans laquelle nous expofons l'état &
l'arrondiffement du Duché de Valois, fon contour,
fes dépendances.

Après ces notions préliminaires, nous entrons en
matiere. Nous fuivons l'ordre chronologique, comme étant le plus fatisfaifant & le plus propre à écarter toute confufion. Nous traitons d'abord des lieux
les plus anciens, à commencer au temps de la domination des Princes Gaulois dans la Belgique.

Les changemens de fujet, ou paffages d'un fait à un
autre, font marqués par des numéros, comme autant
d'articles dont on trouvera le précis & l'annonce
dans un Sommaire, à la tête de chaque Livre.

Nous parcourons dans le premier Livre, tout le
temps qui s'eft paffé depuis la conquête des Gaules
par Jules-Céfar, jufqu'en l'année 511, qui eft l'époque de la mort du grand Clovis, & du parfait établiffement de la Monarchie Françoife. Le fecond Livre
s'étend depuis cette année jufqu'à l'an 1100. Les matieres contenues dans chacun des Livres fuivans, jufqu'à la fin du huitiéme Livre inclufivement, renferment l'efpace d'un fiécle; c'eft-à-dire, que le
Livre troifiéme contient les évenemens du douziéme fiécle; le quatriéme, ceux du treiziéme; le
cinquiéme, ceux du quatorziéme; le fixiéme, ceux

Tom. I.   *d*

du quinziéme ; le septiéme, ceux du seiziéme ; & le huitiéme, ceux du dix-septiéme siécle, jusqu'à l'année 1703. Nous avons choisi ces époques, pour commencer & finir nos Livres, après avoir reconnu, que les faits, contenus dans l'intervalle de chaque siécle, étoient presqu'égaux en nombre.

Cet Ouvrage sera distribué en trois volumes, chacun d'environ 700 pages. Le premier volume contient trois Livres, outre cette Préface & l'Introduction : le second Tome renfermera quatre Livres d'Histoire : le troisiéme volume comprendra, 1o, le huitiéme Livre. 2o, Des Considérations sur le gouvernement ecclésiastique & civile de Valois, & sur le commerce de la province. 3o, Des Piéces justificatives, & un Supplément où l'on produira quelques éclaircissemens, & des faits qui ont été omis. 4o, Il sera terminé par une Table générale & alphabétique des matieres.

Nous avons préféré ce plan, à la division de notre sujet, en Histoire ecclésiastique & en Histoire civile. Cette seconde méthode, outre qu'elle n'est point satisfaisante, met dans la nécessité de se répéter, & par conséquent de multiplier les matieres sans nécessité. Nous eussions pu diviser chaque Livre en chapitres ou en articles, avec une annonce des matieres traitées dans chaque division, mais cette méthode eût grossi inutilement nos volumes ; & comme chaque chapitre ou chaque article auroit dû nécessairement renfermer les mêmes sujets & les mêmes divisions, qui sont comprises dans l'intervalle des numéros, nous eussions été souvent obligés par le sujet, de donner des chapitres de quelques lignes, dont le titre ou l'annonce eussent été aussi longs & aussi étendus, que les matieres du chapitre même. Cette derniere raison a été pour nous le principal motif, qui nous a porté à ne pas marquer à la marge des volumes, les sujets des numéros, & d'y suppléer par des Sommaires.

C'est un usage assez ordinaire dans les Histoires particulieres, de multiplier les citations marginales, les notes au bas des pages, & de renvoyer à la fin des volumes, l'exposition des sujets qui demandent quelques discussions. Nous nous sommes écartés de ce systême, pour des raisons essentielles.

Nous pensons, que les citations répétées ou multipliées, loin de servir d'ornement à un Ouvrage, concourent à le défigurer. Nous avons renvoyé nos citations au bas des pages, tant afin de ne pas bigarer, pour ainsi-dire, les marges, que pour ne pas détourner l'attention du Lecteur.

Comme l'objet des citations est de donner la facilité de vérifier les faits dans les sources qu'on indique, nous avons cru ne devoir citer que les Ouvrages imprimés, ou les grands Recueils manuscrits des dépôts publics. *d ij*

Les notes qu'on place au bas des pages, & les diſſertations qu'on rejette à la fin des volumes, ou ſont eſſentielles, ou étrangeres au ſujet. Si elles ſont étrangeres, il eſt inutile de les rappoiter & d'en charger les volumes : ſi elles ſont néceſſaires à l'intelligence d'un fait, il faut de toute néceſſité, que l'Auteur expoſe les raiſons qui l'ont porté à choiſir le ſentiment qu'il embraſſe. Tel Auteur prodigue les notes, & multiplie les diſſertations, pour prétendre au titre de Savant, qui pourroit réduire à peu de lignes de longs écrits, dans leſquels l'érudition eſt prodiguée avec une ſorte de faſte.

Nous n'avons inféré dans cette Hiſtoire, que les diſcuſſions qui nous ont paru eſſentielles. Elles ſont placées dans les endroits, où nous avons cru qu'elles étoient liées néceſſairement avec le ſujet, & où elles devoient ſervir d'éclairciſſement au texte. Elles ſont traitées ſuccinctement, & non pas en ſtyle de diſſertation critique ; excepté les notices que nous avons données dans le premier Livre, ſur les Maiſons Royales du Valois, ſur l'origine de quelques anciens lieux, & ſur le camp de Champlieu.

Si nous avons traité de l'érection du Valois en Duché, avec quelqu'étendue & ſous une forme nouvelle, c'eſt parce que cette expoſition étoit eſſentielle à notre ſujet. Comme nous étions obligés d'é-

crire en même temps fur des matieres difpara-
tes , nous avons réunis fous plufieurs articles , toutes
les circonftances qui avoient rapport à cet évenement. Au refte , cette partie du fixiéme Livre eft
moins une differtation & une difcuffion, qu'une defcription hiftorique que nous ne pouvions pas rejetter
à la fin d'un volume , fans obfcurcir les matieres , &
fans négliger l'époque la plus importante de cette
Hiftoire.

VIII. Nous avons choifi un ftyle fimple , comme
étant le plus convenable à la vérité & à la gravité de
l'Hiftoire. Le ton fublime & les tours oratoires font
propres à l'éloquence , de même que le ftyle figuré
& fleuri eft le langage ordinaire de la poéfie. Le ftyle
de l'Hiftoire doit être naturel & correct , fans être
trivial ni affecté. Dans les rencontres où nous avons
cru devoir tranfcrire des phrafes exprimées en termes
furannés , parce qu'il y a dans ces textes beaucoup
de naïveté & d'expreffion, ces phrafes font rendües
ou en caracteres italiques , ou marquées par des guil-
lemets. Nous avons auffi tranfcrit les termes de baffe
Latinité & de vieux François, des noms d'Arts &
de profeffions , que nous n'aurions pû rendre que
par des circonlocutions & par des explications.

Nous avons tâché de femer nos réflexions à propos , fans les prodiguer. En condamnant les abus & .

en louant les bonnes pratiques, nous nous fommes
fait un principe, d'éviter avec le même foin la flat-
terie & la fatyre. S'il nous étoit échappé quelqu'expreffion contraire à cette maxime, ce feroit contre
notre gré ; & nous fommes difpofés à nous rétracter,
& à accorder toutes les fatisfactions qui dépendront
de nous.

IX. Avant de mettre cet Ouvrage à l'impreffion,
nous avons communiqué notre manufcrit aux perfonnes, qui ont bien voulu nous aider de leurs correfpondances : nous avons fait fur leurs avis, les réfor-
mes qui ont été jugées convenables.

Nous devons à l'Imprimeur ce tribut d'éloge, qu'il
n'a rien épargné pour remplir fa tâche avec honneur.
Nous avons trouvé en lui une humeur toujours égale,
dans les changemens que nous lui avons propofés.

Le caractere dominant dans le cours de ces trois
volumes, eft le *Saint Auguftin*. Les traités acceffoires,
comme l'Introduction au premier volume, les Piéces
juftificatives au troifiéme, &c. font imprimés en *Cicéro*. On n'a rien épargné de tout ce qui pouvoit contribuer à l'entiere fatisfaction du Lecteur. Le *Cicéro*
& le *Saint Auguftin* font prefque neufs. On a fait choix
en papier, du Carré fin d'Auvergne, qui paffe pour
être une qualité choifie.

La Carte du Valois & les deux plans vifuels des

châteaux de Béthizy & de Pierrefonds, ont été gravés par le fieur Dupin, Auteur de plufieurs Ouvrages eftimés. Les gravures en bois, qu'on a été dans la néceffité d'inférer dans plufieurs pages, pour repréfenter des figures & des caractères extraordinaires, ont été exécutées par le fieur Caron.

X. Quoique nous ayons fait tout ce qui dépendoit de nous pour ne pas donner lieu aux reproches & aux imputations, nous ne penfons pas que cet Ouvrage en foit exempt. Les fentimens font fouvent fi partagés, fur les objets même les plus communs, qu'il n'eft pas poffible à un Auteur, je ne dis pas de tout prévenir, mais même de répondre à tout. On nous a propofé plufieurs exceptions, auxquelles nous allons tâcher de fatisfaire.

La principale difficulté qu'on nous a faite, regarde quelques traits fabuleux & quelques merveilles contre la vraifemblance. On cite pour exemple, l'Hiftoire des oyes de S. Valbert, la vifion de S. Ouen, celle d'Hétilon, la mort du Comte Thierry, l'accouchement de la femme de Chelles, les vaches de S. Vulgis, & quelques miracles rapportés d'après les Légendes.

Ces difficultés s'applaniffent comme d'elles-mêmes, par quelques obfervations générales & particulieres.

On peut tirer des récits les plus exagérés, les moins vraisemblables & même les plus absurdes, des inductions propres à faire connoître les mœurs des temps où l'on suppose que les choses sont arrivées; la crédulité des peuples, l'ignorance des personnes qui passoient pourêtre les plus instruites.

Nous avons parlé des oyes de S. Valbert, d'après l'Auteur de l'Histoire de Meaux, comme d'un conte qui s'étoit accrédité à la faveur de l'ignorance des temps. Nous avons voulu prouver par ce trait, le peu de foi qu'on doit ajouter à la Légende de l'Abbé Adson sur S. Valbert. La vision de S. Ouen, vraie ou fausse, a été l'occasion de la fondation d'un Prieuré, & même d'un village qui subsiste encore, & dont il est souvent fait mention dans cette Histoire. Nous rapportons la vision du Comte Hétilon comme un vrai songe, qui a été l'occasion d'un voyage par eau de Verberie à S. Denys. L'induction que nous tirons de ce fait, c'est que l'on navigeoit alors sur la riviere d'Oise, & que les voyages étoient plus fréquens par eau que par terre. La mort violente du Comte Thierry est un fait certain. Les circonstances fabuleuses ont été imaginées, comme il est visible, par ceux qui paroissent en avoir été les Auteurs : en les considérant même comme des supercheries, nous devions nécessairement les rapporter. Nous citons l'Histoire
des

des Vaches de S. Vulgis, comme une opinion qui a été l'origine d'un pélerinage, qui fubfifte encore. L'accouchement de la femme de Chelles eft une particularité d'hiftoire naturelle ; nous ne la propofons pas comme un miracle.

Quant à quelques traits merveilleux que nous avons tranfcrits des Légendes, nous les avons annoncés avec des correctifs, & nous les avons produits, à caufe de leur fingularité & du contrafte des ufages des temps primitifs avec nos mœurs. Au refte, ces faits raffemblés des différens endroits de nos trois volumes, ne rempliroient pas deux pages. Il faut diftinguer les fables que l'on raconte, comme ayant été des objets de croyance dans les fiécles d'ignorance, d'avec celles que l'on propoferoit à la crédulité des peuples pour en impofer.

Quelques perfonnes diftinguées euffent défiré de voir leurs généalogies inférées dans cette Hiftoire, ou au moins une notice de leurs maifons. Nous n'avons pu déférer à leurs vues & remplir leurs défirs, parce que ce qu'on nous offroit, n'avoit aucun rapport avec les principaux points, dont nous traitons dans notre Ouvrage. Ce qui eût été une perfection à leurs yeux, nous eût attiré de juftes reproches, de la part des perfonnes ennemies des préférences & du refpect humain.

Tom. I.   *a*

Nous ne ferons pas ici mention de plusieurs difficultés, qui nous ont été proposées sur des points controversés, touchant lesquels nous avons choisi un sentiment. Un demi volume contiendroit à peine nos réponses, d'autant plus que les matieres ayant été déja discutées, nous serions dans la nécessité de répéter, ce que de graves Auteurs ont avancés dans de savantes Dissertations.

Diverses observations nous ont été aussi adressées, touchant les limites & l'arrondissement du Duché & du Bailliage de Valois. Comme ces observations tendent à renouveller des disputes, sur lesquelles des écritures sans nombre ont déja été produites, nous garderons ici un profond silence, avec d'autant plus de raison, que quand même nous passerions condamnation, en déférant aux prétentions des Officiers d'un Siége ou d'un canton voisin, nous serions en but aux reproches & aux objections des autres.

Plusieurs méprises nous ont échappé pendant l'impression de cet Ouvrage : nous avons même reconnu depuis, quelques faits, qui impliquent contradiction. Nous avançons, par exemple, à la p. 279 du Tome premier, que Levignen est du Diocese de Soissons ; & nous comptons dans un autre endroit ce même lieu, au nombre des dépendances de l'un des Doyennés du Diocese de Meaux. Nous corrigerons dans le Supplément cette méprife, & les autres erreurs de la même nature.

Nous n'entreprendrons point de réformer ou de concilier tous les jugemens, qui ont été portés fur l'enfemble des différens fujets dont nous traitons dans cet Ouvrage. Les Militaires trouvent, que nous aurions dû nous étendre davantage fur les batailles & fur les fiéges : les hommes de Loix, fur la Jurifprudence & fur le Droit coutumier : les Naturaliftes, fur les productions fingulieres : les trafiquans, fur le commerce : & les perfonnes qui cherchent les amufemens, fur les ufages finguliers & fur les anecdotes récréatives.

Le feul moyen que nous trouvions de concilier à ce fujet la diverfité des opinions, eft de renvoyer à la Table générale, où l'on trouvera ce qui peut intéreffer les perfonnes de chaque état, fous les mots, guerres, batailles & fiéges, jurifprudence & coutume, hiftoire naturelle, anecdotes & ufages, commerce, architecture, &c.

Nous ne doutons pas, que malgré les précautions fcrupuleufes que nous avons prifes pour être exact fur tous points, il ne fe rencontre dans cette Hiftoire plufieurs chofes à rectifier. Nous recevrons avec reconnoiffance les remarques qui nous feront envoyées à ce fujet, & nous nous propofons de les inférer dans un Supplément. Nous répondrons aux critiques qui nous feront adreffées, dans la vue de perfectionner notre Ouvrage, ou d'empêcher que les Lecteurs ne prennent le change, fur des objets qui ont befoin d'explication. Si le ton de ces critiques eft injurieux, nous les mépriferons.

La feule obligation à laquelle on puiffe aftreindre un Auteur, c'eft qu'il fe réforme, lorfqu'il eft convaincu d'avoir commis quelqu'erreur. Les Ouvrages fans défauts, fur-tout en fait d'Hiftoire, n'exiftent que dans la fpéculation. L'Ecrivain parfait, quelque foit le genre où il excelle, eft, fuivant la judicieufe maxime d'Horace, celui auquel on reproche moins de défauts.

INTRODUCTION

onze. Elles ont été difperfées à fa mort ; il ne nous a pas été poffible

Laonnois

OIS

Echelle

on 3 lieues communes de France.

INTRODUCTION
A L'HISTOIRE
DU DUCHÉ
DE VALOIS.

ES Cartes géographiques, avec leurs fignes, font comme des Hiftoires abrégées, de même que les Hiftoires générales & les topographiques ne font que des Cartes expliquées.

La defcription géographique, que nous donnons ici, fervira en même temps d'explication à la Carte, & d'introduction à l'Hiftoire générale du Duché de Valois. Nous divifons cette introduction en trois parties. La premiere contiendra un recueil d'éclairciffemens, fur l'ordre & fur les pofitions de la Carte : la feconde renfermera une notice générale de tout le Duché de Valois, relativement aux fix Châtellenies qui le compofent. Nous traiterons dans la troifiéme partie, des propriétés, des productions & des fingularités naturelles du Valois, de fes chemins & de fes rivieres.

PREMIERE PARTIE,
De la Carte.

Eu M. le Préfident Minet avoit raffemblé toutes les Cartes particulieres du Duché de Valois, qui avoient paru depuis le regne de François I, jufqu'à fon temps. Le nombre de ces Cartes montoit à onze. Elles ont été difperfées à fa mort ; il ne nous a pas été poffible de recouvrer les plus anciennes, nous en avons vû plusieurs, qui étoient d'une belle exécution.

Nous n'avons pu retrouver que trois de ces Cartes. La premiere gravée vers le milieu du siécle passé, par les soins de Damien de Templeux. La seconde a pour Auteur un Géographe nommé le Clerc, qui vivoit à peu près dans le même temps. Je parle avec étendue de ces deux Cartes, au huitiéme livre de cette Histoire, à l'article de Damien de Templeux.

La troisiéme Carte a pour Auteur, M. le Préfident Minet : il l'avoit compofée, avec le secours de Dom Herfan Religieux Bénédictin de S. Arnoul de Crépy. Elle porte en titre : Carte du Bailliage & Siége Préfidial du Duché de Valois. Elle comprend, fans exception, tous les noms des lieux qu'on trouvera par ordre alphabétique, à la fin de cette premiere partie : fon format furpaffe celui des plus grands Atlas. Nous avons vû deux exemplaires de cette Carte, tous deux manufcrits ; quelques incidens nous ont privé de la facilité de les confulter. L'Auteur ayant eu l'attention de dreffer un dénombrement des lieux de la Carte, féparé du plan, nous nous fommes conformés à ce dénombrement, pour l'ortographe des noms.

Nous n'avons rien épargné, pour procurer à la Carte que nous préfentons, l'exactitude dont nous l'avons cru fusceptible. Comme elle doit fervir d'ornement, & faciliter l'intelligence des faits contenus dans cette Histoire, nous avons été dans la nécessité de la proportionner au format des volumes. Nous n'y avons pas inféré tous les noms de la lifte qui termine cette premiere partie ; elle comprend feulement ceux dont il est souvent fait mention dans cet Ouvrage.

On a omis, pour éviter la confusion, les fimples fiefs, d'anciens manoirs, des moulins, des triages, de la plûpart defquels il ne refte plus que des ruines. On s'est réglé pour les distances, fur celles de la nouvelle Carte générale de France.

Nous avons ajouté aux lieux qui forment l'intérieur du Valois, les noms des villes, bourgades & hameaux fitués hors l'enceinte du Duché, dont la connoiffance est néceffaire à l'intelligence des grands événemens. Les noms des villes qui ne font pas du Valois, font écrits en caractères italiques.

L'arrondiffement du Duché de Valois, compris dans cette Carte, est divifé en fix Châtellenies. On a eu foin de diftinguer les refforts de ces Châtellenies, par des lignes de points. Comme les noms des chefs-lieux sont gravés en lettres capitales, dans chaque district, nous avons cru à propos de désigner chaque arrondissement, par le numéro de son rang dans l'ordre des Châtellenies. Ces signes ont été abrégés, afin d'éviter la confusion, & pour ne pas trop charger la Carte.

Cette division a été réglée sur les anciennes listes, sans avoir égard aux changemens survenus dans l'intervalle du temps qui s'est écoulé, depuis que l'étendue du Duché & du Présidial de Valois a été déterminée. Nous avons été dans la nécessité de renfermer dans le ressort des Châtellenies, cinq à six lieux qui n'en relevent point; parce que ces lieux sont de toutes parts environnés de leurs dépendances. Nous avons aussi inséré dans l'arrondissement d'une même Châtellenie, des lieux qui n'en sont qu'en partie; parce qu'il n'est pas possible de diviser les positions : telle est celle du lieu de Cramailles, dont une partie dépend de Pierrefonds & l'autre d'Ouchy. L'Abbaye de Val-Chrétien est placée sous Ouchy, quoiqu'elle se trouve parmi les dépendances de Pierrefonds dans nos listes.

Les endroits titrés ont chacun une marque qui les annonce. Les Duchés sont marqués par un caractere plus gros, & par le mot *Duché.* Les Comtés, les Vicomtés, & les Baronies sont aussi désignés, ou par les noms de leurs titres, ou par les lettres initiales de ces noms.

Les rivieres & les grands chemins ont été tracés avec soin. On a figuré jusqu'aux ruisseaux & aux étangs, qui sont nommés dans le cours de l'Ouvrage. Les chefs-lieux sont marqués par des caracteres majuscules; les Abbayes, les Prieurés & les châteaux-forts, par les signes qui sont propres à chacun.

L'échelle fera connoître les distances, excepté celles de trois ou quatre lieux, comme Reims, Creil, le Bourget, Quierzy, &c. qui sont comme hors de rang, & dont la position est plutôt visuelle que géométrale; il eut fallu doubler la Carte, pour les figurer dans l'endroit propre à chacun.

On a eu attention de marquer les forêts, & jusqu'aux bosquets tels qu'ils sont présentement; les descriptions contenues dans l'Histoire, feront connoître leur état ancien.

Cette exposition suffit pour expliquer l'usage de la Carte; les détails qui vont suivre, achéveront d'en développer l'utilité & toutes les parties.

Nous répétons, tant à l'égard de cet article que par rapport au suivant, que nous confidérons ici le Valois felon l'étendue qu'il avoit, lorfqu'il eut été érigé en Duché en l'an 1406. Nous faifons abftraction des changemens antérieurs & poftérieurs à cette époque. Ils feront expofés dans le cours de cet Ouvrage.

Le Duché de Valois confidéré dans cet état, eft fitué fous le quarante-neuviéme dégré de latitude, depuis fix jufqu'à vingt-huit minutes du Sud au Nord, & fous le premier dégré de longitude d'Occident en Orient, à compter du Méridien de Paris, depuis vingt-quatre minutes jufqu'à un dégré quinze minutes. Il a la forme d'un quarré long, de neuf lieues un fixiéme de large, fur quatorze lieues de long.

L'efpace contenu dans la Carte, eft plus étendu. Il renferme près de treize lieues du Midi au Septentrion, fur vingt-une lieues d'Occident en Orient. Mais il comprend divers lieux, qui, quoique dépendans du Duché, peuvent paffer pour des hors d'œuvres, qui femblent faillir du corps de la figure ; telles plufieurs dépendances enclavées dans le Multien & le Parifis, la Picardie & la Champagne.

Bergeron donne au Valois quinze à feize lieues, d'Orient en Occident, & dix à onze du Septentrion au Midi. Bouchel fuit Bergeron. Damien de Templeux eftime cette même étendue feize lieues, fur dix à douze, fans y comprendre les dépendances du Bourget près Paris, ni quelques autres, qui font fituées près de Reims.

Le Valois eft placé au centre de l'Ifle de France, entre quatre grandes rivieres, qui font l'Aifne, l'Oife, la Marne & la Seine. Les deux premieres font figurées en plein fur la Carte. La Marne paroît au bas de la partie Méridionale. Il n'a pas été poffible de marquer le cours de la Seine ; il faut que l'efprit y fupplée, en la fuppofant placée au-delà de l'angle Occidental, qui eft entre Senlis & le Bourget.

Le pays de Valois eft environné des quatre grandes provinces, de Champagne, de Brie, de Picardie & de Flandres. Il eft borné par le Tardenois & par le Soiffonnois à l'Orient. Le Bailliage de Château-Thierry, le Multien & le Parifis, lui fervent de limites du côté du Midi ; il a à l'Occident, le Servais, le Comté de Senlis, & une partie du Beauvoifis ; le Bailliage de Compiegne, le Noyonnois, & une partie du Soiffonnois, au Septentrion. Il dépend pour le fpirituel, des trois Diocefes de Senlis, Meaux & Soiffons. Il eft dans le reffort des deux Généralités de Paris & de Soiffons,

Le Bailliage général de Valois confine avec ceux de Vitry, Soiffons,

Senlis, Meaux, Château-Thierry, Compiegne, & avec une extrémité du reffort du Châtelet de Paris. Il eft régi par les trois coutumes de Valois, Vitry & Vermandois. La premiere y eft plus généralement fuivie.

On peut ranger fous deux claffes, les lieux mentionnés dans la Carte du Duché de Valois ; les uns font titrés, les autres font des fiefs ordinaires, ou des domaines fans caracteres ; j'excepte de ce nombre les chefs-lieux des Châtellenies.

§ 1. Les lieux titrés font marqués fur la Carte, chacun par la qualification qui les diftingue. Des deux Duchés compris dans le reffort du Valois, l'un eft fubfiftant & jouit de tous les priviléges de fon établiffement : on le nomme indifféremment *Gêvres* ou *Trefmes*. Le château chef-lieu de ce Duché eft fitué à l'extrémité Méridionale du Valois ; une partie de fon territoire eft enclavée dans le Multien.

L'autre Duché eft celui de Cœuvres ou d'Etrées, fitué au Nord de Villers-Cotteretz. Le titre eft éteint, depuis la mort du dernier Duc d'Etrées, qui n'a pas laiffé d'enfans mâles. Ces deux Duchés ont été érigés en la même année 1663.

Les Marquifats de Fayel & de Néry font l'un au Nord, l'autre au Midi de Verberie ; le fecond eft éteint.

Les chefs-lieux des Comtés de Braine, de Nanteuil & de Levignen, font fitués, le premier au-deffus d'Ouchy-le-Château, fur la riviere de Vefle, qui commence à Reims fur la Carte & finit à Condé, à l'Orient de Soiffons. Ce Comté eft l'un des plus anciens du Royaume. 2°. Le bourg de Nanteuil eft fitué au milieu de la grande route de Paris à Soiffons Le Comté a été érigé en 1543. 3°. Le lieu de Levignen eft au Midi de Crépy, fur le grand chemin qui conduit de Nanteuil-lè-Haudouin à Villers-Cotteretz. Son Comté a été créé en 1723.

Parmi les fix Vicomtés du Valois, deux font attachées à des chefs-lieux de Châtellenief (Ouchy & Pierrefonds) ; les quatre autres font Chelles, entre Pierrefonds & Cœuvres ; Buzancy fur le chemin d'Ouchy à Soiffons ; Bourfonne, dans la forêt de Retz, entre la Ferté-Milon & Crépy, & Acy, entre Braine & Soiffons. Il y a d'autres lieux encore, que l'on trouve quelquefois qualifiés Vicomtés dans les titres, tels que Maucreux, Villers-le-Hellon, Berzy, le Mont-Notre-Dame, Ambriés, Limé & Courtieux.

Les quatres Baronies du Valois font, Cramailles & Givraye, au couchant de Fere en Tardenois, près de la riviere d'Ourcq : Saintines près Verberie, & Pontarcy fur la riviere d'Aifne, au Nord-eft de la Carte.

On compte auffi dans le Valois, quatre lieux qui ont été décorés du titre de Châtellenie, fans autre reffort cependant que leurs territoires. Ces lieux font Viviers au Nord de Villers-Cotteretz, May en Multien, Pacy en Valois & le Parc-aux-Dames. On trouvera l'hiftoire particuliere des Comtés, des Vicomtés & des Baronies, au commencement du fixiéme livre de cette Hiftoire. La table indiquera les endroits où nous parlons des lieux de Trefmes, de Cœuvres, de May en Multien, de Pacy & du Parc-aux-Dames.

§ 2. Voici le dénombrement des autres lieux, tant de ceux que nous venons de citer, que de ceux qui ne font point nommés dans la Carte.

A

Aconin, près la riviere de Crife.
Acy en Multien en partie.
Acy, près Soiffons.
Ajeux (les), paroiffes de Berneuil.
Aify.
Amblegny ou Ambleny.
Ambien.
Ambriez.
Amincourt, moulin près le pont de Pringy.
Aminville, paroiffe de Neuilly-Saint-Front.
Ancienville.
Augy.
Annet, cenfe & maifon.
Anthilly.
Aramont, fief à Verberie.
Abincourt.
Arbre-Jacquemart, paroiffe d'Attichy.
Arcy en la campagne.
Arcy-Sainte-Reftitue.
Ardre, la mairie (d').
Armentieres, en partie.

Artannes ou Hartennes.
Attencourt.
Attichy, & dépendances.
Auberval ou le Berval, paroiffe de Boneuil.
Auger-Saint-Mard.
Auger-Saint-Vincent.
Autheuil.
Autebray.
Autrefches.

B

Baisemont.
Baugy.
Banru.
Barbe aux cannes (la), maifon & jardins près les murs de Reims.
Barbonval.
Bargny.
Bazoches, près Septmont.
Bazoches, près Duvy.
Beancourt.
Bacouel, fief à Rhuys.
Beau moulin (le), près Confavreux.
Beaurepaire, paroiffe de Vierzy.

Beauval, près Fulaine.

Beauveau ou Beauvoir, près Crouy.

Bellival.

Berger, la maison du .... vers Neu-
ville-Saint-Gemme.

Bernay.

Berneuil.

Berny, & Riviere.

Berongne, & dépendances.

Berzy.

Besleu.

Besmont.

Bétancourt.

Béthizy, chef de la châtellenie,
Saint Pierre & Saint Martin de...

Betz.

Bienville en partie.

Bierzy.

Billemont.

Billy-sur-Ourcq.

Billy-Venisel.

Bitry, & Saint Pierre à Bitry.

Blanzy-lès-sismes

Blanzy-lès-perles.

Blanzy-Saint-Remy.

Boisleau.

Boissi-les-Gombries.

Boissieres (la).

Boneuil.

Buttes (les), paroisse de Boneuil.

Bonval.

Borde (la).

Borneville ou Bournonville.

Bove (la), ferme.

Bouillant.

Bouillancy.

Boulars.

Boulleau, ou Bouleux.

Bourg, ferme & garde de l'étang de
Bourg.

Bourg-fontaine, Chartreuse.

Bourget (au), près Paris, plusieurs
maisons, ent'rautres le moulinet.

Boursonne, moitié.

Bray.

Bray-sous-Clamecy.

Braine, Comté.

Brainettes, ou Brenelles.

Branges.

Brassoire.

Bressy, sur la riviere d'Ourcq.

Breuil, près Trosly.

Breuil, près Neuilly-Saint-Front.

Breuil-sous-Saconin.

Briqueterie (la), paroisse de Chézy.

Brumetz.

Bruyeres.

Bucy.

Bugneux.

Buire, près Espaux.

Bussy le bras, près Muret.

Bussieres.

Buy, paroisse de Mornienval.

Buzancy & sa paroisse.

C

Cabaret, paroisse de Mornienval.

Caigny, le moulin de ....

Canly, en partie.

Calvise, paroisse de Louatre.

Capy, paroisse de Saint Vast de
Long-mont.

Cartigny ou Certigny, paroisse de
Coulo.

Celles.

Cerfroid, chef d'ordre des Trinitaires ou Mathurins.

Cermoise.

Cerseuil, près Pontarcy.

Chacrise.

Camp-Baudon, près Pierrefonds.

Champlieux.

Chappelle (la) aux Auvergnats, paroisse de Vauciennes.

Chapelle (la) mentard, paroisse de
Montgobert.

Charly, par augmentation du Bailliage n'est pas du Valois.

Charcy, de la Ferté-Milon.

Charentigny, paroiſſe de Villemontoire.

Chartreuve Abbaye de Prémontrés.

Chaſſemy.

Châtelet (le).

Chavannes.

Chaudieres (les).

Chaudun.

Chavigny-le-fort, près Coucy.

Chavigny-Saint-Léger.

Chaumont, paroiſſe d'Auger-Saint-
Vincent.

Chavercy, paroiſſe de Trumilly.

Chavres.

Chauſſée (la), moulin, paroiſſe de
Neuilly-Saint-Front.

Chazelles.

Chayette (la).

Chelles-Sainte-Baubour, Couvent
de Fontevrault, de la Prevôté de
Paris par exemption lors de l'érection du Comté de Valois en Duché.

Chelles, près Haute-fontaine.

Chemin (le), ferme.

Cheneloy, paroiſſe de Marizy-Sain-
te-Geneviéve.

Chenevierre, près Fulaine.

Chéry.

Charſy.

Chêne (le), paroiſſe S. Hilaire.

Chênoy-ſous-May.

Chetinet, moulin près Ouchy.

Chévreville.

Chévrieres ou Civrieres.

Chevreuſe.

Chézy en Orceois.

Chivrée.

Chouy, paroiſſe & dépendances.

Chouy, de la paroiſſe de S. Nicolas de la chauſſée de la Ferté-
Milon.

Ciry.

Clairois ou Clarois, près Compiegne.

Clamecy.

Clos (le), Bernard, paroiſſe de Ro-
ſieres.

Clos, paroiſſe de Latilly.

Cœuvres Duché, & la ferme du
Murger.

Cohan, près Fere en Tardenois.

Coincy.

Cointecourt.

Collinances, Couvent de Fontevrault.

Confavreux.

Confrecourt.

Contarmin ou Contermy.

Corbeny & la cenſe des prez.

Cordou ou Courdou.

Corcy.

Coudron.

Couloi en partie.

Couloiſy.

Coulomb.

Coulonges.

Coupaville.

Courcelles près Verberie.

Courcelles-lès-Braine.

Couvrelle.

Courmeilles ou Cormeilles.

Courtenſon, paroiſſe de S. Bandry.

Courteau, château en Tardenois.

Courtil.

Courthieux.

Couture paſquette (la), & la vallée
de Louatre.

Conveloy.

Coyolles.

Cramailles, Baronie.

Cramoiſelle.

Cravençon.

Crépy capitale du Valois.

Criſe, Fauxbourg de Criſe ou de
S. André à Soiſſons.

Crouy.

Crouſtes près Nanteuil-ſur-Marne.

Crouſtes-ſous-Cugny.

Crouſtes-ſous-Muret.

Crouſtes-ſous-Ouchy.

Crouſtoy

Crouſtoy ou Crotoy.

Croix-Saint-Ouen (la), & dépendances.

Cuffy ou Cuffies.

Cugny, & ſon moulin.

Cuiry-Houſſes, & la Maladerie de Houſſes.

Cuiſe.

Cuiſſy en Almont.

Cury, près Violaine.

Cutry, moitié.

Cuveret (le), près Chavres.

Cuvergnon.

D

DAMARS.

Damleu.

Déméville.

Domiers.

Donnéval, près de S. Martin Béthiſy.

Douy la ramée.

Drachi ou Dracy.

Droiſelles.

Droiſſy ou Droiſi.

Duiſel.

Duiſi.

Ducy ou Drucy, paroiſſe de Trumilly.

Duvy.

E

EDROLLES (les), paroiſſe de Chouy.

Edrolles, près Billy-ſur-Ourcq.

Elincourt, paroiſſe de Mornienval.

Eluats (les).

Eſcury.

Eſchancu.

Eſcouſſis.

Eſpirtel.

Eſpagny.

Eſſarts (les), près Douy-la-ramée.

Eſſenlis.

Eſtavigny.

Eſttepilly.

Evry, ou Comblancourt, paroiſſe de Morſain.

F

FALOISE (la), paroiſſe de Louatre.

Faverolles.

Faux (la).

Fay (le), paroiſſe de Saintines.

Fayel (le).

Feigneux.

Femy, paroiſſe d'Arcy-Sainte-Reſtitute.

Ferté-Milon (la), chef de la Châtellenie.

Feux, paroiſſe de Nery.

Filain.

Fleury-Corcy.

Folie (la), paroiſſe de Confavreux.

Folie (la), paroiſſe de Levignen.

Folie (la), paroiſſe de Pierrefonds.

Folie (la), près Reims.

Folie (la) près Braine.

Fontaine Alix (la), ou Harliſontaine.

Fonteneille ou Fontenay, paroiſſe de Vez.

Fonteny.

Fontenoy-ſur-Aiſne.

Fontenoy, paroiſſe de Pierrefonds.

Foſſe (la), paroiſſe de Mornienval.

Foſſemont.

Foſſez (les), paroiſſe de Haramont.

Foſſez (les), paroiſſe de Neuilly-Saint-Front.

Foucrolles.

Fouffrit.

Four (le) d'enhaut, & le Four d'enbas, Forêt de Compiegne.

Francourt, près Verberie.

b

Frénoy-lès-Gombries.
Frénoy-le-Luat.
Frénoy-la-riviere.
Fulaine.

G

GERMAINCOURT, paroiffe de Cuvergnon.
Germigny-fous-Coulon.
Genancourt.
Genevroye (la), paroiffe de Rocourt.
Gérefme.
Gérémenil près Ouchy.
Géromenil ou Saint Sauveur.
Gigny, paroiffe de Trumilly.
Gilocourt.
Gironval ou l'Aventure, paroiffe de Rofieres.
Givraye ou Givroy, & la ferme.
Glagnes.
Glan (le), près Domiers.
Gondreville.
Gouffancourt.
Grand-champ, paroiffe de Cuvergnon.
Gorge (la), paroiffe de Montigny-Langrain.
Grange (la), près Long-pont.
Grange (la), paroiffe de Morfain.
Grange (la), au bois, paroiffe de Bruyeres.
Grange (la), paroiffe de Thury.
Grange (la) Clergie, paroiffe d'Antilly.
Grange (la) Cœuvret, près Brumetz.
Grange (la) Coulon, paroiffe de Coulon.
Grange (la) Genevroy.
Grange (la) l'Abbeffe, paroiffe de Mornienval.
Grange (la), au Marais près Val-Chretien.

Grange (la) au Mont, paroiffe de Mornienval.
Grange (la) Morel, paroiffe de Marify-Sainte-Geneviéve.
Grange (la) Oifon, près Ouchy.
Grange (la) Saint-Faron, paroiffe d'Eftavigny.
Grange (la) au Virier, paroiffe de Long-pont.
Grande (la) Maifon près la Ferté-Milon.
Grande (la) Maifon près Ouchy.
Grimancourt.
Grimperie (la) près Vic-fur-Aifne.
Gros (le) Aunoy, paroiffe de Fulaine.

H

HALONDRET, paroiffe de Latilly.
Hancel, & dépendances.
Haramont.
Hartannes ou Artennes.
Haudrival, paroiffe de Feigneux.
Hautavefne, paroiffe de Boneuil.
Hauterval, fief du grand & petit.
Haute-Fontaine.
Hautevenne près Bitry.
Hazoy (le), dans la Forêt de Compiegne.
Port (le) d'Harant, & les Maifons.
Hervilliers, paroiffe de Coulon.
Herneufe (les fermes d'), près Verberie.
Hermitage (l') près Givraye.
Heuleu ou Huleu.
Heurtebife, paroiffe de Coulon.
Hevry.
Hiromefnil.
Houillon, près Mareuil-la-Ferté.
Houffeau ou Houffes, près Arcy-Sainte-Reftitute.
Houveront.

J

Javage & garde de l'étang de Javage.

Jaux en partie.

Jaulzy.

Jouagnes.

Jouy.

Ivort.

Ivry près S. Remy.

L

La Glan, près S. Pierre-ailes.

La Loge-aux-bœufs, paroisse de Pacy.

La Loge-aux-sauvages, paroisse de Chouy.

La Loge-tristant paroisse de Chouy.

Lanval, paroisse de Boneuil.

Largny.

Latilly.

Latilly-sous-Berzy.

Latilly-sous-Cormeilles.

Laversine.

Launoy.

Lescaffaux.

L'Eschelle paroisse de Berzy.

Lesges.

L'Eglantier près Bellimont.

L'Eglantier paroisse de Coulonge.

Lespine, paroisse de Viviers.

Lessart, paroisse de Mornienval.

Lessart, paroisse de Viviers.

Levignen, Comté.

Lhuys.

Lieu-restauré, Abbaye de Prémontrés.

Lionval, paroisse de Chouy.

Limés près Braine.

Longeval.

Longueville.

Longueil, près Duisy.

Longavenne, paroisse de Viviers.

Long-pont, Abbaye de Bernardins.

Loupeignes.

Long-prez, Couvent de Fontevrault.

Louatre & sa vallée.

Louvry.

Le Luat.

Lucy-le-bocage.

Luceron.

M

Mabonnerie (la), paroisse de Gérqmenil S. Sauveur.

Macogny, paroisse de Montran.

Magneval, paroisse de Serry.

Maison-blanche (la) sur la riviere d'Aisne, devant le passage de Vic-sur-Aisne.

Maison du berger (la), près Neuville S. Jean.

Maison-neuve (la), près Chaudun.

Maison-rouge (la), fauxbourg de Reims.

Malvoisine (la).

Mambren, paroisse d'Amblegny.

Mambry, paroisse de Neuilly-Saint-Front.

Maneuvre.

Marchais (les), paroisse de Coulon.

Maqueline.

Marcin ou Mersin.

Mareuil en Daule.

Mareuil-sur-Ourcq.

Marisy-Sainte-Geneviéve.

Marisy S. Mard, prétendu par Château-Thierry.

Marenval.

Margival.

Margosset.

Marival, paroisse de Roy S. Nicolas.

Marnoue-lès-Moines.

Marolles.

Marre (la), paroiſſe de Douy.
Martimont le haut & le bas.
Martin-prêt, près Ouchy.
Maucreux.
Maupas, près Vaubuin.
May en Multien, & dépendances.
Mercieres, près la Croix-Saint-Ouen.
Meremont, grand & petit.
Meſnil (le), paroiſſe de Rozoy S.
    Albin.
Meſnil (le), près Rivecourt.
Meſſenin (le).
Meutru (le) ou la maiſon du Meu-
    tru, paroiſſe de Servenay.
Meux (le), en partie.
Migny, paroiſſe de May en Multien.
Millancourt.
Miſſy-au-bois.
Mont-Berneuil.
Monchevillon, paroiſſe d'Ouchy.
Montemaſroi, paroiſſe de Chéſy en
    Orceois.
Monflan.
Montgobert.
Mongron.
Montgru.
Montigny-la-Commanderie.
Montigny-Callier.
Montigny-Langrain.
Montigny-Ruſſy.
Mont-Notre-Dame.
Montoury, paroiſſe de Montron.
Montron.
Mont-Sanpin.
Mont de Soiſſons.
Morecourt.
Morembœuf, paroiſſe de Vierzy.
Mornienval.
Morſain.
Morte-fontaine.
Moſloy, près la Ferté-Milon.
Moſne.
Motte (la), paroiſſe de S. Martin
    de Béthizy.
Motte (la), près de Cuiſe.

Motte (la), près Maupas.
Moulin (le), près Nanteuil-Notre-
    Dame.
{ Moulin-Noel (le)
{ Moulin-Renard (le) } entre Cu-
gny & Rozoy-Saint-Albin.
Muret en partie.
Muy (à) près Reims, ferme.

N

Nadon.
Nanteuil-ſous-Cugny.
Nanteuil-la-foſſe.
Nanteuil-les-foſſés.
Nanteuil-le-Haudouin.
Nanteuil-ſur-Marne.
Nanteuil-Notre-Dame.
Nanteuil-ſur-Ourcq.
Nanteuil-ſous-Muret,
Néry & dépendances.
Neufchelles, prétendu par Senlis.
Neuilly-Saint-Front, ville, chef de
    la Châtellenie.
Neuilly ou Nully, paroiſſe de Roc-
    quemont.
Neuf-fontaine, près Pierrefonds.
Neuville-ſous-Sainte-Gemmes.
Neuville-en-hez.
Neuville-Saint-Jean, les deux fer-
    mes.
Neuviviers.
Noel-Saint-Martin en partie.
Noroy.
Nogentel.
Noue.
Noyan.

O

Ognes.
Oigny.
Oſly-Courtil.
Ormois-le-Davien.

Ormois-emmi-les-champs.
Orouy.
Ors.
Ouchy-le-Château, chef de la Châtellenie.
Ouchy-la-ville.
Outre-braye.

P

Palesne, près Pierrefonds.
Pacy.
Parcy.
Parc-aux-Dames, Abbaye de Bernardines de Clairvaux.
Pars ou prompt de Pars.
Party.
Passy.
Passy & Berzy, Vicomté.
Pernant.
Pierrefitte.
Pierrefonds, bourg, chef de la Châtellenie.
Pigeonville.
Pisseleu.
Plessis-au-bois.
Plessis-sur-Auteuil, prétendu par Senlis.
Plessis-lès-Ouchy.
Plessis-Bitry.
Plessis-le-Bougre, ou Plessis-sous-Cuvergnon.
Plessis-Bouillancy.
Plessis-Châtelain, paroisse de Rocquemont.
Plessis-Cornefroy, paroisse de Trumilly.
Plessis-Huleu.
Plessis-Placy.
Ploisy.
Pommiers.
Pontarcher.
Pontarcy.
Pont-Bernard.

Pontdron.
Pouy, paroisse de Montigny-Langrain.
Poulandon, fief dans Ressons.
Préciamont, paroisse de Marolles.
Presles.
Proy-lès-Gombries.
Puissaleine.
Puisieux près Soucy.
Puisieux (grand), près Verberie.
Pringy.

Q

Quenneviere ou Cheneviere, dans la forêt de Laigue.
Quinsy près Ouchy.

R

Ramée (la) paroisse de Douy.
Remonvoisin.
Ressons-le-long en partie.
Retheuil.
Reveil, ferme.
Reuve.
Rieux-sous-May.
Rivecourt.
Riviere, paroisse de Mareuil.
Rocourt.
Romens.
Rocquemont.
Roquigny.
Rosieres & la montagne.
Rosiers en Tardenois.
Rozoy ou Rozoir-Saint-Albin.
Rozoy en Multien.
Rozoy-Nogentel.
Rozoy-sous-Ouchy, ou le grand Rozoy.
Rouville.
Rouvres en Multien.
Roylet.

Roy-Saint-Nicolas.
Rucourt.
Rugny.
Ruſſy.
Rhuys près Verberie.

S

Saconin.
Sacy.
Say, paroiſſe de Jaulzy.
S. Agnan, près Valſery.
S. Bandry.
S. Clément.
S. Chriſtophe à Berry.
S. Etienne.
Sainte Geneviéve.
S. Germain près Crépy.
S. Germain près Verberie.
S. Jean près Neuville.
S. Jean-lès-Vignes à Soiſſons.
S. Jean-au-bois, Forêt de Compie-
    gne, ancienne Maiſon de Cuiſe.
Saintines & dépendances.
S. Léger, paroiſſe d'Eſpagny.
Sainte Luce.
S. Oyen près Eſtavigny.
S. Pierre-ailes.
S. Pierre à Bitry.
S. Pierre en Chaſtres, Couvent de
    Céleſtins & dépendances.
S. Quentin-lès-Louvry.
Sartigny.
S. Remy S. Georges, Abbaye de Bé-
    nédictines.
S. Remy Blanzy.
S. Remy Ivry.
S. Samſon.
S. Sauveur de Géroménil.
S. Vaſt de Long-mont.
S. Vulgis, fief à Haute-Veſne.
Salſognes.
Saponay ou Saponain.
Sennevierres.
Septmont.

Sery.
Serval.
Servenay.
Silly-la-potterie.
Sommelan.
Soucy.
Soupiſeau (le), paroiſſe de S. Sau-
    veur.
Sous le mont, paroiſſe de Taille-
    Fontaine.

T

TAILLE-Fontaine.
Tannieres.
Tartiers.
Terny.
Thaux.
Thézy.
Thuillerie (la) paroiſſe de Montgo-
    bert.
Thuillerie (la) paroiſſe de Mornien-
    val.
Thury.
Tigny.
Toizy.
Tour (la) d'Arcy.
Tour (la), ou S. Corneil près Ver-
    berie.
Tournelle (la), paroiſſe de Cuver-
    gnon.
Tracy-le-mont, en partie.
Tranſlon (le).
Treſmes ou Gêvres Duché.
Troeſnes.
Troſly-au-bois.
Troſly-Breuil.
Trugny.
Trumilly.
Tuiſy près Vic-ſur-Aiſne.

V

VACHE-à-laiſe (la), paroiſſe de Mornienval.

Vadon, paroiſſe de Latilly.

Vezilly.

Val-Chrétien, Abbaye de Prémontrés & dépendances.

Vallée, paroiſſe de Bagneux.

Vallée (la), près Banru.

Vallée (la) près Courthieux.

Valſery, Abbaye de Prémontrés & dépendances.

Varinfroy.

Waru, paroiſſe de Bétancourt.

Vaſſigny ou Vaſſeny.

Vauberon, paroiſſe de Montigny-Langrain.

Vaubertin.

Vaubuin.

Vaucelles.

Vaumoiſe.

Vauparfond, paroiſſe de Marolles.

Vaurezy.

Vaurtrain.

Vauſſerré.

Vauſſetin ou Vauſtin.

Vauttes (les), Hôtellerie près Reims.

Vautier-voiſin.

Vaux de Caſtille.

Vaux-ſous-Confrecourt.

Vaux-ſous-Loupeignes.

Vaux S. Nicolas.

Vauxſerre.

Vez.

Venizel.

Verberie Bourg, chef de la Châtel-lenie.

Vermeſſelles.

Verneilles-ſous-May.

Verrines.

Verte-feuilles, paroiſſe de S. Pierre-ailes.

Vichel.

Vichelles, paroiſſe de Chelles.

Vieil-arcy.

Vierzy.

Vignerelles.

Vigny.

Vignerolles.

Villebrain.

Villemantuy ou Villemotoir.

Ville-neuve, paroiſſe de Reſſons-le-long.

Ville-neuve, paroiſſe d'Auger-Saint-Vincent.

Ville-neuve près Thury.

Villers-Cottererz, ville & Maiſon Royale.

Villers-emmi-lès-champs.

Villers-la-foſſe.

Villers-le-Hellon.

Villers en Prayers.

Villers-le-petit.

Villers-les-portez, paroiſſe de Cu-vergnon.

Villers S. Geneſt.

Villerſeaux ou Villarſaux.

Villomé.

Ville-ſavoye.

Violaine près Charentigny.

Violaine-ſous-Long-pont.

Violaine près Louatre.

Virly, paroiſſe de Jouagnes.

Virginettes, ferme.

Viſigneux.

Viviers.

Vic-ſur-Aiſne.

Vauciennes.

Vouty.

Walu.

SECONDE PARTIE.

Notice des six Châtellenies du Duché de Valois.

LEs dépendances actuelles de ce Duché formoient deux pays ou Comtés, sous les Rois de la seconde race. Le pays de Valois *pagus Vadisus* comprenoit les Châtellenies de Crépy, de Verberie & de Pierrefonds en grande partie ; le pays d'Orceois *pagus Urcisus* renfermoit Ouchy capitale, & une partie de sa Châtellenie, la Ferté - Milon, qu'on nommoit Ferté en Orceois, Neuilly Saint-Front qu'on appelloit Neuilly en Orceois.

Depuis trois & quatre siécles, le Valois propre se divise en six Châtellenies, dont chacune a un ressort & un chef-lieu, qui en est comme la capitale. Chaque Châtellenie porte le nom de son chef-lieu. On les range ordinairement dans cet ordre : Crépy, la Ferté-Milon, Pierrefonds, Verberie ou Béthizy, Ouchy & Neuilly. Cette distribution est marquée sur la Carte.

Le sujet demande, que nous donnions une notice complette de ces six Châtellenies, de leur territoires & des endroits remarquables qu'elles renferment, les noms de tous les lieux qui forment chaque ressort. Cette description contiendra six articles.

ARTICLE PREMIER.

Châtellenie de Crépy.

LEs lieux notables de ce ressort sont, Crépy capitale de tout le Duché de Valois, Villers-Cotteretz, Nanteuil-le-Haudouin, avec quelques autres qui sont seulement remarquables par leur ancienneté, comme Vez, premiere capitale, qui n'est plus présentement qu'un village, May ou Mail en Multien, Largny, Boneuil, Chavercy, &c.

La ville de Crépy est située à quatorze lieues au Nord-Est de Paris,

ris, à sept lieues au Nord de Meaux, à neuf ou environ de Soissons, à cinq de Senlis & de Compiegne. Le nom latin de Crépy est *Crispeium*. Elle est du Diocese de Senlis & de la Généralité de Soissons. Il y a Présidial & Bailliage, Election, Grenier à sel, Echevinage & Gruerie. Le Bailliage & l'Echevinage sont deux Jurisdictions très-anciennes. Le Présidial a été créé par Louis XIII en 1638, à la sollicitation de Gaston son frere, qui étoit pour lors Duc de Valois. Ce Présidial devoit s'étendre sur le ressort des six Châtellenies du Duché. L'Election comprend, la Ferté-Milon, Villers-Cotteretz, Pierrefonds, Nanteuil-le-Haudouin, & quatre-vingt-treize villages situés aux environs de ces lieux. La Jurisdiction du Grenier à sel est étendue. L'Echevinage ou Corps de Ville est composé d'un Maire, de deux Echevins, & d'un Receveur qu'on nomme Argentier. Les Echevins étoient autrefois au nombre de quatre. La Mairie de Crépy est l'une des premieres du Royaume, suivant Chopin.

La seigneurie de cette ville a toujours appartenu au Roi, ou à des Grands du premier ordre, depuis le neuviéme siécle jusqu'à nos jours. Ses premiers possesseurs connus prenoient la qualité de Comtes, & étoient issus du sang de Charlemagne. Les Comtes de Vexin leur succéderent & établirent à Crépy leur résidence, depuis 920 ou 930, jusqu'environ l'an 980. Cette ville passa avec ses dépendances aux Comtes de Vermandois, après la retraite de Simon de Crépy dans un Monastere. Hugues le Grand, frere de Philippe I, la posséda. Il y fit sa résidence ainsi que ses descendans, jusqu'à la mort de la Comtesse Eléonore en 1214.

Nous ne donnerons pas la suite chronologique de tous les Seigneurs de Crépy. Cette suite est la même que celle des Princes, qui ont tenu toute la province en apanage. Les anciens Comtes de Crépy avoient pour Gouverneur un Officier, auquel on donnoit le nom de Burgare. Cette charge subsista jusqu'à l'an 1284; elle fut changée alors en celle de Capitaine, qui existe encore, & qui a toujours été possédée par des personnes de la premiere distinction, conjointement avec l'office de Gouverneur & de grand Bailly.

On compte dans Crépy trois paroisses, Sainte Agathe, S. Denys & S. Thomas; deux Collégiales de Chanoines, S. Aubin & S. Thomas; un grand & ancien Couvent de Clunistes réformés sous le nom de S. Arnoul, & un autre de Capucins; un Prieuré de Bénédictines sous le

C

titre de S. Michel, une Communauté d'Urfulines, qui procurent l'inftruction gratuite des filles, un College où l'on enfeigne les humanités : les Religieux de S. Arnoul tiennent chez eux, un cours de philofophie & de théologie, où ils admettent les étudians qui ont fini leurs humanités.

Outre les Jurifdictions dont j'ai parlé, Crépy eft la réfidence d'un Subdélégué de l'Intendant de Soiffons, de deux Receveurs des Tailles, d'un Prevôt des Maréchaux. Il feroit à défirer, que cette derniere place qui vaque depuis plufieurs années fut remplie, & que la Maréchauffée fut rétablie. Crépy a produit plufieurs hommes illuftres. Le Jurifconfulte Laurent Bouchel eft le plus connu. Albin des Avenelles, Poëte François du feiziéme fiécle, tiroit fon origine de Crépy.

On tient dans cette ville deux foires par an, le fecond Lundi de carême, & le lendemain des morts, un marché-franc le premier Mercredi de chaque mois, & trois marchés ordinaires par femaine, le Mercredi, le Vendredi & le Samedi. La Compagnie de l'arquebufe a pour fymbole un pourceau.

Il y avoit autrefois dans Crépy trois feigneuries, qui préfentement n'en font qu'une, le donjon, le château & la ville, appartenant chacune à différens poffeffeurs. La ville actuelle eft renfermée dans l'enceinte du château des Comtes de Vexin. L'ancienne ville occupoit la plaine, qui s'étend jufqu'à Duvy. Elle fut entiérement détruite par les Anglois en 1431. Les armes de la ville de Crépy font d'argent au tigre de Sable : elles font ordinairement brifées d'azur à trois fleurs de lys d'or en chef pofées de fuite. La ville eft environnée d'un cours planté d'arbres, & de promenades agréables. La place publique eft grande & dégagée. Il y a cinq portes & une fixiéme qu'on a condamnée, qui conduifoit dans l'intérieur du donjon. Le fauxbourg de S. Thomas où eft fituée l'Eglife Collégiale de ce nom, eft très-peuplé.

Le commerce de la ville confifte en mégifferie, friperie, toiles, & bled. Il y avoit ci-devant une manufacture de gros drap, qui n'exifte plus. On y a établi depuis peu une manufacture de fayance, qui fe foutient avec fuccès. Les Taillandiers de Crépy ont été renommés. Le commerce des chevaux y eft entretenu par plufieurs marchands. Celui du bled eft tombé. Il nous a paru, que l'établiffement le plus convenable à la fituation de Crépy, aux productions naturelles du canton, feroit une manufacture de toile & une corderie ; l'Etat & les particuliers y gagneroient. Les habitans font laborieux, d'un efprit naturel & fociable.

V e z. Ce nom de lieu eft figuré en lettres majufcules fur la Carte, quoique ce ne foit qu'un village, du Diocefe de Soiffons, du Bailliage & de l'Election de Crépy. Il eft fitué fur la gauche du chemin, qui conduit de Crépy à Villers-Cotteretz. Cet endroit n'eft remarquable que par un premier château fort vafte, ou réfidoit le Comte ou Gouverneur du pays de Valois, fous les deux premieres races. C'eft au fujet de cette réfidence, que les anciens monumens nomment cet endroit capitale du canton; il n'y a jamais eu de ville à Vez. Son nom latin *Vadum* a été l'origine de celui de Valois. Son titre de capitale a paffé à Crépy, fous les premiers Rois de la troifiéme race.

Le fecond château de Vez a été rebâti fur les fondemens du premier, au commencement du treiziéme fiécle, par un Seigneur nommé Raoul d'Etrées, auquel le Roi Philippe Augufte en céda le domaine. Ce château eft défendu d'un côté par une vallée profonde, où paffe l'un des ruiffeaux qui forment plus loin la riviere d'Autonne. Son entrée eft contigue à une plaine, qui confine avec les territoires de Largny & de Villers-Cotteretz. On y ajouta fous le regne de Charles VI, la groffe tour qu'on découvre de loin. Ce château à foutenu plufieurs fiéges.

Villers-Cotteretz, eft un bourg peuplé, bien bâti & très-paffant; les Géographes lui donnent le nom de ville. Il eft fitué fur le grand chemin de Paris à Soiffons & à Reims; à dix-fept lieues de Paris, & à fix de Soiffons, à trois lieues de Crépy, à douze ou treize de Laon. Il dépend du Diocefe de Soiffons, du Bailliage & de l'Election de Crépy.

Les Chartes latines le nomment, *Villare ad Collum*, ou *ad caudam Reffi*. Il n'y a qu'une paroiffe, fous le titre de S. Nicolas, deffervie par des Prémontrés. Ces Religieux y ont été transférés de l'Abbaye de Clairfontaine en 1676. Le Supérieur de la Communauté prend la qualité d'Abbé. La Maifon de S. Remy, actuellement occupée par des Religieufes, a été pendant huit fiécles un Prieuré de Bénédictins, fous le nom de S. Georges. Ces Religieufes font gouvernées par une Abbeffe. Elles furent transférées de Senlis au Prieuré de S. Georges, en 1622. L'ancien bourg de Villers étoit diftribué autour du Prieuré de S. Georges; le bourg actuel en eft féparé. Il y a auffi à Villers-Cotteretz un Hôtel-Dieu pour les malades.

La feigneurie appartenoit ordinairement aux Comtes de Crépy, aux Seigneurs de Nanteuil, & aux Moinés de S. Georges. Le Roi S. Louis réunit la plupart des fiefs du territoire en un feul domaine , dont il établit le fiége au château de la Male-maifon.

Le château actuel a été bâti par le Roi François I , c'eft l'une des plus vaftes maifons de plaifance qui foient en France , la plus agréable & la plus commode pour le plaifir de la chaffe. La forêt de Retz lui fert de parc. Depuis François I ce château a toujours été occupé , ou par nos Rois , ou par les Princes du Sang , qui ont eu le Valois en apanage. Monfeigneur le Duc d'Orléans y a ajouté des embelliffemens. L'eau étoit rare , il y a fait conduire des fources des lieux voifins. Villers-Cotteretz doit être confidéré comme le chef-lieu de toute la forêt. Il renferme trois Jurifdictions, une Maîtrife , une Capitainerie des chaffes , & une Prevôté Royale , qui a fuccédé à un Bailliage qu'on y avoit établi en 1703. Ce lieu eft auffi la réfidence d'un Subdélégué de l'Intendant de Soiffons , & d'une Maréchauffée. Le Capitaine des chaffes eft ordinairement gouverneur du château. On compte dans Villers-Cotteretz fix méneftriers , dont le chef eft pourvu de provifions. Il prend la qualité de Lieutenant général des violons du Duché de Valois , & a un droit d'infpection , fur tous les méneftriers des fix Châtellenies.

Le château & le bourg font contigus à une vafte & belle plaine , plus faine & plus dégagée que la plûpart des grandes maifons Royales , où le voifinage des rivieres & des eaux occafionnent des brouillards fréquens & mal-fains , fur-tout pendant la faifon de l'Automne.

Le commerce de ce lieu confifte principalement, dans le débit des fubfiftances néceffaires à l'entretien des auberges , qui y font en grand nombre , à caufe du paffage des voitures publiques. Les féjours du Prince font auffi fort avantageux à la vente des denrées. Il y a eu pendant quelque temps une manufacture de fayance , qui n'a pas réuffi. Il a été un temps , où le commerce de boiffellerie & de layeterie étoit floriffant à Villers-Cotteretz : on y fabriquoit auffi de la fabotterie & des pelles de bois. Il feroit à défirer pour l'utilité publique , qu'on y ranimât ce commerce. Le public en tireroit des effets meilleurs & à plus bas prix , que ceux qu'on vend ailleurs.

BONEUIL , eft une ancienne Maifon Royale , fituée au Nord-Oueft de Villers-Cotteretz & de Vez. Il y avoit anciennement une Prevôté , qui a été abolie. Boneuil n'eft plus qu'un village peu nombreux.

NANTEUIL-LE-HAUDOUIN , eft après Villers-Cotteretz la principale dépendance de la Châtellenie de Crépy. Il est placé sur la même grande route, qui passe à Villers-Cotteretz & qui conduit de Paris à Soissons, c'est le milieu du chemin, à onze lieues environ de l'une & de l'autre ville. Nanteuil est du Diocese de Meaux, du Bailliage & de l'Election de Crépy, d'où il est éloigné de trois à quatre lieues. Il n'y a dans Nanteuil qu'une seule paroisse, sous le titre de S. Pierre ; un ancien Prieuré de Bénédictins de la réforme de Cluny, sous le titre de Notre-Dame ; un Hôtel-Dieu fondé au treiziéme siécle par les Seigneurs du lieu, avec une Chapelle.

La seigneurie de Nanteuil remonte jusqu'aux premiers temps de notre Monarchie. Elle fut possédée en premier lieu par un Franc de la suite de Clovis, & transmise par droit d'hérédité à S. Walbert, qui vivoit au septiéme siécle. Cette terre fut ensuite partagée, entre les Moines de Luxeuil & les Comtes de Ponthieu. Hilduin Comte de Breteuil, la possédoit presque toute entiere en l'an 1000. Il la donna en dot à une de ses filles, qu'il accorda aux recherches de Raoul II, fils de Gautier Comte de Crépy.

Raoul fut Seigneur de Crépy & de Nanteuil, après la mort de son pere. Il eut deux fils. Il donna la terre de Nanteuil au second, nommé Thibaud. Les descendans de Thibaud posséderent Nanteuil jusqu'en 1300. Cette terre vint ensuite au pouvoir des Seigneurs de Pacy, de Broyes, de Lenoncourt, de Guise, de Schomberg & d'Estrées. M. le Prince de Condé est présentement Seigneur de Nanteuil, par acquisition.

Le château de Nanteuil est grand, spacieux & bien bâti. Il est le chef-lieu d'un arrondissement dressé en 1543, lorsqu'il fut question d'ériger la terre en Comté, en faveur d'un Seigneur de Lenoncourt. Les dépendances utiles de ce domaine sont nombreuses.

On peut compter deux Jurisdictions dans Nanteuil, la haute-Justice & le siége de la Gruerie de Valois, dont les audiences se tiennent plus souvent qu'à Crépy, parce que le Seigneur de Nanteuil jouit de tout l'utile de cette Gruerie. Ce siége est tenu par deux Juges & par deux Procureurs seigneuriaux ; l'un royal, l'autre subalterne. Les bois de la Gruerie de Nanteuil, qu'on nomme aussi Gruerie de Valois, sont situés entre Nanteuil & Crépy,

Le principal commerce du lieu consiste en bled, que l'on enlève pour la provision de Paris. Le marché de Nanteuil est l'un des plus forts.

de la province. Il y a dans Nanteuil comme à Villers-Cotteretz beaucoup d'auberges: la plûpart des voitures publiques, qui partent de Paris, prennent gîte à Nanteuil. Le nom latin de ce lieu est *Nantolium*.

La Châtellenie de Crépy s'étend au Midi, sur deux portions de pays dont l'une est appellée lès - Gombries, l'autre le Multien. Nanteuil est comme la capitale des Gombries; trois villages de son voisinage conservent encore cette dénomination; Boiffy, Frénoy & Péroy - lès - Gombries.

Quant au Multien, la Châtellenie de Crépy n'en comprend que la partie Septentrionale; le reste appartient à Meaux. Mail ou May en Multien, Rosoy & Acy en Multien, avec le château de Gêvres & le hameau de Retz près d'Acy, dépendent du Valois.

Mail, Mall ou May, en latin *Mallum*, est un lieu remarquable. Son château est l'un des plus anciens du Royaume. Il y avoit sous les Rois de la première & de la seconde race, un champ de Mars situé devant une place d'armes, où ces Princes tenoient les assemblées générales de la nation. Le siége de la Gruerie de Valois a été long-temps tenu dans cette plaine, à laquelle on donne aujourd'hui le nom de Jarrion. May est situé à l'Occident du château de Gêvres, sur une hauteur. Ce lieu est une paroisse. Il a été érigé en Châtellenie par Henry IV, en faveur d'un Seigneur de la Maison de Gêvres.

Acy en Multien, est un bourg; nous en donnerons une notice étendue dans cette Histoire. C'est l'un des trois lieux, où les Gruyers de Valois tenoient, le Mardi de chaque semaine, leurs audiences ordinaires, près la fontaine qui est en face de l'Eglise. Ils siégeoient le Jeudi à Nanteuil & le Samedi à Crépy. Le hameau de Retz, qui a donné son nom à toute la forêt, est contigu au bourg d'Acy du côté d'Occident. Il y avoit sous Charlemagne une Abbaye, à l'endroit ou est présentement la Chapelle.

Acy, May & les lieux voisins, sont du Diocese de Meaux & du Bailliage de Crépy.

La Châtellenie & le Bailliage particulier de Crépy comprenoient anciennement la ville de Beaumont-sur-Oise & ses dépendances.

Chavercy & la Houatte sont deux endroits qui ont été renommés, & dont on trouve à peine actuellement quelques vestiges. Chavercy qui n'est plus qu'un hameau de sept à huit maisons, sur la gauche du chemin qui conduit de Crépy à Verberie, a été remarquable pendant cinq à fix fiécles, par un fort château d'une grande magnificence. On en attribue la fondation à Oger furnommé le Danois, l'un des favoris de Charlemagne.

La Houatte eft préfentement une ferme, entre Ducy & Rully, à fix cens foixante toifes au Midi de ce dernier lieu. On voit dans la cour un pan de pignon, qui eft un refte d'un ancien château appellé dans les écrits des douziéme & treiziéme fiécles, la Grange S. Arnoul. Cet endroit eft remarquable, pour avoir été le rendez-vous d'un Congrès, dans lequel le Roi Philippe Augufte devoit terminer fes différens avec Philippe d'Alface Comte de Flandres, touchant les Comtés de Vermandois & de Valois.

Cette même Châtellenie comprend auffi dans fon reffort, dix-fept Mairies, qui font Bargny, célebre Maifon Royale fouvent citée dans nos chroniques fous le nom de *Brinnacum*; Mornienval, Largny, Feigneux, Orouy, Vauciennes, Demeville, Viviers, Damleu, Piffeleu, Coyoles, Pondront, Ruffy, Haramont, Gilocourt, Oger-Saint-Vincent & Boneuil.

Elle contenoit autrefois foixante & douze fiefs nobles, qui donnoient chacun à fon poffeffeur, le droit de fiéger aux plaids ou affifes de Crépy. On choififfoit ordinairement pour rendre la juftice, les quatorze anciens.

Les lieux titrés de cette premiere Châtellenie font, le Duché de Trefmes ou de Gêvres; les deux Comtés de Nanteuil & de Levignen; les deux Châtellenies particulieres du Parc-aux-Dames & de May en Multien; les Abbayes d'hommes de Villers-Cotteretz & de Lieu-reftauré, ordre de Prémontrés; les Prieurés de S. Arnoul de Crépy & de Notre-Dame de Nanteuil; les Abbayes de femmes de S. Remy de Villers-Cotteretz, de Mornienval, & du Parc-aux-Dames, le Prieuré de Long-prez, & un grand nombre d'autres bénéfices clauftraux ou commendataires.

Ce détail doit donner une idée diftinguée du reffort, dont nous venons de faire la defcription. Voici par ordre alphabétique, les noms de tous les lieux de cette Châtellenie.

Lieux de la Châtellenie de Crépy.

A

Acy en Multien.
Anthilly.
Auberval ou le Berval, paroiffe de Boneuil.
Auger ou Oger-Saint-Mard.
Auger-Saint-Vincent.

B

Bargny.
Bazoches près Duvy.
Beauvau ou Beauvoir, près Orouy.
Bellival.
Befmont.
Bétancourt.
Betz.
Boifly-lès-Gombries.
Boneuil & les butes.
Bouillant.
Bouillancy.
Boulars.
Braffoire.
Buy, près Mornienval.

C

Chapelle aux Auvergnats, paroiffe de Vauciennes.
Chaumont, paroiffe d'Oger-Saint-Vincent.
Chavercy, paroiffe de Trumilly.
Chavres.
Chelles-Sainte-Baubourg, uni au Duché de Valois.
Charly, par augmentation du Bailliage.
Chefnoy fous May.
Chevreville.
Clos Bernard, paroiffe de Rofieres.
Coyoles.
Cuveret, près Chavres.

Cuvergnon.

D

Damars.
Damleu.
Demeville.
Droifelles.
Ducy ou Drucy, paroiffe de Trumilly.
Duvy.

E

Elincourt, paroiffe de Mornienval.
Eluats (les).
Efchancu.
Eftavigny.
Eftrepilly.

F

Feigneux.
Folie, paroiffe de Levignen.
Fontenelle ou Fontenay, paroiffe de Vez.
Foffe (la), paroiffe de Mornienval.
Foffemont.
Foffés (les), paroiffe de Haramont.
Four d'enhaut Four d'enbas à Mornienval.
Frefnoy-lès-Gombries.
Frefnoy-le-Luat.
Frefnoy-la-riviere.

G

Germaincourt, paroiffe de Cuvergnon.
Gerefme près Crépy.
Gigny près Trumilly.
Gilocourt.
Gironval ou l'Aventure, paroiffe de Rofieres.

Rofieres.
Gondreville.
Grand-champ, paroiffe de Cuver-
gnon.
Grange (la) Clergie, paroiffe d'An-
tilly.
Grange (la) l'Abbeffe, paroiffe de
Mornienval.
Grange (la) au Mont, paroiffe de
Mornienval.
Grange (la) Saint-Faron, paroiffe
d'Eftavigny.
Grimancourt.

H

HARAMONT.
Haudrival, paroiffe de Feigneux.
Hautavefne, paroiffe de Boneuil.

I

IVORT.

L

LANVAL, paroiffe de Boneuil.
Largny.
Lefpine, paroiffe de Viviers.
Leffart, paroiffe de Mornienval.
Leffart, paroiffe de Viviers.
Levignen, Comté.
Lieu-reftauré, Abbaye de Prémon-
trés.
Longavenne, paroiffe de Viviers.
Long-prez, Couvent de Fontevrault.
Le Luat.

M

MAGNIVAL, paroiffe de Serry.
Maneuvre.
Maqueline.
Marnoue-lès-Moines.
May en Multien, & dépendances.
Meremont, grand & petit.
Migny, paroiffe de May en Multien.

Montigny-Ruffy.
Morucourt ou Morecourt.

N

NANTEUIL-LE-HAUDOUIN, Comté
Neuilly ou Nully, paroiffe de Roc-
quemont.
Noue.

O

OGNES.
Ormois-le-Davien.
Ormois-emmi-les-champs.
Orouy.

P

PIERREFITTE.
Piffeleu.
Pleffis-au-bois.
Pleffis-le-Bougre, ou Pleffis-fous-
Cuvergnon.
Pleffis-Bouillancy.
Pleffis-Cornefroy, paroiffe de Tru-
milly.
Pleffis-Placy.
Pontdron.
Proy-lès-Gombries.

R

RIEUX-SOUS-MAY.
Roquigny.
Rofieres & la montagne.
Rozoy en Multien.
Rouville.
Rouvres en Multien.
Ruffy.

S

SAINT-CLÉMENT.
S. Germain près Crépy.
S. Oyen près Eftavigny.
S. Samfon.

Sennevierres.

Sery.

T

Tuillerie (la), paroisse de Mornienval.

Tournelle (la), paroisse de Cuvergnon.

Tresmes ou Gêvres, Duché.

Trumilly.

V

Vache-à-laise (la), paroisse de Mornienval.

Varirfroy.

Vauciennes ou Vouciennes.

Waru, paroisse de Bétancourt.

Vaumoise.

Vautier-voisin.

Walu, paroisse de Vez.

Verncilles-sous-May.

Vez.

Ville-neuve, paroisse d'Auger-Saint-Vincent.

Villers-Coueretz, ville & Maison Royale.

Villers-emmi-lès-champs.

Villers-les-portez, paroisse de Cuvergnon.

Villers S. Geneft.

Virginettes, ferme.

En tout, cent trente-sept lieux.

ARTICLE II.

Châtellenie de la Ferté-Milon.

LA ville de la Ferté - Milon eft le feul lieu notable de fon reffort. Elle tient dans le Valois le premier rang après Crépy, dont elle eft éloignée de quatre lieues. Elle eft à quinze lieues de Paris, & à quinze de Reims, à fept de Meaux & de Soiffons, fur le chemin militaire qui conduit d'une ville à l'autre : elle eft du Diocefe & de la Généralité de Soiffons & de l'Election de Crépy.

On la divife en trois parties qui font, le château, la ville & la chauffée. La haute-ville eft féparée de la chauffée, par la riviere d'Ourcq. Il y a deux Eglifes paroiffiales pour la ville, Notre-Dame & S. Vaft, & une troifiéme fous le titre de S. Nicolas, pour la chauffée, qui réunit les dépendances de deux autres Eglifes préfentement détruites ; S. Pierre de Charcy & Notre-Dame du bourg. On voit encore à la chauffée une Eglife de la Magdelaine, qui eft interdite : fa bâtiffe eft du onziéme fiécle. Elle étoit le titre d'un Prieuré de Bénédictins, lequel eft préfentement réuni à S. Faron de Meaux. La Collégiale & la Maifon du Prieuré de S. Vulgis, dont il fera fouvent parlé dans cet Ouvrage, ne fubfiftent plus.

Ils ont été démolis, l'un & l'autre ; le titre & les biens sont réunis à l'Abbaye de S. Jean-lès-Vignes de Soissons. L'Eglise de Notre-Dame a été bâtie des débris de celle de S. Vulgis. On voyoit encore au commencement de ce siécle au-dessus de Notre-Dame, une partie de la maison, que les Templiers occupoient à la Ferté-Milon, avant leur destruction. Les biens de cette Communauté sont réunis à la Chartreuse de Bourg-fontaine.

Il y avoit aussi à la Ferté-Milon une Maladerie, qui a été changée au dernier siécle, en un Prieuré de cinq Religieux de Cîteaux. L'Eglise & la Maison conservent encore le nom de S. Lazare. L'Hôpital a été occupé à peu près dans le même temps, par une Communauté de Religieuses Cordelieres, sous le titre de S. Michel. L'Hôtel-Dieu est desservi par des Sœurs de l'Enfant-Jesus de Soissons.

On compte dans la Ferté-Milon deux Jurisdictions, une Prevôté Royale & Châtelaine, & un Grenier à sel. La Prevôté comprend en premiere instance les lieux voisins de Chouy & dépendances, Lyonval, la Loge-tristan, les Esdroles, Marisy, Noroy, S. Quentin, Villers-le-petit, autrefois Maucreux. Cette Prevôté a été substituée en 1703, à un Bailliage particulier.

Le Grenier à sel est l'un des plus anciens du Royaume. Le Corps de Ville est composé d'un Maire & de deux Echevins. Le Collége fondé en 1719, est tenu par un Ecclésiastique séculier. La Compagnie d'Arquebuse a été rétablie en 1751. La Ferté-Milon est aussi la résidence d'un Subdélégué de la Généralité de Soissons.

La haute ville, lorsqu'on la considere du côteau opposé, paroît bâtie en amphithéâtre. Elle est entourée de fortes murailles qu'on néglige. Elle a quatre portes anciennes & une cinquiéme qu'on a percée depuis peu, & qui conduit au chemin de Paris. Les armes de la Ferté-Milon sont d'azur, à la salamandre couronnée & environnée de flammes : devise, *nutrisco & extinguo.*

Le nom latin de cette ville est *Firmitas*, comme qui diroit forteresse. *Milon* est le nom d'un Seigneur, qui l'a renouvellée. On peut rapporter la premiere origine de la ville & de la forteresse, au neuviéme siécle ; elle demeura près de 100 ans, au pouvoir de quelques Seigneurs particuliers, qui en transmirent la propriété aux Comtes de Crépy. Depuis ce temps jusqu'à nos jours, la Ferté-Milon n'a pas cessé d'appartenir aux

Seigneurs de Crépy & du Valois. La Justice même y a toujours été rendue en leur nom.

Louis de France, premier Duc de Valois, fit rebâtir le château en grande partie, dans un goût noble & majestueux. On en voit encore de superbes restes. Henry IV le fit démolir en 1594, parce que le Commandant avoit soutenu contre son armée un long siége, que ce Prince avoit été obligé de lever.

Depuis la mort du Duc d'Orléans frere du Roi Charles VI, jusqu'en 1694, la seigneurie du lieu fut presque toujours possédée par des Engagistes; les Princes d'Orange en premier lieu, les Beaunes en second. Elle appartient aux Ducs de Valois, depuis les dernieres années du siécle passé.

La ville de la Ferté-Milon a donné naissance au grand Racine. L'inimitable la Fontaine épousa en ce même lieu Marie Héricard, fille du Lieutenant particulier. Le pere de M. Dupin, célebre Auteur Ecclésiastique, étoit né & avoit été domicilié à la Ferté-Milon.

Le commerce principal de ce lieu doit nécessairement consister dans un détail de toutes sortes de denrées, à cause du passage presque continuel des troupes; aussi la ville est elle remplie de petits marchands. Il y avoit au commencement de ce siécle un gros commerce de tannerie, lequel est présentement diminué. Nous estimons, qu'à cause de la proximité de la forêt & de la riviere d'Ourcq, il seroit très-avantageux de ranimer ces fabriques. Le ru de Saviere étant rendu navigable, seroit une nouvelle source d'avantages. On pourroit y former un port, où tous les bleds du Soissonnois arriveroient, pour être ensuite transportés à Paris par la Marne. On fabrique à la Ferté-Milon beaucoup de toiles de ménage : la blancherie pour ces toiles est en réputation. Comme la riviere d'Ourcq est sujette à des réparations fréquentes, le Prince entretient à la Ferté-Milon un Ingénieur, qui est chargé d'y veiller.

Les lieux remarquables de cette Châtellenie sont, Mauoreux, terre agréable, la seigneurie Châtelaine de Pacy en Valois, les deux Marisys, Louatre & Louvry, ancienne terre ornée originairement d'un château, d'une Collégiale & d'un bourg, dont on retrouve à peine actuellement quelques traces.

Cerfroid chef d'ordre des Mathurins, & la vaste Chartreuse de Bourg-fontaine, sont deux établissemens de ce ressort. La Prévôté de Marisy, est comptée parmi les premiers bénéfices commendataires du Diocese de Soissons. Les Prieurés simples de Chézy en Orceois, & de Louvry appartiennent aux Bénédictins de S. Arnoul de Crépy. Le Prieuré d'Auteuil est présentément réuni au Séminaire de Soissons : Collinances, Prieuré de Fontevrault, est aussi compris dans cette Châtellenie.

Lieux de la Châtellenie de la Ferté-Milon.

A

ANCIENVILLE.
Auteuil.

B

BEAUVAL près Fulaine.
Billemont.
Bourg, ferme & garde de l'étang de Bourg.
Borneville ou Bournonville.
Bourg-fontaine, Chartreuse.
Boursonne, moitié.
Briqueterie (la), paroisse de Chézy.
Brumetz.
Bussieres.

C

CALVISE, paroisse de Louatre.
Cartigny, paroisse de Coulon.
Cerfroid, chef d'ordre des Mathurins.
Charcy.
Cheneloy, paroisse de Marisy-Sainte-Geneviéve.
Chenneviere près Fulaine.
Chézy en Orceois.
Chouy & dépendances.
Collinances, Prieuré de Fontevrault.
Coulomb ou Coulon.
Couture pasquette (la), & la vallée de Louatre.

D

DOUY-LA-RAMÉE.

E

EDROLLES (les), paroisse de Chouy.
Essarts (les), près Douy-la-ramée.

F

FALOISE (la), paroisse de Louatre.
Fleury-Corcy.
Fulaine.

G

GERMIGNY-sous-Coulon.
Grange (la), au Bois, paroisse de Bruyeres.
Grange (la) Cœuvret, près Brumetz.
Grange (la) Coulon, paroisse de Coulon.
Grange (la) Genevroy.
Grange (la) Morel, paroisse de Marisy-Sainte-Geneviéve.
Grande (la) Maison près Ouchy.
Gros (le) Aunoy, paroisse de Fulaine.

H

HAUTEVENNE près Bitry.
Hervilliers, paroisse de Coulon.
Heurtebise, paroisse de Coulon.

Houillon, près Mareuil-la-Ferté.

L

LA Loge-aux-bœufs, paroisse de Pacy.

La Loge-aux-sauvages, paroisse de Chouy.

La Loge-Tristan, paroisse de Chouy.

L'Eglantier près Bellimont.

Lionval, paroisse de Chouy.

Louatre & sa vallée.

Louvry.

M

MACOGNY, paroisse de Montron.

Marchais (les), paroisse de Coulon.

Mareuil-sur-Ourcq.

Marisy-Sainte-Geneviéve.

Marisy - Saint - Mard.

Marolles.

Marre (la), paroisse de Douy.

Maucreux.

Montemafroi, paroisse de Chésy en Orceois.

Montigny-la-Commanderie.

Montigny-Lallier.

Montoury, paroisse de Montron.

Montron.

Mosloy, près la Ferté-Milon.

Mosne.

N

NADON.

Neufchelles, prétendu par Senlis.

Neuviviers.

Noroy.

P

PACY en Valois.

Plessis - sur - Auteuil, prétendu par Senlis.

Préciamont, paroisse de Marolles.

R

RAMÉE (la) paroisse de Douy.

Reveil, ferme.

Riviere, paroisse de Mareuil.

S

SAINT-QUENTIN-lès-Louvry, partie d'Ouchy.

S. Vulgis, fief à Haute-Vesne.

T

THURY.

Troesnes.

V

VAUPARFOND, paroisse de Marolles.

Ville-neuve près Thury.

Villers-le-petit.

Violaine près Louatre.

En tout quatre-vingt lieux.

ARTICLE III.

Châtellenie de Pierrefonds.

LA Châtellenie de Pierrefonds eſt l'une des plus nobles, des plus anciennes, & la plus étendue de celles qui forment le Duché de Valois. Pierrefonds, chef-lieu de tout le reſſort, eſt ſitué au milieu des bois, à l'extrémité Orientale de la forêt de Compiegne, au Nord de la haye l'Abbeſſe, à trois grandes lieues au Nord de Villers-Cotteretz & de Crépy, & à trois lieues Sud-Eſt de Compiegne. Son nom latin eſt *Petraſons*.

Pierrefonds n'a jamais été renommé que par la force de ſon château & par la puiſſance de ſes Seigneurs. Il n'y paſſe ni grand chemin, ni riviere, qui puiſſe y procurer un commerce extérieur, lucratif. L'aſpect du lieu & des ruines de la fortereſſe annonce la conduite & les deſſeins de ſes premiers maîtres, qui ſeuls, loin de tout commerce, ſans voiſinage, retranchés ſur des hauteurs & fortifiés dans leurs châteaux, faiſoient la loi à toute la province, attaquoient leurs ennemis, en triomphoient ; & réduiſoient les plus puiſſans Seigneurs à la néceſſité de les craindre, ou de rechercher leur alliance.

Les maiſons qui compoſent la paroiſſe de Pierrefonds, ſont diſperſées, le bourg n'en eſt qu'une portion. Cette paroiſſe eſt du Dioceſe de Soiſſons, de l'Election de Crépy. La Prevôté Royale de ce lieu a été ſubſtituée à un Bailliage particulier, & ſupprimé en 1703. Les premieres inſtances de cette Prevôté ſont nombreuſes.

Il y a eu deux châteaux de Pierrefonds. Le premier étoit ſitué ſur la montagne au-deſſus du Prieuré, à l'endroit même où eſt préſentement la ferme. Le ſecond château eſt celui dont on voit encore de ſi beaux reſtes, ſur une croupe de montagne au-deſſus du bourg.

Le premier fut conſtruit des débris d'une Maiſon Royale, placée vers l'endroit où eſt actuellement le Chêne-Herbelot. Cette maiſon eſt nommée *Caſnum* dans les chroniques latines : on y a tenu des Parlemens & des aſſemblées de la nation, ſous les Rois de la ſeconde race.

Ceux qui ont fait conſtruire le premier château de Pierrefonds, étoient

Châtelains de cette Maison Royale. Ils le fortifierent, parce qu'ils vivoient dans des temps, où les Normands & les Factieux faisoient de grands
ravages. Ils s'aquirent par leur valeur une réputation, qui s'étendit au
loin. Tous les lieux de la Châtellenie & de l'Exemption de Pierrefonds,
dont on trouvera le dénombrement ci-après, appartenoient alors à des
possesseurs, qui trop foibles pour résister aux ennemis du dehors & du
dedans, mirent leurs biens sous la sauve-garde de ces Seigneurs, dont
les troupes surpassoient en nombre celles des premiers vassaux de la Couronne, & du Roi même. Cette puissance énorme, a duré près de
deux siécles. L'Ancien château tomboit en ruine, lorsque Louis de France
frere de Charles VI, fit construire la seconde forteresse, dont on voit
encore une partie des murs. Ces restes méritent d'être vus; l'édifice
avant qu'il fut démantelé, passoit pour une merveille d'architecture.
Nous en avons fait graver le plan visuel & géométral, dans le second
volume de cet Ouvrage. Ce château fut assiégé & démantelé en 1617,
par Charles de Valois fils naturel du Roi Charles IX.

On comptoit autrefois plusieurs Eglises sur le territoire de Pierrefonds,
la Collégiale de S. Mesmes dans le premier château, celle de S. Jacques
au second, un Prieuré de Bénédictins au bourg, sous le nom de S. Sulpice, & une paroisse. La Collégiale de S. Mesmes fut unie au Prieuré de
S. Sulpice, après la destruction du château. Le Prieuré de S. Sulpice
est présentement uni à la Cure de Chantilly. Les Canonicats de S. Jacques
subsistent, les titulaires ne sont astreints qu'à un seul jour d'assistance
pendant l'année : le vingt-cinq Juillet, ils s'assemblent & font l'office
de S. Jacques, dans l'Eglise paroissiale, qui est présentement la même
que celle de l'ancien Prieuré.

La Châtellenie de Pierrefonds différe des autres, en ce que son chef-
lieu n'est plus, pour ainsi dire, qu'un désert, tandis qu'elle renferme
dans son ressort les plus nobles & les plus belles dépendances. La Jurisdiction embrasse du côté d'Orient, le fauxbourg de Crise de Soissons,
avec l'Abbaye de S. Jean-lès-Vignes; elle comprend la Croix-Saint-
Ouen, qui releve encore de Pierrefonds en premiere instance, avec la plus
forte partie des deux vastes forêts de Compiegne & de Villers-Cotteretz,
jusqu'à l'extrémité Méridionale de la forêt de Daule, & divers lieux par
intervalle, jusqu'au Bourget près de Paris, ou l'hôtellerie du Moulinet
d'or, & la plûpart des maisons du même côté, font une dépendance

de

de Pierrefonds. La porte de Pierrefonds à Compiegne, avec les trois fiefs de la Seure, de la Tournelle & du Traveil, quelques portions de Venette & de Jaux, Rivecourt même & Canly, &c. relevent de cette même Jurisdiction.

L'Exemption de Pierrefonds a été formée successivement. Les lieux qu'elle renferme, sont des domaines d'Abbayes & de Communautés, qui obtinrent du Roi la permission de porter leurs causes devant un Officier de Justice établi à Compiegne, sous l'autorité du Bailly de Senlis, au lieu d'être jugés par le Prevôt ou par le Lieutenant de Pierrefonds.

Cette Châtellenie renferme les onze Mairies de Aconin près Soissons, de Berzy, de Charentigny, de Cœuvres, Cutry, Pernant, Ressons-le-long, Arthese ou S. Bandry, S. Etienne, Ambleny, Ploisy.

La Pairie de Pierrefonds est ancienne. Le nombre des fiefs qui donnoient ce droit, m'est inconnu. Les premiers Seigneurs du lieu, étoient comme absolus ; ils rendoient la Justice eux-mêmes, ou par leurs Lieutenans.

Les lieux remarquables de cette Châtellenie sont, le château de Martimont, Cœuvres, chef-lieu du Duché d'Etrées, le Marquisat de Fayel-Rucourt, la Baronie de Cramailles en partie, la Châtellenie particuliere de Viviers ; les terres de Berzy, de Villers-le-Hellon & d'Ambriés, qui sont appellés Vicomtés dans les titres ; les Abbayes de S. Jean-lès-Vignes de Soissons, chef d'ordre ; des Bernardins de Long-pont, des Prémontrés de Valsery près Villers-Cotteretz ; les Prieurés de S. Jean-au-bois, de S. Pierre-en-Chastres ; ceux de Rivecourt, de S. Nicolas de Courson, de Viviers, de Nadon, du Châtelet & de Pierrefonds. Ces quatre derniers bénéfices sont simples.

Le territoire de Pierrefonds n'est distingué, ni par ses productions, ni par son commerce. Il y a dans le bourg toutes les semaines un marché, où l'on expose les denrées nécessaires à la vie. En comptant les lieux titrés dont je viens de parler, les dépendances de la Châtellenie de Pierrefonds sont au nombre de plus de cent quatre-vingt-dix. Voici la liste alphabétique des lieux de ce ressort.

A

ACONIN, près la riviere de Crise.
Ambleny.
Ambriés.
Abincourt.
Arcy en la campagne.
Ardres.
Attencourt.
Attichy, & dépendances.
Autebray.
Autresches.

B

BAUGY.
Banru.
Bazoches près Septmont.
Beaurepaire, paroisse de Vierzy.
Bernay.
Bérogne & dépendances.
Berzy.
Besleu.
Bienville en partie.
Bierzy.
Billy-Venisel.
Bitry, & S. Pierre à Bitry.
Bourget près Paris, le moulinet & autres maisons.
Breuil-sous-Saconin.

C

CABARET, paroisse de Mornienval.
Canly près d'Arcy, en partie.
Champ-Baudon, près Pierrefonds.
Chapelle (la) mentard, paroisse de Montgobert.
Charentigny, paroisse de Villemontoire.
Châtelet (le).
Chaudieres (les).
Chaudun.
Chavigny-le-fort, près Coucy.

Chavigny-Saint-Léger.
Chazelles.
Chercy.
Chevrieres ou Civrieres.
Chevreuse.
Clairois près Compiegne, en partie.
Clamecy.
Cœuvres Duché, & la ferme du Murger.
Coudron.
Couloy.
Couloisy.
Coupaville.
Courcelles.
Courmeilles ou Cormeilles.
Courtenson, paroisse de S. Bandry.
Courtil.
Courthieux.
Couveloy.
Cravençon.
Crise, Fauxbourg de Crise ou de S. André à Soissons.
Croustes près Nanteuil-sur-Marne.
Croustoy ou Crotoy.
Croix-Saint-Ouen (la), & dépendances.
Cuffy ou Cuffies.
Cuise.
Cury, près Violaine.

D

DROISSY ou Droisi.
Duisel.
Duisi.

E

ESPAGNY.

F

FAVEROLLES.
Fayel (le).

Femy, paroiffe d'Arcy-Sainte-Reftitue.

Folie (la), paroiffe de Pierrefonds.

Fontenoy-fur-Aifne.

Fontenoy, paroiffe de Pierrefonds.

Foucrolles.

G

GENANCOURT.

Gorge (la), paroiffe de Montigny-Langrain.

Grange (la), près Long-pont.

Grange (la), paroiffe de Morfain.

Grange (la) au Vivier, paroiffe de Long-pont.

H

HANCEL, & dépendances.

Hartannes ou Artennes.

Hauterval, fief du grand & petit.

Haute-Fontaine.

Houffeau ou Houffes, près Arcy-Sainte-Reftitue.

J

JAVAGE & garde de l'étang de Javage.

Jaux en partie.

Jaulzy.

L

LA GLAN, près S. Pierre-ailes.

Latilly-fous-Berzy.

Laverfine.

L'Efchelle paroiffe de Berzy.

Longueil, près Duify.

Long-pont, Abbaye de Bernardins.

Loupeignes.

Luceron.

M

MAISON-blanche (la) près Vic-fur-Aifne.

Maifon-neuve (la), près Chaudun.

Mambren, paroiffe d'Amblegny.

Marcin ou Merfin.

Marival, paroiffe de Roy S. Nicolas.

Martimont le haut & le bas.

Maupas, près Vaubuin.

Mercieres près la Croix-Saint-Ouen.

Mefnil (le), près Rivecourt.

Meffenin (le).

Meux (le), en partie.

Millancourt.

Miffy-au-bois.

Moinville près Reffons-le-long.

Monflan.

Montgobert.

Montigny-Langrain.

Mont-Sanpin.

Mont de Soiffons.

Morembœuf, paroiffe de Vierzy.

Morfain.

Morte-fontaine.

Motte (la), près de Cuife.

Motte (la), près Maupas.

N

NANTEUIL-fur-Marne.

Nanteuil-fous-Muret, en partie.

Neuf-fontaine, près Pierrefonds.

Noyan.

O

OSLY-Courtil.

P

PALESNE, près Pierrefonds.

Pafly.

Pernant.

Pigeonville.

Pleffis-Bitry.

Pommiers.

Pontarcher.

Pouy, paroisse de Montigny-Langrain.
Poulandon, fief dans Ressons.
Presles.
Puisieux près Soucy.

R

Ressons-le-long en partie.
Retheuil.
Reuve.
Rivecourt.
Rosiers en Tardenois.
Roylet.
Roy-Saint-Nicolas.
Rucourt.

S

Saconin.
Say, paroisse de Jaulzy.
S. Agnan, près Valsery.
S. Bandry.
S. Etienne.
Sainte Geneviéve.
S. Jean-lès-Vignes à Soissons.
S. Jean-au-bois, Prieuré.
S. Léger, paroisse d'Espagny.
S. Pierre-en-Chastres, Couvent de Célestins & dépendances.
Saponay ou Saponain.
Septmont.
Silly-la-potterie.
Soucy.

T

Taille-Fontaine.
Tannieres.
Tartiers.
Thaux.
Thézy.

Thuillerie (la), paroisse de Montgobert.
Tigny.
Toizy.
Tour (la) d'Arcy.
Transloy (le).
Trosly-au-bois.
Trosly-Breuil.

V

Vallée (la), près Banru.
Vallée (la) près Courthieux.
Vauberon, paroisse de Montigny-Langrain.
Vaubuin.
Vauresis.
Vaux-sous-Loupeignes.
Vaux-Saint-Nicolas.
Venizel.
Vermesselles.
Verte-feuilles, paroisse de S. Pierre-ailes.
Vichelles, paroisse de Chelles.
Vierzy.
Vignerolles.
Villebrain.
Villemantuy ou Villemontoir.
Ville-neuve, paroisse de Ressons-le-long.
Villers-la-fosse.
Villers-le-Hellon.
Villerseaux ou Villarsaux.
Violaine près Charentigny.
Violaine-sous-Long-pont.
Visigneux.
Viviers.
Vouty.

En tout, cent quatre-vingt-huit lieux.

Lieux de l'Exemption de Pierrefonds.

A

Ajeux (les), paroisse de Berneuil.
Ambien.
Annet, cense & maison.
Arbre-Jacquemart, paroisse d'Attichy.

B

Berneuil ou N. Dame de la joie.
Berny & Riviere.
Bonval.
Breuil près Trosly.

C

Caigny (le moulin de).
Chelles près Haute-fontaine, en partie.
Chemin (le), ferme.
Confrecourt.
Cuissy en Almont.
Cutry, moitié.

D

Drachi ou Dracy.

E

Evry, ou Comblancourt, paroisse de Morsain.

G

Grimperie (la) près Vic-sur-Aisne.

H

Harant (le Port d') & les Maisons.
Hiromesnil.
Hosly.
Houveront.

L

Leschaffaux.
Lucy-le-bocage.

M

Malvoisine (la).
Marenval.
Margosset.
Mont-Berneuil.

O

Ors.
Outre-braye.

P

Puissaleine.

Q

Quenneviere ou Cheneviere, dans la forêt de Laigue.

R

Romens.

S

Sacy.
S. Christophe à Berry.
Sous-le-mont, paroisse de Taille-Fontaine.

T

Tracy-le-mont, en partie.
Tuisy près Vic-sur-Aisne.

V

Vaux-sous-Confrecourt.

En tout, trente-huit lieux.

ARTICLE IV.

Châtellenie de Béthizy & Verberie.

CEtte Châtellenie renferme deux chefs-lieux, parce que le siége de sa Jurisdiction a été tantôt partagé entre ces deux lieux, tantôt transféré d'un endroit à l'autre. Le siége fut établi d'abord à Verberie, puis à Béthizy. Il a été nouvellement fixé à Verberie. Ce dernier lieu est une ancienne Maison de plaisance de nos Rois, & un bourg peuplé : Béthizy a été une forteresse, autour de laquelle s'est formé un bourg, qui est présentement détruit en partie.

VERBERIE. Les Géographes le nomment, tantôt ville, tantôt bourg. Il est situé sur le grand chemin de Paris à S. Quentin, entre Senlis & Compiegne, à quatorze lieues de Paris, à quatre de Senlis, trois de Crépy, deux de Pont. Verberie est du Diocese de Soissons, de la Généralité de Paris, du Bailliage de Valois, Election de Compiegne, Maîtrise de Villers-Cotterez. Son nom latin est *Vermeriæ* ou *Verberiæ*.

On Compte à Verberie trois paroisses, deux dehors, S. Vast & S. Germain, & une sous le titre de S. Pierre, de laquelle dépend l'intérieur du bourg. Il y a une Ministrerie de Mathurins, établie dans l'Hôpital du lieu en 1206, sous le titre de S. Nicolas, & une autre Eglise de Notre-Dame, fondée vers l'an 1340. La Maladerie a été démolie depuis la réunion de ses biens à l'Hôtel-Dieu en 1693. Les Ecoles des filles sont tenues par deux Sœurs de l'Enfant-Jesus de Soissons. La ferme de Fay étoit autrefois un Monastere, occupé par des Bernardins de l'Abbaye de Châlis.

La seigneurie de Verberie étoit originairement un domaine du Fisc. Ce domaine a toujours appartenu au Roi ou à des Princes qui l'ont tenu d'eux en apanage, comme membre du Duché de Valois. On ignore le temps de la fondation du premier château. L'Empereur Charlemagne le fit rebâtir dans un goût vaste & magnifique, vers l'an 808. Tous les lieux de la Châtellenie actuelle étoient comme autant de dépendances ou d'accessoires de ce château.

Nos Rois firent au château de Verberie des voyages réglés, depuis la

fin de la premiere race , jufqu'au regne de Charles VI. Il s'y eft tenu cinq
Conciles provinciaux , un grand nombre de Parlemens , & beaucoup
de Confeils, où furent redigées diverfes Ordonnances qui en font datées.
Les Normands commencerent à le dégrader ; il fut prefqu'entiérement
confumé par les flammés , au quinziéme fiécle.

Ce château avoit parmi fes dépendances un *Prædium* , aujourd'hui S.
Corneille ; efpéce d'hôtel , qui étoit la réfidence & le fiége du Châtelain. Ce fiége fut transféré à Béthizy , après que la forterefle eut été conftruite , par les foins de la Reine Conftance , vers la fin du regne de Robert ,
avant l'an 1040. Tant que le Bailliage particulier de la Châtellenie fubfifta , le Lieutenant faifoit fa réfidence à Béthizy , & le Prevôt à Verberie. Les audiences en temps de paix étoient alternatives entre les
deux lieux.

Le bourg a été environné de murs, fous le regne de François I: on y
comptoit cinq portes au commencement de ce fiécle. On remarque à côté
de Verberie , trois Maifons principales ; le château d'Aramont , le fief
de S. Corneille ou de la Tour , où il y a une fource d'eaux minérales
vitrioliques , & la maifon de Capy. Verberie a produit deux hommes
illuftres ; *Pierre de Verberie* , Miniftre de Philippe de Valois & du Roi
Jean ; & le Cardinal Pierre Oriol Archevêque d'Aix.

Il y a à Verberie , pofte aux lettres , pofte aux chevaux ; un marché
au bled , & un marché aux légumes par femaines : une Prevôté Royale ,
une Maifon de Ville. On nomme *Sautriaux de Verberie* , une troupe d'enfans du peuple , qui donnent aux paffans le fpectacle de fe précipiter
en boule , du haut d'une montagne. On trouve des gloffopêtres & des
pétrifications de plufieurs genres , fur les montagnes de S. Germain &
de S. Vaft.

La riviere d'Oife qui paffe à Verberie , eft un débouché très-commode pour le tranfport des marchandifes. Le commerce du lieu confifte
en foin , en oignons , & en grains. Le commerce du bled y étoit floriffant autrefois , parce que le meilleur bled du Valois croit fur les territoires limitrophes , dans le reffort même de fa Châtellenie. L'Etat &
fur-tout la ville de Paris gagneroient , à ce que ce commerce qui eft
prefque anéanti , fût ranimé & rétabli fur l'ancien pied.

BÉTHIZY eft fitué à deux lieues de Verberie : fon nom latin eft
Beffifiacum. Il releve des mêmes Jurifdictions fpirituelles & temporelles.

On le divife en deux paroiffes, S. Martin & S. Pierre, qui font actuellement deux villages féparés. Les deux Cures appartenoient originairement à des Bénédictins de S. Crepin-le-Grand de Soiffons, qui les
defservoient : elles font maintenant gouvernées par des Prêtres féculiers.
On y remarque une ancienne Collégiale, fous le titre de S. Adrien : c'eft
depuis plufieurs fiécles un bénéfice fimple. On voit dans l'Eglife de cette
Collégiale un autel de Sainte-Geneviéve, lequel y a été transféré de
la tour du Château, lorfque cette tour a été démolie. Les Eglifes de l'Hôpital, de l'Hôtel-Dieu & de la Maladerie, ou ne fubfiftent plus, ou font
changées en des granges.

Le château, dont il refte à peine quelques débris, étoit appuyé contre
un tertre de prez de trois cens pieds, efcarpé de toutes parts. Ce tertre
eft encore couronné d'une enceinte de murs en forme ovale : on donne le
nom de tour à cette enceinte. Les fortifications tant du château, que de la
tour, furent détruites par ordre de Louis XIII, en même temps que le
château de Pierrefonds. Cette forterefse avoit foutenu plufieurs fiéges,
fans que jamais on l'ait pû prendre. Le premier de ces fiéges fe rapporte
à l'an 1184, Ce château a été occupé par une fuite de plufieurs Rois.

La principale maifon du lieu eft le château de la Douye, qui renferme
auffi le grand Hôtel. Les autres fiefs qui relevent immédiatement de la
tour de Béthizy font, la Chambrerie & Sainte-Luce, deux bénéfices ;
le grand & le petit Puifieux. Le commerce du lieu confifte principalement en chanvre, & en filaffe.

Le Hazoy eft fans difficulté, le plus noble & le plus ancien fief de
la Châtellenie. Le Titulaire avoit une infpection générale, fur toute la
forêt de Compiegne, avec le droit d'accompagner le Roi à la chaffe.
Il réuniffoit toutes les prérogatives, attachées aux premieres charges de
nos Maîtrifes.

Le Marquifat de Néry, dont le titre eft éteint depuis fon démembrement, par le partage & la vente qui en ont été faits, & la Baronie de
Saintines, font partie de la Châtellenie de Béthizy & de Verberie. Voici
les noms de tous les lieux de fon reffort.

Lieux de la Châtellenie de Béthizy & Verberie.

A

ARAMONT, fief à Verberie.

B

BACOUEL, fief à Rhuys.
Béthizy-Saint-Pierre.
Béthizy-Saint-Martin.
Boiſſiere (la) paroiſſe de S. Vaſt.
Borde (la).

C

CAFY, paroiſſe de S. Vaſt.
Chambrerie (la) de Béthizy.
Champlieux.
Courcelles.

D

DONNÉVAL, près de S. Martin-Béthizy.
Douye (la).

F

FAY (le), paroiſſe de Saintines.
Feux, paroiſſe de Néry.
Francourt, près Verberie.

G

GÉROMENIL ou Saint Sauveur.
Glagnes.
Grand-Hôtel.

H

HAZOY (le), dans la forêt de Compiegne.
Herneuſe (les fermes d'), près Verberie.
Heuleu ou Huleu.

Tome I.

M

MABONNERIE (la).
Motte (la), paroiſſe de S. Martin de Béthizy.

N

NÉRY & dépendances.
Noé-Saint-Martin en partie.

P

PLESSIS-Châtelain, paroiſſe de Rocquemont.
Puiſieux (grand), près Béthizy.
Petit Puiſieux.

R

ROCQUEMONT.
Rhuys près Verberie.

S

SAINTINES & dépendances.
S. Corneille ou la Tour.
Sainte Luce, ferme.
Soupiſeau (le).
S. Vaſt de Long-mont.
S. Germain près Verberie.

V

VERKINES.
Vauxcelles.

En tout trente-huit lieux.

Article V.

Châtellenie d'Ouchy.

CEtte Châtellenie est la plus étendue, après celle de Pierrefonds. Elle comprend les Vauttes, la Folie, la Maison-rouge, la Barbe aux cannes, Muy en partie, & les fermes du College de Reims, avec diverses parties du fauxbourg Occidental. Elle s'étend du Midi au Couchant, depuis le Prieuré de Coincy, situé au-dessous de Fere en Tardenois, jusqu'à Pontarcy inclusivement, l'une des Baronies du Valois, située sur la riviere d'Aisne.

Ouchy & Braine en sont les lieux les plus remarquables. On suit à Ouchy la Coutume de Vitry. Ces lieux relévent du Diocese & de la Généralité de Soissons. Ils appartenoient au Comté de Champagne ainsi que Neuilly-Saint-Front, avant la réunion de cette grande province au domaine de la Couronne de France.

OUCHY, chef-lieu de toute la Châtellenie, est divisé en deux paroisses actuellement séparées, comme celles de Béthizy. L'une est un village qu'on nomme Ouchy-la-Ville, l'autre est un bourg qu'on appelle Ouchy-le-Château. L'intervalle de ces deux paroisses étoit couvert de maisons, avant les guerres civiles du quinziéme siécle. Ouchy-la-Ville n'a rien de remarquable : la Cure est desservie par un Religieux de S. Jean-lès-Vignes de Soissons.

On a des anecdotes intéressantes sur l'ancienne ville d'Ouchy. Nous prouvons dans cette Histoire, qu'elle étoit la capitale du pays d'Orceois; son nom latin est *Ulcheium.* Elle étoit la résidence d'un Comte, sous la seconde race de nos Rois. Elle passa avec son château au pouvoir des Comtes de Troyes, au dixiéme siécle. Ces Seigneurs y ont souvent résidé pendant l'espace de trois cens ans. Le gouvernement du château étoit confié à un Vicomte en leur absence.

Les Comtes de Champagne fonderent dans leur château une Chapelle, sous l'invocation de la Sainte Vierge, & y établirent plusieurs Prébendes. C'est dans cette Chapelle, que S. Arnoul Evêque de Soissons, exilé à Ouchy vers l'an 1080, conféra les Ordres à Lisiard de Crépy, qui devint dans la suite Evêque du même siége. Cette Collégiale fut réunie à l'Abbaye de S. Jean-lès-Vignes en l'an 1122. Le Doyenné de Chrétienté d'Ouchy est l'un des plus anciens de la Champagne. Il contient dix-neuf paroisses. Celui de Neuilly-Saint-Front en est un démembrement. Il y avoit anciennement une Chapelle de S. Jacques, dans la place du marché d'Ouchy.

Les Comtes de Champagne entretenoient un Bailly & un Prevôt dans Ouchy. Le Bailliage particulier de ce lieu a subsisté jusqu'en 1703. On lui a substitué une Prevôté Royale, ressortissant au Bailliage de Villers-Cotteretz. Le château a été presqu'entiérement détruit par les Anglois, sous le regne de Charles VI. Le bourg est situé au-dessous du château, à six lieues de Crépy, sur le grand chemin militaire de Reims, à quatre lieues de Soissons, sur la grande route qui conduit à Château-Thierry. Ce dernier chemin a succédé à une chaussée romaine, qu'on voit encore par intervalles.

La terre de Braine est le quatriéme des sept anciens Comtés de Champagne. La ville est située sur le grand chemin de Soissons à Reims, à quatre lieues de Soissons, au Nord d'Ouchy, sur la petite riviere de Vesle, qui se divise en plusieurs ruisseaux, au pied des murailles. Flodoard la nomme *Brana ad Vidulam*. Elle est du Diocese & de la Généralité de Soissons. Elle est le siége d'une Justice seigneuriale, qui ressortissoit autrefois à Ouchy. La ville est bâtie dans une vallée fertile & assez agréable, au bas d'une montagne, qui la domine du côté du Midi. Elle est traversée par plusieurs canaux de la Vesle, & fermée par des murailles de pierre dure. Elle a quatre portes, à chacune desquelles on voyoit autrefois des écluses avec un pont-levis. Il y avoit un donjon dans le château. Ce qu'on nomme aujourd'hui la Folie de Braine a été pendant trois siécles un château-fort, qui servoit de citadelle à la ville. On le nomme dans les titres, château du haut, *Castrum de celso*.

Il n'y a dans Braine qu'une seule paroisse, sous le titre de S. Nicolas. La nomination à la Cure dépend de l'ancien Prieuré de S. Remy, qui n'est plus présentement qu'un bénéfice simple. Il étoit autrefois occupé par des Religieux de Cluny. Le principal ornement de la ville de Braine est l'Abbaye de S. Ived, occupée par des Prémontrés. On voit aussi à Braine un Prieuré de Religieuses Bénédictines, formé il y a cent vingt ans par la réunion des biens de la Maladerie & de l'Hôpital du lieu.

L'hiftoire de l'Hoftie miraculeufe, fi connue dans le canton, a été l'origine d'une Confrairie qui fubfifte encore.

Le commerce de Braine confifte en bled, en laines & en féves, connues à Paris fous le nom d'haricots de Soiffons. On tient à Braine trois foires par an ; le quatorze Septembre, le trois Mai & le quatorze Décembre ; un marché franc le troifiéme Mercredi-de chaque mois, & un marché ordinaire tous les Vendredis. Cette ville feroit beaucoup plus commerçante, fi l'on parvenoit à rétablir la navigation de la riviere de Vefle. On nourrit beaucoup de bétails dans les environs.

Braine étoit dans l'origine une terre du Fifc, comme Verberie & Nanteuil-le-Haudouin. Les ancêtres de S. Ouen la poffédoient fous le regne de Clovis I. Ce Saint en fit préfent à l'Eglife de Rouen. Elle fut enlevée à cette Eglife en 931, par un Comte nommé Hugues. Elle vint par fucceffion de temps, au pouvoir d'Agnès de Braine, qui la porta en mariage à André de Baudiment, Sénéchal de Champagne. André & Agnès eurent un fils nommé Guy, dont la fille Agnès II époufa Robert de France Comte de Dreux & frere du Roi Louis VII. Les defcendans de ce Seigneur jouirent de la terre & du château de Braine. Ils en tranfmirent la propriété aux Seigneurs de Roucy. Braine paffa de ceux-ci aux Seigneurs de Sarrebruche, de la Mark, de la Boulaye & de Lambefc, par des alliances & par des partages. Madame la Comteffe d'Egmont pofféde actuellement la terre & le Comté de Braine, & en occupe le château.

Les autres lieux titrés de la Châtellenie d'Ouchy font, les trois Baronies de Cramailles en partie, de Givraye, & de Pontarcy-fur-Aifne, la Vicomté de Bufancy, & les terres de Limé & de Parcy, auxquelles quelques écrits donnent ce même titre. Le grand Rozoy a été, felon Templeux, une Maifon de plaifance, occupée par les Rois des deux premieres races. Le Mont-Notre-Dame, dont on apperçoit l'Eglife fur une hauteur, en allant de Fifmes à Braine, dépend en partie de la même Châtellenie.

La forêt de Daule ou de la grande Daule, comme portent les titres, eft auffi comprife dans ce même reffort. Elle tire fon nom du hameau de Daule, fitué entre Mareuil & Chéry.

Cette Châtellenie comprend encore l'Abbaye des Prémontrés de Chartreuves, outre celle de S. Ived de Braine, le Prieuré clauftral des Bénédictins de Coincy, le Prieuré de Vieil-Arcy. Le nombre des villages & des grands fiefs de cette Châtellenie monte à près de cent cinquante. Voici les noms des lieux, qui ont rapport à cet Article.

Lieux de la Châtellenie d'Ouchy.

A

ACY près Soiſſons.
Aiſy.
Augy.
Arcy-Sainte-Reſtitue.
Armentieres, en partie.
Artennes, en partie.

B

BARBONVAL.
Beau moulin (le), près Confa-
　vreux.
Billy-ſur-Ourcq.
Blanzy-lès-fiſmes.
Blanzy-lès-perles.
Blanzy-Saint-Remy.
Boiſleau.
Bove (la), ferme.
Boulleau ou Bouleux.
Bray.
Bray-ſous-Clamecy.
Braine, Comté.
Brainettes ou Brenelles.
Branges.
Breſſy-ſur-Ourcq.
Bruyeres.
Bucy.
Bugneux.
Buire près Eſpaux.
Buſſy-le-bras, près Muret.
Buzancy, Vicomté, & ſa paroiſſe.

C

CELLES.
Cermoiſe ou Sermoiſe.

Cerſeuil près Braine.
Chacriſe, en partie.
Chaſſemy.
Chavannes.
Chayette (la).
Chéry.
Chetinet, moulin près Ouchy.
Chivrée.
Ciry.
Cohan, près Fere en Tardenois.
Coincy, Prieuré d'hommes Ordre de
　S. Benoît Congrégation de Cluny.
Confavreux.
Contarmin ou Contermy.
Corbeny & la cenſe des prez.
Cordou ou Courdou.
Coulonges.
Couvrelle.
Courteau, en Tardenois.
Cramailles, en partie.
Cramoiſelles.
Crouy.
Croûſtes-ſous-Cugny.
Crouſtes-ſous-Muret.
Crouſtes-ſous-Ouchy.
Cugny, & ſon moulin.
Cuiry-Houſſes, & la Maladerie.

D

DOMIERS.
Dravigny.

E

ESDROLLES, près Billy-ſur-Ourcq.
Eſcury.
Eſcouſſis.
Eſpritel.

Effenlis.

F

Faux (la).
Filain.
Folie (la), paroiffe de Confavreux.
Folie (la), près Reims.
Folie (la) près Braine.
Fontaine Alix (la), ou Harlifontaine.
Fonteny.
Fouffrit.

G

Genevroye (la), paroiffe de Rocourt.
Gérémenil près Ouchy.
Givraye ou Givroy, & la ferme.
Glan (le), près Domiers.
Gouffancourt.
Grange (la) au bois, paroiffe de Bruyeres.
Grange (la), au Marais près Val-Chretien.
Grange (la) Oifon, près Ouchy.

H

Hermitage (l') près Givraye.

J

Jouangnes.
Joüy.
Ivry près S. Remy.

L

Latilly-fous-Cormeilles.
Launoy.
Lefges.
L'Eglantier, paroiffe de Coulonge.
Lhuys.
Limé près Braine.

Longueval.
Longeville.

M

Maison-rouge (la), fauxbourg de Reims.
Mareuil en Daule.
Marival.
Martin-prêt, près Ouchy.
Mefnil (le), paroiffe de Rozoy S. Albin.
Meutru (le) ou la maifon du Meutru, paroiffe de Servenay.
Monchevillon, paroiffe d'Ouchy.
Mongron.
Montgru.
Mont-Notre-Dame.
Moulin (le), près Nanteuil-Notre-Dame.
{ Moulin-Noel (le) } entre Cu-
{ Moulin-Renard (le) } gny & Rozoy-Saint-Albin.
Muret en partie.
Muy (à) près Reims, une ferme.

N

Nanteuil--fous-Cugny.
Nanteuil-la-fôffe.
Nanteuil-lès-foffés.
Nanteuil-Notre-Dame.
Neuville-fous-Sainte-Gemmes.
Neuville-en-hez.
Neuville-Saint-Jean, les deux fermes.
Nogentel.

O

Oigny.

P

Parcy.
Pars ou prompt de Pars.
Party.

Paſſy & Berzy, Vicomté.
Pleſſis-Huleu.
Ploiſy.
Pontarcy, Baronie.
Pont-Bernard.
Pringy.

Q

Quinſy près Ouchy.

R

Rocourt.
Rozoy ou Rozoir-Saint-Albin.
Rozoy-Nogentel.
Rozoy-ſous-Ouchy, ou le grand
 Rozoy.
Rugny.

S

Saint-Jean près Neuville.
S. Remy Blanzy.
S. Remy Ivry.
Salſognes.

Serval.
Servenay.

T

Terny.
Trugny.

V

Vezilly.
Vallée, paroiſſe de Bagneux.
Vaſſigny ou Vaſſeny.
Vaubertin près-Braine.
Vaurtrain.
Vauxferre.
Vauſſetin ou Vauſtin.
Vauttès (les) près Reims.
Vieil-Arcy.
Virgny.
Villers en Prayers.
Villomé.
Ville-ſavoye.
Virly, paroiſſe de Jouagnes.

En tous, cent cinquante-un lieux.

ARTICLE VI.

Châtellenie de Neuilly-Saint-Front.

Cette ſixiéme Châtellenie eſt la moins étendue.

Le nom latin de Neuilly eſt *Noviliacum.* On nommoit ce lieu Neuilly en Orceois, avant que le culte de Saint Front y eut été introduit. Ce n'étoit encore à la fin du huitiéme ſiécle, qu'un amas de métairies, que le Roi Carloman frere de Charlemagne donna en préſent à l'Egliſe de S. Remy de Reims, en conſidération du célebre Archevêque Turpin. Les Religieux de l'Abbaye de Reims firent bâtir ſur les lieux l'Egliſe de S. Remy-au-mont. La plus grande partie du territoire de Neuilly paſſa aux Comtes de Champagne, avant le treiziéme ſiécle.

Ils y firent bâtir un fort château, dans lequel ils fonderent deux Chapelles, l'une en l'honneur de S. Sébaſtien, l'autre ſous le titre de Saint Front. Ils ſoumirent en premier lieu cette ſeigneurie à leur Vicomté d'Ouchy, puis l'en ſéparerent ; ce fut alors qu'ils y placerent un Châtelain & un Prevôt.

On donne à Neuilly-Saint-Front le titre de ville. Les maiſons qui la forment ſont ſituées dans un baſſin, au pied d'une montagne, où viennent aboutir pluſieurs gorges profondes. Neuilly eſt du Dioceſe & de la Généralité de Soiſſons, & de l'Election de Crépy ; à cinq lieues de Soiſſons & autant de Crépy, à quatre lieues de Château-Thierry, à trois de Villers-Cotteretz, & à deux de la Ferté-Milon. La riviere d'Ourcq n'en eſt éloignée que d'un quart de lieue.

Il y a dans Neuilly deux Egliſes paroiſſiales, S. Remy & S. Front, & une Chapelle de Notre-Dame. On voit hors de la ville une autre Chapelle, qui eſt ſous l'invocation de S. Front, à laquelle on va en pélerinage : c'eſt une eſpéce d'Hermitage. Il y avoit à Neuilly une Maladerie, dont les biens ont été réunis à l'Hôtel-Dieu du lieu. Le Doyenné Rural eſt un démembrement de celui d'Ouchy. La Commune eſt gouvernée par un Maire & par deux Echevins. La manufacture des ſerges de Neuilly étoit compoſée de plus de ſoixante métiers battans, Il y a ſoixante ans : elle eſt préſentement réduite à un ſeul.

La Prevôté Royale de Neuilly eſt ſur le même pied que celle d'Ouchy. Elle a été ſubſtituée à un Bailliage particulier en 1703.

On tient dans Neuilly quatre foires par an, le vingt-cinq Février, le dix Avril, le vingt-cinq & le vingt-huit Octobre. Le marché ordinaire ſe tient les Samedis. Le principal commerce eſt celui du bled & de la laine ; la bonneterie s'y ſoutient. Il ſeroit avantageux que la manufacture des ſerges fût rétablie, ou qu'il y eut dans le canton quelques fabriques où l'on fît l'emploi des laines du pays, qui ſont excellentes & qu'on peut encore perfectionner, par le ſoin de parquer avant la tonte, & d'aërer les étables.

La ſeigneurie de Neuilly a long-temps appartenu à des Engagiſtes, des mains deſquels elle a été retirée en 1704. Monſeigneur le Duc d'Orléans eſt Seigneur de Neuilly, comme du Valois, ainſi que de tous les autres chefs-lieux des Châtellenies. Dépendances de Neuilly-Saint-Front.

Lieux

Lieux de la Châtellenie de Neuilly-Saint-Front.

Aminville, paroisse de Neuilly.

Béancourt.
Breuil, près Neuilly-Saint-Front,

Chaussée (la), près Neuilly.
Chêne (le), paroisse de S. Hilaire.
Clos, paroisse de Latilly.

Drachi ou Dracy.

Fossez (les).

Halondret

Latilly.

Mambry, paroisse de Neuilly-Saint-Front.

Nanteuil-sur-Ourcq.

Remonvoisin.

Sommelan.

Vadon, paroisse de Latilly.
Wichel.

En tout, seize lieux.

TROISIEME PARTIE,

Propriétés & productions du pays de Valois ; singularités naturelles, grands chemins & rivieres.

LE Duché de Valois considéré dans sa totalité, est un pays abondant, où l'air est bon & sain. S'il est quelquefois désagréable à parcourir à cause des montagnes & des vallées, ce désavantage est réparé par la fertilité de ces vallées, des côteaux, des plaines même qui couronnent les montagnes. On y receuille des grains de toute nature, du foin, du bois, des fruits, des légumes, du chanvre, &c. Il y a des vignes dans plusieurs cantons, & presque par-tout d'excellens pâturages pour les troupeaux.

Le bled du Valois a beaucoup de réputation. Les fariniers de Paris le préferent à celui du Soissonnois & du Santerre. Toutes les autres espéces de grains, comme le seigle, l'avoine, l'orge, &c. y sont communes à proportion. Le mouton du Valois est estimé pour sa laine, celui des montagnes sur-tout.

Les forêts de Compiegne, d'Halate & de Villers-Cotteretz, fournissent une partie de la confommation de Paris, pour le charronage, pour la charpente & pour le chauffage. On tranfporte même du bois au Havre, pour la conftruction des vaiffeaux. Le gibier y eft abondant, & la volaille de même; mais la proximité de Paris & le débouché des rivieres y rendent ces chofes fort cheres. On tire de la tourbe à la Ferté-Milon, & à Crouy-fur-Ourcq. Il s'en trouve auffi dans différens endroits de la vallée d'Autonne.

Il croît des fimples en plufieurs endroits, du capilaire aux environs de Verberie, beaucoup de véronique dans la forêt de Retz; la bétoine, la turquette, la verge-d'or, l'énulacampana, la valériane, la centaurée, les milles-feuilles, font abondantes autour de la Ferté-Milon.

Les carrieres de pierres à bâtir font nombreufes, excepté de l'autre côté de l'Oife où elles font très-rares. Les plus remarquables font, celles de Braine & d'Ancienville près de la Ferté-Milon, celles de S. Eloy près Verberie & de Noé-Saint-Martin. La pierre de S. Eloy eft recherchée pour fa dureté; mais elle eft criblée de coquillages qui en diminuent le prix. On l'emploie pour la partie des murs, où les fondemens fortent de terre. On en a fait un grand ufage pour le château de Compiegne, & pour les bâtimens de l'Ecole militaire. M. Guettard a trouvé dans des pierres de cette carriere, des coquillages finguliers. A Neuilly-Saint-Front, il y a dans les fables beaucoup de cailloutages ou écumes, qui femblent annoncer une carriere de marbre.

Sur la montagne de Retheuil près de Pierrefonds, on trouve des coquillages de toute efpéce & en fi grande quantité, qu'on les enleve par motes. A Verberie fur la montagne de S. Vaft derriere l'Eglife, on trouve après les grandes pluies, des gloffopêtres, dont le plus grand nombre eft de ceux qu'on nomme dents de requin, & de la plûpart des efpéces que Bourguet & Langius ont fait graver dans leurs Ouvrages. On rencontre auffi dans la vieille cavée de S. Germain près le même lieu, des pétrifications de bois.

On voit près Crépy une groffe pierre très-dure, toute couverte de têtes de cloux: on la nomme par cette raifon la pierre aux cloux. Ces têtes font comme incruftées dans la pierre, & font du vrai fer : cette fingularité d'hiftoire naturelle n'a pas encore été expliquée, elle a donné lieu à bien des fables. L'on voit près la Ferté-Milon une efpéce de caillou noir bifcornu, dans le cœur duquel on apperçoit des matieres

vitrifiées. Ces pierres font brutes, mal tournées, & contiennent beaucoup de parties ferrugineuses. Près la carierre de Moloy, hameau voi-
fin de la Ferté-Milon, il y a une terre noire tout-à-fait femblable à la
terre de Cologne, qu'on emploie dans la peinture. On trouve auffi fur
le chemin de la Ferté-Milon à Meaux un ocre de rhu, qui bien lavé donne un jaune auffi beau & auffi fin, que celui qu'on appelle terre d'Italie.

M. Jardel de Braine a, dans un cabinet très-curieux, une collection
de coquilles, foffiles, madrepares, chriftallifations, fleurs dendites & autres
productions qu'il a raffemblées dans les environs de Braine. Il a auffi des
buccins de bien des fortes, fur-tout les épineux qui font de la plus grande
beauté : la fripiere parfaite, les volutes, les nérites, des limas de différentes façons, de fort belles vis, beaucoup d'ourfins & de turbes ver-
miculaires, des dents de ferpent de toute grandeur, des lampas, de
très-belles pétrifications & agatifations, de petites naïlles, la coquille
du peintre fort belle, le fabot de cochon, le cadran, quelques gypfes :
Le cœur de bœuf, la pierre frumentaire. Il conferve auffi une pierre
légere qu'on trouve à quelques lieues de Braine : elle nage fur l'eau fans
cependant être fpongieufe, ni reffemblante à la pierre de ponce. Il a auffi
un amas de plus de deux mille petites coquilles de différentes efpéces,
dont il en eft qu'on voit à peine, & qui cependant font toutes bien
formées & bien entieres. Voici d'autres particularités d'hiftoire naturelle.

Il y a au bois d'Ajeux près Verberie, une large foffe qui fe remplit
d'eau, lorfque la riviere d'Oife commence à groffir, quoiqu'elle ne com-
munique ni avec la riviere, ni avec aucune fource. Le limon de cette
foffe, détrempé par la premiere eau qui y paroît, produit du brochet,
& pour peu que l'eau refte dans cette foffe à une certaine hauteur pendant quelques mois, ce poiffon y profite & devient gros en peu de temps.

A Vauberon près Villers-Cotteretz, il y avoit un puit qu'on a comblé, parce qu'au lieu de la nappe d'eau, il y paffoit un torrent impétueux,
qui entrainoit tout ce qu'on defcendoit au fond pour y puifer de l'eau.
On voyoit autrefois un pareil puit à Ville-neuve fur Verberie, on l'a
comblé avec peine, le torrent emportant tout ce qu'on y jettoit pour
le remplir. Dans la cour de l'hôtellerie du lion d'or à Villers-Cotteretz, il
y a un puit qu'on a rempli, parce qu'on y entendoit des vents fouterrains,
qui faifoient un bruit extraordinaire à l'approche des changemens de temps.

Il y a près des Gombries à une lieue de Crépy, une fontaine qui ne coule que lorfque le vent fouffle d'un certain point de l'Occident ; dès que ce vent change, elle ceſſe de jetter. Pour peu que le vent continue, elle donne une grande quantité d'eau, qui baigne la prairie où elle eſt fituée. Cette prairie fait partie des bois d'Ormoy. Elle eſt féparée du canton planté en bois, par un large foſſé qui reçoit l'eau. On voit du côté de Preſles & de S. Mard, entre Braine & la riviere d'Aiſne, pluſieurs ruiſſeaux, qui fe pérdent dans de petites prairies, comme dans une éponge, avant d'arriver juſqu'à la riviere, qui n'eſt pas éloignée. Quelques-uns de ces ruiſſeaux font tourner des moulins.

Les productions naturelles du Valois, qui ne fe conſomment pas dans le pays, s'exportent en grande partie pour être façonnées ailleurs. On comptoit autrefois un bon nombre de manufactures ; la plûpart n'exiſtent plus. On voyoit dans la vallée d'Autonne des moulins à poudre, des moulins à papier à Orouy, des fabriques de falpêtre. On avoit commencé une manufacture de fayance à Villers-Cotteretz, elle ne s'eſt pas foutenue. Une autre s'eſt formée à Crépy & y réuſſit. Il s'étoit auſſi établi à Verberie une fociété de gens, qui y avoient formé une manufacture de favon. Cette fabrique ne fubſiſte plus. Les manufactures de draps & de ferges de Crépy, de la Ferté-Milon, de Neuilly-Saint-Front & d'Ouchy-le-Château, n'exiſtent plus. Les laines du pays s'exportent à Reims & à Beauvais. En récompenfe, on façonne beaucoup de chanvres dans le Valois, & l'on y fait d'excellentes toiles de ménage. La grande quantité de bétail qu'on éleve, rend les cuirs & les peaux communes. Il y a des tanneries & des mégiſſeries en pluſieurs endroits. On fait beaucoup d'huile de chennevis & de noix ; les moulins à huile font en grand nombre. On voit auſſi des moulins à peaux dans les vallées, & des moulins à chanvre qu'on nomme moulins à mailloter, maniere d'adoucir le chanvre. Le commerce de cette denrée eſt conſidérable à Béthizy & dans quelques lieux voiſins.

La fituation du Valois offre aux habitans les débouchés les plus heureux pour le commerce. Un Critique célebre (*Adr. Valeſ. Not. Gall. p. 72.*) a judicieufement obfervé, que fes rivieres font autant de routes pour la capitale du Royaume & pour l'Océan. L'Ourcq où tombe le ru de Saviere fe jette dans la Marne à Mary au-deſſous de Lify, après avoir cotoyé ou traverſé quinze à feize villages du Valois, depuis la Ferté-Milon. La Marne qui reçoit l'Ourcq, fe décharge dans la Seine au-deſſus de

Paris. Les bois de la forêt de Retz & les foins de l'Orceois, les bleds, &c. arrivent par ce canal. La petite riviere de Vesle, qui vient de Reims & passe à Braine, & qui étant rendue navigable, comme il est possible, seroit d'un grand secours au commerce, tombe dans la riviere d'Aisne à Condé au-dessus de Soissons. La Crise qui se jette à Soissons dans l'Aisne, fait tourner un grand nombre de moulins. L'Aisne fait sa jonction au-dessus de Compiegne avec la riviere d'Oise, qui se jette dans la Seine au-dessous de Pontoise. De Pontoise on peut remonter la Seine pour Paris, ou suivre le cours de ce fleuve pour arriver à l'Océan.

Les ruisseaux ou rus, qui traversent l'intérieur du pays, sont des sources d'utilité sans être navigables. Ils font tourner un grand nombre de moulins, charrient à flots les bois des ventes, fertilisent les campagnes, arrosent les prairies & remplissent des étangs. La Nonette qui passe à Senlis & qui fournit les grandes piéces d'eau des superbes jardins de Chantilly, prend sa source aux étangs de Versigny, & près de Nanteuil-le-Haudouin. L'Autonne qui tombe dans l'Oise à Verberie, parcourt une étendue de plus de huit lieues, sans sortir du Valois. Elle reçoit les ruisseaux de Boneuil & des Buttes, ceux de Bouillant, du Parc-aux-Dames & de Néry; le ruisseau des prairies du Hazoy passe sous le pont-la-Reine, & se décharge dans l'Oise au-dessus de Verberie. L'Autonne fait tourner dix-huit moulins, & remplit les grands étangs de Pondron & du Berval. La petite riviere de Vandy procure les mêmes secours dans le pays qu'elle traverse, de même que la Jargone près d'Acy, & le Clignon qui passe à Gandelus & à Cerfroid. On remarque encore dans le Valois le ruisseau de Tresmes, le ru de Rouanne au-dessous de Verberie, le ru de Grivette qui sort des étangs de Maquelines, le ru de Retheuil qui prend sa source à Pierrefonds & à Viviers, & qui se jette dans l'Aisne vis-à-vis Attichy; le ru d'Halland connu par ses écrevisses, passe au-dessus de Damard & se jette dans l'Ourcq après Bournonville. Le ru de Houillon qui passe au bas de Neuchelles, se décharge dans la même riviere près de Crouy, ainsi que le ru de Nadon qui prend sa source près la ferme de ce nom, & passe au bas de Chouy.

Les plus beaux étangs du Valois sont ceux de Pondront & du Berval, dans la vallée d'Autonne; de Maquelines, de Long-pont, de Javages, de Duvy, de Maucreux; les étangs du bourg qui appartiènnent aux Chartreux de Bourg-fontaine, l'étang de la Ramée fur la paroiffe de Corcy, ceux de S. Pierre-en-Chaftres, &c.

On voit auffi plufieurs fontaines d'eaux minerales, parmi lefquelles celles de Verberie, qui font vitrioliques, tiennent le premier rang. Les autres fources font celles de Corcy ou de la Ramée, d'Auteuil proche le Pleffis, de Longueuil-Sainte-Marie : ces dernieres fe nomment la fontaine de fer ; elles coulent d'Orient en Occident, mais en fi petite quantié, qu'elles tariffent une partie de l'année : elles laiffent un fédiment de rouille dans leur cours. On voyoit il y a quelques années dans le jardin des Dames du Parc près Crépy, une fontaine d'eaux ferrugineufes, elle eft préfentement comblée. On trouve près l'Eglife de S. Vaft de la Ferté-Milon, une fontaine dont les eaux font fulfureufes & ferrugineufes, mais à un dégré peu fenfible. Les eaux minérales d'Auteuil ont la qualité de celles de Forges.

Les grands chemins du Valois les plus fréquentés, font ceux qui conduifent à Paris, en Flandres, à Soiffons & à Reims. La grande route de Paris à Soiffons & à Laon, paffe par le Bourget, Dammartin, Nanteuil-le-Haudouin, Levignen & Villers-Cotteretz. Le chemin militaire de la Ferté-Milon vient de Meaux & conduit à Braine, à Fifmes & à Reims. Parmi les chemins qui traverfent la Ferté-Milon, le plus beau eft celui qui vient de Villers-Cotteretz & qui conduit à Paris : on travaille préfentement à une belle chauffée, qui doit aller de la Ferté-Milon à Meaux. La ville de Braine eft un paffage pour Reims & pour une grande partie de la Champagne, de la frontiere de Lorraine, des trois Evêchés, de l'Alface, &c. On y arrive par une des belles chauffées du Royaume, pavée & plantée de chaque côté, qui paffe au milieu de Braine, & qui conduit depuis Paris jufqu'à Strafbourg : c'eft encore le paffage de toutes les voitures de Flandres & de Picardie, qui vont chercher des provifions de vin en Champagne. Le grand chemin de Paris à Compiegne, Saint-Quentin, Noyon, &c. paffe à Ville-neuve, à Verberie & à la Croix-Saint-Ouen. Il y a de Gandelus à Neuilly-Saint-Front un chemin, qui va gagner celui de la Ferté-Milon à Braine & à Reims. Celui de Château-Thierry à Soiffons, qui vient de Meaux, paffe à Ouchy-le-Château & conduit à Soiffons. Le grand chemin de Paris à Soiffons paffoit autrefois par Crépy ; depuis qu'on l'a détourné par Gondreville, on a tracé un chemin ferré de Nanteuil à Crépy, & de Crépy à Villers-Cotteretz. Béthizy & Pierrefonds n'ont pas de grande route : on y arrive par des chemins de traverse. Le Grand-Voyer de Valois doit présider à l'entretien de ces chemins de traverse, suivant les dispositions de la coutume. Nous observerons comme une chose remarquable, qu'anciennement la plûpart des villages de la Châtellenie de Crépy & de la Ferté-Milon étoient pavés en bons grès : les pavés rompus qu'on y voit encore, en font foi. Cette distinction vient de l'ancienne résidence des Seigneurs dans leurs terres pendant toute l'année : Bergeron comptoit dans le Valois en 1580, *cent dix-sept maisons ou châteaux de Gentilhommes de race & d'armes vivant noblement*, & cent cinquante six Seigneurs fieffés, qui avoient aussi leurs châteaux. Ce nombre est bien diminué présentement ; la proximité de Paris fait négliger à la plupart des Seigneurs le séjour de leurs terres.

Toutes les routes particulieres qui traversent l'intérieur du Valois, aboutissent à l'un des grands chemins dont j'ai parlé. Celui qui passe à Verberie conduit en Picardie & en Flandres ; celui de Braine en Champagne, celui de la Ferté-Milon & de Nanteuil, dans la Brie : on va en Normandie & en Bourgogne, par Meaux & Paris. Les habitans du Valois tirent à peu de frais de la Bourgogne & de la Champagne, les excellens vins qui leur manquent, par la voie des rivieres & des chemins publics, sur lesquels on trouve tous les secours que les voyageurs peuvent désirer ; des hôtelleries, des postes aux chevaux, des bureaux de postes aux lettres, des carosses de voiture, des coches d'eau, des coches de terre, des méssageries pour la capitale & pour les grandes provinces qui environnent ce pays.

Nous réservons pour la fin de l'Histoire, les réflexions que nous aurions pu insérer ici.

PRIVILEGE DU ROI.

Registré ensemble la présente permission & déclaration, sur le Registre XV de la Chambre Royale & Syndicale des Libraires & Imprimeurs de Paris, N° 341, fol. 316, conformément au Réglemens de 1723. A Paris, ce 21 Juillet 1762.

LE BRETON, Syndic.

Le Propriétaire du présent Privilége, a cédé tous ses droits au sieur Bertrand, Imprimeur-Libraire à Compiegne.

HISTOIRE

SOMMAIRE DU PREMIER LIVRE.

SOMMAIRE DU LIV. I.

SOMMAIRE DU LIV. I.

HISTOIRE
DU DUCHÉ
DE VALOIS.

LIVRE PREMIER.

Contenant ce qui s'est passé dans le Valois avant l'an 511.

ES commencemens du pays de Valois sont fabuleux ou inconnus.
Au renouvellement des Sciences en France, quelques Savans en ont recherché l'origine, mais ils n'ont publié que des conjectures & des sentimens singuliers, qui rendent cette origine encore plus confuse. Ils ont essayé de remonter jusqu'au déluge, à la faveur d'une érudition mal digérée, & de quelques étymologies qui ne sont pas vraisemblables, & ont mieux aimé hazarder des opinions, que d'avouer leur ignorance dans une matiere où la vérité est trop obscure.

Tome I.   A

Ces opinions mériteroient plutôt d'être enfevelies dans l'oubli, que d'être expofées. J'en citerai deux feulement, parce qu'elles ont pour Auteurs, des Ecrivains qui ont joui parmi leurs contemporains de la réputation d'un profond favoir, & qu'on croyoit initiés dans la connoiffance de la plus haute Antiquité.

Charles de Bovelles, qui vivoit fous le regne de Louis XII, avance dans deux de fes écrits (1) que le Valois a commencé d'être habité par Gomer Gallus, qui vint d'Italie, à la tête d'une nombreufe colonie, pour peupler le canton. Du furnom de Gallus, ajoute de Bovelles, on appella d'abord le pays *Gallia*, d'où l'on a fait *Vallia* & *Valois*, en changeant le *G* en *V*, pour diftinguer le Valois du refte de la Gaule. Ce Gomer Gallus eft le fils de Japhet, que nos premiers Hiftoriens ont défiguré par leurs fables.

Le Jurifconfulte Etienne Forcadel, publia fous le regne de Henri III, un traité fur *l'origine des Valois* (2). Pour expliquer l'étymologie de ce nom, il fuppofe que le Général Sénonois Moriftagus eft venu demeurer dans le Valois, après la défaite du Romain Valérius, & qu'ayant pris le furnom de *Valéfius* en mémoire de fa victoire, il l'avoit tranfmis au canton qu'il habitoit.

Ces fentimens, quoique finguliers, nous font connoître qu'on s'intéreffoit déja à la recherche des Antiquités du Valois, dans le temps où écrivoient ces deux Auteurs.

Jean Bodin (3) confidérant qu'il y a beaucoup de bois dans le Valois, a voulu faire venir ce nom du mot allemand Walt, qui fignifie une forêt. Quelques-uns de fes contemporains ont eu recours au Grec pour y trouver la même explication.

Ύδωρ a paru aux uns la racine de *Valois*, parce que les eaux font communes dans ce pays : d'autres fe font arrêtés au mot Βασιλεία, eftimant le Valois un féjour digne des Rois. La plupart ont cherché dans le Latin la même origine, & ont penfé que les Romains avoient appellé *Valois* ce pays, foit à caufe de la valeur de fes habitans, foit à caufe des vallées qui y font fréquentes.

Bergeron, Bouchel & Muldrac, n'ont fait que rebattre ces fentimens dans leurs écrits. Le premier enchériffant fur les conjectures de Forcadel, paffe en revue tous les *Valérius* de la Républi-

---

(1) De Bovel. de differ. vulg. ling. Paris, 1533. de Halluc. Gall. nom. cap. 8. p. 33.
(2) De origin. Valef. 8°. Paris, Chau-

dieres 1579.
(3) Notit. Gall. p. 580.

que Romaine, comme pour s'autorifer à croire que le Valois tire
fon nom de quelqu'un d'eux. Bouchel paroît vouloir faire venir ce
nom des vallées : Muldrac a entrevu que tous ces fentimens
étoient fans fondement.

Damien de Templeux eft le premier, qui fondé fur un paffage
de l'Hiftoire de la tranflation de S. Arnoul, compofée au dixiéme
fiécle, a décidé que le Valois a reçu fon nom du bourg de *Vez*,
qui en étoit la capitale anciennement. Il ajoute que dans les titres
latins, Vez eft appellé *Vedum*, *Vadum* & *Vadodium*, d'où l'on a
fait *Vadenfis* & *Valois* par une *l* feule, & non pas en doublant
cette lettre, comme on l'écrivoit de fon temps. Le paffage fur
lequel de Templeux s'appuie, eft formel. Il porte que c'eft du nom
de Vez que le Comté de Valois a été ainfi appellé, *Vadum ex
cujus vocabulo territorium appellari confuevit Vadenfium. Vadum*
fignifie un *gué*. On a donné ce nom au bourg de Vez, parce que
pour arriver au fommet de la côte où il eft fitué, on traverfe à gué
plufieurs ruiffeaux d'une vallée profonde. Il y a dans la haute Normandie, entre l'Eure & l'Ithon, un lieu appellé *Vadiniacum*
dans les titres latins, parce qu'on y arrive par des *gués*. Dans les
Capitulaires de nos Rois, & dans Flodoard, le Valois eft nommé
pagus Vadenfis & *Vadifus*. Bergeron (1) obferve que dans les
vieux titres, *Valois* eft toujours écrit par une *l* feule. Il y a en
Lorraine un petit pays de Valois, qu'il ne faut pas confondre avec
celui-ci.

2. Ce que je viens d'expofer, ne roule que fur le nom du Valois.
Je paffe à ce qui regarde les plus anciens lieux, que ce pays renferme. Ces lieux font de deux fortes. L'antiquité des uns eft fondée fur une tradition fabuleufe. Celle des autres eft appuyée fur
des monumens. On peut ranger le village de Thau, la tour de
Haumont, le Mont-au-Fait, la Loge-Lambert fous la premiere
claffe, & placer Aconin, Noyan, Ouchy, Verberie, Champlieu
ou les Tournelles, Borret, Cuife, & le Mont de Chaftres dans la
feconde.

Avant l'arrivée de Céfar dans les Gaules, & au temps de fes
conquêtes, le Parifis & le Laonnois étoient aux deux extrémités
d'une immenfe forêt. Il n'y avoit point d'habitations au centre
de ces bois. Les demeures des Gaulois étoient diftribuées le long
des rivieres d'Oife, d'Aifne & de Marne. C'étoit au rapport de

(1) Valois Royal, p. 7.

César, un usage parmi ces peuples, de placer ainsi la plûpart de leurs établissemens entre un bois & un fleuve : usage commun aux peuples sauvages, anciens & nouveaux, chez qui les voyageurs ont pu pénétrer.

Les Gaulois étant presque tous Bergers de profession, avant que l'exemple & la réflexion en eussent fait des Cultivateurs, leur premier soin avoit été de chercher les gras pâturages & les secours de la vie, qui sont comme attachés au voisinage des grandes rivieres. Ces peuples avoient une bonne raison pour aimer le séjour des forêts. Ils étoient fort friands de laitages, de venaison & de porc frais (1). Les glandées, les faines, les fruits sauvages servoient d'engrais à leurs troupeaux.

Les Romains à leur arrivée dans les Gaules, donnerent le nom de *Silvacum* à une longue continuité de forêts, qui remplissoit l'intervalle du Laonnois & du Parisis. Ce nom est demeuré à deux cantons, l'un du Parisis, & l'autre du Laonnois, & a été changé en celui de *Servais* dans la langue Romance. A deux lieües de Louvres en Parisis, est la Chapelle en *Servais* du côté de Senlis. le Palais *Silvacum* dont il est si souvent fait mention dans les Capitulaires de nos Rois, étoit bâti sur l'emplacement actuel du village de *Servais* en Laonnois. Ces bois étoient bordés de quelques bourgades, composées de plusieurs chaînes de cabanes, couvertes de roseaux ou de jonc, & fermées avec des clayes (2).

Dans le premier âge de notre Histoire, il ne faut chercher ni Valois ni Sylvanectes ; la curiosité seroit précipitée, & les recherches infructueuses. Parlons seulement de quelques lieux anciens, dont l'origine paroît appartenir à ces temps reculés.

Noyan & Aconin, Verberie & Borret, sont les seuls lieux du Valois & de son voisinage, qui semblent conserver l'empreinte d'une telle antiquité. Quant à la tour de Haumont & au village de Thau, la Loge-Lambert & le Mont-au-Fait, les merveilles qu'on en a publiées sont des visions. Les ruines de la tour de Haumont & de la Loge-Lambert, n'indiquent pas un temps plus ancien, que les regnes de Charles V & de Charles VI.

Le nom de Haumont est l'abrégé de celui de *Réaumont* qu'on donnoit à deux tours, à cause de deux freres ainsi nommés, qui les avoient bâties. L'une étoit située du côté de Puisieux, sur l'endroit

---

(1) Cæf. de Bell. Gall. l. 1. cap. 1. l. 2. | (2) Cæf. ibid.
c. 6.

le plus élevé de la forêt de Retz , dans la route du Fait. L'autre
se voyoit dans les sables de Gondreville , à la place de la belle
épine où Monseigneur le Duc d'Orléans a fait placer une table.
On y trouve des restes de caves , & il y a des monceaux de pierre
cachés sous le sable. Ces deux freres avoient bâti ces deux tours,
pendant les troubles qui ont suivi le regne de Philippe de Valois.
Du haut de ces tours , ils se donnoient des signaux pour s'entre-
secourir.

Le Mont-au-Fait n'est qu'un amas de roches, & de bancs de
pierre couchés les uns sur les autres, sans apparence qu'on y ait
bâti. La fable qui assure que ce lieu a été habité par des *Fées*,
vient de l'ignorance des copistes, dont la plûpart ont écrit le
Mont-aux-Fées, au lieu de Mont-au-Fait. L'étymologie de ce nom
paroît venir du mot *fagus*, qui signifie un faux ou un hêtre, arbre
commun dans la forêt de Retz, qu'on nommoit Faix ou Fay en
vieux François. La tradition assure qu'on voyoit autrefois sur le
Mont-au-Fait des spectres qui rendoient des oracles ; qu'ils paroissoient assis sur deux dégrés à mi-côte ; que de ce siége ils faisoient
des questions aux passans, & répondoient aux doutes qu'on leur
proposoit. Ce trait peut être fondé sur quelqu'usage de l'Antiquité
idolâtre.

Ce qu'avance Regnault dans son Histoire de Soissons sur le village
de Thau, savoir, que les Druides faisoient leurs exercices de religion dans les bois voisins, qu'ils y sacrifioient au vrai Dieu, qu'ils y
avoient des autels en l'honneur de la Vierge qui devoit enfanter,
qu'ils y adoroient la Croix sous la figure du (ת) Thau des Hébreux,
est une puérilité fondée sur l'analogie du nom de cette lettre avec celui du village, ou sur la conformité de cette lettre avec l'espéce de
croix sur laquelle Moïse exposa le Serpent d'airain. Je ne finirois
pas, si je voulois rapporter ce que j'ai oüi raconter en divers lieux
du Valois, sur l'origine & sur l'antiquité de beaucoup d'endroits.
Le temps ne coûte rien à mesurer, quand il est passé : il n'est long
que pour ceux qui ont part aux événemens de la vie. Les conjectures de ceux qui prétendent déterminer l'antiquité des lieux, sans
être versés dans les régles de la saine critique, sont pareilles aux
jugemens des Astrologues qui veulent percer dans l'avenir.

Aconin & Noyan faisoient partie de la ville de Soissons, lorsqu'elle étoit la capitale d'un Etat gouverné par des Princes Gaulois. On peut consulter à ce sujet les Dissertations de M. l'Abbé

Lebeuf sur le Soissonnois, & lire ses réponses aux critiques qu'on en a faites.

A la page 37 du Mémoire de ce Savant (1), qui a été couronné par l'Académie de Soissons en 1735, on place sur la montagne de Verberie l'un des douze Bourgs, dont le Royaume de Soissons étoit originairement composé sous les Princes Gaulois. On n'y donne pas les preuves de ce sentiment, nous croyons les avoir suppléées dans les observations qui suivent.

Le nom primitif de Verberie étoit peu différent de celui qu'il porte aujourd'hui. On trouve dans les plus anciens manuscrits, *Vernbria* & *Verbria*. *Vermeria*, *Wurembria*, *Verberiacum*, sont plus récens. Nous pensons que M. Bullet (2) dans ses Mémoires sur la Langue Celtique, a mal choisi le mot *Wurembria* pour expliquer l'étymologie de ce lieu. *Vuren*, dit-il, signifioit de l'eau salée parmi les Celtes, & *bry* une fontaine ; & sur ce qu'on lit dans l'analise générale des Eaux minérales de France, que celles de Verberie participent d'un sel semblable au sel commun, il en conclut que ce lieu étoit appellé par les Celtes, le Bourg aux eaux salées.

Ver & *bria*, sont deux mots Celtiques, dont le premier signifie *grand*. Le second est une terminaison commune, employée tantôt pour une montagne, tantôt pour indiquer un lieu situé sur un fleuve. Ainsi *Verbria* devoit signifier dans le langage des Celtes, le Bourg à la grande ou à la longue montagne. L'on dit encore aujourd'hui S. Vast de Longmont ; & dans les titres du treiziéme siécle, Verberie n'est pas autrement appellé que *Longus mons in valle*, & *Longus mons in colle*.

Verberie paroît avoir eu son premier emplacement sur la montagne, vers la Borde, en-deça de la chaussée Brunehaud, dans l'endroit appellé *Mal-assise*. Les anciens titres nous apprennent que la surface de ce terrain a long-temps été couverte de ruines ; il y a peu d'années qu'on est venu à bout de le défricher. Les Laboureurs y ont trouvé d'anciennes monnoyes de tout métal, des vases de fer de figure singuliere : j'en ai vu rapporter un utensile de fer de trois piéces, dont la forme représentoit deux chapeaux abbatus, appliqués l'un contre l'autre par leur circonférence, & séparés par une plaque de fer ronde comme leur forme. Ces ruines ont fourni de pareils monumens pendant plus d'un sié-

(1) Paris, chez Lépine. in-12.　　(2) Tom. I. p. 58.

cle. Verberie s'étendoit sur la montagne depuis cet endroit jufqu'à Fay, comme l'indiquent les puits, les aqueducs & les fondations qu'on trouve sur cette étendue en plein champ. Dans la vallée les habitations bordoient la montagne depuis Rhuys jufqu'à Saintines. Entre Rhuys & Verberie on remarque un autre genre de monument qui mérite attention.

Affez près de la rive méridionale de l'Oife, dans une terre forte, fans aucune trace d'anciens bâtimens ni de débris, on apperçoit trois maffes d'un grais brut. La plus grande eft plantée droite. Elle a neuf pieds de haut, fans compter fa bafe qui eft enterrée de quatre ou cinq pieds. Sa largeur eft de fept pieds dans le milieu, & elle a dix-huit pouces environ d'une épaiffeur affez uniforme, quoique brute.

A cinquante pas à l'Oüeft, eft une autre pierre de cinq pieds de large fur huit de haut, fans compter fa bafe : elle panche de moitié vers le Midi. Deux autres pierres paroiffent encore plus avant, dont une ne s'élève que de trois pieds au-deffus de la furface du champ ; l'autre ne montre qu'une tête brute qui fort à peine de terre. La grande pierre eft émaillée d'une prodigieuse quantité de petits brillans, qui femblent autant de diamans ; ce qui eft une preuve de fa grande vétufté. La feconde en a moins.

On tient qu'il y a près de ces pierres, des tombeaux où font renfermés de grands corps. Les tombeaux du Mont-Catillon font fitués au Sud-Oüeft de ces pierres, que dans le pays on nomme *les Pierres de Rhuys.* L'ancien Palais de Verberie, dont il fera fouvent fait mention dans cette Hiftoire, étoit fitué fur la même rive de l'Oife, plus loin vers l'Orient. Ces fortes de monumens font très-rares dans l'Ifle de France ; ils font plus communs dans le Périgord, dans le Poitou, & dans la Baffe-Bretagne.

La grande pierre de neuf pieds, a fa pareille près Borret, à côté de la porte, fur le chemin de Senlis à Baron. Celle-ci panche d'un pied vers le Midi : elle eft haute de neuf pieds trois pouces, & a fa bafe enfoncée de cinq pieds dans terre. Elle eft ifolée, large de fept pieds dans le bas, & de trois pieds feulement vers fon extrémité. C'eft un grais fort dur, émaillé de petits brillans. A foixante pieds environ de cette pierre, & vis-à-vis la porte d'entrée, qu'on appelle Porte de la ville, on apperçoit une large butte, haute de cinq à fix pieds, dans laquelle on a trouvé en 1755, les offemens de trois grands corps rangés de fuite, la tête tournée vers la grande pierre, & les pieds vers l'Orient. On a crû pendant long-temps, que cette pierre énorme avoit été plantée, pour servir de borne à la forêt de Retz.

Il y a eu pendant des siécles, une pierre moins grosse que celles de Verberie, & debout, près la fontaine d'où la riviere d'Ourcq prend sa source, dans la Paroisse de Courmont, au-dessus de Fere en Tardenois. Cette pierre de l'Ourcq avoit un signe distinctif. On y voyoit empreinte la patte d'un Ours. Le peuple conservoit encore une sorte de vénération pour cette pierre, il y a quelques années. Un particulier l'ayant enlevée pour la placer dans l'encoignure d'un bâtiment, on lui intenta un procès.

Les Savans ne sont pas d'accord sur ces genres d'Antiquité. Les uns prennent ces pierres pour les *Saxa grandia*, dont il est parlé dans l'Ecriture, & auxquels les Payens rendoient leurs hommages comme à des Divinités. D'autres, (& c'est le sentiment le plus probable & le plus reçu) estiment que ces pierres ont été dressées par les Gaulois, comme autant de monumens, à la mémoire de leurs grands hommes, dans les temps où les Belges avoient une opposition marquée pour tous les Arts, & pour l'Architecture en particulier.

A Braine, dont l'étymologie est à peu près la même que celle de la finale de Verberie, on a trouvé & l'on trouve encore quelque-fois dans la ville & dans les environs, des médailles anciennes de tout métal, quelques Gauloises, des Consulaires & des Impériales. Nous parlerons ci-après de trois haches de pierre fort anciennes, qui ont été trouvées sur la montagne qui est entre Courcelles & d'Huisel, d'un abraxas découvert à Braine même. Un particulier de cette ville, en fouillant il y a deux ans dans sa cave, qui perce sous une ancienne enceinte de la ville, trouva un moyen bronze d'Auguste bien conservé, & une médaille de l'Empereur Néron : ce qui fait juger que cet emplacement étoit habité sous ces deux regnes.

3. L'expédition de César dans le Soissonnois & dans le pays d'a-lentour, ne changea pas la face du territoire. Damien de Templeux (1) pense avec beaucoup de vraisemblance, que du moment où toute la Gaule a passé sous la domination des Romains, la plus grande partie du canton, qu'on appelle aujourd'hui le Valois dans le sens général, étoit comprise dans le Soissonnois ; aussi

(1) De Templ. p. 139.

l'Histoire

l'Hiſtoire de la conquête des Gaules par Jules Céſar ne contient-elle de relatif à notre objet, que ce qu'on y expoſe de la nation en général, touchant le gouvernement civil & militaire, la religion, la police & les mœurs.

En ces temps, la Gaule Celtique ne comprenoit pas le pays de Valois, comme le Seigneur Thibaud de Mailly l'a avancé dans ſon Roman. Ce pays faiſoit partie de la Gaule Belgique. Les Belges, à la vérité, parloient le langage des Celtes, qui s'eſt conſervé dans la langue Bas-Bretonne. Céſar repréſente les Celtes & les Belges, comme deux peuples diſtingués, quant au gouvernement, & ſéparés l'un de l'autre par des limites.

Les Belges paſſoient pour être les plus vaillans des Gaulois (1), aguérris, tempérans, & très-jaloux de leur liberté. Ils refuſoient l'accès aux marchands étrangers. Ils éloignoient les Artiſtes, parce qu'ils redoutoient le luxe comme un fléau. Ils étoient ſobres dans le manger, ſimples dans leurs manieres, legers & changeans. Ils prenoient leurs repas ſur l'herbe, & couchoient ſur des houſſes. Pour demeures, ils occupoient des cabanes couvertes de longues herbes, & fermées avec des clayes. Bergers pour la plûpart, ils vivoient du lait de leurs brebis, & ſe couvroient de leurs peaux. Ils aimoient par préférence la chair de porc, & en faiſoient une grande conſommation.

Cette conduite des Belges, touchant le commerce extérieur, & leur défiance à l'égard des étrangers, n'étoient pas l'effet d'un raiſonnement dépravé par la barbarie. Quand on péſe ſans prévention les inconvéniens du luxe, avec l'utilité qu'il rapporte, il eſt aſſez difficile de prendre un parti. Le luxe que les Belges appréhendoient tant, étoit celui des Aſiatiques, des Tyriens & des Cartaginois, qui avoient pluſieurs fois abordé chez eux, en allant commercer dans l'Armorique. Les Belges exerçoient le commerce par échange dans l'intérieur de leur pays. Ils avoient une religion, une police, & ſe conduiſoient par des principes & par des loix. Céſar nous apprend à ce ſujet, ce qui ſuit (2) :

» Deux ſortes de perſonnes ſont en honneur, & tiennent un
» rang chez les Gaulois, les Druides & les Chevaliers. Les Drui-
» des préſident au culte qu'on rend aux Dieux. Ils ont ſoin des ſa-
» crifices ſolemnels & domeſtiques. Ils expliquent la religion. Les
» jeunes gens viennent en foule à leur école pour s'inſtruire, &

_____

(1) Cæſ. Bell. Gall. l. 1. cap. 1. l. 2. c. 6. | (2) *Lib. 6.*

» leur rendent beaucoup d'honneur. Les Druides réglent prefque
» tous les différens publics & particuliers. Quelqu'un a-t-il com-
» mis un crime ? deux hommes font-ils en difpute pour une fuc-
» ceffion, ou pour les limites d'un champ? c'eft à eux d'en or-
» donner. «

La plus grande peine s'infligeoit parmi les Belges, en interdi-
fant aux coupables l'affiftance aux facrifices. Ceux qu'on écartoit
de cette efpéce de communion, paffoient au rang des impies &
des fcélérats. On fe féparoit d'eux : on ne vouloit ni leur parler
ni les voir : on leur refufoit même la juftice, & ils ne jouiffoient
d'aucune confidération. Tous les Druides relevoient d'un Chef,
qui avoit fur eux une autorité fouveraine. Ils le choififfoient entre
eux. Lorfqu'il mouroit, on lui donnoit pour fucceffeur le plus
digne de la fociété. Les Druides n'avoient pas d'averfion pour les
Lettres : ils favoient prefque tous la Langue Grecque. Les premiers de leur corps poffédoient l'art du gouvernement, & manioient avec habileté les affaires, qu'ils régloient au-dedans &
au-dehors, dans la paix comme dans la guerre.

Les Chevaliers tenoient le fecond rang de diftinction parmi les
Belges. Ces Chevaliers, militaires par état, avoient chacun plus
d'efclaves & de gens à leur fervice, à proportion de leur qualité
& de leur fortune. Le commun peuple paffoit fa vie dans une fervitude continuelle : exclu de tout confeil, il n'ofoit entreprendre
quoique ce foit, de lui-même. La plûpart des fimples citoyens gré-
vés de dettes contractées dans le befoin, accablés d'impôts, ou
preffés par l'injuftice des plus puiffans, vendoient leur liberté aux
Nobles.

Ces ufages regardoient toute la Belgique. Je n'ai rien de cette
nature à expofer, touchant le pays de Valois, en particulier. On
fait feulement qu'on y rendoit au Dieu Mars & au Dieu Mercure,
un culte privilégié, & plus folemnel que dans les pays d'alentour.

4. Les Belges de l'ancien Valois regardoient comme deux Divinités tutélaires, Mars & Mercure. Leur culte de Mars formoit un
tiffu d'horreurs. On révéroit ce Dieu fous le nom d'Efus (1). La
dévotion qu'on lui portoit, fe régloit fur la protection qu'on en
attendoit dans les combats ; car les Belges étoient les Lacédé-
moniens de la Gaule. Pour fe le rendre propice dans les calamités

---

(1) Cæf. Bell. Gall. l. 6. c. 17, Lucan. | l. 1. c. 21.
Pharfal. lib. 1. Lact. de Gall. div. Inftit. |

publiques, ces peuples lui immoloient des victimes humaines, par le ministere de leurs Druides. Les circonstances détermi- noient le choix de ces victimes. Plus la figure & l'extraction les ren- doient recommandables, plus on les croyoit agréables à ce Dieu. On les brûloit vives dans l'intérieur des Temples, on les égor- geoit, ou on les perçoit de fleches, pour appaiser le Dieu Mars, selon qu'on le croyoit plus ou moins irrité. Monstrueux aveugle- ment, de confondre l'Etre suprême avec de pareilles Divinités, de ne pas voir qu'ils outrageoient le Créateur, en détruisant son plus parfait ouvrage, & de fermer l'oreille aux cris de la Nature, qui condamne de telles cruautés !

Les Romains devenus maîtres des Gaules, proscrivirent ces excès. Leur commerce addoucit les mœurs des Druides. La re- ligion de Rome prit la place de ce culte de sang, & vengea l'hu- manité, quoiqu'elle ne fit que corriger une erreur par une autre.

C'est une tradition perpétuée de siécle en siécle, & confirmée par les titres, qu'à la place de l'Eglise & du Donjon de Marti- mont, il y avoit un Temple où l'on faisoit des sacrifices aux Dieux du Paganisme. Cette tradition jointe à l'étymologie du nom, porte à penser, qu'on rendoit à Mars les honneurs divins sur la hauteur. Bergeron, Bouchel, & tous ceux qui ont écrit sur le Valois, assurent que Martimont est un lieu très-ancien. Les titres le nomment *Martismons* & *Matrismons*, par la transposition de la lettre *r*. Il est divisé en deux parties, le haut & le bas, qui sont deux Fiefs séparés. Martimont-le-haut appartient à M. Emmanuel de Bernetz, du chef d'Anne d'Hesselin sa mere. Martimont-le- bas est possédé par M. le Marquis de Brion. Le Donjon & l'Eglise sont situés sur la hauteur, & dans le bas on voit des rui- nes. L'Eglise de Martimont, dont on a éteint derniérement le titre, pour réunir ses dépendances à la Paroisse de Crotoy, est l'une des premieres qui ayent été fondées dans le Soissonnois. Il nous semble qu'on auroit dû épargner un monument, qui rappelle à l'es- prit la piété des premiers Fidéles. On peut considérer les premie- res Eglises du monde chrétien, comme le berceau du Christia- nisme, puisque c'est dans ces Eglises que les premiers Fidéles s'assembloient pour s'instruire, pour s'édifier, & pour assister à la célébration des saints Mysteres.

Anciennement la Seigneurie du haut Martimont, alloit de pair avec la Maison Royale de Cuise pour la noblesse. Nos Rois, après avoir réunis les deux Domaines, jugerent à propos de donner féparément, le Donjon de Martimont en Fief, à des Chevaliers qui prenoient encore le nom de Cuife au douziéme fiécle ; fans doute parce qu'ils avoient été leurs Officiers dans cette Maifon. Quittant enfuite le nom de Cuife, ces Chevaliers ont pris le furnom de Martimont, pour marquer leur Domaine. Dans un titre du Cartulaire de Mornienval, en date de l'an 1259, il eft fait mention d'un Renaud de Martimont, comme étant témoin d'un accord. Aux defcendans de ce Renaud, ont fuccédé de fimples Gentilshommes, dont la fuite n'a rien de remarquable, finon que les derniers ont abfolument laiffé dégrader ce beau Fief.

Dans les actes d'enquêtes que le Roi Philippe Augufte ordonna avant & après l'an 1212, touchant les ufages des lieux privilégiés du Valois, on lit le rapport des Dépofans aux Commiffaires, fur les droits d'ufage & les différentes coutumes utiles, dont les hommes de Martimont avoient été en poffeffion de tout temps. La tour de Courtieux, renommée par fa force, & par les fiéges qu'elle a foutenus pendant les troubles, dépendoit de Martimont. Un dénombrement de 1484, apprend qu'en cette année, le Domaine de Martimont, déja bien déchu, comptoit encore parmi fes dépendances cinq arrieres-Fiefs, à Martimont même, à Courtieux, à Ambleny & à Jaulzy. Après que le Roi Henri IV eut fait bâtir la galerie des Cerfs à Fontainebleau, on peignit dans cette galerie les monumens & les objets, qui pouvoient mériter l'attention du Souverain & des Seigneurs de fa Cour. On remarque encore le Donjon de Martimont parmi ces objets.

Sur la hauteur de Montmélian, près Louvres en Parifis, aux confins du Servais (1), les Payens avoient un Temple confacré au Dieu-Mercure, où l'on adoroit fon idole. Le culte de ce faux Dieu a été plus long-temps en honneur à Montmélian, que celui de Mars à Martimont, parce qu'il n'avoit rien d'inhumain. Les premiers Sylvanectes prenoient Mercure pour leur Divinité tutélaire : il fe faifoit chez eux un grand débit de fes fimulacres, qu'on vendoit publiquement dans les marchés (2). La préférence qu'ils accordoient à ce Dieu, venoit de leur amour pour la profeffion du commerce, dans laquelle ils excelloient fur leurs voifins. Ils avoient de Mercure, l'opinion d'un Dieu qui gouvernoit la Fortu-

---

(1) Lebeuf Hift. dioc. Par. t. 3. p. 64. t. 4. p. 468. t. 5. p. 538.　|　(2) Boll. Mart. t. 3. p. 816.

ne à son gré, & qui présidoit à la sûreté des chemins. Les voyageurs l'invoquoient dans leurs routes, comme un guide assuré.
Ils le tenoient cependant pour capricieux, croyant qu'il enrichis-
soit les uns, & qu'il ruinoit la fortune des autres, selon son bon
plaisir. On l'adoroit sous le nom de *Teutates*, & on lui attribuoit
l'invention des Arts. Nous dirons ci-après, comment & par quels
Missionnaires, cette fausse religion a été détruite.

5. La chaussée Brunehaud est un monument remarquable dans le
Valois. Elle s'y divise en trois branches. La premiere passe à
Ouchy, & conduit à Château-Thierry. La seconde méne à Senlis,
& traverse le territoire de Champlieu. La troisiéme, conduit à
Noyon par Vic-sur-Aine & Berny. L'origine de cette chaussée se
rapporte au regne d'Auguste. Son nom vient d'une fable. Sa
célébrité est fondée sur sa continuité, depuis Rome jusqu'à la mer
des Gaules, & sur l'utilité dont elle a été pendant des siécles, aux
troupes, au commerce, & à la sûreté publique.

César en conçut le plan dès qu'il eut conquis la Gaule, il en
laissa l'exécution à l'Empereur Auguste, qui chargea son gendre
Agrippa, de cette importante opération. Je n'assure pas que les
trois chemins en question, soient l'ouvrage d'un seul regne. Agrippa n'a fait qu'ébaucher certains chemins, que les Successeurs
d'Auguste ont achevés. Il est à croire que la route de Noyon, a été
entreprise ou perfectionnée par l'Empereur Caracalla, à cause des
médailles & des colonnes milliaires qu'on y a trouvées, portant
le nom de cet Empereur. Celle qui passe à Ouchy est à peu près
de la même date. L'autre est sans difficulté, la plus ancienne des
trois; elle conduisoit de Rome, aux villes d'Arles, de Lyon, de
Reims, & de Soissons, à Senlis, à Pont, à Beauvais, à Amiens,
& aboutissoit au pays des Morins qui bordoit la mer.

L'Auteur des Tables de Peuttinger, a tracé sur sa carte un ancien chemin de Senlis à Meaux, & de Meaux à Sens. Ce chemin
côtoyoit le Valois, & passoit près Nanteuil-le-Haudouin. On
n'en reconnoît plus la trace présentement. On comptoit de
Meaux à Senlis, seize lieües Gauloises.

Le nom qu'on donne à ces chaussées, vient d'une fable inven-
tée au treiziéme siécle, par le Poëte Reucléry, & adoptée comme
une vérité pendant les siécles d'ignorance (1). Cette opinion reconnoissoit pour Auteur de ces grandes routes, un prétendu Roi

(1) Berg. Hist. gr. ch. l. 1. p. 316.

du Haynault, nommé Brunehaud, qu'on croyoit les avoir créées au temps de Salomon, par des enchantements. Avant cette fable, on appelloit en latin *Strata* ces grandes routes, & en langue Romance, *chemins de ly Eſtrées.*

Cette chauſſée n'eſt pas d'une ſtruĉture uniforme. Ici c'eſt un maſſif bombé, compoſé de moillons liaiſonnés de marne, & quelque-fois de mortier de chaux. Là, ce n'eſt autre choſe qu'un amas de pierrailles, jettées ſans ordre, & recouvertes de ſable ou de terre. Plus loin, cette même chauſſée ne déborde pas la ſurface des campagnes, & ſes fondements ſont pareils à ceux d'un grand édifice. Les reſtes qu'on en voit, ſont un travail de pluſieurs ſiécles, auquel les Romains ont d'abord employé leurs Légions, tant pour percer les chemins, que pour les applanir. Les François ſont venus, qui, moins opulents & moins induſtrieux que les Romains, mirent des impôts ſur les commerçans, & inventerent les corvées pour l'entretien de la chauſſée *pro calciatâ* : expédient qui dégénéra en véxations pendant le gouvernement Féodal. Les Seigneurs exigeoient les droits ſans entretenir.

Ces chemins à tout prendre, ſont d'une exécution moins noble & moins hardie que les nôtres : ſouvent trop étroits. On multiplioit les circuits, pour éviter de trancher & d'applanir. Quant au ſyſtême de les détourner de leur direĉtion, pour les faire paſſer de ville en ville, il étoit fondé ſur des raiſons de commerce, & ſur des vües du bien public, dont on s'écarte peut-être trop de nos jours. Lorſque Bergier avance que les revenus de la France n'auroient pas ſuffi du temps de la Reine Brunehaud, aux frais d'une telle chauſſée, il ne faiſoit pas attention aux moyens qu'on mettoit en œuvre pour former & entretenir les chemins publics.

Ces réflexions regardent ſeulement les branches de la chauſſée Brunehaud, qui traverſent le Valois. Je ne prétends pas les étendre à d'autres pays. Cette chauſſée entre dans le Valois près Bazoches, paſſe à Courcelles, & auprès de Braine du côté oppoſé à la Folie. Elle quitte le grand chemin aĉtuel, à l'endroit appellé Chauderoles. Elle aboutit à la riviere de Veſle, au-deſſus du moulin de Quincampoix, où l'on a vu long-temps les reſtes d'un pont, & va rejoindre à Sermoiſe le grand chemin de Soiſſons. Elle reparoît après Soiſſons à Ambleny, & paſſe à la Croix-Guérin. Elle continue l'eſpace de deux lieües depuis Pont-Archer juſqu'au Château de Haute-fontaine, paſſe à Chelles & au Chêne Herbelot, près duquel étoit situé l'ancien Palais nommé *Casnum*, à S. Nicolas de Courson, à Champlieu, à Bethizy S. Martin, Néri, & près Raray au-dessus de Verberie, & delà droit à Senlis.

Vers la Croix-Guérin commence une division de cette chaussée dont on perd la trace. On remarque au-delà & en deça de la riviere d'Aisne plusieurs chemins anciens, dont on a peine à la distinguer. Il m'a paru sur les lieux qu'elle traversoit la riviere d'Aisne auprès de Berny-riviere, sur un pont de pierre, situé vis-à-vis d'une croix de pierre. Ce pont n'existe plus ; on en apperçoit des vestiges, lorsque les eaux sont très-basses. La croix que l'on voit encore, est appellée par les gens du lieu, *la croix du vieux pont.* La chaussée alloit de-là, droit à Noyon, traversant la prairie de Vic-sur-Aisne.

La division qui conduisoit de Soissons à Château-Thierry, passoit près Vignoles, Noyan, Berzy-le-sec, Rosieres & Aconin : après quoi on la perd de vue. On en retrouve des traces sur la montagne de Buzanci. Elle laisse Tigni à droite, Thau & Artennes à gauche, traverse les bois de S. Jean, d'où elle gagne le Plessis-Huleu & Ouchy. On passoit la riviere d'Ourq au-dessous de Berny, au pont Bernard, & l'on alloit joindre les villages d'Armentieres & de Rocourt, le Charme, Bezu S. Germain. Arrivée près l'étang de Val-secret, cette chaussée sort du Valois.

La premiere utilité de cet ancien chemin a été de percer & d'éclaircir une immense forêt, presqu'impénétrable. Je ferai en son lieu la description de toute cette étendue de bois, & je montrerai comment le canton s'est peuplé par dégrés. Cette étendue comprenoit les forêts de Cuise ou de Compiegne, de Villers-Cotteretz & d'Halate, la Gruerie de Valois, avec une bonne partie de la Brie & du Multien. Tous les lieux dont je viens de donner les noms, se sont formés le long de l'ancienne chaussée, comme on voit encore naître les villages & les hameaux sur les nouveaux grands chemins.

6. Les Romains pour contenir les peuples nouvellement soumis, avoient coutume de placer des garnisons sur les chemins militaires. Ils y établissoient des camps à demeure, qu'ils nommoient *castra stativa*.

Je pense, contre le sentiment de Nicolas Sanson, que quand César conquit les Gaules, il n'y avoit ni peuple, ni cité des Sylvanectes. Ce nom qui est tout Romain signifie un canton, dont les habitations font difperfées dans les bois. La raifon principale de M. Sanfon, pour croire que la cité des Sylvanectes exiftoit avant le temps de la conquête des Gaules par Jules Céfar, eft fondée fur cette réflexion : » Quand Céfar, dit-il, laiffa trois Légions » dans la Belgique, (le texte porte *in Belgio*) & qu'il leur donna » pour Commandans M. Craffus, L. Manlius Plancus, & » Caius Trébonius, nous avons trouvé que Céfar hyvernoit dans » Amiens, & Craffus dans Beauvais. Il eft à croire que Trébonius » étoit dans Arras, & Plancus dans la ville qu'on a depuis appellée » *Auguftomagus* ou Senlis.

M. Sanfon prend le change en cet endroit. Il confond le Belgium avec la Belgique, & ne diftingue point la partie du tout. J'ai démontré dans un Mémoire compofé fur ce fujet (1) que le Belgium comprenoit le cœur & la portion principale de la Gaule Belgique, comme eft aujourd'hui l'Ifle de France au refte du Royaume. La ville que Céfar ne nomme pas, c'eft Arras, & non Senlis ; le Belgium contenoit les trois cités d'Amiens, de Beauvais & d'Arras.

Le fentiment de Louvet, touchant les premiers commencemens de la cité des Sylvanectes, eft de croire qu'elle a été fondée par Céfar. Comme ce n'eft qu'une conjecture dont Louvet n'apporte pas de preuve, j'aime mieux penfer que la premiere ville des Sylvanectes a commencé fous Augufte, lorfque le plan de la chauffée Brunehaud a été exécuté. Son premier nom d'*Auguftomagus* en eft prefque le garant. La place n'aura d'abord été qu'un ouvrage paliffadé de pieux & de gazon, comme on en voit dans les nouvelles conquêtes des Européens en Amérique, & dans l'Inde, où la pierre eft rare. Avant Céfar, les Belges ignoroient l'art d'employer la pierre dans les bâtimens. Ils habitoient des cabanes de pieux, couvertes de rofeaux, & fermées avec des clayes. Comme il n'eft pas fait mention des Sylvanectes avant les regnes de Vefpafien & de Tite, j'en conclus que la cité de ce nom avec fon reffort, aura mis tout cet intervalle à fe former : de-là vient fon peu d'étendue, en comparaifon des cités voifines qui font plus anciennes, comme celles de Soiffons & de Beauvais.

Il fuit de-là que les anciens peuples du Valois ont été formés par les Romains fous le nom de Sylvanectes. Je n'ai rien de pofitif à expofer touchant leur gouvernement particulier, ni fur les li-

(1) Diff. Belgium. Paris, Ganneau 1753.

mites

mites de ce pays. Pline le Naturaliste, le premier qui en ait fait mention (1), leur donne la qualité de libres, *Ulmanectes liberi :* état dont les peuples voisins ne jouissoient pas.

• Cet état de liberté n'est pas aisé à définir : les Savans sont partagés sur ce sujet. Ce n'est pas ici le lieu d'entrer en discussion. Je laisse à part les sentimens de (2) Spanheim, de Valois & des autres Critiques, pour m'en tenir à la définition du Jurisconsulte Proculus, qui écrivoit sous le regne de Vespasien, de même que Pline. » Le peuple libre, dit-il (3), est celui qui n'est pas immédiatement » soumis à une puissance étrangere. . . . Le devoir d'un peuple » libre envers les citoyens Romains, consiste à reconnoître & à » respecter la supériorité de ces Maîtres du monde. Il y a entre » Rome & la cité libre, le même rapport qu'entre le patron & le » client. Celui-ci est bien son maître assurément, mais il ne va pas » de pair avec son patron, auquel il n'est égal ni en dignité ni en » crédit. Car le client ne peut rien commander au patron. . . Nous » donnons donc le nom de libre au peuple qui a pour la majesté » du nom Romain, la soumission & le respect qui lui sont dûs. «

Ce privilége de liberté avoit été accordé aux Sylvanectes par les Empereurs, comme une marque de leur confiance & de leur considération. Ceux de Beauvais n'en jouissoient point, parce qu'ayant été soumis par la force, ils avoient montré en trop de rencontres, peu de soumission aux ordres des Empereurs, & une préférence décidée de leurs usages au gouvernement Romain. Cette sorte de prééminence des Sylvanectes sur les peuples du Beauvoisis, ne soumettoit pas ceux-ci aux loix des autres. Mal-à-propos prendroit-on cette circonstance, à l'exemple de Ricard & de Loisel, dans leurs disputes sur la Coutume de Senlis, pour une disposition qui assujettissoit la cité de Beauvais à celle de Senlis : ce seroit confondre les Coutumes & les temps par une anticipation de plus de dix siécles (4).

Ptolémée nomme dans sa Géographie (5) les Sylvanectes. Il les place entre les pays des Nerviens & le Vermandois. Il appelle Ρατό'μα'γος ουϊανεχτῶν, la capitale du canton. Ce nom de Ρατό'μα'γος a beaucoup embarrassé les Critiques. M. de Valois (6) pensoit que c'étoit une faute dans Ptolémée, *mendosè*, & qu'à ce nom, il falloit sub-

---

(1) Hist. nat. lib. 4. cap. 17.
(2) Spanh. orb. rom. cap. 10. p. 295. not. Gall. p. 597.
(3) Digest. lib. 49. tit. 15. l. 7.

(4) Ric. cout. Senl. p. 129. Loisel. mém. B. p. 27. 187. 188.
(5) Pt. l. 2. c. 9.
(6) Not. Gall. p. 505. du Cang. gloss.

ſtituer αυγυστό μαγος. Le terme que M. de Valois ſemble reculer ; ſe trouve dans les écrits de quelques Auteurs grecs du Bas-Empire. Il nous a paru ſignifier un lieu remarquable par ſes marchés.

La ville de Senlis eſt préſentement le chef-lieu d'un Comté diſtingué du Valois. Ainſi, ſans m'étendre ſur ſon origine, je remarquerai ſeulement, qu'à la place des ouvrages en pieux & en gazon qui ſervoient de défenſes aux habitans du lieu, on éleva d'excellens murs, flanqués de hautes tours par intervalles. Ces murs ſe remarquent encore près l'Evêché, & autour de l'Egliſe de S. Maurice au Château. Ils ſont conſtruits en briques & en parpins liaiſonnés d'un bon mortier, & ſemblables à ceux du monument tenant à l'Hôtel de Cluny, à Paris. Les couches de briques & de parpins forment divers cordons, diſpoſés les uns au-deſſus des autres. On rapporte au regne de Veſpaſien ce genre de batiſſe.

Il paroît que juſqu'à ce temps, le pays des Sylvanectes avoit été ſans capitale & ſans limites certaines. Ce pays ne devint une cité dans les régles, qu'après que la fortereſſe eut été défendue par de bons murs. La ville ſe forma par le concours des familles qui vinrent s'établir tant au-dedans qu'au dehors, à cauſe des franchiſes & de la ſûreté du lieu.

Si l'on en croit un Savant Géographe moderne (1), le pays de Valois formoit du temps de Ptolémée une cité particuliere, dont la capitale portoit le nom de *Nœomagus*, & le peuple celui de *Vadicaſſes*. Il place la capitale *Nœomagus*, à l'endroit où eſt le bourg de Vez, & les *Vadicaſſes* occupoient, ſelon lui, les campagnes d'alentour. Ce ſentiment a été attaqué, & l'on prétend que les *Vadicaſſes* de Ptolémée, ou les *Bodicaſſes* ou *Bodiocaſſes* de Pline, ſont les anciens peuples de Bayeux en Normandie, & *Nœomagus*, Bayeux même.

Depuis le regne de Veſpaſien & de Tite, pluſieurs événemens ſe ſont paſſés, dont on ne peut déterminer la date avec certitude. L'Evangile a été annoncé aux Sylvanectes. Les Empereurs ont établi à Champlieu un camp pour garder le pays ; ils ont embelli & perfectionné les grands chemins. Le canton à été défriché & peuplé par des bandes de *Letes*, eſpéces de colonies que les Empereurs y ont envoyées pour s'y fixer. Ces Letes mêlés avec les naturels, ont donné naiſſance aux Maiſons de plaiſance. ſi

(1) Danvill. not. v°. Nœomag.

connues dans les faftes primitifs de notre Monarchie, fous les noms de *Villæ regiæ* & *Villæ fifcales*, où les Empereûrs & leurs Lieutenans en premier lieu, puis nos Rois des deux premieres races, faifoient de fréquens voyages, attirés par la commodité & par l'agrément du féjour. Nanteuil, May & Crépy, Ouchy, Quierzy, le Chefne, Braine & la Maifon Royale de Cuife, Villers-Cotteretz, Bonneuil & Berny, font redevables à ces Letes de leurs premiers accroiffemens. L'immenfe forêt de Servais fut percée dans des endroits, & défrichée dans d'autres, puis divifée en deux portions, fous le reffort des deux Maifons de Nanteuil & de Cuife : la premiere, fous le nom de forêt de Brie; l'autre, fous le nom de forêt de Cuife. Enfin, l'on jugea à propos de diftraire des trois Cités de Senlis, de Meaux & de Soiffons, un nombre de lieux, pour former les deux anciens pays de *Valois* & d'*Orceois*, placés comme au centre de ce qu'on nomme préfentement le Duché de Valois.

7. La religion des Romains avoit pénétré dans la Belgique avant le Chriftianifme, par les foins de Céfar & de fes fucceffeurs. Ses pratiques fubftituées aux inhumanités des Druides, adoucirent les mœurs de la nation. Le Belge, détaché de la barbare fuperftition d'immoler des victimes humaines, employa d'autres facrifices, foit pour appaifer les Dieux lorfqu'il les croyoit irrités, foit pour mériter leur faveur dans les rencontres où il vouloit fe concilier leur protection. Ce n'étoit au fond qu'un changement d'Idolâtrie. Les Sylvanectes demeurerent afservis fous le joug de la féduction, jufqu'à ce que de faints Miffionnaires vinffent leur défiller les yeux, & les éclairer des lumieres de la Foi.

Il fe préfente ici deux queftions : quand & par qui la Foi a commencé d'être annoncée aux Sylvanectes. Pour les décider, il faut néceffairement décompofer le pays dont il s'agit, & diftinguer le centre de cette étendue qu'on nomme aujourd'hui le Duché de Valois, d'avec fes extrémités, qui font limitrophes du Soiffonnois, du Vermandois, du Parifis & du Rhémois.

Bergeron & l'Auteur de l'antiquité des villes, avancent que S. Crépin & S. Crépinien font venus prêcher la Foi dans le Valois vers l'an de J. C. 288, & que la ville de Crépy doit à leurs prédications fa premiere origine. C'eft une conjecture uniquement fondée fur l'analogie des deux noms de Crépy & de Crépin.

Dans le fragment d'une vie authentique de S. Piaton, rapporté par Marlot (1), nous lifons que S. Rufin & S. Valere, S. Crépin & S. Crépinien, S. Rieul & S. Quentin, font venus dans les Gaules à la fuite de S. Denys & de fes Compagnons, pour y prêcher la Foi. Ces Saints fe féparerent, & fe choifirent chacun un diftrict. S. Quentin s'attacha au Vermandois, S. Crépin au Soiffonnois, S. Rufin & S. Valere s'établirent à Bazoches, & S. Rieul, après avoir parcouru l'intérieur de ce qu'on nomme le Valois en général, s'arrêta enfin à Senlis. Les circonftances de la Miffion de ces Hommes Apoftoliques, ne nous font pas entiérement connues. On fait feulement que c'eft vers la fin du troifiéme fiécle, que chacun d'eux a éclairé des lumieres de la Foi, la portion de pays dont il avoit entrepris la converfion. Par la route qu'ils ont tenue, on préfume qu'ils fe font arrêtés, l'un dans une partie du Valois, l'autre dans une autre.

L'Hiftoire de cette Miffion eft un peu différemment racontée dans une Légende du treiziéme fiécle, confervée à Braine. On y expofe que Quentin & Lucien, Crépin & Crépinien, Victrice & Fufcien, Marcel & Eugene, Piat & Rieul, Rufin & Valere, tous Hommes Apoftoliques, partirent de Rome, & vinrent à Paris, où ils firent choix chacun d'un canton de la Gaule, pour y annoncer l'Evangile. Voici quelques particularités remarquables de la vie de ces Saints.

g. Quentin étoit fils d'un Sénateur Romain nommé Zénon. L'on croit qu'il partit de Rome vers l'an de J. C. 245, & qu'il accompagna S. Lucien dans les Gaules, pour aller, l'un à Amiens, l'autre à Beauvais. Ils eurent à traverfer le pays des Sylvanectes dans toute fon étendue; & il eft probable que leur zele pour l'établiffement de la vraie religion n'aura pas été fans effet. C'eft une tradition, que d'Amiens, S. Quentin fit plufieurs excurfions dans le Vermandois, pour y détruire l'empire du démon. Nous avons tracé la route par laquelle les trois pays d'Amiens, de Vermandois & des Sylvanectes communiquoient enfemble. C'étoit pour notre Saint une facilité de rendre fes voyages plus fréquens dans ces trois cantons.

S. Quentin exerçoit fa Miffion dans Amiens, lorfque la cruelle perfécution de l'Empereur Maximien vint à éclater. Cet Empereur ayant envoyé à Varus, Préfet des Gaules, des ordres ftrictes & féveres, de faire la recherche de tous les Chrétiens

_____

(1) Hift. eccl. Rem. t. 1. p. 70.

de son gouvernement, pour les contraindre de renoncer à leur culte, S. Quentin fut dénoncé. On l'arrête, on le charge de chaînes, & on le jette dans une noire prison, où on le laissa un jour entier. Varus le croyant intimidé par la rigueur du traitement, le fit venir, & lui proposa de renoncer à J. C. Le Saint répondit au Préfet avec une fermeté qui l'irrita. Pour l'abbattre & pour se venger, Varus lui fit donner la torture, qui causa au Saint de grandes douleurs dans toutes les parties de son corps, pendant que son esprit demeuroit dans l'état d'une parfaite tranquillité. Aux tourmens, le Préfet fit succéder les caresses, & des promesses séduisantes, que le Saint méprisa. Varus indigné, ordonne qu'on le batte de verges, & qu'on l'enferme dans une prison plus dure que la premiere ; ce qu'on exécuta. Cette peine, loin de vaincre la constance du Saint, l'affermit dans sa résolution de confesser la Foi. On redouble les tourmens. Après l'avoir étendu par le moyen de poulies, avec une violence qui déboîta tous les os de ses membres, on le fouetta long-temps avec des chainettes de fer ; on lui versa sur les plaies du dos, de l'huile, de la poix & de la graisse bouillantes, & on lui appliqua des torches ardentes aux parties les plus sensibles. Au milieu de ces supplices, le Saint bénissoit Dieu. Varus, pour lui ôter l'usage de la parole, lui fit verser dans la bouche, de la chaux, du vinaigre & de la moutarde, ce qui ne réussit pas. Le Saint eut encore l'organe de la voix assez libre pour confesser J. C.

Le Préfet étant appellé dans le Vermandois, pour y exercer les fonctions de sa charge, voulut que le Saint fût conduit à sa suite. Arrivé dans la capitale du Vermandois, il acheve d'instruire le procès de S. Quentin, & met en œuvre de nouveaux supplices pour tâcher de l'abbatre. Par son ordre, on lui fit entrer dans le corps, depuis le cou jusqu'aux cuisses, deux barres de fer, & on lui enfonça de longs clous entre les ongles & la chair, & dans le crâne, jusqu'à la cervelle. Le déchirement de ces parties du corps, que l'on regarde avec raison comme le siége de la vie, donna la mort au Saint, qui consomma ainsi son martyre, vers la fin du troisiéme siécle, dans une capitale qui retient encore son nom.

Le culte de S. Quentin a été consacré dans le Valois, par des Eglises & par des Chapelles bâties sous son invocation. S. Quentin, près Louvri, est l'une des anciennes Eglises de la contrée, qui ont commencé à porter ce titre. Dès l'origine de l'ancien Palais de Cuife, on éleva dans l'Eglife, une Chapelle en l'honneur de S. Quentin. Ce culte s'eft principalement étendu, pendant le temps où les Comtes de Valois poffédoient le Vermandois. La Comteffe Eléonore fe qualifioit, Dame de S. Quentin & de Valois. Le corps du Saint repofe dans la Collégiale de fon nom. Ce dépôt eft la feule caufe qui a fait changer l'ancien nom d'*Augufta Viromanduorum*, en celui de S. Quentin, que cette ville porte depuis plus de huit fiécles.

9 Au temps de ce martyre, S. Crépin & S. Crépinien demeuroient à Soiffons, S. Rufin & S. Valere à Bazoches.

On pourroit, fans bleffer la vraifemblance, placer S. Crépin & S Crépinien, parmi les Miffionnaires qui ont commencé à diffiper les ténébres de l'Idolâtrie dans le Valois. Il eft néanmoins plus probable, qu'attachés à la profeffion fédentaire qu'ils exerçoient, ils fe contentoient d'attirer chez eux le commun peuple, pour l'inftruire des vérités de la Foi. Le même Préfet Varus, qui avoit procuré à S. Quentin la couronne du martyre, les fit décapiter pour la même caufe, près la ville de Soiffons, vers l'an de J. C. 287. L'Eglife de Vichel, dans la Châtellenie de Neuilly-Saint-Front, eft dédiée en leur honneur. Les dixmes de cette Paroiffe font un des premiers revenus, qui ayent eté donnés à l'Abbaye de S. Crépin-en-Chaye de Soiffons.

10 La partie orientale du Duché de Valois, qui comprend la ville de Braine, avec les lieux de Bazoches, du Mont-Notre-Dame, Pars, Sermoife, &c. reconnoît S. Rufin & S. Valere pour premiers Apôtres de la contrée. On ne fait fi ces deux Saints étoient Gaulois d'extraction, ou Romains de naiffance. Les uns affurent qu'ils avoient quitté Rome pour venir dans les Gaules; & que s'étant procuré un emploi dans les greniers publics de Bazoches, ils y avoient fixé leur féjour. D'autres prétendent qu'étant nés & domiciliés à Bazoches, ils avoient reçu en ce lieu les premiers principes de la connoiffance du vrai Dieu, par le miniftere de quelqu'un de ces Hommes Apoftoliques, qui prenoient leur route par Bazoches, pour aller annoncer l'Evangile dans la partie occidentale des Gaules.

Les premieres actions de S. Rufin & de S. Valere, depuis leur converfion, nous font inconnues. On fait en général qu'ils avoient pour vertu dominante, la libéralité envers les pauvres; qu'ils vivoient en ftrictes obfervateurs de la morale chrétiennne,

& qu'ils travailloient avec succès à la propagation de la Foi.

Le Préfet Varus, plus connu dans le canton sous le nom de Rictiovare, ayant entrepris la recherche de tous les Chrétiens qui vivoient dans son ressort, pour obéir aux ordres de l'Empereur Maximien Hercules, apprit de ses Emissaires, que dans le lieu même de sa résidence, il y avoit deux Chrétiens employés dans les magasins, qui non contens de professer leur religion, attiroient les Payens dans leur parti, par leurs largesses, par leurs discours, & surtout par l'exemple d'une vie sans reproche. Nos Saints informés qu'on les avoit dénoncés au Préfet, se cacherent dans un souterrain, pour éviter ses poursuites. Leur évasion redoubla l'activité du Tyran. On les découvrit dans un endroit situé près de la chaussée Romaine, & on les conduisit au Préfet. Rictiovare n'épargna rien pour les gagner. Promesses, menaces, caresses, il employa tout. Les trouvant inflexibles, le Préfet les condamna à être décapités. On n'est point d'accord sur le lieu de l'exécution : les uns disent que le Préfet partant de Bazoches pour Soissons, traina les Saints à sa suite ; & qu'étant arrivé près Quincampoix, il s'y arrêta ; qu'il y fit lire aux deux Saints l'arrêt de leur condamnation, qu'on exécuta en sa présence, sur les bords de la petite riviere de Vesle ; & qu'après avoir vu donner le coup de la mort aux Martyrs, il continua sa route vers Soissons.

Ce sentiment, qui a tout l'air d'être une répétition du martyre de S. Quentin, ne me paroît pas assez certain pour être reçu. J'aime mieux l'opinion commune, suivant laquelle les deux Saints ont été décapités dans la place du château de Bazoches, auprès d'un souterrain à demi comblé qu'on voit encore, à trois cent pas ou environ de la riviere de Vesle.

On rapporte qu'après ce supplice, les Payens, en haine du nom chrétien, prirent les corps des deux Saints, & qu'ils les jetterent dans un cloaque, qu'on montre encore dans le jardin du château de Bazoches : que les Fidéles enleverent ces corps pendant la nuit, & les placerent dans une sépulture honorable. Usuard rapporte le jour de ce martyre au trente de Juin, sans en marquer l'année.

Sous le regne de Constantin, le culte de S. Rufin & de S. Valere devint public. On éleva d'abord un Oratoire sur leur sépulture ; & comme on appelloit ces sortes de Chapelles *Basilica* & *Bisulca*, tout le territoire en prit le nom de *Bazoches* :

vieux mot, qui eſt la traduction du latin *Biſulca.*

Cette Chapelle ayant été renouvellée & aggrandie, S. Loup ; Evêque de Soiſſons & neveu de S. Remy, y forma, en mémoire des ſoixante - douze Diſciples de Jeſus-Chriſt, un Chapitre de ſoixante-douze Clercs ou Chanoines, qui exiſtoit encore plus de quatre ſiécles après la mort de ce Saint Prélat, au rapport de Flodoard. On croit que les Reliques de Saint Rufin & de Saint Valere, ont été levées de terre au ſeptiéme ſiécle, pour être expoſées à la vénération des Fidéles.

On compte pluſieurs Tranſlations de ces Reliques. La premiere s'eſt faite de Bazoches à Reims en l'an 882, aux approches des Normands. Les Châſſes de ces deux Saints demeurerent à Reims pendant deux ans, dans l'Egliſe de Saint Pierre, d'où on les a rapportées à Bazoches en 884. Une ſeconde Tranſlation a eu lieu de Bazoches à Soiſſons l'an 937, par la crainte des Hongrois. Abbon, Evêque de Soiſſons, les reçut avec honneur dans ſa Cathédrale. Le péril étant paſſé, on parla de ramener à Bazoches les deux Châſſes : l'Evêque Abbon renvoya l'une, & garda l'autre.

Peu de temps après ce retour, il y eut une diſtribution de ces Reliques, dont on envoya des parcelles dans quelques Egliſes voiſines, à Coulonges, à Loupeignes, à Vierzi, à Vregny au Dioceſe de Soiſſons, à Ourges au Dioceſe de Reims. La Châſſe de Soiſſons ayant été brûlée au ſac de cette Ville, par les Huguenots, le 27 Septembre 1567, il ne reſta plus que celle de Bazoches, qu'on avoit eu la précaution de porter à Reims dès l'an 1560, c'eſt la troiſiéme Tranſlation. Les Reliques reſterent à Reims juſqu'à la fin des guerres de Religion. Rapportées à Bazoches, on les transféra de nouveau à l'Abbaye de Saint Paul, près Soiſſons, d'où M. Hennequin, Evêque de cette Ville, les a fait tranſporter dans ſa Cathédrale, le 11 Juillet 1617. En 1716, on établit à Bazoches une Confrairie de Saint Rufin & de Saint Valere, dans l'Egliſe de Saint Pierre.

II. Les Auteurs qui ont écrit l'Hiſtoire du martyre de Saint Rufin & de Saint Valere, ne nous apprennent pas quel nom portoit le lieu de Bazoches, avant le culte de ces deux Saints. Ils ne font mention que de ſes magaſins de bled, & de ſes greniers. Ce Bourg comprenoit tout le territoire des deux Paroiſſes de Saint Rufin & de Saint Thibaud.

C'étoit

C'étoit chez les Romains une conduite pleine d'humanité & de prévoyance, de former des magasins de bled, & d'autres natures de grains, au centre des pays fertiles. On y avoit recours dans les calamités publiques, & ils prévenoient les famines. Les plaines du Soissonnois, offrant aux Romains les commodités néceffaires pour exécuter un pareil établissement, on le plaça dans Bazoches. On y refferroit les grains, partie dans des greniers & dans des bâtimens construits exprès, partie dans des souterrains, où l'on avoit le secret de garantir de l'humidité ces provisions. La situation de Bazoches fur les bords de la Vesle, & à côté de la chauffée Romaine, qui traverfoit la Gaule & conduifoit jufqu'à la mer, rendoit le lieu très-propre à cet usage. Le Préfet des Gaules y avoit un Palais qu'il occupoit.

La petite riviere de Vesle navigable alors, depuis Fifmes jufqu'à Condé, offroit un débouché pour tous les lieux qui bordent les rivieres d'Aifne, d'Oife & de Seine, jufqu'à l'Océan. Dans les Capitulaires de nos Rois, & dans les Ouvrages de Flodoard, on la nomme *Vidula*. La queftion de favoir, fi elle étoit navigable alors depuis Reims jufqu'à Fifmes, eft embarraffante. Les actes des diverfes tranflations des Reliques de S. Rufin & de S. Valere, femblent le fuppofer. Nous ferons voir au huitiéme Livre de cette Hiftoire, que cette navigation a été exécutée il y a deux cens ans : preuve certaine qu'elle peut avoir exifté, pendant les premiers fiécles de l'Ere Chrétienne. Une Charte de l'Empereur Louis le Débonnaire, fait mention d'un pont fitué fur la Vesle. Ce pont fe voyoit à Quincampoix, où la chauffée Brunehaud aboutit encore.

Les moindres rivieres font des fources d'utilités, & comme autant de veines qui entretiennent une circulation bienfaifante dans les Etats, lorfqu'elles parcourent, comme la Vesle, un pays abondant en denrées. Elles fertilifent les vallées qu'elles arrofent, & tranfportent à peu de frais, d'une contrée dans une autre, le fuperflu des productions naturelles qu'on ne peut confommer fur les lieux. Toutes les rivieres ne font pas également propres à la navigation ; quelques-unes manquent d'un volume d'eau fuffifant : on augmente ce volume avec le fecours des éclufes & des vannes ; & il eft à croire que les Romains ont employé cet expédient pour mettre la Vesle en état de porter des batteaux, & d'exporter les bleds des greniers de Bazoches, & des plaines de Braine. Il feroit à défirer, que dans un fiécle comme le nôtre, où la Méchanique & la Science Hydraulique femblent avoir atteint le premier dégré de perfection, l'on reprît l'ancien projet de rendre navigable cette petite riviere.

12 La paix de l'Eglife, acquife au prix du fang des Martyrs, arriva à pas lents dans le Valois. Elle y a été précédée par des intervalles de calme, dont de faints Miffionnaires ont fçu profiter, pour établir la Religion chrétienne, fur les ruines du Paganifme.

Les Succeffeurs de l'Empereur Maximien Hercules confierent le gouvernement des Gaules, à des Préfets moins animés contre les Chrétiens, que l'inhumain Rictiovare. S. Rieul, qui vivoit fous ces Empereurs, profita de leurs fentimens pacifiques, pour étendre la Foi dans cette partie de la Gaule Belgique, qu'on nomme le Valois & le Comté de Senlis, dont les peuples portoient alors le nom de Sylvanectes.

13 Que S. Rieul ait eu la plus grande part à la converfion des Sylvanectes, c'eft un fentiment qui paroît certain. Son féjour à Senlis, le culte qu'on lui rend depuis tant de fiécles, comme au premier Apôtre de la contrée, quelques fragmens des anciens actes, qui contenoient les circonftances de fa miffion, fes travaux & fes courfes continuelles dans l'intérieur du pays, prouvent de plus en plus la folidité de ce fentiment.

L'on n a aucune certitude touchant l'origine de S. Rieul, ni fur le temps précis où il a vécu, & où il a jetté les fondemens de l'Eglife de Senlis. Ufuard, qui écrivoit fous le regne de Charles le Chauve, lui donne la double qualité de Confeffeur & d'Evêque de Senlis, & met fa Fête au trente Mars (1). On lit dans le Martyrologe Romain, que S. Rieul a été Evêque d'Arles, & qu'il eft mort à Senlis. Le Martyrologe de S. Etienne d'Auxerre fait auffi mention de S. Rieul, & lui donne feulement le titre d'Evêque de Senlis. Pour concilier ces fentimens, les Bollandiftes, M. de Tillemont, & quelques autres Savans (2), ont diftingué deux Saints Rieuls, l'un Evêque d'Arles, l'autre Evêque de Senlis. Nous nous rangeons de ce parti, fans déférence pour ceux qui foutiennent que S. Rieul a été fucceffivement Evêque d'Arles, & Evêque de Senlis. On conferve dans la ville d'Arles, le Corps de S. Rieul Evêque de cette ville; & le Corps de S. Rieul, Evêque de Senlis, repofe à Senlis même, dans la

(1) Bolland. Mart. t. 3. p. 816. feq.   (2) Gall. Chrift. t. 10. p. 1380.

Collégiale de son nom ; preuve sans replique , que l'Evêque d'Arles & l'Evêque de Senlis , ont été deux personnes différentes.

On regrette une ancienne Vie authentique de S. Rieul de Senlis , dont on n'a que des fragmens. Les Légendes rapportées dans la Collection de Bollandus , sont des Romans , faits à plaisir par des Ecrivains mercénaires , pour être débités pendant l'octave de la Dédicace de l'Eglise , bâtie à Senlis en l'honneur de S. Rieul , par un effet de la piété du Roi Robert. Les vrais Actes de S. Rieul , ayant été brûlés ou dissipés par les Normands , on leur substitua ces Légendes , pour flatter le goût dépravé de ces temps d'ignorance , où l'on préféroit le merveilleux au vrai.

Le peu qu'on sait de S. Rieul , ne remonte pas au-delà du temps où il parvint à l'Episcopat. Cette initiation dans l'Ordre Hiérarchique le remplit de zele , comme la descente du S. Esprit avoit agi sur les Apôtres. Ardent à dissiper les erreurs du Paganisme , sa charité sembloit le reproduire en tous lieux. On le voyoit dans les hameaux comme dans les villes , sur les grandes routes , dans les places fortes , dans les chaumieres comme dans les Palais , instruire par ses discours , édifier par ses vertus , & sur-tout prêcher d'exemple ; *oppida, rura, casas, vicos, castella perágrans.* Ce vers est l'un des fragmens de l'ancienne vie de S. Rieul. Je le rapporte comme un témoignage rendu à la vie active de ce Saint , & à la sollicitude de son Apostolat. On raconte encore de S. Rieul , qu'en allant de Paris à Senlis , il s'arrêta à Louvres , & entra dans un Temple de Mercure , où il renversa l'idole de ce faux Dieu , & gagna à J. C. la plûpart des Payens du lieu , qui fermerent leur Temple , & renoncerent à leurs superstitions. Après la mort du Saint , on changea ce Temple en une Chapelle qu'on voit encore , & qui est dédiée sous l'invocation de S. Rieul. Arrivé à Senlis , il convertit à la Foi le Préfet Quintilien , Gouverneur de la Place. S. Rieul administra le Baptême au Préfet , & à tout ce qui restoit de Payens dans la ville. Armé d'un zele que la confiance du peuple rendoit encore plus ardent , il chassa de la place publique , les marchands de simulachres , qui abusoient de la crédulité des habitans.

La tradition & les Légendes rapportent beaucoup d'autres traits de la vie de S. Rieul , qui regardent plus particuliérement le Valois : mais ils sont tellement mêlés de fables & de puérilités , qu'on ne peut y ajouter foi. C'est dans le canton une opinion très-accréditée parmi le peuple , que S. Rieul est venu plusieurs fois prê-

cher l'Evangile dans la plaine qui eft entre Reuilly & Chavercy ;
que ce Saint prononçoit ainfi fes difcours en pleine campagne, à
caufe de la foule de ceux qui venoient pour l'entendre. Ce qu'on
raconte des grenouilles de la grande marre de Reuilly, auxquelles, dit-on, il impofa filence, parce qu'elles couvroient fa voix
de leurs croaffemens, & qu'après fon fermon, S. Rieul permit à
une feule de recommencer, eft fondé fur cette fingularité naturelle, que pendant plufieurs fiécles, on n'entendit qu'une feule
grenouille dans la marre de Reuilly, tandis que toutes les autres
grenouilles des environs, faifoient retentir l'air du bruit confus de
leurs cris. J'ai vu des exemples d'une grenouille qui croaffoit feule,
dans des lieux remplis de cette efpéce d'animaux, où cependant
S. Rieul n'a jamais prêché. Malgré cette obfervation, l'hiftoire de
la grenouille eft fi établie dans le pays, que les habitans de Reuilly
l'ont fait repréfenter fur le Tableau de leur Chapelle de S. Rieul.

Indépendamment de cette hiftoire, le culte de S. Rieul eft fort
ancien dans Reuilly. Les noms latins de *Reguliacus*, & de *Ru-
liacum*, viennent de *Regulus*, qui étoit le nom propre de S. Rieul.
Le territoire de Reuilly eft l'un des premiers de la contrée, qu'on
ait défriché. Après la conquête des Gaules par Clovis, Reuilly
devint une terre du Fifc, dont les Rois des deux premieres races
fe font réfervé la jouiffance. Ces Rois y établirent un Prevôt, qui
leur rendoit compte de fon adminiftration. Il eft fait mention de
Reuilly dans le compte rendu en 1202, au Roi Philippe Augufte,
par le frere Aimard, comme d'une Prevôté dépendante de la
Baillie de Renaud de Bethizy, de même que la triple Prevôté de
Verberie, Bethizy & Laon. Philippe Auguste démembra cette
terre feize ans après, en faveur des Bouteillers de Senlis. Il en
avoit déja donné une portion à un Chanoine de Laon, pour en
jouir pendant fa vie feulement. Les Succeffeurs de Philippe Augufte, après divers partages, ont enfin abandonné Reuilly & fes
dépendances, à des Communautés Religieufes qui en jouiffent
encore.

La liberté avec laquelle S. Rieul a exercé fon zele, confirme
de plus en plus le fentiment, qui le fait vivre après les perfécu-
tions des Empereurs Dioclétien & Maximien. On peut croire
qu'il a rempli fa miffion fous le regne de Conftance Chlore, le
premier Empereur payen qui ait été favorable aux Chrétiens.
Conftance Chlore regnoit en l'an 295. On prétend que S. Rieul

gouverné l'Eglise de Senlis durant quarante ans. Tous les détails contenus dans les Recueils de Surius & de Bollandus, sur la personne & sur la mission de S. Rieul, se réduisent à reconnoître que ce Saint a combattu généreusement le culte des faux Dieux, & l'a renversé si efficacement dans la plûpart des lieux de l'ancien Valois, que l'erreur y a cédé la victoire à la vérité. Le Martyrologe de Senlis, qui fait mention de la mort de S. Rieul, n'en marque ni le jour, ni l'année. On y lit seulement le texte qui suit : *Beatus Regulus, peractâ prædicatione, sanctitate & miraculis clarus, in ipso territorio, sancto quievit fine.*

La mémoire de ce Saint a toujours été en vénération dans le Valois, où plusieurs Chapelles sont dédiées en son honneur. Il y a dans l'Eglise Collégiale de S. Thomas de Crépy, une Chapelle de S. Rieul. C'est du Monastere de Long-pont, que les Hagiographes d'Anvers, ont tiré l'une des Légendes de S. Rieul, qu'ils donnent dans leur compilation. L'Eglise de Senlis célébre trois Fêtes de S. Rieul; celle de sa mort le vingt-trois Avril, celle de la Translation de ses Reliques le trente Mars, & celle de ses Miracles le quinze Juillet, au lieu du sept Février, qui a été long-temps le jour de cette troisiéme Fête. Tous les Calendriers mettent au trente Mars la Fête de S. Rieul.

14 Il résulte de tout ce que j'ai dit jusqu'ici, touchant les premiers commencemens du Christianisme dans l'ancien Valois, que deux siécles & demi se sont écoulés depuis la venue de J. C. avant que la Foi ait été apportée dans la Gaule Belgique. Les premiers Apôtres de cette contrée, ont eu à endurer, comme on a dû l'observer, tout ce que l'animosité des Tyrans a pu imaginer de plus cruel. Une politique mal-entendue avoit inspiré aux Empereurs & à leurs Lieutenans, la fausse opinion de croire que la Religion Chrétienne devoit être proscrite, comme étant moins favorable à leur autorité, que la religion de l'Empire.

Constance Chlore parut, qui conçut des vues politiques tout opposées à celles de ses Prédécesseurs. Ayant reconnu que le Christianisme est une religion d'obéissance & de soumission aux Puissances, il accorda son estime & sa confiance aux Chrétiens. A Constance Chlore, succéda le grand Constantin, qui embrassa le Christianisme, & donna la paix à l'Eglise. Comme le nombre des Fidéles étoit déjà grand, & croissoit tous les jours, Dieu mul-

tiplia auffi de nouveaux moyens de falut. On érigea un plus grand
nombre d'Oratoires & de Paroiffes, afin de faciliter à chacun
l'affiftance à l'Office Divin, la participation aux Sacremens, &
la nourriture de la parole divine. On fonda plufieurs Monafteres, pour aider la piété de ceux qui vouloient renoncer au monde, & fe faire une loi des confeils de l'Evangile. On doit mettre au nombre des premieres Eglifes, qui ont été fondées dans le
Valois, celles de Bazoches près Crépy, de Bazoches près Braine, de Martimont, d'Orouy, de Chelles, de Neuf-chelles, de
Reuilly, & de Chézy en Orceois. Ici commence l'Hiftoire Eccléfiaftique du Valois. Je rapporterai fuivant l'ordre chronologique, les événemens qui en dépendent.

Jules Céfar, dans fes Commentaires, divife les Gaules en trois
parties, l'Aquitaine, la Celtique & la Belgique, fans compter
la Gaule Narbonnoife, qu'on appelloit la Province Romaine,
parce qu'elle obéiffoit aux Romains depuis long-temps. L'Empereur Augufte fit une nouvelle divifion de la Gaule en quatre parties; Othon la divifa en fix, & Dioclétien en onze Provinces.
C'eft Dioclétien qui a le premier diftingué deux Belgiques. Les
Sylvanectes & les anciens peuples du Valois, ont été compris
dans la feconde. On vit naître fous le regne d'Honorius, un partage plus détaillé. Ce Prince divifa les Gaules en dix-fept Provinces, & fous-divifa ces mêmes Provinces en *cités*, & les cités
en *pays*. On le croit Auteur des Liftes ou dénombremens qu'on
appelle communément les *Notices*, & qui font l'origine du partage de nos Diocefes. Ainfi, pour connoître de combien de cités
dépendoit l'étendue actuelle du Duché de Valois au cinquiéme
fiécle, il faut examiner de combien de Diocefes ce Duché releve.
Les deux pays de *Valois* & d'*Orceois* dépendoient de la cité de
Soiffons. Braine & fes environs appartenoient au pays du *Soiffonnois*. Crépy & les lieux circonvoifins relevoient de la cité de
Senlis, & Nanteuil-le-Haudouin, avec fes environs, de la cité
de Meaux. Les limites des Diocefes n'ont prefque pas changé
depuis le regne d'Honorius, mais les pays fe font beaucoup étendus; témoin le pays de Valois, *pagus vadifus*, qui ne renfermant
d'abord que le bourg de Vez fa capitale, avec Bonneuil, Villers-
Cotteretz, Bethizy, Verberie, &c. a changé de capitale, &
comprend aujourd'hui tout l'Orceois, & diverfes parties du Soiffonnois, du Multien, du Comté de Senlis, &c.

L'Empereur Maximien Hercules, si fameux par ses Edits sanglans contre les Chrétiens, réunissoit des qualités estimables. Il gouverna la Gaule avec assez de sagesse, & prit soin d'y appeller des bandes d'étrangers, pour peupler les cantons dégarnis d'habitans : contraste frappant dans la personne du même Prince, qui persécute l'humanité dans les Chrétiens, & qui cherche à l'étendre & à la favoriser par le secours des colonies. Maximien transféra de la Germanie dans la Belgique, de nombreux essains de Letes, peuple cultivateur, endurci au travail, qui savoit allier l'Agriculture avec la profession des armes. Ces Letes s'occupoient aussi à élever des troupeaux de gros & de menu bétail. Ils s'annonçoient, dit Eumenes, par les dehors d'un peuple barbare. Souples d'ailleurs, ils se plioient aisément aux usages de ceux avec qui ils avoient à vivre. Consommés dans la culture & dans le trafic des grains, du bétail, & de toutes les denrées usuelles, ils trouvoient dans ce genre de vie, le fond de leur subsistance ; gens, à tous égards, d'un bon commerce, & passant subitement, s'il étoit nécessaire, de la charrue aux armes, à l'exemple des premiers Romains.

On ne peut guéres fixer le temps où ces Letes sont venus s'établir chez les Sylvanectes, que par induction. Ce qu'on sait de positif, c'est que l'Empereur Maximien Hercules voulant renouveller l'usage introduit sous les Rois de Rome, & continué sous les Consuls, d'envoyer des colonies dans des lieux incultes ou dégarnis d'habitans, tira de la Germanie plusieurs essains de ces Letes, qu'il plaça dans les pays des Trévirois & des Nerviens. L'Auteur de qui nous apprenons ce trait, ne dit pas que cet Empereur ait envoyé des Letes chez les Sylvanectes, en même temps que chez les Trévirois & chez les Nerviens ; comme, suivant Pline, les Trévirois, les Nerviens & les Sylvanectes jouissoient du même état de liberté, & que la description de ce Naturaliste les représente sous ce rapport, comme trois peuples contigus, on peut croire que diverses peuplades de Letes auront été installées en même temps dans ces trois territoires.

On doit considérer les Letes Sylvanectes, sous le même rapport que ceux des autres contrées, c'est-à-dire, comme Cultivateurs & comme guerriers. Arrivés à leur destination, ils reconnurent le pays avant tout, & sonderent le terrein, pour distinguer le sol ingrat de celui qui pouvoit être cultivé. Ils eurent aussi égard à l'affiéte des lieux pour fonder leurs métairies. A force de travaux & de peine, ils vinrent à bout de convertir ces métairies en des féjours fi gracieux, que les Empereurs d'Occident, & leurs Lieutenans, y paffoient une partie de la belle faifon. Nos Rois de la premiere & de la feconde race, en préférant ces Maifons de plaifance à la réfidence des grandes villes, marchoient fur les traces des Empereurs.

Les Letes Sylvanectes dreflerent ainfi le plan de leurs opérations. Oppofés de fentiment & de conduite, à la défiance malentendue de ces familles Gauloifes, qui ne s'occupoient que d'elles-mêmes, & s'enfonçoient dans les bois, loin de tout commerce, pour y mener une vie fauvage, ils placerent leurs établiffemens, de la maniere qui pouvoit être la plus utile à la fociété. Ils eurent d'abord la précaution de ne pas s'éloigner des grands chemins. En paffant en revue les plus anciennes terres du Valois, & celles dont l'étymologie indique qu'elles ont été défrichées les premieres, on reconnoît qu'elles ne font pas éloignées des anciennes chauffées, dont nous avons donné la defcription.

La Maifon Royale de Cuife, aujourd'hui S. Jean-au-Bois, avec la Breviere & Sainte Perrine fes annexes, Braine & Berny-riviere, S. Pierre en Chaftres, Mornienval, le Chefne, S. Nicolas de Courfon, Chàvercy, Nanteuil, & d'autres anciens Palais, ou font fitués attenant la chauffée Brunehaud, ou lui font joints par un chemin de traverfe. De proche en proche, les bois s'éclaircirent : beaucoup d'endroits ci-devant hériffés de ronces & de morbois, furent changés en des plaines fertiles ; les repaires & les antres firent place à des villages & à des hameaux, dont les noms pris de la baffe latinité montrent, qu'ils fe font formés pendant les quatriéme & cinquiéme fiécles de l'Ere chrétienne, lorfque les Letes travailloient à s'établir.

Dans ce langage de baffe latinité, qui eft un compofé de latin, de racines Celtiques & de mots Saxons, apportés dans les Gaules par les Letes & par les autres peuplades tranfplantées de Germanie, on reconnoît beaucoup de noms qui font propres à bien des lieux du Valois, & qui font fignificatifs. On peut recourir au Gloffaire de du Cange, pour s'en convaincre. Le nom de l'ancienne Maifon de Cuife dérivé de *Cautum*, indique que cette Maifon a été originairement le premier lieu défriché de l'immenfe forêt à laquelle elle a communiqué ce nom. Nanteuil, qui a pour racine

le

le mot *Nant*, tire cette dénomination de sa fontaine. Mail, May ou Mail, a reçu son nom de sa plaine d'assemblée. Il en est de même des autres endroits remarquables du Valois, dont nous exposerons les étymologies dans l'occasion. Les lieux qui doivent leur origine à l'Agriculture, sont pareillement désignés par des termes de basse latinité. Les noms de Vauxserres, Sery, Sartigny & d'Essarts, de Bussy, de Boissy & Boissieres, marquent des places nouvellement défrichées au milieu des bois, pour être ensemencées. Combien de triages portent le nom de couture & de culture ? Longue-avesne, Hautavesne & Haute-veine, Sennevieres & Chennevieres, Pommiers & Peroy, désignent des territoires où il croissoit de l'avoine, du chanvre & des arbres fruitiers. On compte dans le Valois dix-sept Fiefs, appellés la Grange, & nommés dans les anciens titres, *grangia* & *grancia*, termes consacrés aux grosses métairies sous le Bas-Empire, ainsi que le mot *colonia*, depuis sur-tout que la plûpart des *villæ fiscales* avoient été changées en des Maisons de plaisance. Je pourrois citer encore les noms d'Armentieres, de Chevreuse, Chevreville & Chevrieres, de Pigeonville & de Coulomb, de Vigny, Vigneroles & Vignoles, Viviers, la Borde, Betz, Bethizy, Pacy, &c. qui nous viennent des mêmes temps, & qui montrent que dans les lieux qu'ils expriment, on nourrissoit du gros & du menu bétail, de la volaille & du poisson. Pour conserver leurs troupeaux, les premiers cultivateurs ont été dans la nécessité de faire la chasse aux loups, & de détruire ces animaux carnaciers. Les endroits du Valois où les loups étoient communs, tels que les Eluats, *Lupi saltus*, Pisseleu, *Pejor lupus*, Huleu, *Lupus ululans*, Damleu, *Damnum lupi*, la Houate, Louvry, Loüatres, &c. en ont retenu le nom. L'étymologie de *Cerfroid*, s'explique d'elle-même.

6. Les Empereurs, après avoir pourvû au défrichement & à la population du pays des Sylvanectes, voulurent assurer le repos du canton, en y plaçant un corps de troupes. Comme il ne s'agissoit ni de conquérir les pays circonvoisins, ni de retenir dans le devoir un peuple enclin à la révolte, ils jugerent à propos de lever parmi les Letes du territoire, une milice qui veilleroit à la sûreté de la contrée, au lieu d'y envoyer des Légions du fond de l'Italie. Ces Souverains ne courroient aucun risque : ils pouvoient à tous égards compter sur la fidélité d'un peuple établi sur les terres de

Tome I.   E l'Empire , & qui fe trouvoit naturellement intéreffé à s'expofer pour la défenfe de fes poffeffions.

On lit ce paffage dans la Notice des dignités de l'Empire d'Occident : *Præfectus Letorum gentilium , Remos & Sylvanectas Belgicæ fecundæ.* » Il y a dans la feconde Belgique, aux territoires de » Reims & de Senlis, un corps de troupes aux ordres d'un Préfet , » compofé de Letes étrangers «. Cette Notice paffe pour avoir été compofée vers l'an de J. C 425, fous le regne de l'Empereur Valentinien III. Ce paffage n'apprend ni le temps précis où ces Letes avoient été introduits dans la contrée, ni dans quel endroit du pays des Sylvanectes ils avoient été établis. Pancirole & les meilleurs Commentateurs de cette Notice, ne difent rien fur ce fujet. Nous venons de déterminer à peu près le temps où les Letes font arrivés dans cette partie de la feconde Belgique , que les Sylvanectes occcupoient. Il nous refte à examiner , où ce corps de troupes a pu être avantageufement placé, pour remplir fa deftination.

Les troupes que les Romains plaçoient dans les Provinces , campoient en pleine campagne fur les grandes routes. On nommoit ces camps *flativa*, pour les diftinguer de ceux qu'on établiffoit en préfence de l'ennemi, pour peu de temps & comme en paffant. M. de Caylus a fait graver dans le Recueil de fes antiquités , plufieurs de ces camps à demeure. Ils coupoient, pour ainfi dire , & renfermoient dans leur enceinte une partie des chemins publics , afin de ne laiffer la liberté du paffage qu'aux perfonnes fûres, & d'arrêter les vagabonds & les partis ennemis dans leurs courfes.

Si donc nous pouvons trouver, dans quelque plaine du territoire des anciens Sylvanectes , des débris qui retracent aux yeux les proportions d'un ancien camp de cette forte , il faudra les regarder comme les reftes du camp occupé au cinquiéme fiécle par le corps de troupes en queftion.

Dans la plaine de Champlieu, qu'on voit fur la gauche du chemin qui conduit de Verberie à Crépy, à deux lieues de l'un & de l'autre, à cinq lieues de Senlis, à neuf petites lieues de Soiffons, aux confins des Diocefes de ces deux villes , on apperçoit plufieurs monceaux de ruines & de terres rapportées, qui paroiffent être les reftes d'un ancien camp. On peut en faire remonter la premiere origine au temps des Céfars, & croire que ces ruines font des reftes de bâtimens qu'on y a raffemblés poftérieurement au regne de Valentinien III.

Pour donner une explication fatisfaifante de ce monument, qui pique l'attention des curieux depuis plufieurs fiécles, & qui a occafionné bien des conjectures, je donnerai en premier lieu une defcription hiftorique du territoire de Champlieu. 2°. Je ferai enfuite la defcription particuliere du monument, & je tâcherai de prouver, 3°. que fes principales proportions fe rapportent à celles d'un camp Romain. Les gens du lieu appellent ces ruines, le Monument des Tournelles ; & ils nomment *le champ des Ouis*, l'endroit où elles font fituées.

I. Champlieu, Orouy, Donnéval & la Mothe, font quatre lieux voifins. Donnéval ou Dunval, eft le plus ancien des quatre. Son nom, moitié Celtique, moitié Latin, lui vient de fa fituation, au pied d'une hauteur qui domine fur la vallée d'Autonne. *Dun* en Celtique fignifioit une hauteur : la terminaifon de *val*, eft l'abrégé du mot latin *vallis*. On ne fait ni l'origne, ni le temps de la fondation de cet ancien Château. C'eft le fort de prefque tous les établiffemens qui ont exifté avant la conquête des Gaules par les Romains : leurs premiers commencemens font ordinairement obfcurcis par la fable. En alliant la tradition avec le contenu des titres que j'ai confultés, on eft dans la néceffité de reconnoître que le château de Donnéval eft un Domaine de la premiere antiquité. Pour ne pas trop m'étendre fur l'Hiftoire d'un endroit prefqu'ignoré de nos jours, je me contenterai d'obferver que Donnéval, après avoir fervi de retraite à quelques familles Gauloifes, a été fortifié par les Romains dans le goût de Martimont. L'établiffement du camp de Champlieu, & la fondation des Tournelles fur la chauffée Romaine, qui conduifoit de Senlis à Soiffons, lui ont donné un nouveau dégré de confidération. L'on peut croire avec fondement que les Préfets des Letes y faifoient leur réfidence fous le Bas-Empire, & qu'ils en ont renouvellé le château pour l'occuper. Ce château eft devenu le partage de quelque Seigneur franc après la conquête de Clovis, & c'eft l'un des premiers Fiefs qui ait été érigé dans le Valois, fur le déclin de la feconde race de nos Rois. Depuis l'introduction du gouvernement féodal, les Seigneurs de Donnéval ont long-temps fait la loi dans le canton. Ils réuniffoient avec les Terres d'Orouy & de Champlieu, quelques Seigneuries voifines. J'ai découvert plufieurs noms de ces anciens Seigneurs ; mais comme je n'ai pû les ranger sous des dates certaines, j'ai cru devoir les passer sous silence. En 1254, vivoit un descendant des anciens Seigneurs de Donnéval, nommé Raoul, qui possédoit aussi le Fief de la tour d'Orouy, & avoit un quart dans les dixmes de cette Paroisse. Ce Raoul de Donnéval, eut entr'autres enfans, une fille nommée Agnès, qui décéda en 1269, & qui fut inhumée dans le Collatéral droit de l'Eglise Collégiale de S. Thomas de Crépy. Le Fief de Donnéval appartenoit encore aux Successeurs de Raoul en 1315. Suivant un Acte du 10 Mai 1400, les Fiefs de Donnéval & de Champlieu étoient tenus alors par Jean Blavet. Jean de Donnéval, Seigneur de Champlieu, paroît dans un autre Acte de l'an 1527. J'ai vu un titre de l'an 1625, dans lequel Claude de la Personne prend la qualité de Seigneur de Donnéval & de Champlieu. En 1648, Hugues d'Ay se qualifioit Seigneur de Donnéval, Champlieu & la Mothe. Les Successeurs de Hugues d'Ay ont toujours possédé les trois Fiefs réunis jusqu'à la mort du Sieur Herlau, & ont fixé leur résidence à la Mothe, château qui a été formé des ruines de Donnéval. Du Sieur Herlau, Donnéval & la Mothe sont passés à M. Mottet, qui en jouit présentement.

Orouy est une Paroisse située dans la vallée d'Autonne, au-dessous de Champlieu. Elle reléve en premiere instance du Bailliage de Crépy, & dépend pour le spirituel du Diocese de Soissons. Je n'ai rien trouvé dans la suite des Seigneurs d'Orouy, qui soit digne de remarque. Je considére uniquement cette Paroisse du côté du spirituel.

Ce lieu a commencé par un Oratoire, que les premiers Chrétiens du Valois y ont érigé pendant les dernieres persécutions des Empereurs. De là son nom d'*Oratorium* dans les titres latins, & celui d'*Orouïer* dans les vieilles chartes. On a depuis prononcé *Orouy* par adoucissement, & l'on écrit de même. Ce nom est commun en France. Je ne trouve à notre Orouy aucune épithéte dans les titres, au lieu que les autres noms de Paroisses, pareils à celui-ci, sont ordinairement accompagnés des mots *repositum*, *absconditum*, pour marquer l'origine de ces saintes retraites, où les premiers Chrétiens se rendoient en secret à la célébration des saints Offices.

Il y a au Diocese de Sens (1), un Ozoir-le-repos, & une Nelle-

(1) Hist. Dioc. Par. t. 6. p. 98.

la-ripofte au Diocefe de Troyes. Orouy, comme on voit, tire fa dénomination de fa premiere Eglife, de même que les deux Bazoches ont pris leurs noms des premieres bafiliques qu'on y a bâties. Sous les premiers Empereurs Chrétiens, l'Eglife d'Orouy devint le centre de réunion des Fidéles de la contrée. On lui affigna des biens pour fervir à l'entretien d'un Prêtre, & aux cérémonies du culte Divin.

Lorfqu'on fonda le Monaftere de S. Crépin le Grand de Soiffons, les biens de l'Eglife d'Orouy rendoient un produit confidérable. La vie édifiante que menoient les premiers Clercs de cette Maifon Religieufe, détermina les Patrons de l'Eglife d'Orouy, à foumettre leur Eglife avec tous fes biens, au nouveau Monaftere. Orouy reçut un Prêtre régulier de S. Crépin. Ce Prêtre & fon Monaftere jouirent paifiblement de leur revenu jufqu'aux guerres des Normands. Ayant befoin d'un Avoué puiffant qui prit l'Eglife & les biens fous fa fauvegarde, les Religieux de S. Crépin jetterent les yeux fur les Seigneurs de Crépy, Comtes de Vexin. Ils détacherent une portion de ces biens, qu'ils donnerent en Fief à ces Seigneurs, pour être le prix de leur protection. Les Comtes de Crépy, non contens de ce Fief, envahirent par dégrés les métairies, les moulins & les fonds de terres que l'Eglife d'Orouy poffédoit dans la vallée d'Autonne, fous prétexte d'exiger le droit de fauvement (1). Cette Eglife demeura ainfi dépouillée de la plus grande partie de fes biens jufqu'en 995, que Guy, Evêque de Soiffons, & frere de Gautier le Blanc, Comte de Crépy, engagea ce Seigneur à rendre les biens que fes prédéceffeurs avoient ufurpés. Gautier écouta les remontrances de fon frere, & reftitua aux Religieux de S. Crépin, & à l'Eglife d'Orouy, plufieurs héritages fitués, tant au Luat qu'à Orouy même. Depuis cette reftitution, les dixmes d'Orouy échapperent encore aux Religieux de S. Crépin, Défervans de l'Eglife, je ne fais par quel incident. En l'an 1254, ces dixmes étoient divifées en quatre portions; la premiere appartenoit au Prieur de Champlieu, la deuxiéme à S. Adrien de Bethizy, la troifiéme & la quatriéme, à Raoul de Donnéval, apparemment comme Patron de l'Eglife d'Orouy. Quelques années après, Raoul de Donnéval vendit un quart de ces dixmes au Chevalier Huon le Sauvage, dont la fille Mahaud céda ce quart à l'Eglife de S. Thomas de Crépy, pour

_____

(1) Gall. Chrift. tom. 9. p. 347.

une fomme de quatre-vingt-dix livres. Thomas & Raoul d'Orouy amortirent cette vente.

Des titres de l'an 1176 font mention d'un Eccléfiaftique nommé Hugues d'Orouy, Diacre & Chanoine de S. Pierre de Soiffons. L'Abbaye de Long-pont compte parmi fes Abbés Réguliers, un autre Hugues d'Orouy, qui, après avoir paffé par les charges de Prieur de cette même Maifon, d'Abbé de Signy & de Froidmont, devint Abbé de Long-pont avant l'an 1219 (1).

Champlieu eft un village du Diocefe de Soiffons, relevant en premiere inftance, partie du Bailliage de Crépy, & partie de la Prevôté Royale de Verberie. Il eft fitué au milieu d'une belle plaine, bornée par la forêt de Compiegne au Septentrion. L'Eglife du lieu eft le titre d'un ancien Prieuré, qui a commencé de même que la Chambrerie de Bethizy, par la donation de l'Eglife du lieu & de fes dépendances, à S. Crépin le Grand de Soiffons. L'Abbé & l'Œconome de S. Crépin, voulant tirer parti de ce préfent, envoyerent à Champlieu un certain nombre de Freres fervans, avec quelques Prêtres, pour faire valoir les biens de l'Eglife. Cette Eglife eft dédiée fous l'invocation de la fainte Vierge, qui y reçoit un culte particulier depuis un temps immémorial. C'eft un pélérinage ancien. La Comteffe Eléonore, par fa Charte aumôniere de l'an 1194, donne vingt fols de rente à Sainte Marie de Champlieu.

On connoît par cette origine, que le Prieuré de Champlieu n'eft pas un démembrement de Mornienval, comme une fauffe tradition le fait croire dans le pays. Les deux Maifons n'ont jamais eu rien de commun. On obfervoit la regle de S. Benoit à Champlieu, pendant qu'à Mornienval, des Chanoines Séculiers deffervoient l'Eglife.

Le Prieuré de Champlieu a éprouvé des révolutions facheufes en divers temps. Après avoir été incendié à plufieurs reprifes, on l'a uni au Prieuré de S. Thibaud de Bazoches, dépendance de Marmoutier. Ces deux Prieurés appartiennent maintenant à la Communauté des Bénédictins Anglois de Paris. Depuis l'union des deux bénéfices, on a placé à Champlieu un Prêtre qui prend la qualité de Curé, titre que le Curé d'Orouy lui contefte. Il y a eu fur ce fujet un procès en 1625, à la Primatie de Reims, dans lequel Claude de la Perfonne, Seigneur de Champlieu, eft inter-

(1) Chr. long. p. 62. Gall. Chr. t. 9. p. 476.

venu. Le Curé d'Orouy eut gain de caufe fur plufieurs chefs. La
décifion de cette affaire n'a rien changé aux anciens ufages ; les
habitans de Champlieu continuent de regarder leur Eglife comme
indépendante de celle d'Orouy. L'Eglife de Champlieu eft placée entre le village & les ruines des Tournelles. La Seigneurie
du lieu a été autrefois partagée entre les Seigneurs de Donnéval
& de Chavercy. M. Rémond, Avocat, eft préfentement Seigneur de Champlieu.

II. Les ruines des Tournelles ont été le fujet d'un grand nombre
de conjectures entre les Savans, depuis le renouvellement des
Sciences en France. Bergeron & Bouchel citent ce monument
comme une antiquité obfcure, & d'une date très-éloignée. Les
plus anciens titres ne font pas mention des Tournelles comme
d'un corps de logis fubfiftant : on n'y parle que de débris & de
ruines. Si nous cherchons dans la tradition du pays quelques lumieres touchant le premier état des Tournelles, nous y trouverons trois fentimens. En confultant le commun peuple, on apprend une longue fuite de merveilles, dont on feroit un Roman.
Quelques Savans du dernier fiécle ont été dans l'opinion, que le
fer à cheval & les autres monceaux de ruines qui l'avoifinent,
font les reftes d'un amphithéatre où les Romains célébroient des
jeux & donnoient des fpectacles. D'autres, à la vue des décombres qui couvroient autrefois le *champ des Ouis* & le refte du territoire de Champlieu, ont cru que la premiere capitale des Sylvanectes avoit été bâtie en cet endroit. Ils fe fondoient fur un article
de l'Itinéraire attribué à l'Empereur Antonin, portant que d'*Auguftomagus* à Soiffons, il y a vingt-deux mille pas, un peu plus de
dix lieues. Mais la diftance réelle, fait connoître qu'il y a omiffion
d'un X dans l'édition commune de cet Itinéraire ; & qu'au lieu de
XXII, il faut lire XXXII. Ce qu'on voit de l'ancienne capitale
des Sylvanectes à Senlis même, eft bien antérieur aux regnes des
Valentiniens ; les reftes des premieres fortifications de Senlis fe
rapportent au regne de Vefpafien ou de Tite, comme on l'a
obfervé. Enfin des perfonnes plus inftruites & plus verfées dans
la connoiffance des lieux, m'ont affuré que le monceau des ruines
qui forment le principal quarré dans l'intérieur du monument,
avoit été anciennement couvert d'un corps de logis compofé de
cinq Tournelles, dans le goût du Donjon du Temple, à Paris ;
& que la hauteur du fer à cheval avoit été formée pour en défendre les approches.

Si le monument des Tournelles paroiſſoit encore dans le même état où Bergeron & Bouchel l'ont conſidéré, il nous fourniroit beaucoup d'enſeignemens que nous n'avons plus, & dont ces deux Auteurs n'ont pas ſu tirer parti. Depuis le milieu du dernier regne, on a démoli & enlevé beaucoup de débris, qui marquoient l'ancienne forme & l'étendue de ce monument. On a auſſi trouvé dans la plaine un bon nombre de médailles de toute grandeur & de tous métaux, dont les Légendes & les Types auroient été d'un grand ſecours pour en connoître l'âge. Ces médailles ont été diſſipées, ou nous ſont inconnues. Ajoutez que la ſurface du terrein eſt préſentement aux trois quarts défrichée, au profit de l'agriculture & de la ſociété, mais au préjudice des Antiquaires; car où l'Antiquaire moiſſonne, le Cultivateur ne recueille point. Heureuſement le gain compenſe la perte, & il nous en coûtera un peu plus de peine, à expliquer cette antiquité.

Afin de procéder avec ordre, & de jetter quelque jour ſur un ſujet ſi obſcur, je préſenterai d'abord la deſcription du monument, j'en donnerai enſuite l'explication.

DESCRIPTION. La figure de tout l'emplacement où l'on trouve des ruines, repréſente un quarré long de ſix cent toiſes, ſur deux cent quatre vingt-dix toiſes de large : ce quarré s'étend du Nord au Sud dans une vaſte plaine, qui peut paſſer pour un ſommet de montagne, à l'égard des vallées voiſines. La baſe ſeptentrionale de ce grand quarré ſe perd dans la forêt de Compiegne.

Je diviſe en deux ce vaſte emplacement. La premiere partie occupe un eſpace d'environ cinquante toiſes du Nord au Sud, & renferme une terraſſe en forme de fer à cheval, un grand quarré rempli de débris, une portion de la chauſſée Brunehaud, qui paſſe entre le fer à cheval & le quarré, & enfin des reſtes de foſſés & de puits. Les ruines répandues ſur la ſurface des champs dans la plus grande partie de la figure, n'offrent rien aux yeux dont on puiſſe tirer des inductions certaines.

1. Le fer à cheval eſt une eſpéce de demi-lune, haute de vingt-deux pieds, formée de terres rapportées, & ſoutenues intérieurement & extérieurement par deux murs parallcles & demi-circulaires. Cet ouvrage a ſeize toiſes de profondeur, & vingt-quatre d'ouverture. Cette terraſſe pouvoit avoir dix à douze pieds d'épaiſſeur, & finiſſoit en talus. Il y avoit deux iſſues du côté de la campagne en forme d'eſcaliers de pierre parallcles, & voutés

en

en parpins de quatre pouces d'épaisseur, sur huit de largeur. On m'a assuré qu'il y avoit dans l'épaisseur de cette terrasse, des souterrains qui regnoient d'un bout à l'autre.

2. A trente-six toises de la terrasse, & vis-à-vis l'enfoncement, on apperçoit un amas de débris, qui forment un quarré d'environ vingt-quatre toises en tous sens. On tient qu'il y avoit en cet endroit cinq tournelles.

3. La chaussée passe entre la terrasse & le quarré.

4. Autour du quarré il y avoit plusieurs puits, dont deux ont été comblés de nos jours.

1. Dans le reste de l'espace qui regne depuis le quarré jusqu'à la forêt, l'on a trouvé en différens temps, un grand nombre de médailles de toute espéce. Un particulier les avoit rassemblées en grande partie, elles ont été dispersées après sa mort, de maniere que je n'en ai pu recouvrer aucune. J'ai trouvé sur les lieux, une Faustine en potin, & un Trajan de même. On m'a montré cinq autres médailles, qui venoient du même endroit, toutes cinq en potin; une de Marc Aurele, & une autre de l'Empereur Constance. Les trois autres étoient rongées de rouille, à ne pouvoir distinguer ni l'inscription, ni les têtes.

2. Auprès de l'Eglise de Champlieu, en tirant vers le fer à cheval, on a découvert des sépultures de toute espéce, des cercueils de pierre de toute forme, les uns quarrés, les autres plus étroits aux pieds qu'à la tête; d'autres taillés en dedans, selon les proportions du corps humain, tous rangés de suite. On a aussi trouvé des cercueils de plâtre & de brique, des squeletes sans cercueils, debout, sur le côté, à plat sur le ventre, dans des fosses séparées; quelques-uns de ces squelettes, étoient d'une grandeur démesurée.

3. La hauteur de Champlieu est environnée de pentes, d'où sortent des sources. La vallée d'Autonne, arrosée par la petite riviere de ce nom, n'est pas éloignée de Champlieu. On remarque dans les bois par intervalle, des restes de débris, jusqu'au pied de la pente d'où sortent les fontaines.

EXPLICATION. L'on reconnoît dans la premiere partie de l'emplacement en question, toutes les proportions d'un camp Romain, sur lequel on aura bâti, & dont le contour dans la suite des temps, aura été couvert de maisons.

On sait que les Romains faisoient camper dans les plaines, les

Légions qu'ils prépofoient à la garde des Provinces. Ils avoient la coutume d'affeoir ces camps, fur les grands chemins publics. M. le Comte de Caylus a fait graver plufieurs de ces anciens camps, dont les planches ornent fon Recueil d'antiquités. On reconnoît dans ces plans, les mêmes proportions que celles des ruines de Champlieu où paffe la chauffée Brunehaud.

On a des exemples de ces camps anciens, qui ont donné naif-fance à des Bourgades & à des Villes. L'Auteur d'une Vie au-thentique de S. Pharon (1), parle d'un camp tout pareil à celui de Champlieu. Il en rapporte les commencemens au regne de l'Em-pereur Tibére, & ajoute que par fucceffion de temps, ce camp eft devenu une grande ville.

Il paroît à l'âge des médailles trouvées à Champlieu, que le premier camp Romain aura été formé fous les Céfars, & que fous le bas Empire, on aura commencé à le revêtir d'ouvrages exté-rieurs en maçonnerie. Végece qui écrivoit fous Valentinien II, avant qu'on eut rédigé *la Notice des Dignités*, dont le paffage don-ne lieu à cette digreffion, fait mention dans fes Inftitutions mili-taires, de quelques fortifications de camp, femblables à quel-ques parties des ruines de Champlieu. Il parle ainfi d'un ouvrage conftruit dans le même goût que la demi-lune de Champlieu. » On élevé, dit-il, (2) deux murs paralleles à vingt pieds l'un de » l'autre, (environ feize pieds de Roi.) Dans l'intervalle des murs, » on jette de la terre qu'on foule à coups de batte. Les deux murs » ne font pas d'une égale hauteur; l'intérieur doit être plus bas » que l'autre, de maniere que la fuperficie aille en talus «. On reconnoît à cette defcription, la partie la plus apparente du mo-nument de Champlieu, qui eft le fer à cheval.

Le même Auteur explique ainfi l'ufage des puits (3). » Les fonc-» tions des Préfets de camps, dit-il, font de faire venir de l'eau » par des aqueducs, ou de faire creufer des puits. C'eft pour ce » fujet qu'ils ont à leur fuite des Maçons, des Charpentiers, &c. «

On préfume que les Tournelles, dont tout le monument a re-tenu le nom, auront été bâties au cinquiéme fiécle. On a beau-coup d'exemples de pareils édifices, qui font du même temps. J'ai trouvé dans les décombres du quarré, & dans fon contour, des bris de chapitaux, des morceaux de tuiles recourbées; & j'ai

(1) Sec. 2. Bened. t. 2. c. 8. p. 611.   (3) Ibid. cap. 12.
(2) Veget. de Re milit. l. 2. c. 2.

remarqué au fer à cheval, un reste de mur composé de parpins de quatre pouces sur huit, dont la forme peut se rapporter aux regnes des derniers Empereurs d'Occident. Les trois anciens châteaux qui ont donné le nom au Mont de Chastres, étoient un assemblage de Tournelles.

Les Romains ayant abandonné le Gouvernement des Gaules aux François, on cessa de considérer le château des Tournelles avec ses accompagnemens, sous le premier point de vue. Il devint le partage de quelque Seigneur Franc, qui ajouta de nouveaux bâtimens aux anciens. On construisit du côté de la forêt, une métairie avec des dépendances. Au commencement des troubles des neuviéme & dixiéme siécles, les habitans de la plaine & des vallées voisines, ne voyant que le château des Tournelles où ils pussent se refugier, obtinrent du Maître de ce Domaine, la permission de se bâtir des demeures, les uns dans l'enclos, les autres extérieurement & près des murs du château. Les noms des possesseurs de ce Fief me sont inconnus jusqu'au treiziéme siécle. En 1218, vivoit un certain Robert des Tournelles, qui avoit à Bonneuil un Fief, relevant du Roi Philippe Auguste. Depuis cette année, il n'est plus fait mention des Tournelles dans les titres. Les uns en attribuent la destruction à un incendie, d'autres aux guerres.

Les sépultures distinguées qu'on trouve en grand nombre autour de l'Eglise de Champlieu, paroissent tirer leur origine du camp Romain. Végece apprend que dans ces sortes de camps, on rendoit à ceux qui décédoient, les devoirs funébres avec beaucoup d'appareil, à chacun selon son rang. » Les gratifications, » dit-il (1), se divisent par cohortes. Dans chaque cohorte, on fait » dix bourses, & une onziéme, dans laquelle on a soin de mettre » quelque chose pour la sépulture. Lorsqu'un soldat meurt dans » le camp, on tire de cette bourse dequoi célébrer ses obséques. « Kirchman, dans son traité sur les funérailles des Romains (2), cite un passage du traité de Tertullien *de coronâ militis*, où l'on voit qu'on faisoit aux soldats des convois solemnels, au son des clairons & des instrumens militaires.

Ces tombeaux n'ayant point d'inscription, il est comme impossible d'en déterminer l'âge. Les bieres de pierres quarrées sont plus anciennes que celles qui vont en diminuant. On nommoit

(1) Ibid. cap. 4.　　　　J　(2) L. 2. c. 4.

ces bieres *noffo*, *vafa*, & *petra*. Les cercueils de plâtre ou de brique, peuvent fe rapporter aux regnes des Valentiniens & de nos
premiers Souverains.

Le village de Champlieu, qui a été vraifemblablement formé
à l'occafion de l'ancien camp, conferve encore le nom de fa premiere origine. *Campus* eft un terme de moyenne latinité, qui
fignifie un camp. On nommoit indiftinĉtement *præfeĉlus*, *cham-
peïus*, *champerius* & *camps*, l'Officier qui commandoit dans ces
fortes de camps.

Il réfulte de la defcription du monument de Champlieu, &
de fon explication, que fes ruines font des reftes de fortifications
& de bâtimens, élevés à la place d'un camp Romain; que le
village de Champlieu doit fon nom & fon origine à l'ancien camp.

La feule objeĉtion que j'entrevois contre cette explication,
feroit d'obferver, que fuivant le texte de la *Notice*, le camp des
Letes devoit être placé dans le reffort des Sylvaneĉtes; que la
Paroiffe de Champlieu relevant du Diocefe de Soiffons, & l'arrondiffement de nos Diocefes étant le même que celui des anciennes
cités, Champlieu devoit, fur le déclin du Bas-Empire, appartenir à la cité de Soiffons, & non à celle des Sylvaneĉtes.

Je répons que cette régle générale fouffre des exceptions, &
que dans la plûpart des Diocefes, il y a eu des changemens de
Jurifdiĉtion, touchant des lieux limitrophes (1). Avant le Concile
tenu à Noyon en 814, l'Evêque de Noyon avoit fous fa dépendance, plufieurs Paroiffes en deça de la riviere d'Oife: on décida
en ce Concile, que ces Paroiffes appartiendroient déformais à
l'Evêque de Soiffons. Brétigni, qui dépendoit du Diocefe de
Noyon en 868, eft préfentement du Diocefe de Soiffons. Champlieu peut donc avoir été de la cité ou Diocefe de Senlis, & relever maintenant de l'Evêché de Soiffons. Des deux Paroiffes de
Mornienval, dont le territoire eft contigu à Champlieu, l'une
releve de Soiffons, & l'autre de Senlis. Rien n'eft à l'abri des vi-
ciffitudes. Si le château des Tournelles a, pour ainfi parler, dif-
paru, après avoir été la fûreté du canton pendant des fiécles, combien n'eft-il pas plus aifé, qu'une Eglife fituée aux confins des
deux Diocefes, ait paffé de la Jurifdiĉtion de l'un à la Jurifdiĉtion
de l'autre? Je reprens l'ordre que j'ai été obligé d'interrompre,
pour expofer ce qui a rapport au monument de Champlieu.

(1) Gall. chr. t. 9. p. 340. Ann. Bertin. an. 868.

*IX.*Les Antonins, & surtout l'Empereur Caracalla, ont beaucoup contribué à l'avancement des Arts, du Commerce & de la Population dans l'ancien Valois. On y trouve de leurs monnoyes en bien plus grand nombre, que celles des autres Empereurs. En fouillant auprès du bois de Tillet, il y a quelques années, on a découvert une urne remplie de pièces, frappées au coin de l'Empereur Caracalla. D'autres monumens nous annoncent que cet Empereur a beaucoup fait travailler aux grands chemins, persuadé que les chemins publics sont dans un État, les liens & le soutien du trafic, la sûreté & la commodité des voyageurs, la base d'une communication réglée, qui est l'ame de la société.

Caracalla voulant qu'on imitât dans les Gaules, ce qu'on exécutoit sur les grands chemins d'Italie, pour l'instruction & pour la commodité des voyageurs, fit planter de lieue en lieue, des espéces de blocs de pierre, auxquels on donne le nom de *Colonnes milliaires*. On gravoit sur ces colonnes, le nom du Souverain sous qui elles avoient été dressées, & elles apprenoient aux voyageurs, combien ils avoient de lieues à faire jusqu'à la ville la plus prochaine.

Dans les débris de l'ancienne chaussée qui passoit à côté de Vic-sur-Aisne, on a trouvé en 1712, une de ces colonnes qui servoient à marquer les lieues. Feu M. l'Abbé de Pomponne, Seigneur de Vic-sur-Aisne, comme Abbé de S. Médard de Soissons, fit voiturer & dresser cette pierre dans la cour de son château, où je l'ai examinée; & M. de Sillery, Evêque de Soissons, en envoya une copie figurée à l'Académie des Inscriptions de Paris. Cette colonne est un bloc de pierre presque brut, plus plat que rond, de cinq pieds de haut, sur cinq pieds de circonférence. On y lit une Inscription qui est expliquée en partie, dans l'Histoire de l'Académie des Belles Lettres, *Tom. III, p.* 253. Dom Martenne rapporte cette Inscription dans ses Voyages Littéraires. Elle est ainsi gravée sur la colonne en caractères Romains.

```
IMP. CAES.
M. AVRELIO. AN.
TONINO. PIO.
AVG. BRITANNI.
CO. MAX. TRIB.
POT. XIIIL IMP. II.
COS. III. P.P. PRO.
COS. AB AVG.
SVESS. LEVG.
        VII.
```

Imperante Cæsare, Marco Aurelio Antonino, Pio, Augusto, Britannico, Maximo, Tribunitiâ potestate decimùm quartùm, Imperatore secundùm, Consule teriùm, Patre Patriæ, Proconsule. Ab Augustâ Suessionum, leuga septima. C'est-à-dire, » Sous l'empire » de Marc Aurele Antonin (Caracalla) Pieux, Auguste, & très-» grand Prince, vainqueur de la Grande Bretagne, revêtu pour la » quatorziéme fois de la puissance Tribunitienne, *Imperator* pour la » seconde fois, Consul pour la troisiéme, Pere de la Patrie & Pro-» consul, cette colonne a été plantée pour marquer la septiéme » lieué gauloise depuis Soissons «.

Quoique le nom de *César* appartienne plus particuliérement aux Successeurs du Conquérant des Gaules jusqu'à Domitien, les autres Souverains de Rome n'ont pas laissé de se l'attribuer. Les Empereurs d'Orient le prenoient parmi leurs titres, & l'Empereur d'Allemagne le conserve encore. Caracalla fut proclamé Empereur l'an de J. C. 196. *M. Aurélius Antoninus,* sont les prénoms de cet Empereur. Ce qui les lui a fait attribuer, est la vénération que Septime Sévere son pere, conservoit pour les Antonins. Caracalla avoit été associé à l'Empire par Septime, au mois de Juin 198, & mourut l'an 217. Le titre de *Pius,* étoit comme attaché aux chefs de la famille des Antonins & de la sienne. *Augustus* est un nom d'honneur. Caracalla ayant accompagné son pere à son expédition de la Grande Bretagne, mérita de partager avec lui les titres d'*Imperator* & de *Britannicus. Maximus* est un terme emphatique. Les Empereurs, afin de flatter le peuple, avoient soin de se faire accorder tous les ans la puissance Tribunitienne ; formalité qui rappelloit l'idée de l'ancien gouvernement républicain, & que l'on conservoit pour pallier un pouvoir sans bornes. Comme elle se renouvelloit tous les ans, on doit conclure, que la colonne avoit été posée la quatorziéme année du regne de Caracalla, qui revient à l'an de J. C. 212. Ce Prince avoit été nommé trois fois Consul. La qualité de *Proconsul* est rare sur les médailles Impériales, parce que les titres d'*Auguste* & d'*Imperator,* renfermoient les autres. Le surnom de *Germanicus,* si commun sur les médailles de Caracalla, ne se lit pas ici, parce que le monument est antérieur d'un an à son expédition de Germanie. Presque tous les Empereurs depuis Auguste, se sont fait appeller Peres de la Patrie. Le chiffre Romain marque les sept lieues gauloises qu'il y avoit depuis cette colonne jusqu'à Soissons.

Nous ne devons pas oublier en parlant de l'Empereur Caracalla, qu'il eſt l'auteur de la fameuſe Loi, par laquelle tous les ſujets de l'Empire, ſont déclarés Citoyens Romains ſans diſtinction. Avant cette Loi, chaque peuple étoit diſtingué par les qualités de *Libre*, d'*Autonome*, de *Latin*, d'*Allié*, &c. ou par le droit de Bourgeoiſie Romaine. Ces titres donnoient des priviléges tout-à-fait différens les uns des autres.

15. Le rétabliſſement des grands chemins par l'Empereur Caracalla, contribua beaucoup à changer la face d'un pays, où l'on ne voyoit que des bois & des ſolitudes, cent ans auparavant. On bâtit le long des chemins, des maiſons & des métairies, des Temples & des ſépulchres; on imita le goût Romain dans la conſtruction des édifices, & dans la diſtribution des métairies.

L'Auteur de l'Itinéraire, connu ſous le nom d'Antonin, n'a pas oublié la double chauſſée Romaine, qui conduiſoit d'Amiens à Soiſſons, par Senlis & par Noyon. Il en a fait deux articles, & marque ainſi la diſtance des principaux lieux de la branche de cette chauſſée, qui traverſe le Valois, depuis Soiſſons & Ambleny, juſqu'à Verberie & Senlis.

D'Amiens à Soiſſons, dit cet Auteur, il y a quatre-vingt-deux mille pas. D'Amiens à Cormeilles, douze mille pas. De Cormeilles à Beauvais, treize mille pas. De Beauvais à Pont, dix-huit mille pas. De Pont à Senlis, quatre mille pas. De Senlis à Soiſſons, trente-deux mille pas. (*alias* 22.)

Je rends les noms anciens par les noms modernes. J'expliqué *Litanobriga* par Pont, fondé ſur la diſtance des lieux, & ſur l'étymologie de ce nom. De Pont à Senlis, on compte deux lieues communes, qui reviennent aux quatre mille pas Romains. Pont eſt un lieu ancien. Dans les premiers ſiécles de l'Ere chrétienne, Sainte Maxence, dont la ville a conſervé le nom, y fut arrêtée à ſon retour d'Irlande. Elle y ſouffrit le martyre, après avoir refuſé conſtamment de ſacrifier aux Idoles qu'on y adoroit. Une liſte des dix-ſept Provinces de l'Empire, appelle ce lieu *Tranſitus in Britanniam*, Paſſage aux Iſles Britanniques. *Litanobriga*, eſt compoſé de deux mots, dont le ſecond ſignifioit un pont.

Le même Auteur trace ainſi le plan de la ſeconde branche de cette double chauſſée. Il joint aux milles Romains, les lieues gauloiſes. On compte, dit-il, de Reims à Soiſſons, vingt-ſept mille pas, qui font dix-huit lieues des Gaules. De Soiſſons à Noyon, il y a de même vingt-sept mille pas, & dix-huit lieues gauloises. De Noyon à Amiens, on compte trente-quatre mille pas, ou vingt-trois lieues. On reconnoît à ce compte, la proportion du mille Romain, avec la lieue gauloise, qui est comme deux à trois. Bergier évalue la lieue gauloise à quinze cens pas. La chaussée Brunehaud, après avoir parcouru une étendue immense, aboutissoit à Boulogne, *Gessoriacum*, au pays des Morins.

En 1740, on a découvert entre Ouchy & le Plessier, assez près de l'ancienne chaussée Romaine, qui conduisoit de Soissons à Château-Thierry, dans un terrain sablonneux, quelques sépultures de corps renfermés dans des cercueils de plâtre, sans inscriptions. Parmi les cendres de quelques-uns de ces cercueils, & à côté des squelettes, on a trouvé des piéces de monnoye rongées de rouille, & des boutons semblables à des grains de chapelet, taillés à facette comme des diamans. Les Romains nommoient *fibula* cette sorte de boutons, qui servoient à arrêter leurs habits de dessous vers le col. Les habillemens auxquels on appliquoit ces attaches, se portoient encore sous les derniers Empereurs d'Occident. A l'égard des monnoyes, un Savant qui les a examinées, a cru y entrevoir quelques restes de têtes, qui indiquent le temps où les Francs ont commencé à chasser les Romains des Gaules. Il est à croire qu'il y avoit sur ces tombeaux, un édifice sépulchral, appartenant à une famille Romaine de la contrée.

Je termine ici ce que j'avois à dire sur les anciens peuples du Valois, considérés sous la domination des Romains. Une révolution mémorable les soumit à une autre Puissance sur la fin du cinquiéme siécle. Clovis conquit les Gaules, & fonda la Monarchie qui subsiste sous le nom de France, & qui est l'une des plus célébres & des plus florissantes du monde.

19. Sous l'Empire d'Honorius, & des Princes qui lui ont succédé, les Francs avoient pour chefs, Pharamond, Clodion, Mérovée & Childéric. Ils couroient alors, & pilloient les différentes Provinces des Gaules. On doit moins regarder ces Chefs comme des Rois, que comme des Généraux, qui ont préparé par leurs tentatives, la révolution qui rendit Clovis maître de la plus grande partie des Gaules.

On a fait des recherches infinies, pour savoir d'où sortoient les premiers Francs qui ont enlevé la Gaule aux Romains. Ces Conquérans ne formoient pas d'abord un peuple rassemblé en un corps

d'Etat,

d'Etat, & gouverné par des loix particulieres. L'armée des Francs qui a conquis la Gaule, doit être comparée à ces troupes d'aventuriers, qui dès le premier âge de la République Romaine, avoient inondé l'Italie. Ce n'étoit pas une armée levée en regle, dans un Etat policé, par ordre du gouvernement, mais un amas de bandes forties de différens pays du Nord & de la Germanie, qui ne trouvant pas de quoi fubfifter dans leur patrie, avoient pris le parti d'aller chercher fortune ailleurs. Ainfi les Francs qui ont conquis la Gaule, n'ont commencé à former un corps de peuple, qu'après s'être affuré de quelques établiffemens fur les confins de la Gaule Belgique : Nation barbare, mais aguerrie, & difposée à recevoir des impreffions d'humanité & de politeffe, & à adopter les loix des vaincus, qui feroient meilleures que les fiennes. C'eft ainfi que les Dynafties changent, & que les Thrônes font renverfés, tandis que l'empire de la raifon fe perpétue.

Clovis changea peu de chofe au gouvernement établi par les Romains. Il laiffa fubfifter les Loix du pays, & les anciennes divifions : la ville de Reims demeura la capitale de la feconde Belgique. Le Paganifme ne regnoit plus dans les Gaules comme avant Conftantin, mais la doctrine impie d'Arius y avoit pouffé de profondes racines; & les fectateurs de cet Héréfiarque, tenoient les efprits afervis fous le joug de leur erreur.

S. Remy qui confervoit le précieux dépôt de la Foi, tenoit dans fa capitale de la feconde Belgique, une école de doctrine & de vertu, dans laquelle il forma plufieurs difciples d'une éminente fainteté & d'une vie exemplaire; S. Wulgis & S. Arnoul le Martyr, dont nous parlerons bientôt, ont été de ce nombre.

On eût dit d'abord que Clovis, payen de religion, venoit avec fes mœurs farouches rétablir l'Idolâtrie & la barbarie. Peut-être l'eut-il fait, fi S. Remy & S. Vaft n'euffent fecondé les ordres du Ciel par leurs inftructions. Ces deux Saints convertirent Clovis à la Foi, en preffant l'accompliffement du vœu que ce Prince avoit fait de fe rendre chrétien, s'il demeuroit vainqueur à Tolbiac. Ce fier Sicambre fe foumet au joug de la Religion. Inftruit & baptifé, il devient l'appuy de la faine doctrine perfécutée. Pendant longtemps, il n'y eut que lui de Roi catholique, dans tout l'Empire d'Orient & d'Occident.

S. Vaft, le premier des deux Saints que la Providence employa à cette grande œuvre, reçut immédiatement après fa mort ;

Tome I.   G

dans les deux pays de Valois & d'Orceois, les honneurs du culte que l'Eglise lui décerna. L'origine de l'Eglise Paroissiale, dédiée sous l'invocation de S. Vast à la Ferté-Milon, remonte jusqu'aux regnes des Successeurs de Clovis; & celle de S. Vast de Verberie n'est pas moins ancienne.

Les peuples de la seconde Belgique, en passant de la domination des Romains sous celle des Francs, n'essuyerent aucun mauvais traitement. Ils s'étoient soumis volontairement à Clovis, à la persuasion de S. Remy, dans lequel ils avoient un pere attentif à leur conservation. Les Francs n'avoient rien de plus inhumain dans la conduite, que ces bandes de Letes, envoyés par les Empereurs dans le Rémois & chez les Sylvanectes, pour garder & pour défricher le pays. Les Francs sortoient du Nord, de même que ces Letes; & ils avoient, si l'on en croit Eumenes, des inclinations toutes semblables. Ils aimoient l'agriculture & la vie œconomique. Barbares par éducation, ils étoient humains par caractere; ils changerent, sans se faire violence, leur vie agreste en une vie de société, & se conformerent aux maximes de la politesse Romaine.

La seconde Belgique renfermoit un certain nombre de Maisons de plaisance, d'où dépendoient des Domaines utiles. Ces Maisons avoient été formées par les Letes, & embellies par les Gouverneurs de la Gaule, qui commandoient dans ces cantons au nom des Empereurs d'Occident. La plûpart des Seigneurs Francs, & le grand Clovis lui-même, estimant le séjour de ces Maisons, préférable à celui des villes, résolurent d'y passer la plus grande partie de l'année, chacun dans celle que le sort lui avoit adjugé, au partage des terres conquises sur les Romains. Las de mener une vie agitée au milieu du trouble & du fracas des armes, ils saisirent avec empressement l'occasion de couler des jours tranquilles, dans d'agréables solitudes, qui leur donnoient abondamment les secours & les commodités de la vie. Il est à remarquer que les plus anciennes & les plus considérables de ces Maisons de plaisance, où nos premiers Rois faisoient des voyages plus fréquens, ont été fondées dans l'étendue actuelle du Duché de Valois.

Nous allons donner d'abord le plan général de ces établissemens: nous considérerons ensuite chacun en particulier.

20 M. de Valois (1) prétend, qu'avant l'arrivée des Francs dans

_____
(1) Def. not. Gall. p. 131.

les Gaules, on appelloit *Villæ Cæsarianæ*, les terres & les châteaux de plaisance, que nos Rois des deux premieres races nomment dans leurs Capitulaires, *Villæ Regiæ*, *Villa publicæ*, *Villæ Fiscales*, *Palatia regia*, *Palatia publica*, *Fiscus*, *Colonia*, *Domo-culta*, quelquefois *Prædium* & *Cultura*. Les Maisons Royales & celles des grands Seigneurs, étoient confiées aux soins d'un Officier qui prenoit la qualité de Juge *Judex*, de Maire *Major*, de *Proviseur*, ou de Comte, selon les Maisons, & selon les cantons. La Maison Royale de Cuise, relevoit d'un Juge; celle de Verberie, d'un Comte; & le château de Nanteuil d'un Maire. Ces Officiers exerçoient les mêmes fonctions que les Baillis & les Prevôts de la fin du douziéme siécle, & réunissoient dans leurs personnes, les trois charges de Gouverneur, de Concierge, & d'Intendant (1). Ces fonctions sont clairement exprimées dans la Lettre des Evêques de France, assemblés en 858 au château de Quierzy, & adressée à l'Empereur Louis le Débonnaire. Les Prélats recommandent entr'autres choses à ces Officiers, la vigilance & la fidélité; ils les avertissent de ne pas montrer trop d'ardeur pour le gain, de ne pas prêter l'argent du Roi à usure; de ménager les Serfs au lieu de les accabler sous le poids du travail; de ne pas vexer les Laboureurs & les Fermiers : mais d'apporter toute sorte de soin & d'exactitude à faire valoir les terres & les vignes, à garder les bois, à préserver les prairies du dégât, &c. Ces Officiers rendoient aussi la justice à tous les particuliers qui demeuroient dans le ressort de leur jurisdiction; & ce ressort renfermoit souvent une étendue de plusieurs lieues, à peu près comme les Domaines de nos terres titrées.

Je n'entre pas ici dans le plan détaillé de ces Maisons de plaisance; j'ai seulement dessein d'en donner une idée générale. J'aurai occasion de présenter dans le Livre suivant, la description de l'ancien Palais de Verberie, tel que Charlemagne le rétablit, & cette description ne laissera rien à désirer, sur la connoissance de la distribution, de l'étendue, des dépendances & du gouvernement des maisons de plaisance, appartenant à nos Rois de la premiere & de la seconde race.

Les deux Maisons de Cuise & de Nanteuil, tiennent sans difficulté le premier rang parmi les terres du Fisc, & par leur ancienneté, & par l'étendue de leur Domaine. Qu'on se rappelle notre

(1) Cap. Kar. m. an 801. Sirm. t. 3. n°. 14.

premiere divifion d'une grande partie de l'Ifle de France ; en forêt de Cuife, & en forêt de Brie ; l'on aura le plan de ces deux Domaines, confidérés dans les premiers temps de la Monarchie Françoife.

21 Il n'y a plus de partage entre les Savans, fur l'origine & fur la fituation de la premiere Maifon de Cuife, qui a donné fon nom à toute la forêt dont elle occupoit le centre. Il eft vrai qu'au fiécle paffé, M. de Valois (1) croyoit avoir rencontré dans le village de Cuife près d'Attichy, le premier chef-lieu de la forêt. Il s'eft trompé fur cet article, pour n'avoir ni connu, ni vifité les lieux. Bergeron, le Pere Mabillon, & D. Michel Germain, ont évité cette méprife, étant mieux inftruits. Bergeron fixe l'emplacement de la *Maifon* & du *château* de Cuife, à Saint Jean-au-Bois. Il ajoute que toute la forêt en a pris fon nom, & que de fon temps on voyoit encore les ruines de l'ancien Palais (2). Le Pere Mabillon qui avoit vifité les lieux, nous apprend que dans tous les titres qu'il a confultés, touchant l'ancien état de S. Jean-au-Bois, cette Maifon eft toujours appellée *Domus cotia*, & *Domus Regis*. Enfin, D. Germain (3) voulant écarter tous les doutes qui pouvoient naître fur ce fujet, a compofé une favante Differtation, où il démontre, qu'on ne peut rencontrer ailleurs qu'à S. Jean-au-Bois, l'emplacement du premier Palais de Cuife, qui a donné fon nom à toute la forêt.

L'étymologie du nom de Cuife, vient du mot latin *Cotia*, *Cota*, ou *Colta*, qui défignoit fous le bas-Empire une riche métairie, une maifon de campagne, un château de plaifance environné de bois. Ainfi M. de Valois a commis une nouvelle méprife, en faifant dériver de *Cautes* rochers, le nom de Cuife. On ne voit point de rocher aux environs de S. Jean-au-Bois, & à peine en trouvet-on quelques-uns dans toute la forêt de Cuife. M. du Cange obferve dans fon Gloffaire, que le nom de *Domo-culta* fe donnoit ordinairement aux maifons qui avoient des dépendances confidérables, en terres labourables, en prés & en bois ; de là vient apparemment, que dans les titres latins, la Maifon de Cuife eft toujours appellée *Domus Regis, Domus Cuifiæ, Domus cotiæ, Domus de nemore*, & prefque jamais *Palatium* ou *Villa*, comme Verberie, Compiegne, Venette, & les autres Palais voifins où les Rois

(1) Not. Gall. p. 161.
(2) Val. roi. p. 23. Ann. ord. Bened. t. 6. | p. 419.
(3) Diplom. p. 578.

des deux premieres races faifoient de fréquens voyages. Ce n'eſt guéres qu'au regne de Louis le jeune, qu'on a commencé à l'appeller Palais du Roi, le vieux Palais d'Adelaïde, ou de S. Jean de Cuiſe. Tout porte à croire que ſon emplacement a été le premier endroit de la contrée défriché par les Letes.

La premiere Maiſon de Cuiſe comprenoit dans ſon enclos, les trois terroirs de S. Jean-au-Bois, de Sainte Perrine, & de la Breviere. Le principal corps de logis occupoit la premiere des trois cours de S. Jean-au-Bois. Les ruines dont parle Bergeron, ne s'y voyent plus, à l'exception de quelques reſtes de pleins céintres, & d'un ou deux pans de murs qui m'ont paru du dixiéme ſiécle; temps bien poſtérieur à la fondation du premier édifice. Le principal ornement du premier château conſiſtoit dans de belles futayes qui l'environnoient, & dans des piéces d'eau de différentes grandeurs, qui accompagnoient les jardins. De vaſtes prairies bordées de canaux, offroient à la vue une agréable perſpective. Le château communiquoit avec le grand chemin public, par une avenue ombragée d'arbres de la forêt, qui la bordoient.

Il eſt rarement fait mention de la Maiſon Royale de Cuiſe dans les monumens primitifs de notre Hiſtoire. Adrien de Valois (1), & D. Michel Germain, en témoignent avec raiſon leur ſurpriſe. Ce ſilence de nos faſtes, vient ſans doute, de ce que les Rois n'y faiſoient point de ces voyages d'appareil, dans leſquels ils étoient ſuivis de toute leur Cour. Ils y prenoient ſeulement leur repos de chaſſe, ou s'y retiroient ſeuls, loin du tumulte & de l'embarras des affaires.

On croit avec ſujet, que lorſqu'en 560, Clotaire I, Roi de Soiſſons, envoya ſes meutes & ſes équipages dans la forêt de Cuiſe, pour y chaſſer, le rendez-vous avoit été fixé à la Maiſon de Cuiſe. Cette partie de plaiſir fut fatale à ce Prince : emporté par l'ardeur avec laquelle il ſe livroit à ce divertiſſement, il s'écarta vers Compiegne, où la fiévre le prit. Il ne retourna pas à la Maiſon de Cuiſe ; il ſe fit tranſporter au château de Choiſy, où il mourut.

Grégoire de Tours, qui rapporte ce trait, raconte encore (2), que Chilpéric & Frédégonde, accablés d'une vive douleur que leur cauſoit la mort de deux fils, iſſus de leur mariage, ſe retirerent dans la forêt de Cuiſe, c'eſt-à-dire, dans la Maiſon Royale

(1) Not. Gall. p. 161. Diplom. p. 278. | (2) Gr. Tur. Hiſt. l. 4. c. 21. l. 5. c. 40.

de ce nom, pour y donner un libre cours à leur chagrin. Ils y firent un féjour affez long, & retournerent enfuite à Chelles, près de Paris. Ce voyage eut lieu vers l'an 580.

Plufieurs eftiment (1) que c'eft au château de Cuife, qu'a été tenue l'Affemblée de l'an 890, où les Evêques & les grands Vaffaux du Royaume, avoient eu ordre de fe rendre de la part du Roi Eudes. Les actes de cette Affemblée ne portent aucun nom de lieu en tête, que celui d'*Audita*. Je pourrois placer ici d'autres traits d'hiftoire que j'omets, parce qu'ils ont plus de rapport à la forêt de Cuife, qu'au chef-lieu de cette forêt.

Il eft tout-à-fait probable que nos Rois venoient occuper rarement le château de Cuife ; parce qu'ayant établi en ce lieu le Siége d'une immenfe Jurifdiction, qui s'étendoit fur toutes les parties de la forêt de Cuife, ils avoient été dans l'obligation d'abandonner aux Officiers de ce Siége, une partie de leur logement.

Le Juge de la Maifon Royale de Cuife, jouiffoit en cette qualité de très-beaux droits, honorifiques & utiles. Il repréfentoit le Roi, de qui il tenoit fon pouvoir ; il jouiffoit de l'agrément du féjour, & avoit fous lui des Officiers fubalternes, qu'il chargeoit de l'exécution de fes jugemens. Tout ce qui regardoit la chaffe, la pêche, & les délits commis dans les bois, reffortiffoit à fon Siége. Outre des Lieutenans & des Viguiers, Gentilshommes pour la plûpart, il avoit à fes ordres un certain nombre de *Sergens* & de *Foreftiers*, à pied & à cheval, Officiers Serfs, qui veilloient à la confervation de la chaffe, de la pêche, des pâturages & des bois, chacun dans un diftrict. Ils rendoient un compte exact au Juge de Cuife, de tout ce qui fe paffoit, & traduifoient les délinquans devant lui.

Sous le Gouvernement des derniers Rois Carlovingiens, la place de Juge de la Maifon Royale de Cuife, devint une charge fixe & inféodée. Ceux qui l'exerçoient, vinrent à bout de rendre ce pofte héréditaire dans leur famille, fous le titre de *Fief hérédital de la Gruerie de Cuife*. Ils négligerent l'entretien des bâtimens & des jardins du château de Cuife, détournant à leur profit une partie des deniers qui devoient être employés à cet ufage.

En l'an 1060, le Roi Philippe I affifta à la Dédicace de l'Eglife Collégiale de S. Adrien de Bethizy, accompagné de la Reine fa mere, & d'une Cour nombreufe. La coutume de ces temps deman-

(1) D. Bouq. r. t. 9. p. 706.

doit, que lorfque le Souverain, ou un grand Seigneur, tenoit fur les Fonts de Baptême un enfant, ou lorfqu'il affiftoit à la confécration d'une Eglife, le Roi ou le Seigneur fît un préfent. Philippe I donna la Maifon de Cuife, avec fes dépendances, à la Collégiale de S. Adrien. Louis le Gros fon fils, confirma cette donation par un acte authentique de l'an 1108 (1). Cette grace avoit été follicitée par Richard I de la Maifon des Cherifys, Châtelain de Bethizy, & Gruyer héréditale de Cuife, Patron & Fondateur de S. Adrien : révolution qui enleva à la Maifon de Cuife, ce qui lui reftoit de fa premiere fplendeur. La Jurifdiction de cette Maifon n'en impofoit plus, depuis que la place de Gouverneur avoit été rendue héréditaire ; les Juges l'avoient démembrée en plufieurs Jurifdictions particulieres, qu'ils donnoient en partage à leurs enfans. Les plus puiffans Seigneurs du pays, ceux de Pierrefonds, par exemple, ayant acquis des portions confidérables de la forêt de Cuife, y avoient établi des Gruyers, ou qui jugeoient par euxmêmes, ou qui portoient les affaires devant les Baillis ou les Prevôts de leurs Maîtres.

Richard I de Bethizy voulant décorer fa charge de Châtelain de Bethizy par de nouvelles prérogatives, obtint du Roi, que le Siége de la Gruerie de Cuife feroit uni à fa place, & transféré au château de Bethizy. Par cet événement, l'ancienne Maifon de Cuife fut dépouillée de toute efpéce de prérogative, & retomba dans fon premier état de métairie, fans Jurifdiction, fans Domaine. Ses bâtimens allerent en décadence, les revenus qu'elle rapportoit à la Collégiale de S. Adrien, ne pouvant fuffire à leur entretien.

Il y avoit alors dans le Valois, une famille de Gentilshommes qui retenoient le nom de Cuife, parce que leurs ancêtres avoient poffédé la *Jugerie* de l'ancienne Maifon Royale. Ils avoient cédé leurs droits & les prérogatives de leur Fief, aux Cherifys, à la perfuafion des Rois, qui pour les dédommager des revenus qu'ils perdoient par cette ceffion, leur abandonnerent en pur don la Seigneurie du Donjon de Martimont, l'une des annexes de la Maifon de Cuife. Le Gentilhomme qui confomma cet échange, ne jugeant pas à propos de dépendre du Châtelain de Bethizy, reconnut la Jurifdiction des Seigneurs de Pierrefonds. Ce Gentilhomme tranfmit le nom de Cuife à fes defcendans. La famille

(1) Ann. Béned. t. 6. append. p. 720.

des Cuifes, Seigneurs de Martimont, a long-temps fubfifté dans le Valois. Dans un acte du Cartulaire de Sainte Geneviéve de Paris, daté de l'an 1183, il eft fait mention d'un Jean de Cuife, l'un des *Hommes* de la Dame Agathe de Pierrefonds. Un autre Jean de Cuife, fils du précédent peut-être, paroît comme Pleige, dans un contrat de vente fait au Monaftere de Mornienval en 1223. J'ai lu dans un dénombrement de l'an 1489, concernant Martimont & la tour de Courtieux, que le premier de ces deux Fiefs avoit été autrefois poffédé par Thibaud de Cuife, & Guillaume de Cuife, defquels il étoit paffé par fucceffion, à Pierre, François, & René de Vaffault.

Les Chanoines de S. Adrien de Bethizy ne jouirent pas paifiblement de la Maifon de Cuife & de fes dépendances. Les Officiers du Roi troublerent leur poffeffion fous divers prétextes. Yves de Chartres prit la défenfe des Chanoines, & mit dans leur intérêt Hugues de Pierrefonds, Evêque de Soiffons. On a la lettre qu'il écrivit fur ce fujet à l'Evêque de Soiffons : c'eft la quarante-cinquiéme du Recueil de fes Lettres, que je pofféde. Yves y conjure le Prélat de fe déclarer le protecteur des Freres de Bethizy, qu'on attaquoit injuftement.

Cette affaire n'eut pas de fuite. Les Rois abandonnerent fans retour aux Religieux tous les bâtimens de l'ancien château. Au lieu de s'arrêter à la Maifon de Cuife dans leurs voyages, ils féjournoient à la Breviere, où il y avoit un château. M. Secouffe, au fixiéme tome de fon Recueil, rapporte plufieurs Ordonnances de nos Rois, qui font datées de la Breviere.

Les Chanoines Réguliers de Bethizy conferverent la Maifon de Cuife pendant cinquante ans, au bout defquels, pour éviter les embarras que leur caufoit l'adminiftration d'un tel bien, ils accepterent l'offre d'un échange que la Reine Adelaïde, veuve de Louis le Gros, & mere de Louis VII, leur propofa (1). Par un acte daté de l'an 1152, les Religieux de S. Adrien tranf-porterent à la Reine Adelaïde, la propriété de la Maifon de Cuife, & reçurent pour cet abandon, une rente de cinq muids de vin, de cinq fols monnoye de Châlons, un feptier de bled froment, une mine & demie d'avoine, & la propriété de cinq *mefures* de terres, fifes à Bethizy, fur lefquelles l'Eglife de S. Adrien avoit déja quelque cenfive. La mefure avoit cent pieds de

(1) Ann. Ben. t. 6. p. 519. 720.

long

long fur cinquante de large. On ajouta à ces revenus une rente, dont un nommé Gautier de S. Martin avoit fait préfent à l'Eglife de S. Jean de Cuife. Le Roi Louis le Jeune fcella cet accord de fon autorité, & Anfculphe de Pierrefonds, Evêque de Soiffons, y donna fon confentement.

Cet événement fit changer le nom de la Maifon de Cuife ; on ne l'appella plus autrement que le vieux Palais d'Adelaïde, tant à caufe de l'acquifition de cette Reine, qu'à caufe du plaifir qu'elle prenoit à y féjourner. Cependant elle ne conferva pas long-temps ce Palais : elle le changea en un Monaftere de Religieufes, dont nous rapporterons la fondation dans un autre Livre de cette Hiftoire.

22. L'immenfe forêt qui environnoit la Maifon de Cuife, faifoit l'effet d'un parc autour d'un château. Je n'ai pas deffein d'en donner ici une defcription topographique, qui en repréfente toutes les parties : cette opération feroit déplacée dans un ouvrage deftiné à expofer les événemens par ordre chronologique. Je rapporterai feulement fes différens noms, fon ancienne étendue, fes divifions, les principales parties de chaffe qui s'y font faites fous nos Rois des deux premieres races, & le profit que fes poffeffeurs en tiroient.

Le nom de cette forêt varie beaucoup dans les Auteurs & dans les Chartes. Grégoire de Tours & les actes de S. Draufin, les Annales de S. Bertin, & la relation de ce qui s'eft paffé à la bataille de l'an 715 auprès de cette forêt, la nomment *Sylva Cotia.* Charles le Chauve, dans fes Capitulaires, l'appelle *Sylva Caufia.* Dans un acte du Roi Eudes, daté de l'an 890, elle eft défignée fous le nom de *Coyfa.* Les Rois, Louis le Gros, Louis le Jeune & Philippe Augufte, la nomment indiftinctement *Cuifia, Cufia* & *Quefia* dans leurs Chartes. Dans la Philippide de Guillaume le Breton, c'eft tantôt *Cuifia,* tantôt *Cuifa.* Au Cartulaire de Sainte Geneviéve de Paris, je trouve *Quifia* & *Cuifa.* Dans la foule des titres qui font mention de cette forêt, depuis le treiziéme fiécle jufqu'à préfent, on lit indiftinctement les noms de *Cofia, Coife, Coy, Coize, Quife, Cuiffe,* & enfin *Cuife,* qui eft fon nom commun.

C'eft de la forêt de Cuife, que les lieux de Choify en Laigue, *Cauciacum* ou *Caucia,* de Coucy en Laonnois, *Cociacum* ou *Codiciacum,* de Coyoles, *Cotiola,* de Cuify en Almont, de Guife, Cuife, Cuify & de Cuiffe Mefleroi, plus loin que les bois de Daule

& de Coincy, ont emprunté leurs noms; de même que le village de Coye en Servais, près Luzarches, & un grand nombre de triages appellés *Cuife*, depuis le Servais en Laonnois, jufqu'au Servais en Parifis. Je rapporte ces variantes, parce que j'ai éprouvé qu'elles peuvent être d'une grande utilité aux perfonnes qui fe livrent aux recherches.

Ces noms viennent de ce qu'originairement, la forêt de Cuife comprenoit dans fon étendue, tous les lieux qui les portent. L'Auteur des actes de S. Draufin place dans la forêt de Cuife, l'endroit que ce S. Prélat choifit pour fonder le Monaftere de Rethonde au feptiéme fiécle : cependant le village de Rethonde eft fitué dans l'intérieur de la forêt de Laigue. Les bois des Ageux qu'on remarque au-delà de l'Oife, appartenoient à la forêt de Cuife, & font encore fous la dépendance des deux Maîtrifes, de Compiegne & d'Halate.

Les mots Ageux & Halate, ont pour racine commune, les termes de baffe latinité, *haga* ou *haya*. Le pays des Ageux a été ainfi nommé, parce qu'il bordoit comme une haye, la rive feptentrionale de l'Oife, & fervoit de lifiere à la forêt de Cuife. Les bois fitués au Midi des Ageux & de l'Oife, ont pris le nom d'Halate ou de large haye, *haya lata*, parce qu'ils ont plus de profondeur que les Ageux, & s'étendent fort avant dans le Servais. Herneufe, près Verberie, *haia nova*, tire fon nom d'une portion de bois qui avoit été plantée depuis peu en cet endroit, lorfque l'on commença d'y bâtir. Le mot de *haye* eft auffi confacré dans les vieux titres François, pour défigner une portion de bois. Il y a dans la forêt de Compiegne, un ancien triage de la Forte-haye, compris dans la Garde des Marres S. Louis. Le Roi François I ayant fait planter en bois un intervalle confidérable de terres, qui féparoit la forêt de Retz de celle de Cuife, nomma *la haye l'Abbeffe*, cette nouvelle portion de forêt, parce que le territoire appartenoit à l'Abbeffe de Mornienval.

M. l'Abbé Lebeuf obferve, dans fon Hiftoire du Diocefe de Paris (1), que l'ancienne forêt de Cuife renfermoit les bois de Chantilli & d'Hérivaux, que c'eft d'elle que le village de Coye ou Coyfe, près de Luzarches, a pris fon nom. Il cite ailleurs une Charte, concernant S. Chriftophe en Halate, où les bois de ce canton font appellés les Bois de Cuife. M. Secouffe a remarqué fort à propos (2), qu'en 1348, une partie de la forêt d'Halate con-

(1) T. 5. p. 532.   (2) Ordon. t. 6. p. 620.

servoit encore le nom de Cuise. On croit que c'est le Roi Louis le Jeune, qui a le premier souſtrait à la Juriſdiction du Gruyer de Cuiſe, une partie des bois d'Halate, pour en donner l'inſpection au Maire de Pompoint. On apprend du Cartulaire de Philippe Auguſte, qu'en l'an 1212, ce Maire exerçoit ſa Juriſdiction juſques ſur les bois de Rhuys & de Chévrieres. L'étendue de bois qui environne le fer à cheval & Villers-Cotteretz, faiſoit anciennement partie de la forêt de Cuiſe. Coioles, *Cotiola*, en a conſervé le nom, & Villers-Cotteretz, dans quelques titres, eſt appellé *Villare ad Cotiam*, & Villers en Cuiſe; ce qui fait croire que l'intervalle des deux forêts de Cuiſe & de Retz, planté ſous le regne de François I, avoit été originairement couvert de bois.

Depuis le temps où l'on transféra au château de Bethizy, la Juriſdiction de la Gruerie de Cuiſe, juſqu'à l'établiſſement des Maîtriſes en 1346, la forêt de Cuiſe a été diviſée en un grand nombre de portions, dont chacune relevoit ſéparément de diverſes Seigneuries, tant en Juriſdiction qu'en Domaine. Avant même que le château de Bethizy eut été fondé, on diſtinguoit les différens cantons de cette forêt, par les noms des lieux remarquables qu'elle contenoit. On appelloit, par exemple, bois de Quierzy, ceux qui environnoient ce vaſte Palais juſqu'à la forêt de Laigue. Eginhart & les Capitulaires, font ſouvent mention de la forêt de Quierzy. Le Roi Carloman, dans un Capitulaire de l'an 883, appelle *Breüil de Compiegne*, la queue de forêt qui va depuis cette ville juſqu'au village de Troſly-Breüil. Les bois qui couvrent la hauteur où eſt ſitué le Prieuré de S. Pierre en Chaſtres, & les fonds qu'il faut traverſer pour arriver à Pierrefonds, ſont nommés dans le Cartulaire des Religieux de S. Pierre, les bois de Chaſtres, *ſaltus de Caſtro*, *nemus de Caſtro*. Le Prieuré de S. Nicolas de Courſon donnoit autrefois ſon nom à tous les bois d'alentour : ces bois ſont appellés dans les anciennes Chartes, *foreſta de Curſo* (1). Le Roi Louis le Jeune appelle bois de Cuiſe dans ſes Chartes, *nemus de Cuiſiâ*, le canton de forêt, dont S. Jean-au-Bois occupe le centre. C'eſt ainſi qu'on a nommé ſucceſſivement *Bois des Grueries*, ceux de la dépendance du Hazoy, bois du Cheſne, ceux qui dépendoient du *Palatium Caſnum*, & enfin, bois de Bethizy, de Verberie, de Pierrefonds, &c. ceux qu'on voyoit au-

(1) Ord. t. 7. p. 91.

H ij

tour de ces châteaux. Ces partages ont été arbitraires, jufqu'au temps où la forêt de Cuife a été divifée en *Gardes*.

Il eft très-embarraffant de dire, fi avant la fin du dixiéme-fiécle, les arrondiffemens que je viens de nommer, dépendoient pour la Jurifdiction, du chef-lieu dont ils prenoient le nom. Il n'eft ici queftion que du temps écoulé fous les deux premieres races. Il y avoit alors trois fortes de Jurifdictions dans toute l'étendue de la forêt de Cuife. La Jugerie générale de la Maifon Royale de Cuife, la Jurifdiction des Comtes, & les Jugeries particulieres de chaque Maifon Eccléfiaftique ou Royale. L'infpection géné-rale du Juge de Cuife confiftoit dans des prérogatives qui revien-nent à nos droits de Voirie. Cet Officier avoit auffi droit de chaffe, & jouiffoit du privilége exclufif de conduire les Rois à la chaffe. Les Comtes connoiffoient, chacun dans leur reffort, des malver-fations & des crimes qui s'y commettoient. Les Comtes de Vez, d'Ouchy, de Senlis & de Soiffons, avoient la principale autorité fur les différens lieux compris dans la forêt de Cuife. Les Juges particuliers des Eglifes & des Maifons Royales, comme ceux de Compiegne, de Verberie, du Chefne, & celui même de la Mai-fon de Cuife, avoient une infpection particuliere fur les bois en-clavés au-dedans des limites de chaque Terre.

Les chofes changerent de face, depuis que la charge de Gruyer général eut été rendue héréditaire. Les Seigneurs & les Commu-nautés s'arrogerent les droits de Juftice & de Gruerie, qui n'ap-partenoient auparavant qu'au Juge de Cuife & aux Comtes. Ainfi les Seigneurs de Pierrefonds attribuoient-ils à leurs Baillis & à leurs Prevôts, la connoiffance des délits & de toutes les affaires qui furvenoient dans tous les lieux de leurs Domaines, *In omni loco dominationis noftræ*, c'eft ainfi qu'ils s'exprimoient dans leurs Chartes.

Du moment où l'autorité des Seigneurs particuliers fut portée à ce point d'indépendance, le Siége de la Gruerie générale trans-féré de la Maifon de Cuife à Bethizy, & de Bethizy au Hazoy, perdit la plûpart de fes prérogatives, & fut réduit à l'état que nous expoferons à l'article du Hazoy, en donnant la fuite des Gruyers de Cuife.

23. Les Francs, fortis du fond des épaiffes forêts de la Germanie, apporterent avec eux dans les Gaules, un goût décidé pour le divertiffement de la chaffe. Ils avoient contracté cette inclination, dans la néceffité où ils fe trouvoient de détruire les animaux féroces, qui infeftoient les forêts du Nord. Aimoin (1) nous apprend que les Francs aimoient la chaffe par habitude, *moris eft Fraycorum venatui infiftere*, & que leurs chefs en préféroient l'exercice à toute autre efpéce de divertiffement, *mos Principibus Francis familiaris*. Peut-être avoient-ils puifé dans ce genre d'occupation, l'ardeur guerriere & l'expérience des armes, qui leur faciliterent la conquête des Gaules. La guerre & la chaffe ont entr'elles, une parfaite reffemblance : & depuis l'origine de notre Monarchie jufqu'à préfent, les Seigneurs & la Nobleffe de France ont donné la préférence à cet exercice, fur tous les autres amufemens.

Tous nos Rois des deux premieres races, excepté ceux qu'on nomme Fainéans, ont montré beaucoup d'ardeur pour le plaifir de la chaffe. Parmi les forêts du Royaume, où ils pouvoient prendre ce divertiffement, ils ont toujours choifi celle de Cuife, comme étant la plus commode, la plus dégagée, & la plus agréable à parcourir.

Ces Rois exécutoient leurs parties de chaffe avec une pompe & un appareil qui ne font plus dans nos mœurs. Marchoient-ils à l'ennemi ? ils fe couvroient de fer, & n'avoient d'autre Cour, que les Officiers & les Soldats, fans embarras & fans train. Dans leurs parties de chaffe, ils étaloient aux yeux de leurs fujets, tout l'éclat de la Majefté, & portoient la magnificence du Trône dans les réduits des forêts. Ils célébroient ces chaffes avec le même cérémonial qui accompagnoit les tournois, fous les Succeffeurs de Hugues Capet. Deux faifons de l'année étoient principalement confacrées aux chaffes d'appareil ; le Printemps & l'Automne. Les Rois paffoient prefque toujours ces deux faifons dans leurs Palais de la forêt de Cuife, à Verberie, au Chefne, à Compiegne, à Choify en Laigue, à Quierzy & à Venette, dont le nom fait affez connoître qu'on a fondé ce château, pour être une Maifon de chaffe.

On trouve dans Alcuin, une defcription de ces chaffes générales. Le Poëte repréfente le Souverain environné d'une Cour brillante, compofée de l'élite des Seigneurs François, des Miniftres, des Comtes, & des chefs de la Magiftrature. La Reine & les Dames de la Cour affiftoient à ces parties, montées fur des chevaux riche-

_____

(1) Geft. Franc. l. 7. c. 17. L. 1. c. 2L.

ment caparaçonnés, qu'elles manioient avec une grande adreſſe. Ces chaſſes ſolemnelles commençoient avec le jour, & finiſſoient de même.

L'Hiſtoire fait mention d'un grand nombre de chaſſes générales, exécutées dans la forêt de Cuiſe ſous les deux premieres races : je me borne aux traits ſuivans, parce qu'ils ſuffiſent pour établir une ſorte de perpétuité, de la préférence que nos Rois accordoient à la forêt de Cuiſe, ſur tant d'autres.

Clotaire I, fils & Succeſſeur du grand Clovis, chaſſoit ſouvent dans la forêt de Cuiſe (1). C'eſt au centre de cette forêt que la maladie dont il mourut, le ſaiſit, pendant qu'il chaſſoit. De Choiſy-en-Laigue, où ce Prince expira, ſon corps fut tranſporté à S. Médard de Soiſſons.

Lorſque la Monarchie Françoiſe appartenoit aux quatre Souverains, fils du grand Clovis, tous quatre avoient le droit de chaſſer dans la forêt de Cuiſe, lorſque bon leur ſembloit. Nous l'apprenons d'un trait de la vie de S. Marcoul, Abbé de Nanteuil en Normandie (2). Ce ſaint Abbé ayant une grace à demander à Childebert I, Roi de Paris, s'embarqua ſur la Seine pour l'aller trouver. Il apprit en chemin que ce Prince prenoit le divertiſſement de la chaſſe dans la forêt de Cuiſe, & continua ſa route ſur la riviere d'Oiſe. Arrivé près de Verberie, on l'avertit que le Roi chaſſoit auprès du château de Venette, dans la prairie. Ce Saint s'y rendit, & eût couru riſque de ſuccomber ſous les mauvais traitemens d'un piqueur, ſi Dieu n'eut pris en main ſa défenſe, en frappant de paralyſie le bras de celui qui vouloit le maltraiter. Childebert inſtruit du prodige, quitta le gibier qu'il pourſuivoit, vint trouver S. Marcoul, & lui accorda ce qu'il venoit lui demander. Venette & ſon territoire appartenoient au Royaume de Soiſſons : cependant ce trait nous apprend que le Roi de Paris préféroit ce canton, à tant d'autres forêts qui dépendoient de ſes États. On connoît auſſi par ce même trait, que les Princes de la premiere race, s'accordoient la liberté de chaſſer, les uns ſur les terres des autres ; ce que les Princes de la ſeconde race ne ſe permettoient pas.

Lorſque Chilpéric I, Roi de Soiſſons, ſe retira dans la Maiſon de Cuiſe, après la perte de ſes deux fils (3), ce Prince avoit pro-

(1) Greg. Tur. hiſt. l. 4. c. 21.
(2) Sec. 1. Ben. p. 132. n° 18.

(3) Greg. Tur. l. 5. c. 35. 40. Analect. fol. p. 203.

bablement deſſein de ſoulager ſa douleur, & de diſſiper ſon chagrin, par l'exercice de la chaſſe. Il faut croire qu'il trouva au centre de la forêt de Cuiſe, les adouciſſemens qu'il cherchoit, puiſ-
qu'il y fit un long ſéjour.

Dagobert I, qui avoit une forte de paſſion pour la chaſſe, faiſoit ſes délices de la forêt de Cuiſe. C'eſt le premier de nos Rois
dont nous ayons des Réglemens ſur le fait des chaſſes. Ces Réglemens font mention, entr'autres choſes, d'une amende de quarante-cinq ſols, contre celui qui aura tué ou dérobé un cerf appri-
voiſé, & dreſſé pour en prendre d'autres : *Cervum ſignum haben-
tem, qui ad faciendam venationem manſuefactus eſt.* Avant que ce
Prince eût fondé l'Abbaye de Mornienval, il avoit ſur les lieux
une maiſon de chaſſe, où il logeoit ſes meutes & ſes équipages,
& dans laquelle il ſe rendoit aſſez ſouvent. Le village & l'ancienne Abbaye de la Croix-Saint-Ouen, doivent leur origine à une
viſion qu'eut S. Ouen, pendant que Dagobert faiſoit une partie de chaſſe générale avec toute ſa Cour, dans la forêt de Cuiſe,
entre Compiegne & Verberie.

Nous n'avons point d'enſeignemens touchant les chaſſes des
Rois Fainéans. Comme ils vivoient dans l'indolence, dans l'obſcu-
rité, & dans le mépris, les Ecrivains ne tenoient pas compte de
leurs actions.

Charles Martel, Pepin & Charlemagne, dans leurs fréquens
voyages de Quierzy, de Verberie, & des autres Maiſons Royales
de la forêt de Cuiſe, ne ſe propoſoient pas de plus grand plaiſir
que celui de la chaſſe.

L'Empereur Louis le Débonnaire, depuis la révolte de ſon fils
Pepin, conçut une ſorte d'averſion pour la forêt de Cuiſe, parce
qu'une grande partie des lieux qu'elle renferme, avoit ſuivi les
égaremens du jeune Prince. Eginhart obſerve cependant, qu'en
l'an 820, & en l'an 827, l'Empereur Louis fit deux parties de
chaſſe dans les bois de Quierzy.

Charles le Chauve, exempt des préjugés de l'Empereur ſon
pere, chaſſoit dans tous les lieux de la forêt de Cuiſe indiſtincte-
ment. On lit aux Annales de S. Bertin (1) que le jeune Prince
Louis étant venu d'Aquitaine pour faire ſa cour au Roi Charles,
ce Monarque le conduiſit dans la forêt de Cuiſe, où ils chaſſerent
enſemble juſqu'à la nuit. Ce même écrit nous apprend, qu'en l'an

_____

(1) Ann. Bert. an. 864.

870 , Charles le Chauve entreprit une longue tournée pendant l'Automne ; que de Leftines il alla à Saint Quentin , à Servais , à Quierzy , qu'il tomba enfuite dans la forêt de Cuife , où il chaffa long-temps. On connoit par un de fes Capitulaires (1) , combien, il aimoit cette forêt. Il fe réferve à lui feul le privilége d'y chaffer , à l'exclufion même du Prince Louis fon fils , auquel il prefcrit de ne chaffer que dans les bois de Laigue , & au fanglier feulement.

Le Roi Eudes (2) , malgré la dureté des temps , & le malheur des regnes précédens , célébroit fes chaffes avec la même pompe que l'Empereur Charlemagne , au fein de la plus brillante profpé-rité. Un écrit de l'an 890 , fait mention d'une chaffe générale , ou parurent en la compagnie du Roi Eudes , un grand nombre d'E-vêques , de Seigneurs & de Comtes , avec les grands Vaffaux du Royaume. Le rendez-vous de cette chaffe avoit été indiqué , en un endroit de la forêt de Cuife , appellé *Audita*.

L'impérieux Bernard , Comte de Senlis , voulant mortifier le Roi Louis d'Outremer , enleva fes meutes & fes équipages , au moment que ce Prince fe difpofoit à chaffer dans la forêt de Cuife (3).

On connoît par cette fuite d'anecdotes , combien nos Rois des deux premieres races , faifoient cas de la forêt de Cuife. Ils ti-roient un double avantage des chaffes générales , l'utilité & le plaifir. Après avoir diftribué aux Seigneurs de leur fuite & aux Officiers de chaffe , les préfens de gibier qui convenoient à cha-cun , le furplus fe vendoit au profit du Prince. On en avoit un grand débit , parce que les François de ce temps-là aimoient beau-coup la venaifon. L'Œconome *Judex* de la Maifon Royale au-près de laquelle le rendez-vous étoit affigné , préfidoit ordinaire-ment à cette diftribution , & en rendoit compte au Prince. Les pâturages s'affermoient , ou bien les Officiers du Roi y plaçoient des troupeaux , qu'on engraiffoit & qu'on vendoit au profit du Prince.

Il y avoit dans la forêt de Cuife , un grand nombre de viviers & d'étangs , dont le produit furpaffoit beaucoup celui de la chaffe & des pâturages. On en vendoit le poiffon pour le compte du Roi. Prefque tous ces anciens étangs font préfentement comblés : quel-ques-uns fe voyent encore ; les étangs de S. Jean-au-Bois , par

---

(1) Capit. Carif. an. 877. l. 32.   (3) Flod. Chr. ad ann. 945.
(2) D. Bouq. t. 9. p. 450.

exemple

exemple, ceux de S. Pierre en Chaſtres, l'étang de la ville, l'é-
tang aux Etats, l'étang de Baſſigny, le vivier Payen, &c. Le vivier Coras qui eſt préſentement rempli, ſe voyoit encore dans ſon
entier au ſiécle paſſé. Les Œconomes apportoient un grand ſoin
à l'entretien de ces piéces d'eau : les Foreſtiers & les Sergens gardoient la pêche avec plus de ſcrupule encore, que la chaſſe & les
bois, marchandiſe qui a toujours été d'un bas prix ſous les deux
premieres races.

La révolution qui a fait paſſer le Sceptre de la Maiſon de Charlemagne, à celle de Hugues Capet, a occaſionné un changement conſidérable dans le gouvernement de la forêt de Cuiſe : nous en rapporterons les circonſtances en un autre endroit de cette Hiſtoire.
24.On a dû remarquer, que l'état primitif de la Maiſon Royale de
Cuiſe, eſt fort obſcur, tandis qu'on trouve dans les Auteurs, beaucoup de traits intéreſſans ſur la forêt de ce nom. Nous éprouvons
le contraire, à l'égard de la forêt de Brie & de ſes chefs-lieux.
On connoît l'état ancien de Nanteuil-le-Haudouin, & du chateau de Mail, pendant qu'on n'a que des notions confuſes ſur la
forêt de Brie, qui dépendoit originairement de ces deux Maiſons.

Les deux noms de *Nanteuil* & de *Brie*, ont beaucoup d'analogie entr'eux : le premier ſignifie un ruiſſeau ou une fontaine ; le
ſecond, marque un pont.
25.*Nant* eſt le premier nom du bourg de Nanteuil-le-Haudouin.
C'eſt un mot Celtique, que les Gaulois donnoient à la plûpart des lieux où il y avoit des ſources, des étangs, des fontai-
taines : de là vient que le nom de Nanteuil eſt ſi commun en
France. On compte huit Nanteuils dans le ſeul Duché de Valois :
Nanteuil-ſur-Marne, & Nanteuil-ſous-Murct, dans la Châtellenie
de Pierrefonds : Nanteuil-ſur-Ourcq, en la Châtellenie de Neuilly-
Saint-Front : Nanteuil-Notre-Dame, Nanteuil-ſous-Cugny, Nanteuil-la-Foſſe, & Nanteuil-les-Foſſés, dans la Châtellenie d'Ouchy ; enfin Nanteuil-le-Haudouin, ſous le reſſort de la Châtellenie de Crépy.

Nanteuil-le-Haudouin, dont il eſt ici queſtion, eſt connu dans
les écrits des ſeptiéme & huitiéme ſiécles, ſous les noms de *Fiſ-
cus Namtolialenſis*, de *Nant vicus*, & de *Nant en Brie*. M. Baillet (1), dans ſon abbrégé des Vies de S. Valbert & de S. Ail, a

<hr>

(1) 2. May. Ann. Bened. tom. 1. p. 327. | de Meaux. p. 626.
Not. Gall. p. 369. Diplom. p. 303. Hiſt. |

mal traduit le *Nant vicus* des actes de ces Saints, par Nantoüillet ou Vinantes. Le P. Mabillon, dans ses Annales, M. de Valois, dans sa Notice, D. Germain & D. Toussaint du Plessis, s'accordent à reconnoître le bourg de Nanteuil-le-Haudouin, pour l'ancien lieu de *Nant en Brie.*

La terre de Nanteuil, est l'une des plus anciennes de la cité de Meaux. Sa premiere origine est inconnue; mais on sait, à n'en pas douter, que depuis l'expédition de Céfar, Nanteuil a été l'une des plus riches possessions des Romains dans les Gaules. Nous n'exagérons pas, en repréfentant fous ce point de vue, la terre de Nanteuil, rélativement à des temps aussi éloignés. Un Auteur exact & très-digne de foi, qui écrivoit deux siécles après l'établissement de la Monarchie Françoise, voulant donner une idée de cette terre, au moment où ses Domaines font passés des Romains aux François, appelle Nanteuil une bourgade de grand renom, *Vicus famofi nominis.*

Dans ce que je vais expofer fur Nanteuil, je ne féparerai pas ce qui regarde la terre & ses dépendances, d'avec ce qui a rapport aux premiers Seigneurs de cette terre; je fuivrai l'ordre des dates. 26. Clovis avoit parmi les Officiers généraux de ses Armées, un Seigneur Sicambre nommé Chagneric, qu'il confidéroit à caufe de ses vertus guerrieres, & de fon expérience confommée dans l'Art Militaire. Ce Prince défirant faire à Chagneric, un préfent digne des fervices qu'il avoit rendus à la nation, lui donna la terre de Nanteuil, du confentement des Grands, dont il avoit, à ce fujet, recueilli les fuffrages. Il accorda aussi à ce Seigneur, la terre de Herly, & quelques biens dans le Ponthieu. Je nomme ce Seigneur Chagneric : plufieurs Auteurs lui ont donné ce nom, d'autres le lui contestent. Comme il faut le défigner par quelqu'endroit, nous le lui conferverons, en attendant qu'on ait trouvé le véritable.

Lorfque Chagneric reçût la terre de Nanteuil en partage, cette terre ne laissoit rien à défirer du côté de la fertilité & de l'agrément du féjour (1). Elle réunissoit fous fa dépendance, un grand nombre de riches métairies. Ses campagnes rapportoient d'abondantes moissons, parce que le terrein, excellent de fa nature, avoit toujours été cultivé avec foin. Aussi, ajoute l'Auteur de qui nous tenons ces notions, les fermes & les greniers du château de

(1) Duchefn. t. 1. p. 556. Sec. 3. Bened. 1. part. 2. p. 453. cap. 5. & 7.

Nanteuil abondoient en toutes fortes de productions naturelles, en troupeaux & en grains. Le maître de ces Domaines occupoit un château vafte & commode, dont le reffort comprenoit une immenfe étendue de forêt, entrecoupée de terres labourables, de cenfes & de vergers. Il n'eft pas aifé de dire jufqu'où le Domaine de Nanteuil s'étendoit. Il devoit renfermer la plus grande partie de la forêt de Brie, au-delà des deux Morins & de Rebais.

Chagneric eut un fils, dont le nom & les actions nous font inconnus. On fait feulement que ce fils fut marié, qu'il avoit des alliances avec les Comtes de Ponthieu, qu'il entendoit l'œconomie de la campagne, & qu'il menoit à Nanteuil une vie occupée. Ce fils de Chagneric eut un autre fils qu'on nomma Valbert, de l'éducation duquel on prit un foin diftingué.

2. Valbert ou Vaubert, Valdebert ou Gaubert, font quatre noms employés indifféremment par les Auteurs, pour défigner le petit-fils de Chagneric. Il ne faut pas confondre le petit-fils du Seigneur de Nanteuil, avec les premiers Comtes de Ponthieu & de Terouanne, qui ont porté le même nom. Il faut auffi le diftinguer de deux autres Valberts, fes contemporains, dont l'un eft qualifié Comte dans les écrits du temps, l'autre a été frere de S. Pharon, & fon prédéceffeur dans le Siége de Meaux.

Valbert (1) reçut dans fa jeunefle, au château de Nanteuil où il étoit né, les principes d'une éducation convenable à fa condition. Son pere le fit élever fous fes yeux, convaincu que la vertu eft préférable aux richeffes ; & que fans les fentimens, la fortune & les tréfors font d'une utilité médiocre à ceux qui les poffédent. Valbert répondoit par fa docilité aux foins de ce digne pere, lorfque la mort le lui enleva. En perdant ce pere attentif, il hérita de fes grands biens, & fe vit maître d'un très-riche patrimoine, dans un âge encore tendre. Les Comtes de Ponthieu, fes proches parens, réparerent autant qu'il dépendit d'eux, la perte qu'il venoit de faire. Valbert avoit été deftiné dès fa naiffance, à la profeffion des armes, que fes ayeux avoient toujours exercée. Héritier de la valeur de fes peres, il entra dans les vues de fes parens, & parvint en peu d'années, au grade d'Officier général dans les Armées de la nation.

L'état militaire, où les occafions de s'écarter des voyes de la

(1) Sec. 2. Rened. p. 503. 427. 447. | Sec. 3. Ben. part. 2. p. 455.
629. 780. Mabill. œuv. pofth. t. 1. p. 441.

perfection chrétienne font fi communes, n'altéra point en Valbert, les fentimens de religion qu'il avoit puifés dans une éducation libérale. Il fut allier la valeur avec la piété, & fe montra par-
tout le même, à Nanteuil, dans le Ponthieu, dans les Armées.
Sa vie privée pourroit fervir d'exemple aux perfonnes du plus
haut rang : il s'occupoit dans le particulier, à foulager les indigens, à rendre la juftice à fes Vaffaux, & à chercher dans l'adminiftration de fes biens qu'il gouvernoit lui-même, le jufte tem-
pérament, qui laiffe au Fermier un gain légitime, fans nuire aux
intérêts des Maîtres.

Le culte de S. Georges paffa de l'Eglife d'Orient dans celle
d'Occident, vers le temps où les Romains céderent la Gaule aux
Francs : il s'étendit en peu de temps, & l'on bâtit en l'honneur de
ce Saint plufieurs Eglifes. On l'invoquoit dans les combats, & les
Guerriers François le prenoient pour Patron. Les premiers Seigneurs de Nanteuil, Chagneric ou fon fils, voulant donner des
marques particulieres de la confiance qu'ils avoient en fon interceffion, érigerent à leurs frais une Eglife fous fon invocation, à
côté de leur château. Ils y placerent un Prêtre, mais fans pourvoir
à fa fubfiftance, & fans lui affigner un revenu fixe. Valbert enchérit fur la dévotion de fes peres. Il dota avantageufement l'Eglife
de S. Georges, & accorda au Deffervant, un revenu en fonds de
terres. Cette Eglife eft différente de celle de Notre-Dame, qui
n'eft pas moins ancienne. L'Eglife de S. Georges devoit être fituée
vers le pavillon gauche du château actuel.

On rapporte à l'an 625, la converfion de Saint Valbert. Il
ne faut pas interpréter ce terme du paffage fubit d'une vie licentieufe, à un état de régularité & de perfection. On appelloit converfion, le changement volontaire de tout homme qui renonçoit
à un état commode, pour embraffer une vie pénitente, foit pour
expier les défordres d'une conduite criminelle, foit pour éviter
de tomber dans le relâchement.

Valbert avoit une confcience timorée, qui ne lui laiffoit pas
de repos, lorfque rendu à lui-même, & à l'abri de toute diffipation, il confidéroit combien eft important l'ouvrage du falut, &
à combien d'écueils font expofées les perfonnes engagées dans les
liens du monde. Un jour que ces confidérations l'avoient jetté
dans une grande perplexité, il alla confulter S. Euftafe, Abbé
de Luxeuil, & fucceffeur de S. Colomban, fur le genre de vie

qu'il eſtimoit le plus ſûr, pour arriver à la perfection chrétienne. L'Abbé Euſtaſe fit une· réponſe telle qu'on devoit l'attendre du chef d'une Communauté naiſſante, où regnoit toute la ferveur de l'état monaſtique. Sans entreprendre de déterminer le jeune Seigneur au choix de la vie réguliere, il lui inſinua que la regle des Cloîtres pouvoit ſeule lever les difficultés qui ſe rencontrent dans l'importante affaire du ſalut. Valbert goûtant les conſeils ·de l'Abbé Euſtaſe, réſolut de vouer au monde, un renoncement général & abſolu, & de ſe confiner dans un Monaſtere, à l'abri des embarras du ſiécle & des occaſions de chûte. Il ne balança pas ſur le choix d'une regle : il préféra celle de S. Colomban à tou-tes les autres, & ne crut pas pouvoir prendre un meilleur guide que l'Abbé Euſtaſe, pour arriver au terme qu'il ſe propoſoit.

On ne peut dire ſi Valbert prit le temps de la réflexion, avant de s'engager dans l'état monaſtique, & s'il revint à Nanteuil met-tre ordre à ſes affaires, avant d'entrer à Luxeuil : il eſt probable qu'il prit ce dernier parti.

L'Abbé Euſtaſe le reçut avec les témoignages de la joye la plus vive. Il eſtima cette acquiſition, comme une conquête des plus ſignalées, ſur le monde & ſur ſes pompes. Cependant il crut ne devoir pas négliger cette occaſion, pour avancer les affaires de ſa Communauté. Valbert étant ſur le point de diſtri-buer tous ſes biens, l'Abbé Euſtaſe l'engagea à ne pas oublier le Monaſtere, où il trouvoit un refuge contre les attaques de l'enne-mi de nos ames. On n'eſt pas certain du temps où le nouveau Pro-ſélyte exécuta ce pieux deſſein, ſi c'eſt en prenant l'habit de l'Or-dre, & avant ſa profeſſion, ou après que la Communauté de Luxeuil l'eut choiſi, pour remplacer S. Euſtaſe en qualité d'Abbé. Les Loix n'obligeoient pas encore les Religieux qui faiſoient profeſ-ſion dans une Maiſon Religieuſe, à renoncer à la propriété des biens temporels. Voici la conduite que Valbert nous paroît avoir tenue, & l'ordre qu'il mit dans la diſtribution de ſes biens.

Tout ce qu'il poſſédoit, lui venoit de ſon ayeul, & cet ayeul avoit reçu du Roi & de la nation, les fonds de terre dont il jouiſſoit, comme un uſufruit qu'il pouvoit tranſmettre à ſes deſ-cendans ou à ſes héritiers, ſans avoir la liberté d'en diſpoſer en fa-veur des étrangers. On croit qu'avant d'accomplir ſon deſſein, il demanda au Roi la permiſſion de diſtribuer ſes biens en bonnes œuvres, & qu'il l'obtint ſans explication.

Il y avoit dans l'étendue de la forêt de Brie, du côté des deux Morins, quelques endroits, où des perfonnes pieufes avoient choifi des retraites, pour vivre dans les exercices d'une vie pénitente, loin du commerce du monde. Valbert voulant favorifer dans ces perfonnes, des inclinations pareilles aux fiennes, leur abandonna en toute propriété les emplacemens qu'elles occupoient, & leur procura tous les fecours qui dépendoient de lui. Ces donations ont été les premiers démembremens de la terre de Nanteuil, & l'origine de plufieurs Communautés Religieufes, qui font devenues confidérables dans la fuite des temps. Afin de rendre fes donations plus authentiques, il faifoit dreffer un acte, dans lequel on fpécifioit la fituation, la nature & l'étendue des héritages dont il tranfmettoit la propriété; & afin de ne manquer, ni au Roi, ni aux Seigneurs qui repréfentoient la nation, il avoit foin d'y inférer cette claufe (1); *falvâ authoritate Francorum Regum & Procerum*, fauf les droits & l'autorité du Roi des Francs, & des Grands de la nation.

Dans le partage de fes biens, il préféra le Monaftere de Luxeuil aux autres Maifons Religieufes. Il donna à Luxeuil, fes deux terres de Herly en Ponthieu, & de Nanteuil en Brie.

Il y avoit alors à Nanteuil, outre l'Eglife de S. Georges, une Bafilique baptifmale, compofée d'une Chapelle baffe, dédiée fous l'invocation de S. Jean-Baptifte, & d'une Chapelle haute, confacrée fous le titre de Notre-Dame. Valbert plaça dans cette Eglife des Religieux de Luxeuil, fous la conduite d'un Supérieur, & leur foumit le Prêtre de S. Georges. On ne peut dire fi cette Communauté fut érigée d'abord en une Abbaye affiliée à Luxeuil, ou fi elle a reçu ce titre après la mort de S. Valbert. Nous favons feulement que les Religieux de Luxeuil, immédiatement après la donation de la terre de Nanteuil, envoyerent fur les lieux, une colonie de leurs Confreres, compofée de quelques Prêtres & de plufieurs Freres Servans, pour prendre poffeffion de la terre de Nanteuil, & pour en faire valoir les biens. On fait auffi que cet établiffement eft l'origine du Monaftere de Nanteuil, qui a été une Abbaye en titre, & qui n'eft plus préfentement qu'un Prieuré, dépendant de l'Ordre de Cluny.

Valbert, en entrant à Luxeuil, oublia le rang qu'il avoit tenu dans le monde. Il furpaffa même les autres Religieux, en mo-

(1) Sec. 3. Ben. part. 1. cap. 7.

deftie & en humilité. Son mérite l'éleva aux premieres places du
Monastere, jufqu'à ce qu'il parvint à la dignité d'Abbé. Il gouverna pendant quarante ans les Religieux de Luxeuil, avec une
douceur qui lui gagna leur affection. Comme il prêchoit d'exemple, la Regle s'obfervoit en fon abfence comme en fa préfence.
Son zele pour la fanctification des ames, ne fe bornoit pas à l'intérieur de fa Maifon : il l'exerçoit au-dehors, & ramena de leurs
égaremens un grand nombre de perfonnes. Après avoir mené
une vie fanctifiée par toutes fortes de bonnes œuvres, il mourut à
Luxeuil l'an 665. Son corps fut inhumé dans l'Eglife de S. Martin, au côté feptentrional du Monaftere.

L'Abbé Adfon a recueilli en deux Livres, une foule de miracles, qu'il attribue à l'interceffion de S. Valbert, & qui ont été
prefque tous opérés à fon tombeau, à l'exception de quelques-
uns qu'il prétend être arrivés de fon vivant. Il faut bien fe garder
d'adopter fans choix, tout ce que le pieux Abbé rapporte fur ce
fujet : l'Hiftoire des oyes de S. Valbert, eft une preuve de fa crédulité. Je dirai deux mots de cette fable qui s'eft accréditée dans
la Brie, & que l'Auteur de l'Hiftoire de Meaux raconte avec fes
circonftances, d'après l'Abbé Adfon (1).

Quelque temps avant que S. Valbert fe retirât à Luxeuil, un
de fes Fermiers vint le trouver au château de Nanteuil, pour lui
témoigner fon chagrin, de ce qu'une bande d'oyes fauvages faifoit un grand dégat fur les terres de fa métairie. Valbert prenant
part à fa fituation, lui dit d'aller trouver ces oyes, de les appeller, & de les enfermer pendant trois jours, fans leur donner de
nourriture. En exécution de ces ordres, le Fermier, plein de
confiance aux mérites de fon Maître, exécuta ponctuellement ce
qu'il lui avoit prefcrit. Le troifiéme jour de la détention de ces
oyes étant expiré, le Fermier ouvrit la porte du lieu où il les
avoit renfermées, afin qu'elles priffent l'effor. Sa furprife fut grande, lorfqu'il vit ces jeuneufes refufer la liberté qu'on leur offroit.
Il avertit S. Valbert, qui lui dit d'examiner fi les oyes étoient au
même nombre, qu'au moment où il les avoit renfermées. Le Mé-
tayer ayant appris qu'un domeftique de fa Ferme en avoit dérobé
une, & l'avoit mangée, retourna vers S. Valbert, qui en demanda
les plumes. Le Fermier les lui préfenta. Le Saint à l'inftant fe
mit en prieres, l'oye reparut fubitement, couverte des mêmes

(1) Sec. 3. Bened. t. 2. p. 453.

plumes qu'auparavant ; S. Valbert ordonna au Fermier de la reporter à ſes compagnes, qui la voyant, pouſſerent le cri qui leur eſt naturel, prirent leur vol, & ne reparurent plus.

Cette piété crédule de l'Abbé Adſon, nous fait regretter la perte des vrais actes de S. Valbert, qui avoient été écrits par un Auteur contemporain, avec fidélité & avec diſcernement. Les fables ſans vrai-ſemblance, peuvent ſe perpétuer dans l'eſprit du peuple par la tradition ; mais rien n'eſt ſi capable de les accréditer, que l'autorité des Ecrivains qui jugent à propos de les conſigner dans leurs ouvrages.

L'Abbé Valbert fut canoniſé par les ſuffrages des Eccléſiaſtiques & du peuple, auſſi-tôt après ſa mort. Son culte ſe répandit en peu de temps dans la Brie, dans le Ponthieu & dans le Valois. On l'invoquoit dans ces pays ſous le nom de S. Vaubert & de S. Gaubert. Je trouve ſouvent dans les titres des treiziéme & quatorziéme ſiécles, le nom de Vaubert parmi ceux qu'on donnoit au Baptême. On croit que le village de Mont-Gaubert, près Valſery, tire ſon nom de la même origine.

A Nanteuil, il s'établit en l'honneur de S. Valbert, un pélérinage aſſez ſingulier. On ne l'invoquoit pas dans les Egliſes ; les pélerins faiſoient leurs prieres auprès de la grande fontaine. Cette fontaine a été un objet de vénération pendant plus de huit ſiécles : le Juge du lieu tenoit à côté ſes audiences ; & on lit dans les anciens titres, concernant la Gruerie de Valois, que le Siége naturel des Gruyers, eſt le Jeudi à Nanteuil, auprès de la grande fontaine.

Tant que S. Valbert vécut, les Religieux de Luxeuil jouirent en paix des deux terres de Herly & de Nanteuil. Après la mort du Saint Abbé, il s'éleva contre eux pluſieurs factions puiſſantes, qui entreprirent de les dépouiller des poſſeſſions qui leur avoient été accordées. Il y eut ſur ce ſujet de grands débats, qu'on aſſoupit & qu'on renouvella à pluſieurs repriſes, pendant l'eſpace de trois ſiécles. Les Comtes de Ponthieu, héritiers naturels des biens de S. Valbert, vouloient rentrer dans les deux terres de Nanteuil & de Herly, prétendant que le Saint n'avoit pas eu le droit d'aliéner de tels fonds, & que les Loix de la nation s'oppoſoient a l'exécution de ſes intentions.

Les Religieux de Luxeuil établis à Nanteuil, répliquoient à ces difficultés, que S. Valbert n'avoit placé ſes bienfaits que du

confentement du Roi & des Grands de la nation ; qu'en renonçant au monde, il avoit remis au Souverain les droits de Jurifdiction, qu'il n'avoit pas eu le pouvoir de tranfmettre ; qu'on ne
devoit regarder les prétentions des Comtes de Ponthieu, que
comme les prétextes d'une avidité fans bornes, qui revenoit contre des engagemens facrés, pour tout envahir.

Les raifons des Religieux pouvoient être bonnes ; mais ils n'a-
voient pas la force en main comme leurs adverfaires, qui les ré-
duifirent enfin à la néceffité d'abandonner les châteaux de Herly
& de Nanteuil. .

21. Après la retraite de S. Valbert à Luxeuil, la Jurifdiction du
château de Nanteuil fur la forêt de Brie, paffa au château de Mail
en Multien, fitué au-deffus de Gefvres, à quatre grandes lieues
Sud-Eft de Nanteuil. La Jurifdiction du château de Mail a commencé avec la Monarchie Françoife. Le nom de Mail lui eft venu
de ce que nos premiers Rois tenoient les affemblées du champ de
Mars dans la place d'armes de ce château. *Mallus* ou *Mallum*,
dont Mail & May font une traduction, fignifioit un lieu d'affemblée, chez les Romains du Bas-Empire. Les François des deux
premieres races ayant jugé à propos d'attribuer ce nom au château
feulement, avoient appellé *Champ de Jarrion*, la place d'armes
du château, du mot *Jarria*, qui défignoit une plaine vague.

Les mêmes Rois, qui avoient mis les ancêtres de S. Valbert
en poffeffion de la terre de Nanteuil, s'étoient fait adjuger par la
nation, la propriété du château de Mail & de fes dépendances.
Ils y placerent un Juge, qui prit le nom de Châtelain dans la fuite
des temps, & qui exerçoit les mêmes fonctions que le Juge de la
Maifon Royale de Cuife. Tant que la terre de Nanteuil fut au
pouvoir de Chagneric & de fes defcendans, la Jurifdiction du Juge
de Mail fe trouva refferrée dans des bornes étroites (1). Le reffort
de cet Officier devint confidérable, du moment où S. Valbert
renonçant au fiécle, on réunit à la Jugerie de Mail, une partie des
droits que donnoit à ce Saint la Seigneurie de Nanteuil. ˙ ˙

Depuis ce changement, le Juge de Mail prit la qualité de Foreftier général de Brie, & commença de tenir fes plaids une fois
la femaine, dans la plaine de Jarrion. La Jurifdiction de Mail ne
reçut aucune diminution avant le commencement du dixiémè
fiécle, temps où les Comtes de Champagne & les Seigneurs de

(1) Sec. 2. Bened. p. 311.

Crépy, Comtes de Vexin, réunirent à leurs Domaines, les uns la partie septentrionale, les autres la partie méridionale de la forêt de Brie. D'abord on transféra de Mail à Acy le Siége du Forestier, parce que le bourg d'Acy appartenant moitié aux Comtes de Champagne, moitié aux Comtes de Crépy, l'Officier général veilloit avec plus de facilité à la conservation des bois des deux Domaines.

Cet arrangement ne dura pas : les Comtes de Champagne ne voulant rien posséder en commun avec les Comtes de Crépy, soumirent les bois de Brie qui leur appartenoient, à la Jurisdiction de leurs Vicomtes & de leurs Forestiers. De cette sorte, le Forestier d'Acy & de Mail, résidant à Acy, demeura attaché aux seuls Comtes de Crépy, qui dans leurs Chartes, lui donnent indifféremment les noms de Forestier de Mail, & de Gruyer de Valois. Ce Gruyer tenoit ses plaids généraux une ou deux fois l'an, dans la plaine de Jarrion. Il donnoit ses audiences ordinaires au bourg d'Acy, près la fontaine; & lorsque le cas le requéroit, il tenoit des audiences extraordinaires à Crépy, près la Croix-Boissiere, en face du château. Il avoit deux Hôtels, l'un à Bazoches, près de Crépy, l'autre à Acy. Pendant ses tournées, il exerçoit le droit de procuration dans plusieurs villages du ressort de sa Gruerie. A Rouvres, par exemple, le Maître de la Ferme du Mouton devoit le recevoir, le loger, le défrayer & le nourrir, avec son cheval & ses chiens.

Raoul II, Comte de Crépy & de Senlis, qui vivoit en l'an 1015, jugea à propos de diviser la Gruerie de Valois en deux parties égales, & de créer un second Office de Gruyer. Nous exposerons ce changement en son lieu, avec ses circonstances; il nous suffit de remarquer pour le présent, que Raoul ayant deux fils, il fit leur partage de son vivant. Il donna à l'aîné, le Comté de Crépy, avec la premiere portion de la Gruerie de Valois; & au second, la Seigneurie de Nanteuil, avec la deuxiéme portion de la Gruerie, à condition néanmoins que les deux Gruyers agiroient de concert; qu'ils jouiroient de leurs droits par indivis; qu'ils tiendroient leurs audiences ensemble une fois l'an, dans la plaine de Jarrion, & trois fois la semaine pendant toute l'année, le Mardi à Acy, près la fontaine, le Jeudi à Nanteuil, à côté de la fontaine, & le Samedi à Crépy, auprès de la Croix-au-bourg. Le nom de forêt de Mail demeura à la portion du Comté de Crépy ; Philippe Augufte l'appelle ainfi dans fon Cartulaire (1). Au temps de Bergeron, qui écrivoit en 1580, le premier des deux Gruyers de Valois confervoit le nom de Foreftier de Mail.

On lit ce qui fuit dans le Procès-verbal de réformation de la Gruerie de Valois, dreffé en 1540 : » Paffé le village de Rozoy en » Multien, eft un lieu nommé *Jarrion*, diftant du village de May » d'environ deux ou trois jets d'arc. Le Procureur du Roi de Cré- » py, qui accompagnoit les Commiffaires de la réformation dans » leur tournée, montra à ces Officiers fix gros ormes audit lieu de » *Jarrion*, entre lefquels il affura, que d'ancienneté, l'on avoit » coutume de tenir le Siége de la Gruerie de Valois, & qu'encore » continue-t-on de l'y tenir une fois l'an ; que de-là, les Gruyers » empruntent le Siége de la Jurifdiction d'Acy, ou pour plus grande » commodité, ils tiennnent leurs plaids ordinaires devant la fon- » taine. » On ne voit plus d'ormes dans la plaine de Jarrion : cette plaine eft préfentement cultivée. Son nom eft demeuré à un fentier qui la traverfe, à côté d'une remife.

Ces audiences en plein champ étoient une imitation des affem-blées des Gaulois & de celles du champ de Mars fous les deux pre-mieres races : cette coutume n'a pas difcontinué dans le Valois, jufqu'à la fin du feiziéme fiécle. Nous avons recueilli les noms de plufieurs arbres, fous lefquels le Juge de chaque canton plaçoit fon Siége, pour rendre la Juftice. L'Arbre Jacquemart à Attichy, le Chêne Herbelot, près de Pierrefonds, & le Chêne, Paroiffe de Neuilly-Saint-Front, fervoient à cet ufage ; de même que l'Orme de Heurte-Bife près de Chevreville, l'Ormeau de Verbe-rie, l'Epinette de Rhuys, l'Orme de Frefnoy, l'Orme de Cla-ville près de Trefmes, l'Orme du Porche à Meremcnt, l'Orme du Porche à S. Germain de Bouillant, & l'Orme de Duvy, cet Arbre monftrueux qu'on a abbatu il y a quinze ans, & qui fubfif-toit depuis plufieurs fiécles. La Place Boiffiere à Crépy, la Place de Lormel au village de Rouvres, le Chêne de l'Affemblée, au-près d'Ormoy le Davien, avoient la même deftination. Dans un acte paffé à Crépy, le 26 Janvier 1530, (2) le Maire de Bargny déclare qu'il y a dans le village une pierre près d'un noyer, vis-à-vis le portail de l'Eglife, où les Procès étoient portés devant fes prédéceffeurs.

Cette maniere de rendre la Juftice dans les places publiques

(1) Cart. de Ph. Aug. art. 270. Val. R p. 30. | (2) Mem. Acad. Bell. Lett. t. 21. p. 110.

K ij

& dans les plaines, venoit du concours de ceux qui affiſtoient aux Jugemens ; les uns par curioſité, les autres par état. La forme des Jugemens ne reſſembloit preſque en rien à ce que nous voyons s'exécuter de nos jours : en ces temps, chaque bourgade ſe gouvernoit comme un pays d'Etat.

Les maiſons du village de Mail ſont raſſemblées à côté de l'Egliſe & du château. Nos peres écrivoient Mail, & prononçoient ainſi. Maintenant on dit May en Multien, & l'on écrit de même. Ceux qui veulent diſtinguer le château du village, appellent Mail le premier, & May le ſecond. Le Doyenné de May eſt l'un des premiers de la Brie & du Dioceſe de Meaux. Le château & la Juſtice ont titre de Châtellenie, & relevent du Bailliage de Crépy. Le village, le château & l'Egliſe ſont ſitués ſur une hauteur qui commande le château de Geſvres à l'Orient. On compte deux lieues de May à Acy. Le chemin militaire qui conduit de Meaux à la Ferté-Milon, paſſe à May.

L'Egliſe actuelle de May eſt d'un goût d'Architecture fort ancien : les pleins ceintres de ſes deux portiques m'ont paru avoir été conſtruits au neuviéme ſiécle. J'ai lu pluſieurs actes du douziéme ſiécle, paſſés devant un certain Payen, Prêtre & Doyen de l'Egliſe de May. En l'an 1107, Manaſſé, Evêque de Meaux, donna à ſon Chapitre l'Egliſe de May en Multien (1). Vers l'an 1400, on réunit Cheſnoy à la Cure de May, & l'on bâtit la groſſe tour quarrée de l'Egliſe.

Le château de May, après même le démembrement de ſa Juriſdiction, a toujours appartenu ou au Roi, ou à des Seigneurs puiſſans. Le Duc d'Orléans, frere du Roi Charles VI, le poſſédoit ſur la fin du quatorziéme ſiécle. Il le fit rebâtir tout entier, & ce château ſoutint pluſieurs ſiéges pendant les troubles du regne de Charles VI, pour la cauſe des Orléannois. Il ne reſte plus de ce château que quelques pans de murs, ſur leſquels on voit l'écuſſon d'Orléans. Lorſque le Roi Henri IV érigea Treſmes en Baronie, il unit à cette terre la Châtellenie de May, comme étant le chef-lieu du canton. Les priſons du Duché de Geſvres ont été long-temps placées dans l'une des tours du château de May ; il y a peu d'années que MM. de Geſvres ont transféré ces priſons à Crouy-ſur-Ourcq.

On comptoit anciennement cinq Fiefs conſidérables ſur le

_____
(1) Hiſt. Meaux. t. 1. p. 131. 145.

territoire de May en Multien. Le plus remarquable est le Fief
des Bosqueaux, qui a donné son nom au brave Nicolas Bosqueaux, ce sage & vaillant Capitaine, qui servit si utilement la
Maison d'Orléans, sous le regne de Charles VI. Le Fief de la
forte Maison de May donnoit droit de séance à son possesseur,
parmi les Hommes Jugeans aux Assises de Crépy : il avoit douze à
quinze arriere-Fiefs dans sa dépendance. Trois autres Fiefs sis
à May, comme les deux précédens, donnoient aussi le droit
d'Homme Jugeant aux Assises de Crépy. Le premier est nommé
dans les titres, Fief du Chesnoy sous Mail; le second, Fief de
Renaud de Mail; & le troisiéme, Fief d'Antoine de Geresme.
May paroît avoir été un lieu considérable. Il peut contenir aujour-
d'hui quatre à cinq cens habitans. Il avoit été presque détruit pendant les guerres des deux factions d'Orléans & de Bourgogne.

29 L'ancienne forêt de Brie ne nous est pas aussi connue que
celle de Cuise. Cette différence vient de ce que les Rois des deux
premieres races chassoient souvent dans la forêt de Cuise, & faisoient de fréquens voyages aux Maisons de plaisance qu'ils y
possédoient; au lieu que ces Souverains paroissoient rarement
dans la forêt de Brie. Comme les lieux empruntent leur célébrité
du rang & de la dignité des personnes qui les fréquentent, il n'est
pas étonnant que nos Fastes & nos Chroniques fassent souvent
mention de la forêt de Cuise, tandis qu'elles gardent le silence
sur celle de Brie. Il s'est passé dans la forêt de Cuise, un grand
nombre d'événemens qui intéressoient la nation. La plûpart de
ceux qui sont arrivés dans la forêt de Brie, ne regardoient que
des Seigneurs particuliers & des Monasteres.

Nous venons de considérer la Jurisdiction de la forêt de Brie
dans toutes ses parties, en exposant l'état ancien des châteaux de
Nanteuil & de Mail : nous allons donner quelques observations
sur le nom, sur l'étendue & sur les principales divisions de cette
même forêt.

Les noms de Brie, de Nanteuil & de Gombrie, ont une étymologie commune. Ils signifient que dans les endroits qu'ils désignent, il y a beaucoup de sources, des ruisseaux, des rivieres.
D. Toussaint du Plessis avance dans son Histoire de Meaux (1),
que la province de Brie a pris son nom d'un ancien pont situé sur
le grand Morin. Il ajoute que le nom de Brie n'a été donné d'a.

(1) T. 1. p. 638.

bord qu'à cette portion de pays, qui eſt entre l'Aubetin & le grand Morin ; que ce n'eſt qu'après la fondation de la Monarchie Françoiſe, & par ſucceſſion de temps, que ce nom s'eſt étendu à pluſieurs cantons des Dioceſes de Meaux, de Sens, de Paris & de Soiſſons.

S'il n'étoit queſtion que d'un pont ou d'une riviere, pour expliquer le nom de Brie, on ne manqueroit ni de ponts, ni de rivieres, ſitués bien en deça du grand Morin, du côté de la Marne & de Nanteuil-le-Haudouin. *Bria*, mot Celtique, avoit une ſignification générique, qu'on appliquoit à toutes les rivieres & à tous les ponts, ſans diſtinction.

Loin d'adopter le ſentiment qui place entre l'Aubetin & les Morins, l'origine du nom de Brie, nous penſons au contraire, que ce nom a commencé par le territoire de Nanteuil-le-Haudouin. Les plus anciens écrits que j'ai pu découvrir, appellent *Nant en Brie*, Nanteuil-le-Haudouin ; & les *Lagonbrie*, un certain arrondiſſement dont Nanteuil occupoit le centre, & où ſont préſentement ſitués les lieux de Verſigny, de Boiſſy, de Freſnoy, de Macquelines, & quelques autres villages voiſins. On dit encore Boiſſy-lès-Gombries, Freſnoy-lès-Gombries, Peroy-lès-Gombries, trois lieux placés autour de Nanteuil. Les écrits ſur leſquels je me fonde, ne ſont à la vérité que des copies anciennes ; mais ces copies, rapprochées du texte des Vies de S. Valbert & de S. Ail, ſemblent placer l'origine du nom de Brie, bien au-delà du premier âge de notre Monarchie. Ce que nous avançons, n'eſt qu'une conjecture pour une autre ; mais la nôtre eſt fondée ſur des traits déja rapportés, qui prouvent que Nanteuil a été le chef-lieu de la forêt de Brie, & que cette forêt comprenoit les deux Morins dans ſon étendue.

L'ancienne forêt de Brie eſt preſque toujours appellée *Saltus Bregenſis*, *Brienſis*, & *Brigius* dans les Auteurs, & jamais *Sylva*. Feſtus rend raiſon de cette différence (1). *Sylva*, ſelon lui, eſt le nom de tous les bois conſidérables qui ne ſont pas entrecoupés de plaines, au lieu que le nom de *Saltus* ne convient qu'aux territoires où les bois ſont entremêlés de terres labourables, de prés, de vignes, de jardins, de vergers, de métairies & de villages. Cette explication fait préſumer que la Brie a été défrichée & habitée avant les autres pays de la contrée. Ses inter-

(1) De verb. Sign. in Saltus.

valles de terres labourables la rendoient moins propre à la chasse que la forêt de Cuise; & il est probable que c'est pour cette raison que les Rois des deux premieres races n'y venoient pas.

Ceux à qui appartenoient les différentes portions de cette forêt, retiroient un profit considérable des pâturages & de la pêche. Le nom de Gombrie vient des étangs qu'on voyoit à Nanteuil, à Versigny, à Macquelines, & peut-être sur la plaine de Peroy. *Gombrie* est un mot tronqué de *Lagonbrie*, qui signifioit les étangs de Brie. *Lagona* & *Lacuna*, sont des diminutifs du mot *Lacus*, qui signifient une marre, une piéce d'eau.

Il est assez difficile de déterminer l'étendue de l'ancienne forêt de Brie. Les actes de S. Ail, Abbé de Rebais, semblent prouver qu'elle renfermoit Faremoutier, Jouarre & Rebais, dans son étendue, & que même elle alloit au-delà des deux Morins. Bregy, Bray, & d'autres noms de cette terminaison, sont passés de la forêt de Brie aux villages qui les portent. J'ignore où cette forêt finissoit du côté de l'Orient : il paroît qu'elle comprenoit les territoires de Gandelus & de Coincy. A l'Occident, Villers-Cotteretz & Borret la séparoient de la forêt de Cuise. Villers-Cotteretz s'écrivoit anciennement, Villers à la queue de Retz, c'est-à-dire, à l'extrémité des bois de Retz. Le nom de queue signifie la fin d'une forêt. L'ancien nom de Cœuvres est *queue* ou *queuve*, parce que les bois de Retz ne passoient pas cet endroit. Il y a de ces côtés-là un triage de forêt, qu'on nomme encore la Queue de Retz. Le même nom de Queue se retrouve dans plusieurs cantons de la forêt de Compiegne, le centre & la portion principale de l'ancienne forêt de Cuise. Les noms de Haute-Queue, de Basse-Queue, de Queue de Rome & de Queue S. Etienne, appartiennent encore à des cantons qui terminent cette forêt.

Nous avons remarqué qu'on donnoit le nom de *haye* aux bois qui bordoient la forêt de Cuise. La forêt de Brie avoit aussi ses hayes. J'ai vu une piéce au trésor des Chartes de Paris, portant vente par Gaucher d'Autresches, au Roi de Navarre, Comte de Champagne & de Brie, d'un bois appellé la *Haye de Brie*.

On connoît par cette description, que l'ancienne forêt de Brie renfermoit la plus grande partie du Multien, de l'Orceois, & une pointe du *pagus vadisus*. On peut en tracer la figure dans son esprit, en tirant une ligne circulaire de Gandelus & de Coincy à Neuil-

ly-Saint-Front, Ouchy-le-Château, & Villers-Cotteretz ; de-là à
Cœuvres, Fresnoy-la-riviere, le Parc-aux-Dames, Baron, Dammartin, Congis, Faremoutier, Charly, Château-Thierry & Coincy. Il n'eſt ici queſtion que du temps où S. Valbert a vécu. Les
premiers démembremens de cette forêt ont été faits du côté des
deux Morins, en faveur de pluſieurs Maiſons Religieuſes, à l'établiſſement deſquelles le S. Abbé voulut contribuer. Pluſieurs monumens nous apprennent que vers le milieu du ſeptiéme ſiécle,
S. Ouen, Sainte Salaberge, les parens de S. Pharon & de Sainte
Phare, poſſédoient diverſes portions de bois à l'extrémité méridionale de la forêt de Brie ; & tout porte à croire qu'ils les tenoient
des libéralités de S. Valbert.

Au dixiéme ſiécle, il y avoit trois diviſions générales de cette
forêt ; la premiere, connue ſous le nom de bois de Brie ; la ſeconde, appellée les bois de Retz ; la troiſiéme, qu'on nommoit
les bois de Crépy. Les Comtes de Champagne, poſſeſſeurs des
bois de Brie, ayant jugé à propos de les ſouſtraire à la Juriſdiction
du Foreſtier de Mail, cette partie de leur Domaine ne regarde
plus mon objet. Les bois de Retz appartenoient à autant de Seigneurs particuliers, qu'on y comptoit de tréfonds. Quant à ceux
de Crépy, ils faiſoient partie du Domaine des Comtes de Vexin,
réſidans au château de Crépy, à l'exception de quelques portions appartenant au Roi, & aux Comtes de Ponthieu & de Breteuil. Je négligerai les bois de Brie, je ne parlerai que de ceux de
Retz & de Crépy, & des principaux lieux qu'ils renferment.

3o. Les bois de Retz étoient originairement limités par trois lieux
principaux : Retz, du côté de Meaux, Borret, vers Senlis, &
Villers-Cotteretz, du côté de Soiſſons. La forêt de Retz a reçu
ſon nom du premier de ces trois lieux, peut être de tous les trois
enſemble. Ce nom a été formé du mot de baſſe latinité, *Rothus*
ou *Rotia*, qui ſignifioit un champ défriché, une métairie, une
cenſe, une maiſon de campagne. Dans les Chartes latines, le mot
de Retz eſt exprimé par *Redum*, *Reſtum*, *Retium*, *Reſticum*. La
forêt eſt appellée *Sylva Reſia*, *Reſtica* & *Reſta*. Le mot de Retz
entre dans la formation de pluſieurs noms de lieux, dont on peut
voir le dénombrement dans le Dictionnaire de la France. Il y a
un S. Pierre de Retz en Angoumois, & un Duché de Retz en
Bretagne.

Les changemens arrivés dans la forêt de Retz, paroîtront dans
le

le cours de cette Hiftoire, chacun fous la date qui lui convient. Nous nous occuperons feulement ici, de l'origine & de l'état ancien des trois principaux lieux qui la bornent.

Retz eft préfentement un village de la Gruerie de Valois, fitué près du Pleffis-Bouillancy, à côté d'Acy en Multien : il dépend du Diocefe de Meaux. Sur les lieux, on nomme ce village, *Ré* & *Rée.* Suivant l'étymologie de ce nom, Retz doit avoir été une des premieres métairies établies par les Romains dans la Brie. Tout concourt à rendre cette étymologie vraifemblable. Cette métairie faifoit-elle partie du Domaine de Nanteuil ? c'eft un point fur lequel nous ne pouvons ftatuer : il eft à croire qu'elle appartenoit aux premiers Seigneurs de Nanteuil. Plufieurs perfonnes pieufes s'étant raffemblées en Communauté, dans un lieu du territoire de Retz, les Propriétaires de cette métairie la leur abandonnerent, à l'effet d'y établir un Monaftere. Ce changement eft certain, mais fa date ne nous eft pas connue. On l'attribue à la piété de S. Valbert, au commencement du feptiéme fiécle. La Communauté de Retz embraffa d'abord la Regle de S. Colomban, & celle de S. Benoît dans la fuite. S. Valbert, en abandonnant aux Religieux la métairie de Retz, fe réferva la Seigneurie, & la plus grande partie du territoire. Les Seigneurs de Nanteuil ont longtemps poffédé à Retz, des revenus en grains & en cenfives. Je lis dans le Teftament de Renaud de Nanteuil, Evêque de Beauvais, daté de l'an 1283, qu'il avoit à Eftavigny, une rente de huit muids d'avoine, & une autre rente de trente-deux muids d'avoine, mefure de Crépy, à recevoir tous les ans, fur la terre de Retz.

Sous le regne de Charlemagne, les bâtimens du Monaftere de Retz tomboient en ruine, & les revenus de cette Maifon ne fuffifoient pas à l'entretien des Religieux (1). Le fameux Oger de Chavercy, furnommé le Danois, ayant pris l'habit monaftique à S. Pharon de Meaux, fes Confreres le députerent à l'Empereur Charlemagne, pour le prier de réunir à S. Pharon, la Maifon & les revenus du Monaftere de Retz. Oger, pour qui l'Empereur confervoit une grande affection, obtint ce qu'il demandoit. On conferva à Retz un ou deux Religieux, les autres pafferent à S. Pharon. On laiffa dégrader l'Eglife dédiée à S. Martin, & une partie des bâtimens. Les ruines fervirent à bâtir ou à réparer les mai-

(1) Gall. Chrift. t. 8. p. 1676. D. Bouq. ǀ t. 3. p. 468. Hift. de Meaux. p. 265 & 607.

fons d'un village, qui avoit commencé à fe raffembler autour du Monaftere.

En l'an 907, l'Abbaye de Mornienval poffédoit quelques biens au village de Retz (1). Au commencement du quatorziéme fiécle, il n'y avoit plus à Retz, ni Eglife, ni Monaftere. En l'an 1349, Hauteverne, Abbé de S. Pharon de Meaux, ne voulant pas qu'un lieu dépendant de fon Abbaye manquât des fecours fpirituels, fit relever de fes ruines l'ancienne Eglife, ou plutôt il bâtit à la place une Chapelle qui fubfifte encore, & qui a le titre d'Eglife Paroif-fiale. La Cure de Retz eft encore à la préfentation de l'Abbé de S. Pharon. Dans le Procès-verbal de réformation de la Gruerie de Valois, dreffé en 1540, le village de Ré eft compté parmi les dé-pendances de cette Gruerie.

Borret, *Borda Reti*, & par abbréviation, *Borretum*, eft un nom compofé de deux mots, qui fignifient l'un & l'autre, une métai-rie ou une terre. On lit au Cartulaire de Sainte Geneviéve de Pa-ris, que la terre de Borret, *Borretum Villa*, fituée à deux mille de Senlis, a été donnée en aumône par Clovis, Roi des Francs, à l'Eglife de S. Pierre & S. Paul de Paris. Ainfi, le lieu de Borret ne tire pas fon nom, comme on l'a cru jufqu'ici, de la groffe pierre en forme de borne, qu'on apperçoit à côté de la principale porte du bourg. La forêt de Retz avoit de ces côtés-là pour limi-tes, un large foffé, pour lequel on confervoit encore au douzié-me fiécle, le même refpeĉt que les Payens portoient à leur Dieu Terme. Le trait fuivant en eft la preuve.

Sous l'Epifcopat de Gaufride, Évêque de Senlis (2), les hom-mes de Borret, excités par un efprit de fédition, comblerent le foffé qui féparoit la forêt du territore de leur bourg. La nouvelle en étant parvenue à Senlis, l'affaire fut inftruite. On condamna les hommes de Borret à creufer de nouveau le foffé qu'ils avoient rempli; & pour punition de leur révolte, on leur infligea à tous la peine qui fuit : On diftingua les hommes des femmes; on ordon-na que les hommes coupables fe rendroient un jour de Diman-che, dans la Place de Notre-Dame de Senlis; qu'ils y feroient dé-pouillés nuds, & battus de verges publiquement : qu'après cette exécution, les femmes qui avoient pris part à la révolte, paroî-troient pieds nuds dans la même Place, tenant en main un pré-

---

(1) Ann. Ben. t. 6. p. 94. 642. Hift. M. ibid.

(2) Gall. Chr. t.10. p. 1406. ad an. 1197.

sent par forme d'amende, qu'elles entreroient dans l'Eglise en suppliantes, & poseroient leur présent sur l'Autel.

Les hommes de Borret ne purent obtenir aucun adoucissement à leur peine : ils la subirent en présence de l'Evêque Gaufride, qui leur en délivra son certificat. Je n'ai pu savoir à quel tribunal ce Jugement a été prononcé. Il falloit que les circonstances de la faute fussent bien aggravantes.

Villers-Cotteretz. L'étymologie de ce nom a beaucoup exercé les Savans du seizième siècle. Ils croyoient, par ce moyen, faire leur cour au Pere des Lettres, & flatter les inclinations d'un Monarque, qui aimoit passionément le séjour de Villers-Cotteretz. Les efforts de ces Savans ont été sans fruit. Leurs explications sont des songes, des visions sans vraisemblance, qui replongent dans le cahos, l'origine qu'ils entreprennent de débrouiller. Charles de Bovelles, le Festus de son siècle, qui écrivoit au commencement du regne de François I, estimoit que Villers-Cotteretz devoit avoir été bâti peu de temps après le déluge (1). Au lieu de l'orthographe ordinaire, il falloit écrire, selon lui, Villiers gau de Retz, *Villa galli Restica*, d'où il tiroit cette conséquence, que le premier château de Villers-Cotteretz devoit avoir servi de Maison de plaisance à Gomer Gallus, fils de Japhet. Qui croiroit qu'une telle fable a été reçue dans son temps comme une découverte, ou au moins comme une explication des plus ingénieuses ?

Les Monumens & les Chartes donnent à Villers-Cotteretz différents noms. *Villare ad Cotiam, Villare ad Restum, ad Collum*, ou *ad Caudam Resti, Villare juxta Restum*, sont les plus usités. Ce nom varie moins dans les Chartes Françoises. La Comtesse Eléonore nomme ce lieu, tantôt *Viliers*, tantôt *Vilers*. Dans les Ordonnances de nos Rois, on lit *Villiers col de Retz* & *Villers Cotterets*. De Templeux écrivoit *Villiers Cotteretz* ; & dans plusieurs Ordonnances de Louis XIV, on trouve encore *Villiers*, au lieu de *Villers*, qui est présentement le nom usité. L'Auteur d'une description faite à l'occasion du séjour du Roi Louis XV à Villers-Cotteretz, en allant à son Sacre (2), dit qu'on écrivoit alors indifféremment, *Villers-Cotrès* ou *Villers-Cotteretz*. Depuis ce temps, le dernier nom a prévalu.

Villers-Cotteretz a commencé par une métairie, de même que

(1) De Halluc. Gal. nom. p. 95.   ‖   (2) Merc. Nov. 1722.

le village de Retz. Cette métairie occupoit l'emplacement où est présentement le Couvent de S. Remi. Lorsque cette cense échut à Chagneric, ayeul de S. Valbert, avec les autres parties du Domaine de Nanteuil, il y avoit autour de cette cense, un certain nombre de maisons rassemblées. *Villare* & *Vilers*, sont des diminutifs du mot *Villa*, qui signifient un hameau, une petite terre, une cense qui a plusieurs maisons dans sa dépendance. Chagneric désirant procurer aux habitans de ce hameau les secours spirituels, fit bâtir une Chapelle sous l'invocation de S. Georges, Patron des Militaires, & de son château de Nanteuil. Le hameau en prit le nom de Villers-Saint-Georges, qu'il conserva pendant plusieurs siécles.

Les Religieux de Luxeuil, établis à Nanteuil par S. Valbert, placerent à Villers un Prêtre, & des Freres Servans, pour faire valoir les terres & les autres biens qui en dépendoient. Villers, ainsi que Retz, appartenoit au *Fisc* de Nanteuil, dont S. Valbert avoit cédé la propriété à son Monastere. Cette compagnie de Religieux Cultivateurs, fixés à Villers dès le septiéme siécle, a été l'origine du Prieuré de S. Georges, auquel a succédé l'Abbaye de S. Remi.

Après la mort de S. Valbert, cette Communauté de Servans eut le même sort que celle de Retz : elle passa sous la dépendance immédiate de nos Rois, & n'eut plus de rapport avec l'Abbaye de Luxeuil. A l'exemple de l'Empereur Charlemagne, qui avoit réuni la Communauté de Retz à S. Pharon de Meaux, à cause du petit nombre des Religieux, Charles le Chauve, son petit-fils, conçut les mêmes vues, touchant la Communauté de S. Georges. Il jetta les yeux à cet effet, sur l'Abbaye de Notre-Dame de Soissons, Abbaye double, composée d'hommes & de femmes qui vivoient séparément, & qui assistoient aux mêmes Offices.

La Charte de concession de Charles le Chauve (1), est datée de l'an 858, & porte en substance, que ce Prince voulant pourvoir au soulagement des Religieuses de Notre-Dame qui sont avancées en âge, & de celles qui sont infirmes, il leur accorde le revenu des trois terres de Guni, Coyoles & Villers, *Guniacum*, *Coleolus* & *Villare* ; afin que libres de tout autre soin, elles puissent servir Dieu sans murmure, vaquer à l'Oraison & à la récitation des Pseaumes. Le Roi ajoute, que les trois terres renfer-

(1) Hist. N. D. de Soiss. p. 33.

ment quatre-vingt manfes, ce qui devoit former un arrondiffement confidérable, du côté de Villers-Cotteretz & de Coyoles.

Les Religieux de l'Abbaye de Notre-Dame de Soiffons fe divi-
foient en Religieux *Clercs* & en Religieux *Servans.* Afin de mettre à profit le préfent de Charles le Chauve, le Supérieur de Notre-Dame envoya à Villers un certain nombre de Freres Rendus,
avec quelques Clercs, qui rétablirent l'ancienne Communauté de
Moines.

D. Germain, Auteur de l'Hiftoire de Notre-Dame de Soiffons,
donne une idée très-fatisfaifante du genre de vie, des fonctions
& des obligations des Freres *Rendus* ou Freres *Servans,* que les
Chefs des grands Monafteres envoyoient dans les terres de leur
dépendance (1). Quoiqu'habituellement occupés d'agriculture &
de matieres de commerce, ils affiftoient aux grands Offices, &
fuivoient la Regle de S. Benoît. Ils rendoient compte de leur
adminiftration tous les trois mois. Ils écrivoient leur recette
& leur dépenfe fur des rouleaux, dont la plûpart fe retrouvent
encore dans les archives de l'Abbaye de Notre-Dame de Soiffons.
Le peuple nommoit ces Freres, *li Rendus Notre-Dame.* Ainfi, le
Prieuré de S. Georges avoit pour Chef fpirituel, lors de fon renouvellement au neuviéme fiécle, un Religieux, Prêtre de Notre-
Dame de Soiffons : quant au temporel, les Rendus qui formoient
la plus grande partie de la Communauté, obéiffoient à un Chef
qui dirigeoit leurs travaux. Chaque Rendu avoit à fes ordres des
familles de Serfs & de Cultivateurs, qui faifoient les ouvrages
les plus pénibles.

Cette explication doit fervir d'éclairciffement à tous les endroits de cette Hiftoire, où nous parlerons de Freres Servans.
Elle doit être auffi un motif d'édification pour les perfonnes qui
confidéreront le defintéreffement, la vie occupée, l'obéiffance
de ces Servans : vertus pratiques, dont il réfultoit un grand bien
pour la fociété, en multipliant dans le commerce, les commodités de la vie.

Le village de S. Georges ne formoit pas un amas de maifons
contigues, comme les villages des environs de Paris. Cette terre,
de même que celle de Neuilly en Orceois, comprenoit plufieurs
hameaux difperfés, qu'on appelloit *colonies, granges, hoftifes.*
Malgré la donation de Charles le Chauve, quelques-uns de ces

(1) Ibid, p. 79.

hameaux demeurerent au pouvoir des Seigneurs de Nanteuil & de Crépy. Les Seigneurs de Nanteuil poſſédoient une hoſtiſe, eſpéce de ferme, à l'endroit où eſt préſentement le château de Villers-Cotteretz. Les Comtes de Crépy avoient à la Male-maiſon, une cenſe environnée de quelques dépendances, à laquelle on donne le nom de *grange* dans les anciens titres. Ce partage du territoire de Villers en trois Seigneuries, avoit lieu dès le milieu du dixié-me ſiécle. Nous l'expliquerons plus au long ſous les dates con-venables.

Il réſulte de tout ceci, que l'ancienne forêt de Retz, portion de celle de Brie, repréſentoit un triangle iſocéle, dont le ſom-met appuyé au village de Retz, & les deux côtés, longs chacun d'environ quatre lieues communes, portoient ſur une baſe de ſept lieues, commençant à Borret, & finiſſant à Villers-Cotteretz.

Les bois de Crépy s'étendoient d'Occident en Orient, le long de la baſe du triangle que je viens de décrire. On ne peut les repréſenter par aucune figure, parce qu'ils comprenoient des por-tions ſéparées, & éloignées les unes des autres. Nous parlerons des principales portions de ces bois dans le cours de cette Hiſ-toire, nous négligerons les autres. Il vaut mieux nous occuper des premiers commencemens de Crépy même, & expliquer l'origine de cette Ville & de ſes châteaux. Il eſt beaucoup plus agréable & plus intéreſſant de connoître les accroiſſemens des Villes, que de promener ſes idées dans des ſolitudes. La Ville de Crépy à ceci de particulier, qu'étant la capitale du Valois, elle mérite principalement de fixer notre attention.

3₁. Le temps où la Ville de Crépy a été fondée, nous eſt inconnu. C'eſt le ſort de la plûpart des Villes anciennes : leur origine eſt ou enſevelie dans la nuit des ſiécles, ou obſcurcie par des fables. Nous diſtinguons ici l'ancienne Ville de Crépy d'avec ſon fort château. Les Auteurs latins les ont confondus ſous les noms com-muns de *Criſpeium*, *Criſpiacus*, *Criſpiniacum*, *Criſpeiacum* & *Creſpeiacenſe Caſtellum*.

Le nom de Crépy n'eſt point particulier à la capitale du Valois. On compte pluſieurs Crépys en France; Crépy en Laonnois, Crépy en Artois, Crépy en Champagne, au Dioceſe de Langres, & d'autres lieux encore qui portent les noms de Crépy, Crépoy, &c. La Ville dont il eſt ici queſtion, ſe nommoit autrefois Crépy en Brie, on la nomme préſentement Crépy en Valois.

Il y a trois fentimens fur l'origine de la Ville de Crépy en Valois. Le premier rapporte cette origine à la Miffion de S. Crépin
dans le Soiffonnois. Il fuppofe que dans le cours de leurs travaux
apoftoliques, S. Crépin & S. Crépinien fe rendoient fouvent dans
des fouterrains fitués où eft préfentement la Ville de Crépy, qu'ils
y inftruifoient les Fidéles, & préchoient la Foi aux Gentils; que
de ces Cryptes & du nom de Crépin, le lieu a été appellé *Crifpi-
niacum* ou *Crépy*. Ce fentiment que Bergeron (1) & Bouchel ont
fuivi, n'eft qu'une conjecture fondée fur l'analogie des noms de
Crépy & de Crépin.

Le fecond fentiment fuppofe que le territoire de Crépy a été
l'un des premiers qu'on ait défriché dans la forêt de Brie; qu'ayant
appartenu à quelque Romain appellé *Crifpus*, le lieu principal en
aura pris le nom de Crépy. M. de Valois & M. Deflions, Doyen
de Senlis, font Auteurs de ce fecond fentiment (2).

Le troifiéme fentiment confond l'origine de l'ancienne Ville
de Crépy, avec celle du fort château, & rapporte certe origine
au regne de Dagobert I.

Voici ce que j'ai recueilli de plufieurs manufcrits, qui ont eu
pour Auteurs des perfonnes habiles du dernier fiécle, verfées
dans la connoiffance des anciens temps. Je me fuis peu écarté de
leur fentiment, parce que je l'ai trouvé exact dans toutes fes parties. Elles confiderent l'ancien Crépy fous quatre époques principales; fous les Princes Gaulois, fous les Empereurs Romains,
depuis Jules Céfar jufqu'à Conftantin, fous les Souverains du Bas-
Empire, & fous les regnes de Clotaire II & de Dagobert I, Rois
des François.

Les premiers Gaulois ignoroient, comme on a vu, l'art de bâtir. Partout où ils trouvoient des fouterrains fains & commodes
pour fe loger, ils les occupoient. Les fouterrains de l'ancien fort
de Crépy, fitué où eft préfentement l'Abbaye de S. Arnoul, paf-
fent pour avoir été une habitation de Gaulois, jufqu'au temps de
l'expédition de Jules Céfar. Des bois épais couvroient ce territoire, & le chêne y étoit commun. Les Gaulois avoient beaucoup
de vénération pour cet arbre, & pour le gland qui eft fon fruit.
On prétend que les habitans du canton tenoient leurs affemblées,
& faifoient leurs exercices de religion fous des arbres de cette ef-

(1) Val. R. p. 18.
(2) Not. Gall. p. 163. Gall. Chr. t.   10. Inft. p. 516.

péce, à l'endroit où est présentement Bouillant, & que le nom de *bois gland*, qu'on lit dans les anciens titres, au lieu de Bouillant, vient de ces usages.

Le nom primitif de Meremont est comme celui de Martimont, *Martismons* & *Matrismons*. On prétend aussi que les Gaulois adoroient le Dieu Mars en ce lieu, sous le nom d'*Hesus*.

L'arrivée des Romains dans les Gaules changea la face de ce territoire. Les Romains appelloient *Crepa* & *Cryptæ*, les souterrains qu'on habitoit, ou qui servoient de magasins; il est probable que le nom de Crépy vient de là. Le vieux mot de *Croutes* est la traduction du latin *Cryptæ*: les Croutes-sous-Bethizy, les Croutes-sous-Ouchy, les Croutes-sous-Muret, tirent de là leur dénomination, ainsi que les villages de Crotoy, de Croutoy, & de Crépoy en Multien.

Il est à croire que les habitans de ce territoire abandonnerent leurs demeures souterraines, du moment où ils apprirent la maniere de se mieux loger, & qu'ils les changerent en des magasins de grains, de fourages, & d'autres provisions. C'est au moins la conduite qu'ont tenue les Romains en plusieurs endroits de la Gaule (1). Ils convertirent en des atteliers de forgerons, & de plusieurs sortes de professions méchaniques, la plûpart de ces réduits; & dans les endroits secs, élevés & bien aërés, ces souterrains leur tenoient lieu de granges & de greniers publics. Ils donnoient aux Officiers préposés aux magasins, le nom de *Cryptaires*. Il y avoit sous l'ancien château de Crépy, un grand nombre de ces souterrains, dont l'entrée a été fermée avant la fin du quinziéme siécle.

Il n'est pas douteux que ce territoire a été habité sous les Césars. On y a trouvé de leurs médailles en tout genre & d'une belle conservation: plusieurs en argent, le reste en bronze, une ou deux en or, à ce qu'on m'a assuré. Quelques curieux de Crépy en avoient fait une collection; elles ont été vendues & dispersées, il y a quarante à cinquante ans. Tout ce que j'ai pu apprendre, se réduit à connoître, que parmi ces médailles, il y en avoit plusieurs en argent, d'Auguste & de Néron. On m'a présenté des monnoyes en potin, de Nerva, de Caracalla & des Gordiens, qui avoient été trouvées, les unes du côté de Sainte Agathe, les autres vers le bois de Tillet.

_____

(1) Vossius, étym. fol. p. 166. du Cang. Glos. ᛁ Mem. Acad. Bell. Lett. t. 13. p. 429.

C'est

C'est une tradition qui nous paroît autorisée, que le premier château de Crépy a été bâti par les Romains, de même que l'ancienne forteresse de Senlis. Les titres primitifs l'appellent *Oppidum* & *Castrum*. Pline, Ptolemée, & l'Auteur des Tables de Peuttinger n'en font pas mention, parce qu'il n'y passoit point de chaussée Romaine. Ce château est demeuré au pouvoir des Romains, jusqu'à la fin de leur domination dans les Gaules. Quoique situé dans la forêt de Brie, les premiers Rois des François s'en attribuerent la propriété, & le conserverent jusqu'à la révolution qui rendit les Comtes d'Amiens & du Vexin, maîtres d'une partie de la Champagne & de la Brie, au neuviéme siécle.

Nous avons découvert par des titres mentionnés dans un dénombrement des archives de Valois, qu'il y avoit originairement à Meremont un château de Trielle ou de Troüille, qui comprenoit dans son ressort, une partie des territoires de S. Germain & du Fief de Moiron. Ce nom de Troüille marque un lieu où il y a de belles eaux : apparemment que les jardins de ce château s'avançoient dans la vallée. Le grand Constantin avoit à Arles un magnifique Palais de Troüille, qu'il avoit fait bâtir sur les bords du Rhône, dans lequel il rassembloit toute sa Cour, lorsqu'il venoit à Arles. La conformité des noms ne fait rien à l'âge des deux édifices d'Arles & de Crépy : elle porte seulement à présumer que le premier château de Meremont pouvoit exister avant la fin du Haut-Empire. Les droits & le ressort de ce château ont été réunis au Palais de Bouville, dont nous allons parler.

Le Palais de Bouville est d'une grande ancienneté. Sans nous arrêter aux rêveries de Charles de Bovelles, qui en fait presque remonter l'origine jusqu'au déluge, on peut le considérer comme un des premiers Domaines de nos Rois. Les titres lui donnent indistinctement les noms de Bouville & de Truille. Le second lui est apparemment venu, en succédant aux prérogatives du château de Meremont. Le nom de Bouville, qui signifie un lieu de pâturages, a prévalu sur l'autre depuis le commencement du treiziéme siécle. Le principal corps de logis de ce Palais occupoit l'emplacement actuel des deux Fermes de Bouville, à côté du Parc-aux-Dames. Le Monastere du Parc a été ainsi nommé, parce qu'il a été fondé dans le Parc de Bouville, situé en bas d'une pente douce. Les belles eaux qui arrosent les prairies voisines, rendoient le séjour du château de Bouville très-agréable. Les territoires de Bazoches & de Bouillant, de Meremont, de Belmont, de Duvy, de Gerefmes, de S. Germain, & toute la plaine de Sainte Agathe, appartenoient primitivement au Domaine de ce Palais : ils en ont été diftraits en faveur des Eglifes & des Communautés qui en jouiffent. On verra dans le cours de cet Ouvrage, comment ces démembremens font arrivés.

Nous donnons à ce lieu le nom de Palais, pour nous conformer à l'ufage des premiers temps, où l'on appelloit ainfi les châteaux de plaifance qu'on n'avoit pas fortifié; au lieu que le nom de château fe prenoit ordinairement pour la traduction du mot *caftrum*, qui fignifie un lieu de défenfe. Cette Maifon poffédée par les Rois, cédée enfuite aux Comtes de Crépy, a été négligée pendant les troubles qui ont précédé & fuivi la révolution de l'avénement de Hugues Capet au trône. Hugues le Grand, frere du Roi Philippe I, la fit réparer. La Comteffe Eléonore y fixa fon féjour, pendant que le Comte de Flandre, époux de fa fœur Elifabeth, occupoit le château de Crépy. Devenue maîtreffe de ce dernier château, elle fonda un Monaftere de Religieufes dans le Parc de Bouville, & abandonna à cette Maifon, une grande partie des droits qui appartenoient au Palais, quelques-uns même des bâtimens de ce Palais. Je rapporterai la fondation de l'Abbaye du Parc fous l'an 1205, en commençant le quatriéme Livre de cette Hiftoire.

Vers le temps où le Chriftianifme commença d'être toléré dans la feconde Belgique, les Fidéles de la contrée bâtirent à Crépy une bafilique, en un lieu qui en a retenu le nom de Bazoches. L'Evêque de Senlis ne pouvant partager fa réfidence, confia le foin de la nouvelle Eglife, devenue comme la Paroiffe de tout le canton, à fon principal Archidiacre. Après le regne du grand Conftantin, on dota avantageufement cette Eglife en biens fonds & en familles de Serfs, qui cultivoient les terres de l'Eglife avec profit. Feu M. Minet avoit compofé un Mémoire fort inftructif fur Bazoches & fur Duvy : je n'ai pu le retrouver après fa mort. Nos Rois d'abord, puis les Comtes de Crépy, établirent un Maire à Bazoches, pour gouverner leurs Domaines. Cette charge exiftoit encore en 1230. Le Maire de Bargny avoit en cette année douze deniers à prendre fur les dixmes de Bazoches. Le Foreftier de Brie, & les Gruyers de Valois qui lui ont fuccédé, avoient un Hôtel à Bazoches, & percevoient des redevances fur les habitans du lieu. La Seigneurie ayant été cédée à l'Eglise de Bazoches, l'Evêque & l'Archidiacre de Senlis en exerçerent les droits. Il est souvent fait mention dans la Charte de Commune des habitans de Crépy, des droits de servitude que l'Evêque & l'Archidiacre conservoient à Bazoches. Ce lieu n'est plus qu'un hameau composé de chaumieres, sans Eglise & sans bâtimens de marque.

A Bouillant, les superstitions du Paganisme avoient jetté de profondes racines. Les Evêques de Senlis voulant en extirper les pratiques, y firent bâtir une Eglise, & à côté de l'Eglise, un Hôtel pour se loger, lorsque les fonctions de leur ministere les demandoient dans le canton. L'Eglise de Bouillant a joui pendant long-temps de très-beaux droits : elle relevoit immédiatement de l'Evêque, & ne reconnoissoit point la Jurisdiction de l'Archidiacre. Elle donnoit au Prêtre qui la desservoit, le titre de Conseiller-né de l'Evêque, & le droit d'être admis au nombre de ceux qui composoient la Chambre Episcopale, *de Camerá Episcopi* (1). A la derniere réformation de la Coutume de Valois, l'Evêque de Senlis comparut par son Procureur, auquel il donna charge de protester que les Domaines qu'il possédoit dans le ressort de la Coutume, étant annexés à son Siége établi à Senlis, on ne devoit pas le mettre au nombre de ceux qui relevoient de cette Coutume. On répondit que l'union de plusieurs terres du Valois au Siége de Senlis, n'exemptoient pas les fonds situés dans le Valois, de la Jurisdiction ordinaire ; l'on ajouta, que l'Evêque relevoit spécialement de la Coutume, à cause de son ancien Hôtel de Bouillant, qu'on devoit regarder comme un second Palais Episcopal, & comme un second Siége.

Les premiers accroissemens de l'ancienne Ville de Crépy enleverent à Bazoches, à Bouville, à Bouillant & à Meremont, les plus beaux Hôtels de leur dépendance. Cette ancienne Ville couvroit la plaine de Sainte Agathe, & s'étendoit jusqu'à Duvy. Avant d'en donner une courte description, il est à propos d'exposer ce que nous avons pu découvrir sur l'Hôtel & sur le Monastere de Sainte Agathe ; nous parlerons ensuite de Duvy, dont les dépendances faisoient partie de l'ancienne Ville de Crépy.

On voyoit encore il y a deux cens ans, un vieux édifice près l'Eglise de Sainte Agathe de Crépy, & autour de cet édifice, des

_____
(1) Gall. Christ. t. 10. Inst. p. 466.

M ij

ruines confidérables. On donnoit à l'édifice & aux ruines, des noms différens : on les appelloit les Granges, la Chapelle, & l'Hôtel de Sainte Agathe ou de la Comteffe, parce que la Comteffe Eléonore y avoit demeuré. Bergeron a placé l'Hôtel de la Comteffe près de l'Abbaye du Parc; il s'eft trompé. Les pignons qu'on voyoit debout près du Parc, venoient du Palais de Bouville. Voici ce que j'ai pu découvrir touchant l'Hôtel de Sainte Agathe, & les dépendances qui l'environnoient, en combinant les titres avec la connoiffance des lieux.

Il y avoit originairement à l'endroit où eft préfentement l'Eglife de Sainte Agathe, une métairie dépendant du Domaine de Nanteuil, dans le reffort de la forêt de Brie. Cette efpéce de cenfe n'appartenoit point aux Maîtres du fort château de Crépy, qui avoient leurs Fermes du côté de S. Thomas. Le premier état de cette métairie ne nous eft pas connu; peut-être les premiers Seigneurs de Nanteuil venoient-ils l'occuper de temps à autre, pour varier leur féjour : on n'a rien de certain fur ce fujet. Voici quelque chofe de plus pofitif, touchant le partage du domaine de cette métairie, au commencement du feptiéme fiécle ou à la fin du fixiéme.

Un propriétaire de ce bien défirant faire à Dieu le facrifice d'une partie de fes revenus, réfolut d'y établir un Monaftere double, compofé d'une Communauté d'hommes & d'une Communauté de femmes (1). On prétend que ce pieux projet fut exécuté par les foins & avec l'entremife de S. Landelin, natif de Cambrai, & filleul de S. Autbert. Tous les Mémoires que j'ai lus, rapportent cette fondation au regne de Dagobert I, mais aucun ne fait mention de S. Landelin. Cette époque du Roi Dagobert s'eft perpétuée dans Crépy par une tradition qui paffe pour conftante. En 1610, le titulaire du Prieuré de Sainte Agathe tomba en démence, & l'on prit des mefures pour mettre fes biens en régie. Le Procureur du Roi du Bailliage de Valois réclama cette régie, »attendu, difoit-il, qu'étant notoire que ce bénéfice a été fondé » par le Roi Dagobert, il eft réputé royal; & par conféquent, la » régie doit en appartenir aux Officiers du Roi. » J'ai lu la piéce qui contient cette remarque. Quoique le Roi Dagobert n'ait pas fait les frais de cette fondation, il peut paffer pour en avoir été l'Auteur, puifque de fon temps, les Seigneurs François ne pou-

(1) Vie de S. Rieul, p. 50. Paris, Paffé. 1642.

voient aliéner aucune portion des biens que leurs ayeux avoient
reçu du Fisc, sans y être spécialement autorisés par un réglement
du Prince, & par le consentement des Grands de la nation.

Après avoir disposé toutes choses, on bâtit des lieux réguliers,
& une Eglise; on laissa la métairie, pour être aux deux Communautés du Monastere, un moyen de subsistance, & les Seigneurs,
auteurs de l'établissement, se réserverent la propriété d'un Hôtel
qu'ils avoient à côté de cette Ferme.

Pour se former une juste idée de la distribution de cet ancien
Monastere, on doit se représenter à l'esprit deux Chartreuses,
situées l'une à côté de l'autre; chaque Religieux & chaque Religieuse avoit sa cellule séparée, & vivoit en particulier. On n'as-
sistoit en commun qu'aux Offices, & à certains exercices de piété
que prescrivoit la Regle. La Communauté des hommes se divisoit
en deux classes; la premiere, composée de Religieux Clercs; la
seconde, de Freres Servans, les uns & les autres ayant un Chef
commun qui prenoit la qualité de *Prevôt* ou d'*Abbé*. Les femmes
avoient une Abbesse à leur tête. Les deux Communautés observoient la Regle de S. Colomban.

On bâtit l'Eglise dans un goût plus solide que délicat. Nous ne
pouvons en donner ici le plan: ce qui en reste nous fait connoître
que ses parties principales consistoient dans un Sanctuaire fort
étroit, une Tour, & une Nef qui ressembloit à une salle vaste & peu
élevée. La Tour de Sainte Agathe de Crépy est de trois âges. La
fléche de pierre a été construite au quinziéme siécle. Les murs &
les rangs de fenêtres où pose cette fléche, jusqu'au milieu de la
Tour, sont un ouvrage de la fin du dixiéme siécle, ainsi que le
plein ceintre de la principale porte d'entrée de la Nef, avec les
piliers qui le soutiennent. Quant à la partie inférieure de la Tour,
depuis les fondemens jusqu'au dessus des voûtes, M. l'Abbé Lebeuf observe dans une note de ses voyages manuscrits; que c'est
l'un des plus anciens monumens de ce genre qu'il ait vu en France,
après un pan de murs & de ceintre qu'on remarque à côté d'un
collatéral gauche de l'Eglise de S. Germain des Prés à Paris, &
qui sont les restes d'un édifice construit à la fin du sixiéme siécle.
On reconnoît dans la voûte de la Tour de Sainte Agathe, l'ancien goût Romain, qui a duré en France jusqu'au neuviéme siécle.

L'Eglise ayant été achevée, on la dédia sous l'invocation de
Sainte Agathe, Vierge & Martyre, originaire d'une illustre Mai-

son de Sicile. Sa beauté lui attira une cruelle perſécution de la
part de Quintien, Gouverneur de ſa Province. Agathe l'avoit
obligé de renoncer au deſſein qu'il avoit conçu de ſatisfaire ſa paſſion. Elle faiſoit profeſſion de la Religion Chrétienne : le Gouverneur en prit ſujet de la perſécuter, & d'employer les tourmens
pour l'amener à ſes fins. L'héroïſme avec lequel Agathe ſouffrit les
ſupplices inouïs que ce Gouverneur avare & impudique employa
pour l'abbattre & pour vaincre ſa conſtance, a rendu ſon martyre
très-célebre. On croit qu'elle le conſomma vers l'an de J. C. 251.
Son culte a été autoriſé preſqu'auſſi-tôt après ſon martyre, & ſon
nom a été placé dans le canon de la Meſſe. Une parcelle de ſes Reliques ayant été apportée à Crépy ſur la fin du ſixiéme ſiécle, on
les y conſerva juſqu'au moment où on les plaça dans l'Egliſe du
Monaſtere, dont Dagobert avoit favoriſé la fondation. Les Reliques de Sainte Agathe que l'on conſerve à Crépy, ne ſont pas les
mêmes qu'on y avoit dépoſées au ſixiéme ſiécle. Celles qu'on poſſéde aujourd'hui, ont été apportées de Smyrne, par le Pere Ge-
rote, Capucin.

Le culte de Sainte Agathe occaſionna un pélérinage à l'Egliſe
du Monaſtere de Crépy. J'ai lû dans un ancien cahier manuſcrit,
contenant pluſieurs Vies de Saints, qu'en l'an 660, une femme
du Multien, vint en pélérinage à Crépy en Brie, & qu'elle y obtint par l'interceſſion de Sainte Agathe, la guériſon d'une maladie. L'Abbé Landelin mourut cette année à Crépy.

La réputation du Monaſtere de Crépy, attira de toutes parts
beaucoup de perſonnes, dans le deſſein d'y prendre l'habit de
Religion. Le nombre de ceux qui compoſoient les deux Communautés, s'accrut au point, que les biens deſtinés à l'entretien
de la maiſon, ne ſuffiſoient plus. Le ſeul expédient qu'on trouva propre à ſoulager le Monaſtere, fut de transférer ailleurs l'une
des deux Communautés. On conſerva les hommes, & l'on trans-
fera à Jouarre les Religieuſes. Le temps où les Religieuſes de Crépy ont été transférées à Jouarre eſt incertain. Les uns eſtiment
que ce changement a été exécuté par S. Valbert ſur la fin de ſa
vie, après la mort de l'Abbé Landelin (1). D'autres prétendent
qu'il y avoit à Jouarre une Communauté d'hommes, qui abandonnerent leur maiſon au huitiéme ſiécle, pour aller s'établir à Reüil,
où ils fonderent un nouveau Monaſtere ; & qu'à la place de ces

(1) Gall. Chr. tom. 8. p. 1601. 1708.

Religieux transfuges, on établit la Communauté des Religieuses de Crépy. Le changement est certain ; l'époque en est douteuse. Les Religieuses en quittant Crépy, conserverent une partie de leurs biens, jusqu'à la propriété des bâtimens qu'elles avoient occupés. Plusieurs traits rappellent le séjour des Religieuses de Jouarre à Crépy.

A côté de la Ferme qui porte le nom de Sainte Agathe, on a vu pendant long-temps les restes d'un ancien édifice, qu'on appelloit l'Hôtel de Jouarre.

Bergeron (1) & Bouchel marquent dans leurs Histoires abrégées du Valois, que le Prieuré de Sainte Agathe étoit anciennement un Monastere de filles, transporté à Jouarre à l'occasion des troubles ; ils ajoutent que près ladite Eglise, il y avoit encore *Chapelle & grange* portant le nom de Jouarre.

Il y a aux archives de Valois, une piece de l'an 1316, qui apprend qu'en cette année le Prevôt de Crépy s'acquitta du devoir ordinaire, d'aller chercher à Jouarre, la maille d'or que les Religieuses de cette Abbaye devoient présenter tous les ans au Comte de Valois, en signe d'hommage, & en mémoire de leur ancien séjour ; que le Prevôt fut payé de son voyage, & défrayé dans sa route.

Aux quatorziéme & quinziéme siécles, les Religieuses de Jouarre partageoient par indivis, avec le Prieur de Sainte Agathe & avec une autre Communauté, plusieurs portions de dixmes qui se levoient sur les Paroisses de Sainte Agathe, de Duvy, & de Fresnoy lès-Gombries.

A la réformation de la Coutume de Valois, faite en 1539, les Religieuses de Jouarre comparurent par leur Procureur, à cause de leur Fief de Sainte Agathe de Crépy, & autres biens situés au Duché de Valois.

Ces particularités font connoître que la Communauté des Religieuses de Jouarre a passé de Crépy, à l'emplacement qu'elle occupe aujourd'hui. Les Religieux de Sainte Agathe menerent une vie plus commode depuis cette séparation. Leur Monastere n'étant pas fortifié, ils eurent beaucoup à souffrir des dernieres irruptions des Normands, & se virent dans la nécessité de céder la meilleure partie de leurs biens à des Avoués, qui consumerent, pour ainsi parler, leur substance. Réduits à un très-petit nombre, on

(1) Valois Royal, p. 20.

les réunit au Monaftere de S. Arnoul de Crépy, en l'an 1130.

Le village de Duvy, qui ne contient plus que vingt-fix feux, eft un refte de l'ancienne Ville de Crépy. La vallée de Duvy bornoit cette Ville au Nord, le Palais de Bouville à l'Occident, le Donjon du château vers le midi : il n'y avoit rien à l'Orient qui la féparât de la plaine. Elle s'étendoit plus en longueur qu'en largeur. Bergeron eftime qu'elle pouvoit contenir deux mille maifons. Les plus diftinguées de ces maifons fe remarquoient auprès du Palais de Bouville, de Sainte Agathe, & à Duvy. En 1529, on voyoit encore au-deffus de Duvy, un moulin qu'on nommoit le *Moulin bannier de la Ville*. Depuis que les Comtes de Crépy avoient abandonné une partie de leurs droits fur Bazoches, ils exigeoient que la plûpart de leurs redevances feigneuriales qui devoient fe payer publiquement, fuffent apportées à la Croix de l'Eglife de Duvy. Les Gruyers de Valois recevoient fur les marches de cette Croix, les redevances qu'ils avoient à prendre fur les moulins bannaux de Crépy. Il ne refte plus des maifons qui couvroient la plaine depuis Sainte Agathe jufqu'à Duvy, que des fondemens qu'on retrouve, pour peu qu'on fouille avant dans terre. Des perfonnes âgées m'ont affuré qu'on y voyoit encore des ruines au fiécle paffé. Toute la plaine eft préfentement cultivée. Il y avoit dans l'intervalle des deux Eglifes, de Sainte Agathe & de Duvy, quatre autres Eglifes moins confidérables, dont feu M. Minet avoit les noms par écrit, avec une note de quelques biens qu'elles poffédoient. Cette ancienne Ville a été abfolument détruite, pendant les trois fiéges du château de Crépy, en 1429, 1431 & 1433.

Bergeron, qui écrivoit en 1580, parle ainfi de l'ancienne Ville de Crépy (1) : » Autrefois, dit-il, la Ville de Crépy étoit beau-
» coup plus ample, longue & large, fpacieufe & éparfe. Il ajoute
» qu'elle étoit édifiée au-deffous du château & du Prieuré de Sainte
» Agathe, & que tels endroits où l'on ne voyoit plus que des jar-
» dins & des courtilles, des marais & des vignes, avoient été an-
» ciennement couverts de maifons.... Qu'à juger par les ruines,
» ruderes & mafures, cette Ville pouvoit contenir le nombre &
» contiguité de plus de deux mille maifons, pour lors fans ferme-
» ture ni circuit de murailles, ou forme de Ville clofe.

Un feul fiége peut détruire une Ville qui aura été plufieurs fié-

(1) Valois Royal, p. 16.

cles à se former. Dans les fréquentes ruines de la Ville & du château de Crépy, les titres de fondation ont été brûlés ou perdus
pour la plûpart, & les monumens anciens ont été renversés, de
maniere à ne pouvoir en tirer presque aucun profit pour l'utilité
de cette Histoire. Nous avons tâché de suppléer à ces pertes, en
examinant sur les lieux quelques restes d'anciens monumens, &
en profitant des lumieres & des enseignemens de plusieurs Savans, qui ont bien voulu nous aider de leurs recherches.

32. Dans la description que nous avons donnée de la forêt de Cuise,
nous avons omis à dessein plusieurs lieux anciens de sa dépendance, de crainte qu'en multipliant les digressions, il ne restât
dans l'esprit qu'une idée confuse de sa premiere étendue. Nous
allons présentement exposer les traits que nous avons rassemblés,
sur les lieux de S. Pierre en Chastres, de S. Nicolas de Courson,
de Mornienval, de la Croix-Saint-Ouen, & sur les châteaux de
Braine, de Berny-riviere & de Bargny.

33. Le Mont de S. Pierre en Chastres est l'un des premiers lieux du
Valois qu'on ait habité. Il est situé entre Compiegne & Pierrefonds, à deux grandes lieues Sud-Est du premier, & à une lieue
au Nord du second.

Ce Mont réunit dans sa situation bien des avantages, dont il
paroît que les Romains ont su profiter. Une éminence en forme
de tertre, couronnée d'un large sommet, qui domine sur la forêt
de Cuise & sur les pays d'aléntour, l'agrément du point de vue,
la fertilité du sol, le secours de plusieurs sources d'eau répandues
le long des pentes de la colline, même sur la surface, à quelques
pieds de profondeur, rendoient cette position très-agréable, &
très-propre à recevoir un fort château, qui seroit le boulévart de
tout le canton.

Au lieu d'un château (1), les Romains en bâtirent trois, peu
distans l'un de l'autre, & bien fortifiés. Ils nommoient *Castra* ces
sortes d'édifices, d'où nos peres ont formé les noms de *Chartres*
& de *Chastres*. Il y a dans la Province d'Arles, une Ville Episcopale de S. Paul trois Châteaux, qui a commencé par trois forts,
bâtis dans le goût de ceux du Mont de Chastres. Nous estimons
que l'origine de ceux-ci peut concourir avec celle des Tournelles de Champlieu, même avec celle du Donjon de Martimont, & du premier château de Cuise. Il ne reste plus rien sur le

(1) Berg. ibid. p. 23. v°. Muld. p. 76.

sommet du Mont de Chaftres, des *murgets & pierrailles* que Bergeron dit qu'on voyoit encore de fon temps, à la place de chacun des trois anciens châteaux.

Ces trois châteaux avec leurs dépendances, vinrent au pouvoir des premiers Rois de notre Monarchie, après la conquête de Clovis. Charles le Chauve voulant donner aux Religieux de S. Crépin le Grand de Soiffons, des marques fenfibles de fes bontés, leur tranfmit la propriété de tout le Mont de Chaftres; il fe réferva une partie du Domaine, & accorda une portion de bois de la forêt de Chaftres, à l'Abbaye de Notre-Dame de Soiffons. Vers le temps où il réunit à cette Abbaye la terre & la Maifon de Villers-Saint-Georges, les trois châteaux tomboient en ruine faute d'entretien. On bâtit de leurs débris un corps d'Hôtel, & une Chapelle dédiée fous l'invocation de S. Pierre. Nos Rois abandonnerent auffi aux Religieux de S. Crépin, les jardins des anciens châteaux, *cultura*, plufieurs étangs qu'on voit encore au pied du Mont de Chaftres, des terres labourables, & des bois qui conferverent leur premier nom de *Nemus* ou *Saltus de Caftro*. La portion de bois diftraite en faveur du Monaftere de Notre-Dame de Soiffons, prit le nom de *Bofcus fanctæ Mariæ*, qui eft traduit par celui de *Buchettes-Notre-Dame* dans les vieilles Chartes.

Les Religieux de S. Crépin reçurent ces chofes en préfent, à condition que le revenu feroit employé au foulagement des vieillards & des perfonnes infirmes du Monaftere. Ils envoyerent fur les lieux quelques Religieux Servans, & un Prêtre à leur tête, fuivant l'ufage. Le premier Prieuré des Bénédictins de Chaftres a commencé ainfi, & a fubfifté jufqu'à l'an 1308.

Muldrac a pris le change, en fuppofant que par la donation de nos Rois, les Palais du Mont de Chaftres ont été changés en une infirmerie. De S. Crépin le Grand de Soiffons au Mont de Chaftres, il y a près de huit lieues; diftance trop confidérable pour tranfporter des malades.

Pendant les troubles qui ont fuivi les ravages des Normands, les Religieux de S. Crépin établis au Mont de Chaftres, réclamerent la protection des Seigneurs de Pierrefonds. Afin d'intéreffer leur vigilance, ils leur abandonnerent un nombre d'arpens de bois, que ces Seigneurs réunirent à leur domaine. Les premiers Seigneurs de Pierrefonds, contens de ce préfent, vécurent en bonne intelligence avec les Religieux de S. Pierre. Canon,

Comte de Soiſſons, & Seigneur de Pierrefonds, du chef d'Agathe de Pierrefonds ſon épouſe, tint à leur égard une conduite oppoſée à celle de ſes prédéceſſeurs.

C'étoit un Seigneur entreprenant, fier de ſon crédit & de ſa puiſſance, avide de biens, & peu ſcrupuleux, qui croyoit avoir un droit acquis ſur ce qu'il trouvoit à ſa bienſéance. Ayant jugé à propos d'aggrandir ſon Parc de Pierrefonds, & de le renfermer dans une nouvelle enceinte, il enleva aux Religieux de S. Pierre, ſans forme de procès, & ſans même leur parler, une portion de leurs bois, & quelques biens ſitués au Mont de Chaſtres. Les Religieux employerent la voye des repréſentations pour obtenir la reſtitution de leurs fonds; leurs remontrances furent inutiles. Ils prirent le parti d'attendre que la mort eût enlevé l'uſurpateur à ſes injuſtes procédés; ce qui arriva vers l'an 1184. Agathe, veuve de Conon, avoit des ſentimens d'équité, que ſon mari ne connoiſſoit pas dans la pratique. Les Religieux profitant de ſes diſpoſitions, l'allerent trouver, & lui repréſenterent l'iniquité des procédés de Conon, & combien ſa conduite avoit été criminelle. La Dame Agathe, détachée de toute affection à des biens périſſables & mal acquis, rendit aux Religieux ce qui leur avoit appartenu. L'acte de cette reſtitution eſt daté de l'an 1184 (1), & porte en ſubſtance, » Qu'Agathe, Dame de Pierrefonds, & Conon ſon » mari, ayant dépouillé par la force les Religieux du Mont de » Chaſtres, tant de leurs bois que d'une partie de leurs poſſeſſions, » dont ils jouiſſoient depuis un temps immémorial, *à multis retro* « *temporibus*, Agathe actuellement veuve de Conon, conçoit un » vrai déplaiſir de cette uſurpation, & rend en nature tous les biens » qui avoient été enlevés au Prieuré de S. Pierre, déclarant ces mê- » mes biens affranchis de tout droit de garde, ſauvement, forma- » riage, tolte, maltote & coutume ». Depuis cette reſtitution, les Religieux de Chaſtres ſont demeurés paiſibles poſſeſſeurs de leurs biens.

Quarante ans avant la mort de Conon, les Religieuſes de Notre-Dame de Soiſſons avoient eu des démêlés avec Drogon I, Seigneur de Pierrefonds, touchant quelques arpens de bois que Drogon avoit renfermé dans ſon Parc. Les Supérieurs de l'Abbaye de Notre-Dame ſentant bien qu'ils n'obtiendroient rien de Drogon par la voye des pourſuites, eurent recours à la média-

(1) Cart. S. Petr. à Caſtr.

N ij

tion de Joſlein, Evêque de Soiſſons. Ce Prélat ménagea un accommodement entre les parties. Il dreſſa un compromis daté de l'an 1143, par lequel il fut arrêté, que Drogon feroit une rente annuelle de dix ſols, pour dédommager l'Abbaye du revenu des bois uſurpés; que ces dix ſols ſeroient pris tous les ans ſur les droits provenant du marché qui ſe tenoit à Pierrefonds la première ſemaine de Carême, ou ſur les marchés ſuivans, ſi ceux du marché en queſtion ne ſuffiſoient pas pour remplir la ſomme. Les Religieuſes moyennant cette rente, renoncerent à la propriété des bois uſurpés.

L'Abbaye de Notre-Dame perdit inſenſiblement la propriété de ſes bois de Chaſtres, & reçut en échange des droits d'uſage (1). En l'an 1328, ſous le regne de Philippe de Valois, les Religieuſes de Notre-Dame jouiſſoient du droit de prendre en la forêt de Cuiſe, dans les bois du Mont de Chaſtres, à l'endroit appellé les Buchettes-Notre-Dame, tout le bois néceſſaire pour les réparations de leur Maiſon de Couloiſy & de ſa priſon, & pour le chauffage du Fermier ou Concierge.

Bouchel & Muldrac parlent d'une tradition qui ſuppoſe que Pierre de Mouron, Fondateur de l'Ordre des Céleſtins, fit un voyage en France avant d'être élevé au Souverain Pontificat, & qu'il paſſa quelques années au Mont de Chaſtres, dans un Hermitage qu'il y bâtit. Ils ajoutent que cet Hermitage a été l'origine du Prieuré actuel des Céleſtins de S. Pierre. Il eſt vrai que Pierre de Mouron a mené la vie hérémitique en Italie, & non en France, où il ne paroît pas qu'il ſoit venu. Son prétendu voyage en France a été imaginé, à cauſe des marques d'attention qu'il accordoit aux François plutôt qu'aux autres étrangers, depuis qu'il fut élevé au Souverain Pontificat ſous le nom de Céleſtin V. Les titres de la fondation des Céleſtins de S. Pierre en Chaſtres prouvent au contraire, qu'au temps où ces Religieux ont été établis, les dépendances du Mont de Chaſtres appartenoient au Monaſtere de S. Crépin le Grand de Soiſſons. Nous rapporterons les circonſtances de cette fondation ſous l'an 1308.

34. On regarde le Prieuré de S. Nicolas de Courſon comme l'un des plus anciens bénéfices du Valois. Il eſt ſitué près de la chauſſée Brunehaud, entre S. Pierre en Chaſtres & Mornienval, au Sud-Eſt de la Ville de Compiegne. Il ſeroit difficile de conſta-

(1) Hiſt. N. D. p. 278.

ter l'origine de l'établissement de ce Prieuré : elle se confond,&
se perd dans les ténébres de la plus haute antiquité. La tradition
jointe à quelques notions générales que nous avons recueillies
de l'inspection des lieux, nous porte à croire qu'il a commencé
avant la Monarchie Françoise. Rien ne ressemble davantage au
séjour des premiers Anachorétes que sa position, dans une vallée,
sur le retour d'une gorge, au fond d'une épaisse forêt : il est dominé par une haute montagne couverte de bois. La vue est bornée à peu de distance, par d'autres collines fort roides & presqu'impratiquables, sans voisinage, dans un terrein mouvant où
l'on a eu peine à bâtir.

Un tel lieu, sans fermeture & sans défense, dominé de toutes
parts, & situé sur un grand chemin, a dû nécessairement devenir
la proye des partis & la retraite des vagabonds, pendant les temps
de troubles. Nos perquisitions ne nous ont rien appris sur son premier état, sinon qu'il a été plusieurs fois brûlé & rétabli avant le
douziéme siécle, pendant les révolutions du gouvernement, &
pendant les invasions des barbares.

Les Religieux ayant été réduits à un petit nombre, on réunit
ce Prieuré a l'Abbaye de Marmoutier, dont il dépend encore.
L'Eglise telle qu'on la voit, a été bâtie au douziéme siécle. En
l'an 1185, la Comtesse Eléonore fit présent à cette Eglise, qu'elle
nomme S. Nicolas en Cuise dans une de ses Chartes, de trois
mines de bled à prendre sur les moulins de Crépy. Muldrac,
pag. 74, parle » d'un Monument de pierre élevé de terre devant
» le maître Autel de la Chapelle, représentant la Majesté d'un
» Roi qui tient son Sceptre à la main, mais sans mémoire ni épi-
» taphe ». Le Monument se voit encore, sans Sceptre, sans Majesté. On remarque autour du cénotaphe, quelques caracteres
d'une écriture presqu'effacée, qui n'indiquent ni l'âge, ni la nature du tombeau. Muldrac ajoute qu'il n'y avoit plus de son
temps, ni Prêtre ni Religieux à S. Nicolas de Courson : ce lieu
n'est plus aujourd'hui qu'une Ferme : une partie de l'Eglise sert
de grange au Fermier. Cette Eglise est très-bien prise dans ses proportions. Le Chœur, la Nef, & les deux bras de la croisée se
réunissent, & sont appuyés à une grosse tour quarrée, plus solide
qu'élevée. Les bâtimens du Prieuré sont environnés de cinq ou six
chaumieres qui ont été formées du débris des anciens lieux réguliers. C'est ainsi que les établissemens dégénerent & tombent
dans l'oubli.

34. Il en eſt de l'Hiſtoire comme des fleuves, qui groſſiſſent à meſure qu'ils s'éloignent de leurs ſources. Plus on remonte dans le premier âge de notre Hiſtoire, moins les faits ſont nombreux. Mornienval eſt un lieu fort ancien, & par cette raiſon, ſon origine eſt très-obſcure. On explique cette origine de deux manieres, qui ſatisfont également touchant l'étymologie du nom. Le territoire de Mornienval eſt appellé dans tous les titres latins *Vallis Morinorum* & *Moriniana Vallis*. Il ſe peut faire que dans les premiers ſiécles de l'Ere Chrétienne, une bande de Morins ait été envoyée par ordre des Empereurs, pour peupler ce canton. Les diverſes tranſmigrations que nous avons citées, & ſurtout l'établiſſement des Letes à Champlieu, dont le territoire touche à celui de Mornienval, rend cette explication très-vraiſemblable. Il y a des exemples que ces Princes ont envoyé des colonies de Morins, de même qu'ils envoyoient des colonies de Nerviens, des colonies de Bataves, de Francs, de Lingoniens, &c. Voyez à ce ſujet la Notice des dignités de l'Empire d'Occident, *Sect.* 65.

Mornienval n'eſt pas le ſeul endroit de la contrée où les anciens Morins paroiſſent avoir eu des établiſſemens. La terre de Treſmes en Valois eſt appellée *Terra Morinenſis* dans les titres latins, & la petite riviere qui y paſſe, ſe nommoit autrefois *la Terouanne* : ce nom lui eſt encore conſervé ſur pluſieurs Cartes de Géographie. Le grand & le petit *Morin* ſont deux petites rivieres compriſes originairement dans les Domaines des premiers Seigneurs de Nanteuil-le-Haudouin : ces deux rivieres ſe déchargent dans la Marne.

L'autre explication qu'on peut donner du nom & de l'origine de Mornienval, eſt de ſuppoſer qu'il y avoit en ce lieu un établiſſement Romain avant l'arrivée des Francs dans les Gaules ; que l'Egliſe de Terouanne ayant reçu en préſent quelques biens ſitués dans ce pays, le territoire en aura pris le nom latin de cette Egliſe. Le Chapitre de Terouanne poſſédoit autrefois à Paris, près S. Euſtache, quartier des Halles, une portion de terre que les titres latins nomment *Terra Morinenſis* (1). J'ai eu communication d'un extrait du Chartrier de S. Crépin en Chaye de Soiſſons, où il eſt fait mention de diverſes échanges entre le Chapitre de Terouanne & la Communauté de S. Crépin, de biens ſitués

(1) Hiſt. Dioc. de Paris. tom. 1. p. 110.

dans le Valois : les noms des lieux ne sont pas marqués.

On a trouvé à Mornienval beaucoup de médailles frappées au coin des Empereurs Romains. J'en ai vu deux, dont l'une est de l'Empereur Nerva, & porte cette légende si commune : *Romæ & Augusto*. L'autre médaille représente l'Empereur Adrien. Elles avoient été trouvées dans les fondemens d'un ancien bâtiment.

Ces deux médailles ne nous donnent pas l'époque du temps où l'on a commencé a bâtir sur le territoire de Mornienval ; elles font seulement présumer qu'il y avoit des habitans dans ce pays sous les regnes de ces deux Empereurs.

Il y a toute apparence que le lieu de Mornienval a commencé par une de ces métairies de plaisance, que les Romains nommoient *Villæ*, & que cette métairie est venue au pouvoir de nos premiers Rois, comme tant d'autres terres du Fisc. Il est certain que le Roi Dagobert I avoit à Mornienval une Maison de plaisance, & que le Roi Charles le Chauve est venu plusieurs fois dans cette Maison avec la Reine Ermentrude son épouse, qui s'y plaisoit beaucoup. Les événemens qui se sont passés au Palais de Mornienval pendant l'intervalle de ces deux regnes, nous sont inconnus. Dagobert I est le Fondateur de l'Abbaye du lieu, l'une des plus anciennes & des plus distinguées qui soient en France.

Ce Prince qui réunissoit de grands défauts & de grandes vertus, étoit fort dévot à la Sainte Vierge & au Martyr S. Denys. Pour avoir part de plus en plus à leur intercession, il fonda dans son Palais de Mornienval, une Eglise sous leur invocation, & accompagna cette Eglise d'un double Monastere, composé d'une Communauté d'hommes & d'une Communauté de femmes, dans le goût de celui de Sainte Agathe de Crépy, excepté qu'il avoit une enceinte beaucoup plus vaste. Dagobert céda pour l'exécution de ce pieux dessein, une partie des bâtimens de son Palais, & quelques Domaines qui en dépendoient. Comme le gouvernement & la distribution de ce Monastere ressembloient en tout, à ce qui se pratiquoit à Notre-Dame de Soissons, je renvoye à la savante Histoire de cette derniere Abbaye. Les deux Maisons de Mornienval & de Notre-Dame ont presque toujours été en communauté de prieres.

Plusieurs Savans du dernier siécle se font exercés à la recherche du temps où l'Abbaye de Mornienval a été fondée. Les sentimens font partagés, mais sur un objet peu important. Le Pere le Cointe & les Freres de Sainte Marthe, de Templeux & Muldrac, Bergeron & Bouchel, attribuent cette fondation au Roi Dagobert I. D. Mabillon & D. Germain eftiment qu'on devroit la placer fous le regne de Dagobert II, mais ils n'appuyent leur conjecture d'aucunes raifons. Voici un trait qui rend le premier fentiment préférable au fecond.

En 1580, on voyoit encore fur le portail de la grande Eglife de Mornienval, une ftatue équeftre de pierre de grandeur naturelle, repréfentant le Roi Dagobert I. Le portail ayant été abbatu depuis 1580, on a confervé la ftatue équeftre qu'on a placée dans le Chœur. Cette ftatue avoit été dreffée vers l'an 907, lorfqu'on rebâtit en pierre l'Eglife du Monaftere, qu'un terrible incendie venoit de réduire en cendre. Elle avoit été premierement conftruite en bois. Comme il n'y avoit pas alors plus de deux cens foixante ans écoulés depuis la mort de Dagobert I, la tradition devoit être récente : il eft même très-vraifemblable qu'on avoit confervé jufqu'à ce temps la Charte de fondation qu'on n'a plus. Depuis le dixiéme fiécle jufqu'au feiziéme, où Bergeron compofa fon Abrégé Hiftorique du Valois, on ne voit pas que la tradition ait varié, au fujet du fentiment qui fait honneur de cet établiffement au Roi Dagobert I.

On a long-temps confervé dans le Chœur la ftatue de pierre, comme un monument érigé à la mémoire du Fondateur de l'Abbaye & de l'Eglife de Mornienval. Cette ftatue ayant été mutilée d'un bras par accident, une Abbeffe de Mornienval qui en trouvoit d'ailleurs la draperie trop groffiere, la fit enterrer dans l'Eglife au commencement de ce fiécle, vis-à-vis la Chapelle du Rofaire.

C'eft ainfi que les monumens font enfouis, au préjudice de l'Hiftoire & des Lettres, & qu'un caprice de quelques heures prive les curieux & les Savans d'une fatisfaction légitime. Une telle conduite eft un manquement bien vifible à la reconnoiffance & au refpect dûs aux bienfaiteurs : l'honneur & le devoir impofent une obligation naturelle de refpecter jufqu'aux emblêmes qui peuvent fervir à rappeller le fouvenir des Fondateurs.

Nous reprendrons ailleurs l'Hiftoire de l'Abbaye de Mornienval. Comme l'établiffement du Monaftere & du village de la Croix-Saint-Ouen appartiennent au regne de Dagobert I, nous en rapporterons ici les circonftances.

L'Abbaye

36.L'Abbaye de la Croix-Saint-Ouen ne subsiste plus : mais le village qui s'est formé à côté de l'Abbaye, se voit encore sur le grand chemin qui conduit de Verberie à Compiegne, à une lieue & demie de l'un & de l'autre. Ce village reléve en premiere instance de la Justice Royale de Pierrefonds. On appelle encore *Chemin des Plaideurs*, une ancienne route qui va de la Croix à Pierrefonds, traversant trois lieues de la forêt de Cuise. L'Abbaye de la Croix a été fondée, à l'occasion d'une vision que l'on raconte ainsi.

En un beau jour de Printemps, vers l'heure de midi (1), pendant que le Soleil dardoit ses rayons avec force, le Roi Dagobert I faisoit dans la forêt de Cuise, une de ces parties de chasses solemnelles, où l'usage demandoit que le Souverain fût accompagné des principaux Seigneurs de la nation, & des grands Officiers de sa Couronne. Le Prince avoit à ses côtés S. Ouen son Référendaire & son favori, lorsqu'il apperçut tout-a-coup dans l'air, une Croix lumineuse, dont la blancheur égaloit l'éclat de la neige. Etonné de cette apparition, il en demanda l'explication à son Chancelier. Il est des signes incertains pour le reste des hommes, auxquels les Saints reconnoissent le doigt de Dieu, & les ordres de sa Providence.

S. Ouen, après avoir réfléchi sur cette merveille, répondit au Roi, que ce météore marquoit, que Dieu vouloit qu'on rendît en ce lieu là, un culte particulier à l'instrument de notre Rédemption ; & il conseilla au Roi de faire élever à l'endroit même de l'apparition, une Eglise sous le titre de la Sainte Croix. Dagobert reçut favorablement l'avis de son Référendaire, & l'exécuta sans délai. Il ordonna qu'il seroit fondé à l'endroit même, une Basilique de Sainte Croix, à laquelle il assigna d'avance des revenus en bois, en prés, & en fonds de terres labourables, situés sur les deux rives de l'Oise. Et afin que ce pieux dessein ne rencontrât aucune difficulté dans l'exécution, il chargea S. Ouen du soin de faire bâtir l'Eglise, & d'y placer une Communauté d'Ecclésiastiques.

S. Ouen fit défricher l'emplacement où le Roi avoit décidé que l'Eglise seroit bâtie. Par ses soins, on vit pour-ainsi-dire, sortir de terre, une Eglise & un corps de logis dans un lieu ci-devant inculte, éloigné de tout commerce, & seulement fréquenté des Chasseurs.

(1) Berg. Val. R. p. 23. Antiq. des Villes, | Miscel. cap. 3. p. 397. Gall. Chr. t. 9, p. 390. Labbe |

Tome I. O

Le Saint n'héfita pas fur le choix de ceux, auxquels il devoit confier la nouvelle Eglife. Il avoit été élevé dans le Monaftere de S. Médard de Soiffons. La haute opinion qu'il avoit conçue de la régularité de cette Maifon, ne lui permit pas de balancer. Il foumit à S. Médard le nouvel établiffement. Giraud II, Abbé de S. Médard, envoya fur les lieux un certain nombre de Religieux, que S. Ouen inftalla, & qu'il mit en poffeffion des biens, que le Roi Dagobert avoit attribués à cette fondation.

Le bruit du prodige répandu dans les contrées voifines, la dignité du Fondateur, la réputation & les vertus de S. Ouen, la vie exemplaire des nouveaux Religieux, attirerent en ce lieu un grand concours de peuples, qui venoient de toute part rendre leurs adorations à l'Auteur de notre Rédemption. Cette dévotion s'accrut de plus en plus, par les fecours & les graces que Dieu répandoit fur ceux qui s'y rendoient pour implorer fa miféricorde, en vue des mérites de celui qui nous a racheté par l'effufion de fon fang fur la Croix.

Peu de temps après la mort de S. Ouen, fes miracles & le fouvenir de fes vertus, le firent placer au nombre des Saints. Les Religieux de la Croix commencerent dès-lors à le regarder, comme le Protecteur & l'Interceffeur particulier de leur Monaftere. Ils l'invoquerent comme un fecond Patron; & à leur exemple, chacun eut recours à fes prieres, pour obtenir de Dieu par fon moyen les fecours néceffaires : enforte que la dévotion du peuple changea le nom de l'Abbaye & du village qui fe forma, & les nomma la Croix-Saint-Ouen, tant en reconnoiffance des avantages reçus par fon interceffion, qu'en mémoire de la part qu'il avoit eu à l'établiffement de l'Eglife & du Monaftere.

Il y a encore aujourd'hui un pélérinage de S. Ouen au village de la Croix. On y invoque ce Saint contre le mal de furdité. On y célébre fa Fête le 24 du mois d'Août, & pendant l'Octave de cette Fête, l'Eglife de la Croix eft beaucoup fréquentée. La formule de réclamer l'interceffion du Saint, eft finguliere : on fait defcendre dans un caveau les perfonnes attaquées de furdité ; on leur paffe la tête dans une niche de pierre, & c'eft-là qu'on leur fait implorer l'affiftance du Saint.

Le Monaftere de la Croix a été plufieurs fois enlevé & rendu à S. Médard de Soiffons. On le qualifie *Abbatiola* dans des titres du dixiéme fiécle. Nous rapporterons fous les dates convenables, quelques évenemens remarquables, qui s'y font paffés. Ce n'eft plus qu'un Prieuré fimple, poffédé par l'Abbé de S. Médard, qui nomme à la Cure. On ne voit plus fur les lieux aucun veftige de l'ancienne Abbaye. Lorfque les derniers bâtimens ont été rafés, on a impofé aux Religieux de S. Médard, l'obligation d'élever dans leur Eglife une Chapelle en l'honneur de S. Ouen. Cette Chapelle, au rapport de Dormay (1), fût érigée derriere le maître Autel de la grande Eglife, & l'on eut foin de peindre fur la voute, l'hiftoire de l'apparition de la Croix de neige.

La fondation de l'Abbaye de la Croix, a été le fujet de plu-fieurs critiques. Marlot condamne comme une piéce fuppofée, la Charte de fondation de cette Abbaye, & fon opinion n'eft pas deftituée de vraifemblance (2). Sur quoi, dit-il, eft appuyé ce trait d'hiftoire que l'on raconte différemment ? Sur un vieux titre ver-moulu, trouvé, dit-on, en 1324 par les Religieux de S. Corneille de Compiegne, fous le regne de Charles IV. Ce Prince informé de la découverte, ordonna que la Charte fût tranfcrite, qu'on fup-pléât les mots qui manquoient, & qu'on lui préfentât la copie, pour être fcellée de fon autorité, & recevoir la même authenticité que l'Ecrit primitif. Or, quel fond doit-on faire fur un tel titre, tranfcrit dans un fiécle d'ignorance, où les copiftes avoient fou-vent peine à lire les écritures ordinaires? Ajoutez que parmi les fouf-criptions de cette Charte, on lit le nom de S. Eloy avec le titre d'Evêque de Noyon, de même que celui du Maire Erchinoald, deux perfonnes qui n'ont été élevées en dignité, qu'après la mort du Roi Dagobert I.

Quoiqu'il en foit des circonftances, il eft hors de doute que l'origine de l'Abbaye de la Croix, peut fe rapporter au temps de la Charte. Ce Monaftere avoit déja quelqu'ancienneté fous le re-gne de Charles le Chauve, lorfque ce Prince le foumit de nouveau à S. Médard. Il eft fait mention fous l'an 660, d'une Abbaye de la Croix-Saint-Ouen, dans une vie de S. Bertulphe, rapportée par Surius fous le cinq Février : je ne fai fi c'eft de la nôtre qu'il s'agit.

Nous penfons qu'on peut adoucir la critique de Marlot, & convenir qu'on ne doit pas ajouter foi à tous les termes de la nou-velle Charte, comme on auroit fait à l'ancienne : que cependant

---

(1) Hift. Soiff, Dorm. t. 2. p. 303. | (2) Hift. Eccl. Rem. t. 1. l. 2. p. 265.

on peut y recourir, comme à un monument conforme à la tradition des temps, où cette copie a été rédigée. Quant au titre d'Evêque donné à S. Eloy, & à la qualité de Maire qu'on donne à Erchinoald, cette double faute peut venir de l'ignorance des rédacteurs, qui auront crû donner un nouveau mérite à la copie, en joignant aux signatures de ces deux hommes illustres, le nom des titres dont ils avoient été décorés sur la fin de leur vie.

Cette Abbaye n'est pas la seule que S. Ouen ait fondée en l'honneur de la Sainte Croix ; on attribue aussi à ce Saint Prélat l'établissement de la Croix-Saint-Leufroi, Abbaye de Normandie dans le Comté d'Evreux, qui a porté, comme celle-ci, le nom d'Abbaye de la Croix-Saint-Ouen.

37. On lit dans la Charte de 1324, quelques noms de lieux, dont il est à propos de donner ici l'explication. L'Auteur de cet Ecrit voulant déterminer la situation des fonds de terre, que Dagobert avoit laissés au Monastere de la Croix-Saint-Ouen, dit qu'ils tenoient d'un côté à la riviere d'Oise, *ab Isará fluvio*, de l'autre à un certain lieu nommé *Bellum villare*, vis-à-vis un autre lieu appellé *Gallis villa*; d'un bout à l'hôtel du Péager, *contrà riparii Curtim*; d'un autre bout au rivage de l'Oise, *ad fluvii ripam*.

Dormay (1) rend en François par *Beauviliers*, le *Bellum villare* de la Charte. Je ne connois pas de lieu qui porte ce nom, dans l'étendue qui est en quelque façon circonscrite par les termes de la Charte. Il y avoit autrefois plusieurs Fiefs par-delà Rivecourt, accompagnés de manoirs & de tours; le Fief d'Aridel ou de Bourqueval, le Fief de la Mairie de Canly, & le Fief de la Tour d'Arcy ou de *Bienville*. Arcy en la campagne, pourroit bien être le *Bellum villare* que nous cherchons. Cependant, comme il est marqué que le *Bellum villare* faisoit un regard, avec un autre endroit nommé *Gallis villa*, qui est Jaux, je pense que le lieu en question, seroit plutôt *Royal-Lieu*, ancien Château Royal qu'on appelloit *Novum villare*, *Nova villa*, & dans les Chartes Françoises, la Maison Royale de *Neuville*. Jaux & Royal-Lieu sont situés des deux côtés de la riviere d'Oise, vis-à-vis l'un de l'autre; au lieu que de Jaux à Arcy, il y a deux grandes lieues.

Gallis-villa, c'est Jaux. Ce lieu est appellé *Gellis* dans une Bulle d'Alexandre III, de l'an 1162, concernant le Monastere de S. Corneille de Compiegne (2).

(1) T. 2. p. 302.   (2) Gall. Chr. t. 10. instrum. p. 125.

Riparii curtis, eft Rivecourt, que les Chartes anciennes nom‑ment auſſi *Ripecuria* & *Rivecuria*, *Riveriſcors* & *Kivricourt*. Le village de Rivecourt a commencé par un hôtel du Péager général de la riviere d'Oiſe, dépendant du château de Verberie. Nous parlerons bientôt du Péager général de la riviere d'Aiſne, qui avoit un pareil hôtel à Riviere, dépendance du château Royal de Berny près de Vic‑ſur‑Aiſne.

Le grand Péager de l'Oiſe exerçoit dans ſon château, les mê‑mes fonctions que les Comtes du Rivage ſous le Bas‑Empire. Il préſidoit à la perception des droits légitimes, impoſés ſur les voi‑tures par eau; il veilloit à la ſûreté de la navigation, à l'entretien des ponts & des chemins de hallage, frayés le long de la riviere d'Oiſe pour la commodité du commerce.

Cet hôtel du Péager demeura au pouvoir de nos Rois, juſqu'à l'an 693, temps où on le démembra du Palais de Verberie pour fonder le Prieuré de Rivecourt. L'Auteur de l'Anaſtaſe de Mar‑coucy, raconte ainſi ce changement. » En l'année 693, qui étoit » la trentiéme après le trépas de S. Vandrille, le Roi de France, » nommé Hildebert (apparemment Childebert III, frere de Clo‑ » vis III,) donna, par acte du 20 Octobre, Marcochi, Aupec, » *Rivecourt*, Vincourt, à Monſieur Saint Bayn, adonc Abbé de » Fontenelle «. L'Auteur ajoute, que le Prince eut la généroſité d'ajouter à ce bienfait, celui de faire conſtruire une Egliſe en l'hon‑neur de S. Vandrille, dans chacun de ces lieux, afin que S. Van‑drille, de lignée Royale, qui venoit d'être canoniſé, fût honoré aux Dioceſes de Paris, de Beauvais, d'Amiens & de Rouen. L'Auteur (1) dit avoir lû les circonſtances de cette fondation dans un ancien titre.

Il y a aux archives de la Cathédrale de Beauvais, deux titres pareils à celui dont l'Auteur de l'Anaſtaſe fait mention. Le pre‑mier, daté de l'an 1177, eft une Charte du Roi Louis le Jeune, dans laquelle ce Prince reconnoît que le Roi Childebert a donné à l'Abbaye de S. Vandrille, la terre & l'Egliſe de Rivecourt, avec ſes dixmes & ſes dépendances, ſix hoſtiſes à Chevrieres, une partie des dixmes de *Rovillari*, des prés, des bois, & la Chapelle de Fayel.

Depuis la mort du Roi Dagobert I, juſqu'au regne de Charles le Chauve, le grand péage de Rivecourt fut diviſé en pluſieurs

(1) Peron. anaſt. p. 41, 42, in 12. Paris, Ed. 1694.

branches. Il s'établit une foule de droits de *travers*, depuis Compiegne jufqu'à Beaumont, qui firent tort au commerce de cette contrée. Les Rois, par une libéralité mal-entendue, abandonnerent à des Communautés, ou à des particuliers, ces redevances effentiellement deftinées à l'entretien des rivieres & des chemins, comme de fimples rentes ou des redevances annuelles, qui ne devoient affujettir à rien. En l'an 877, Charles le Chauve accorda une portion de péage fur la riviere d'Oife, à l'Abbaye de S. Corneille de Compiegne ; & en 919, Charles le Simple fit préfent à l'Eglife de S. Clément de cette même ville, du droit de péage qu'on perçoit encore, depuis Compiegne jufqu'à la Croix (1).

La riviere d'Oife arrofe le Valois depuis le clocher de Jaux au-deffous de Compiegne, jufqu'au rhu de Roanne, qu'elle reçoit au-deffus de Roberval & de la vallée de Pompoint. Céfar qui parle fouvent de la riviere d'Aifne dans fes Commentaires, ne dit rien de la riviere d'Oife. Vibius Sequefter, eft l'un des premiers Auteurs Latins qui ayent fait mention de celle-ci. Il la nomme *Efia* : L'Oife, dit-il, eft une riviere de la Gaule qui fe décharge dans la Seine. L'Auteur de l'Itinéraire attribué à l'Empereur Antonin, rend le nom de l'Oife par *Ifura*. Fortunat, dans fes Poëfies, appelle cette riviere tantôt *Ifara*, tantôt *Efura*, ainfi que Frédégaire en fa Chronique (2). L'Auteur des Actes de S. Marcoul, employe le terme d'*Ifera*. Je trouve les noms d'*Ifa* & *Hifa* dans l'Abréviateur de Frédégaire, dans la Chronique intitulée *Gefta Normannorum*, & dans une ancienne Vie de S. Vaft. Dans Aimoin, on lit quelquefois *Ifara*, & fouvent *Iffa*. Le vrai nom latin de cette riviere eft *Ifara*, que l'Auteur de la Chronique de S. Denys a mal traduit par *Ifare*. Je donne ces variantes pour l'utilité de ceux qui confultent les Chartes.

On connoît deux autres rivieres qui portent le nom latin d'*Ifara*. L'Ifer en Allemagne qui prenant fa fource aux confins du Tirol, fe décharge dans le Danube : & l'Ifere, riviere de France, qui tire fa fource de la Savoye, & qui fe jette dans le Rhône, après avoir traverfé une partie du Dauphiné.

La riviere d'Oife a plufieurs fois changé de lit, à Verberie furtout, qui eft le centre des lieux du Valois qu'elle parcourt. Sous le regne de Dagobert I, elle fe féparoit en deux bras, dont l'un

---

(1) Diplom. p. 563.　　　　　　131. Sec. 4. Ben. part. 1. p. 60. Chron. S.
(2) Fredeg. cap. 20. Sec. 1. Bened. p. 　Denys, l. 5. ch. 17.

paſſoit près de Rivecourt, & ſervoit de route aux bateaux ; l'autre paſſoit au pied des murs du Palais de Verberie. Le bras de riviere qui paſſoit à Rivecourt, ſe nommoit *la Conque.* Il commençoit à l'iſle de la Tourteraye près de la Croix, traverſoit la prairie de Rivecourt, où l'on en voit encore la trace. Il côtoyoit les canaux du bois d'Ageux, qu'il fourniſſoit d'une eau pure, & rejoignoit plus loin l'autre bras de riviere.

Les champs & les prés qu'on voit entre Rivecourt & Verberie, ſont des atterriſſemens. Des ouvriers, creuſant il y a quelques années, à onze pieds de profondeur, entre la prairie de Rivecourt & la riviere d'Oiſe, trouverent une longue poutre équarrie, & divers matériaux, qui prouvent qu'anciennement il y avoit eu un port en cet endroit.

On peut mettre la riviere d'Oiſe, au nombre de celles qui ſont commodes pour la navigation. L'on y voyageoit ſouvent par eau ſous les deux premieres Races. On en a des exemples, dans S. Marcoul, qui arriva à Compiegne par cette riviere ; dans le Seigneur Hetilon, proche parent du Roi Pepin, qui ſe fit tranſporter par eau de Verberie à S. Denys, quoique malade ; & enfin dans la mémorable & funeſte expédition des Normands, qui, en l'an 885, couvrirent cette riviere de leurs bateaux, qui ſembloient être une flote, tant ils étoient nombreux.

La navigation de l'Oiſe n'eſt plus auſſi bien entretenue qu'autrefois. Les gors qui s'y multiplient, occaſionnent beaucoup d'iſles, qui empêchent les bateaux, pendant l'Eté ſurtout, de ſuivre une route réglée.

L'Oiſe reçoit l'Autonne au-deſſus de Verberie. L'Autonne eſt une petite riviere qui parcourt une vallée de ſept à huit lieues, ſans ſortir du Valois. Les titres Latins la nomment *Althona, Althumna,* & *Altuna* (1). M. de Valois, & quelques Géographes à ſon exemple, ont confondu ſon nom avec celui de la Nonette, qui prend ſa ſource dans le Valois, & qui paſſe à Senlis. On lui donne auſſi le nom d'Ottenette ſur pluſieurs cartes.

L'Autonne prend ſa ſource entre Coyoles & Piſſeleu, près de Villers - Cotteretz, paſſe à Vauciennes, & forme l'étang de Walu. Plus bas que cet étang, elle reçoit le ruiſſeau d'Haramont, le rhu de Vaumoiſe, & les eaux qui viennent de Ruſſy & de Lieu-Reſtauré, ainſi que les ruiſſeaux de Bonneuil, de Gayencourt &

(1) Ann. Bened. t. 4. p. 690.

de Buit; elle tombe dans les grands étangs de Pondront & du Berval, & reçoit plus loin que ces étangs, les ruiffeaux de Mornienval, de Morcourt, de Gilocourt, de Bettancourt & des Eluats. Elle fe joint enfuite à la petite riviere de Glagnes qui vient des vallées de Bouillant, de Duvy, & du Parc, au-deffus de Saint Martin-Bethyfi, & fe jette dans l'Oife, après avoir traverfé les prairies de Saintines & de Verberie.

On a conftruit depuis quelques années, un beau pont de pierre de deux arches fur cette petite riviere, à l'endroit où paffe le chemin neuf de Verberie à Compiegne.

On avoit conçu le deffein de rendre l'Autonne navigable, mais on y a renoncé, à caufe des frais immenfes qu'il auroit fallu faire & du peu de profit qu'on pouvoit en efpérer. On eût été obligé de détruire dix-fept à dix-huit moulins, de nuire aux deux vaftes étangs de Pondront & du Berval, de détourner de la riviere d'Ourcq un ruiffeau qui lui eft néceffaire, & de conftruire un grand nombre d'éclufes. La vallée d'Autonne eft une des plus fertiles de la contrée, en grains, en fruits, en légumes, & fur-tout en foin.

38. Braine, Berny-Riviere, & Bargny, font trois lieux du Valois, dont l'Hiftoire contient des particularités intéreffantes. Les compilateurs & les critiques les ont fouvent confondus fous un feul rapport, furtout Braine & Bargny, où l'ancien *Palatium Brinnacum* de nos Chroniques étoit fitué. Nous les diftinguons ici, & nous rapporterons fous trois différens articles, ce qui eft propre à chacun.

39. Braine eft une petite ville du Duché de Valois, fituée fur la Vefle, à quatre lieues de Soiffons. Son nom latin varie dans les Auteurs; Flodoard, Alberic, Helinand, & Guillaume le Breton, la nomment *Brana*, *Brena*, *Breina*, & quelquefois *Brema*. Comme ces noms latins font auffi attribués par les Auteurs, à la ville de Brienne en Champagne, & au petit pays de Brenne fitué aux confins de la Touraine & du Berry, & que les villes de Braine & de Brienne, & le territoire de Brenne en Touraine, ont appartenu aux mêmes Seigneurs, on doit apporter beaucoup de circonfpection dans le choix des monumens hiftoriques qui les concernent. Nos peres, pour diftinguer Braine en Valois, des autres lieux dont les noms reffemblent à celui-ci, l'appelloient Brie-Comte-Braine. Ce nom fe retrouve fur plufieurs cartes modernes, quoiqu'il ne foit plus en ufage depuis long-temps.

M.

M. Bullet, dans ses Etymologies (1), prétend que le nom de la ville de Braine, vient du mot *Bren*, qui, dans la langue Celtique, signifioit une forêt.

La ville de Braine a ses temps héroïques, comme la plûpart des anciennes villes de la Grece & de l'Italie. Nous passerons sous silence la plûpart des fables, que l'on raconte touchant son origine. Regnault, dans son Histoire de Soissons, ne craint pas d'avancer, que Braine a eu pour fondateur Brennus, trentiéme Roi des Gaules. Il avoit probablement puisé ce sentiment dans les Ecrits de Matthieu Herbelin & de Charles de Bovelles (2). Dormay voulant expliquer les antiquités du Soissonnois, écrit que Brennus a fondé Soissons, & que Brennius son frere a bâti le château de Braine. Nous ne voyons pas où Dormay a pris cette distinction de Brennius & de Brennus. Quelques Auteurs ont cru devoir placer à Braine, le Bibrax des Commentaires de César; ils ont été réfutés par le même Savant, qui a si clairement démontré, que le *Palatium Brinnacum* n'a rien de commun avec la petite ville de Braine.

On a découvert à Braine & dans les environs, plusieurs antiquités remarquables. En creusant, il y a dix-huit ans, dans un jardin de la ville, on a trouvé à trente pieds de profondeur, une agathe gravée, du genre de celles qu'on appelle *Abraxas*. Ces pierres passoient pour avoir quelque vertu magique parmi les Gnostiques. Marc, Sectateur de Basilide, les fit connoître le premier dans les Gaules. L'Abraxas de Braine représente, sur une surface un peu convexe, deux figures, dont l'une a des ailes avec des pieds d'animaux & une queue. L'autre porte une couronne en tête, & tient d'une main un poignard, dont elle semble vouloir frapper la figure qui est devant elle; espéce d'emblême, applicable à des personnes, dont le nom est présentement dans l'oubli.

Sur la montagne où passe le chemin de Courcelles à d'Huisel, à une demie lieue de Braine, on a trouvé depuis peu & presqu'en même temps, trois hâches de pierre d'un grain différent, d'un beau poli, dures, légeres, & d'un tranchant bien affilé: une surtout qui paroît être d'albâtre, & sur laquelle on entrevoit, comme une empreinte de quelques caracteres. Ces instrumens sont anciens: il est difficile de fixer le temps où ils ont servi. Les Hébreux employoient des couteaux de pierre dans des rencontres.

Je ne fais s'il y a eu un temps, où l'on faisoit usage de ces sortes de couteaux dans les Gaules. Les caracteres presqu'effacés, empêchent de croire que ces trois haches ayent été fabriquées, avant le temps où les arts ont commencé à pénétrer dans les Gaules. Je ferois porté à penser que ce sont moins des haches d'usage, que des haches sépulchrales, telles qu'on en plaçoit à côté des Militaires dans leurs tombeaux, sous les premiers Rois de notre Monarchie.

Nous avons parlé, *p. 8*, d'un moyen bronze d'Auguste, & d'une médaille de l'Empereur Néron, qui ont été trouvés à Braine. En 1757, on a découvert une médaille en or de l'Empereur Probus, au bas du château de la Folie. Ces monumens supposent qu'il y avoit des habitations dans ce canton, lorsque les Gaules obéissoient à ces Empereurs : on ne peut pas en tirer d'autres lumieres.

La terre de Braine & son château, ont eu à peu près le même sort que Nanteuil, lorsque Clovis établit la Monarchie Françoise dans les Gaules. Nanteuil passa au pouvoir des ayeux de S. Valbert ; & la terre de Braine fut donnée aux ancêtres du Seigneur Authaire, pere de S. Ouen, avec les deux terres de Condé & de Sancy. Authaire fixoit sa résidence ordinaire à Sancy. Il faisoit valoir ses deux terres de Condé & de Braine, par le ministere de ses Intendans.

Après la mort du Seigneur Authaire, S. Ouen son fils eut en partage les terres de Braine, de Condé & de Sancy. Elevé par son mérite sur le siége Episcopal de Rouen, il fit présent à son Eglise, de ses terres & de leurs dépendances. Le territoire fertile en productions naturelles, en grains, en foin, en légumes & en bois, traversé par la chaussée Romaine, qui conduisoit de Reims à Soissons, & arrosé par la riviere de Vesle, qui paroît avoir été navigable dans ce temps-là, procuroit à ses possesseurs autant d'utilité que d'agrément.

L'Eglise de Rouen jouit paisiblement du bienfait de son Prélat, jusqu'aux troubles qui ont accompagné le déclin de la Maison de Charlemagne. Les premieres irruptions des Normands, furent pour la ville de Rouen des présages certains, des malheurs qui lui devoient arriver. L'Evêque & le Chapitre de cette Ville, ayant délibéré sur les moyens de prévenir les suites de la fureur des Normands, résolurent d'envoyer à Braine, les effets les plus précieux de l'Eglise Cathédrale ; les Reliques sur-tout & la Bibliotheque du Chapitre. Ils trouvoient une sûreté dans l'éloignement de l'embouchure de la Seine, par où les barbares avoient coutume de pénétrer. On eut soin aussi de fortifier le château de Braine, de maniere à pouvoir tenir contre les partis de vagabonds & de factieux qui défoloient la France.

Je ne puis dire en quelle année, le trésor & la Bibliotheque de l'Eglise de Rouen, ont été transportés à Braine. Il y a apparence que la résolution de l'Evêque & du Chapitre, étoit effectuée avant la fin du regne de Charles le Chauve, & que le château de Braine fut pendant près d'un siécle, le lieu des dépôts de l'Eglise de Rouen. En l'an 922, la Bibliotheque du Chapitre de Rouen étoit encore logée à Braine (1). Comme il y en avoit peu d'aussi nombreuse en France, on venoit de toute part à Braine, pour y puiser, comme dans un trésor de littérature, les connoissances dont on avoit besoin. On lit aux Annales Bénédictines, qu'en l'an 922, un Clerc de Soissons alla à Braine, pour consulter dans la Bibliotheque de Rouen la vie de S. Romain. Cette Bibliotheque perit en partie dans les flammes, peu de temps après cette année ; l'autre partie fut pillée & dissipée.

Nous croyons qu'avant le temps où le château de Braine a été fortifié, la ville de Braine n'existoit pas ; & que jusques-là ce château n'avoit été qu'une métairie du Fisc, accompagnée de dépendances. On doit rapporter l'origine du premier amas de maisons qui a formé la ville, aux fortifications du château, & au culte de S. Ived. Le risque que l'on couroit dans les campagnes, d'être à tout moment la victime de la cupidité des barbares & des factieux, rassembloit les familles autour des forts châteaux, pour être à portée de s'y sauver, en cas d'allarme.

Parmi les Reliques considérables qui furent transferées à Braine, on comptoit les Corps de S. Victrice & de S. Ived, Evêques de Rouen (2). Ces Corps avoient été levés de terre, à cause de la crainte des Normands : on les avoit renfermés dans des Châsses, pour les transporter avec plus de sûreté & de décence. La présence des Corps des deux saints Evêques, attira à Braine un grand concours de peuple, & il s'y établit un pélérinage fameux. Le culte de S. Ived a prévalu sur celui de S. Victrice, quoique l'on conserve encore la Châsse de S. Victrice à Braine. Cette Châsse repose repofe dans l'Eglife Paroiffiale de S. Nicolas. Feu M. de Lau-brieres, Evêque de Soiffons, en fit une tranflation folemnelle en 1735, & permit l'établiffement d'une Confrairie en l'honneur de ce Saint. La Châffe de S. Victrice eft portée proceffionnellement par les Confreres le cinq Mai.

Le culte de S. Ived a été la premiere origine de l'Abbaye qui porte fon nom. Cette Abbaye a commencé par un Chapitre de Chanoines, établi dans l'Eglife du château, qui fubfiftoit encore au douziéme fiécle. Les Reliques de S. Ived font toujours de-meurées dans cette Eglife. Le Corps entier du Saint eft renfermé dans une Châffe, autrefois fort riche en dorures, & par les pierres précieufes qu'on y avoit enchâffées. On lit autour de la Châffe actuelle, huit vers, qui apprennent qu'en l'an 1244, Girard, Abbé des Prémontrés de Braine, y a fait transférer le Corps de S. Ived. Cette Châffe eft aujourd'hui placée au-deffus du maître Autel. On la defcend tous les ans, le dernier jour des Fêtes de la Pentecôte. Le lendemain on la porte folemnellement autour des murs de la Ville, avec deux autres Châffes de Sainte Florence & de Sainte Verrine, Vierges & Martyres. Tous les membres d'une nombreufe Con-frairie, érigée en l'honneur de S. Ived, accompagnent les Châffes.

Damien de Templeux écrit d'après Flodoard (1), qu'en l'an 931, Hugues le Grand, Duc de France, enleva aux Evêques de Rouen le château de Braine; que Héribert, Comte de Verman-dois, en ayant eu avis, envoya devant Braine un corps de trou-pes commandé par un de fes vaffaux, qui reprit le château fur Hugues le Grand, & le démolit. Hugues le Grand chaffa les gens du Comte de Vermandois à fon tour, & fit rétablir le château, qu'il garda jufqu'à l'an 950.

Suivant les mêmes autorités, Réginold ou Renaud, Comte de Reims, détacha un corps de troupes, pour furprendre le château de Braine & s'en emparer, ce qui lui réuffit. Hugues le Grand, piqué du procédé, alla trouver le Roi Louis d'Outremer, auquel il infpira toute l'indignation, que méritoit cette conduite. Le Roi raffembla promptement une armée, qu'il voulut commander en perfonne, & fe préfenta devant Braine. Les affiégés, intimidés, par la préfence du Roi, firent peu de défenfe. Le Roi les chaffa de la place, & remit à Hugues le Grand, le fort château de Braine avec fes dépendances.

(1) Chron. an. 931. Analect. fol. p. 429. | Hift. Acad. bell. lett. t. 1. p. 107.

Marlot raconte un peu différemment, cette suite d'évenemens (1). Il suppose que le Comte Hugues le Grand, tenoit en avouerie le château de Braine, de l'Evêque & du Chapitre de Rouen ; qu'à l'occasion des diffensions qui se renouvellerent entre Héribert, Comte de Vermandois, & Boson, frere du Roi Louis d'Outremer, Renaud, Comte de Reims, l'un des grands vaffaux du Comté de Vermandois, eut ordre de se préfenter en force devant le château de Braine, de le prendre, & de le rafer, dans le deffein de mortifier Hugues le Grand, qui tenoit le parti du Roi & de Boson son frere. Le Comte de Reims réuffit dans son entreprise : ses troupes enleverent le château de Braine à son poffeffeur : le Roi Louis d'Outremer le reprit en perfonne, & le rendit au Prince Hugues le Grand.

Ce château pris & repris tant de fois, avoit beaucoup fouffert dans ses fortifications & dans ses bâtimens. Hugues le Grand le fit rebâtir à ses frais, & le garda, non comme une proye ou comme un bien qu'on enléve à des poffeffeurs légitimes, mais comme un Fief, qui lui ayant été cédé d'abord en partie, lui avoit été enfin abandonné avec toutes ses dépendances, pour le dédommager de ses frais. L'Eglife de Rouen conferva les terres de Condé & de Sancy, & perdit sans retour celle de Braine : elle éprouva ce qui arrive aux particuliers, qui ont le malheur d'être compromis dans les querelles des Grands : ils font dépouillés ou par leurs ennemis, ou par leurs protecteurs.

Hugues le Grand poffeda la terre de Braine jufqu'à sa mort. Hugues Capet, l'aîné de ses fils, en hérita, & la conferva, en montant sur le Trône. Il la céda ensuite aux Comtes de Champagne, qui la foumirent à leur Vicomté d'Ouchy : ce changement arriva pendant les derniéres années du dixiéme fiécle.

Thibaud le Grand, Comte de Champagne, avoit une fœur nommée Agnès, qu'André de Baudiment demanda en mariage. Quelques-uns prétendent qu'Agnès étoit fille du Comte Thibaud, & non sa fœur. André tiroit son origine de Robert, Duc de Normandie, & de Giflette, fille de Charles le Simple. Thibaud accorda Agnès à André de Baudiment. Afin de donner à ce Seigneur de nouvelles marques de son eftime, il le créa Pair & Sénéchal de Champagne, & fit préfent à Agnès de la terre & du château de Braine, pour lui servir de dot.

(1) Hift. Ecc. Rem. lib. 4, p. 553. an. 930.

Braine eſt le quatriéme des ſept anciens Comtés-Pairies de Champagne (1), ſelon Pithou. Un aveu & dénombrement tiré de la Chambre des Comtes de Blois, daté de l'an 1376, porte que *Simon de Rouci, Comte de Braine, confeſſe & avoue tenir, comme Pair de Champagne, en foi & hommage-lige du Roi, à cauſe de la Comté de Champagne, le Châtel, Ville & Comté de Braine, &c.* Ce dénombrement contient les priviléges & les noms des dépendances de la terre de Braine, depuis un temps immémorial. Ses mouvances s'étendoient depuis la riviere d'Aiſne juſqu'à la Marne. Il y a toute apparence que la terre de Braine reçût le titre de Comté, lorſque le Seigneur André de Baudiment fut créé Sénéchal & Pair de Champagne.

La Maiſon de Baudiment, l'une des plus illuſtres de la Champagne & de la Brie, tiroit ſon nom du village de Baudiment en Champagne, Diocéſe de Troyes, Election de Sezanne, Intendance de Châlons. Il y a dans le reſſort du Bailliage de Crépy, un Fief de Baudimont, qui a été donné par la Comteſſe Eléonore aux Religieuſes de Long-prez. Ce Fief a communiqué ſon nom à la vallée de Baudimont, qui vient de Long-prez & d'Haramont, & au moulin de Baudimont, que poſſédoient autrefois les Moines de Villers-Saint-Georges. Le territoire de Long-prez eſt appellé Baudimont dans les titres du douziéme ſiécle. On croit que ces noms viennent des Baudimens de Champagne.

Ducheſne écrit (2) que le Seigneur André de Baudiment, proche parent de Thibaud le Grand, Comte de Champagne, par Agnès ſon épouſe, poſſédoit avec la terre de Braine, les Seigneuries de Fere en Tardenois, de Neſle, de Pontarcy, de Longeville & de Quincy. Thibaud le Grand unit à ces Domaines, la forêt de Daule, pour être tenue de lui & de ſes ſucceſſeurs, à foi & hommage-lige. Cette forêt qui n'eſt pas conſidérable, eſt ſituée entre Fiſmes & Fere en Tardenois. Il y avoit pour cette ſeule forêt une Gruerie, au treiziéme ſiécle. On l'appelloit la Gruerie de Mareuil & de la grande Daule.

On ne ſait pas en quelle année André de Baudiment épouſa Agnès de Braine. Les uns rangent ce mariage ſous l'an 1060, d'autres ſous l'an 1080, & enfin ſous l'an 1100. La premiere de ces trois époques eſt trop ancienne. A André de Baudiment, commence une ſuite non interrompue des Comtes de Braine, pendant

(1) Pithou, Cout. de Troyes, p. 735, éd. 1618. | (2) Hiſt. Dieux, 18.

l'efpace de près de huit cens ans, jufqu'à Madame la Comteffe d'Egmond, qui pofféde aujourd'hui la terre de Braine. Ce Comté n'a jamais été vendu.

Hemery, Regnault & d'autres Auteurs, ont donné une généalogie des premiers Seigneurs de Braine, différente de celle que je viens d'établir : ils ont pris le change, en nommant parmi les poffeffeurs de la terre de Braine en Valois, des Seigneurs de Brienne-fur-Aube & du pays de Brenne en Touraine. Nous reprendrons l'Hiftoire de Braine au Livre fuivant.

4°.Berny, Riviere & Vic-fur-Aifne compofoient originairement un même Palais, dont le Domaine fe divifoit en trois parties ; favoir, le château fitué à Berny, l'Hôtel ou Fief du Péager à Riviere, & le Port à Vic-fur-Aifne. Le nom latin du Palais eft *Verniacus* ou *Veregniacus*, que les titres rendent en langue vulgaire, par les mots de Berny, Berney & Vergny. *Ver* eft un mot de la langue Celtique, qui défigne un lieu grand & fpacieux.

Les monumens primitifs de notre Hiftoire nomment *Riparia* & *Riparii Curtis*, l'Hôtel de l'Officier qui percevoit les droits de travers fur les grands chemins & fur la riviere d'Aifne. Ce Péager avoit la même infpection fur la riviere d'Aifne & fur les grands chemins du canton, que celui de Rivecourt, près de Verberie, exerçoit fur toute la riviere d'Oife.

Le nom latin de Vic-fur-Aifne eft *Vicus ad Axonam*, & non pas *Vix fuper Axonam*, comme M. de Valois le penfoit. Les Romains du Bas-Empire appelloient *Vicus*, les ports confidérables des grandes rivieres, où il y avoit en même temps un Hôtel de Monnoye. Ces deux chofes fe trouvoient à Vic-fur-Aifne. Je vais expofer hiftoriquement, ce qui a rapport à chacune de ces trois dépendances d'un même territoire.

Le Palais de Berny a commencé fous les Romains, par une métairie agréable, riche par le produit de fes terres, de fes vignes, même de fes carrieres, qu'on peut regarder comme les premieres, qu'on ait ouvertes après l'invafion des Gaules par les Romains. Tout annonçoit dans ce Palais la grandeur & la majefté du Maître, qui devoit l'occuper. La riviere d'Aifne baignoit au midi les murs de fes jardins. La chauffée Brunehaud, qui conduifoit de Soiffons à Noyon, traverfoit la place d'armes du château. Le corps de logis fitué à mi-côte, dominoit fur la prairie de Vic-fur-Aifne, fur des plans de vignes & d'arbres fruitiers, & fur une grande étendue de pays, tant au-delà qu'en-deça de la riviere d'Aifne ; & du ruiffeau qui paffe à Saint Chriftophe & à Berry. L'Eglife de Berny occupe une partie de l'emplacement du premier château. A l'endroit de la riviere où paffoit la Chauffée Brunehaud, il y avoit un pont de pierre, dont on apperçoit encore des veftiges, quand les eaux font baffes.

Les carrieres de Berny ont fervi à bâtir le Palais & le pont. L'on en tiroit encore une pierre excellente fous le regne de Louis VII.

Le Palais de Berny demeura fous la puiffance immédiate de nos Rois, depuis Clovis I, jufqu'au regne de Dagobert I (1). Dagobert ayant été prié par un Seigneur François de fa Cour, mari de Sainte Rictrude, de tenir fur les fonts de Baptême avec la Reine Nanthilde, une fille qui lui étoit née, ce Prince fe rendit aux empreffemens de fon Courtifan. On donna à l'enfant le nom d'*Eufébie*, comme par un préfage de la piété, dont elle devoit faire profeffion. Le peuple a depuis changé ce nom en celui d'Eufoie ou Ifoie. Dagobert & Nanthilde, voulant faire à l'enfant un préfent digne de leur rang fuprême, donnerent à Eufoie en toute propriété, la terre de Berny fituée au Diocefe de Soiffons, avec d'autres biens contigus.

Cependant Sainte Rictrude perdit fon mari, qui fut affaffiné par un noir complot. Cette perte l'affligea, au point de renoncer au monde. Elle fe retira dans le Monaftere de Marchiennes fur la Scarpe, compofé pour lors d'une Communauté d'hommes & d'une Communauté de femmes ; & plaça la jeune Eufoie fa fille, dans le Monaftere d'Hamay. Dans le même temps que Sainte Rictrude fut élevée à la dignité d'Abbeffe de fa Communauté de Marchiennes, la jeune Eufoie fa fille fut élue Abbeffe de Hamay, quoiqu'âgée feulement de 12 ans. Rictrude fentant bien, que fa fille n'avoit ni l'âge ni les talens pour gouverner une Communauté nombreufe, la fit venir auprès d'elle, afin de la former. Eufoie docile aux inftructions de fa mere, acquit tellement l'eftime & la confiance des Religieufes de Marchiennes, qu'on la choifit après la mort de Sainte Rictrude pour lui fuccéder.

Eufoie voulant donner au Monaftere de Marchiennes, des marques de fon attachement, & du renoncement qu'elle avoit voué à des biens périffables, fit préfent à fa Maifon de la terre de Berny, & des autres héritages qu'elle devoit aux libéralités du Roi

(1) Sec. 2, Bened. p. 984, 990, n° 19, an. 637.

Dagobert

Dagobert & de la Reine Nanthilde. Dès ce moment, le Prevôt des Religieux de Marchiennes, envoya à Berny un certain nombre de Freres Servans, pour faire valoir au profit du Monastere, les prés, les vignes, & toutes les dépendances utiles de cette terre. L'Abbaye de Marchiennes tira de Berny pendant long-temps, ses provisions de vin pour les Messes, pour l'usage des hôtes, pour le soulagement des Freres & des Sœurs infirmes.

De Templeux nous apprend, *p.* 160, que Riviere près de Vic-sur-Aisne, a donné son nom à l'Archidiaconé de la Riviere, *de Ripariâ*, l'un de ceux qui composent le Diocese de Soissons. L'Aisne sur laquelle le Péager de Riviere avoit le droit d'inspection, a toujours été commode pour la navigation, sur-tout depuis Soissons jusqu'à Compiegne, où elle perd son nom. César la nomme *Axona* dans ses Commentaires. Il y a sur cette riviere, quelques faits intéressans dans l'Histoire. En l'an 883, le Roi Carloman livra bataille aux Normands sur ses bords, & les défit. Le Roi Louis d'Outremer, chassant au loup auprès de cette riviere, tomba de cheval & se fit une blessure, dont il mourut à Reims le 15 Octobre 954. L'Aisne arrose une partie de la Champagne, & de l'Isle de France. Elle traverse & cottoye le Valois, depuis Pontarcher jusqu'à Rethondes.

Il n'y avoit originairement qu'un seul droit de péage pour toute la riviere d'Aisne, depuis Soissons jusqu'à Compiegne. Le Péager de Riviere le percevoit, & l'employoit à l'entretien de la navigation. Depuis le septiéme siécle, ce droit a été multiplié outre mesure. Dans la suite des temps, le péage de Riviere a été transferé à Jaulzy, où on le perçoit encore.

En 1730, des mariniers refuserent le droit de travers dû à Jaulzy; ce droit appartenoit à feu M. le Duc d'Orléans comme Duc de Valois. Les mariniers apportoient pour raison, qu'ayant payé à Verberie un droit au Prince, ils n'en devoient pas un second à Jaulzy. Ce refus occasionna des recherches. On prouva que le péage de Jaulzy n'avoit rien de commun avec celui de Verberie: que le premier droit avoit été perçu de toute antiquité, par nos Rois ou par les Ducs de Valois, comme la marque de leur domaine sur la riviere d'Aisne; de même que le péage de Verberie fait connoître, que le cours de la riviere d'Oise reléve des mêmes Puissances. Le Parlement, où l'affaire avoit été portée, jugea en conformité de ces preuves, & rendit deux Arrêts, l'un du onze

Tome I. Q

Août 1731, touchant le péage de Jaulzy; l'autre du sept Septembre 1739, dans lesquels la distinction des deux péages est établie.

Les Romains & les François qui vivoient sous les deux premieres races de nos Rois, donnoient, comme on a vu, le nom de *Vicus* & de *Vic* aux ports des grandes rivieres, accompagnés d'un hôtel des monnoyes. L'emplacement du premier port de Vic-sur-Aisne, ne se remarque plus : la riviere d'Aisne ayant plusieurs fois changé de lit, les vestiges de ce port ont disparu. L'hôtel des monnoyes de Vic-sur-Aisne, devoit être placé à l'endroit où est présentement le château. On donnoit le nom de *Maître* au Directeur de la fabrique. Ce Maître avoit la même autorité à Vic-sur-Aisne, que le grand Péager à Riviere. On frappoit les monnoyes à son coin, ou du moins ses ouvriers les marquoient de son nom d'une part, & ils figuroient celui de la fabrique de l'autre.

On a trois piéces de monnoye, sorties de la fabrique de Vic-sur-Aisne, sous le gouvernement des Rois Mérovingiens. Les deux premieres sont des tiers de sols d'or, *Trientes auri*. On lit d'un côté *Axsona*; de l'autre part, on voit une tête sans légende. M. de Valois parle de ces deux piéces dans sa Notice des Gaules, *p.* 410 : il avance qu'elles doivent avoir été frappées à Essone près de Corbeil. C'est une méprise que M. l'Abbé Lebeuf a relevée dans une de ses Dissertations sur le Soissonnois (1).

Sur la troisiéme piéce, on lit d'un côté E X O N A F I C I, pour A X O N A V I C I. Et de l'autre est le mot *Betto*, qui est le nom du maître de la fabrique. Ce *Betton* dirigeoit en même temps la fabrique de Vic-sur-Aisne & celle de Soissons.

Vic-sur-Aisne est demeuré au pouvoir de nos Rois, jusqu'au regne de Charlemagne. En l'an 814 ce Prince donna la terre & le château de Vic-sur-Aisne, au Monastere de S. Médard de Soissons. Quelques-uns prétendent que l'Empereur fit d'abord présent de Vic-sur-Aisne à la Princesse Berthe sa fille, & que Berthe en transmit la propriété à S. Médard de Soissons. C'est ainsi que le territoire de l'ancien Palais de Berny a été démembré, & partagé entre les deux Monasteres de S. Médard & de Marchiennes.

41. L'ancien Palais *Brinnacum* est souvent cité dans les Chroniques, à l'occasion des fréquens voyages que nos Rois des deux premieres races y ont faits, & des événemens intéressans qui s'y sont passés.

(1) Diss. 1738, Paris, Lépine.

Le plus grand nombre des Savans, des Géographes & des Critiques, ont d'un commun accord, placé à Braine cet ancien Palais, à cause de la ressemblance des noms. Nicolas Samson & Scipion Dupleix, D. Mabillon, D. Germain, M. de Valois, Mezeray & Daniel, ont embrassé cette opinion dans leurs ouvrages.

Des Ecrivains plus modernes, s'appercevant que suivant ce qui est énoncé dans nos Fastes, le Palais en question devoit être placé en deça de la ville de Soissons, par rapport à S. Denys, ont cru reconnoître à Berny-riviere près de Vic-sur-Aisne, la situation du Palais *Brinnacum*, d'autant plus qu'il y avoit eu une Maison Royale en ce lieu, appartenant aux Successeurs de Clovis I, comme on vient de le voir.

Un troisiéme sentiment expliqué avec beaucoup de netteté dans l'Histoire de l'Académie des Belles Lettres, *T.* 21, *p.* 100, réfute les deux autres, & place le Palais *Brinnacum* à Bargny, chef-lieu d'une ancienne Mairie de la Châtellenie de Crépy. M. l'Abbé Lebeuf, auteur de ce sentiment, observe que le nom latin de Braine, est *Brana*, celui de Berny, *Verniacus*, & que le nom *Brinnacum* est celui du lieu de Bargny, près de Crépy en Valois. On peut consulter dans la savante Histoire que je cite, la preuve de ce troisiéme sentiment, que nous adoptons dans toutes ses parties.

Bargny n'est plus présentement qu'un village, situé à deux lieues de Crépy, à quatorze de Paris, à sept de Soissons, à cinq de Meaux, à deux de la forêt de Retz & de Nanteuil-le-Haudoin. Ce lieu est nommé dans les titres latins, *Brinnacum, Branacum, Berinneium, Britannicum, Bernegium, Brinnagum,* & *Berigreium*.

La fondation du Palais de Bargny est incertaine. Les uns pensent que ce Palais doit son origine aux Romains; d'autres prétendent que le Roi Clotaire I, l'avoit bâti, pour y déposer ses trésors. On ne peut rien assurer sur ce sujet. Les Rois des deux premieres races en confioient le gouvernement à un Maire, qui avoit une jurisdiction fort étendue. Je n'ai pu remarquer sur les lieux, en quel endroit l'ancien Palais avoit été construit. On croit que l'Eglise actuelle a succédé à la Chapelle du château, & que les jardins du Palais s'étendoient jusqu'aux étangs de Macquelines. J'ai tiré de l'Histoire déja citée, la plûpart des traits que je vais rapporter.

Q ij

Grégoire de Tours eft le premier Auteur qui ait fait mention du Palais de Bargny. Après avoir raconté la mort de Clotaire I, arrivée à Choify-en-Laigue près de Compiegne, & les funérailles de ce Prince faites en 561 à Soiffons, dans l'Eglife de S. Médard, Grégoire de Tours ajoute, que Chilpéric, l'un des quatre fils de Clotaire, fe rendit à Bargny où fon pere avoit dépofé fes tréfors, qu'il s'en empara, qu'il en fit des largeffes aux Francs, & qu'il vint fur le champ à Paris. Il y avoit pour lors une grande route de Bargny à Paris. Le grand chemin actuel de Paris à Soiffons, paffe affez près de ce lieu (1).

Il eft encore parlé de Bargny dix ans après, à l'occafion d'un procès qu'on y porta devant Sigebert, à qui cette Maifon Royale appartenoit pour lors. Une des parties avoit fait faire à l'autre, dans l'Eglife du château, un ferment folemnel fur les Reliques des Martyrs.

Ce dernier fait prouve que Bargny dépendoit du Royaume de Paris. Le Roi dont il s'agit, eft Sigebert, à qui un premier partage avoit adjugé le Royaume d'Auftrafie, & qui ne devint héritier pour un tiers de celui de Paris, qu'en 566, par la mort de Caribert. Ce dernier n'ayant point laiffé d'enfans, Sigebert, Gontran, & Chilpéric, convinrent de poff[é]der Paris par indivis, à condition qu'aucun des trois n'y entreroit fans l'aveu des deux autres. Ils n'y faifoient pas une réfidence habituelle, mais chacun avoit aux environs une Ville ou un Palais. Puis donc que l'affaire en queftion fe plaide devant Sigebert au Palais de Bargny, il s'enfuit que Bargny étoit la maifon de Sigebert auprès de Paris, & l'une des dépendances du Royaume de cette Capitale.

Après la mort de Sigebert arrivée l'an 575, Chilpéric, Roi de Soiffons, s'empara du Palais de Bargny (2). Il occupoit cette Maifon de plaifance en l'an 578, lorfqu'on y amena un certain Dacoon qui avoit quitté fon fervice, pour faire des courfes, à la tête d'un parti, dans plufieurs provinces du Royaume. Le Roi informé de fa défertion, envoya quelques troupes à fa pourfuite fous les ordres du Général Dracolen, qui le prit dans une embufcade, & l'amena au Palais de Bargny. Daccon y fut jugé à mort, contre la parole expreffe du Général Dracolen, qui lui avoit promis la vie fauve. Le Partifan obtint pour toute grace la permiffion de fe confeffer à un Prêtre : grace qu'on n'accordoit point, & dont on

(1) Greg. Tur. Hift. lib. 4. c. 2 & 41. | (2) Greg. Tur. l. 5. cap. 26.

à peu d'exemples en France, avant le regne de Charles VI.

C'eſt au même Palais de Bargny (1) qu'Andarchius, paſſionné pour la fille d'Urſus, citoyen de Clermont en Auvergne, cita le pere de ſon amante, dans le deſſein de le contraindre de la lui donner en mariage. Cette affaire qui fit éclat, ſe plaida à Bargny en préſence du Roi.

L'an 580 eſt l'époque d'un événement remarquable arrivé au Palais de Bargny : événement perſonnel à Grégoire de Tours, qui nous en a conſervé les principales circonſtances (2). On tint un Concile à Bargny, pour juger le différent qu'il avoit comme Evêque, avec Leudaſtes, Comte de Tours, & quelques Eccléſiaſtiques de ſon Diocéſe. Ceux-ci vouloient le perdre dans l'eſprit de Chilpéric & de Frédégonde. La déciſion de ce Concile fut, que le témoignage d'un inférieur, & moins encore celui d'un laïc, ne pouvant être admis contre un Evêque, Grégoire ſe purgeroit de l'accuſation par un ſerment fait ſur trois Autels, après avoir célébré les ſaints Myſteres. Le Comte de Tours prit la fuite & vint à Paris, où il ſe retira dans la Baſilique de S. Pierre.

Fortunat de Poitiers, qu'on croit avoir été l'un des Prélats préſens à ce Concile, fit à ce ſujet un poëme de cent quarante-huit vers hexametres & pentametres (3), qu'il adreſſa au Roi Chilpéric. En la même année 580, les deux fils de Chilpéric & de Frédégonde furent ſucceſſivement attaqués au Palais de Bargny, de la maladie épidémique qui commença vers le mois d'Août à ravager cette contrée, & dont ces deux Princes moururent, chacun au bout de vingt jours. Chilpéric & Frédégonde regarderent cette perte, comme une juſte punition de Dieu, à cauſe des impots exceſſifs dont ils avoient chargés leurs peuples : ils jetterent au feu les rôles de ces impôts.

Dagobert, le plus jeune des deux Princes, étant mort le premier, ſon corps fut porté de Bargny à Paris : on l'inhuma dans l'Egliſe de S. Denys. Le Roi, pour obtenir du Ciel la guériſon de Clodobert, l'aîné des deux, le fit conduire en même temps à Soiſſons au tombeau de S. Médard. Le jeune Prince y mourut au milieu de la nuit. Chilpéric & Frédégonde partirent du château de Bargny au mois d'Octobre pour ſe rendre à la Maiſon de Cuiſe, afin de donner dans cette ſolitude un libre cours à leur douleur.

(1) Greg. Tur. lib. 4. cap. 47. an. 576.   (3) D. Bouq. tom. 2. p. 510. Analect.
(2) Lib. 5. cap. 50.   fol. p. 204.

Il reſtoit à Chilpéric un fils de ſon premier mariage. La jalouſe Frédégonde engagea le Roi à l'envoyer au château de Bargny, dans l'eſpérance qu'il y ſeroit atteint, comme ſes deux freres, de la maladie qui les avoit mis au tombeau. Ce cruel artifice ne lui réuſſit pas. Le Roi s'étant rendu de la forêt de Cuiſe à Chelles près de Paris, y fit venir ſon fils Clovis : c'eſt le nom du jeune Prince, qui ayant évité pour cette fois le piége de cette marâtre, mourut peu de temps après, victime de ſes fureurs.

L'Auteur des *Geſta Francorum* fait auſſi mention de Bargny ſous l'an 593, à l'occaſion de la guerre entrepriſe contre Clotaire, fils de Chilpéric, par Childebert, Roi d'Auſtraſie. Frédégonde, mere du jeune Clotaire, ayant appris à Paris que les troupes ennemies, compoſées de Bourguignons & d'Auſtraſiens, avoient déja pénétré dans le Soiſſonnois, vint avec l'élite des ſiennes au château de Bargny. De là ſon armée pouſſa juſqu'aux environs de Droiſy, *Truciacum*, village du Valois ſitué près Muret, dans la Châtellenie de Pierrefonds, entre Braine & Bargny, à deux lieues de l'un & à ſept de l'autre. Frédégonde y ſurprit à la pointe du jour l'armée de Childebert, la mit en déroute, en pourſuivit les reſtes juſqu'à Reims, d'où elle revint à Soiſſons avec un butin conſidérable.

Depuis ce temps juſqu'au regne de Pépin, il n'eſt plus fait mention de Palais de Bargny dans nos Chroniques. Nous apprenons des annales de Metz (1), que Pépin tint au Palais de Bargny une aſſemblée générale des Grands du Royaume en l'an 754.

Bargny ſous le regne de Charlemagne, faiſoit partie du département général de la Champagne, ſous le reſſort particulier du pays de Valois. On rapporte à ce regne ou à celui de Louis le Débonnaire ſon ſucceſſeur, la donation de la terre & du château de Bargny au Monaſtere de S. Denys. Sous Charles le Chauve, les Religieux de S. Denys entretenoient un Intendant au château de Bargny.

En faiſant cette donation aux Religieux de S. Denys, nos Rois ſe réſerverent le reſſort de la Mairie & la Haute-Juſtice du lieu. La Mairie de Bargny comprenoit plus de vingt lieues de circuit : elle renfermoit encore vingt-une Paroiſſes au quinziéme ſiécle. Le Maire de Bargny avoit Juriſdiction ſur ce reſſort.

Le Monaſtere de S. Denys ne conſerva pas long-temps la pro-

____

(1) D. Bouq. t. 5. p. 335. Ann. Franc. ad ann. 754.

priété du château de Bargny. Un Historien de cette Maison qui écrivoit sous le regne de Charles le Chauve, rapporte que l'Abbé Fulrad avoit donné Bargny en bénéfice à un Seigneur nommé Audran, homme sans respect pour les choses saintes, qui faisoit servir l'Eglise de lieu d'exercice à ses faucons, & qui en profanoit le portique, en y logeant ses chevaux. Au Seigneur Audran succéderent plusieurs Militaires, qui tinrent cette terre en Fief, jusqu'à la fin du dixiéme siécle, qu'elle passa aux Seigneurs de Crépy.

Ces Seigneurs acquirent en même temps la Mairie de Bargny, qu'ils mirent au nombre des dépendances de leur Châtellenie. Le Maire de Bargny tenoit ses audiences sous un orme, au milieu de la place d'armes du château : depuis la destruction du château, il choisit pour placer son Siége, le parvis de l'Eglise, & tenoit ses audiences sous un noyer.

L'Eglise de Bargny eut pour Patron S. Denys & ses Compagnons, avant qu'elle vint au pouvoir des Religieux de la célébre Abbaye de ce nom. Il est à croire que les trois Autels devant lesquels l'Evêque de Tours fit serment, avoient été érigés, le premier en l'honneur de S. Denys, le second à S. Rustique, & le troisiéme à S. Eleuthere. L'Eglise actuelle qui a succédé à la Chapelle de l'ancien château, est encore sous l'invocation du Martyr S. Denys. Elle a été l'une des dépendances de la Paroisse de Levignen jusqu'au regne de S. Louis : depuis ce regne, elle a le titre de Paroisse. Les Reliques qu'on y conservoit au temps de Sigebert, ne s'y voyent plus : il est probable qu'on les avoit enlevé dès le regne de Charles le Chauve. Nous continuerons l'Histoire de Bargny au troisiéme Livre de cet Ouvrage.

42. Nous reprenons ici l'ordre chronologique que nous avons interrompu, pour expliquer l'origine des anciens lieux du Valois. Je reviens au regne du grand Clovis, sous qui vivoient deux personnages d'une vie exemplaire ; S. Vulgis, & S. Arnoul le Martyr.

43. On ne sait ni en quel lieu, ni de quels parens S. Vulgis avoit pris naissance. On conjecture qu'il étoit né vers l'an 470, de parens nobles & vertueux, qui lui procurerent une éducation convenable au rang qu'ils tenoient dans le monde. Dès qu'il eut atteint l'âge où la raison commence à percer, on le confia aux soins de S. Remy, qui lui donna le Baptême, & le reçut dans ses

Ecoles, au nombre des éleves qu'on y inftruifoit. Le Saint Evêque avoit fous lui des Prêtres qui gouvernoient ces Ecoles, & qui
formoient fous fes yeux les jeunes gens à la vertu & aux lettres.
La Regle qu'on fuivoit, tenoit en même temps de celles qu'on
pratique de nos jours dans les Colléges, dans les Séminaires &
dans les Monafteres. On admettoit auffi dans ces Ecoles, les
Laïcs qui ne fe deftinoient pas à l'état Eccléfiaftique (1).

Les progrès rapides que fit Vulgis dans le chemin de la vertu,
dans la priere, dans la méditation des vérités de l'Ecriture, fon
ardente charité envers le prochain, comme envers Dieu, & fa
fervente piété, parurent à S. Remy des marques d'une vocation
bien décidée à l'état Eccléfiaftique. Ce Prélat lui donna la Ton-
fure Cléricale, & l'éleva à tous les dégrés de l'Ordination. La
vie que mena S. Vulgis, depuis qu'il eut reçu l'Ordre de Prêtrife,
jufqu'au temps de fa retraite, nous eft inconnue. Dieu, qui avoit
fufcité ce Saint Confeffeur pour le falut & l'édification de fes
contemporains, n'a pas permis que la connoiffance de fes travaux
évangéliques & de fes vertus, parvint jufqu'à nous.

Sa grande humilité ne lui permettoit pas d'exercer fouvent les
fonctions du miniftere. L'appréhenfion qu'il conçut de négliger
fon falut, tandis qu'il travailleroit à fanctifier les autres, le défir
de s'appliquer avec un plus grand dégagement à la contemplation
du Ciel, lui infpirerent le deffein de fe confiner dans une folitude,
où, loin des embarras du fiécle & du commerce des hommes, il
ne s'occuperoit que de Dieu.

Aux extrémités de la forêt de Retz, affez près de Marify, prefque fur la rive feptentrionale de l'Ourcq, s'élevoit une colline,
couverte fur la crête & fur le penchant, d'un bois touffu : les eaux
de la riviere baignoient le pied de cette montagne. La fituation
parut à S. Vulgis, propre à l'accompliffement de fon deffein ; il
s'y fixa. Il bâtit fur le penchant, une cellule & un oratoire dans
lequel à certains jours, il célébroit les faints Myfteres. Il dédia
l'oratoire fous l'invocation de S. Pierre. On nommoit cet endroit
Troefnes, parce que le troefne, plante vulnéraire & déterfive,
qui fe plaît dans les bois & dans les hayes, y croiffoit en abon-
dance.

S. Vulgis paffa plufieurs années dans cette retraite, ignoré des

(1) Chron. S. Joan. in vincis, p. 85. | Vie de S. Vulg.
Muldr. Valois Royal, p. 10. Sconin, |

hommes

hommes, & connu de Diëu feul. Il fe décela fans le vouloir, par une œuvre de charité, qui paffa pour un miracle éclatant.

Un payfan de Marify gardoit dans la prairie, de l'autre côté de l'Ourcq, deux vaches qui faifoient tout fon bien. L'Ourcq fortie de fon lit, couvroit toute la prairie. Les deux animaux s'étant engagés dans un mauvais pas, furent emportés par le courant, & ne parurent plus. Le payfan qui perdoit fa fortune, pouffa des cris lamentables. Ces marques d'une douleur exceffive, tirerent S. Vulgis de fa retraite. Il apperçut le payfan éploré, qui lui expliqua le fujet de fa peine. Le Saint lui offrit fon fecours; mais avant de rien entreprendre, il fe mit en prieres, puis il aida le payfan à chercher fes deux vaches. Ces animaux reparurent du côté de Troefnes, & le Saint mit tout en œuvre, s'expofa même pour les fauver. Il réuffit, & rendit au propriétaire les animaux, dont la perte caufoit fa douleur.

Le payfan plein de reconnoiffance, publia par tout, comme une merveille, ce qui venoit d'arriver : l'action en elle-même, étoit un trait de la plus héroïque charité. Depuis ce temps, il ne fut plus au pouvoir du Saint de fe cacher. On venoit de toute part le vifiter dans fa cellule, & lui demander fa bénédiction. S. Vulgis vivoit depuis quarante ans dans fa folitude, lorfque ces chofes arriverent.

Cette action a été l'origine d'une dévotion, qui s'eft perpétuée jufqu'à nos jours. Lorfqu'il arrive des épidémies parmi le gros bétail, les laboureurs vont en pélérinage à Troefnes, & font des Neuvaines à S. Vulgis, dans la vue d'obtenir la guérifon de leurs troupeaux.

Saint Vulgis furvécut peu de temps à cet événement. Il mourut un premier jour d'Octobre, âgé de plus de quatre vingt ans, vers l'an de J. C. 550. On inhuma fon corps, non dans l'Oratoire de S. Pierre, comme on lit dans quelques écrits, mais dans le parvis de cet Oratoire. Ces fortes de parvis fe nommoient *atrium*, terme qui fignifie auffi un cimetiere : de là vient qu'on a appellé cet endroit, le cimetiere de S. Pierre. On eut regardé alors comme une prophanation, l'ufage d'inhumer dans les Eglifes. Le corps du Saint fut dépofé dans un cercueil de pierre, qu'on montroit encore à Troefnes en 1619. Il y avoit alors près de fept fiécles, que les Reliques du Saint avoient été levées de terre, & transférées à la Ferté-Milon.

Auſſi-tôt après cette mort, Dieu manifeſta la ſainteté de ſon ſerviteur par divers miracles, qui rendirent ſa mémoire vénérable dans tout le pays. On éleva une Egliſe ſur le parvis où le Saint avoit été inhumé ; on couvrit ſon tombeau d'une large pierre, ſur laquelle on grava dans la ſuite pluſieurs deſſeins, pour ſervir d'ornement. La figure de S. Vulgis y eſt relevée en boſſe, la chaſuble ſur le corps & le calice à la main, pour marquer ſon caractere de Prêtre. Cette tombe a été levée de terre, pour être poſée contre la muraille à gauche en entrant. On a mis une autre pierre à la place, ſur laquelle on a gravé une inſcription qui commence par ces mots : *Sanctus Vulgiſius hîc vixit & oravit, & mortuus quievit, &c.*

On ne tarda pas à canoniſer S. Vulgis. Les Paſteurs s'uniſſant au ſuffrage unanime des grands & du peuple, le placerent au nombre des Saints, & l'inſcrivirent dans les Martyrologes avec le titre de Confeſſeur. Sa fête fut placée le premier Octobre, jour de ſon trépas. Dans le nouveau Breviaire de Soiſſons, on a remis la fête de S. Vulgis au ſept Octobre, parce qu'elle concouroit avec celle de S. Remy.

Nous n'avons, touchant la vie de S. Vulgis, que des abrégés ſuccincts ou des paraphraſes : il n'y a pas d'actes en regle. Les principaux traits que j'ai rapportés, ſont contenus dans un ancien Breviaire de Saint Jean-lès-Vignes de Soiſſons, & dans la Chronique de cette Maiſon. En 1571, le P. Nicolas de Beaufort, Religieux de Saint Jean, & Prieur de Saint Vulgis de la Ferté-Milon, a compoſé une légende de notre Saint, où il a raſſemblé tout ce que les Mémoires de ſa Maiſon & la tradition du pays, annonçoient ſur ce ſujet. Ce même Religieux eſt auteur de deux volumes de légendes, dans le goût de celles de Surius.

Sur la fin du dernier ſiécle, M. Sconin, Procureur du Roi de la Maìtriſe de Villers-Cotteretz, & Subdélégué de la Ferté-Milon, a recueilli dans un écrit de vingt-neuf pages in-octavo d'impreſſion, ce qu'il avoit pu découvrir touchant S. Vulgis. Cet écrit a paru ſous ce titre : *Vie de S. Vulgis, Prêtre & Confeſſeur, Patron de la Ferté-Milon* : il eſt dédié à l'Evêque de Soiſſons. C'eſt une aſſez longue paraphraſe des traits principaux que j'ai expoſé. On y fait mention de deux Tranſlations de S. Vulgis, l'une au château de la Ferté-Milon vers l'an 920 : nous en parlerons à l'endroit qui convient. L'autre s'eſt faite en 1643. M. Legras,

Evêque de Soissons, ayant obtenu des habitans de la Ferté-Milon, une parcelle du Chef de S. Vulgis, il transféra cette Relique dans sa Cathédrale.

Le culte de S. Vulgis s'est répandu en peu de temps dans l'Isle de France & dans la Brie, où plusieurs lieux ont pris son nom. Il y a un Fief de S. Vulgis à Hautevesne, & un Ozoüer-le-Vougis près de Chaume en Brie. La mémoire de S. Vulgis s'est conservée dans l'Abbaye de S. Corneille de Compiegne. M. l'Abbé Lebeuf m'a fait part d'une inscription qu'il a trouvé dans cette Abbaye, sur *S. Vulgis, Confesseur :* mais une personne peu instruite, y avoit ajouté la qualité d'Evêque de Soissons. L'Auteur de cette addition a confondu S. Vulgis avec S. Vouay, reclus de Notre-Dame de Soissons. Ce n'est pas que S. Vouay ait jamais été Evêque. Le bruit populaire le qualifie ainsi, sur la foi d'une histoire de la Tour du Diable, qui a été fort en vogue dans la province, & que les meres racontent encore à leurs enfans.

Le séjour des Reliques de S. Vulgis à Troesnes, depuis la mort de ce Saint jusqu'à sa premiere Translation, a été l'origine de ce village. L'Eglise de Troesnes reçut beaucoup de biens en présent, pendant cet intervalle de temps. Depuis la Translation des Reliques à la Ferté-Milon, ces biens furent usurpés par des Seigneurs laïcs qui faisoient desservir l'Eglise. Ida, veuve de Guarin, l'un des Chevaliers de la Ferté-Milon, qui vivoit en 1110, remit ce bénéfice à l'Evêque de Soissons, qui le donna aux Religieux de S. Jean-lès-Vignes. Depuis ce temps, les Religieux de S. Jean ont toujours entretenu dans l'Eglise du lieu un Prêtre de leur ordre, & ont été Seigneurs du village jusqu'en 1576. Ils vendirent en cette année, la Seigneurie du lieu à Guillaume Le Cirier, Seigneur de Varinfroy & de Neufchelles, après en avoir obtenu la permission du Pape. Cette Seigneurie a passé de cet acquéreur ou de ses descendans, aux Chartreux de Bourg-Fontaine, qui en jouissent présentement.

On voit à la pointe de l'Eglise au Levant, les ruines d'un petit fort qui dominoit sur la prairie. L'Eglise est toujours sous l'invocation de S. Pierre; la Cure continue d'être possédée par un Religieux de S. Jean. Les habitans de Silly ont eu pendant long-temps la dévotion de faire enterrer leurs morts, dans le cimetiere de Troesnes. On prétend qu'originairement le village d'Ancienville, relevoit de la Paroisse de Troesnes. Il y avoit à Troesnes plusieurs

R ij

Fiefs, celui de Châtillon entr'autres. La Cure a le titre de Prieuré. Le Prieuré & l'Eglife font fitués fur la montagne. On remarque au Midi quelques ruines, qu'on croit être des veftiges de l'hermitage de S. Vulgis. Le village de Troefnes, eft au Nord en defcendant : il eft féparé de la forêt de Retz par un étang.

En l'an 1206, Nivelon, *Evêque de Soiffons*, confirma aux Religieufes de Notre-Dame de Soiffons la propriété des dixmes de Troefnes, de Charly, de Couperu & de Chouy (1). On prononce fur les lieux, Troüefnes au lieu de Troefnes, qui eft le vrai nom.

44 S. Arnoul le Martyr, vivoit dans le même temps que S. Vulgis. Il reçut comme lui, dans les écoles de S. Remy, une éducation diftinguée.

L'Eglife fait mémoire de trois Saints Arnouls : le premier, Evêque de Metz ; le fecond, Evêque de Soiffons ; le troifiéme, Evêque de Tours, qu'on nomme auffi S. Arnoul de Crépy, ou S. Arnoul le Martyr.

S. Arnoul, furnommé *le Martyr* (2), parce qu'il a terminé fa vie par une mort violente ; *de Crépy*, parce que la plus grande partie de fes Reliques y eft confervée, & qu'il eft honoré dans cette ville d'un culte particulier depuis plus de huit fiécles ; *de Tours*, parce qu'on croit qu'il a été Evêque de cette ville, naquit à Retel en Champagne. Les fentimens font partagés fur le nom & fur l'état de fa famille. Les uns lui donnent pour pere un noble Romain nommé Rogatien, & pour mere, une Dame nommée Euphrofine, établis l'un & l'autre à Retel, lorfque Clovis conquit la Gaule. D'autres prétendent que S. Arnoul avoit pour pere un Seigneur Franc ou Sicambre, l'un des compagnons de Clovis, qui reçut le Baptême des mains de S. Remy, en même temps que le premier Roi de notre Monarchie.

Francs ou Romains, les parens de S. Arnoul étoient deux perfonnages illuftres & vertueux, qui prirent à cœur l'éducation de leur fils. Ils le confierent à S. Remy, qui le baptifa, & l'admit dans fes écoles. Sous la direction d'un tel Maître, Arnoul reçut des inftructions qui le formerent au bien. On donne à S. Arnoul la qualité de filleul de S. Remy, dans fes actes : ce qui vient fans doute de ce qu'il a été régénéré par ce Saint Prélat dans les eaux du Baptême : peut-être auffi de ce que S. Remy lui a fervi de pere fpirituel pendant fa jeuneffe.

(1) Hift. N.D. p. 166,   I (2) Bolland. t. 4. jul. p. 415.

L'Auteur d'une légende de S. Arnoul, écrite en vers latins, prétend que le grand Clovis eut soin de lui pendant sa jeunesse, & qu'étant venu à l'âge d'être marié, il lui donna pour épouse sa niece Scariberge. Ce point d'histoire n'est ni assez clair pour être reçu sans examen, ni assez destitué de vraisemblance, pour être rejetté comme une fable. Les Religieux de Crépy possédent une Châsse de Sainte Scariberge, & une autre Châsse de S. Patrice son frere, qu'ils ont toujours placées à côté de celle de S. Arnoul dans leur Église. En retranchant du mariage de S. Arnoul, quelques circonstances trop merveilleuses, on peut croire que ce Saint épousa une Dame de la premiere condition, & qu'il passa plusieurs années en Lorraine (1).

S. Vulgis & S. Arnoul, quoiqu'éleves du même Maître, & instruits dans les mêmes maximes, prirent des routes différentes pour arriver au terme de la béatitude. Celui-ci se sanctifia par les pélérinages, l'autre par la retraite; tous deux trouverent des moyens de salut, dans deux genres de vie qui paroissent opposés.

On prétend que S. Arnoul & son épouse, firent vœu de continence aussi-tôt après leur mariage, & qu'ils choisirent, chacun de son côté, le genre de vie qu'ils crurent le plus méritoire. L'épouse se retira dans un Monastere, où elle prit l'habit de religion. S. Arnoul employa vingt-sept années à faire divers pélérinages, à Jérusalem, à Rome, à Constantinople, à S. Saturnin de Toulouse, & à S. Martin de Tours. Il avoit comme épousé cette sorte de dévotion. Depuis sa séparation, S. Arnoul ne vit plus celle, à laquelle il avoit été uni par les liens du mariage. Ils vécurent l'un & l'autre éloignés de corps, mais plus unis que jamais par les sentimens d'une fervente piété; dans la priere, dans les jeunes, dans toutes les œuvres de la charité, qui les porta à distribuer leurs biens aux pauvres. S. Arnoul ne fit pas ses voyages d'une seule traite. Il revenoit souvent trouver S. Remy, & passoit dans ses écoles le séjour qu'il faisoit à Reims, soumis à la regle & aux exercices spirituels qu'elle prescrivoit.

Après plusieurs épreuves, S. Remi crut reconnoître dans son Disciple une vocation marquée à l'état Ecclésiastique. Il lui donna la Tonsure Cléricale, & l'éleva ensuite à l'ordre d'Exorciste, qu'Arnoul exerça pendant plusieurs années, avant que d'être promu aux autres dégrés de l'ordination. S. Remy l'ordonna enfin Sou-

(1) Spicil. t. 1. p. 561.

diacre, Diacre & Prêtre : & peu d'années après avoir été élevé au Sacerdoce, S. Arnoul fut facré Evêque, à Reims felon les uns, en Touraine felon d'autres. Ceux qui mettent S. Arnoul au nombre des Evêques de Tours, racontent ainfi fon inftallation fur le Siége de cette grande ville.

Arnoul revenant de prier fur le tombeau de S. Saturnin à Toulouse, s'arrêta à Poitiers. De Poitiers il alla à Tours, pour vifiter le tombeau de S. Martin. Pendant fon féjour à Tours, il donna des marques d'une piété affectueufe, & d'un grand zele pour la gloire de Dieu. On crut reconnoître en lui un Saint, que fon humilité avoit conduit à Tours, pour obtenir l'interceffion d'un autre Saint. Dans ces entrefaites, le Siége Epifcopal de Tours vint à vaquer. Le Clergé s'unit au peuple, pour faire tomber fur S. Arnoul le choix d'un nouvel Evêque.

Cette élévation de S. Arnoul à l'ordre hyérarchique, & fon inthronifation fur le Siége de Tours, font fondées fur la tradition, fur les légendes & fur l'autorité de quelques Ecrivains de nom, tels que le Docteur Jean Molan, Pierre Noel, M. Severt, & prefque tous les anciens Compilateurs. Claude Robert eft l'un des premiers qui ont fait naître des doutes fur l'élection de S. Arnoul. Ses doutes font fondés fur ce qu'on ne lit le nom de S. Arnoul fur aucun Catalogue des Evêques de Tours. Depuis Robert, l'Epifcopat de S. Arnoul a été un fujet de controverfe, fur lequel il y a deux fentimens.

Robert penfe que S. Arnoul aura été élu Evêque de Tours fans avoir été confacré, parce que par un effet de fon humilité, il fe fera refufé aux empreffemens du Clergé & du peuple, afin d'être plus libre dans fes courfes, & de mieux mériter les graces, qu'il croyoit attachées aux pélérinages de fon temps. Le Siége Epifcopal de Tours fut vacant dix-fept jours : peut-être cet intervalle fut-il employé à folliciter S. Arnoul, d'accepter la dignité qu'il refufoit.

M. l'Abbé Lebeuf explique autrement la difficulté dans fes voyages manufcrits : il reconnoît S. Arnoul le Martyr pour un de ces Evêques régionnaires, qui n'avoient aucun Siége, & qui exerçoient les fonctions Epifcopales, dans les lieux où on les demandoit. Il ajoute, que le titre d'Evêque de Tours peut lui avoir été donné, foit à caufe des fonctions Epifcopales qu'il aura exercé à Tours, pendant les dix-fept jours de vacance du Siége, foit à caufe de quelque lieu nommé *Turn*, où il faifoit fa réfidence. Il y avoit alors en France plufieurs bourgades de ce nom. Comme dans tous les monumens, S. Arnoul le Martyr eft repréfenté avec les attributs de la dignité Epifcopale, nous croyons devoir préférer le fentiment de M. Lebeuf à celui de Robert.

On raconte différemment le genre de mort, qui a fait donner à S. Arnoul le furnom de Martyr. Quelques Auteurs écrivent, qu'après un voyage de long cours, S. Arnoul revint à Reims, où il ne trouva plus S. Remy. La mort avoit enlevé le Saint Prélat depuis quelque temps, & Dieu avoit déja opéré plufieurs miracles à fon tombeau. Arnoul qui avoit paffé une partie de fa vie en pélérinage aux tombeaux des Saints, eut une occafion favorable d'exercer fa piété au genre de dévotion qui lui étoit propre. Pour fatisfaire en même temps fon inclination, & rendre hommage à la puiffance de Dieu, qui fe manifeftoit au tombeau d'un Saint, qui avoit été fon maître dans la vie fpirituelle, il paffa en prieres plufieurs jours & plufieurs nuits fur ce tombeau. Quelques-uns des domeftiques que fon époufe avoit renvoyés par fon confeil, pour fe retirer dans un Monaftere, conçurent le deffein de lui ôter là vie; profitant d'un moment où il fe trouvoit feul, ils le poignarderent par un efprit de vengeance.

L'Auteur de la Chronique de Moufon (1) raconte autrement la mort de S. Arnoul. Il obferve que ce Saint avoit dreffé un plan de pélérinage divifé en deux parties, rélativement à Reims où à Retel en Champagne : qu'après avoir vifité tous les lieux de dévotion qui font au Midi de ces deux Villes, il fe difpofa à vifiter ceux du Nord. Etant parti de Retel dans ce deffein, il s'engagea dans la forêt de Froidmont, au territoire du château Porcien. Plufieurs bandes de brigands infeftoient cette forêt. Comme il fortoit des bois, quelques-uns de ces brigands cachés dans une embufcade, fondirent fur lui, & l'accablerent de coups. Ils lui en déchargerent deux fur la tête, qui lui fracturerent le côté droit du crâne à deux endroits. Ces deux fractures paroiffent encore fur le Chef, qui fait partie des Reliques du Saint.

Les voleurs l'ayant laiffé pour mort, fe retirerent. Cependant, le Saint revint à lui, & recueillant le peu de forces qui lui reftoient, il fe traîna jufqu'à un hameau nommé Gruyeres, *Grueria*, où il s'arrêta. La vue d'un paffant meurtri de coups & cou-

(1) Chron. Mof. apud Spicileg. tom. 2. p. 561.

vert de fang, excita dans les premiers qui l'apperçurent, une compaffion mêlée d'effroi. Tous les gens du hameau s'affemblerent en un moment autour du Saint ; les voyageurs s'arrêtoient pour le confidérer, car le grand chemin traverfoit le hameau de Gruyeres. Arnoul profitant d'un fouffle de vie qui lui reftoit, fit aux affiftans un difcours très-touchant, qui donna une grande idée de fa perfonne. Il demanda d'être inhumé fur le bord du grand chemin, felon l'ufage qui fubfiftoit encore, & rendit l'efprit en terminant fon difcours.

Les habitans de Gruyeres, pénétrés de refpect pour fa mémoire, inhumerent fon corps à l'endroit même où il avoit expiré. Il ne fe fit d'abord aucun miracle à ce tombeau. En peu d'années, on perdit de vue les traces de fa fépulture. L'événement qui fuit tira ce tombeau de l'oubli.

Un homme du Porcien, attaqué d'une fiévre lente qui minoit fes forces, avoit employé pour fa guérifon, tous les fecrets de la Médecine. A la fin, il prit Dieu pour fon refuge. Après des prieres ferventes, il eut révélation d'aller au tombeau de S. Arnoul, implorer l'interceffion de ce Saint. Les habitans de Gruyeres ne purent lui en indiquer le lieu : ils n'ignoroient pas que le Saint avoit été inhumé fur la grande route, mais rien ne défignoit la place de fon tombeau. Le malade découvrit fans fecours la fépulture qu'il cherchoit : car au moment qu'il mit le pied à l'endroit où le corps de S. Arnoul repofoit, la fiévre le quitta.

Le malade, pénétré de joye & de reconnoiffance, publia de tous côtés fa guérifon. La tradition du pays rappellant les circonftances de la vie pénitente & de la mort édifiante de S. Arnoul, on réfolut de le canonifer fous le nom de *S. Arnoul le Martyr*. On fit une quête générale, dont les deniers fervirent à bâtir un Oratoire fur fon tombeau.

Le titre de Martyr qu'on donne à S. Arnoul, ne fignifie pas que ce Saint a verfé fon fang pour la défenfe de la foi. On donnoit alors la qualité de *Martyr*, aux perfonnes d'une vie fainte & exemplaire, qui finiffoient par une mort violente. On donne ce même titre à S. Prix d'Auvergne, à S. Théodard de Tongres, à S. Léger d'Autun, à S. Emmoran, Evêque de Rheges, & à d'autres Saints qui n'ont pas combattu pour la Foi (1).

(1) Hadr. Valef. Rer. Franc. t. 3. l. 21, 22, 23.

Nous

Nous préférons le récit de la Chronique de Mouſon à la premiere explication : elle eſt plus naturelle. En ſuivant la Chronique de Mouſon, l'on eſt plus fondé à donner à S. Arnoul, la qualité de Martyr. Arnoul entreprenoit un long pélérinage pour ſe ſanctifier, & pour édifier les peuples de ſa route, par une conduite exemplaire.

Le corps de S. Arnoul reſta en terre dans l'Oratoire de Gruyeres, juſqu'à la fin du neuviéme ſiécle. On l'en tira vers ce temps, pour ſouſtraire ce précieux dépôt à la fureur des Normands, qui ravageoient tout, & qui n'épargnoient rien dans leurs excès d'emportement.

Il y avoit dans la contrée une terre, accompagnée d'un château fortifié, que les écrits du temps appellent *Guilledium*. Cette terre appartenoit à un Seigneur fort pieux, qui offrit ſon château pour mettre les Reliques en ſûreté. On accepta l'offre. Le Seigneur réſolut d'y faire bâtir une Chapelle, pour les y placer : en attendant l'exécution de ce deſſein, on les dépoſa dans l'Egliſe du lieu, conſacrée pour lors, ſous le titre de S. Hilaire.

Après la mort du Seigneur qui avoit pris les Reliques ſous ſa ſauve-garde, les Religieux du Monaſtere de Mouſon, au Dioceſe de Reims, en firent l'acquiſition. Le Clergé de Tours regardant ces Reliques comme un tréſor qui lui appartenoit, les demanda aux Religieux de Mouſon. Il y eut entre la Communauté de Mouſon, & le Chapitre de Tours, un accord à ce ſujet. On convint d'un temps fixe, où elles ſeroient rendues à Tours.

La route de Mouſon à Tours paſſoit alors par la forêt Iveline, au pays Chartrain. Arrivés dans cette forêt, ceux qui portoient la Châſſe de S. Arnoul déclarerent qu'ils ne paſſeroient pas outre, parce qu'ils trouvoient que leur charge avoit été beaucoup appeſantie. Il y avoit aſſez près de là une Egliſe, dont il eſt probable que les Prêtres avoient donné aux porteurs l'idée de cette ſupercherie, qu'on regardoit alors comme une ruſe très-permiſe. On dépoſa les Reliques dans cette Egliſe, qui prit depuis, le nom de S. Arnoul en Iveline. C'eſt de là qu'elles ont été transférées à Crépy, à la faveur d'un autre larcin, dont nous rapporterons les circonſtances au Livre ſuivant. La Fête de S. Arnoul le Martyr eſt marquée le dix-huit Juillet dans tous les Martyrologes: Celui de S. Guillaume au déſert, qu'on croit avoir été rédigé en l'an 804, place cette Fête au même jour : il ne donne à S. Arnoul, que le titre de Confesseur & d'Evêque (1).

J'ai parlé avec quelque étendue de S. Vulgis & de S. Arnoul, parce que leur culte a été l'origine de plusieurs établissemens dans le Valois, & a occasionné un grand nombre d'événemens importans, le culte de S. Arnoul sur-tout.

Nous terminons le premier Livre de cette Histoire à la mort du grand Clovis, parce que cette mort est l'époque du parfait établissement de la Monarchie Françoise. Avant la mort de Clovis, le Sceptre des François n'avoit pas encore été déclaré héréditaire. La succession des quatre fils de ce Conquérant à la Couronne, a mis le sceau aux premieres Loix fondamentales de l'Etat.

(1) Spicil. tom. 2. p. 32.

Fin du premier Livre.

SOMMAIRE DU SECOND LIVRE.

SOMMAIRE DU LIV. II.

HISTOIRE
DU DUCHÉ
DE VALOIS.

LIVRE SECOND.

Contenant ce qui s'est passé dans ce Duché, depuis la mort de
Clovis I, jusqu'à l'an 1100.

LOVIS étant mort, la Monarchie Françoise
fut partagée en autant de Royaumes, qu'il avoit de
fils. Thierry, l'aîné de ses quatre fils, regna à
Metz, Clodomir à Orléans, Childebert à Paris,
& Clotaire à Soissons. Ces Villes devinrent chacune, la Capitale d'un État, dont il est difficile
de prescrire les limites. L'étendue que comprend aujourd'hui le
Duché de Valois, appartenoit aux deux Royaumes, de Paris & de
Soissons. On peut donner une idée générale des bornes qui sépa-

S ij

roient ces deux Royaumes dans le Valois , en tirant une ligne depuis Verberie jufqu'à Nanteuil-le-Haudouin. Cette divifion générale eft indépendante des arrangemens particuliers , que les Rois de Paris & de Soiffons avoient faits entr'eux , touchant quelques lieux fitués au-delà & en-deça de cette ligne , par rapport aux deux Capitales.

Ce qui eft arrivé de remarquable fous les Succeffeurs de Clovis I, a été expofé en expliquant l'origine des Maifons Royales,auxquelles ces événemens avoient rapport. Nous avons fait mention de leurs parties de chaffes dans la forêt de Cuife , de leurs voyages , de leurs fondations : le féjour de Clotaire I , de Chilpéric & de Frédégonde au Palais de Bargny , l'accroiffement de la ville de Crépy dans les premiers temps de notre Monarchie , l'établiffement des Monafteres de Mornienval & de la Croix-Saint-Ouen , la donation du Palais de Berny à Marchiennes , & divers autres traits , nous ayant déja occupés , il n'eft pas befoin d'y revenir.

Les Rois qui fuccéderent à Dagobert I , nourris dans l'indolence , & plongés dans les délices d'une vie molle & fainéante , fe laiffoient gouverner par leurs Maires. Ces Miniftres, pour avoir plus d'autorité , les promenoient de châteaux en châteaux , & varioient leurs amufemens , afin de leur ôter jufqu'à la connoiffance du pouvoir suprême attaché à leur Couronne. Les Maires exerçoient la puiffance d'un Monarque abfolu. Les Rois Fainéans n'en avoient que le titre. Les voyages de ces Princes dans leurs Maifons de plaifance , ne nous font pas plus connus que leurs actions : voici quelques traits qui regardent la partie de l'ancien Valois , foumife au Royaume de Soiffons.

1. On raconte de S. Bandry , Evêque de Soiffons , qu'en revenant de fon exil d'Angleterre vers l'an 544 , il s'arrêta au village d'Arthefe , fitué à fix milles de Soiffons. L'Auteur d'une légende qui contient ce trait , ajoute que les habitans du lieu manquoient d'eau , & que S. Bandry leur procura par fes prieres , les fecours d'une fontaine abondante , qui fuffit encore aux befoins du lieu ; qu'à l'occafion de cet évenement , le village a changé fon nom d'Arthefe , en celui de S. Bandry qu'il conferve.

En l'an 1076 , Thibaud de Pierrefonds , Evêque de Soiffons, donna à l'Abbaye de Saint Jean-lès-Vignes , l'Autel , c'eft-à-dire , l'Eglife d'Arthefe avec fes revenus. Il y a eu depuis cette donation des Chevaliers qui ont porté le nom d'Arthefe. Dans l'acte par lequel Nivelon, Êvêque de Soiſſons , & Seigneur en partie de Pierrefonds , confirma à Marmoutier la donation de S. Sulpice de Pierrefonds , on.lit le nom d'Aſcherius d'Artheſe , qui ſigne comme témoin (1).

Il y avoit autrefois pluſieurs Fiefs ſur le territoire de S. Bandry ; le Chapitre de Soiſſons prétend y avoir les droits de Vicomté & de Voirie.

Artheſe ou S. Bandry , eſt l'une des onze Mairies de la Châtellenie de Pierrefonds. J'ai lû des actes de 1550, 1584, & 1606 , portant qu'en ces années, le Maire de S. Bandry fut appellé & comparut aux aſſiſes du Bailliage de Pierrefonds, comme étant chef de l'une des Juſtices qui reſſortiſſoient à ce Bailliage.

2. En 545, on fit la Tranſlation du corps de S. Médard, Evêque de Noyon , à Soiſſons. S. Bandry préſida à cette pompe. Le convoi s'arrêta au bôurg d'Attichy : on s'y embarqua ſur la riviere d'Aiſne. Le Clergé qui accompagnoit le corps du Saint, arriva à Soiſſons par eau , ſous la conduite de S. Bandry.

Ce fait prouve que le bourg d'Attichy exiſtoit au temps de l'établiſſement de notre Monarchie. *Attipiacum ,* eſt le nom latin d'Attichy. Ce nom eſt dérivé du mot *Attegies ,* terme Celtique ou Saxon, qui ſignifie un amas de cabanes occupées par des bucherons. Cette étymologie convient très-bien à la ſituation d'Attichy, dont le territoire eſt contigu à la forêt de Laigue. Nous rapporterons la ſuite des Seigneurs d'Attichy au Livre ſuivant.

3. Eſpagny eſt une autre dépendance de la Châtellenie de Pierrefonds , ſituée au Nord-Eſt de Vic-ſur-Aiſne. S. Anſery , Evêque de Soiſſons, mort en 652, étoit né à Eſpagny.

4. On a tenu vers l'an 589 un Concile , dans un lieu de la Province de Reims , appellé *Sauriacum* par Grégoire de Tours dans ſon Hiſtoire. Comme ce nom latin peut convenir à pluſieurs lieux de la Province de Reims qui portent les noms de Saureau , de Saurel, & de Sorecy , on a eu peine juſqu'ici à en déterminer la poſition. Il y a un village de Sorecy au Dioceſe de Reims, Election de Retel. La plûpart des Compilateurs ont placé le Concile de l'an 589 en cet endroit. D'autres réfléchiſſant ſur le ſujet du Concile, & ſur la perſonne qui en a été l'objet , ont placé cette aſſemblée au Mont-Notre-Dame, à cauſe d'un canton de cette Paroiſſe qui conſerve le nom de Saurele , & que les titres latins nomment

(1) Gall. Chriſt. tom. 9. p. 336. t. 10. inſtrum. p. 107.

Sauriacus & *Saurea*. Le Concile de l'an 589, a été tenu à cette occaſion (1).

Doctrogiſile, Evêque de Soiſſons, fut attaqué pendant quatre ans, d'une eſpéce de frénéſie. Aux premiers accès de cette maladie, on l'interdit des fonctions Epiſcopales. On attribuoit l'origine de cette maladie à différentes cauſes. Les uns prétendoient qu'elle venoit d'un uſage exceſſif du vin; d'autres accuſoient un Archidiacre que Droctogiſile avoit dépoſé, d'avoir occaſionné cette fâcheuſe maladie par ſes maléfices.

Les accès du mal avoient ceci de ſingulier, qu'ils ſe faiſoient ſentir avec beaucoup plus de force, lorſque l'Evêque ſéjournoit dans Soiſſons, que lorſqu'il s'éloignoit de cette ville. C'eſt pour cette raiſon que quand le Roi Théodebert fit ſon entrée dans Soiſſons, l'on défendit à l'Evêque de paroître dans là ville; quoiqu'au temps de cette entrée, la maladie fût ſur ſon déclin, & qu'il ne donnât plus de ſignes de folie. Cependant dès que la ſanté du Prélat parut rétablie, les Evêques de la Province de Reims, qui l'avoient interdit, jugerent à propos de s'aſſembler, pour lui rendre la liberté d'exercer ſes fonctions. Cette aſſemblée eſt le Concile Provincial de l'an 589 : l'on a pluſieurs raiſons de croire qu'il a été tenu plutôt au Mont Notre-Dame, qu'à Sorecy près de Retel.

1°. Le Mont Notre-Dame eſt un lieu remarquable par une belle Collégiale fondée ſous le regne de Charles le Chauve. 2°. Les Archevêques de Reims y ont tenu pluſieurs Conciles Provinciaux: 3°. De tout temps, nos Rois d'abord, puis les Vicomtes du lieu, & les Evêques de Soiſſons, ont eu au Mont Notre-Dame un Palais qui leur ſervoit de maiſon de campagne, & ils étoient Prevôts-nés de la Collégiale. 4°. Le Mont Notre-Dame eſt placé entre Reims & Soiſſons, à cinq lieues ou environ de cette derniere ville, & à ſept lieues de Reims, aſſez proche du grand chemin.

Quel étoit l'objet du Concile? Les Evêques de la Province, convoqués par le Primat, vouloient faire rentrer l'Evêque de Soiſſons dans les priviléges de ſa dignité, ſur de nouvelles informations. N'eſt-il pas plus naturel de penſer, que conduits par le deſſein d'obliger l'Evêque de Soiſſons, ils auront choiſi un lieu du Dioceſe de ce Prélat, ſitué entre Reims & Soiſſons, plutôt que Sorecy près de Retel par-delà Reims, où il auroit été difficile de vérifier les informations.

(1) Greg. Tur. lib. 9. cap. 37.

5. La divifion des Provinces de la Gaule en cités, & des cités en pays, établie fous le regne d'Honorius, reçut quelques changemens dans les différens partages de la Monarchie Françoife, entre les Succeffeurs de Clovis I, & de Clotaire I. Le Valois & l'Orceois, deux pays préfentement réunis, appartenoient à la cité de Soiffons avant l'établiffement de la Monarchie Françoife. Depuis les nouvelles divifions, le pays de Valois a commencé à s'étendre fur les territoires de Senlis & de Meaux, & l'Orceois fur une partie du Multien.

Damien de Templeux prétend qu'après l'établiffement de notre Monarchie, le Valois a commencé d'avoir un nom & des limites à part, & de conftituer un territoire féparé. Ces limites & ce territoire ne peuvent aifément fe déterminer. Nous penfons que le Valois s'étendoit d'un côté fur une partie de la cité de Senlis, & fur une extrémité du Soiffonnois de l'autre.

Dans le traité conclu entre Gontran & Childebert, l'an 588, à Andelot au Diocefe de Langres (1), il eft marqué que Childebert aura en toute propriété, la cité de Meaux, & les deux portions de la cité des Sylvanectes. *Civitatem Meldis & duas portiones de Sylvanectis... Domnus Childebertus Rex, cùm terminis fuæ vindicet poteftati.....* Childebert étoit Roi d'Auftrafie, & Gontran Roi de Bourgogne. Nous penfons que ces deux portions de la cité des Sylvanectes, pouvoient bien être les deux Comtés de Senlis & de Valois, nommés féparément dans les départemens de l'Empereur Charlemagne, deux fiécles après le traité d'Andelot. Nous ne pouvons rien rapporter ici de certain fur l'étendue de l'Orceois & du Valois. Nous parlerons de l'Orceois à l'occafion de la mort de Carloman, frere de Charlemagne, & du pays ou Comté de Valois fous l'an 796. Nous expoferons ce que nous avons pu découvrir fur l'origine & fur l'état de ces deux pays, confidérés fous les deux premieres races de nos Rois.

6. Le Palais de Verberie & de Quierzy, ont eu la même origine que les autres Maifons de plaifance du Valois, dont nous avons déja fait la defcription. La célébrité de ces deux Maifons Royales n'a commencé que fur le déclin de la premiere race de nos Rois.

Quierzy eft le *Carifiacum* des Chroniques latines, de même que *Brinnacum* eft Bargny. Les Compilateurs & les Critiques ont

(1) Gr. Tur. Hift. L. 9. c. 20. Baluz. cap. t. 1. col. 11. 13.

été long-temps partagés sur la situation de ce Palais. La plûpart
pensoient que par le nom latin de *Carisiacum*, il falloit entendre
Crecy. Templeux paroît avoir été le premier qui ait placé à
Quierzy-sur-Oise, le *Carisiacum* des anciens monumens. D. Michel Germain profitant de cette ouverture, a visité les lieux, & a
composé une savante Dissertation (1), dans laquelle, après avoir
démontré que le Palais *Carisiacum* avoit été à Quierzy, sur la rive
méridionale de l'Oise, au-dessous de Chaulny & du confluent de
la Delette, au Sud-est de Brétigny, il considere cet ancien château sous deux rapports; premiérement, comme une Maison Royale, où beaucoup d'évenemens remarquables se sont passés, surtout
depuis le regne de Charlemagne, qui fit à ce château des augmentations & des embellissemens immenses, jusqu'aux ravages des
Normands qui le pillerent en l'an 885. En second lieu, comme une
forteresse & un chef-lieu, dont l'illustre Maison de Cherisy a pris
le nom, au commencement du onziéme siécle. Quierzy relevoit
alors de la Châtellenie de Pierrefonds, parce que les Seigneurs de
Cherisy, Châtelains de Laon, tiroient leur origine d'un Seigneur
de Pierrefonds.

Il y avoit à Quierzy comme à Vic-sur-Aisne, un port & un hôtel
de Monnoie, entretenus par les premiers Successeurs du grand Clovis. Templeux a fait graver dans une de ses Descriptions Géographiques (2), la figure d'une monnoie d'or de sept lignes de dia-
metre, qu'il dit avoir été frappée à Quierzy sous les premiers Rois
de Soissons. On remarque d'un côté une tête avec le mot *Carisico*.
On voit de l'autre, un monogramme en forme de croix, avec le
mot *Nolea* ou *Nolenda* : c'étoit apparemment le nom du monétaire.

Il est certain que nos Rois de la premiere race ont occupé le
Palais de Quierzy avant le temps, où les monumens historiques
commençent à en faire mention. Le plus ancien écrit qu'on ait
sur Quierzy, est de l'an 686, sous le regne de Thierry III. C'est
un diplôme daté du Palais de Quierzy, par lequel Thierry permet
à l'Abbé Bertin, de fonder le Monastere qui a depuis porté le
nom de cet Abbé, & qui est si connu par la Chronique de son nom.
L'on a quelques Chartes de Childebert III, fils de Thierry, datées du Palais de Quierzy, comme la précédente. Childebert

---

(1) Diplom. p. 158.　　I　(2) Atlas, p. 164. t. 1.

mourut

mourut l'an 711, au Palais de Choify-en-Laigue, dont la forêt confinoit avec celle de Quierzy.

Depuis le regne de Thierry III, où commencent les Rois Fainéans, jufqu'à la mort de Thierry IV, arrivée l'an 736, la France fut défolée par les factions des Maires du Palais. A Ebroin fuccéda Pepin de Herftal, & à celui-ci Charles Martel, qui fe plaifoit beaucoup aux Palais de Quierzy & de Verberie.

Le Palais de Verberie étoit fitué au Nord de la ville, entre l'Eglife Paroiffiale de S. Pierre qui fervoit de Chapelle, & le château d'Haramont. La grande maifon qu'on remarque à gauche dans la rue S. Pierre, que l'on nomme encore dans les actes, rue du Palais, en allant de Pont à Compiegne, eft un refte de ce château. Les bâtimens & les cours s'étendoient en profondeur, jufqu'aux murs de la ferme du Chat, qui fervent de terraffe à cette ferme fur le bord de l'Oife. Nous ferons bientôt la defcription de cet ancien Palais. Il y avoit à Verberie un port, trois ponts, & un hôtel de monnoie, comme à Vic-fur-Aifne & à Quierzy. On a trouvé à Verberie quelques petites piéces de monnoie d'argent, de la même forme que la piéce d'or de Quierzy, défignée par Templeux. Les perfonnes qui me les ont décrites, n'ont pu rien dire de pofitif fur le monograme ni fur l'infcription. Les Auteurs ne font pas mention de ce Palais, avant le temps où Charles Martel préparoit la révolution, qui devoit faire paffer la Couronne, de la Maifon de Clovis dans la fienne.

Charles Martel, au retour de fon expédition contre les Sarrafins, vint au Palais de Verberie pour fe remettre de fes fatigues (1). Au lieu de goûter le repos qu'il défiroit, il fut attaqué d'une fiévre qui dégénéra en langueur. Cette maladie lente ne l'empêcha pas d'agir & de voyager. Pendant l'année 741, Charles Martel reçut à Verberie les Légats du Pape Grégoire III, qui lui offrirent de grands préfens. On remarquoit parmi ces préfens, les clefs du Sépulchre de S. Pierre, & les chaînes dont cet Apôtre avoit été chargé dans fa prifon. Ces Légats venoient folliciter auprès du Prince, un fecours de troupes contre Luitprand, Roi des Lombards. On n'avoit jamais oui parler en France d'une pareille Légation. Charles fit aux Ambaffadeurs une magnifique réception. Il envoya à Rome Grimon, Abbé de Corbie, & Sigebert, reclus du

(1) Append. ad Fred. cap. 109. Aimoin. l. 4. c. 57. Cont. 3. Fred. cap. 110. Chron. | S. Denys, l. 5. c. 27.

Monaſtere de S. Denys, qu'il chargea à ſon tour de riches préſens pour le Pape.

Cependant la maladie de Charles Martel devint ſérieuſe. Ce Seigneur voyant que ſa ſanté ne lui permettoit pas de gouter à Verberie les plaiſirs qu'il eſpéroit s'y procurer, ſe fit tranſporter au Palais de Quierzy. Il y fut à peine arrivé que ſon mal redoubla, ſon corps tomba dans un abattement mortel, & il décéda la même année 741, au château de Quierzy, vers le même temps que le Pape Grégoire & l'Empereur Leon. L'Auteur de la Chronique de Hildesheim, place ſous l'an 741 la mort de Charles Martel au Palais de Verberie. Il eſt à ce ſujet en contradiction avec tous les Auteurs qui ont parlé de cette mort. Charles Martel avoit regné vingt-ſix ans ſous le titre de Maire du Palais.

Le Thrône vaquoit depuis la mort de Thierry IV. Charles Martel laiſſa le gouvernement du Royaume à Carloman & Pepin ſes deux fils. Pepin jugeant à propos de mettre fin à l'interregne, fit proclamer Roi Childéric III, en l'an 742. Childéric porta ce titre pendant huit ans, ſans l'ombre d'autorité. Il fut à la fin dépoſé, raſé, & renfermé dans le Monaſtere de Sithiu, aujourd'hui S. Bertin, ſoixante ans depuis que la fondation de cette Abbaye avoit été approuvée au Palais de Quierzy.

Pepin prit la place du Prince dépoſé. Son frere Carloman avoit quitté depuis quatre ans le gouvernement du Royaume d'Auſtraſie. Il prit l'habit monaſtique à Rome, & y fit profeſſion. Pepin n'avoit plus de concurrent à craindre depuis cette retraite. Il réuniſſoit toute l'autorité. Aſſuré des ſuffrages, il ſe fit proclamer Roi à Soiſſons en l'an 750, & revint de Soiſſons au Palais de Verberie, où il paſſa quelque temps.

Son ſéjour à Verberie nous eſt connu par une Charte expédiée en ſon nom au Palais de ce lieu, en faveur de S. Anſtrulphe, Abbé de Fontenelle (1). Pepin, dans ce Diplôme, accorde pluſieurs priviléges au Monaſtere de Fontenelle. Le Roi fit un ſecond voyage à Verberie, peu de mois après celui-ci. Ce voyage nous eſt connu par une Charte datée du Palais de Verberie, que ce Prince accorda à Boniface, Evêque d'Utrecht, en faveur de ſon Egliſe.

En l'année 752, le Roi Pepin tint à Verberie l'aſſemblée générale de la nation au mois de Mars. Les Evêques y firent vingt-un Canons de diſcipline eccléſiaſtique, qui regardent le mariage pour

____
(1) Sec. 3. Bened. part. 1. p. 158.

la plûpart (1). On y déclare nul le mariage au troisiéme dégré. Ceux qui s'épousent au quatriéme dégré, recevront une pénitence, sans néanmoins que leur mariage soit dissous. Si une femme attente à la vie de son mari, celui-ci peut la quitter, sans qu'il soit permis à cette femme de se remarier, même après la mort de son mari : les grands crimes excluoient pour toujours du mariage. La femme ne peut recevoir le voile, qu'avec le consentement du mari. L'état de servitude rend le mariage nul. Les ordinations faites par des Evêques errans, sont nulles.

Ces articles sont la substance des Canons les plus importans de l'assemblée, qu'on nomme le premier Concile de Verberie. Reginon (2) rapporte neuf autres Canons, qu'il prétend avoir été dressés dans ce même Concile, mais on les tient pour suspects. Ce Concile est l'un des plus célébres qui aient été tenus en France, à cause de l'importance des matieres que les Evêques y ont traitées. Gratien le cite dans son Décret.

Les critiques varient sur l'année de ce Concile. Les uns le placent sous l'an 751. Ce sentiment est celui du P. Labbe. La plûpart le rapportent à l'an 752. M. l'Abbé Fleury le range sous l'an 753. Les actes étant datés de la seconde année du regne de Pepin, on ne peut fixer cette année, qu'après s'être assuré de celle où Pepin a été couronné. Les uns placent ce couronnement sous la premiere année du demi siécle, aux premiers jours du mois de Mars 750. D'autres prétendent que cette cérémonie du Couronnement de Pepin n'a eu lieu qu'au mois de Mars 751. Mezeray & quelques autres Compilateurs supposent, que Pepin n'a commencé à regner qu'en l'an 752. La difficulté de fixer cette date, vient de ce que l'année commençoit à Pâques, fête qui tombe tantôt dans le mois d'Avril, tantôt dans le mois de Mars. Pâques arrivant dans l'intervalle d'une assemblée générale, cette assemblée commençoit en une année, & finissoit dans la suivante. Nous supposons ici que Pepin a été élevé à la dignité Royale, pendant l'assemblée générale qui finit au commencement de l'an 751.

Doublet rapporte à la page 693 de son Histoire de l'Abbaye de S. Denys, une Charte du Roi Pepin, datée du Palais de Verberie aux Calendes de Mars. Il y a toute apparence que cette piéce aura été expédiée pendant l'assemblée générale de 752. Ces sor-

(1) Baluz. cap. 1. v. p. 161. Labbe conc. t. 6. p. 1656. Decret. de Divort. cap. 1.

(2) Lib. 2. Eccl. disc.

T ij

tes de Parlemens se tenoient à l'entrée du Printemps.

Mezeray a très-bien remarqué que sous les deux premieres races, on chommoit peu de Fêtes dans les Eglises de France, excepté Noël, Pâques & la Pentecôte : que les Rois de la seconde race célébroient les Fêtes de Noël & de Pâques avec grande solemnité, revêtus de leurs ornemens Royaux, la Couronne sur la tête, & qu'a la suite de ces deux Fêtes, ils tenoient Cour pléniere, dans les lieux où ils les avoient célébrées.

La cérémonie de passer la Fête de Pâques dans un endroit, supposoit un lieu des plus vastes, où pouvoient loger tous les Grands de la nation, qui devoient composer la Cour pléniere. Ainsi lorsque nous lisons (1) que le Roi Pepin choisit le Palais de Quierzy-sur-Oise pour y passer la Fête de Pâques de l'an 753, ce trait suppose que ce Palais étoit l'un des plus considérables & des plus vastes qu'il y eût en France, n'y ayant à Quierzy ni bourgade ni ville distinguée du château.

Le lendemain de la solemnité, Pepin profita de la réunion des Seigneurs que la Fête avoit rassemblés à Quierzy, pour tenir une assemblée générale. C'est dans cette assemblée que ce Prince résolut le voyage d'Italie. La présence du Pape, arrivé en France pour obtenir les secours du Roi contre les Lombards, relevoit l'éclat de l'assemblée. Le Roi prit part à la fâcheuse situation du Pape, & lui accorda ce qu'il demandoit.

Brétigny est un ancien Monastere, situé près de Quierzy. Il y avoit dans cette maison un cours d'études monastiques. Les Religieux de Brétigny rencontrant des difficultés sur quelques points de discipline, qui regardoient le Mariage, le Baptême & le Clergé, profiterent du séjour du Pape au Palais de Quierzy, pour éclaircir leurs doutes. Le Pape examina leurs questions, auxquelles il fit une réponse contenant dix-neuf articles, dix sur le Mariage, cinq sur le Baptême, & quatre touchant le Clergé.

Dans la même assemblée de Quierzy, le Roi Pepin transmit au Pape Etienne & à l'Eglise de Rome, la propriété de plusieurs villes d'Italie, usurpées par les Lombards ; époque principale de la grandeur temporelle des Souverains Pontifs. Pepin voulut que l'acte de cette donation fût dressé tant en son nom, qu'au nom des deux Princes Charles & Carloman ses fils.

Astolphe, Roi des Lombards, instruit du sujet qui avoit amené

(1) Labbe, conc. t. 6. p. 1650. Anast. in ¶ hadrian. diplom. p. 259.

le Pape en France (1), crut devoir tenter toutes les voyes, pour le faire échouer dans ses desseins. Carloman, frere de Pepin, menoit la vie monastique au Mont-Cassin. Astolphe obligea l'Abbé de cette maison à faire sortir Carloman, & à l'envoyer au Roi son frere, pour détourner, s'il se pouvoit, l'orage qu'il voyoit prêt à fondre sur lui. Carloman se laissa persuader, & partit du Mont-Cassin, dans la résolution de remplir sa mission avec zele. Il vint trouver le Roi son frere au Palais de Quierzy, & fit toutes les instances, pour détourner Pepin de marcher en Italie. Le Roi demeura ferme : & comme le Profès du Mont-Cassin redoubloit ses instances, Pepin, de concert avec le Pape, renvoya Carloman, & le fit conduire à Vienne, où il fut renfermé dans un Monastere, pour y vivre selon sa profession. Le Pape, après avoir consommé à Quierzy l'affaire qui l'avoit conduit en France, retourna au Monastere de S. Denys, où il tomba malade.

Pepin célébra encore au Palais de Quierzy, les deux Fêtes de Pâques & de Noël des deux années 760 & 764. Il convoqua à cette occasion plusieurs Parlemens. Les assemblées générales de Pâques & de Noël se faisoient alors avec tant de pompe, que les Auteurs ne manquoient pas de marquer chaque année, le lieu où les Rois solemnisoient ces deux Fêtes.

Le Roi Pepin passoit tous les ans au Palais de Verberie, une partie de la belle saison. Le P. Mabillon a transcrit dans sa Diplomatique, *p.* 493, une Charte originale, délivrée à Verberie par le même Prince, en l'an 754 ; c'est une confirmation à l'Abbaye de S. Denys, de la terre de Tiverny au Diocese de Paris. La Chronique de Fontenelle, & le Cartulaire de S. Calais, font mention sous l'an 761, de quelques privilèges accordés à ces maisons par le même Prince étant à Verberie, la dixiéme année de son regne.

On lit dans les actes du Martyre de S. Eugene (2), que le Seigneur Hetilon, parent & grand Chambellan du Roi Pepin (*Princeps Cubiculariorum*) exerçant au Palais de Verberie les fonctions de sa charge, fut attaqué d'un mal de tête violent. Il eut recours à l'intercession de S. Denys, & pour marquer la confiance qu'il mettoit en sa protection, il envoya des présens considérables à l'Eglise du Saint Martyr. La nuit d'après le départ de ceux qu'il

(1) Eginhart, ad an. 753.
(2) Act. Mart. S. Eug. part. 2. Hist. | Dioc. Paris, tom. 3. p. 347.

avoit chargé de ces préfens, il vit en fonge un vieillard vénérable, qui l'avertit d'aller en pélérinage à Deuil près de S. Denys. Ce vieillard l'affura qu'il trouveroit en ce lieu le foulagement qu'il défiroit. Hetilon ajouta foi à cette vifion ; voulant fur le champ profiter du confeil, il s'embarqua fur l'Oife à Verberie, & fe fit conduire en bateau jufqu'à S. Denys. De S. Denys on le tranfporta à Deuil, où il obtint la guérifon qu'il attendoit.

7. On trouve à la fin des éditions communes de Flodoard (1) un écrit qui a pour titre, *De villa noviliaco*. On attribue cet écrit à l'Archevêque Hincmar de Reims. C'eft une hiftoire fuivie des mutations de la terre de Neuilly en Orceois, (préfentement Neuilly-Saint-Front) depuis le regne de Carloman, frere de Charlemagne, jufqu'à la derniere année du Roi Charles le Chauve. Cet écrit commence ainfi.

» Après la mort du Roi Pepin, arrivée le huit des Calendes » d'Octobre, fes deux fils Carloman & Charles, partagerent entre » eux fes Etats, & prirent tous deux le titre de Roi. Carloman éta- » blit le Siége de fon Royaume à Soiffons, & Charlemagne à » Noyon. En l'année 771, Carloman fut attaqué à Samoncy, de » la maladie dont il mourut. Sentant qu'il touchoit à fa fin, il fit » venir Turpin, Archevêque de Reims, en qui il avoit une grande » confiance, & lui remit pour le falut de fon ame, un Diplôme » authentique, par lequel il donnoit aux Eglifes de Notre-Dame » & de S. Remy de Reims, où il avoit choifi fa fépulture, la terre » de *Neuilly en Orceois* «.

8. L'Orceois eft un de ces anciens pays, dont le nom s'eft confervé jufqu'à nous, mais fans reffort & fans jurifdiction. Il perdit l'un & l'autre fur la fin du dixiéme fiécle, lorfque les Comtes de Champagne & de Crépy commencerent à étendre leurs domaines. Le mot d'Orceois eft encore aujourd'hui un nom acceffoire à deux villages du Valois ; Chéfy en Orceois, & Vaux en Orceois.

Les titres latins des huitiéme & neuviéme fiécles, nomment ce pays *Pagus Urcenfis*, & *Pagus Urceifus*. Dans le Diplôme accordé en 771 par le Roi Carloman, il eft appellé *Pagus Urcenfis*, de même que dans une autre Charte de l'an 855, par laquelle Charles le Chauve donne au Monaftere de S. Médard de Soiffons, une terre appellée *Fabrorum curtis*, qui pourroit bien être Confavreux. La Charte place ce lieu en Orceois fur la riviere d'Ourcq,

(1) D. Bouq. tom. 5. p. 362.

in pago Urcenſi ſuper fluvium Urc. Le mot *Urcenſis* eſt répété dans une autre Charte de confirmation de l'an 864 (1). Charles le Chauve, dans un Capitulaire donné à Servais en Laonnois, l'an 863, nomme ce pays *Pagus Urciſius.* Je lis *Pagus Crceius* dans les titres des douziéme & treiziéme ſiécles.

Les Compilateurs & les Copiſtes ont étrangement défiguré ce nom latin, ne ſachant où placer le pays en queſtion. Le P. Mabillon (2) ayant à parler de la donation faite à S. Médard en 855, a tranſcrit par *Breenſi* le mot *Urcenſi* de cette piéce. D. Bouquet dans ſon recueil des Hiſtoriens de France (2) a pareillement pris le change. Il penſoit qu'il falloit corriger *Urcenſi* par *Crnenſi*, comme une faute de copiſte, & que par le mot défiguré d'*Urcenſis* pour *Ornenſis*, on devoit entendre le pays de Hulme en Baſſe Normandie, ou paſſe la riviere d'Orne.

L'Orceois avoit pour bornes le Multien au Midi, le Soiſſonnois au Nord, le Valois à l'Occident, & le Tardenois à l'Orient. Il comprenoit les lieux d'Ouchy capitale, de Neuilly en Orceois, préſentement Neuilly-Saint-Front, la Ferté en Orceois, aujourd'hui la Ferté-Milon, Confavreux, Troeſnes, Mariſy, Chéſy en Orceois, Vaux en Orceois, & preſque tous les lieux de cette contrée, dont les noms ſont accompagnés de la finale. *ſur Ourcq*, comme Billy-ſur-Ourcq, Crouy-ſur-Ourcq, &c.

Le ſujet demande que nous examinions deux choſes, 1º. l'étymologie du nom d'*Orceois.* 2º. Quelle pouvoit être la capitale de ce pays.

Damien de Templeux inſinue, que c'eſt de la riviere d'Ourcq que le pays d'Orceois a tiré ſon nom; & que d'*Urcum*, qui eſt le nom latin de la riviere, on a formé les termes d'*Urcenſis* & d'*Orceois.* Le ſentiment de Templeux nous paroît vraiſemblable.

L'ancien pays d'Orceois avoit Ouchy pour capitale. M. de Valois penſoit que ce devoit être la Ferté-Milon. Cette opinion ne peut ſe ſoutenir, parce qu'il eſt fait mention de l'Orceois, antérieurement au temps, où la Ferté-Milon a été bâtie. Ouchy réunit tous les caractéres d'un lieu ancien. Il exiſtoit, comme on l'a vu, ſous la domination des Romains. La chauſſée Romaine qui conduiſoit de Soiſſons à Château-Thierry, paſſoit à Ouchy. Enfin, nous avons rapporté pluſieurs monumens qui prouvent que ce

(1) Gall. Chriſt. t. 9. col. 396.
(2) Diplom. p. 334.
(3) Tom. 8. p. 533.

lieu avoit été peuplé long-temps avant l'arrivée des Francs dans les Gaules.

Urcum est le premier nom d'Ouchy, d'où l'on a fait *Ulcum*, *Ulcheium*, & Ouchy, en changeant l'*r* en *l*. Flodoard appelle *Ulcum* la riviere d'Ourcq au second Livre de son Histoire. L'Ourcq, Ouchy, & l'Orceois, ont pour racine commune le mot *Ur*, qui signifioit une source. Cette explication se vérifie, par la situation de plusieurs lieux qui portent un nom semblable à celui d'Ouchy. L'Ouche, *Uscus* ou *Urchus*, est une riviere du Duché de Bourgogne, qui tombe dans la Saone. Il y a dans la Basse-Normandie, entre les rivieres de la Rille & de la Touque, un petit pays d'*Ouche*; & un village d'*Oulche* près de la riviere d'Aisne, entre Craone & cette riviere. Il y passe un ruisseau. Il y a en Artois un bourg d'*Auchy*; qu'on écrit ainsi pour le distinguer d'Ouchy en Valois. Auchy en Artois, est situé sur une petite riviere.

Le Doyenné de Chretienté d'Ouchy, est l'un des premiers de la Champagne. Il comprenoit autrefois tout l'Orceois, la Ferté-Milon même, & Neuilly-Saint-Front, dont le Doyenné actuel est un démembrement.

Nous remarquerons bientôt que chaque pays avoit un Gouverneur particulier, qui prenoit le titre de Comte, & faisoit sa résidence dans la Capitale de son ressort. Dès l'an 964, les Comtes de Troyes, à qui appartenoit le château d'Ouchy, entretenoient dans ce château un Officier nommé Olderic, qui prenoit la qualité de Comte d'Ouchy : ce titre qui a été l'origine de la Vicomté, venoit des Comtes amovibles qui avoient gouverné le canton, sous les deux premieres races.

On distinguoit la ville & le château d'Ouchy. Avant la fin du quatorziéme siécle, la ville & le château se touchoient; la ville couvroit une étendue considérable. Ouchy-le-Château & Ouchy-la-Ville sont présentement deux territoires & deux Paroisses, séparés par une vaste plaine. Les titres nous ont conservé les noms de plusieurs rues, situées autrefois à des endroits où la charrue passe aujourd'hui, dans l'intervalle des deux Paroisses. Un titre de l'Abbaye de Long-pont, en date de l'an 1223, fait mention d'une place publique d'Ouchy, qui devoit se trouver dans cet intervalle. En 1482, on percevoit des droits sur plusieurs maisons d'une rue des Bouchers, que payent encore les détempteurs

de

de terres labourables , situées à l'endroit où passoit cette rue. J'ai examiné sur les lieux plusieurs *tenans* indiqués par d'anciens titres : les notions qui ont résulté de cet examen, sont conformes au plan que je viens de tracer.

Il y avoit une fabrique de monnoye dans l'ancienne ville d'Ouchy. Les Chartes latines font mention des sols d'Ouchy, *solidos Ulcheii*, comme des sols de Provins & de Châlons. La mesure d'Ouchy pour les grains, pour le vin & pour les terres, a été pendant long-temps celle de tout le canton. La ville de Fismes conserve encore la mesure d'Ouchy. Ces traits divers sont bien suffisans, pour caractériser la capitale d'un pays.

La ruine de la ville d'Ouchy a commencé aux guerres des Navarrois, & a continué sous le regne de Charles VI. La faction des Bourguignons a achevé de la détruire.

La Ferté-Milon, Neuilly-Saint-Front, Marify, & Chefy en Orceois, sont après Ouchy les seuls lieux remarquables du pays, dont la description nous occupe. Nous parlerons de la Ferté-Milon, de Marify, & de Neuilly-Saint-Front, à diverses reprises, sous les dates qui conviendront à chaque lieu : nous nous contentons de placer ici une notice sur Chefy en Orceois.

9. Chefy en Orceois est un lieu dépendant de la Châtellenie de la Ferté-Milon, situé entre Gandelus & Neuilly-Saint-Front. Chefy paroît avoir commencé par un Oratoire ou Basilique dédiée sous l'invocation du Martyr S. Denys & de ses Compagnons. Ce nom vient du mot *Casa*, qui selon Festus, signifioit une retraite souterraine. Chelles & Neuf-chelles tirent leur étymologie du même mot. Le nom d'Orceois a été joint au Chefy du Valois, pour distinguer ce lieu de Chefy-l'Abbaye, qui est un bourg situé sur la Marne, à cinq ou six lieues de celui-ci.

La premiere origine de Chefy en Orceois nous est inconnue. On peut la rapporter aux premiers temps du Christianisme. L'Eglise de Chefy jouissoit du titre d'Eglise Matrice ou Baptismale, avant l'établissement de la Monarchie Françoise. Elle a tenu pendant long-temps le premier rang entre les Eglises du canton. Elle fut desservie d'abord par une Communauté de Clercs , dévoués aux fonctions du ministere. Aux Clercs séculiers ont succédé des Réguliers, qui observoient la regle de S. Benoît sous la direction d'un Prieur. Cette Communauté Réguliere paroît avoir possédé de grands biens, jusqu'aux troubles du neuviéme siécle. La premiere irruption des Normands dans l'Orceois, a été la premiere époque de fa deftruction. Les troubles qui ont fuivi cette calamité, ont fervi d'occafion aux Seigneurs voifins, d'ufurper les biens de la Communauté, qu'ils trouvoient à leur bienféance. Les Seigneurs de Gandelus ont eu la meilleure part à la dépouille des Religieux de Chefy.

Ces Religieux réduits à un petit nombre, vécurent l'efpace d'un fiécle, du peu de bien qu'on leur avoit laiffé. On penfa enfin à réunir leur Maifon à une Communauté confidérable, où ils pourroient vivre plus commodément, & obferver la regle : le choix de ceux qui préfiderent à ce changement, tomba fur le Monaftere de S. Arnoul de Crépy.

Le temps de la réunion m'eft inconnu : je conjecture qu'elle aura été effectuée fur la fin du onziéme fiécle, ou au commencement du douziéme. On a une Bulle du Pape Alexandre III, de l'an 1162, qui nomme le Prieuré de Chefy en Orceois, parmi les Bénéfices unis à S. Arnoul. Les dépendances de ce Prieuré confiftoient alors, dans deux Eglifes, la Seigneurie & les dixmes du lieu, des terres, des bois, des prés & des moulins. Une autre Bulle de l'an 1184, accordée par le Pape Luce III, fait mention des mêmes dépendances.

Depuis cette réunion, les Religieux de S. Arnoul ont fait tous leurs efforts, pour retirer des mains laïques, les biens ufurpés. En 1223, vivoit un certain Foulques ou Fulcon de Chefy en Orceois, parent de Fulcon, Prieur de S. Arnoul, & de Guerin, Evêque de Senlis. Fulcon de Chefy qui poffédoit une partie des dixmes du lieu, remit ces dixmes au Prieur de Crépy fon parent, moyennant une fomme d'argent. Cette ceffion fut faite en préfence de Jacques de Bazoches, Evêque de Soiffons.

Foulques appartenoit à une famille de Chevaliers Fieffés, d'où font forties plufieurs perfonnes diftinguées. Il y avoit en 1207, un Guy de Chefy, Doyen de la Cathédrale de Soiffons, homme de capacité & de difcernement, qui eft cité comme arbitre dans plufieurs compromis. Guy de Chefy mourut en l'an 1227. Un titre de cette même année, fait mention du Chevalier Guillaume de Chefy, décédé depuis quelque temps. Le onziéme Abbé de S. Jean-lès-Vignes, fe nommoit Raoul de Chefy. Le plus illuftre de ceux qui ont porté le nom de Chefy au treiziéme fiécle, eft Renaud de Chefy, qui dreffa en 1266, le teftament de Beatrix,

Reine de Sicile (1). Il prenoit le titre de Notaire public du Roi de Sicile, Comte de Provence & de Forcalquier. Ces perfonnes du nom de Chefy defcendoient vraifemblablement des Chevaliers Avoués, en qui les Religieux du Prieuré avoient d'abord mis leur confiance, pour arrêter du côté de l'Orceois les progrès des Normands. Ces Chevaliers les avoient protégés d'abord, & dépouillés enfuite. C'eft ainfi que le foible eft fouvent la victime de la protection qu'il implore : il eft quelquefois plus avantageux de fe rendre à la merci d'un ennemi, que de mandier le fecours de certains protecteurs.

Plufieurs Prieurs de S. Arnoul ont, à l'imitation de Fulcon, retiré à prix d'argent quelques parties des biens de l'ancien Monaftere de Chefy en Orceois (2). Hugues IV, Prieur de S. Arnoul, échangea en l'an 1236, une terre & un autre bien fis à Chefy, avec un muid de bled de rente, à prendre à Ormoy. Pierre II, Abbé de la même Maifon, acquit une ferme fituée au même lieu de Chefy.

J'ai lû une Charte de Jacques de Bazoches, Evêque de Soiffons, expédiée au mois de Décembre 1227, dans laquelle il eft marqué que le Prieur de S. Arnoul de Crépy, eft patron de l'Eglife Paroiffiale de Chefy en Orceois. Cette Charte eft une permiffion accordée à Arnoul, Curé de Chefy, de fonder dans fon Eglife Paroiffiale, une Chapelle à laquelle devoient être attachés des revenus. Il eft fpécifié qu'Arnoul fe réferve fa vie durant, la nomination à ce Bénéfice, & confent qu'après fa mort, cette nomination appartienne au Prieur de S. Arnoul, patron de fon Eglife. Chefy eft appellé *Chefiacum in Orceio* dans cette piéce.

Les Religieux de Crépy ont été paifibles poffeffeurs de la terre de Chefy, depuis le treiziéme fiécle jufqu'à nos jours.

16. Lorfque le Roi Carloman fit préfent de la terre de Neuilly en Orceois à l'Eglife de Reims, il n'y avoit fur les lieux ni village ni bourgade. Le Domaine de Neuilly comprenant plufieurs fermes contigues, *Coloniarum*, ce Domaine avoit été jufques-là un bien du Fifc : l'écrit d'Hincmar de Reims le nomme encore *Fifcus* en 771.

Auffi-tôt que la terre de Neuilly eut été donnée à l'Eglife de Reims, la Communauté des Clercs ou Religieux de S. Remy réfolut de faire valoir elle-même les métairies qui compofoient cette

(1) Spicil. t. 3. p. 661.　　　　I　(2) Gall. Chrift. t. 10. p. 1489.

V ij

terre. On envoya, suivant l'usage dont nous avons déja vu tant d'exemples, plusieurs Clercs sur les lieux : pour leur commodité, on bâtit une Chapelle sous l'invocation de S. Remy, patron de la Communauté de Reims. L'Eglise de Neuilly devint une Collégiale dans la suite.

Au commencement des troubles qui suivirent l'irruption des Normands, on entoura de fortifications, l'Eglise & les habitations des Clercs, situées sur une hauteur ; la sûreté du lieu attira aux environs plusieurs familles qui bâtirent des demeures : un amas de maisons se forma, & prit le nom de *Novus locus*, qu'on changea en *Noviliacum*, Neuilly.

Il y a près de Crépy, sur la Paroisse de Roquemont, une ferme de Neuilly, dont les titres font souvent mention. Il ne faut pas la confondre avec Neuilly en Orceois. Quelques-uns font dériver le nom de Neuilly du mot Celtique *Now*, qui signifie un fond, un lieu bas & aquatique. Neuilly-Saint-Front est situé dans un bassin au pied d'une montagne, où dans les temps de pluye plusieurs torrens se réunissent.

L'année même où Carloman donna la terre de Neuilly à l'Eglise de Reims (1), la mort de ce Prince rendit Charlemagne son frere, maître de toute la Monarchie Françoise. On sait l'affection que Charlemagne avoit pour le fameux Turpin, Archevêque de Reims. Tant que Turpin vécut, Charlemagne laissa l'Eglise de Reims jouir en paix de la terre de Neuilly. Après la mort de Turpin, ce Prince tint en sa main l'Archevêché de Reims, & donna en bénéfice la terre de Neuilly au Saxon Anscher, qui en paya exactement le neuviéme & la dixme à l'Eglise de Reims. Cet Anscher n'est pas Oger de Chavercy, favori de Charlemagne, qu'on a mal-à-propos surnommé le Danois : c'est à tort que quelques Auteurs ont pris l'un pour l'autre. Anscher a conservé la terre de Neuilly jusqu'à sa mort ; Oger a fini sa vie dans la profession religieuse, après avoir renoncé à ses emplois, & après s'être dépouillé volontairement de tous les biens qu'il possédoit.

Après la mort du Saxon Anscher & de l'Empereur Charlemagne, l'Eglise de Reims conserva l'investiture de Neuilly pendant trente-sept ans.

11. La France a eu ses temps héroiques, ainsi que l'Italie & la Grece. Plusieurs circonstances de la vie de Charlemagne ont donné

_____
(1) D. Boug. t. 5. p. 362.

lieu à des Romans, qui ont exagéré les merveilles de son regne.
Aux qualités d'une grande ame, Charlemagne joignoit les graces
du corps. Une taille haute & avantageuse relevoit l'éclat de sa
dignité, & la majesté de son Thrône. Ce Prince aimoit ceux en
qui il voyoit briller des qualités semblables aux siennes, & il les
combloit de ses bienfaits. Ses favoris ont été de grands hommes :
quoique les Romans en ayent fait autant de géans, leur existence
n'est pas moins certaine. Une admiration excessive a été la source
des traits fabuleux, qui obscurcissent l'histoire de leur vie.

L'Archevêque Turpin, Roland, & Oger surnommé le Danois,
tenoient sans difficulté le premier rang dans son estime. Turpin,
comme on l'a vu, jouissoit de la terre de Neuilly, qui pouvoit lui
servir de Maison de plaisance. Roland occupoit une partie du château de Quierzy. Quant au fameux Oger, surnommé le Danois,
il est le fondateur de la forteresse de Chavercy, dont on voit encore quelques ruines, assez près du chemin qui conduit de Crepy à
Verberie.

Charlemagne lui-même se plaisoit beaucoup à Verberie. Il en
fit rebâtir, sur un plan vaste & magnifique, le Palais, que ses Prédécesseurs avoient occupé. Nous ferons la description de ce Palais, & nous rapporterons par ordre de date, les traits d'histoire
qui sont arrivés dans le Valois, sous le regne de ce grand Prince.

Les voyages que Charlemagne a fait dans les Maisons de plaisance du Valois, ne nous sont pas aussi connus, que ceux de Pepin ou de Charles le Chauve. Cette difficulté vient de la négli-
gence des Notaires de ce Prince, qui n'avoient pas soin de marquer exactement les noms des lieux, où ils expédioient les Capitulaires & les Ordonnances.

12. En l'an 775, Charlemagne fit quelque séjour au Palais de Verberie (1) : ce voyage nous est connu par une Ordonnance datée
de ce Palais, portant confirmation des priviléges de l'Abbaye
de S. Denys, & des droits que les Religieux avoient coutume de
percevoir pendant la foire du Landit. Ce Prince passa au Palais
de Quierzy, les deux solemnités de Pâques & de Noël de la même année 775.

On lit dans Eginhart, qu'en l'an 781, Suitbert, Evêque de Rheges, vint de Baviere au Palais de Quierzy, où il présenta à Charlemagne, les ôtages que Tassillon, Duc de Baviere, devoit lui li-

(1) D. Bouq. t. 5. p. 729.

vrer. Charles paſſa à Quierzy l'hyver de cette année, & y ſolem-niſa les Fêtes de Noël & de Pâques, avec la pompe uſitée dans ces rencontres. Il revint l'année ſuivante en ce Palais, & y célébra les mêmes Fêtes.

13.Sous le regne de Charlemagne, on vit reparoître le bel ordre, que les derniers Empereurs Romains avoient mis dans la diviſion des provinces de la Gaule : ordre que les partages arbitraires de la Monarchie Françoiſe, entre les deſcendans de Clovis, avoient interrompu. Charlemagne ſuivoit ſcrupuleuſement cette diviſion, dans les départemens qu'il aſſignoit aux Commiſſaires Royaux, qui ſont les *Miſſi Dominici* des anciennes Chartes.

Dans le département de l'an 796, il eſt fait mention du pays de Valois, ſous le nom de *pagus Vadenſis*. Nous rapporterons l'article de ce département où il eſt queſtion du Valois, parce qu'il donne une idée de la maniere dont on gouvernoit les *pays*. Flodoard parle en ces termes (1) du département de l'an 796.

» Vulfaire, ſucceſſeur de Turpin, avant d'être élevé ſur le Siége »· Epiſcopal de Reims, avoit été envoyé en qualité de Commiſ- » ſaire Royal dans toute la Champagne, pour juger les affaires ſui- » vant les regles de l'équité. Son reſſort comprenoit les pays » d'Ormoy en Lorraine, de Chatris en Champagne, le Châlon- » nois, le Laonnois, le pays de Valois, (*pago Vadenſi*) le Por- » cien, le Tardenois, le Soiſſonnois. Vulfaire avoit pour adjoints » des perſonnes ſages, avec leſquelles il devoit examiner la con- » duite des Evêques, des Abbés & des Comtes, chacuns dans » leurs diſtricts, s'ils avoient de bons Viguiers. . . . Ces Commiſ- » ſaires devoient auſſi réformer les abus introduits dans les Juſti- » ces particulieres des Maiſons Royales & des Egliſes, protéger » la veuve & l'orphelin, & faire au Roi le rapport des affaires, « dont la déciſion excédoit leurs pouvoirs. «

Nous apprenons de ce texte, qu'en l'an 796, le pays de Valois appartenoit au département général de la Champagne. Le Soiſ-ſonnois, le Tardenois & l'Orceois le bornoient à l'Orient ; le Multien au Midi, une partie du Soiſſonnois & du Laonnois au Nord, le Beauvoiſis, une pointe du Vexin & le territoire de Sen-lis à l'Occident (2). Le village de Troeſnes ſéparoit l'Orceois du Valois, la riviere d'Oiſe du Beauvoiſis, Bargny du Multien. Rou-

(1) Flod. Hiſt. Eccl. Rem. l. 2. cap. 18.   Ann. ord. S. Bened. tom 6. p. 642.
(2) Capitul. Sylvac. Baluz. t. 2. p. 67.

vres & Bettancourt dépendoient du pays de Senlis. L'Abbaye &
le territoire de Mornienval appartenoient au Valois, & confi-
noient avec le Soiffonnois.

L'illuftre Jerome Bignon prétend que fous les Rois de la feconde race, les pays ne différoient pas des Comtés (1); que les titres de Comtés viennent de ce que chaque pays avoit un Comte
pour Gouverneur. La conjecture de ce Savant s'applique au Valois, qui dans les monumens de notre Hiftoire, eft appellé tantôt
Pays, tantôt Comté.

Flodoard nomme le Valois *pagus Vadenfis*, dans le département que je viens de rapporter. Charles le Chauve l'appelle *pagus Vadifus*, dans un autre département de l'an 853. Charles le
Simple, dans une Charte de l'an 907, place l'Abbaye de Mornienval *in pago Vadenfi.* Dans l'Hiftoire des Reliques de S. Arnoul, on lit les mêmes termes de *pagus Vadenfis.*

La même Hiftoire de la Tranflation des Reliques de S. Arnoul,
faite en 949, donne au pays de Valois le titre de Comté, *Comita-
tus Vadenfium.* Damien de Templeux cite une Chronique manufcrite commençant à l'an 840, où l'on donne au Valois le même
titre. Dans un acte de l'an 995, par lequel Gautier le Blanc rend
au Monaftere de S. Médard de Soiffons, des portions de terres
ufurpées, il eft marqué que ces terres font fituées à Crouy & aux
Eluats, dans le Comté de Valois.

Le Valois & l'Orceois relevoient chacun d'un Comte particulier. Le Comte du Valois demeuroit à Vez, celui de l'Orceois
faifoit fa réfidence au château d'Ouchy.

Les fonctions de ces Comtes nous font connues, par la formule
du ferment qu'ils prêtoient, avant d'entrer en charge (2). Ils promettoient de gouverner avec une équité fcrupuleufe, tous les fujets de leur reffort, François, Romains, Bourguignons, chacuns
felon leurs coutumes ; de punir avec févérité les malfaiteurs, de
pourvoir au repos public, & de percevoir les deniers du Fifc.

Un Auteur moderne (3) prétend que les Comtes ne rendoient
pas la juftice, qu'ils fe déchargeoient de ce foin fur leurs Viguiers ;
qu'ils étoient feulement *Adminiftrateurs du miniftere public*,
comme les nomme Charles le Chauve dans fes Capitulaires. Ils
exerçoient dans le gouvernement civil, les mêmes fonctions que

les Evêques dans le gouvernement eccléfiaftique. Les diftriets des Comtes avoient à la vérité une étendue bien moindre que les Diocefes des Evêques ; mais ils avoient un plus grand nombre d'affaires à traiter. Le Comte d'un *pays* avoit un ou plufieurs Viguiers, à proportion de leurs occupations ; l'Evêque entretenoit auffi un ou deux Doyens de Chrétienté dans chaque pays. Il y avoit entre les offices de Viguiers & de Doyens de Chrétienté, le même rapport que celui des Comtes avec les Evêques.

On diftinguoit alors plufieurs claffes de Comtes ; les uns gouvernoient feulement une Maifon de plaifance, un château, une ville ; d'autres préfidoient au gouvernement des provinces entieres, & avoient rang au-deffus des Comtes particuliers. Ces offices amovibles de leur nature, devinrent héréditaires dans les familles, fur la fin de la feconde race ; les circonftances changerent en dignités, ces efpéces de Commiffions.

14. Le Comte du Valois réfidoit au château de Vez, bourgade ancienne, capitale du canton. Le territoire de Vez comprenoit alors ceux de Bonneuil & de Largny, avec leurs dépendances. Il y a plufieurs fentimens fur l'antiquité du bourg de Vez.

M. Danville dans fa Notice de la Gaule, place à Vez le *Nœomagus*, ville capitale des *Vadicaffes*. Ce fentiment qui feroit remonter l'origine de Vez plus haut que le temps de la conquête des Gaules par Jules Céfar, confond deux pays fort éloignés. Nous avons déja obfervé que le *Nœomagus* eft la ville de Bayeux en Normandie.

D. Michel Germain (1) penfoit que le château de Vez pouvoit bien être le *Palatium Vernum*, que les Chroniques nomment fouvent. Cette opinion n'eft plus d'aucun poids, depuis qu'il a été prouvé que *Vernum* eft *Ver* près de Senlis. Il eft vrai que nos Rois de la feconde race ont fait plufieurs voyages du côté de Vez : ils logeoient à Bonneuil, & abandonnoient au Comte du pays le château de Vez. Après la fuppreffion du titre de Comte, les Seigneurs de Crépy mirent à la place de cet Officier un Châtelain, qui continua d'occuper le château de Vez.

Nous avons rapporté à la *pag. 3*, les raifons qui prouvent que *Vez* a été la capitale de l'ancien pays de Valois. Ce lieu eft fitué fur la gauche du chemin qui conduit de Crépy à Villers-Cotteretz. Il dépend du Diocefe de Soiffons & du Bailliage de Crépy. Vez

(1) Diplom. p. 355.

occupe

occupe la furface d'une efpéce de tertre efcarpé de toutes parts, excepté du côté de Largny, où il eſt contigu à la plaine.

On ne peut dire en quel temps le premier château de Vez a été bâti : nous n'avons aucun monument, qui en indique l'origine. En diſtinguant le bourg du château, on pourroit être fondé à croire que le bourg exiſtoit avant l'établiſſement de la Monarchie Fran-çoiſe, & que le château a été revêtu de fortifications ſur la fin du neuviéme ſiécle. On voit les reſtes du premier château de Vez, dans la baſſe-cour de celui d'aujourd'hui, à gauche en entrant.

Le château de Vez & le Comté de Valois, en partie, vinrent au pouvoir des Seigneurs de Crépy, Comtes de Vexin, vers le temps où le château d'Ouchy paſſa aux Comtes de Champagne avec ſes dépendances. Depuis ce changement, les Seigneurs de Crépy prenoient, ſelon les circonſtances, les titres de Comtes de Vexin, Comtes de Crépy, & Comtes de Valois. Ils mirent à Vez, à la place de l'ancien Comte, un Intendant qui prit le nom de Châte-lain. Je n'ai pu découvrir qu'un ſeul Châtelain de Vez, qui vivoit après le milieu du onziéme ſiécle. Il ſe nommoit Raoul de Vez, *Radulphus de Vadenenſi villâ.*

Le bourg de Vez a donné naiſſance au Prêtre Conſtance, qui apporta en 949, les Reliques de S. Arnoul de la forêt Iveline dans le Valois. Nous raconterons bientôt les aventures de ce Prêtre. On lit dans l'hiſtoire de la Tranſlation de ces Reliques, que Con-ſtance vint de la forêt Iveline au bourg de Vez, d'une ſeule traite ; & qu'ayant expoſé en ce lieu les oſſemens de S. Arnoul à la véné-ration des Fidéles, ces Reliques jetterent une vive lumiere, & furent l'occaſion de pluſieurs miracles. Ces choſes ſe paſſoient pendant l'Automne de l'an 949. Raoul I, Comte de Vexin, qui occupoit le château de Crépy, fit ſolliciter Conſtance, de lui cé-der les Reliques, pour être placées dans la Chapelle de ſon châ-teau de Crépy. Le Comte fit à Conſtance pluſieurs offres avanta-geuſes, que celui-ci accepta. Les Reliques de S. Arnoul furent ainſi transférées de Vez à Crépy (1).

L'empreſſement du Comte Raoul, à faire venir les Reliques de Vez à Crépy, eſt comme la preuve que la terre & le château de Vez appartenoient encore au Roi. Gautier le Blanc, fils de Raoul I, paroît avoir été le premier Seigneur de Crépy qui l'ait poſſédé, & qui ait pris le titre de Comte de Valois. Raoul II & Raoul III,

_____

(1) Boll. Jul. tom. 4. p. 415.

ont joui succeſſivement de la terre & du château de Vez, de Boneuil, & de Largny. Le Comte Raoul III donna la terre de Vez
en appanage à Simon ſon ſecond fils. Simon avoit un certain Ra-
dulphe pour Intendant ou Gouverneur de ſa terre. Après la retraite
de Simon au Monaſtere de S. Eugonde, Adele ſa ſœur aînée, hérita de la terre & du château. Cette Dame fut mere d'une autre
Adele, qui épouſa Hugues le Grand, frere du Roi Philippe I.

Par un acte de l'an 1118, Adele devenue veuve de Hugues le
Grand, & remariée à Renaud, Comte de Clermont en Beauvoiſis, donna au Monaſtere de S. Arnoul tout ce que les Comteſſes
de Crépy avoient tenu en propre juſqu'à ſon temps, dans les châteaux de Vez, de Boneuil & de Largny (1). On voyoit autrefois à Crépy une rue & une ferme *de Vez*, auprès du gué S. Thomas dans le fauxbourg.

En l'an 1145, Raoul IV, fils aîné de Hugues le Grand & de la
Comteſſe Adele, donna au Monaſtere de S. Médard de Soiſſons,
pluſieurs héritages contigus, ſitués ſur le territoire de Vez, & il
érigea ces biens en Fiefs. Il y ajouta des dixmes quelque temps
après, & accorda aux mêmes Religieux le droit de Juſtice ſur les
biens qu'il leur avoit donnés. La Paroiſſe de Vez s'étendoit alors,
plus loin que le Lieu-Reſtauré. Il eſt marqué dans le titre de fondation de cette Abbaye, que l'endroit où on la bâtit, dépendoit de
la Paroiſſe de Vez. Dans une Charte de l'an 1195, le Roi Philippe
Auguſte déclare (2), qu'après l'accord fait entre lui & la Comteſſe
Eléonore (en 1184), cette Dame a donné à Long-prez, vingt
muids de grains à prendre tous les ans ſur le moulin de Vez, &
qu'elle y a ajouté le vivier du même lieu. Dans une des enquêtes
du même Prince ſur les bois de Valſery & de Long-pont, Jean de
Vez, Milon de Vauciennes, & Raoul de Largny, ſont cités comme dépoſans.

Après la mort de la Comteſſe Eléonore, Philippe-Auguſte rentra dans la terre de Vez. Il en jouit peu de temps. Il en fit préſent
à Raoul d'Eſtrées, pour le récompenſer de ſes ſervices militaires.
Ce Raoul eſt la tige d'une nouvelle ſuite des Seigneurs ou Sires de
Vez, qui a commencé avec le treiziéme ſiéclo.

15. Boneuil. On ne ſait auquel des deux châteaux de Vez & de
Boneuil, accorder la primauté. Il y a beaucoup d'apparence que
ces deux lieux avoient entre eux le même rapport, que le Palais

(1) Marlot. Hiſt. Eccl. Rem. t. 2. p. 132. | (2) Ampl. collect. tom. 1. p. 1009.

de Verberie avec fon *Prædium*. Avant que la terre & le château de Vez appartinffent aux Seigneurs de Crépy, les Rois occupoient le Palais de Boneuil, & laiffoient aux Comtes du pays le château de Vez : le Comte de Vez avoit le gouvernement du Palais de Boneuil. A ce Comte fuccéda un Maire. La Mairie de Boneuil eft l'une des plus anciennes de la Châtellenie de Crépy.

Le nom de Boneuil eft commun à plufieurs Maifons Royales. Boneuil en Valois paroît tenir fon nom latin *Bonus oculus*, *Bonoculus* & *Bonolium*, de fa fituation dans un lieu qui a fon afpect vers le Nord, & d'où la vue pouvoit également dominer fur la vallée & fur la plaine. On voit encore à Boneuil des reftes de l'ancien Palais, entre la vallée & le hameau des Buttes, au Nord de l'Eglife, à l'endroit appellé Richebourg.

Le domaine du premier château de Boneuil comprenoit les Buttes, Pondront, Vautier-voifin, & le Berval, la plus grande partie des plaines de Vez & de Largny, & la vallée de Lieu-reftauré. L'acte de 1131, par lequel Raoul IV, Comte de Valois, accorde au Bienheureux Luc, Abbé de Cuify, la place où eft bâti le Monaftere de Lieu-reftauré, porte que cette place eft fituée fur le territoire de Boneuil, *in loco Bonolium dicto* (1). L'ancien grand chemin qui conduifoit de Reims à Paris par Soiffons, traverfoit le territoire de Boneuil du côté du petit Vé, & au-deffus de l'étang de Walu, fur la droite de la grande route qui paffe aujourd'hui par Vauciennes. En l'an 1218, on percevoit fur cette route un péage appartenant au château de Boneuil.

Il eft fait mention du Palais de Boneuil, à la fin d'une Charte que l'Empereur Louis le Débonnaire y délivra l'an 832, en faveur du Monaftere de S. Denys. Vingt-quatre ans après, Charles le Chauve convoqua à Boneuil une affemblée d'Evêques. Hincmar, & Loup, Abbé de Ferrières, parlent de cette affemblée dans leurs écrits.

Les Comtes de Crépy acquirent la terre de Boneuil, dans le même temps que celle de Vez. Raoul III poffédoit outre le château & la terre, l'Autel même, c'eft-à-dire, l'Eglife de Boneuil avec fes revenus (2). Il tenoit cet Autel en bénéfice, *ad perfonam*, de Heddon, Evêque de Soiffons. Sous le regne de Henri I, le Comte Raoul fit préfent de l'Autel de Boneuil à l'Eglife de S. Arnoul de Crépy, où fa mere avoit été inhumée. L'acte de cette

(1) Gall. Chr. t. 9. p. 670.   (2) Achery, not. ad quib. p. 597.

donation eft daté de l'an 1053. Dans cet aʒe Raoul prie l'Evêque
de Soiſſons de tranſmettre aux Religieux de S. Arnoul, la Juſtice
& la propriété de l'Egliſe, avec le droit d'y préſenter à perpétuité,
quoique la Cure relevât immédiatement de la Chambre Epiſcopale de Soiſſons, *De Camerâ Epiſcopi*. Il fait inſtance à l'Evêque
de n'exiger des Religieux, ni droits ni coutumes, attendu que
leur maiſon étoit fort pauvre ; comme auſſi de ne demander aucune
taxe, lorſqu'après la mort du titulaire de l'Autel, l'Abbé & les
Freres de S. Arnoul préſenteront un autre ſujet.

Simon de Crépy, fils & ſucceſſeur de Raoul III, céda aux Religieux de S. Arnoul, toute la terre de Boneuil, avec les ſerfs &
les droits qui en dépendoient ; à condition néanmoins qu'il jouiroit pendant ſa vie de la moitié de cette terre ; qu'après ſa mort,
l'Abbaye de S. Arnoul auroit le tout.

Les Religieux de Crépy ne poſſédent plus la Seigneurie de Boneuil. Ils n'ont ſur le territoire qu'un Fief, auquel ſont attachées
des cenſives. La haute Juſtice de Boneuil appartient au Duc de
Valois ; les Religieux continuent de nommer à la Cure.

Nous trouvons à la fin d'un aʒe de l'an 1167, le nom d'un Herbert de Boneuil (1), qui ſigne comme témoin. On lit le nom d'un
Etienne de Boneuil parmi les ſouſcriptions de la Charte Aumôniere, donnée par la Comteſſe Eléonore l'an 1194. Cette Dame,
par une autre Charte de la même année, donne à l'Egliſe de Long-
prez, deux hoſtes à Boneuil, avec les coutumes ou redevances
que le nommé Richard Blondel devoit payer : Plus, trois muids
de bled à prendre ſur le moulin de Pondront, qui tenoit à Boneuil.

Suivant le réſultat d'une enquête faite en l'an 1212, par ordre
du Roi Philippe Auguſte, les habitans de Boneuil ont le droit de
pâturage en la forêt de Retz pour leur chevaux & pour leur vaches. On trouve dans le Cartulaire de ce même Prince, un accord conclu entre le Roi d'une part, & un certain Robert des
Tournelles, d'une autre part. Il porte échange de quelques
biens ſitués au Comté de Clermont, appartenant à Robert, pour
tous les revenus que le Roi poſſédoit à Bonneuil, excepté la *Molte*
des hommes, que le Prince ſe réſerve, avec la Juſtice, les patis,
& les *Batis* de cabaret, *de Bateïcio*, où les habitans du lieu ont le
droit d'uſage (2). Le Roi ajoute à ce qui précéde, le grand *Défend*
de Boneuil, & le lieu appellé la *Boeloye*, ſitué dans le petit

(1) Chron. long. p. 56.   (2) Cart. fol. 136. fol. 132. part. 2.

Défend: Plus, quatre muids de bled mesure de Crépy, à percevoir chacun an au terme de Noël, sur les moulins du Roi à Pondront. *Défend & Boeloye*, sont deux noms anciens, dont l'un signifie une réserve, l'autre une cense. On spécifie dans l'accord, que Robert, ou ses hommes, tiendra toutes ces choses à foi & hommage-lige du Roi, & qu'il ne pourra ni essarter ni bâtir; que cependant il peut disposer de la *Boeloye*.

Nous apprenons d'un titre de l'an 1218, concernant les Mairies du Valois, que le château de Boneuil subsistoit encore en son entier, avec tout *son pourpris*.

En l'an 1224, le Roi Louis VIII donna au Comte de Braine Robert III, ce qu'il possédoit à Boneuil (1), avec la Seigneurie de Haute-fontaine, pour tenir lieu de cinquante muids de bled que Robert cédoit au Roi, sans néanmoins que ce Seigneur pût élever une forteresse à Boneuil ou à Haute-fontaine, & sans qu'il pût empêcher les habitans de Boneuil, qui alloient moudre au moulin de Pondront, d'aller désormais au moulin du Berval.

Outre la Mairie de Boneuil, il y avoit en ce même lieu une Prevôté, qui comprend encore les Buttes, Pondront, Vautier-Voisin & le Berval.

Les habitans de Boneuil payoïent anciennement au Domaine de Valois, dix-neuf livres dix sols, & un quarteron d'avoine par chaque ménage. En 1465, la Paroisse de Boneuil ne payoit que quatre livres seize sols de taille. Suivant un compte, présenté en 1341 au Roi Philippe de Valois, la terre de Boneuil & la Commune de Crépy, rapportoient au Domaine 600 livres par an.

Il y avoit autrefois, plusieurs Maisons Seigneuriales sur le territoire de Boneuil, avec droit de Justice. On voit encore les ruines de quelques-unes. La Paroisse de Boneuil reléve du Diocese de Soissons, du Bailliage & de l'Election de Crépy, de même que Vez & Largny.

16. Largny. Les Comtes de Valois avoient à Largny un château, près de l'Eglise : on n'en voit plus de vestiges. Nous n'avons rien à observer sur ce château. Il y a sur le territoire de Largny, trois Fiefs principaux, la Muette, le Fief Goret, & le Fief de la Cour de Largny. Les deux derniers donnoient droit de séance aux Assises de Crépy.

L'Eglise de Largny est une dépendance de Coyoles. En l'an

(1) Duch. Hist. Dreux, p. 75.

1123, Lifiard, Evêque de Soiffons, donna l'Eglife de Largny (1) libre de toute redevance, aux Religieux de Saint Martin des Champs. En 1589, les deux Eglifes payerent fix livres deux fols fix deniers, pour les Députés du Valois aux Etats de Blois. La Maladerie de Largny fut fondée au retour de la premiere Croifade, dans un lieu appellé le Champ des Clofeaux. Elle étoit commune à plufieurs villages contigus. La Comtefse Eléonore laiffa par fa Charte Aumôniere de l'an 1194, cinq muids de bled & cent fols de rente, aux lépreux de Largny.

Dans cette Charte, la Comtefse fait mention d'un péage du château de Largny, & de la monnoye qui avoit cours dans ce château. L'ancien grand chemin paffoit près du château. Les Seigneurs de Crépy avoient à Largny, un four & un moulin banal, & percevoient des pains de coutume au village d'Haramont. On nomme dans les Enquêtes (2) faites par ordre de Philippe Augufte en 1212, un Vivien de Largny parmi les dépofans : celles de l'an 1215, nomment un Raoul & un Robert de Largny. Il eft à croire que c'étoit trois Officiers du château des Comtes de Crépy.

Les habitans de Largny ont dans la forêt de Retz un droit d'ufage (3), qui leur a été confirmé par le Roi Philippe le Hardi en 1276, par Philippe le Bel en 1287, & par Philippe Comte de Valois, frere du Roi Jean, l'an 1367.

Le château de la Muette a eu des Seigneurs particuliers, dès le douziéme fiécle. On lit dans une Enquête de Philippe Augufte, le nom d'un certain Hubert de la Muette, dépofant. Le château de ce Fief, après plufieurs révolutions, a été fucceffivement poffédé par les MM. de Vienne, Seigneurs de Branges, defquels il a paffé aux Longuevals, Capitaines du château de Villers-Cotteret, & de ceux-ci à MM. de Condren, qui en jouiffent. Le château de la Muette vient d'être rebâti à neuf.

Comme Vez, Boneüil & Largny, formoient le territoire de la premiere capitale du Valois, j'ai cru devoir réunir ici, fous un même point de vue, les traits principaux qui s'y rapportent. Dans le genre hiftorique, l'efprit n'eft pas moins fatisfait, de connoître l'origine & la décadence des lieux, qui ont été confidéra-

(1) Gall. Chrift. t. 9. col. 356.   & 136.
(2) Cart. Ph. Aug. part. 2. fol. 93. 94.   (3) Rég. Val. Roy. p. 39. 54.

bles, que de paffer en revue les dégrés d'accroiffemens, de ceux qui fubfiftent avec éclat.

Nous ne pouvons déterminer l'étendue de l'ancien Comté de Valois, avec la même certitude que nous avons fait celle de l'Orceois. Je conjecture que fous Charlemagne, cet ancien Comté pouvoit comprendre les territoires de Cœuvres, de Viviers, de Villers-Cotterotz, la Croix-Saint-Ouen, Mornienval, la Maifon Royale de Cuife, le Chefne ou Pierrefonds avec une partie de la Châtellenie actuelle, Crépy, Nanteuil-le-Haudouin & les Gombries. Obfervez que le Comte de la province, réfidant à Vez, n'avoit aucun droit d'infpection fur les Maifons Royales de cet arrondiffement.

17. Charlemagne, parvenu au Trône Impérial, fembla fe furpaffer par la magnificence avec laquelle il augmenta & embellit les Palais d'Aix-la-Chapelle, de Nimégue, de Quierzy & de Verberie. Oger, favori de ce Prince, voulant imiter le maître qui l'honoroit de fes complaifances, bâtit à côté du Palais de Verberie, le fort château de Chavercy : vafte édifice, dont nous préfenterons bientôt la defcription.

Nous n'entrerons dans aucun détail, touchant la diftribution des bâtimens qui compofoient le fameux Palais de Quierzy, mais nous donnerons un plan raifonné du Palais de Verberie. J'avois eu deffein de placer cette efpéce de digreffion parmi les piéces juftificatives, à la fin de l'Ouvrage ; quelques Savans m'ont fait obferver que ce plan figureroit d'autant mieux dans le corps de l'Hiftoire, que le morceau eft unique. On a à la vérité, dans le fupplément à la Diplomatique du P. Mabillon, une defcription générale des parties qui compofoient les grands Palais du premier ordre, que les Rois de la feconde race occupoient : cette defcription n'eft appliquée à aucun Palais en particulier ; quoique fondée fur les monumens de notre Hiftoire, ce n'eft qu'un affemblage de plufieurs piéces, prifes féparément de divers Palais éloignés les uns des autres. Notre defcription particuliere a cet avantage, qu'elle repréfente fous un feul point de vue, toutes les parties d'un même Palais, renouvellé par celui de nos Rois de la feconde race, qui a porté au plus haut point la perfection d'une Architecture, dont l'élévation, la force, la hardieffe & la majefté, donnent de l'admiration & caufent de la furprife.

Avant de commencer cette defcription, je rapporterai quelques traits qui regardent le Palais de Quierzy.

Au mois de Novembre de l'an 804, le Pape Léon III écrivit à l'Empereur Charlemagne, qu'il défiroit folemnifer avec lui la Fête de Noël, dans quelqu'endroit de fes Etats qu'il fe trouvât (1). L'Empereur reçût cette lettre à la mi-Novembre : il avoit réfolu alors de paffer la Fête de Noël au Palais de Quierzy.

Charlemagne ayant eu connoiffance du départ du Pape, envoya Charles fon fils au-devant de Léon, jufqu'à S. Maurice en Valais. Lui-même s'avança jufqu'à Reims. L'Empereur reçut le Pape à Reims, & l'amena de Reims à Quierzy, où ils pafferent enfemble les Fêtes de Noël.

Plufieurs Capitulaires de Charlemagne font datés du Palais de Quierzy, un entr'autres de l'an 774, qui eft cité par D. Germain (2) dans fa Differtation fur le Palais *Carifiacum*. Ce Savant infinue, que l'Empereur Charlemagne céda le Palais de Quierzy au fameux Roland fur la fin de fa vie, & que ce héros du regne de Charlemagne en jouit jufqu'à fa mort. D. Germain ajoute, qu'ayant fait le voyage de Quierzy, pour reconnoître les lieux, on achevoit de démolir une tour antique, qui portoit encore le nom de *tour de Roland*. Les hautes tours entroient alors dans le plan des grands édifices. Roland n'eft pas un héros imaginaire : on lui attribue la fondation de S. Marcel, à Paris.

En 1757, on a trouvé dans la place du château de Braine en fouillant, deux piéces d'argent marquées au coin de Charlemagne, & quelques autres du même temps, portant le nom du Monétaire qui les avoit fabriquées.

11. On a trois Capitulaires de l'Empereur Charlemagne, datés de l'an 808. L'article IX du troifiéme propofe des ouvrages à faire au Palais de Verberie, *de operibus palatii ad Vermerias*. On ne donne pas le plan de ces ouvrages ; le détail en a été perdu : nous avons tâché de le fuppléer dans la defcription qui va fuivre.

Le mot latin *opera* eft rendu par le mot *œuvres*, dans les anciens titres François : terme de Maçonnerie ou d'Architecture, confacré aux fonctions de ceux qui préfidoient à l'entretien des bâtimens, dans les Maifons Royales & dans les Provinces. De là les charges des *Maîtres-Jurés des œuvres*, Officiers Architectes qui parcouroient les Bailliages, comme Infpecteurs des bâtimens. Dans les provifions qui font délivrées au Grand-Voyer de Valois, cet Offi-

(1) Eginh.　　　　　(2) Diplom. p. 263.

cier

cier eft encore qualifié, *Maître des œuvres de Maçonnerie*, &
Voyer du Duché de Valois. La fonction de ce Voyer eft de donner l'allignement des chemins, de pourvoir à leur entretien, de
vifiter les bâtimens qui menacent ruine, ou de la fituation defquels il peut réfulter quelque danger.

L'Empereur Charlemagne renouvella prefqu'entiérement le Palais de Verberie. On croit qu'il bâtit la tour du *Prædium* de ce Palais, dont les fondemens fubfiftent encore. Il fit conftruire le principal corps de logis, édifice immenfe, & bâtit la Chapelle de ce
Palais, qui confervoit encore le nom de *Chapelle-Charlemagne*, au
quatorziéme fiécle.

Ce Palais tenoit à plufieurs dépendances, qui formoient comme autant de châteaux particuliers, dont chacun avoit fa deftination. Les noms anciens de ces châteaux particuliers n'ont pas
changé : ils les confervent encore, dans les titres modernes. Ces
dépendances qui font au nombre de quatre, fans compter quelques annexes de la quatriéme dépendance, fe nomment, 1, la
Tour, ou S. Corneille ; 2, Herneufe ; 3, le Bois d'Ajeux & Fay,
qui comprenoit Laborde, Francourt, & la Boiffiere.

Plufieurs Auteurs, dignes de foi, nous donnent l'idée du goût
d'architecture, qui regnoit fous Charlemagne, dans la conftruction
des grands édifices (1). Eginhart & Lemoine de S. Gal, dans leurs
écrits, vantent la magnificence du Palais d'Aix-la-Chapelle. Des
portes d'airain doré, ornées de cizelure & de figures en relief, en
décoroient l'entrée. Auffi fpacieux qu'élevés, fes bâtimens annonçoient la puiffance & la majefté du Maître. Autour de ce Palais,
paroiffoient, à quelques diftances, plufieurs châteaux moins grands,
mais plus riants. Reginon & Lambert nous donnent la même idée
du Palais de Nimégue. Cent colonnes ornoient la façade du Palais
d'Ingelheim ; le château de Merley eft nommé dans les écrits de
ce fiécle, un édifice incomparable, d'un travail exquis, & furtout
remarquable par la hauteur prodigieufe de fes murs, *Egregium opus
muris excelfis*. Ceci doit préparer à la defcription du Palais de Verberie & du château de Chavercy.

Le Palais de Verberie avoit fon afpect au Midi. Les édifices qui
le compofoient, s'étendoient de l'Occident à l'Orient, fur une
ligne de 240 toifes. Un corps de logis très-vafte, où fe tenoient les
affemblées générales, les Parlemens, les Conciles, &c. *Mallo-*

(1) Hadr. valef. def. not. gall. Adv. germ. p. 132.

bergum, terminoit à l'Occident cette étendue de bâtimens, de même que la Chapelle à l'Orient. La Chapelle & la salle d'assemblée formoient comme deux ailes, qui accompagnoient une longue suite d'édifices, de différentes formes & de différentes grandeurs. Au centre de toute cette étendue, paroissoit un magnifique corps de logis, d'une hauteur excessive, composé de deux grands étages. Les murs, bâtis d'une pierre de taille choisie, étoient ornés de figures à bas reliefs, de frontons, de fleurons, de fenêtres ouvertes, & de fenêtres feintes, avec des ornemens bien ménagés, & d'un grand dessein, proportionnés au genre d'architecture, qui approchoit du Colossal. Deux tours rondes accompagnoient le principal corps de logis. Depuis ces deux tours jusqu'à la Chapelle de Charlemagne d'un côté, & à la salle d'assemblée de l'autre, on voyoit divers bâtimens, un peu moins élevés que le grand corps de logis, mieux percés de hautes & larges fenêtres, semblables aux croisées des Eglises du treiziéme siécle, moins chargées cependant de pilastres & de moulures. On remarquoit par intervalles de grosses tours quarrées, plus larges qu'élevées : elles faisoient l'effet de nos dômes dans les Palais. On voit encore une de ces tours, dans la basse-cour du Fief d'Haramont. J'ai tiré ces notices de quelques restes de l'ancien Palais, & d'un titre du regne de François I, qui permet la démolition des différentes parties de ce Palais. Ces parties de bâtiment avoient été incendiées sous le regne infortuné de Charles VI, un siécle auparavant.

Le chevet de la Chapelle regardoit le Midi. On y entroit par une porte collatérale, placée à l'Occident, pour la commodité des personnes du château. Cette Chapelle, bâtie dans le même goût que le grand corps de logis du Palais, a été détruite à deux reprises : la chûte du clocher, arrivée en 1333, a fait crouler une partie des murs, déja affoiblis par le poids de leur élévation. Les habitans de Verberie ayant entrepris de soutenir un siége contre les Anglois, dans le cimetiere de cette Eglise, pendant les troubles du regne de Charles VI, le Général Anglois fit canonner les murs du cimetiere, & la Chapelle même du côté du Nord avec tant de vigueur, que les murs s'écroulerent en grande partie. Des titres de 1310 & de 1343, nomment encore cette Eglise, Chapelle de Charlemagne.

On voit, à la ferme du Chat, les caves de l'ancien Palais. Les jardins s'étendoient le long de l'Oise, entre le Palais & cette rivière : ils occupoient comme les bâtimens du Palais, un espace large de 240 toises, d'Occident en Orient. Plus bas que le Nord de la Chapelle, commençoit le parc, qui finissoit à Herneuse, où commençoit la forêt de Cuise. Une longue terrasse qu'on a démolie, & que la riviere arrosoit de ses eaux, servoit de clôture aux jardins. On passoit des jardins de l'autre côté de l'Oise, sur un pont de bois, qu'on appelloit *Pont du Palais*, pour le distinguer de deux autres situés au-dessus & au-dessous des jardins. Il est fait mention de ce pont dans une Charte de Charles le Simple (1), datée de l'an 919, & dans un titre de 1449.

1. La grosse tour, située au couchant du Palais, servoit de demeure au Concierge. Je ne puis assurer, si cette tour a été bâtie sous Charlemagne : peut-être a-t-elle été construite pendant les troubles postérieurs à son regne. Il est certain, indépendamment de cette circonstance, qu'il y a eu en cet endroit une espéce de Conciergerie, dès le temps où le Palais de Verberie a été renouvellé par Charlemagne. Les Souverains, Successeurs de Louis le Débonnaire, donnent à ce lieu le nom de *Prædium*. Le Roi Robert le désigne ainsi dans une Charte de l'an 1029, *Prædium nostrum Regali nostræ Sedi Vermeriæ contiguum.*

L'Officier qui gouvernoit le Palais de Verberie, & qui en administroit les affaires, y faisoit sa résidence. Cet Officier a successivement pris les titres de Comte, de Juge, d'Œconome & de Châtelain, depuis l'origine de ce *Prædium*, jusqu'au regne de Robert. En vertu de sa charge, il avoit sur cette maison des droits, semblables à ceux dont le Péager de l'Oise jouissoit à Rivecourt. Sa jurisdiction s'étendoit sur toutes les dépendances utiles du Palais.

Lorsque le Roi Robert parvint au Trône, ce Domaine particulier avoit été érigé en Fief, & la grosse tour subsistoit. Le ressort de ce Fief comprenoit deux Eglises, quatre moulins, cinquante-trois habitans, plusieurs hostes ou fermiers *hospités*, des terres à bled, des prés, des vignes, & un bois. Plusieurs familles de serfs faisoient valoir, au profit du maître de cette maison, des jardins & des terres labourables situées à côté.

Pendant les troubles du dixiéme siécle, des particuliers puissans avoient envahi ce Domaine, & l'avoient rendu héréditaire dans leurs familles : le Roi Robert le retira de leurs mains pour une somme considérable. Il employa à cette acquisition l'or & le prix

(1) *Diplom. p.* 563.

des préfens, que la Reine Conftance fon époufe avoit apportés en mariage (1).

Robert & Conftance, voulant donner aux Religieux de S. Cor-neille de Compiegne quelques marques de bienveillance, leur abandonnerent ce *Prædium* avec fes dépendances. Les noms de *la Tour* & de *S. Corneille* lui font venus, le premier, de la groffe tour dont nous venons de parler; le fecond, de l'Abbaye de Saint Corneille de Compiegne, à laquelle il fut réuni en l'an 1029.

Au commencement du feiziéme fiécle, les Religieux de Com-piegne vendirent ce Fief à un particulier nommé d'*Henaut*, des héritiers duquel il a paffé aux auteurs du fieur Bergeron de la Tour, Infpecteur des Chaffes de Monfeigneur le Duc d'Orleans, qui le poffède aujourd'hui.

Il coule dans les jardins de ce Fief une fource d'eaux minérales vitrioliques, qui ont joui d'une grande réputation. M. Duclos en parle dans fon Analyfe des Eaux minérales de France. La plûpart des Dictionnaires en font mention. Elles ont la vertu de foulager les perfonnes attaquées de maladies néfrétiques, telles que la gra-velle & la pierre, ainfi que les fiévres invétérées. Cette fource eft connue fous le nom d'*Eaux minérales de Verberie*.

Au-deffous du Fief de S. Corneille, affez près du ru de Rouanne, il y avoit un pont fur la riviere d'Oife, à l'endroit où paffoit l'an-cien chemin de Flandres. Les titres l'appellent *Pont de la Rouanne*, à caufe du droit de ce nom qu'on y percevoit; *Pont de Flandres*, à caufe du chemin, & pont du Marthoy, à caufe d'un Fief de ce nom, dont le territoire alloit jufqu'à ce pont. En 1482, un cer-tain Robert de Camp, Ecuyer, tenoit ce Fief à vie du Chapitre de Senlis. Le pont, étant tombé de vétufté, fut relevé au commen-cement du regne de Charles VI. Monftrelet parle d'un corps de troupes qui venoit de delà l'Oife, & qui paffa au-deffous de Ver-berie *fur un pont neuf*.

2. Herneufe s'écrivoit originairement Hez-neuve, *Haia nova*. Il y avoit en cet endroit un troifiéme pont, un hameau, & un ma-noir Seigneurial. Le pont eft appellé dans les Chartes, *Pont de Bamboine*: ces Chartes font mention de deux moulins fitués l'un deffus le pont, l'autre à côté. Il ne refte plus du hameau, que deux fermes placées en-deça de l'Oife vis-à-vis Rivecourt. Le manoir Seigneurial renfermoit dans fon enceinte les prifons du Palais,

(1) Diplcm. p. 563. & & 582.

qui fervoient auffi à toute la contrée. Le Geolier de ces prifons profitant des troubles, avoit eu le fecret d'ériger fa place en
Fief héréditaire. Pour accompagner ce Fief, il avoit bâti, à côté
des prifons, un château qu'on appella l'hôtel du *Vintre*, du mot
latin *Vindor*, qui exprimoit fes fonctions & fon titre. Nous parlerons avec quelque détail de cette charge finguliere. Nos Rois
ont aliéné une partie du territoire de Herneufe, en faveur des
Mathurins de Verberie, qui y poffédent actuellement une ferme.

3. Le château du Bois d'Ajeux occupoit l'emplacement de la
ferme, qu'on nomme aujourd'hui l'*Abbaye*. Charlemagne l'embellit à un point qu'on ne croiroit pas, fi l'on n'en avoit des preuves récentes. Ce château fut bâti pour fervir d'accompagnement
au Palais de Verberie, & pour en varier le féjour. Charlemagne y
prodigua des ornemens & des richeffes de tous les genres. Les bâtimens de cette Maifon de plaifance avoient peu d'élévation, en
comparaifon de ceux du Palais; mais le marbre, les dorures &
les mofaïques, en décoroient les appartemens. On rebâtit il y a
vingt ans la ferme de l'Abbaye. Pour affeoir de nouveaux fondemens, on remua beaucoup de terres. On trouva en plufieurs endroits des bris d'un très-beau marbre, en fort grande quantité, &
des morceaux de mofaïques de la plus belle confervation, quoiqu'enterrés depuis plufieurs fiécles. De belles eaux, des canaux
& des étangs, entretenus & renouvellés continuellement par le
bras de la riviere d'Oife, qui commençoit à la Croix, & fe déchar-
geoit dans l'Oife, plus bas que le château, ajoutoient beaucoup à
l'agrément du féjour.

Le château des Ajeux avoit un territoire & une juftice. Ce territoire comprenoit un parc, deftiné à recevoir des bêtes fauves,
efpéce de ménagerie, & tout l'efpace qu'on nomme encore préfentement les Ajeux, le long de l'Oife jufqu'auprès du village de Sar-
ron. Le Roi entretenoit un *Sénéchal* dans ce Château. Cet Officier y jouiffoit des mêmes prérogatives, que l'Œconome ou Juge
du *Prædium*.

Charlemagne & Louis le Débonnaire conferverent ce Domaine,
fans en rien démembrer. Charles le Chauve ne fe plaifoit pas
moins au bois d'Ajeux, que fes Prédéceffeurs. Cependant il réfolut,
la derniere année de fa vie, de faire préfent du château à la Communauté des Clercs de S. Corneille de Compiegne (1). L'acte de
fa donation eft daté de l'an 877. Le Roi ajouta à ce préfent deux

(1) D. Bouq. t. 8. p. 659. 660.

Chapelles, avec des droits de dixmes attachés à chacune ; il tranfmit auffi aux Clercs de Compiegne, le droit de Juftice pour le
château & fes dépendances. Les Clercs de S. Corneille continuerent le Sénéchal du Roi dans les fonctions de fa charge.

En l'an 1259, Pierre de Verberie affigna au Parlement Jean de
Longueil, Abbé de S. Corneille de Compiegne, afin que défenfe
lui fût faite, d'exercer aucun droit de Juftice au bois d'Ajeux. La
caufe étant compliquée, Jean de Longueil ne comparut pas d'a-
bord ; il fournit enfin fes défenfes au Parlement dans l'Octave de
la Nativité de la Sainte Vierge en 1259, & il fut confirmé dans
fon droit. Une piéce tirée des Archives de la Cathédrale de Beauvais, & datée de l'an 1293, fait mention du Sénéchal, que l'Abbé & les Religieux de Compiegne avoient au Bois d'Ajeux, pour
rendre la Juftice, & gérer leurs affaires.

Le château du Bois d'Ajeux fervoit de maifon de plaifance aux
Religieux de S. Corneille. Ils y venoient en batteau de Compiegne, par le canal de la Conque. Il paroît qu'il fut incendié & détruit
par les Anglois, en même temps que le Palais de Verberie, fous
le regne de Charles VI. L'Eglife du château avoit S. Roch pour
patron. On ne voit plus préfentement ni château, ni Eglife. Le
Bois d'Ajeux n'eft plus qu'un hameau, relevant de la Paroiffe du
Crucifix de Compiegne. Cette Paroiffe, par un privilége affez fin-
gulier, s'étend fur des lieux des trois Diocefes, de Soiffons, de
Noyon, & de Beauvais. Le Bois dépend actuellement de la manfe
Abbatiale de S. Corneille, réunie à l'Abbaye du Val-de-Grace à
Paris.

4. Nous parlerons avec quelqu'étendue au Livre fuivant, de la
terre de *Fay*. Nous ne confidérerons ici ce domaine, que rélativement au Palais de Verberie. Les grands Palais avoient ordinairement parmi leurs dépendances, un *Fay*, une *Boiffiere*, & une *Borde*.

Nos peres appelloient *Fay*, un lieu planté de faux, arbre qui
porte fa cime fort haut ; de même que nous nommons *Chefnoye*,
un endroit planté de chênes. Les Rois des deux premieres races,
trouvant dans les Gaules des forêts touffues de toutes parts, prenoient plaifir à bâtir & à s'approcher des cantons où le hêtre dominoit plus que le chêne ; parce que les places où croît le faux, font
ordinairement dégagées d'épines, de buiffons, & de mort-bois,
qui font autant d'obftacles au divertiffement de la chaffe.

Le Palais de Verberie avoit trois *Fays* dans fa dépendance :

le grand Fay, le petit Fay, & le Fayel. Le grand Fay est la terre de Fay, *terra de Fayaco*, dont nous ferons la description. Le domaine de cette terre s'étendoit sur toutes les dépendances du Palais, situées sur la montagne. Après avoir été démembrée du Palais de Verberie, elle fut donnée en Fief aux Bouteillers de France, dont les descendans en firent présent au Monastere de Chalis.

Le petit Fay est mentionné dans plusieurs dénombremens de l'Eglise de Beauvais. L'hôtel de ce Fief tenoit à Francourt ; autre Fief contigu lui-même au grand Fay, & dont le nom latin *Francorum curtis* semble indiquer, que son origine est due aux premiers Francs, qui se sont établis dans le canton. On ne voit plus aucun vestige de l'hôtel du petit Fay.

Le Fayel est présentement une terre dépendant de la Paroisse de Rivecourt, à côté du Bois d'Ajeux. Les Seigneurs de la Mothe-Houdancourt, à qui cette terre appartient encore, y ont bâti un très-beau château, à la place du premier.

Les anciens châteaux de Crépy & de Pontoise avoient chacun une *Boissiere*, ainsi que le Palais de Verberie. Ce terme signifie un bosquet, un lieu planté de charmilles, aussi étendu qu'il faut de terrein dans un champ, pour recevoir la semence d'un boisseau (1). La Boissiere ne paroît pas avoir jamais été un Fief. L'hôtel de la Boissiere a été originairement donné par nos Rois à des particuliers, à la charge de quelques redevances, de celle du Message entr'autres. Ces particuliers obtinrent la permission de s'y fortifier pendant les troubles.

En l'an 1246, l'hôtel de la Boissiere appartenoit à un certain Henry Piat, qui devoit deux sols de rente sur son hôtel, à Pierre de Verberie, Prevôt de Senlis. Sous le regne de Charles VI, l'hôtel de la Boissiere a soutenu plusieurs siéges contre les Anglois ; ceux qui l'occupoient la défendirent très-bien. La Boissiere n'est plus présentement qu'une ferme, située sur la Paroisse de S. Vast, au milieu des champs, sans voisinage.

Le nom de *Borde* signifie une ferme, une métairie. La Borde a toujours dépendu du grand Fay. Le château de Crépy avoit aussi ses Bordes près Saint Thomas. La ferme de la Borde est appellée *Borda de Fayaco* dans tous les titres de Chalis qui en font mention. J'ai eu communication d'un dénombrement de l'an 1464, appartenant à l'Eglise Cathédrale de Beauvais, dans lequel

(1) Du Cang. Gloss.

il eſt marqué, qu'il y avoit à la Borde *Hoſtel* & *Grange*, c'eſt-à-dire, un petit château & une ferme. Les jardins de l'hôtel s'étendoient juſqu'aux bois de Capy, où l'on voyoit encore des traces de murs, au ſiécle paſſé. En 1748, une ravine a découvert un très-beau puits, dans un endroit qui faiſoit autrefois partie des jardins de la Borde, plus près des bois de Capy que de la ferme actuelle. La Borde dépend encore des Religieux de Chalis, de même que le grand Fay. Le Palais de Verberie étoit ſitué entre la Borde & le Bois d'Ajeux, ſur une même ligne. La chauſſée Brunehaud paſſe entre la Borde & Chavercy.

L'Auteur du Supplément à la Diplomatique du P. Mabillon diſtingue pluſieurs Claſſes des châteaux de plaiſance, où les Rois de la premiere & de la ſeconde race ſe rendoient. Il place les Palais de Quierzy & de Verberie dans la premiere, à cauſe de l'étendue & de la magnificence de leur bâtiſſe. Le plan que je viens de tracer ne laiſſe rien à déſirer, ſur la diſtribution des Palais du premier ordre. En ajoutant aux lieux que j'ai nommé parmi les dépendances du Palais de Verberie, Bethyſi, une partie de Roberval & de Rhuys, avec tous les lieux de la Châtellenie actuelle de Bethyſi & Verberie, que je n'ai pas nommé, on aura l'arrondiſſement de l'ancien reſſort de ce Palais. La Juriſdiction & le gouvernement de ce reſſort appartenoient au Juge ou Châtelain de la tour, préſentement S. Corneille, avant que cette juriſdiction fût transférée au fort château de Bethyſi, ſous le regne de Robert.

19. Les Courtiſans ont toujours été attentifs à imiter les Souverains dans leurs actions. Ils trouvent dans cette conduite l'avantage de plaire à des Princes, qui prennent plaiſir, comme le reſte des hommes, à voir retracer dans autrui leurs gouts & leurs inclinations. Ils ont auſſi la ſatisfaction perſonnelle, de participer en quelque maniere à l'éclat & à la majeſté du Trône.

Oger, ſurnommé le Danois dans les Romans, parce qu'on le confond avec le Général Hochery, ce Danois ſi connu par ſes exécutions ſanglantes, avoit la meilleure part dans la bienveillance & dans l'affection de l'Empereur Charlemagne. Afin de mériter de plus en plus les témoignages de ſon eſtime, Oger réſolut de faire conſtruire auprès du Palais de Verberie, au milieu d'un domaine qu'il tenoit des libéralités du Prince, un château dont l'architecture imitât en raccourci, celle du Palais de Verberie.

Le domaine qu'Oger tenoit en bénéfice de l'Empereur Charlemagne-

Emagne , comprenoit Oger-Saint-Mard, & Oger-Saint-Vincent, chef-lieu du territoire, qui a pris son nom de celui de son possesseur : Reuilly , Chamicy, Verrines, Leplessy - Cornefroy, Trumilly & Chavercy.

Plusieurs chemins anciens traversoient ce territoire ; la chaussée Brunehaud , le chemin de Syrie & le grand chemin de Bapaume ou de Flandres. Nous avons assez parlé de la chaussée Brunehaud. Le chemin de Syrie passoit à l'endroit, où l'on voit présentement le chemin Boquilleret : il traversoit la chaussée Brunehaud & le chemin de Flandres, où plutôt conduisoit de l'un à l'autre. L'étymologie de ce nom de Syrie est remarquable. Les Marchands Syriens faisoient seuls le commerce extérieur & intérieur de la France , au temps de Frédégonde qui les protégeoit beaucoup. Leur crédit a duré plusieurs regnes, & les anciens chemins de commerce ont retenu leur nom en plusieurs endroits. (1).

Le grand chemin de Flandres ou de Bapaume , qui conduisoit de la Champagne & de la Brie à Crépy, & de Crépy en Flandres, se divisoit en plusieurs branches auprès de Chavercy. On le nomme en quelques endroits chemin de Nanteuil. Il y a eu deux chemins de Flandres , de Chavercy à la riviere d'Oise : l'un commençoit à la chaussée Brunehaud, au-dessus de Saint-Martin Béthysi, passoit à Chavercy , à Ville-neuve, à Noë-Saint-Martin dans le marais, où l'on trouve encore, en creusant à deux pieds, une arche de pont & le sol d'une chaussée. Delà ce chemin aboutissoit au pont de Rouanne, au-dessous de Verberie. L'autre chemin venoit de Crépy en droiture, passoit à Chavercy, tomboit à Rhuis, & delà au pont de Rouanne, où l'on passoit l'Oise. Il reprenoit de l'autre côté de l'Oise ; traversoit le marais de Longueil, alloit droit au Fayel, à la Chapelle de Saint Sulpice , où l'on en voit encore des traces, & de là à Estrées-Saint-Denys.

Au milieu de la plaine où passoient ces chemins , s'éleve un monticule long d'un quart de lieue , & large d'environ trois cens pas. Il est de toutes parts environné de pentes, comme un tertre : sa surface est applatie. Oger, qui avoit conçu le dessein de bâtir un château, choisit ce monticule pour le placer. Il trouva , vers le milieu d'une des longueurs de ce tertre , un enfoncement

(1) Dissert. sur le Com. des 2 prem. races , T. Paris, Ganneau 1753.

demi-circulaire, & il réfolut d'y bâtir. Il fit conftruire fon édifice fur ce plan.

On éleva, au centre du fer à cheval, une groffe tour. Deux autres tours terminoient les deux extrémités du demi-cercle. Entre le centre & chaque extrémité, on bâtit à égale diftance, deux autres tours, cinq en tout. On plaça la Chapelle entre deux tours, & on remplit de bâtimens les intervalles des autres. En 1690, on voyoit encore des pans de murs de la Chapelle. Ces bâtimens & ces tours fervoient de terraffes au monticule. On entroit dans chaque tour de plein pied vers la plaine, par une porte de fer; (on voyoit encore en 1749, celle de la tour du milieu dans fes ruines), de gros murs de ter-raffes, élevés à la hauteur du monticule, formoient un bas éta-ge des édifices & des tours. Quelques lucarnes étroites don-noient du jour dans les logemens de cette partie inférieure: les cuifines & les magafins occupoient le rez-de-chauffée; ils n'avoient d'autre iffue, que les portes des tours, du côté de la plaine. De longues caves, bien voûtées, regnoient fous le mon-ticule en plufieurs endroits.

Les appartemens avoient leur afpect & leur iffue, à la partie fupérieure du monticule, dont la furface étoit couverte de jar-dins & de bofquets. Un mur folide couronnoit les puits du monticule. Le fort château de Chavercy, conftruit fur ce plan, joignoit à la folidité des fortereffes, tout l'agrément des mai-fons de plaifance.

La fituation de ce château donnoit à Oger la facilité de faire une cour affidue à l'Empereur Charlemagne, lorfque ce Prince venoit paffer au Palais de Verberie, une partie de la belle faifon. Oger avoit en fa faveur, tout ce qui pouvoit lui mériter les égards de l'Empereur fon maître (1). Une noble extraction relevoit l'éclat de fes vertus guerrieres. Il avoit la taille haute & bien prife. En mefurant fes offemens, qui font confervés au tréfor de S. Pharon de Meaux, on a reconnu qu'Oger devoit avoir huit pieds de hauteur (2). Charlemagne aimoit beaucoup à voir parmi fes courtifans des hommes d'une telle ftature, parce qu'il avoit lui-même une taille avantageufe.

Oger confervoit un fond de piété, qui lui faifoit trouver un vrai plaifir à vifiter les Monafteres & les perfonnes d'une vie exem-

(1) Sec. 4. Bened. p. 662.   I (2) Hift. Meaux, t. 1. p. 77.

plaire, dans les temps où ſes fonctions ne le demandoient ni à la Cour, ni dans les armées. Il prit lui-même à la fin, le parti de renoncer au monde, à cette occaſion.

Il entra un jour dans l'Egliſe de S. Pharon de Meaux pendant l'Office, habillé d'une maniere extraordinaire, ceint d'une eſpéce de fraiſe, d'où pendoient des grelots, ou petites ſonnettes. Sa démarche, ſa taille extraordinaire, le bruit même de ſes ſonnettes, ne détourna aucun des Religieux, du profond recueillement avec lequel ils aſſiſtoient à l'Office. Un ſeul Novice cédant à une curioſité naturelle, oſa jetter un regard ſur Oger. Il fut puni à l'inſtant d'une maniere très-ſévere. On voit encore la figure de ce Novice, parmi celles qui ſont repréſentées autour du tombeau d'Oger à S. Pharon.

Ces marques d'un parfait recueillement firent impreſſion ſur l'eſprit d'Oger. Il en fut d'abord édifié. La réflexion enſuite lui inſpira le deſſein d'imiter dans la retraite, les vertus qu'il admiroit.

Avant de rien exécuter, Oger fit part de ſa réſolution à l'Empereur Charlemagne. L'Empereur ſacrifiant la ſatisfaction de poſſéder auprès de lui ſon favori, aux vues de perfection que celui-ci avoit conçues, conſentit à ſa retraite. Oger remit à l'Empereur les domaines qu'il poſſédoit dans le Valois, & les bénéfices militaires dont il jouiſſoit. Il prit l'habit de Religion au Monaſtere de S. Pharon de Meaux, & mourut en cette Abbaye, après trois ans de profeſſion, le trentiéme jour de Décembre. Il y fut inhumé; & l'on voit encore le magnifique tombeau qu'on éleva à ce Héros, en mémoire de ſes exploits & des ſentimens de religion, qu'il couronna par un renoncement ſans réſerve à tous ſes biens.

Nous avons remarqué qu'il ne faut confondre Oger de Chavercy, ni avec le Saxon Anſcher, ni avec le Danois Hochery. Le dernier ne commença à ravager la France qu'en 841, plus de trente ans après la mort de notre Oger.

Les dépendances de Chavercy & de la terre qui a conſervé le nom d'Oger, revinrent au Domaine de la Couronne.

20. Je n'ai pu découvrir quel nom portoient la terre d'Oger-Saint-Vincent, & le hameau d'Oger-Saint-Mard, avant qu'Oger les eut reçus en bénéfice de l'Empereur Charlemagne. L'Auteur de l'Hiſtoire de la Tranſlation de S. Arnoul, faite en l'an 949, appelle *Otgerius* la terre d'Oger-Saint-Vincent. C'eſt à tort que les Géographes écrivent *Auger* ſur leurs cartes. La terre d'Oger paſſa du

Domaine de nos Rois, à celui des Comtes de Crépy, vers le commencement du dixiéme siécle. Le Palais de Bouville dépendoit alors de la Paroisse d'Oger.

Raoul I, Comte de Crépy, ayant reçu dans la Chapelle de son château les Reliques de S. Arnoul, y fonda un Chapitre de Chanoines. Il donna à ce Chapitre l'Autel, c'est-à-dire, l'Eglise d'Oger avec ses revenus, & assigna une rente à chaque prébende, sur le produit de la terre d'Oger. Les Religieux de S. Arnoul ont succédé aux droits des Chanoines. En l'an 1222, l'Abbaye du Parc relevoit encore de la Paroisse d'Oger (1). En 1223, Clerembaud, Evêque de Senlis, confirma solemnellement les Religieux de S. Arnoul dans la jouissance des revenus attachés à l'Autel d'Oger.

Ces Religieux avoient aussi sur la Paroisse d'Oger, des cens, des rentes, & un droit de Justice. On lit dans les Registres *olim*, que vers l'an 1276, le Prieur de S. Arnoul fit relever ses fourches d'Oger. Le Bailli de Senlis s'y opposa pour le Roi. Le Prieur de S. Arnoul appella de la défense du Bailli au Parlement de l'Epiphanie 1277, & sur les titres qu'il produisit, le Parlement le maintint dans l'exercice de son droit. Les Religieux de S. Arnoul conservent encore quelques droits sur la terre d'Oger-Saint-Vincent.

La Seigneurie d'Oger-Saint-Mard passa aux Seigneurs de Nanteuil vers le milieu du onziéme siécle. Pierre le Gruyer, huitiéme fils de Philippe I, Seigneur de Nanteuil, prenoit la qualité de Seigneur d'Oger. Il y a encore à Oger-Saint-Mard un canton qu'on nomme *le Fief du petit Nanteuil*. Suivant une déclaration faite au dernier terrier de Valois, les habitans d'Oger-Saint-Mard, sont sujets à la bannalité du moulin de la Carriere à Duvy. Il est rarement question d'Oger-Saint-Mard dans les titres.

Il y avoit aux douziéme & treiziéme siécles dans le Valois, plusieurs familles qui portoient le nom de la terre d'Oger (2). On a des lettres de Philippe d'Alsace, Comte de Flandres, datées de l'an 1182, à la fin desquelles on lit le nom d'un Thibaud d'Oger (3). En l'an 1194 (4), il y eut un accord entre l'Eglise de Senlis d'une part, & Ermentrude, *noble Dame d'Oger*, de l'autre. On trouve parmi les preuves qui terminent l'Histoire de Meaux, une piéce de l'an 1252, qui met un Simon d'Oger & Agnès sa femme, au nombre des bienfaiteurs de Cerfroid. Un titre du Cartulaire

---

(1) Gall. Christ. t. 10. instrum. p. 416. 451.　(3) Gall. Chr. t. 10. p. 1406.
(2) Cart. morin. n° 75.　(4) T. 2. n° 361.

de S. Aubin, daté de l'an 1265, fait mention d'une Aalide, Dame d'Oger, qui demeuroit à Crépy. En l'an 1279, il y eut au Parlement de la Toussaint, une affaire concernant un certain Philippe d'Oger, dans laquelle les Bourgeois de la Commune de Crépy intervinrent, & coururent risque de perdre.

La terre d'Oger est l'une des mairies de la châtellenie de Crépy. Cette mairie comprend Oger-Saint-Vincent, chef-lieu, Oger-Saint-Mard, Villeneuve sur Verberie, le Luat, Fresnoy, la montagne & plusieurs Fiefs du canton. En 1475, le village d'Oger devoit sept livres seize sols de taille au domaine de Valois. En 1622, ce domaine perçevoit à Oger un droit de péage, qu'on affermoit avec la mairie du lieu. Il y avoit anciennement un grand chemin qui conduisoit de Chavercy à Nanteuil, & qui passoit par Oger-Saint-Vincent.

Depuis la retraite du fameux Oger au Monastere de S. Pharon, Chavercy & son territoire furent démembrés en faveur des Seigneurs de Crépy, des Comtes de Breteuil, Seigneurs de Nanteuil, & de quelques Gentilshommes. Nos Rois se réserverent la jouissance de Reuilly & de Chamicy. Ces lieux sont cités dans deux comptes rendus à Philippe Auguste (1), en 1217, & en 1219. Les Religieux de Sainte Geneviéve de Paris avoient alors au Plessis-Cornefroy des familles *d'hommes de corps*, qui leur devoient tous les ans une livre de cire par tête (2).

Les Normands, pendant leurs irruptions, endommagerent beaucoup le château de Chavercy. Ce château passa à des Avoués, qui en prirent le nom, & qui en conserverent la propriété.

En l'an 1162, Thibaud de Gonesse (3) possédoit à Chavercy un bien, sur lequel il donna une rente d'un septier de grain au Monastere de Chalis (4). Je trouve dans un acte de 1186, le nom d'un Pierre de Chavercy, qui avoit des dixmes, des cens & des hôtes à Champlieu. Ce Pierre de Chavercy est encore cité dans le Cartulaire de Philippe Auguste, parmi les Chevaliers de la Châtellenie de Senlis. En 1208, Gaufride, Evêque de Senlis (5), fit présent à son Eglise d'une rente de quarante sols, à prendre sur la maison d'Helvide de Chavercy. Quelques titres des deux années suivantes, font mention d'un Nicolas de

(1) Bruffel. vf. des Fiefs, t. 2. p. 445.
(2) Cart. S. Genev. Paris, fol. 160.
(3) Gall. Chr. t. 10. p. 215.

(4) Louv. Hist. Beauv. t. 2. p. 9. & suiv.
Cart. Ph. Aug. fol. 4. v°.
(5) Gall. Chr. t. 10. p. 1409. 1515.

Chaverey, qui donna de son vivant quelques biens au Monastere du Parc. Les Seigneurs de Nanteuil conservoient alors un reste de domaine sur le territoire de Chavercy. Ils avoient une part dans les bois & dans les essarts de Cornou, qui couvrent présentement une extrémité du monticule de Chavercy.

Nicolas de Chavercy eut un fils nommé Nivelon de Chavercy. Ils sont cités tous deux au Cartulaire de Chalis (1), le pere sous l'an 1210, & le fils sous l'an 1244. Nivelon de Chavercy jouissoit d'un grand crédit, & possédoit dans la contrée des biens considérables. Une partie de la terre de Glaignes relevoit de lui, à cause de sa Seigneurie de Chavercy.

Au commencement du siécle suivant, la terre de Chavercy entra dans la maison d'Orgemont, à laquelle appartenoit aussi la terre de Chantilly (2). En 1314, Pierre d'Orgemont se qualifioit Seigneur de Chantilly & de Chavercy. Les Seigneurs de Ver, près de Senlis, ont succédé aux Orgemonts. En 1352, Pierre II de Pacy en Valois fit son testament, & choisit pour l'un de ses exécuteurs testamentaires, *Monsieur Jehan de Ver, Seigneur de Chavercy, Chevalier* (3).

Le château de Chavercy passoit alors pour imprenable. Les Navarrois désespérans de l'emporter par la force, le ravirent à Jean de Ver par surprise. Nous reprendrons sous les dates convenables, la suite des successeurs de Jean de Ver, & les traits qui ont rapport à ce château.

Cette histoire d'Oger & de ses domaines nous conduit naturellement à cette réflexion. Presque tous nos compilateurs traitent le fameux Oger, comme un héros de roman, dont ils ont peine à reconnoître l'existence. Cependant nous lui trouvons un asyle & des terres dans le Valois. D. Mabillon & D. Duplessis ont donné une description de son tombeau. Les monumens justifient une partie, de ce que les anciens auteurs ont débité sur le compte de cet homme extraordinaire.

Au temps de Bergeron (4), on voyoit à Chavercy des ruines immenses; la tradition portoit, que le château détruit avoit été occupé par le fameux Oger. J'avois rejetté d'abord cette tradition comme une fable, Chavercy n'étant plus qu'un hameau, sans traces apparentes d'anciens édifices. Les premieres décou-

(1) Cart. Carol. roq. n° 2.
(1) Anselm. t. 6, p. 338.
(3) Hist. Chât. Duchesn. p. 662.
(4) Val. Roy. p. 12.

vertes en ont amené d'autres, & m'ont obligé de reconnoître comme un sentiment solide, ce que j'avois regardé comme une fable.

Au reste, il n'est pas de fable qui n'ait une vérité, un fait pour fondement. La fable obscurcit la vérité sans l'anéantir. Elle la couvre de nuages sans la détruire. Dissipez ces nuages avec le flambeau de la critique, & la vérité paroîtra dans tout son jour.

21.Nos Rois demeurerent maîtres du château de Vic-sur-Aisne, jusqu'à l'an 814. L'Empereur Charlemagne, cédant aux sollicitations de Louis le Débonnaire son fils aîné, & de la Princesse Berthe sa fille, donna la terre & le château de Vic-sur-Aisne au Monastere de S. Médard de Soissons, par un acte en bonne forme (1). Charlemagne conserva les droits qu'il avoit sur la terre de Berny, & les transmit à ses successeurs : ce qui prouve que la terre de Berny n'avoit été donnée à Marchiennes qu'en partie, ou qu'après la mort de Sainte Eusoye. Le domaine avoit repris une portion de cette terre. Le Monastere de Marchiennes conservoit encore une part dans Berny, sous le regne de Louis VII. Charles le Chauve, ayant dessein d'imiter la dévotion de son Aïeul & de son pere envers S. Médard & S. Sébastien, fit présent au Monastere de Soissons, où reposoient leurs Reliques, de tout ce qui lui appartenoit à Berny. Cette donation nous est connue par un acte du Concile de Douzy, tenu en l'an 871. L'acte qui confirme les Religieux de S. Médard dans la possession de tous leurs biens, porte que le Roi Charles le Chauve, a fait présent de Berny à S. Médard, à condition qu'aux jours de S. Sébastien & de S. Médard, de son anniversaire & de ceux de l'Empereur son pere, de sa mere, de la Reine son épouse, & de ses enfans, les Religieux auroient réfection, c'est-à-dire, qu'on devoit leur donner, à chacun de ces jours, un repas extraordinaire (2).

Charlemagne mourut en 814, après avoir associé son fils à l'Empire. Nous n'avons pas, sous le regne de Louis le Débonnaire, des évenemens aussi remarquables à rapporter que sous Charlemagne. Louis le Débonnaire fut un génie sans essor, foible, & sujet aux préjugés.

22.On lit dans Eginhard, que Louis le Débonnaire tint en 820

---

(1) D. Bouq. t. 9. p. 461.   (2) Hist. N. D. de Soiss. p. 432.

l'affemblée générale des Grands de la nation, au Palais de Quierzy, & qu'il y prit le divertiffement de la chaffe pendant la faifon
de l'Automne. Il paffa au même Palais l'Automne de l'an 828.
Plufieurs Auteurs témoignent que ce Prince trouvoit toujours un
nouveau plaifir à chaffer dans les bois de Quierzy, qui renfermoient une partie de la forêt de Laigue, les bois de Brétigni &
d'Orcamp.

28.Le regne de ce Prince fut agité par des revers & par des infortunes, qui eurent leur fource dans l'ambition & les galanteries de
l'Impératrice Judith fon époufe. Louis avoit plufieurs fils d'un premier mariage, auxquels il avoit déja partagé fes Etats. Ayant
époufé Judith en fecondes noces, il en eut un fils nommé Charles (1). Judith follicitoit l'Empereur de revenir contre le premier
partage, & d'en faire un nouveau, dans lequel fon fils ne feroit
pas oublié. Les Princes du premier lit reçurent avec un mécontentement extrême, la propofition d'un nouveau partage. Ils fe
déchaînerent, Pepin furtout, l'aîné des trois, contre les deffeins
de leur belle-mere; ils blâmoient hautement fa conduite, & re-
prochoient à l'Empereur leur pere une déférence aveugle aux
caprices & aux volontés d'une femme entreprenante, qui vouloit tout bouleverfer, & troubler l'ordre que l'Empereur avoit
établi dans le partage de fes Etats.

Sous le prétexte de venger l'honneur de leur pere, & de le rendre
difoient-ils, à fa dignité, à fon bon fens & à lui-même, ils leve-
rent une armée dont Pepin prit le commandement. Ils affemblerent cette armée pendant le temps que l'Empereur vifitoit les places maritimes de fes Etats, vers le commencement du Carême de
l'an 830. Pepin étant parti d'Orléans à la tête de ce corps d'armée,
s'avança jufqu'à Verberie, dans l'efpérance de furprendre l'Empereur. Tous les pays qu'il traverfa dans fa route, embrafferent
fon parti.

L'Empereur, ayant été averti à propos de tout ce qui fe tramoit
contre lui, fe rendit à Compiegne avec diligence, accompagné
de l'Impératrice fon époufe. Apprenant que le corps d'armée de
Pepin furpaffoit en nombre les troupes qu'il pouvoit oppofer aux
entreprifes de ce fils rebelle, il commença à craindre pour lui,
& plus encore pour l'Impératrice. Il réfolut d'envoyer cette Dame à Laon: Judith n'eut pas le temps de gagner cette place forte.

(1) Vit. Lud. Pii, cap. 15. & feq. Chr. S. Den. liv. 5.

Elle

Elle fut furprife par deux Officiers, que Pepin avoit envoyés de Verberie à fa pourfuite. Livrée à la merci de fes beaux fils, l'Impératrice fut obligée de fe prêter à une partie des conditions qu'on exigea d'elle. On l'envoya à l'Empereur, pour lui perfuader qu'il devoit abdiquer. Cette démarche n'ayant pas eu l'iffue qu'on en attendoit, Pepin employa la force pour contraindre fon pere & l'Impératrice fa belle-mere, à fe retirer dans un Monaftere, & d'y prendre l'habit de religion. Louis le Débonnaire demanda un délai qu'on lui accorda : ce délai le fauva.

Les évenemens qui fuivirent le temps, où Pepin leva fon camp de Verberie, la jaloufie de fes freres, le rétabliffement de l'Empereur à Nimégue, la feconde conjuration de fes trois fils, le fecond rétabliffement de Louis le Débonnaire dans l'Eglife de S. Denys en 834, font des faits étrangers à mon fujet. Nous obferverons feulement que l'Empereur, après la cérémonie de S. Denys, vint au Palais de Nanteuil, & que de Nanteuil il alla faire quelque féjour au Palais de Quierzy, où Templeux prétend qu'il attendoit fon fils Pepin, avec les Princes & les Seigneurs de fa fuite.

L'Empereur Louis, au lieu d'imputer au caractere dénaturé de fes fils, & à fa foibleffe pour Judith, les malheurs qu'il venoit d'éprouver (1), conçut une averfion finguliere pour le canton où Pepin avoit féjourné à la tête de fon armée, & pour tous les lieux en général qui avoient pris part à fa révolte. Il ne fit plus de voyage au Palais de Verberie. Il préféroit aux plus belles maifons de l'Ifle de France, fes Palais d'Allemagne, & celui de Quierzy.

24. Le féjour de Louis le Débonnaire à Nanteuil ne prouve pas, que cette terre dépendoit du Fifc. Les Rois s'arrêtoient aux Monafteres qu'ils trouvoient fur leur route, autant de temps que leur dévotion ou l'agrément des lieux les y retenoient.

Le Monaftere de Notre-Dame de Nanteuil fubfiftoit dès-lors. Sa premiere origine nous eft inconnue. On y obfervoit la Regle de S. Benoît. Douze fimples Religieux & quatre Profès en charge, favoir, un Prevôt, un Tréforier, un Sacriftain, un Infirmier, gouvernés par un Abbé, compofoient la Communauté. Je ne compte pas les Servans ou Freres rendus. Tous les jours on faifoit l'aumône, & l'on célébroit trois Meffes dans l'Eglife ; une Meffe baffe, & deux Meffes *chantées à notes*. Cette Eglife eft une des premieres de France où le chant Grégorien ait été introduit.

_____

(1) Vit. Lud. Pii. cap. 45.

Tome I.   A a

On conferve dans la Maifon un livre d'Evangile du neuviéme
fiécle, qui eft une rareté dans fon genre. Le commencement &
la fin ont été tranfcrits trois cens ans plus tard : mais l'écriture du
corps du livre eft un ouvrage, qu'on doit rapporter au regne de
Charlemagne, ou à celui de Louis le Débonnaire. La Généalogie de Jefus-Chrift felon S. Matthieu y eft notée toute entiere,
avec les chiffres & les lettres qu'on employoit alors. Feu M.
l'Abbé Lebeuf en a extrait ce qui fuit, dans le recueil manufcrit
de fes voyages :

LIBER GENERATIONIS IHGI XPI FILII DAVID

FILII ABRAHA ABRASam çenuit Ifaac &c.

sic erat FACTVM EST

Les deux derniers mots font le commencement de la Généalogie de Jefus-Chrift felon S. Luc. M. l'Abbé Lebeuf obferve
que tout le chant de ce livre d'Evangile, eft du a. e. Il ajoute
qu'en 1729, il avoit vu aux archives de cette même Maifon, un
très-beau Lectionnaire, du même temps que ce livre d'Evangile.

Je ferois porté à croire que ces deux livres auront été compofés pendant le féjour de quelque Roi. Ces Princes menoient avec
eux leur Chapelle, dans tous les lieux où ils fe propofoient de
paffer une Fête folemnelle. Nous en avons un exemple au fujet
du Palais de Verberie. Une Charte, expédiée en ce lieu l'an 854,
contient les noms de deux Chantres du Palais : l'un fe nommoit
Fulbert, & l'autre Leudbod, tous deux préfens. Le Roi Charles
le Chauve les confidéroit, à caufe de l'art du chant qu'ils poffédoient dans une grande perfection (1).

On préfume que la première Eglife de Notre-Dame de Nanteuil
a été conftruite ou renouvellée au neuviéme fiécle. On remarque
au Collatéral droit de l'Eglife actuelle, quelques chapitaux de
piliers qui portent l'empreinte d'une architecture fort ancienne.
Deux longues falles, l'une au-deffus de l'autre, formoient tout
l'édifice. La falle haute avoit la Sainte Vierge pour Patrone ; la
falle baffe portoit le titre de S. Jean-Baptifte. Les Religieux joui-

(1) Di Bouq. t. 8. p. 533.

rent en paix de leurs revenus, jusqu'aux irruptions des Normands, & ensuite jusqu'au temps de leurs brouilleries avec les Comtes de Breteuil.

25. Sous le regne de Louis le Débonnaire, la terre de Neuilly en Orceois changea de possesseur. Le Saxon Anscher décéda, & l'Empereur Louis fit présent de cette terre au militaire Donat, pour la tenir en bénéfice & à vie seulement (1). Donat, voulant assurer cette terre à ses enfans, gagna le Sécrétaire Bigon, auquel il fit expédier un Diplôme dans la forme requise, portant que l'Empereur lui avoit donné la terre de Neuilly à perpétuité. Cette fraude ne lui profita point. Il encourut la disgrace de l'Empereur, & perdit par une trahison, le domaine dont il avoit voulu s'assurer par la surprise. Lorsque Lothaire, fils de l'Empereur Louis, vint assiéger Châlons-sur-Saone, Donat trempa dans la révolte. Il abandonna la défense du château de Pomiers-sur-Marne, que l'Empereur avoit confié à ses soins. Cependant Louis le Débonnaire marcha en force contre son fils Lothaire, & s'avança jusqu'à une bourgade appellée *Calciacus.* Lothaire, qui avoit combattu contre les sentimens que la nature inspire, céda à la force des armes. Il fit prier l'Empereur son pere, de recevoir sa soumission & celle de tous ses partisans. L'Empereur accepta les propositions de son fils. Après lui avoir accordé le pardon qu'il demandoit, il reçut son serment & celui de tous ses sujets qui avoient embrassé le parti des rebelles.

Donat, confondu dans la foule, prêta serment comme les autres. Il possédoit le Comté de Melun en même temps que la terre de Neuilly. Ayant été convaincu du crime de trahison, après un sérieux examen de sa conduite, l'Empereur le priva du Comté de Melun & de la terre de Neuilly, sans réserve de la moindre dépendance. On investit de la terre de Neuilly, Othon, qui avoit été Huissier de l'Empereur Charlemagne. Donat fut déclaré inhabile à posséder aucune charge. Il ne put pas même obtenir la permission de bâtir un château sur les terres de son patrimoine.

L'acte, expédié par le Sécrétaire Bigon, suppose l'hérédité des Fiefs déja établie. Theganus (2), dans la vie de Louis le Débonnaire, assure que l'hérédité des Fiefs ou Bénéfices a été introduite sous ce regne : que cet Empereur est le premier des Rois François qui ait accordé à *ses Fidéles*, en toute propriété & pour toujours,

(1) D. Bouq. t. 6. p. 216. an. 834.   (2) Cap. 49.

par des actes signés de sa main, des domaines du Fisc qu'il avoit reçus de ses Ayeux ; ce qui ne s'étoit jamais vu avant lui. *Quod nec in antiquis nec in modernis temporibus auditum est, ut villas regias, quæ erant avi & tritavi, fidelibus suis tradidit in possessiones sempiternas, & præcepta manu suâ roboravit.*

Cette foible condescendance de l'Empereur Louis le Débonnaire aux désirs immodérés de quelques sujets ambitieux, a été la premiere cause des factions qui déchirerent la France sur la fin du regne suivant, & qui enleverent le Sceptre aux Descendans de Charlemagne.

26. Louis le Débonnaire mourut en 840. Charles le Chauve eut en partage le Royaume de France. Ses freres prirent possession des Etats d'Italie & d'Allemagne. Les commencemens du nouveau regne furent moins orageux que le milieu & la fin. Deux ans après son avenement à la Couronne, Charles le Chauve épousa Hermentrude, fille du Comte Adelhard, qui avoit été si puissant sous l'Empereur Louis. La cérémonie de ses nôces se fit à Quierzy (1) l'an 842. Charles partit de ce Palais après quelque séjour, & se rendit avec sa nouvelle épouse à Saint-Quentin, où il passa les fêtes de Noël & de l'Epiphanie.

Deux ans après cette solemnité, Charles le Chauve demeura au Palais de Quierzy, une partie de l'Automne. Il y tint l'assemblée générale de la nation, la veille des Ides d'Octobre, Indiction septiéme. Les actes de cette assemblée sont datés de la quatriéme année de son regne (2).

Plusieurs Conciles ont été tenus à Quierzy sous le regne de Charles le Chauve (3). Le premier fut convoqué en 849, contre les erreurs de Gotescalc, Moine d'Orbais. Gotescalc fut jugé par treize Evêques, dont les plus connus sont, Vénilon, Archevêque de Sens, Hincmar de Reims, Rothade, Evêque de Soissons, Loup de Châlons, Pardule de Laon, Rigbold Corévêque de Reims. On comptoit parmi les Abbés, Ratbert de Corbie, Bavon d'Orbais, & Hilduin de Haut-viliers.

Gotescalc, ayant été examiné, fut jugé incorrigible, & déposé de l'ordre de Prêtrise qu'il avoit reçu contre les regles. On le condamna au fouet & à la prison, en punition de son opiniatreté, & de son insolence. On lui défendit d'enseigner, & on lui imposa

---

(1) Annal. Bertin.
(2) Sec. 4. Bene.l. part. 2. p. 249.

(3) Ann. Bertin. Labb. t. 8. p. 55.

en silence perpétuel, qui fut vraisemblablement la plus dure de ses peines. On lui infligea celle du fouet, à Quierzy même, en présence du Roi Charles le Chauve : spectacle bien intéressant pour un Souverain. Après l'avoir contraint de brûler publiquement ses écrits, on le conduisit à l'Abbaye de Haut-viliers au Diocese de Reims, où il fut renfermé.

27. Au mois de Juin de l'an 850, Charles le Chauve convoqua une Cour pléniere au Palais de Verberie. Il y donna publiquement audience aux Envoyés d'Innicon, Duc de Navarre, & reçut leurs présens (1). Ces Envoyés, après avoir obtenu du Roi la paix qu'ils demandoient, s'en-retournerent. Dans le cours de cette assemblée générale, le Roi fit expédier plusieurs Diplômes. On a une Ordonnance de ce Prince (2), datée de Verberie, la dixiéme année de son regne, touchant quelques biens dont il fait présent à l'Eglise de Nevers. D. Germain (3) cite une autre Charte datée de Verberie au mois de Juin, concernant le Monastere de Cormery.

Le six des Ides d'Août, le Roi Charles le Chauve tint un Parlement, dont les actes ne sont datés d'aucun lieu (4). Le P. Mabillon dans ses Annales, pense que c'est à Verberie qu'il a été assemblé.

Charles le Chauve étant à Soissons l'an 852, indiqua un Concile à Verberie pour les Calendes de Septembre de l'année suivante 853. Après le Concile de Soissons, Charles vint à Quierzy sur-Oise, où il souscrivit avec les Evêques & les Abbés, les quatre fameux articles dressés contre la doctrine de Gotescalc (5). Ces quatre articles ont rendu célèbre le nom de Quierzy, dans les disputes des derniers temps touchant la prédestination.

Le Concile indiqué à Verberie pour les Calendes de Septembre 853, eut lieu un mois plutôt (6). Quatre Métropolitains y assisterent avec leurs Suffragans; Vénilon, Archevêque de Sens, Hincmar de Reims, Paul de Rouen, & Amauri de Tours. Il y vint aussi quelques Evêques de la Province de Lyon. L'on y parla de l'infirmité d'Hériman, Evêque de Nevers, dont il avoit été question au Concile de Soissons : l'on rendit à cet Evêque le gouvernement de son Eglise. Les articles que le Roi avoit fait publier au Concile de Soissons, furent approuvés à Verberie. Fulrad,

(1) D. Bouq. t. 7. p. 42. Flod. l. 3. cap. 4. Chron. Fonten an. 850.
(2) D Bouq. t. 8. p. 509.
(3) Diplom. p. 332.
(4) Ann. Bened. lib. 34. n° 58.
(5) Ann. Bertin.
(6) Labb. t. 8. p. 99. Baluz. t. 2. p. 584.

Abbé de S. Denys, obtint dans le fecond Concile de Verberie, la confirmation de plufieurs donations faites à fon Monaftere.

D. Bouquet rapporte (1) deux Diplômes expédiés au Palais de Verberie aux Calendes d'Août 854. Charles le Chauve ratifia en ce même lieu, un échange de plufieurs piéces de terre, fait entre un Seigneur nommé Betton, & l'Abbaye de S. Denys. On croit que c'eft de Betton que la terre de Bettancourt a pris fon nom. Un Betton y poffédoit quelques héritages.

Le Roi Charles avoit parmi les Chantres de fon Palais, un Diacre Fulbert. Ce Diacre qui avoit fuivi Charles le Chauve au Palais de Verberie, pria ce Prince de lui permettre l'échange d'un bien fitué près de Confavreux au pays d'Orceois. Fulbert obtint l'agrément du Roi, qui permit l'échange, & le confirma (2) par un Diplôme daté de Verberie, le cinq des Calendes de Juillet 854.

28 Le Palais du Chefne, *Palatium Cafnum*, eft une ancienne Maifon Royale, dont les Savans ont ignoré la pofition pendant plufieurs fiécles. La découverte de cette pofition eft due aux recherches de D. Michel Germain (3). Ce Savant a retrouvé les traces du *Palatium Cafnum* entre le Chefne Herbelot & Béronne, dans des ruines qui n'exiftent plus. Béronne & le Chefne Herbelot, font fitués l'un à une lieue, l'autre à une demie lieue du château de Pierrefonds vers l'Orient.

En l'an 855, le Roi Charles le Chauve paffa quelque temps au Palais du Chefne. Ce féjour nous eft connu par une Charte qu'il y donna, & que D. Bouquet a inférée dans fa Collection (4). On lit aux Annales de S. Bertin, qu'auffi-tôt après la mort de l'Empereur Charles le Chauve, arrivée l'an 877, on en porta la nouvelle à Louis le Begue fon fils, qu'on trouva au Monaftere d'Avenay au Diocefe de Reims. Louis fe rendit à Compiegne fur le champ, & indiqua une affemblée générale des Grands du Royaume, au Palais du Chefne (5).

Ce Palais doit être mis au nombre des Maifons Royales du fecond ordre. Il y avoit un Châtelain pour Gouverneur. La tige des premiers Seigneurs de Pierrefonds a commencé par un Châtelain du Chefne. Le Palais du Chefne ayant été détruit, ou par les Normands, ou par les factions des Seigneurs voifins, les Châ-

(1) Tom. 8. p. 532. 533.
(2) Diplom. p. 332.
(3) Diplom. p. 278.

(4) T. 8. p. 544. 545.
(5) Ann. Bert. ad an. 877.

telains qui avoient perdu leur hôtel & leur Fief, chercherent un lieu propre à être fortifié, pour y bâtir ce qu'on nommoit *une Ferté*. Ils choisirent le sommet de la montagne de Pierrefonds.

Etablis dans leurs châteaux, ces Châtelains imiterent la conduite des Seigneurs voisins. Ils s'appliquerent à étendre leurs dépendances, & partagerent avec les Chevaliers Seigneurs de Béronne, la plûpart des biens qui avoient appartenus au Domaine de la Maison Royale du Chesne. Nous donnerons la suite des puissans Seigneurs de Pierrefonds. Quant aux Seigneurs de Béronne, voici ce que j'ai découvert à leur sujet.

En l'an 1122, vivoit un Baudouin de Bérogne, Chevalier, qui signe comme témoin avec Dreux de Courtieux, & Henry de Banru, aussi Chevalier, l'acte d'une donation faite à Mornienval d'une piéce de terre sise à Jaulzy. Cet acte qui est au nom d'une Dame de Pierrefonds, a été passé dans l'Église de S. Jean de Cuise (1).

Le Cartulaire de Sainte Geneviéve de Paris contient un titre de l'an 1183, au bas duquel on lit le nom d'un Philippe de Bérogne parmi les souscriptions.

Immédiatement après la mort de la Comtesse Eléonore (2), le Roi Philippe Auguste étant à Paris, accorda au mois de Mai de l'an 1215, le droit de Commune aux habitans de Béronne. La Charte porte que le Roi a dans le lieu de *Béron* les droits d'ost & de procuration. Quelques-uns pensent que cette Charte de Commune pourroit aussi bien regarder les habitans de Baron près Nanteuil-le-Haudouin, que Béronne près Pierrefonds. Comme je trouve les noms abrégés de *Bron* & *Béron* dans des titres concernant Béronne, j'ai cru que la Charte en question appartenoit plutôt à la Commune de Béronne, qu'à celle de Baron. Vauberon tire sa dénomination de Béronne, ainsi que la Seigneurie de Banru.

Les titres du treiziéme siécle font mention de plusieurs personnes distinguées qui prenoient le nom de Bérogne. Je lis dans une piéce du Cartulaire de Mornienval, datée de l'an 1223, les noms d'un Jean de Cuise, d'Odon de Pierrefonds, de Raoul de Braine, & de Robert de Bérogne, *de Berogniis*, qui paroissent en qualité de Pleiges (3).

Renaud de Bérogne, Bailli de Vermandois, vivoit en 1231 (4).

(1) Cart. Morn. n° 32.   (3) Cart. Morn. n° 48.
(2) Cart. Ph. Aug. 2. p. fol. 57.   (4) Brussel. t. 2. p. 486.

Guillaume le Sellier, ayant fondé une Chapelle dans l'Eglife Collégiale de S. Thomas de Crépy, ce Bénéfice fut conféré à un Eccléfiaftique appellé Barthelemi de Bérogne.

En 1273, vivoit un Chevalier nommé Raoul de Béronne, qui avoit époufé Marguerite de Pierrefonds. Ce Chevalier nous eft connu par un acte de donation faite à l'Eglife Collégiale de Saint Thomas de Crépy, au mois de Septembre de la même année. Marguerite furvécut à fon mari, qu'elle avoit perdu en 1286. Je crois que ce Raoul de Bérogne eft le même qu'un Raoul de Mornienval, qui vendit en 1277, la part qu'il avoit dans la Vicomté de Pierrefonds.

On doit mettre au nombre des perfonnes illuftres qui ont porté le nom de Béronne, Guillaume, élu Evêque de Senlis en 1308. Guillaume de Béronne avoit été fucceffivement Chanoine & Doyen de l'Eglife Cathédrale de cette Ville (1). Dès que Guillaume eut été nommé Evêque de Senlis, les Chanoines de la Cathédrale conférerent la dignité de Doyen à Jean de Pierrefonds. Ils députerent à Reims ce même Jean de Pierrefonds, avec Jean de Béronne, & Etienne du Bouffey, *de Bouffeïo*, pour demander au Chapitre de l'Eglife Métropolitaine, la confirmation de leur élection. Guillaume de Béronne, Evêque de Senlis, mourut l'an 1312, vieux ftile, le Lundi d'après le troifiéme Dimanche de Carême. La Maifon des Seigneurs ou Chevaliers de Béronne s'eft éteinte vers le milieu du quatorziéme fiécle.

Bergeron (2) parle de deux effigies de Chevaliers, peints avec la cotte blanche jufqu'aux talons, ès vitres de la Chapelle de Béronne. Cette Chapelle de Béronne a été démolie derniérement, quoiqu'elle méritât les égards qui font dûs aux anciens monumens. Béronne n'eft plus qu'un hameau. Les Bourguignons & les Anglois ont ruiné ce lieu, fous le regne de Charles VI, pour fe venger des habitans, qui avoient fauvé leurs effets & leurs perfonnes dans le château de Pierrefonds. Après ce défaftre, la plûpart des familles, qui compofoient le bourg de Béronne, s'établirent à Pierrefonds.

Il y avoit à Béronne un Fief de la Douye, d'où relevoit un autre Fief de Villers, fis à Saintines près Verberie.

Le Chefne Herbélot eft un arbre remarquable par fa groffeur. Il eft fitué dans une plaine, fur la gauche du chemin qui conduit

(1) Gall. Chr. tom. 10. p. 1413.   (2) Val. Rdy. p. 24.

de

de Chelles à Crépy, à un quart de lieue de Chelles & de Reteuil.
Ce Chesne est figuré sur toutes les Cartes détaillées de l'Isle de
France.

29 Etélulphe, Roi d'Ouessex en Angleterre, allant à Rome en
l'année 855, fut reçu magnifiquement en France par le Roi Charles le Chauve (1). Ce Prince donna à Etélulphe tous les habits
Royaux, & le fit conduire jusqu'à la frontiere de son Royaume.
Etélulphe, à son retour de Rome, s'arrêta en France, & épousa
Judith, fille du Roi Charles. Comme les cérémonies de ce mariage
demandoient un Palais vaste ; où les deux Rois pussent étaler tout
l'éclat de la Majesté, Charles le Chauve choisit le Palais de Verberie. Les fiançailles se firent au mois de Juillet, & les nôces le 1e
jour d'Octobre 856. Le couronnement de Judith suivit son mariage, quoique cette pompe fût inconnue en Angleterre. Hincmar, Archevêque de Reims, qui s'étoit transporté au Palais de
Verberie, pour donner aux deux Epoux la bénédiction nuptiale,
présida aussi au Couronnement. Les prieres qu'il prononça dans
ces deux rencontres, ont été conservées (2) : elles prouvent qu'en
ce temps, la forme du mariage étoit déprécatoire, qu'on tendoit
le voile sur les époux, qu'on passoit l'anneau au doigt, & qu'on
faisoit le présent.

Etélulphe partit de Verberie après la célébration de ses nôces,
& retourna en Angleterre avec Judith son épouse. Cette alliance
ne dura point. Etélulphe laissa veuve la Reine Judith, l'année suivante 857.

30 Aux Nones de Juillet 856 (3), Charles le Chauve assembla les
Grands de son Royaume au Palais de Quierzy-sur-Oise, afin de
délibérer de concert avec eux, sur plusieurs objets importans. On
dressa quinze articles pour être envoyés en France & en Aquitaine, *ad Francos & Aquitanos*. Le onziéme porte, que les mêmes articles seront proposés de nouveau, & arrêtés définitivement dans une assemblée particuliere, qu'on indique à Verberie,
pour le 14 des Calendes d'Août. Cette convocation eut son effet,
comme on l'apprend d'une Lettre circulaire, dressée dans un Parlement tenu à Baisieux près de Corbie.

31 Depuis plus de dix ans, les Normands profitant des troubles
excités dans le Royaume, avoient fait diverses irruptions. Ils

____

(1) Ann. Bertin. an. 856.
(2) Baluz. Capit. tom. 2. p. 310.

(3) D. Bouq. t. 7. p. 622. 625.

entroient par l'embouchure de la riviere de Seine, & ravageoient tous les pays où ils pouvoient pénétrer. On les avoit déja vu devant Paris, où ne pouvant entrer, ils avoient pillé l'Abbaye de S. Vincent, aujourd'hui S. Germain-des-Prés, & s'en étoient retournés en Frife, chargés de butin. Ce ravage avoit été annoncé par quelques incurfions, que les perfonnes judicieufes regarderent comme les avant-coureurs de malheurs encore plus grands.

Les Clercs de l'Eglife Cóllégiale de S. Pierre & S. Paul de Paris, craignant ce qui devoit arriver (1), jugerent à propos de lever de terre le Corps de Sainte Geneviéve, de le renfermer dans une caiffe, & de le tranfporter avec les tréfors de leur Chapitre, dans un lieu sûr. On rapporte à l'an 845 cette premiere Tranflation.

La terre de Marify, fituée vis-à-vis Troefnes, dans le pays d'Orceois, appartenoit à un Seigneur appellé Hémogaldus. Le lieu de Marify n'eft pas nommé dans les actes de S. Vulgis, qui vivoit trois fiécles plutôt; mais on y fuppofe que des cultivateurs en occupoient le territoire, & le faifoient valoir. Troefnes & Marify fe regardent, & font à l'oppofite l'un de l'autre, fur les bords de la riviere d'Ourcq, l'un au Midi, l'autre au Nord.

On ne peut dire à quel titre Hémogaldus jouiffoit de la terre de Marify. On croit que Marify a été originairement une terre du Fifc, donnée à S. Médard de Soiffons par un Roi de la premiere race. Ce fentiment eft appuyé fur deux raifons. La premiere eft, que de tout temps, la principale Eglife de Marify a eu S. Médard pour Patron. 2°. Dans l'acte de confirmation des biens du Monaftere de S. Médard, préfenté au Concile de Douzy l'an 871, les deux Marifys, *Marifiaci duo*, font mis au nombre des dépendances de S. Médard de Soiffons (2). Suivant ce fentiment, Marify auroit été une ufurpation faite à S. Médard par le Seigneur Hémogaldus, ou par fes ancêtres, qui peut-être en avoient été les Avoués.

Hémogaldus offrit aux Clercs de Sainte Geneviéve un azile dans fes terres; ceux-ci l'accepterent. Quelques-uns d'entr'eux fe chargerent, de tranfporter à Marify le Corps de Sainte Geneviéve, & ce que le tréfor de leur Eglife contenoit de plus précieux (3). La Tranflation des Reliques fe fit avec folemnité

---

(1) Hift. Dioc. de Paris, tom. p. 2. 370.
(2) Hift. N. D. de Soiff. p. 432.

(3) Mir. S. Genov. lib. 2. Bolland. 7. Januar.

Hémogaldus les reçut dans son château, comme un dépôt précieux : & afin de leur marquer son respect, il donna au Chapitre de Paris, qui commençoit à porter le nom de cette Sainte, l'Eglise de son château, avec les revenus qui en dépendoient. Il y ajouta dans la suite, une partie des revenus de sa terre. Il se réserva seulement les corvées & les coutumes que les hommes de Marify lui devoient. Les Religieux de Sainte Geneviéve sont encore Seigneurs censiers de Marify : le Duc de Valois en est Seigneur Haut-Justicier.

Les Reliques célébres qu'on déposoit dans une Eglise, n'y demeuroient jamais seules. Une partie des Clercs attachés à l'Eglise d'où on les transféroit, les accompagnoit, & ne les quittoit point que le temps de leur retour ne fût arrivé. Le séjour des Clercs du Chapitre de Paris, dans la Chapelle du château de Marify, a été l'origine d'une Communauté qui a subsisté pendant long-temps. Cette Chapelle, soumise auparavant à l'Eglise de S. Médard, bâtie sur le même territoire, devint une Basilique indépendante de l'autre. On distingue encore deux Paroisses sur le territoire de Marify ; celle de S. Médard, & celle de Sainte Geneviéve.

L'Eglise Paroissiale de S. Médard, qu'on nomme aujourd'hui S. Mard, a été un Chapitre de Clercs ou Religieux, dépendant du Monastere de S. Médard de Soissons, & gouverné par un Prevôt. L'Eglise est présentement le titre d'une Paroisse & d'une Prevôté simple, de huit à dix mille livres de rente ; la Cure & la Prevôté sont à la nomination de l'Abbé de S. Médard.

La Cure de Marify-Sainte-Geneviéve doit être desservie par un Religieux de Sainte Geneviéve de Paris. L'Abbé nomme à cette Cure. En 1080, Hilgot, Evêque de Soissons, fit rebâtir l'Eglise de Marify, & la consacra.

On compte trois Translations des Reliques de Sainte Geneviéve à Marify. La premiere en 845, la seconde en 856, la troisiéme en 884. Ce sentiment qui semble combattu par le témoignage d'Abbon, est autorisé par les discussions du P. le Juge, dans son Histoire de la Vie & des Miracles de Sainte Geneviéve, imprimée en 1631. Abbon, dans son Poëme, avance que pendant un des trois siéges de Paris par les Normands, les Reliques de Sainte Geneviéve avoient été portées processionnellement dans la Ville. Le P. le Juge réfute ce passage d'Abbon, & prétend que la Châsse de Sainte Geneviéve n'a jamais été mise en dépôt dans Paris ; mais qu'aux approches des Normands, on la portoit loin du danger.

La seconde Translation des Reliques de Sainte Geneviéve à Marisy, a été faite au mois de Décembre de l'an 856. Les Clercs avoient sagement pris ce parti. Les Normands, après avoir brûlé & détruit leur Eglise & leurs demeures, mirent une seconde fois le siége devant Paris.

On place la troisiéme Translation de Sainte Geneviéve à Marisy, sous l'an 884, à la fin du mois d'Octobre. Ceux qui accompagnoient les Reliques, arriverent à la Ferté en Orceois, aujourd'hui la Ferté-Milon, la veille de S. Simon S. Jude, 27 Octobre. La Châsse de Sainte Geneviéve demeura pendant une nuit dans l'Eglise du château. Le départ des Reliques ayant été fixé au lendemain matin, on chanta sur les six heures une Messe en l'honneur de la Sainte, & à l'issue de cet Office, elles furent transportées à Marisy, & déposées dans l'Eglise du château. Le souvenir de cet évenement s'est perpétué à la Ferté-Milon. Tous les ans, on chante à six heures du matin une Messe, le jour de S. Simon vingt-huit Octobre, dans l'Eglise de Notre-Dame, en mémoire du séjour des Reliques à Marisy. La fête de cette troisiéme Translation se célébre tous les ans, le même jour vingt-huit Octobre.

Le Corps de Sainte Geneviéve resta à Marisy pendant six ans entiers, jusqu'à l'an 890. Lorsque le Roi Eudes eut chassé les Normands de l'Isle de France, on ramena les Reliques à Paris, où elles furent reçues avec l'allégresse & les distinctions dues aux mérites de la Sainte. Des titres anciens nous apprennent, que l'usage de brûler de petits cierges au pied de la Châsse de Sainte Geneviéve, par dévotion, avoit lieu à Marisy, pendant le séjour des Reliques.

32 Les domaines du Seigneur Hémogaldus s'étendoient sur une grande partie de l'Orceois. L'Empereur Louis le Débonnaire, content de ses services & de sa fidélité, lui avoit accordé le droit de *Ferté* sur ses terres. Il en profita pour son utilité & pour celle de toute la contrée : Il bâtit sur les bords de l'Ourcq une forteresse, qui a été l'origine de la ville actuelle de la Ferté-Milon.

Il y a quatre sentimens touchant les premiers commencemens de la Ferté-sur-Ourcq, qu'on a nommé depuis la Ferté en Orceois, & la Ferté-Milon. Le premier rapporte aux regnes de Chylpéric II & de Clotaire IV vers l'an 720, le temps où elle a été bâtie, par un *Seigneur* nommé Milon, qui y fit transférer les Reliques de S. Vulgis. Le fecond fentiment qu'on prétend avoir été tiré d'un ancien manufcrit, attribue la fondation de cette fortereffe à un Duc nommé Milon, ayeul d'un nommé Milon de Montlhéry. On ajoûte que ce Duc Milon, premier du nom, vivoit en 854, fous le regne de Charles le Chauve. Muldrac place cette même fondation fous le regne de Hugues Capet, vers l'an 988. Bergeron enfin, & l'Auteur de l'antiquité des Villes, difent que la Ferté-Milon a commencé fous le regne de Louis le Gros, par un fort qu'un Seigneur appellé Milon y fit conftruire, & dans lequel Hugues le Blanc fonda le Prieuré de S. Vulgis, en 1110.

Le premier fentiment n'eft qu'une conjecture avancée par le Traducteur de la Légende de S. Vulgis. Le fecond eft plus vraifemblable, mais il anticipe fur le temps où vivoit le Seigneur Milon, qui a donné fon nom à la fortereffe. L'opinion de Muldrac n'eft appuyée fur aucun fait. Celle de Bergeron fe réfute, en faifant voir que dès le regne de Henry I, il y avoit des Seigneurs de la Ferté-fur-Ourcq. La fondation de la Ferté-Milon, doit s'expliquer ainfi.

Hémogaldus ayant formé le deffein de bâtir auprès de l'Ourcq une Ferté, afin d'arrêter les Normands dans leurs courfes, choifit l'endroit où cette riviere femble fe brifer pour diriger fon cours vers la Marne. Cette pofition couvroit la plus grande partie du pays, & principalement les deux terres de Marify & de S. Vaft. Les Normands faifoient leurs incurfions par eau, fur des batteaux longs & étroits, qui pouvoient remonter dans les moindres rivieres

Il paroît certain qu'Hémogaldus avoit déja bâti la Ferté-fur-Ourcq en 845. La Tranflation des Reliques de Sainte Geneviéve à Marify le fuppofe : car, pour quelles raifons les Clercs de Sainte Geneviéve auroient-ils choifi Marify préférablement à tant d'autres lieux ? finon, parce que cette terre étoit garantie par une place forte. Ainfi je penfe qu'on doit rapporter la fondation de la Ferté-fur-Ourcq à la fin du regne de Louis le Débonnaire, ou au commencement de celui de Charles le Chauve.

Après qu'Hémogaldus eut conftruit à fes frais, une Ferté fur les bords de l'Ourcq, en-deça de Troefnes & de Marify, & à côté du village de S. Vaft, les habitans des lieux voifins s'affujettirent volontairement à plufieurs droits de coutumes & de corvées, dans la vue de concourir à la défenfe d'une forterefle , qui devenoit le boulevard de la contrée , non-feulement contre les Normands & les ennemis du dehors , mais encore contre les factieux & contre les troupes de féditieux qui défoloient l'intérieur du Royaume. Hémogaldus régla ces droits. Il exigea d'abord un nombre de corvées, jufqu'à ce que les ouvrages extérieurs de fa forterefle euffent été achevés. Enfuite il réduifit ces corvées à certains jours de l'année, pour l'entretien de ces ouvrages. Les habitans de Marify & de S. Vaft s'obligerent pour leur part, à fournir au Seigneur de la Ferté , les pieus & les fafcines dont il auroit befoin. On nommoit coutumes, les redevances qu'on payoit chaque année au Seigneur de la Ferté , pour l'entretien des troupes qu'il foldoit.

Telles étoient les extrémités de ces temps malheureux, où les Rois ne pouvant faire face à la multitude de leurs ennemis, fe trouvoient dans la néceffité de partager avec leurs fujets le pouvoir fuprême. On ne pouvoit oppofer d'autres barrieres, à la licence effrénée des factieux, & à la cupidité des barbares avides de butin, que des Fertés & des troupes. D'autres Fertés ont été fondées dans les mêmes circonftances, la Ferté-Gaucher, la Ferté-fous-Jouarre, la Ferté-Alais en Gatinois, &c.

Il eft certain qu'avant le temps où la Ferté-fur-Ourcq a été fondée, il y avoit une Paroiffe de S. Vaft, dont les maifons accompagnoient l'Eglife qui porte encore aujourd'hui le nom de ce Saint : on ne fait rien de fon premier état. Cette Paroiffe eft prefque toujours nommée avec celle de Marify-Sainte-Geneviéve, dans les Chartes anciennes. Malgré la donation du Seigneur Hémogaldus, ces deux Eglifes ont relevé immédiatement de l'Evêque de Soiffons, jufqu'en 1080. Vers ce temps, Hilgot, Evêque de Soiffons (1), céda au Chapitre de Sainte Geneviéve de Paris, par un même acte, les droits qu'il avoit fur les Eglifes de Marify-Sainte-Geneviéve, & de S. Vaft de la Ferté. Au Cartulaire de Sainte Geneviéve de Paris, ces deux Eglifes font fouvent citées comme deux Paroiffes contigues. Nous ferons ailleurs la defcription de la Ferté-fur-Ourcq, dont nous venons de difcuter l'origine.

33. Le Roi Charles le Chauve ne confervoit prefque plus d'autorité. Pepin fon neveu s'étoit joint aux Normands pour piller la France. Les Comtes & les autres Seigneurs commençoient à

_____

(1) Gall. Chrift. tom. 9. col. 352.

vivre en Souverains. On ne voyoit que violences & que pillages. Charles voulant tâcher d'y remédier, assembla à Quierzy le vingt-cinq Février 857, les Evêques & les Seigneurs qui continuoient de lui être fidéles. Il fut résolu que les Evêques dans leurs Dioce-fes, les Comtes & les Commissaires du Prince, chacun dans leur département, tiendroient des assemblées où les Evêques remon-treroient, combien c'est un grand péché de piller ; l'on ajoute que les Commissaires Royaux de leur côté, feront lecture des Loix & des Capitulaires qui défendent les mêmes excès ; menaçant des peines spirituelles & temporelles, ceux qui les commettroient à l'avenir : foibles moyens pour réduire des Seigneurs qui avoient les armes à la main. Aussi les désordres alloient-ils en croissant.

34. Quant aux Normands, Charles qui n'avoit pas assez d'armées pour leur faire face, essaya de gagner leur chef par argent (1). Etant au Palais de Verberie, il envoya vers Bernon, Chef princi-pal de ces Barbares, afin de l'engager à le venir trouver. Bernon se rendit auprès du Roi, qui lui offrit une grosse somme d'argent, s'il vouloit consentir à cesser ses pilleries & ses ravages. Bernon accepta la somme, & prêta serment de fidélité entre les mains du Prince. Ce tempéramment ne servit qu'à exciter la cupidité des autres Chefs, qui se livrerent à de nouveaux excès de fureur, dans la vue de se faire un sort pareil.

On tint la même année 858, un quatriéme Concile au Palais de Quierzy, dont Flodoard a fait l'extrait dans son Histoire. On arrêta sur la fin, que deux des Prélats présens seroient députés au Roi Louis qui étoit à Attigny, afin de lui faire part du senti-ment des Evêques, & des décisions du Concile.

35. Athon, l'un des Huissiers de Charlemagne, à qui l'Empereur Louis le Débonnaire avoit donné en bénéfice la terre de Neuilly en Orceois, mourut la seconde année du regne de Charles le Chauve (2). Donat qui avoit été privé de cette terre, parce qu'il avoit pris le parti des Enfans de Louis le Débonnaire contre leur pere, fit jouer des ressorts si puissans auprès du Roi Charles le Chauve, que ce Prince le remit en possession de la terre de Neuil-ly. Donat renoua ensuite ses premieres intrigues & tâcha de rendre cette terre héréditaire dans sa famille. Il réussit, & obtint cette survivance en faveur de son fils Gotselin.

Après la mort de Donat, Landrade sa veuve prit possession de

(1) Ann. Bertin. an. 858.　　(2) Dom Bouq. t. 7. p. 215.

la terre de Neuilly au nom de Gotſelin ſon fils. Comme elle n'a-voit pas élevé ſes enfans dans les ſentimens de fidélité & d'obéiſ-ſance qu'on doit aux Souverains, Gotſelin & ſes freres abandon-nerent le parti du Roi en marchant contre les Normands qui s'é-toient établis dans l'iſle d'Oiſſel. Charles le Chauve, indigné d'u-ne telle conduite, priva Gotſelin de la terre de Neuilly, & la réu-nit au Fiſc en l'an 858.

Landrade laiſſa paſſer dans le Roi les premiers mouvemens d'u-ne juſte colere. Elle employa enſuite de puiſſantes protections & de vives ſollicitations, dans l'eſpérance de rentrer en jouiſſance de la terre de Neuilly. Le Roi fut inflexible ; & afin de ſe déli-vrer des importunités de Landrade, il donna la terre de Neuilly au Monaſtere d'Orbais en 858, la vingtiéme année de ſon regne.

Les Moines d'Orbais céderent cette terre à un particulier nommé Rhotaüs. Celui-ci en fit préſent, ſous le bon plaiſir du Roi, à ſon frere Bernaüs, qui poſſéda pendant douze ans la terre de Neuilly.

En l'an 871, Charles le Chauve fit un voyage à Reims, où il eut la dévotion de viſiter l'Egliſe de S. Remy. Les Religieux de cette Egliſe profiterent de l'occaſion, pour redemander au Roi la terre de Neuilly, qui leur avoit appartenu. Ils firent voir à ce Prince le tombeau de Carloman, & lui préſenterent pluſieurs Chartes de ce Roi & de l'Empereur Charlemagne, qui aſſuroient à perpétuité la jouiſſance de la terre de Neuilly, à l'Egliſe de Reims. Comme la vue de ces objets ſembloit faire impreſſion ſur l'eſprit du Monarque, ils mêlerent les remontrances avec les prieres, & repréſenterent au Prince, qu'on ne peut ſans violer les Saints Canons & ſans prévariquer contre le Jugement du Saint-Eſprit, envahir les domaines que des bienfaiteurs décédés ont donnés en aumône : que l'Egliſe n'admet pas dans ſon ſein, des uſurpateurs aſſez oſés & aſſez endurcis, pour ne pas craindre les ſuites terribles des juſtes jugemens de Dieu.

Charles le Chauve ne put tenir contre de telles remontrances. Il rendit à l'Egliſe de Reims, la terre de Neuilly avec toutes ſes dépendances, & fit expédier ſur le champ un Diplôme, par lequel il rétabliſſoit l'Egliſe de S. Remy dans ſes premiers droits.

Cependant Landrade ne jugea pas à propos d'abandonner la par-tie. Elle revint à la charge, bien réſolue de ne pas lâcher priſe, qu'elle n'eut emporté, ſinon la terre de Neuilly toute entiere,

au

au moins quelques unes de ses dépendances. Aidée du secours de Gontier, de Hugues, de Waltrude & d'Elampodus son fils, de Robert & de Boson, elle vint à bout de s'emparer de quelques métairies dépendantes de Neuilly. Elle entreprit ensuite de faire trouver bonnes au Roi, ces voyes de fait, en lui présentant diverses Chartes qui avoient été surprises, tant à l'Empereur Louis le Débonnaire, qu'au Roi Charles le Chauve lui-même. Charles, ébranlé par les représentations de Landrade, fut rappellé à d'autres sentimens par les Religieux de S. Remy. Il ordonna des informations, qui dévoîlerent la supercherie de la Veuve.

Les Religieux de S. Remy, rassurés du côté de Landrade, craignirent d'être supplantés par les Officiers du Roi. Ceux-ci pouvoient faire valoir l'acte, par lequel Neuilly avoit été déclaré terre du Fisc. Afin, dans le besoin, d'opposer à cet acte une piéce plus authentique encore, les Religieux présenterent au Concile de Thousy, les Diplômes qui les confirmoient dans la possession de la terre de Neuilly en Orceois; on les lut, & il fut décidé d'une voix unanime, que cette terre n'appartenoit plus au Fisc, mais à l'Eglise.

Quatre ans après cette décision (en 875) Charles le Chauve fit un voyage à Rome. Son absence parut à Landrade & à ses enfans, une occasion favorable de faire revivre leurs prétentions. Ils firent jouer mille ressorts auprès de la Reine Richilde & de Louis le Begue, héritier présomptif de la Couronne, à l'insçu des Religieux de S. Remy. Landrade & ses fils, sur un faux exposé, obtinrent la permission de rentrer dans la terre de Neuilly. Le Clergé de Reims dissimula sa surprise & son mécontentement, jusqu'au retour du Roi Charles le Chauve. Ce retour ne tarda pas. Le Roi reçut avec des sentimens d'indignation, la nouvelle des menées de Landrade. Il l'obligea elle & ses enfans, à rendre la terre de Neuilly à l'Eglise de Reims. L'ordre du Prince est de l'an 876.

La conduite de Landrade est un exemple de la plus haute intrigue. Elle fait voir combien il est difficile de combattre les prétentions d'une femme ambitieuse, si injustes qu'elles soient. L'esprit de cabale fait colorer les procédés les plus odieux, il revient contre la foi des traités, & fait éluder jusqu'aux obstacles, qui paroissent naturellement insurmontables.

Lorsque l'Archevêque Hincmar écrivoit ces choses, l'Eglise

de Reims jouiffoit paifiblement de la terre de Neuilly. L'attention du Prélat à recueillir les faits que j'ai rapportés, l'ardeur avec
laquelle le Clergé de Reims pourfuivit le recouvrement de cette
terre, l'opiniâtreté des ufurpateurs à la garder, donnent une idée
diftinguée du bon état de ce domaine & de fon produit. De peur
que la force ouverte ne leur enlevât ce qui avoit échappé à l'intrigue, les Religieux de S. Remy chargerent un Avoué de la défenfe
de leur terre. L'Avoué entoura de fortifications cette demeure,
afin de tenir dans l'occafion contre les rebelles & contre les partis des factieux. Ces fortifications ont été le commencement du
premier château de Neuilly, de même que l'Eglife, fondée fous
Carloman, a été l'origine du Prieuré-Cure actuel de S. Remy au
Mont de Neuilly-Saint-Front.

Après la mort d'Hincmar, qui arriva en 882, Hugues le Bâtard, fils de Lothaire & de Waldrade, ravit à main armée, le
château & la terre de Neuilly à fes poffeffeurs. Il ne jouit pas
long-temps de fon ufurpation. Ayant raffemblé plufieurs troupes
de factieux, il ravagea la Lorraine, & fe joignit aux Normands.
Charles le Gros trouva moyen de le faire arrêter. On confifqua
tous fes biens, & en punition de fa révolte, le Roi lui fit créver
les yeux en l'an 88▪, & l'envoya d'abord au Monaftere de S. Gal,
puis à celui de Prom, où il mourut.

36Les Normands qui avoient ravagé tout le pays fitué le long de
la Seine, depuis fon embouchure jufqu'à Paris, ne trouvoient
plus rien à piller des deux côtés de ce fleuve (1). Ils entrerent
dans la Marne, & tirerent d'énormes contributions, de tous les
lieux qui pouvoient fe racheter du pillage. En 862, ces barbares
furprirent la ville de Meaux. Après l'avoir entiérement défolée,
ils infefterent les campagnes voifines, ruinerent toute la Brie, &
pénétrerent dans l'Orceois par la riviere d'Ourcq.

Charles le Chauve apprit à Pifte la nouvelle de cette irruption.
Ne fachant plus par quels moyens mettre fin aux calamités publiques, il rendit un Edit par lequel il ordonna que par-tout où il y
avoit des forts, on pourvoyeroit à leur rétabliffement & à leur entretien; qu'on en conftruiroit de nouveaux fur les bords des rivieres où ils manquoient. L'Edit permet aux Seigneurs d'élever des Fertés à leurs frais fur leurs terres, & de raffembler
leurs vaffaux pour les défendre. Ces difpofitions font remarqua-

(1) Sec. 1. Bened. p. 614. n° 127.

bles : la puiſſance & l'indépendance des principaux Seigneurs du Valois en ont été les ſuites. Les Comtés, les Châtellenies, les Mairies, les Jugeries, & tous les titres de cette eſpéce, furent déclarés héréditaires & patrimoniaux : chaque diſtrict devint comme un Royaume. Les Seigneurs s'arrogeoient toute autorité eccléſiaſtique, militaire & civile.

Le Roi Charles fit tenir à Verberie un Concile le vingt-cinq Octobre 863 ; on y réſolut d'envoyer à Rome, conformément aux ordres du Pape, Rhotade Evêque de Soiſſons, dont l'affaire occupoit depuis quelque temps l'Egliſe de France (1).

Judith, fille de Charles le Chauve, qui avoit épouſé au Palais de Verberie, Etélulphe, Roi d'Oueſſex, avoit perdu ſon mari un an après la célébration de ſes nôces (2). L'amour de la patrie la rappellant en France, elle avoit vendu tout ce qu'elle poſſédoit en Angleterre, & s'étoit rendue auprès du Roi ſon pere, qui lui avoit aſſigné la ville de Senlis pour réſidence.

Baudouin Bras-de-fer, Comte de Flandres, l'ayant connue, noua avec elle des intrigues d'amour ; qui éclaterent par un enlevement. La nouvelle de ce procédé cauſa au Roi Charles un déplaiſir extrême. Il entra en courroux & contre le raviſſeur, & contre la jeune veuve. Il envoya des troupes à la pourſuite de Baudouin, & il y eut un combat, où le Comte remporta la victoire. Baudouin perdant toute eſpérance de fléchir le Roi, & d'obtenir ſon conſentement à l'alliance qui favoriſoit ſa paſſion, entreprit le voyage de Rome, afin de ſolliciter la médiation du Pape Nicolas I, auprès du Roi.

Le Pape entra dans les vues du Comte, & lui accorda ſes bons offices. Charles le Chauve ſe laiſſa fléchir aux prieres du Pontife. Il rendit ſes bonnes graces à Judith ſa fille, & la reçut avec le Comte Baudouin au Palais de Verberie (3). Il conſentit à l'alliance qu'ils déſiroient l'un & l'autre. Il leur permit de célébrer ſolemnellement leur mariage à Auxerre, mais il n'y aſſiſta pas. Ce ſecond mariage de Judith a induit en erreur quelques Auteurs, qui ont placé à Auxerre les premieres nôces de Judith avec le Roi d'Angleterre.

Une Charte datée de la fin de Novembre 863, nous apprend que Charles le Chauve n'avoit pas quitté le Palais de Verberie

(1) Ann. Bertin. an. 863. Labbe. Conc. t. 8. p. 1935.

(2) Theſ. anecd. t. 3. p. 379.
(3) Ann. Bert. an. 863. Hinc op. 17. p. 246.

depuis la tenue du dernier Concile. Cette Charte eſt ainſi terminée : *Actum Vermerigiâ palatio noſtro* (1). A la ſuite des ſouſcriptions , on lit ces mots : *Anſcharius notarius jubente Comite palatii.* Ce Comte du Palais doit être diſtingué du Gouverneur particulier du Palais de Verberie : c'étoit l'un des grands Officiers de
la Couronne.

On connoît par une Charte du Roi Charles le Chauve (2), en
faveur du Monaſtere de Cormery, que ce même Prince paſſa à
Verberie le mois de Juin de l'an 865.

Un quatriéme Concile fut tenu au Palais de Verberie l'année
ſuivante 866. Quelques Auteurs l'ont confondu, mais à tort, avec
un autre Concile de l'an 869. Les ſouſcriptions ſont, à la vérité,
preſque les mêmes (3) : on remarque néanmoins quelque différence dans la ſuite des noms. Ce Concile nous eſt connu par un
acte, qu'on y a délivré en faveur du Monaſtere de S. Vaſt d'Arras.
37. A Quierzy-ſur-Oiſe , on tint un Concile provincial aux Nones
de Décembre de l'an 868. Le Prêtre Viclebert y fut examiné, on
le trouva capable de remplir le Siége Epiſcopal de Châlons , auquel il avoit déja été nommé. Peu de jours après, il fut ſacré par
les Evêques de l'aſſemblée, dans l'Egliſe de Brétigny , qui dépendoit pour lors du Dioceſe de Noyon (4).

En ce temps l'opiniâtreté d'Hincmar, Evêque de Laon, cauſoit beaucoup de trouble dans l'Egliſe de France (5). Charles le
Chauve , irrité de la conduite de ce Prélat, fit indiquer un Concile de tous les Evêques de ſon Royaume à Verberie, au 24 Avril
de l'an 869. Hincmar de Laon y fut appellé. Vingt-un Evêques & huit Métropolitains y aſſiſterent. Le Roi s'y trouva en
perſonne. L'Archevêque de Reims y préſida comme Métropoli-
tain de la Province. L'Evêque de Laon comparut, & fut accuſé.
Se voyant preſſé, il appella au Pape, & demanda la permiſſion
d'aller à Rome , qui lui fut refuſée. On ſuſpendit ſeulement la
procédure , & l'on ne paſſa pas outre.
38. Depuis le regne de Dagobert I , le Monaſtere de Mornienval
avoit été peu viſité de nos Rois, quoiqu'ils y euſſent un Palais.
Peut-être en a-t-il été de Mornienval , comme de la Maiſon de
Cuiſe , où les Rois ne venoient qu'en paſſant , à l'occaſion de

(1) D. Bouq t. 8. p. 589.
(2) Ibid p. 507.
(3) Labb. Concil. t. 8. p. 589. Gall. Chr.
†t. 8. p. 1605.
(4) Sirmond. Concil. Gall. an. 868.
(5) Labb. Conc. t. 8. p 1527.

leurs parties de chasse. Charles le Chauve fit plusieurs voyages à Mornienval avec la Reine Ermentrude son épouse, qui s'y plaisoit (1). On a deux Chartes de ce Prince, datées du Palais de Mornienval, toutes deux de la même année 870 ; l'une concernant le Monastere de Valfroy : l'autre regarde les Religieux de Vabres.

Le Roi Charles, à la priere d'Ermentrude, donna des biens considérables à l'Abbaye de Mornienval (2) : la terre de Bettancourt avec vingt-sept manses, l'Eglise du lieu, le moulin, une brasserie, & un bois taillis, une ferme à Rouvres, le tiers des bois d'un lieu appellé *Plait-Leyacum*, six manses dans le Multien ; le village de Parviliers au Diocese d'Amiens, avec vingt-deux manses, une brasserie, l'Eglise ou Chapelle du lieu, & deux bosquets ; le village de Fonches en Vermandois, avec vingt-quatre manses, & la moitié d'une autre manse, l'Eglise & le bois du lieu, un pressoir ou brasserie ; plus, une terre nommée *Ducentis*, située dans l'Artois, avec vingt-neuf manses & demie qui en dépendoient, l'Eglise du lieu, deux moulins, deux pressoirs & un bois. Le Roi déclare que les revenus de tous ces biens seront employés au soulagement des personnes consacrées à Dieu dans l'Abbaye, *ad diversos usus & necessitates eorum sustinendas.* Cette Abbaye demeuroit toujours double comme au temps de son institution.

39. Charles le Chauve fit plusieurs voyages dans le Valois sur la fin de son regne (3). En 870, il partit de Lestines, où il avoit fait quelque séjour, & alla à Saint-Quentin. De Saint-Quentin il vint à Quierzy, à Compiegne, & dans les Palais d'alentour, afin d'être à portée de prendre le divertissement de la chasse dans la forêt de Cuise, pendant la saison de l'Automne. Un autre voyage de ce Prince au Palais de Quierzy nous est connu par une Charte de l'an 871, qui en est datée (4). Ce fut au même lieu de Quierzy que Charles passa la convalescence de la maladie qu'il avoit essuyée à Versigny. Il y forma le dessein d'aller à Rome, & fit les préparatifs de ce voyage. De Quierzy il alla à Compiegne, de Compiegne à Soissons, à Reims, &c. Il revint au Palais de Quierzy, à son retour de Rome.

Il prenoit un plaisir à chasser dans les bois du canton, qui alloit

(1) D. Bouq t. 8. p. 629.
(2) Ann. ord. S. Ben. t. 6. p. 94. & 641.
(3) Ann. Bertin.
(4) Diplom. p. 260.

jufqu'à la jaloufie. Il defendoit l'entrée de ces bois, même à fon fils. » Nous nous réfervons, dit-il dans un Capitulaire de l'an 877, » les bois de Quierzy & de Servais en Laonnois, fans que nôtre » fils puiffe y chaffer. Nous lui permettons de chaffer dans la forêt » de Laigue, au fanglier feulement : *Porcos accipiat in filfga tantum.* « Quelque temps avant fa mort, il délivra au Palais de Quierzy plufieurs Chartes, qui ne regardent pas cette Hiftoire.

Ce Prince paffa à Compiegne (1) le Carême & la Fête de Pâques de la même année 877, qui tomba le 7 Avril. Il y folemnifa avec une grande pompe, la Dédicace de l'Eglife qu'il avoit fait bâtir dans fon château, afin d'y placer les Reliques de S. Corneille & de S. Cyprien. Les Légats du Pape affifterent à cette cérémonie. Le Roi établit dans cette Eglife un Chapitre de cent Clercs, auquel il donna entr'autres biens, les terres de Longueil, de Sacy, & le beau château du Bois d'Ajeux, avec fa Chapelle & fes dixmes. Cette donation eft le premier démembrement du Palais de Verberie. Charles le Chauve mourut la même année 877, à Brios, village en-deça du Mont-Cenis, empoifonné par le Juif Sédécias fon Médecin. Il avoit regné trentefept ans, & avoit porté la Couronne Impériale pendant une année feulement.

Dès que Louis le Begue eut appris la mort de l'Empereur fon pere, il fe rendit à Compiegne, d'où il indiqua une affemblée générale au Palais du Chefne. De Compiegne, il alla à Quierzy, où il ne fit pas un long féjour. Il y revint plufieurs fois pendant fon regne.

Après la mort du Roi Louis le Begue, arrivée le 10 Avril 879, Louis & Carloman fes deux fils lui fuccéderent. Louis ne regna que trois ans. Décédé fans enfans, il laiffa maître de toute la Monarchie Françoife, Carloman fon frere. Carloman fe rendit à Quierzy l'année même, où il prit poffeffion des Etats de fon frere (2). Il y convoqua une affemblée folemnelle, dans laquelle il promet de conferver les droits & les immunités des Eglifes. L'année fuivante 883, ce Prince paffa une partie du mois de Février au Palais de Trofly-Breuil, comme l'apprend une de fes Ordonnances du huit des Calendes de Mars, la premiere année de fon regne en France. Il en fit expédier quelques autres au même endroit, qui tendent à réprimer les vols & les brigandages. En 884, il

(1) D. Bouq. t. 8. p. 660.   J   (2) Spicil. t. 4. Capitul. Karolom. tit. 1.

donna au Monaſtere de S. Médard de Soiſſons deux manſes, ſiſes à Verberie, dont jouiſſoit le Prêtre Hermoin, l'un de ſes Fidéles. Le Comte Heric, quoique laïc, tenoit pour lors l'Abbaye de S. Crépin en Commende (1).

40. Ce regne & les ſuivans ne furent que troubles & que confuſion. Les Normands qui avoient tout ravagé le long de la Seine & de la Marne, ne trouvant plus de butin du côté de ces deux rivieres, remonterent la riviere d'Oiſe, & commirent un affreux dégât dans tous les pays d'alentour. Comme ils venoient avec des forces ſupérieures, dans une contrée épuiſée d'hommes & de ſubſiſtances, ils ne trouvoient aucune réſiſtance.

Ces barbares néanmoins s'avançoient en bon ordre : les François leur avoient appris la guerre à leurs dépens. Les Normands avoient de la cavalerie & de l'infanterie. La cavalerie marchoit ſur deux lignes le long de l'Oiſe, & l'infanterie montoit des bateaux, de la forme de ceux que les anciens appelloient *Parones*, plus longs que larges.

Ils arriverent ſans obſtacle à la vue de Noyon, & tracerent un camp au Midi du Palais de Quierzy, où ils ſe retrancherent. La riviere d'Oiſe défendoit ce camp d'un côté; un bois épais le couvroit de l'autre. D'abord ils envoyerent des partis à la découverte, pour s'aſſurer de l'état du pays qu'ils ne connoiſſoient pas, & pour examiner s'ils n'auroient pas quelque corps de troupes reglées à combattre. Ils trouverent le pays ſans défenſe : leur approche avoit jetté par-tout l'épouvante & la conſternation. Raſſurés par le rapport de ces partis, ils détacherent de leur camp divers corps de troupes, qui allerent piller les châteaux, les villages, & ravager les campagnes.

On ne pouvoit rien mettre à l'abri de leur inhumanité. Après avoir brûlé les bourgades, ils couroient à la pourſuite des habitans qui avoient pris la fuite; s'ils les atteignoient, ils les maſſacroient ſans pitié. Ils ſembloient prendre le genre humain, & la Divinité même à partie (2). Car après avoir pillé les Egliſes, ils les profanoient & les brûloient. Ils faiſoient ſouffrir des ſupplices inouis aux particuliers, qui leur paroiſſoient jouir de quelque fortune, afin de tirer d'eux un aveu, qui leur apprît en quels endroits les perſonnes opulentes & les Religieux des Monaſteres avoient caché leurs richeſſes.

(1) Diplom. p. 333.
(2) Duchein. t. 2. p. 400. 555 524. Sec.   3. Bened. part. 2. p. 166.

Ces cruels expédiens avoient quelque apparence de fondement. Depuis quarante ans que les ravages avoient commencé, on avoit pris des mefures, pour fouftraire aux recherches de ces brigands, les effets précieux que chacun avoit en fa poffeffion. L'on pratiquoit fous les montagnes des fouterrains, voûtés comme des caves. On tranfportoit les meubles dans les *Cryptes*, l'on en muroit l'entrée, qu'on couvroit enfuite de terre & de gazon. Dans les pays plats, on creufoit des retraites au milieu des puits, après en avoir percé les murs. On dépofoit l'argenterie, l'argent monnoyé, & tous les utenfiles précieux, puis on refermoit avec foin l'ouverture.

Il y a fous la montagne de Longueuil un vafte fouterrain, qui, fuivant la defcription qu'on m'en a faite, paroît avoir été conftruit au commencement du dixiéme fiécle. Une voûte en plein ceintre, appuyée fur des murs folides, regnoit d'un bout à l'autre de cette efpéce de falle fouterraine. On y defcendoit par un large foupirail en forme de puits, revêtu de pierres de taille. Deux fortes grilles de fer, bien fcellées dans les parois du foupirail, l'une au milieu, l'autre au-deffus de la grande voûte, en défendoient l'entrée. Ce fouterrain fut découvert il y a foixante-dix ans, à l'occafion d'un chien de chaffe, qui y tomba fans fe tuer. Un payfan defcendit jufqu'à la deuxiéme grille, & n'ofa paffer outre. La voix du chien, qui couroit en aboyant d'un bout à l'autre du fouterrain, & l'écho de cette voix, lui firent connoître que cette falle étoit longue & profonde. Ce foupirail avoit paffé jufques-là pour un puits tari, dont on ne pouvoit plus tirer aucun fervice. On a bouché ce foupirail, de crainte qu'il n'arrivât d'autres accidens.

On rapporte à l'irruption de l'an 885, le premier défaftre des plus belles Maifons Royales du Valois. Les unes furent dépouillées de leurs ornemens, & confidérablement endommagées, comme les Palais de Verberie & de Quierzy. Les Normands en brûlerent quelques-unes, comme Mornienval, & les pillerent toutes fans exception. Ceux que les barbares furprenoient à la campagne, dans les fermes ou dans les châteaux, perdoient la liberté ou la vie, lorfqu'ils n'avoient pas le moyen de fe racheter par des fommes exorbitantes.

Les Normands firent une feconde irruption dans l'Orceois en 887. Ils remonterent la riviere de Marne jufqu'à Chéfy-Labbaye,

où

où ils débarquerent : ils y établirent leurs quartiers (1), passerent en ce lieu le reste de l'année & une partie de la suivante, s'occupant à faire des courses de toutes parts, afin d'amasser du butin.

41. Le Roi Eudes eut soin de faire réparer une partie du dommage, que le Palais de Verberie avoit souffert. On a connoissance de plusieurs voyages, qu'il fit en ce Palais. Il y délivra en 890, une Charte qui en est datée : cette Charte regarde S. Vast d'Arras (2). On a une autre piéce du même Prince, concernant Sainte Colombe de Sens, datée de Verberie, le 16 des Calendes de Juillet 891, indiction neuviéme : cette piéce est signée de la main du Roi.

Ce Prince tint en 892, au même Palais de Verberie, l'Assemblée générale des Grands de la nation, à laquelle Riculfe, Evêque de Soissons assista : on y dressa plusieurs articles (3). Ce même Souverain nomme dans une Charte de l'an 893, l'Abbaye de la Croix-Saint-Ouen, parmi les dépendances de S. Médard de Soissons. Eudes confirma par ce Diplôme, tous les biens que ses Prédécesseurs avoient donnés à l'Abbaye de S. Médard.

42 Il paroît que le Roi Eudes avoit été Avoué du Monastere de S. Médard, avant de monter sur le trône. Il est marqué dans la chronique de cette Maison, que ce Prince tenoit son enclos & ses biens sous sa *Mandeburde*, c'est-à-dire, sous sa protection. En cette année, Eudes fit fortifier le château de Vic-sur-Aisne, tant afin de conserver cette dépendance de S. Médard, que pour arrêter les Normands dans leurs courses, & les empêcher de pénétrer dans le Vermandois. Depuis qu'on eut imaginé qu'il avoit dessein de garder ce château, il déclara ses intentions par des lettres datées de l'an 893. Il assure par ces lettres, la propriété de la terre de Vic-sur-Aisne à S. Médard, & ajoute qu'en faisant fortifier le château, il a eu principalement en vue la conservation de cette terre (4).

La précaution de fortifier Vic-sur-Aisne fut prise très-à-propos. Il parut sur la riviere d'Oise une nouvelle flotte de Normands, en l'an 895. Ces barbares s'avancerent jusqu'au Palais de Choisy en Laigue, au confluent de l'Oise & de l'Aisne, au-dessus de Compiegne, & y débarquerent. On ne voit pas qu'ils ayent passé ou-

(1) D. Bouq. t. 8. p. 100.
(2) Gall. Chr. t. 4. p. 80. D. Bouq. t. 9.
p. 452. 458.
(3) Gall. Chr. t. 9. p. 344. ibid. p. 390.

D. Bouq. t. 9. p. 461.
(4) Chr. S. Med. an. 889. D. Bouq. t. 9.
p. 56. Spicil. t. 2. p. 327. Diplom. p. 557

tre ; arrêtés, fans doute, par la garnifon du château de Vic-fur-Aifne (1).

L'Abbaye de Mornienval jouiffoit d'un revenu confidérable ; depuis qu'elle avoit été enrichie des libéralités de Charles le Chauve & de la Reine Ermentrude (2.) Ses biens excitant la cupidité des Grands, on l'érigea en Commende, & un Seigneur laïc en prit poffeffion. Le Comte Thierry, qui vivoit fur la fin du regne de Carloman, frere de Charles le Simple, eft le premier Abbé laïc de Mornienval, dont nous ayons connoiffance. Thierry poffédoit auffi le Prieuré de Rivecourt en Commende. Ce Seigneur, dont la manfe emportoit la meilleure partie des revenus de Mornienval, obtint du Roi, en faveur de cette double Abbaye, la terre de Frefnoy-fur-Autonne, au pays de Senlis, *in pago Sylvaneclenfi*. Le Roi Carloman ajouta à ce préfent, foixante & dix Manfes fituées, tant à Frefnoy qu'à Fémy, à Vautier-voifin, Faveroles, Bellival, Béthyfi, Rée, & en un lieu appellé *Rhodomum*.

Les Normands, après avoir reconnu la garnifon & les fortifications du château de Vic-fur-Aifne, jugerent qu'ils ne trouveroient pas de ce côté, la même impunité que dans le Valois & dans l'Orceois. Ne croyant pas devoir paffer outre, ils partirent de Choify-en-Laigue, & débarquerent au-deffus de Verberie, à l'embouchure de la riviere d'Autonne. Ne trouvant plus rien à piller des deux côtés de l'Oife, ils pénétrerent dans la vallée d'Autonne, & brûlerent Mornienval. Les bâtimens & l'Eglife, conftruits en bois, furent réduits en cendre.

Le Comte Thierry ne vivoit plus. Le Prince Robert, qui prenoit les deux titres de Comte & de Marquis, lui avoit fuccédé, & poffédoit l'Abbaye de Mornienval en Commende. Ce Seigneur étoit fils de Robert le Fort, & frere du Roi Eudes. Charles le Simple, en 922, le tua de fa main dans un combat, parce qu'il vouloit fe faire Roi. Bergeron croyant que fa qualité de Marquis lui venoit de fon Abbaye, a obfervé fans fondement (3) »qu'avant » les guerres des Anglois, le Monaftere de Mornienval étoit Mar-» quifat & Abbaye de Chanoines féculiers «.

En 907 felon les uns, en 920 felon d'autres, l'Abbé Robert obtint du Roi Charles le Simple une Charte, qui confirma la Mai-

(1) Diplom. p. 271.
(2) Gall. Chr. t. 9. p. 448.

(3) Fol. 201 v°.

fon de Mornienval, dans la jouiffance des biens que Charles le Chauve & Carloman lui avoient donnés. Cette Charte fait auffi mention de l'incendie, qui avoit confumé tous les titres du lieu (1).

L'Abbé Robert concourut, pendant les dernieres années de fa vie, au rétabliffement de l'Eglife & du Monaftere de Mornienval. Afin de prévenir le danger des incendies, on réfolut de n'employer dans la conftruction des bâtimens, que le bois indifpenfablement néceffaire à la charpente des couvertures : on bâtit tous les murs en pierre. La conftruction de l'Eglife de Mornienval a duré plus de cent ans. Le plan de cet édifice eft le même, que celui de la grande Eglife de S. Germain-des-Prez à Paris. Le portail confifte dans une groffe tour & dans quelques accompagnemens d'un goût majeftueux, mais fort fimple. Une nef & deux bas-côtés conduifent depuis la maîtreffe tour, jufqu'à la croifée. La voûte de cette nef n'eft pas la voûte du temps de la fondation. La portée exceffive des murs, qui foutenoient la premiere voûte, a mis dans la néceffité de les diminuer, & de refaire le toît & la voûte. Les gros murs de la nef & de la croifée font du dixiéme fiécle finiffant. On y diftingue cependant plufieurs pans rebâtis au treiziéme Le Chœur eft accompagné de deux tours, comme à Saint Germain-des-Prez de Paris, & à S. Arnoul de Crépy. Les voûtes des bas-côtés du chœur paroiffent être du temps de la fondation. Ces voûtes peu élevées font dans leur genre ce que j'ai vu de plus ancien, après celles de la tour de Sainte Agathe de Crépy. On lit au Nécrologe de l'Abbaye, que cette Eglife a été confacrée le quatorziéme jour de Juin, en l'honneur de la Sainte Vierge.

Lorfque l'Eglife & les lieux réguliers du Monaftere furent achevés, on jugea néceffaire d'élever un fort à côté de l'Abbaye, avec un donjon au milieu. Ce donjon eft appellé dans les titres, la Tour de Mornienval. On conftruifit le fort à la place du Palais du Roi, qui avoit été la proye des flammes au temps de l'incendie général, ainfi que le Monaftere & l'Eglife. Le gouvernement du fort fut long-temps confié à un Officier, qui fe qualifioit Maire du Roi. J'ai lû dans le Cartulaire de Mornienval, un acte de l'an 1223, au bas duquel on trouve le nom d'Adam Larcher, Maire du Roi à Mornienval : *Adamus Archerius Major Domini Regis de Morgneval.* Le fort a été changé en une ferme, nom-

(1) Ann. Bened. t. 6. p. 642.

D d ij

mée dans les aveux fournis au premier Terrier du Valois, *Ferme de la Tour*.

43. L'Eglise & le Prieuré de Rivecourt dépendoient de l'Abbaye de Fontenelle en Normandie ; mais les biens que Dagobert I & ses Succeſſeurs y avoient attachés, appartenoient en grande partie à des Seigneurs puiſſans, qui les avoient uſurpés.

On compte pluſieurs Tranſlations des Reliques de S. Vandrille, de Fontenelle au Prieuré de Rivecourt, depuis l'an 862, qu'on les leva de terre, juſqu'à l'an 944, auquel on rapporte leur derniere Tranſlation. On lit ce qui ſuit, dans la Chronique de Fontenelle, au ſujet de ces Reliques (1).

» En l'an 862, on tira de leurs Tombeaux, les Corps de S.
» Vandrille & de S. Anſbert. On les renferma dans des Châſſes,
» & l'on mit dans des caiſſes les effets précieux, qu'on eut le temps
» de raſſembler. On ſe hâta de les tranſporter dans des lieux ſûrs,
» afin de les ſouſtraire à la cupidité des Normands, qui ſe diſpo-
» ſoient à une nouvelle irruption. Pendant les dix années, que du-
» rerent en Normandie les courſes & les ravages des Danois,
» on porta les Châſſes de château en château, choiſiſſant les pays
» où les Normands ne devoient pas pénétrer «.

On prétend que la premiere & la derniere Tranſlation de ces Reliques ont été faites à Rivecourt ; premierement, parce que les Normands ſe portant ſur Paris & ſur la Marne, on n'avoit rien à craindre du côté de la riviere d'Oiſe : 2°. Lorſque la derniere Tranſlation des Reliques de S. Vandrille eut lieu, le fameux Rolond I, Duc de Normandie, avoit épouſé Papia, fille de Valeran, Comte de Vexin & de Crépy : cette alliance avoit contribué à ramener le calme dans le Valois.

Après de fréquentes Tranſlations, les Reliques de S. Vandrille arriverent à Gand, où l'Abbé Girard les conſerva dans ſon Monaſtere. La paix regnoit en Normandie, ſous le gouvernement du Duc Richard, Succeſſeur de Rolond. Girard ſe propoſant de préſider lui-même à la conduite des Reliques, depuis Gand juſqu'à Fontenelle, prit ſa route par Rivecourt, afin de rentrer, à la faveur des Reliques, dans la poſſeſſion des biens que le Roi Childebert & ſes Succeſſeurs avoient donnés à la Maiſon de Fontenelle.

Le château & la terre de Rivecourt appartenoient à un Sei-

(1) Spicil. tom. 2. p. 184.

gneur puissant nommé Thierry ; le même qui jouissoit de l'Abbaye
de Mornienval, ou peut-être son fils. L'Abbé Girard ne trouva
pas Thierry lui-même au château de Rivecourt, mais un Maire qui
avoit soin du château, & qui en géroit les affaires. Thierry demeuroit à Mornienval, ou à quelqu'endroit des environs. Girard
persuada au Maire d'aller trouver Thierry, & de l'engager à rendre au Monastere de Fontenelle la terre de Rivecourt, qu'on lui
avoit enlevée injustement. Le Maire se chargea de la commission,
avec autant de zele que de bonne foi. Il trouva le Comte son maître, qui s'amusoit avec un bâton. Le Maire prononça la harangue,
que l'Abbé lui avoit dictée. Il représenta au Comte que la terre de
Rivecourt ayant été donnée à S. Vandrille, cette terre devoit être
restituée à ses Reliques, comme un patrimoine étranger qu'il dé-
tentoit injustement : il ajouta que les Reliques du Saint avoient été
apportées à Rivecourt, comme pour reprendre possession du
château & de la terre.

Thierry entendant ce propos, entra en fureur contre son Maire.
Il déchargea sur lui tant de coups de son bâton, qu'à peine restât-
t-il à ce Maire assez de force, pour aller rendre compte de sa réception à l'Abbé Girard. Celui-ci retourna cependant au château de
Rivecourt. La vue de son état frappa l'Abbé comme d'un coup
mortel. Un premier mouvement de sensibilité le transporta aux
pieds de la Châsse. Ses Religieux l'y suivirent & verserent comme lui des torrens de larmes. Après avoir donné un libre cours
à l'excès de leur douleur, tous supplierent le Saint, d'une voix
commune, de tirer d'une pareille insulte, une vengeance écla-
tante.

La nuit qui suivit l'accident, le Comte Thierry se mit au lit,
pour y prendre son repos. Au lieu du sommeil qu'il attendoit, il
fit des songes affreux. Un Moine s'apparut à lui avec un air menaçant. Ses yeux étinceloient de colere, & il tenoit un bâton pas-
toral à la main. Il reprocha à Thierry son impiété, & le frappa
de son bâton avec tant de force, que le Comte se réveilla en pous-
sant de grands cris. Les gens de Thierry accoururent. Il dit aux
premiers qui se présenterent, qu'un Abbé d'une blanche chevelure l'avoit réduit à un état de torture : puis il demanda qu'on le
mît dans une posture, à pouvoir s'acquitter de certaines fonctions,
que la décence ne permet pas de nommer. Au lieu du tribut qu'on
paye à la nature dans ces occasions, Thierry rendit ses entrailles

par le fondement, & expira dans de cruelles douleurs.

L'Abbé Girard apprit à Rivecourt les circonstances de cet événement, & n'en conçut aucun déplaisir. Il le regarda comme une juste punition, que Dieu avoit exercée sur un usurpateur. Il laissa à Rivecourt les Reliques de S. Vandrille, & partit pour aller trouver Richard, Duc de Normandie, de qui il obtint la restitution de plusieurs terres, qui avoient appartenu au Monastere de S. Vandrille. Il est probable que la fin tragique du Comte Thierry ne contribua pas peu à rendre le Duc Richard aussi traitable. L'Abbé Girard revint de Rouen à Rivecourt, & partit avec les Reliques & ses Religieux pour retourner à Gand.

M. Baillet raconte un peu différemment la derniere Translation du Corps de S. Vandrille à Rivecourt (1). Il dit, » que l'Abbé de Blandinberg-Saint-Girard, qui peu auparavant avoit déja » transféré le Corps de Saint Vandrille de Boulogne à Gand, » voulant aller retirer des mains des usurpateurs, quelques biens » qui appartenoient à son Abbaye, & qui étoient situés en Normandie, prit avec lui les Reliques de S. Vandrille, pour les » laisser en gage ou en échange : qu'il les déposa dans un village du » Beauvoisis, appellé Reuvricourt, où elles demeurerent, jusqu'à » ce que n'ayant pu avoir raison de personne, il se crut obligé de » les rapporter à Gand, où on les a depuis religieusement conser- » vées «.

L'histoire que j'ai rapportée, est tirée toute entiere du Spicilege. Je ne balance pas à préférer le texte d'un Auteur ancien, au récit du Compilateur moderne. Il ne paroît pas que l'Abbé Girard ait été frustré de ses espérances ; mais plutôt qu'avant son retour à Gand, il obtint tant à Rouen qu'à Rivecourt, les restitutions qui avoient été le sujet de son voyage. On croit qu'il laissa à Rivecourt, une partie des Religieux qui l'accompagnoient ; ce qui fut un renouvellement de l'ancien Prieuré. On rebâtit l'Eglise, qui servoit de Paroisse à plusieurs lieux circonvoisins ; à Chévrieres, à Rucourt, & au Fayel. Chévrieres & Rucourt sont présentement deux Paroisses. Le Fayel est une Succursale de S. Vandrille de Rivecourt. Le bâtiment de l'Eglise de Rivecourt a subsisté jusqu'à la fin du regne de Louis XII, temps où l'édifice qu'on voit aujourd'hui a été construit sur les premiers fondemens.

Depuis la mort du Comte Thierry, la terre de Rivecourt fut par-

(1) 22 Juillet, tom. 2. p. 360.

tagée entre les Religieux du Prieuré, les Seigneurs de Pierrefonds & le Roi, à cause du château de Verberie. Dans le compte général rendu au Roi Philippe Auguste en l'an 1202, il est fait mention des vignes que ce Prince possédoit à Rivecourt (1). Le comptable porte en dépense vingt-neuf livres dix fols, pour la façon des vignes de Compiegne, du Beauvoisis & de Rivecourt *Riurecuriæ.*

Il y avoit encore des Religieux à Rivecourt au commencement du seiziéme siécle, lorsqu'on rebâtit l'Eglise & les lieux réguliers du Prieuré. Les Religieux ayant un peu empiété sur les terres de la commune de Rivecourt, cette circonstance fut cause d'un grand procès, que les habitans gagnerent. La portion de terrain, que les Religieux avoient joint à leur domaine, privoit les habitans d'un sentier très-commode. L'usage du chemin fut rendu à ceux-ci, qui, en mémoire de leur victoire, & afin d'affermir de plus en plus leur droit par un monument, firent graver en lettres gothiques majuscules, les mots suivans, sur un mur neuf, à côté de la porte du passage : *Porta patens esto : nulli claudaris.* On lit encore cette inscription.

Le Prieuré de Rivecourt a été sécularisé vers 1596. Le Roi ne posséde plus rien à Rivecourt. Le Prieur est Seigneur sur ses terres. La plus grande partie du territoire dépend d'un Seigneur particulier, qui a sur les lieux un château. Les lieux réguliers s'étendoient, avant le départ des Religieux, depuis la ferme du Prieuré jusqu'à l'Eglise. La Cure de Rivecourt est une portion congrue, à la nomination & à la charge du Prieur. Cette place, quoique d'un revenu très modique, a été remplie dernierement par un Ecclésiastique de mérite, auquel nous sommes redevables de plusieurs éclaircissemens historiques (*M. Descampeaux*). Il joignoit à une candeur & à une simplicité des premiers temps, une connoissance approfondie des mathématiques & de l'histoire. Il vécut sans fortune, content du nécessaire, qu'il partageoit quelquefois avec ses pauvres. Il mourut le huit Octobre 1761, dans un âge avancé, regretté de ses Paroissiens comme un pere, & de tous les gens de bien, comme un Ecclésiastique respectable par sa régularité & par ses mœurs.

La Méridienne de Paris, tirée depuis Perpignan jusqu'à Dunkerque, par MM. de la Caille & de Thury, passe au moulin de Rivecourt qui est situé sur la montagne. On découvre de cet endroit une grande étendue de pays.

(1) Brussel. tom. 2. p. xcvj.

44. Les Archevêques de Reims ont tenu plusieurs Conciles provinciaux au Mont-Notre-Dame, après le milieu du dixiéme siécle. Ce lieu, situé sur une haute montagne, est au centre de la Province de Reims dans le Tardenois. Son territoire est divisé en deux Seigneuries, l'une appartenant à l'Evêque de Soissons, l'autre à un Vicomte. Dans la premiere partie de cette terre, on suit la Coutume de Vermandois, & celle de Vitri dans l'autre. Mes listes placent seulement la Seigneurie de l'Evêque dans le Duché de Valois ; c'est sur cette partie de la terre que la Collégiale a été bâtie. Dans le rôle des Ecclésiastiques qui ont payé en 1588, pour les Députés du Valois aux Etats de Blois, le Curé du Mont-Notre-Dame est taxé six livres seize sols six deniers. Dans la liste des lieux du Bailliage de Valois par Denys Carrier, je trouve *le Mont-Notre-Dame en partie*, parmi les dépendances de la Châtellenie d'Ouchy.

La Collégiale du Mont-Notre-Dame est l'une des plus illustres & des plus anciennes fondations du canton. Il est difficile d'en déterminer la premiere origine. L'Obitier du Chapitre porte, que le vingt-trois Juillet, il y a obit pour Gérard de Roussillon, Fondateur de l'Eglise : chaque rétribution est fixée à trente sols. On sait que la premiere Eglise a été dédiée sous l'invocation de Sainte Madelaine. La difficulté est de connoître, en quel temps vivoit le Gérard de Roussillon, cité dans l'Obituaire, comme premier Fondateur.

Regnault, dans son Abrégé de l'Histoire de Soissons, rapporte la fondation de la Collégiale du Mont-Notre-Dame par Gérard de Roussillon, à la fin du huitiéme siécle.

Rouillard, dans son Histoire de Melun, cite une Chronique manuscrite des Ducs de Bourgogne, où il dit avoir lû, que Gérard de Roussillon possédoit de riches Seigneuries dans la Bourgogne, qu'il épousa une fille de Hugues, Comte de Soissons, appellée Berthe ; que Gérard & Berthe eurent de leur mariage un fils & une fille, qui moururent en bas âge. Il ajoure que Gérard de Roussillon fonda douze Abbayes, celle de Vézelay, &c. . . . & une autre au Diocese de Soissons, dite la Madelaine du Mont. Rouillard ne marque pas l'année, où l'Eglise du Mont-Notre-Dame a été bâtie ; il observe seulement que Gérard, son Fondateur, défendit la ville de Melun contre les Normands, vers l'an

845. On trouve au Spicilege (1) un écrit, portant que Gérard de Rouffillon & Berthe fa femme ont fondé le Monaftere de Véze-lay, la vingt-troifiéme année de Charles le Chauve, au mois de Mars.

Nous lifons dans les Généalogies du P. Anfelme (2), que Gé-rard avoit époufé Berthe, fille de Pepin I, Roi d'Aquitaine, fe-cond fils de Louis le Débonnaire ; que Berthe eut de Girard d'Al-face, Comte de Berry, un fils nommé Théodoric, & une fille appellée Eve ou Ave, qui décéderent l'un & l'autre en bas âge ; que Berthe furvécut à Gérard jufqu'à l'an 874.

Le P. Labbe, dans fes Tables Généalogiques, ajoute que Ber-the avoit pour mere la Reine Ingertrude.

La réunion de ces témoignages femble prouver, que le Fonda-teur de la Collégiale vivoit fous Charles le Chauve. Cependant on a d'autres autorités, dont les unes font vivre Gérard de Rouf-fillon, un fiécle avant Charles le Chauve, & les autres, deux & trois fiécles plus tard.

Iperius en fa Chronique (3) écrit que fous le pontificat de Za-charie, (qui occupa le S. Siége depuis l'an 741 jufqu'en 752) Gé-rard de Rouffillon, Comte de Bourgogne, fit la Tranflation du Corps de Sainte Marie Madelaine au Monaftere de Vézelay. Il reprend ainfi dès l'origine, l'hiftoire de cette Tranflation.

S. Maximin, l'un des foixante-douze Difciples de J. C. paf-fant de la Paleftine dans la Gaule, amena avec lui Sainte Marie Madelaine. Arrivée en la ville d'Aix en Provence, Sainte Ma-delaine mourut, & fut enterrée par les foins de S. Maximin. Son Corps refta en terre, jufqu'au temps où les Sarrafins firent irrup-tion dans la Provence, fous le gouvernement de Charles Martel, & ruinerent la ville d'Aix. Les Reliques de Sainte Madelaine coururent quelque rifque. Gérard de Rouffillon, défirant empê-cher, que ces Reliques fuffent expofées aux infultes des barbares, les fit transporter au Monaftere de Vézelay, qu'il avoit fait bâtir. Le moine Sigebert s'exprime à peu près dans les mêmes termes, & place la Tranflation fous l'an 745.

Comme l'un de ces deux Auteurs a copié l'autre, les deux tex-tes ne font qu'une autorité qu'on peut récufer, en obfervant, qu'I-perius, moins inftruit que l'Hiftorien de Melun, & que l'Auteur

_____

(1) Spicil. t. 2. p. 498.   (3) Thefaur. Anecd. t. 3. p. 483. 485. Iper.
(2) Tom. 1. p. 44.   chron. cap. 4. & 6.

du Spicilege, aura confondu les regnes de Charles le Chauve &
de Charles Martel, à cause de la ressemblance des noms, & aura
pris l'an 745, où le fils de Charles Martel exerçoit les fonctions
de son pere, décédé depuis peu d'années, pour l'an 845 où regnoit
Charles le Chauve.

Plusieurs Gérards de Roussillon ont paru dans des temps postérieurs au regne de Charles le Chauve. Dans les actes du Concile
de Clermont, tenu en l'an 1095, Gérard de Roussillon & Anselme de Ribemont sont nommés parmi les Seigneurs, qui devoient
se croiser (1). Le troisiéme tome du Spicilege contient un acte
du dix des Calendes de Novembre 1162, par lequel le nommé
Jean Martin se donne, lui & ses enfans, *in hominem*, au Comte
Gérard de Roussillon. Après les signatures de Jean Martin & du
Comte Gérard, on lit celle d'un *Petrus de Sanctâ Mariâ*, qui
paroît comme témoin. Cette derniere souscription qui doit s'expliquer, *Pierre du Mont-Notre-Dame*, sembleroit lever toute
difficulté, & prouver qu'on ne doit pas faire remonter plus haut
que le douziéme siécle, la fondation de la Collégiale du Mont-
Notre-Dame. Mais comme on a les noms de quelques Doyens de
ce Chapitre, qui vivoient avant le milieu du douziéme siécle, &
qu'il est prouvé d'ailleurs que la premiere Eglise tomboit de vé-
tusté, au commencement du treiziéme siécle, lorsqu'on bâtit la
seconde qu'on voit encore, on est obligé de placer plusieurs siécles avant l'an 1162, l'établissement du Chapitre en question.

Les premiers commencemens du Mont-Notre-Dame ont été
pareils à ceux des Maisons Royales dont nous avons parlé, avec
cette différence, que le premier château qu'on y bâtit fut fortifié;
tandis que dans la plûpart des autres, on ne se proposoit que l'u-
tilité & l'agrément. Le Concile de l'an 589 suppose, qu'il y
avoit au Mont-Notre-Dame un Palais, un Chapitre considérable,
ou un Monastere vaste & nombreux : on choisissoit toujours de
tels lieux pour tenir des Conciles.

Nos Rois, ayant cédé le château du Mont-Notre-Dame à des
Vicomtes, se réserverent le droit de procuration ou de gîte. Nous
prouverons que ce droit se payoit exactement tous les ans au
treiziéme siécle. Ce château, aussi grand & aussi spacieux que l'édifice de la Collégiale, comprenoit plusieurs corps de logis, dont
le principal, flanqué de quatre grosses tours, renfermoit un gros
donjon.

(1) Thesaur. Anecd. ibid. Spicil. t. 3. p. 136.

Nous ignorons la premiere origine de l'Eglife du Mont-Notre-Dame. Nous ne commencerons à la confidérer, que fous le regne de Charles le Chauve, lorfque Gérard de Rouffillon & Berthe fon époufe renouvellerent cette Eglife, & fonderent le Chapitre.

Il paroît que Gérard de Rouffillon poffédoit la partie du territoire du Mont-Notre-Dame, fur laquelle s'étend actuellement la Seigneurie de l'Evêque de Soiffons. Après la Tranflation des Reliques de Sainte Madelaine d'Aix à Vézelay, Gérard voulant étendre le culte de cette Sainte, réfolut de fonder plufieurs Collégiales en fon honneur. Il choifit parmi fes terres du Soiffonnois, celle du Mont, pour y établir une de ces Collégiales. Il commença fon entreprife par l'Eglife, qu'il fit conftruire dans un grand goût. Il abandonna une partie de fon château, aux Clercs qu'il nomma pour la deffervir. Il forma fur ce plan le Chapitre des Clercs, qu'il jugea à propos de raffembler. Il voulut que ce Chapitre fût compofé de quatorze prébendes, & gouverné par un Prevôt & par un Doyen.

Il nomma Prevôt l'Evêque de Soiffons, qui accepta cette place, au nom de fes Succeffeurs comme au fien. Gérard céda à l'Evêque fon château & fes dépendances. Il régla que le Doyen gouverneroit le Chapitre en l'abfence de l'Evêque, & qu'il exerceroit les fonctions Curiales fur tout le territoire. L'Evêque de fon côté accorda au Doyen, le droit de prendre féance dans les ftalles fupérieures de fon Eglife Cathédrale. Le Doyen du Mont-Notre-Dame a confervé ce droit jufqu'à l'extinction du Chapitre, & a toujours eu le pas dans les Synodes Diocéfains, fur le Doyen de S. Pierre au Parvis de Soiffons, & fur celui de la Collégiale de S. Clément de Compiegne. J'ai lû dans un titre ancien, que le Doyen du Mont-Notre-Dame tient en fief de l'Evêque de Soiffons, la Jurifdiction fpirituelle du lieu; que l'Evêque a deux parts dans les émolumens de cette Jurifdiction, & le Doyen la troifiéme.

Gérard attacha aux prébendes du Chapitre, des revenus confidérables, en Seigneuries, en maifons, en fonds de terre, & en bénéfices qu'il y fit réunir. Ce Chapitre a toujours joui du droit de nommer à huit Cures, à dix Chapelles de la Collégiale, & à trois autres Chapelles fituées ailleurs.

Lorfque l'établiffement fut confommé, Gérard fit transférer

dans la nouvelle Eglife, quelques parcelles des Reliques de Sainte Madelaine, dont les Chanoines firent part à d'autres Eglifes du Soiffonnois. Il y a dans l'Abbaye du Charme, un Reliquaire de Sainte Marie Madelaine, qui vient du Mont-Notre-Dame. L'Eglife Paroiffiale de S. Vaft de Longmont à Verberie a long-temps poffédé un Reliquaire de Vermeil, contenant un os de Sainte Madelaine. Ce Reliquaire, après avoir été plufieurs fois mis en gage, fut retiré le vingt-cinq Avril 1455, des mains d'un nommé Jean Bernard, demeurant à Brie-Comte-Robert, moyennant douze écus, au payement defquels Pierre de Capy s'engagea. Ce Reliquaire contenoit auffi un offement de S. Etienne. Il ne refte plus à S. Vaft, qu'une ftatue en pierre de Sainte Madelaine. On conferve à Braine, des cheveux de Sainte Madelaine, ainfi qu'à S. Aubin de Crépy.

Le culte de Sainte Madelaine fit bientôt oublier le nom de Saurele. La Collégiale communiqua fon nom au refte du territoire. Toute la Paroiffe prit celui de Sainte Madelaine-au-Mont, ou du Mont-Sainte-Marie-Madelaine. Le peuple qui aime à abréger, fe contenta d'appeller ce lieu le Mont-Sainte-Marie : & comme le nom de Marie eft auffi celui de la mere de Dieu, on les confondit tous deux dans la fuite, & l'on appella *Mont-Notre-Dame* le lieu en queftion. ●

Le fecond Concile du Mont-Notre-Dame a été tenu l'an 971, quelques-uns le rapportent à l'an 972. Ce Concile fut convoqué à cette occafion (1). Adalberon, Archevêque de Reims, ayant envoyé à Rome des députés vers le Pape Jean XIII, touchant la réforme du Monaftere de Mouzon; ces députés revinrent au mois de Mai fuivant, accompagnés des Apocrifiaires du Pape. Adalberon affembla à ce fujet un Concile au Mont-Sainte-Marie, dans lequel on fit la lecture du privilége, accordé par le Souverain Pontife au Monaftere de Mouzon (2). Au Spicilege, on place ce Concile fous l'an 973.

Marlot fait mention dans fon Hiftoire de Reims (3), d'un troifiéme Concile affemblé au Mont-Notre-Dame en 977, par l'Archevêque Adalberon, dans lequel on traita de plufieurs affaires, concernant les Monafteres de S. Vincent de Laon & de Mouzon.

Gerbert dans fes Lettres (4), cite un autre Concile affemblé

(1) D. Bouq. t. 9. p. 99. & 317.
(2) Tom. 2. p. 573.
(3) Tom. 2. p. 9.
(4) Ep. 44. D. Bouq. tom. 2. p. 286.

au même lieu, aux Ides de Décembre 985. Les Evêques de la province de Reims y assisterent. On y délibéra sur l'état des Eglises, & sur plusieurs affaires publiques & particulieres.

Après la mort d'Arnoul, Archevêque de Reims, l'élection d'Ebalus son Successeur fut conclue dans un Concile tenu au Mont-Notre-Dame l'an 1023. Cette élection avoit éprouvé beaucoup de difficultés (1).

45. Les Conciles de Trosly ont été tenus vers le même temps que ceux du Mont-Notre-Dame, sous l'autorité des Archevêques de Reims. Trosly-Breuil & Trosly-aux-bois n'ont été anciennement qu'un même endroit : Breuil & Broile signifient un bois. Ce sont présentement deux lieux situés à huit cens pas l'un de l'autre, entre Attichy & Retondes, assez près de la rive méridionale de l'Aisne. Ils relevent tous deux de la Châtellenie de Pierrefonds. L'ancien château se voyoit à Trosly-Breuil. D. Germain place ce château à Trosly près Blérancourt ; M. de Valois l'a réfuté dans ses réponses, & a prouvé qu'on devoit placer à Breuil, le Trosly des Chroniques.

Avant le gouvernement du Maire Ebroin, la terre de Trosly appartenoit au Fisc (2). Ce Ministre la fit donner à l'Abbaye de Notre-Dame de Soissons. En l'an 858, le Roi Charles le Chauve confirma cette donation. Dans un acte de l'an 883, Trosly-Breuil est appellé *Broilum Compendii.* Il y a toute apparence, que les Rois, bienfaiteurs de Notre-Dame, se réserverent la Justice & la plus grande partie du château de Trosly.

Le vingtiéme jour de Juin de l'an 909, indiction douziéme ; Hervé, Archevêque de Reims, tint un Concile à Trosly, composé de ses Suffragans (3). L'Archevêque de Rouen & l'Evêque de Cambray y assisterent. Les Décrets de ce Concile, distribués en quinze Chapitres, font voir la triste situation de l'Eglise & de l'Etat. Les villes dépeuplées, les Monasteres ruinés ou brûlés, les campagnes réduites en solitude, furent la matiere principale des délibérations des Evêques. On s'y plaint du mépris des Loix divines & humaines, de l'intrusion des Abbés laïcs dans les Monasteres, où ils logeoient leurs femmes, leurs enfans, leurs soldats & leurs chiens. Ces Chapitres sont plutôt de longues exhortations que des Canons.

---

(1) Marlot, tom. 2.
(2) Hist. N. D. p. 32. & 193.

(3) Labb. Concil. t. 9 p. 510.

Un autre Concile fut affemblé à Trofly en 921. L'Archevêque de Sens y préfida, & le Roi Charles le Simple y affifta (1). On y leva à la priere du Roi, l'excommunication portée contre Ereboldus, qui avoit ravi de grands biens à l'Eglife de Reims.

Balderic ou Baudry parle dans fa Chronique d'un troifiéme Concile de Trofly tenu en 924, auquel Sculphe, Archevêque de Reims, préfida. Herbert III, Comte de Vermandois, parut à ce Concile. Le Comte Ifaac y fut condamné à reftituer les biens, qu'il avoit ufurpés à l'Eglife de Cambray (2).

Trois ans après ce Concile, le Comte de Vermandois en convoqua un autre au même lieu de Trofly, contre le confentement du Roi Raoul. On y parla beaucoup de l'élargiffement du Roi Charles le Simple, que le Comte de Vermandois retenoit prifonnier. Six Evêques feulement formoient le Concile, tous fix de la province de Reims.

L'an 955, le Roi Lothaire affembla à Trofly les Etats du Royaume. Les Seigneurs s'y rendirent en grand nombre. On ne connoît ni l'objet, ni l'iffue de ce Parlement (3).

En 1258, ces Seigneurs d'Attichy partagerent la terre de Trofly avec les Religieufes de Notre-Dame de Soiffons. Il eft à croire que ces Seigneurs fuccédoient aux droits, que les Rois s'étoient réfervés fur le château & fur la terre.

46. Les fix Châtellenies du Valois ont été formées dans le cours du dixiéme fiécle. Je traiterai au fixiéme Livre de cet Ouvrage, de la nature, de l'ordre & du nombre des Châtellenies, qui compofent le Duché de Valois : il ne s'agit ici que de leur origine.

Avant d'entrer dans l'examen de cette origine, on doit fe repréfenter l'état déplorable, auquel la France avoit été réduite, par les fréquentes incurfions des Normands, & par les factions des Seigneurs, devenus maîtres abfolus dans leurs Gouvernemens, d'Œconomes, & de fimples *Adminiftrateurs du miniftere public*, comme le Roi Charles le Chauve les nommoit encore dans fes Capitulaires. Temps malheureux de défordres & de troubles, où l'efprit d'indépendance & de difcorde confondoit le droit avec la paffion, le devoir avec l'intérêt, la bonne caufe avec la mauvaife, où les plus fidéles fujets fe virent entrainés, comme malgré eux, par le torrent des partis.

(1) Flod. lib. 4. cap. 16.　　(3) D. Bouq. tom. 9. p. 640.
(2) Flod. lib. 1. cap. 65.

M. Bouquet rapporte au regne de Charles le Gros, l'origine des forts châteaux, d'où les Châtellenies ont pris leur nom (1). IL auroit pu la placer fous le regne de Louis le Débonnaire, puifque ce Souverain établit l'ufage d'aliéner des terres du Fifc au profit de fes *Fidéles*, & accorda à plufieurs Seigneurs *le droit de Ferté* dans leurs terres (2). On appelloit les forts châteaux *Firmitates*, *Caftra*, & *Caftella*. D'où l'on a formé les noms de Ferté, de Châtellenie, ou Châtelloye, comme parloient nos peres ; par oppofition aux *Palatia Regia*, & aux *Villæ fifcales*, qui n'étoient que des maifons de plaifance, fans fortifications & fans défenfes.

L'origine des Châtelleniès eft clairement expliquée dans le paffage fuivant (3), d'un Auteur contemporain. » Les forts châ-»teaux, dit-il, ont été bâtis par les Souverains & par les grands »Seigneurs, afin d'arrêter les ennemis du dehors dans leurs cour-»fes, & de les empêcher de faire quelqu'entreprife contre la liberté »de la patrie, & contre la sûreté publique. On choififfoit pour éle-»ver ces châteaux, des lieux avantageufement fitués, qui pouvoient »fervir de barrieres contre les invafions, après avoir été fortifiés. »Par une fuite imprévue de ces fages précautions, ces forts châ-»teaux furent changés en des demeures de tyrans, & devinrent »des retraites de brigands, occupés à lever des contributions arbi-»traires, dans des pays qu'ils auroient dû protéger & défendre au »péril de leur vie «.

Bergeron (4) définit la Châtellenie, une haute Juftice avec droit d'affife & de reffort, une tour & un château, d'où relevent au moins trois ou quatre Fiefs. Il dit ailleurs, que chaque fort château doit avoir un Châtelain Prevôtal, un Capitaine pour la confervation du pays, une Chapelle de fondation Royale ou Seigneuriale. Quelques-uns ajoutent un Four banal.

Les Seigneurs Châtelains repréfentoient, fuccédoient même aux Juges des Maifons Royales, que Louis le Débonnaire nomme *provifores Regii* dans fes Diplômes (5). Au lieu des gages que l'Etat affignoit à ces Officiers, l'ufage s'introduifit dans le Valois, après la fin du neuviéme fiécle, de leur donner à chacun foixante livrées de terres avec un reffort, & le droit de Juftice fur ces mêmes terres.

(1) Droit public. tom. 1. p. 343.
(1) Theoganus, cap. 19.
(3) Sec. 4. Ben. part. 1. p. 9. 10. 142. n° 13.

(4) Val. Roy. p. 14. 29.
(5) Vita Lud. Pii, an. 853.

L'article XCIII de la Coutume de Senlis contient cette énumération des prérogatives, qui regardent les Seigneurs Châtelains de la Contrée. « Le Seigneur Châtelain peut avoir sous lui, » 1°. Un Haut-Justicier, 2°. un Prevôt ou Garde-Justice, tenant » ses assises, 3°. un Baillif, auquel ressortissent ses sujets, en cas » d'appel ou autrement par réformation. 4°. Il a scel authentique, » tabellion, droit de marché, quelques-uns ont droit de tra-» vers. 5°. Ils peuvent fonder Prieurés, Collégiales, Hôtels-Dieu, » Maladeries, Tour, Châtel, & s'il leur plaît, Forts & pont-le-» vis. « Bouchel (1) distingue deux sortes de Prevôts-Châtelains; les uns pour les amendes, les autres pour la Justice.

Les titres de Comte & de Vicomte, de Seigneur & de Garde, de Protecteur, de Chevalier *à livrée*, d'Avoué, de Burgare, de Juge, de Proviseur, de Maire, de Capitaine & de Gouverneur, sont des noms synonimes, rélativement aux temps dont il est ici question. Les termes de Comté, Vicomté, Garde, Sauve-garde, Sauvement, Avouerie, Protection, Mandeburde, Châtelloye, &c. désignoient le ressort & les fonctions de ces Officiers. On ne peut rien déterminer sur la nature, sur les prérogatives, ni sur les obligations de ces emplois. Tout varioit à raison des temps & des lieux. Tel Comte qui avoit commencé sa fortune par un Office de Châtelain, parvenoit à rendre son titre héréditaire & presqu'indépendant du Souverain, & prenoit à son tour un *Chevalier* ou un *Garde*, pour gouverner ses Domaines.

Les Officiers qui exerçoient les fonctions de Châtelain, n'en prenoient pas toujours le nom. Le Châtelain de Crépy a porté successivement ceux de *Burgare* & de *Capitaine* ; on appelloit *Garde* ou *Seigneur*, celui de la Ferté-Milon ; *Vicomte*, celui d'Ouchy ; *Chevaliers*, ceux de Pierrefonds & de Neuilly-Saint-Front: celui du fort château de Bethizy est le seul, qui ait conservé la qualité de Châtelain, depuis l'origine de cette charge.

Après l'établissement des six Châtellenies, le Valois n'eut plus de bornes fixes. Nous le verrons s'étendre depuis le Bourget près Paris, jusqu'aux portes de Reims, & changer souvent de limites. Les Domaines des Seigneurs Châtelains régloient les ressorts des Jurisdictions, & comme ces Domaines éprouvoient des diminutions & des accroissemens, il arrivoit de fréquens changemens dans les Châtellenies.

(1) Comm. p. 498.

Les

47. Les premiers Seigneurs du château de Crépy, dont les noms font consignés dans les monumens, prenoient la qualité de *Dominus*. La Dame Hildegarde, à laquelle commence la suite connue de ces Seigneurs, se qualifioit ainsi; *Domina de-crispeïo*. Les sentimens sont partagés sur l'extraction de cette Dame. Les uns la font descendre de Pepin, petit fils de Bernard, Roi d'Italie; les autres de Landry, Comte de Dreux; d'autres enfin lui donnent pour pere, Arnoul le vieux, Comte de Flandres.

Le premier sentiment confond Hildegarde avec l'épouse de Gautier le Blanc, fille d'un Comte de Senlis. Gautier le Blanc, Comte de Crépy ou de Valois, étoit arriere-petit-fils de la Dame Hildegarde. Dans le second sentiment, on prend Adele ou Adelgarde, fille de Landry, Comte de Dreux, épouse de Gautier I, pour Hildegarde, mere de ce même Gautier.

Blondel & la Morliere, Auteurs du troisiéme sentiment (1), n'ont pas fait attention, qu'Arnoul le vieux n'a épousé qu'en 934, Alix de Vermandois, fille d'Héribert III, du vivant de Raoul & d'Hermenfrede, tous deux petits-fils d'Hildegarde, Dame de Crépy.

Hildegarde étoit fille d'Héribert II, Comte d'Amiens. Héribert II avoit pour pere Héribert I, troisiéme fils de Bernard Roi d'Italie, mort en 818. Bernard étoit petit-fils de l'Empereur Charlemagne.

La Seigneurie du château de Crépy s'est ainsi formée.

Sous le regne de Dagobert I, il y avoit à l'endroit où l'on a depuis placé le château de Crépy, un édifice peu considérable, à côté duquel ce Prince fit bâtir une Eglise. On érigea trois Autels dans cette Eglise; le premier, sous le nom de Sainte Croix; le second, sous l'invocation du Martyr S. Etienne; le troisié ne, sous le titre de S. Denys. Cet édifice & les maisons d'a en our formoient comme une Paroisse. On plaça des fonts baptismaux dans cette Eglise, à l'Autel de S. Denys.

Cette portion de Domaine demeura unie au Fisc, jusqu'à la fin du regne de Charlemagne. Il y eut sous le regne de Louis le Débonnaire, plusieurs partages faits en faveur des descendans de Bernard, Roi d'Italie. Ces partages adjugerent à Heribert I & à Heribert II son fils, des domaines situés dans la Picardie, dans la Champagne & dans la Brie. Héribert II possédoit le Comté

(1) Histoire d'Amiens, p. 63.

d'Amiens, quelques terres en Champagne, & le château de Crépy dans la Brie. Héribert II, fut pere de la Dame Hildegarde ou Edelgarde, qu'il laiffa héritiere de fes grands biens, & en particulier du château de Crépy, dont elle prenoit le titre.

Quelques-uns prétendent, qu'Hildegarde a été mariée trois fois; la premiere, à Guillaume I, Duc de Normandie; la feconde, à Thibaud le Tricheur, Comte de Chartres & de Blois; & en dernier lieu, à Valeran, Comte de Vexin. Ces perfonnes commettent un anacronifme de plus d'un fiécle & demi. Elles confondent Hildegarde, Dame de Crépy, qui vivoit en l'an 880, avec une autre Dame de ce nom, qui exiftoit en 1040. Elles ne diftinguent pas Valeran Comte de Vexin & de Beauvais, de Valeran, Comte de Meulant, contemporain de l'Evêque Yves de Chartres.

Dès qu'Hildegarde eut atteint l'âge nubile, fon pere l'accorda aux recherches de Valeran, Comte de Vexin, déja veuf d'une premiere femme, de laquelle il avoit eu Papia, époufe de Rolond I, Duc de Normandie.

Valeran, Gualeran ou Garnier, étoit fils de Bérenger, Comte de Vexin & de Beauvais, felon D. Touffaint Dupleffis, & felon le Cartulaire de Nanteuil. Louvet dans fon Hiftoire de Beauvoifis, & Bouchel fur l'article XXX de la Coutume de Senlis, foutiennent que dans l'origine, le Vexin faifoit partie du Comté de Beauvais; que même il relevoit de l'Evêque de cette Ville pour le fpirituel. Ils ajoutent que le Vexin ayant été donné à l'Abbaye de S. Denys par le Roi Dagobert, les Religieux de cette Abbaye firent choix du Comte de Beauvais, en qualité d'Avoué & de Général de leurs troupes.

Lorfque Valeran époufa Hildegarde, il poffédoit les Comtés de Pontoife, Mantes, Chaumont & Meulant (1). Il tenoit ces terres en fief de l'Abbaye de S. Denys, comme Général & Porte-Oriflamme de cette Maifon. Les Normands étant venu fondre inopinément fur le Comté de Vexin en 885, Valeran affembla les vaffaux des terres du Monaftere, & marcha aux ennemis, dans le deffein de les combattre. D'abord il eut l'avantage; mais fe voyant fur le point d'être accablé par le nombre, il fit fa retraite en bon ordre, & s'enferma dans la ville de Pontoife, qu'il défendit jufqu'à la derniere extrémité. Il lui fallut céder,

(1) Hift. de Pontoife, p. 11.

parce que la place n'avoit ni munitions ni fortifications, capables de réſiſter plus long-temps aux attaques d'une armée preſqu'innombrable. Valeran fit une capitulation honorable, & ſe retira dans Beauvais.

On attribue à ce Seigneur la fondation de l'Abbaye de S. Mellon de Pontoiſe, de même que la Tranſlation des Reliques de ce Saint, qui eut lieu vers l'an 880.

Hildegarde apporta en dot à Valeran, la Seigneurie du château de Crépy, dont il prit le titre. Valeran de ſon côté délivra un *Libelle d'oſculage* à Hildegarde, par lequel il lui fait préſent d'un alleu, ſuivant la diſpoſition de la loi Salique, qui ordonnoit aux maris de doter leurs femmes. Ce droit d'oſculage, établi par la loi Salique, s'eſt perpétué dans le Valois, où la femme ne devient douagere, que par la conſommation du mariage (1). Ce trait nous eſt connu par un titre de l'Egliſe de S. Pierre en Vallée, portant donation par Hildegarde à cette Egliſe, de l'alleu qu'elle avoit reçu *de ſon Sénieur*, en l'épouſant. On croit que cette alliance fut contractée vers l'an 885.

Depuis la priſe de Pontoiſe, le Comte Valeran n'eut pas de demeure fixe. Occupé à viſiter ſes châteaux, il partageoit ſon ſéjour entre Amiens, dont il avoit hérité après la mort d'Héribert II, Meulant, Beauvais & Crépy. Il eut un fils de ſon épouſe Hildegarde, qu'il nomma Gautier. Nous appellerons ce fils Gautier I, pour le diſtinguer de pluſieurs Seigneurs, ſes deſcendans, qui ont porté le même nom. Hildegarde ſurvécut long-temps à Valeran. Elle mourut à Meulant le douziéme jour de Novembre, ſelon le Cartulaire du lieu, où les années ne ſont pas marquées.

Gautier I recueillit la ſucceſſion de ſon pere & de ſa mere après leur mort, & fut Comte d'Amiens & de Crépy, du Vexin, Pontoiſe, Chaumont, Mantes & Meulant. Il épouſa dans un âge peu avancé, Adele fille de Landry, Comte de Dreux. Il en eut trois fils, Hermenfrede, Gerbert & Raoul. Quelques titres de la ville d'Amiens nomment le premier, Gautier, comme ſon pere, le ſecond Gozefriſe, & Raoul le troiſiéme.

La ville d'Amiens qui avoit été brûlée une premiere fois par les Normands vers l'an 879 (2), fut preſque ſurpriſe par un détachement de ces barbares. La frayeur ayant raſſemblé dans Amiens une multitude conſidérable de gens de tout état, qui ſuyoient des

(1) Cout. Val. art. 102. 105.　　　(2) Iperii Chron. Theſ. anecd. t. 3. p. 538.

F f ij

campagnes, la confusion se mit dans toutes les parties de la ville, sans qu'il fût possible au Comte Gautier d'y apporter aucun remede. Le feu prit au milieu du tumulte, & la ville d'Amiens fut une seconde fois consumée par les flammes. Gautier I mourut l'année qui suivit de ce désastre : peut-être fut-il lui-même enveloppé dans cette ruine commune.

Les trois fils de Gautier partagerent entr'eux ses grands biens. Hermenfrede & Gerbert demeurerent en Picardie. Raoul eut pour sa part le château de Crépy, avec les biens que le Comte Valeran son ayeul avoit possédés dans la Brie. Raoul fixa son séjour à Crépy. Hermenfrede mourut peu de temps après Gautier son pere. On croit qu'il décéda près de Paris, & qu'il fut inhumé à côté de l'Eglise de S. Maur des Fossés, avec son épouse, dont on ignore le nom & l'extraction.

L'Auteur d'une vie de S. Maur, publiée en 1640, cite, p. 338, deux statues de cette Eglise, représentant l'homme & la femme. La figure de l'homme est celle d'un Cavalier armé, tenant son bouclier posé sur la cuisse gauche. Ses pieds sont appuyés sur un lyon. La femme est voilée ; elle porte une bourse attachée au côté droit.

L'âge de ces deux statues ne fait aucune difficulté (1). Ce sont deux cénotaphes du treiziéme siécle, dressés à la mémoire de deux personnes du premier rang, décédées depuis très-long-temps. L'Auteur de la vie de S. Maur prétend, que ces statues représentent le Seigneur Hermenfrede & sa femme. Ce sentiment paroît fondé. Les Comtes de Vexin prenoient le lyon & le léopard pour symboles. Il y a eu dans l'Eglise de S. Maur plusieurs sépultures des premiers Seigneurs de Nanteuil, issus des Comtes de Vexin. Les cénotaphes, dressés au treiziéme siécle sur des tombeaux du dixiéme, sont communs : on en a des exemples à Nanteuil même.

Hermenfrede mourut sans postérité. Une grande partie de ses domaines revint à Gerbert son second frere, qui n'en jouit pas long-temps ; car en 930, Raoul, Duc de Bourgogne, lui enleva la ville d'Amiens. Gerbert ne pouvant supporter cette disgrace, succomba sous le poids de son infortune, & mourut sans laisser d'enfans. Raoul, troisiéme fils de Gautier I, hérita des biens de ses freres. Ce Seigneur continua d'occuper son château de Crépy. Il le fit

(1) Lebeuf, Hist. du Dioc. de Paris, t. 5. part. 2. p. 128.

fortifier, afin de tenir contre les Seigneurs voisins, qui jugeroient à propos de l'attaquer. Raoul vivoit vers l'an 940.

J'ai dressé cette généalogie des premiers Seigneurs de Crépy, sur des mémoires tirés d'Amiens, de S. Arnoul de Crépy, & sur la foi des Auteurs que j'ai cités. Je me suis écarté de Duchesne, qui n'a eu d'autre guide que le Cartulaire de Nanteuil. Ce Cartulaire est ordinairement sûr, mais on y a omis bien des faits. Je ne m'arrêterai pas à réfuter les sentimens opposés au mien : ils renferment trop de contradictions ; des noms mal rendus, des traits avancés sans preuves.

48. Celui qui acheva la Ferté-sur-Ourcq, Hémogaldus ou son Successeur, distribua cette forteresse sur le plan qui suit. Au milieu d'une premiere enceinte de fortes murailles, flanquées de grosses tours, il fit construire un donjon, espéce de citadelle où résidoient quatre Officiers principaux, qui formoient l'Etat major de la Ferté ; savoir, le Garde, *Custos* : le Veilleur, ou Chevalier du Guet, *Vigil* : l'Asinaire ou Pourvoyeur, *Asinarius* : le Portier, *Portarius*. On bâtit aussi dans cette premiere enceinte une Chapelle, sous l'invocation de S. Sébastien, patron des Militaires, honoré d'un culte particulier dans le canton, depuis la Translation de ses Reliques à S. Médard de Soissons en 826. On avoit déposé dans cette Chapelle une parcelle de ces Reliques, que l'on conserve encore à la Ferté-Milon, dans la Châsse de S. Vulgis. Les titres nomment cette premiere enceinte *Cingulum minus*, & *Breve Cingulum*.

Une seconde enceinte beaucoup plus considérable, quant à l'étendue, renfermoit le même espace que les murs actuels de la ville de la Ferté-Milon. Les titres nomment cette seconde enceinte *Cingulum majus* (1). Le Seigneur Châtelain, *Dominus Castri*, y avoit son hôtel. Le reste du terrain fut occupé par des familles réfugiées, qui payoient au Gouverneur un droit de sauvement, *salvamentum*. Les maisons, bâties par ces familles, ont été la premiere origine de la haute ville.

A l'endroit le plus large de la prairie, situé sur le bord de l'Ourcq, opposé à la Ferté-Milon, il y a une piéce de prez, qu'on appelle *le Pre de la vieille Ferté*. On en adjuge tous les ans la dépouille, dans une place qui sépare les deux Paroisses de la ville. Les deniers, provenant du loyer, se partagent entre les deux Fa-

(1) Cart. S. Genev. Paris. fol.

briques. De cet usage, quelques-uns veulent conclure que l'ancienne Ferté avoit été bâtie en ce lieu, ce qui n'est pas vraisemblable. Outre que cet endroit est dominé par des hauteurs, le terrain est mouvant. La Comtesse Eléonore appelle ce prez, *Pratum meum de Castro*, dans une de ses Chartes (1). La vieille Ferté subsistoit alors dans son entier. On voit à Bethysi un prez de la Tour, où l'on n'a jamais bâti.

Héribert II, Comte d'Amiens, avoit acquis dans la Champagne & dans la Brie, plusieurs domaines considérables, soit à titre de bénéfice & d'avouerie, soit à titre d'appanage, ou par achat. La Ferté-sur-Ourcq fut comprise dans ces acquisitions. Il en transmit la propriété & tous les droits, à Hildegarde sa fille, Dame de Crépy, lorsqu'elle épousa Valeran, Comte de Vexin. Depuis cette donation jusqu'en 1214, que le Valois a été réuni à la Couronne, les Seigneurs de la Ferté-Milon ont été les mêmes que les Seigneurs de Crépy, sans interruption.

Les difficultés qu'on rencontre, regardent seulement la suite des Châtelains, Coutres ou Avoués, qui prenoient les titres de *Dominus Castri*, *Dominus de firmitate*, parce qu'ils avoient leur hôtel dans la grande enceinte. Ces Officiers veilloient, sous les ordres des Seigneurs de Crépy, à la défense du pays, & à la sûreté du canton.

Les premiers Seigneurs Châtelains de la Ferté-Milon paroissent avoir commencé sur la fin de la seconde race, au Chevalier Milon, ayeul ou pere de Thibaud *File-étoupes*, Forestier du Roi Robert, dont parle Aimoin dans son Histoire (2). *Milon* & *Miles*, signifioient un Chevalier. On appelloit Thibaud, *File-étoupes*, à cause de sa chevelure blonde ; de même qu'on appella Hugues le Blanc, Hugues de la Ferté-Milon, à cause de la blancheur de son teint.

Thibaud eut un fils nommé Guidon, qui vivoit sous Henry I. Templeux avance avec raison, que ce Guidon est le même qu'un Teudon de la Ferté-sur-Ourcq, qui vivoit en 1035. Theudon nous est connu par un trait, qui fait l'éloge de son humanité (3). En sa qualité de Seigneur Châtelain de la Ferté, il pouvoit exiger des habitans de Marisy des corvées & des tributs, que ses Prédécesseurs percevoient. Il en fit la remise en 1035, par un acte daté du

(1) Chron. Longp. p. 103.
(2) Lib. 5. c. 46.

(1) Cart. S. Genev. Paris. fol. 12. 34.

regne de Henry I ; & de peur que ses Successeurs ne vinssent à revendiquer ces droits, il en fit publiquement l'abandon aux Chanoines de Sainte Geneviéve, établis à Marisy.

Theudon se réserva une redevance plus légitime. Les habitans de Marisy devoient fournir au Seigneur de la Ferté, les fascines & les pieus dont il auroit besoin.pendant les temps de guerre, pour fortifier son château. Theudon déclare dans l'acte, que les habitans de Marisy lui continueront les mêmes secours, lorsqu'ils seront nécessaires à l'entretien des palissades & des ouvrages extérieurs de sa Ferté.

Guy ou Teudon épousa une Dame Hodierne, de laquelle il eut ent'autres enfans, Milon dit le Grand, qui fut Seigneur de Montlhery & de la Ferté-sur-Ourcq. Milon le Grand eut quatre fils : il conserva son nom au troisiéme, qui fut aussi Vicomte de Troyes. C'est une question de savoir, lequel des deux Milons pere ou fils, a fait transférer le Corps de S. Vulgis à la Ferté-sur-Ourcq, & a donné son nom à cette forteresse. J'incline pour le pere plutôt que pour le fils.

Milon, surnommé le Grand, à cause de son pouvoir, voulant attirer dans son château de la Ferté le concours des pélerins, qui venoient visiter le tombeau de S. Vulgis à Troesnes, fit lever de terre le Corps de ce Saint. On l'enferma dans un Châsse, que Milon fit transporter avec pompe dans l'Eglise de son château, qui prit depuis le nom de S. Vulgis, quoique consacrée sous l'invocation de S. Sébastien. La date de cette cérémonie nous est inconnue. Elle a dû s'exécuter vers le temps, où la retraite de Simon de Crépy à S. Eugende du Mont-Jura rendit Milon plus absolu, dans la possession de la Ferté-sur-Ourcq & de ses dépendances.

La mort de Milon le Grand, & la retraite du Bienheureux Simon de Crépy, Haut-Seigneur de la Ferté-sur-Ourcq, occasionnerent quelques révolutions dans le Valois. Le Roi Philippe I, profita des circonstances, & fit des arrangemens favorables à son autorité, par rapport aux Seigneuries du Vexin, de Crépy, de la Ferté-Milon & de Montlhery. La double alliance du Comte de Mantes son fils, avec Elisabeth fille de Guy Trousseau, petite fille de Milon le Grand, & du Prince Hugues le Grand son frere, avec l'héritiere de Simon de Crépy, opera un changement qui exclut les Seigneurs de Montlhery, du gouvernement de la Ferté-Milon.

Hugues le Grand, en partant pour la Terre Sainte, confia la garde du château de la Ferté, à des Chevaliers de la maison de Pierrefonds, iſſus de Jean, Vicomte de Chelles. Jean de Pierrefonds partoit lui-même avec le frere du Roi. Nous donnerons la ſuite des Chevaliers, iſſus de Jean. La plûpart ont porté le ſurnom de *Turc.* Nous expoſerons auſſi l'établiſſement de la Collégiale de S. Vulgis.

49. On pourroit comparer la nombreuſe Maiſon des premiers Seigneurs de Pierrefonds, à cette troupe d'avanturiers fameux, qui au retour de la Terre-Sainte, firent des exploits éclatans dans la Sicile & dans la Pouille, & ſe ſignalerent à la défenſe des Seigneurs, qui imploroient leur ſecours. Leurs faits d'armes, & leur habileté dans la ſcience militaire, leur ont acquis une réputation digne de leur valeur, & des ſervices importans qu'ils ont rendu.

Après la ruine entiére du Palais du Cheſne, les principaux Officiers de ce Palais ſe fortifierent ſur les hauteurs, & ſe défendirent avec une valeur & une intrépidité, qui leur mériterent la confiance publique. Ils pourvurent avant tout à la conſervation de leurs biens, & chercherent enſuite à ſe rendre utiles aux Egliſes, aux Communautés & aux Seigneurs voiſins. Une nombreuſe poſtérité, formée au métier des armes, leur fut une occaſion favorable de porter du ſecours dans tous les lieux du voiſinage, où l'on en avoit beſoin. Ils eurent auſſi le ſoin de profiter des circonſtances, & de former à leurs deſcendans & à leurs alliés, des établiſſemens avantageux.

Un Monaſtere étoit menacé d'une invaſion prochaine, de la part des factieux & de la part des ennemis du dehors : on envoyoit à Pierrefonds demander du ſecours. Un Seigneur alloit à la Terre ſainte, ou entreprenoit un voyage de long cours, un voiſin plus puiſſant que lui venoit l'attaquer : il avoit recours au Seigneur de Pierrefonds, ou pour conſerver ſa terre ou pour la défendre. Le Seigneur ou la Communauté faiſoit un traité avec les Seigneurs de Pierrefonds, aux conditions qui ſuivent.

On convenoit en premier lieu, que la terre ou le château, qui réclamoit la protection du Seigneur de Pierrefonds, releveroit de ſa Juſtice, en premiere inſtance ou par appel, ſelon la diſtance des lieux.

2°. Les Seigneurs de Pierrefonds exigeoient des redevances en fonds de terre, proportionnées au nombre de ſoldats qu'ils envoyoient.

voyoient sur les lieux. Les Chevaliers ne recevoient pas de solde. Celui qui les appelloit à la défense de sa terre, en démembroit une portion, qui devoit produire cinquante à soixante livres de revenu par an, douze à quinze cens livres de notre monnoye. Les terres ne s'estimoient pas à raison de l'arpent, mais à raison de leur valeur intrinséque. On nommoit *livrée de terre*, une portion qui produisoit une livre de revenu par an. Soixante livrées de terre signifioient un fonds d'une ou de plusieurs piéces, qui devoit rapporter à son possesseur soixante livres de rente, monnoye du temps.

On distinguoit trois espéces principales de livrées de terre, *libratas terræ*, les livrées à Parisis, les livrées à Tournois, & les livrées à Nerets, trois sortes de monnoye qui avoient plus de cours dans le Valois. Il n'y avoit rien de fixe touchant la paye des soldats : chaque Chevalier commandoit sa troupe. Ou les soldats demeuroient à sa charge, ou le protégé les soldoit, ou enfin les soldats faisoient la guerre à leurs dépens, & ne recevoient pas de solde. Dans le premier cas, le Chevalier recevoit une somme une fois payée, à raison du nombre des soldats qu'il amenoit du château de Pierrefonds, ou bien l'on augmentoit le nombre des livrées. Dans le second cas, chaque soldat recevoit par jour son étape, aux dépens du protégé. Le troisiéme cas avoit lieu, lorsque les vassaux ou les paysans d'un canton se rassembloient volontairement au moment du danger, sous les ordres du Chevalier, à peu près comme on rassemble nos Gardes-côtes. Ceux-ci combattant pour la défense de leurs foyers, faisoient la guerre à leurs dépens, & quelquefois contribuoient aux honoraires du Chevalier.

3°. Les héritages qu'on abandonnoit à chaque Chevalier, lui appartenoient, sans retour de la part du possesseur, & à perpétuité. La donation se faisoit ordinairement, de maniere que le Chevalier passoit pour avoir reçu du Seigneur de Pierrefonds les terres que le particulier lui délivroit. Ce Seigneur les érigeoit en Fief; & comme la plûpart des militaires qu'on envoyoit, n'avoient aucun bien, ils bâtissoient un manoir sur les terres qu'on leur accordoit : de-là cette prodigieuse quantité de Fiefs, qui dépendent de chacune des six Châtellenies du Valois. Tous les Seigneurs considérables imitoient la conduite des Seigneurs de Pierrefonds. Conduite qui est la cause de ce que la Châtellenie de Pierrefonds est si étendue.

L'origine des premiers Seigneurs de Pierrefonds est fort obscure. Quelques mémoires sans preuves rapportent la souche de leur généalogie, à un Nicolas I, pere d'un Nicolas II, qui eut quatre fils, savoir, Nivelon I, Thibaud, Gérard & Richard. D'autres prétendent que Gérard & Richard étoient seulement cousins germains de Nivelon & Thibaud, & petit-fils de Nicolas I, par un frere de Nicolas II.

Ces Seigneurs ont été quatre personnages distingués par leurs emplois. Nivelon I devint Seigneur du château de Pierrefonds, après la mort de son pere. Ce nom est un diminutif de celui de Nicolas. Thibaud fut Evêque de Soissons. On croit que Gérard & Richard furent d'abord employés ensemble dans le château de Laon; & qu'enfin l'office de Châtelain de Laon resta à Gérard, à l'exception de quelques droits ; & que Richard devint Châtelain de Bethizy, sous le regne de Henry I. Cependant les deux Prevôtés de Bethizy & de Laon demeurerent unies jusqu'au treiziéme siécle. Gérard eut seul dans la suite la Châtellenie de Cherisy ou de Quierzy, dont ses descendans ont pris le nom.

Nivelon I, vint au monde vers le commencement du onziéme siécle. Comme il parut pendant des temps de troubles, où les monumens sont rares, on ignore la plûpart de ses actions. Je ne connois aucun fait qui le concerne, avant 1047. En cette année, le Roi Henry I, assembla au château de Laon, les Evêques & les Grands de ses Etats. Nivelon fut du nombre de ceux que le Prince convoqua. Cette assemblée nous est connue par une Charte dressée à S. Médard de Soissons, & confirmée au château de Laon par le Roi, en présence des Archevêques, des Evêques, des Comtes, & de plusieurs grands Seigneurs qui n'avoient pas le titre de Comtes, mais qui avoient rang immédiatement après eux. La Charte est une restitution à S. Médard, de biens usurpés par les ancêtres d'un Chevalier nommé Hugues (1). Le nom de Nivelon est au bas de cette Charte.

Duchesne & Muldrac attribuent à Nivelon I la fondation du château de Pierrefonds, qu'ils placent sous l'an 1060. C'est une erreur dans laquelle ils sont tombés, en prenant mal le sens de ces quatre mots de l'épitaphe de Nivelon I, *qui fundavit istum locum*. Ces mots ne regardent que l'Eglise de S. Sulpice, fondée par Nivelon, & non pas le château. Le seul trait de la vie de

(1) Gall. Chr. t. 9. Instrum. p. 97.

Nivelon qui ait rapport à l'an 1060, est la signature qu'il mit au bas de la Charte, qui regarde la fondation de S. Adrien de Bethizy par le Chevalier Richard, son parent ou son frere.

Nous ne pouvons déterminer le temps, où le premier château de Pierrefonds a été bâti. Il paroît certain qu'il existoit avant la naissance de Nivelon I. Ce château étoit un gros édifice quarré, flanqué de tours, & situé sur la hauteur, à l'endroit même qu'occupe présentement la ferme du Prieuré. Une pente fort roide rendoit cette Forteresse inaccessible de plusieurs côtés. Un grand & majestueux donjon, accompagné de deux tours énormes par leur grosseur & par l'épaisseur de leurs murs, en défendoit l'accès, du côté de la plaine de Béronne. Des fossés profonds, des redoutes, & toutes sortes d'ouvrages avancés couvroient une partie de cette plaine. Celui qui fonda ce château y bâtit une Chapelle, qui fut consacrée en l'honneur de S. Mesmes, Martyr de Paphlagonie. Il choisit pour la placer, l'intervalle de deux tours, à l'endroit du château le moins exposé aux attaques, pendant les siéges qui pourroient arriver (1). Voici l'histoire de ce Saint, telle que je l'ai trouvée dans un manuscrit de S. Pierre en Chastres, qui m'a paru authentique.

S. Mesmes, Mamas, Mamais ou Maxime, naquit en Paphlagonie, province de l'Asie mineure, de Théodore & de Rufine, après l'an de J. C. 250. Dès qu'il eut atteint l'âge de gagner de quoi subsister, ses parens qui n'avoient pas de fortune, lui firent embrasser la profession de Berger. Ils n'avoient rien négligé, pour lui procurer dans son enfance une éducation chrétienne. Mesmes employoit les loisirs de sa profession, à méditer les grandes vérités, dont ses parens l'avoient instruit. Sa vie ressembloit à celle que menoient les Patriarches, pendant ces temps d'innocence, où les Souverains manioient la houlette & le Sceptre. La candeur & la simplicité de ses mœurs, l'assemblage des vertus qu'il pratiquoit, lui avoient acquis la réputation d'un parfait chrétien, quoique dans un âge encore tendre; lorsque l'Empereur Aurélien fit publier un Edit sanglant, contre ceux qui professoient le christianisme.

Le jeune Berger ne tenant à la vie par aucun lien, n'en fut pas intimidé. Il continua de pratiquer ouvertement sa religion. Bientôt il fut arrêté. Après avoir subi les interrogatoires, on lui fit souffrir des tourmens, qu'il endura avec une constance invincible,

_____
(1) Ibid. tom. 10. p. 106.

Gg ij

& auxquels un autre corps que le fien n'auroit pas réfifté. Mefmes menoit par état une vie très-dure, expofé jour & nuit aux injures de l'air, fans logement. Les bourreaux mirent en œuvre tous les fecrets de leur art, afin de lui arracher le renoncement qu'on demandoit. Ils commencerent à lui déchirer le corps à coups de verges : ils le ténaillerent, & appliquerent fur fes playes des lames ardentes. Son corps, quoiqu'à demi brûlé, & dépouillé d'une partie de fes chairs, confervoit une vigueur, qui étonnoit fes bourreaux. L'un d'eux, las de le tourmenter, le délia, & lui ouvrit le ventre avec une hache d'armes, impatient de ce qu'il n'expiroit pas.

Le Saint fentant tomber fes entrailles, les retintavec fes mains, & gagna une caverne, à deux ftades du lieu de fon fupplice, dans laquelle il rendit l'efprit. On croit qu'il fut martyrifé près de Céfarée en Cappadoce, où l'on inhuma fon corps, au mois d'Août de l'an 274. L'Eglife honora fa mémoire auffi-tôt après fon martyre. Dès que la paix eut été rendue à l'Eglife, il y eut à fon tombeau une grande affluence de peuple. Son culte fe répandit dans la Syrie & dans la Grece. S. Grégoire de Nazianze parle de ce Saint dans fes Panégyriques (1). La fête de S. Mefmes eft marquée au dix-fept Août, dans les anciens Martyrologes. A S. Pierre en Chaftres, on la fait le dix-huit de ce même mois.

Le Corps de S. Mefmes fut tranfporté à Conftantinople, dans un temps où la ville de Céfarée étoit menacée d'une prochaine invafion. Il y demeura entier, jufqu'à ce qu'un Seigneur François paffant en cette ville, obtint un os du cou, dont il fit préfent à l'Eglife de Langres, avant le regne de Louis le Débonnaire. Quelques-uns prétendent, que cette Relique a été apportée de Langres au château de Pierrefonds, au dixiéme fiécle. D'autres penfent qu'une nouvelle parcelle de ces mêmes Reliques a été transférée de Conftantinople au Palais du Chefne, en même temps que la Relique de Langres, avant le regne de Louis le Débonnaire.

Après que le fecond château de Pierrefonds eut été bâti, on transféra la Relique de S. Mefmes dans la Chapelle, parce que l'Eglife de l'ancien château tomboit en ruine. Lorfqu'on démantela le fecond château de Pierrefonds (en 1617), les Religieux de S. Pierre en Chaftres obtinrent la Relique de S. Mefmes,

(1) Orat. 43.

avec les authentiques qui la concernoient. De S. Pierre en Chaſtres, la Châſſe de S. Meſmes a été rapportée dans l'Egliſe Paroiſſiale de Pierrefonds. Elle a été d'abord expoſée au-deſſus du maître Autel, d'où on l'a ôtée pour la placer dans la Sacriſtie : on pourroit la loger plus décemment.

Le Seigneur de Pierrefonds qui bâtit la Chapelle de S. Meſmes, y fonda quatre Prébendes, qui furent remplies par des Prêtres ſéculiers juſqu'en 1102. Ces Clercs avoient leur logement à l'Orient du château.

Nivelon I, trouva les choſes en cet état, lorſque la Seigneurie de Pierrefonds lui échut par le décès de ſon pere. Il jouiſſoit de deux avantages, qui peuvent donner le plus haut dégré de conſidération dans la ſociété ; il joignoit à de grands biens un grand crédit. On connoît par la Charte de 1047, déja citée, qu'il alloit de pair avec le vaillant Hugues Bardoul, & avec les premiers Comtes du Royaume. Voici le dénombrement d'une partie de ſes biens.

Il poſſédoit, outre la terre de Pierrefonds, une portion conſidérable de la forêt de Cuiſe & de celle de Retz : les Seigneuries d'Oudincourt, de Montigy-Langrain, Rheteuil, le Crotoy, Couloiſy, Jaulzy, Haute-Fontaine, Taille-Fontaine & Morte-Fontaine : Neuf-Fontaines & Saint Etienne, Champ-Baudon, Chelles, &c. ſans les Vicomtés, les Sauvemens, & les Avoueries qu'il avoit de toutes parts. Une circonſtance remarquable, c'eſt que dans la plûpart de ſes terres, il poſſédoit les bénéfices, les Cures, les Prieurés, les dixmes, ne négligeant rien de tout ce qui pouvoit groſſir ſes revenus. Une choſe le rendoit redoutable à ſes voiſins & au Souverain même ; il pouvoit en peu de temps raſſembler de ſes Avoueries, pluſieurs corps de troupes de vaſſaux, commandés par des Chevaliers exercés dans la profeſſion des armes.

Quoiqu'il eût reçu de ſes ayeux les biens d'Egliſe qu'il poſſédoit, il lui vint ſur ce ſujet des ſcrupules qu'il voulut calmer. Il crut qu'il ſatisferoit à Dieu & aux hommes, s'il fondoit pour l'utilité des habitans du bourg de Pierrefonds, une Egliſe Collégiale, à la place d'une Chapelle fort étroite, ſituée au bas de la montagne du château. Car indépendamment du château, il y avoit un bourg de Pierrefonds, peuplé de familles qui avoient abandonné les campagnes voiſines, afin de ſe transporter avec leurs effets ;

dans des demeures plus sûres. Etablies à côté du château, les personnes réfugiées pouvoient recevoir un prompt secours en cas d'attaque, ou se sauver dans la forteresse par des conduits souterrains.

Nivelon I, rebâtit sur un plan régulier la Chapelle de S. Sulpice. Il lui donna l'étendue suffisante, pour contenir les habitans du bourg, dont le nombre croissoit de jour en jour. L'édifice peu élevé, en comparaison des grandes Eglises du treizième siècle, comprenoit une nef avec ses bas-côtés, une croisée & un chœur, accompagné de quelques oratoires particuliers. Une voûte en plein ceintre, plus solide qu'exhaussée, regnoit sur toutes les parties de cette Eglise. J'ai vu peu de grands bâtimens, du même âge que cette Eglise, où la pierre de taille soit aussi belle & aussi multipliée. On employoit plus volontiers le moîlon que cette pierre. On voit encore derriere le maître Autel de S. Sulpice, un reste de l'ancien édifice, qui est une portion de bas-côtés, bien conservée.

Le Seigneur Nivelon fonda dans la nouvelle Eglise, un Chapitre de Chanoines, gouverné par un Doyen. Il donna à ce Chapitre la dixme de Pierrefonds, deux fermes avec les terres de leur dépendance, le tiers des dixmes de Montigny, & une partie de celles de Rheteuil, un moulin à S. Etienne, & une portion de bois dans la forêt de Cuise, qu'on a long temps appellé *le bois des Moines*; il réunit aussi à ce Chapitre des Autels ou bénéfices à charge d'ame, qu'il eut scrupule de conserver.

Ces dispositions étant faites, Nivelon conféra la dignité de Doyen à Thibaud son frere, & attacha à cette place, le titre de *Pair de fief & de noblesse*: qualité honorable que Thibaud transmit à ses Successeurs, même au Prieur des Religieux de Marmoutier, qu'il fit venir à Pierrefonds en 1085.

En l'an 1060, Richard I, Châtelain de Bethizy, invita le Roi Philippe I, à la Dédicace d'une Chapelle qu'il avoit fait bâtir. Le Roi parut à la cérémonie, accompagné de la Reine sa mere, & des principaux Seigneurs du Royaume. Le Roi signa la Charte de fondation. On lit, après son nom, ceux des Seigneurs de sa suite. Le nom de Nivelon est écrit entre celui de Thibaud de Crépy Seigneur de Nanteuil, & celui du Châtelain Richard I, son parent.

Nivelon eut cinq fils: Nivelon II, Jean I, Pierre, Ernaud & Hugues, & une fille appellée Marie. Nivelon II succéda à son pere dans ſes titres & dans la plus grande partie de ſes biens. Jean eut en partage la Vicomté de Chelles & diverſes Avoueries ; Pierre paroît avoir été la tige des Avoués de Vic-ſur-Aiſne. Ernaud ou Arnaud de Pierrefonds n'eut pas de poſtérité ; Hugues devint Evêque de Soiſſons ; Marie épouſa un Chevalier du pays, nommé Renaud (1).

Le Seigneur Nivelon I, mourut après l'an 1072, comme nous allons le prouver. Son corps fut dépoſé dans un caveau qu'on voit encore, non dans une Chapelle, comme Bergeron l'avance, mais extérieurement, attenant le collatéral droit du chœur de la Collégiale, qu'il avoit fondée. L'uſage ne permettoit pas encore, qu'on enterrât les Patrons laïcs dans les Egliſes. On fit graver cette inſcription auprès du tombeau. CI GIST NIVELON I, SEIGNEUR DE PIERREFONDS, QUI A FONDÉ CE LIEU, ET QUI A FAIT LE PRIEUR SON PAIR DE FIEF ET DE NOBLESSE. *Hic jacet Nivelo primus, Dominus de Petrâfonte, qui fundavit iſtum locum, & dedit Priori Paritatem Caſtri ſui & Nobilitatem.* Cette inſcription a été recueillie par pluſieurs Savans, comme un monument rare & précieux touchant l'ancienne Pairie. Bergeron & Templeux l'ont rapportée dans leurs Ecrits, & D. Martenne dans ſes Voyages littéraires. M. l'Abbé Lebeuf l'a copiée ſur les lieux. Cette épitaphe ne ſe voit plus.

On peut prouver par ce monument, que Nivelon I, n'eſt pas mort avant l'an 1072. Il n'y a pas eu de Prieur à Pierrefonds, avant le temps où Thibaud, frere de Nivelon, abdiqua la dignité de Doyen de S. Sulpice, pour être Evêque de Soiſſons. Thibaud a été élevé ſur le Siége Epiſcopal de cette Ville en 1072. Par conſéquent, le titre honorifique accordé par Nivelon I, à un Prieur de Pierrefonds, ne peut pas être antérieur à cette date.

La Pairie du château de Pierrefonds eſt une des plus anciennes & des plus nobles qui ſoient en France. Le nombre des Pairs de Pierrefonds s'eſt beaucoup accru depuis la mort de Nivelon I, juſqu'au regne de Philippe Auguſte. Je n'ai pu déterminer le nombre, qui paſſoit ſoixante au treiziéme ſiécle. Le droit de Pairie appartenoit à certains Fiefs. Il falloit être noble pour l'exercer. Nivelon I, depuis l'abdication de Thibaud ſon frere, établit que la dignité de Prieur de Pierrefonds donneroit au Titulaire la qualité de noble.

(1) Ducheſn. Hiſt. Chatill. p. 48.

Les anciens Seigneurs de Pierrefonds rendoient la Justice de la maniere la plus solemnelle. Lorsque ce Seigneur siégeoit en personne, il paroissoit accompagné des douze anciens Pairs nobles de sa Châtellenie. Le Roturier, possesseur d'un Fief qui donnoit droit de séance, ne pouvoit exercer ce droit. Après que les parties avoient été entendues, on délibéroit : le Seigneur de Pierrefonds recueilloit les voix, donnoit la sienne, & prononçoit. En l'absence du Seigneur, le Bailli faisoit sa fonction. Il avoit voix délibérative avec les Pairs, s'il étoit noble, sinon il s'absentoit pendant les délibérations, & venoit recueillir les voix : ensuite il prononçoit. Cette forme de Jugement duroit encore à Pierrefonds en 1584. Je lis dans le cahier des Assises du mois de Juillet de cette année, que le Seigneur du Fief de Clamecy fut appellé & requis, de prendre séance en qualité d'homme-jugeant, & comme l'un des Pairs du château de Pierrefonds.

Les Juges des Mairies & de toutes les Paroisses de la Châtellenie de Pierrefonds devoient paroître à ces assises. On en faisoit l'appel. Si quelqu'un manquoit de comparoître sans un sujet légitime, on le condamnoit à l'amende. J'ai vu plusieurs Ordonnances du Juge de Pierrefonds, portant injonction aux Maires d'Aconin, d'Ambleny, de Berzy, Charentigny, Coeuvres & Cutry, Pernant, Ploisy, Resson-le-long ; Saint Bandry & Saint Etienne, de comparoir aux assises générales du Bailliage de Pierrefonds, comme étant Juges subalternes dans les plus anciennes Mairies de ce Bailliage.

Thibaud de Pierrefonds (1), frere de Nivelon I, naquit au château de Pierrefonds, au commencement du onziéme siécle. Son pere lui voyant des dispositions à l'état Ecclésiastique, les cultiva. Il lui fit conférer la Tonsure Cléricale, & lui donna plusieurs bénéfices dont il jouissoit, quoique laïc. Ayant fondé la Collégiale de S. Sulpice, il nomma Thibaud Doyen du Chapitre. Thibaud occupoit cette place, lorsqu'en 1072, le Siége Episcopal de Soissons vint à vacquer. Quoiqu'issu de parens fort avides de biens d'Eglise, il se déclara l'adversaire des Chevaliers ses contemporains, qui sous de faux prétextes, envahissoient les terres des Ecclésiastiques. La fondation de Saint Jean-lès-Vignes de Soissons est son ouvrage. Cet établissement est dû au zele, avec lequel il engagea le Chevalier Hugues de Château-Thierry, à

(1) Gall. Chr. t. 9. p. 349. t. 10. p. 100. instr.

faire

faire la reſtitution des bénéfices qu'il poſſédoit. En 1079, il ſouſ-
crivit la Charte de fondation de S. Quentin de Beauvais, préſen-
tée au Concile de Soiſſons. Une circonſtance remarquable de ſa
vie eſt, qu'il choiſit pour Aumônier ou Chapelain, Hugues de
Châtillon, qui remplit onze ans le ſaint Siége ſous le nom d'Urbain II (1). Il concourut à l'établiſſement du Prieuré de Coinci,
en accordant aux prieres de Thibaud, Comte de Troyes, l'Egliſe
de Bainſon, dont il avoit abandonné l'uſufruit à ſa Cathédrale. Il
donna en dédommagement à ſon Chapitre, l'Egliſe de S. Germain-
lès-Compiegne, dix ſols de rente ſur celle de Longueval ou
Longeville, *Longávalle*, & dix autres ſols ſur l'Autel de la Fou;
trois bénéfices qu'il tenoit probablement des libéralités de ſon
pere. Après avoir mené une vie remplie de bonnes œuvres, il
mourut le 26 Janvier 1080.

Comme il s'étoit toujours oppoſé à ceux qui uſurpoient les bénéfices, & qu'il s'étoit déclaré le protecteur des Eccléſiaſtiques
perſécutés, ſa mémoire a été long-temps en vénération. L'on cite
dans la Chronique de Saint Jean-lès-Vignes (2), une Vie de S.
Arnoul, Succeſſeur de l'Evêque Thibaud, où l'on donne à celui-ci le titre de Saint.

Il y a deux ſentimens ſur Jean de Pierrefonds. Bergeron &
l'Auteur de l'Antiquité des villes prétendent, qu'il étoit frere de
Nivelon I, & de l'Evêque Thibaud, & qu'il partit en 1080 pour
la Terre-Sainte. Ducheſne, Templeux & Dormay avancent
qu'il étoit fils de Nivelon I, & fixent à l'an 1100 ſon voyage à
la Terre-Sainte.

Le ſecond ſentiment doit être préféré au premier, quoiqu'il
ne ſoit pas exact ſur tous les points. Ducheſne & Dormay ſe fon-
dent ſur une Charte, dont les dates varient. Cette Charte eſt la
donation de la Vicomté de Chelles au Chapitre de Soiſſons. Elle
eſt datée de l'an 1100, épacte ſept, concourant avec la ſixiéme,
indiction ſept, l'an 38 du regne de Philippe I, & la ſeptiéme de
l'Epiſcopat de Hugues. Les deux dernieres dates reviennent à
l'an 1098, & paroiſſent préférables à la premiere. C'eſt pourquoi
je placerai ici tout ce qui a rapport à Jean I de Pierrefonds. Je
parlerai de Nivelon II au Livre ſuivant.

50. Dans le partage des biens de Nivelon I, la Vicomté de Chelles
échut à Jean ſon ſecond fils. Chelles eſt un lieu ancien du Dioceſe

(1) Chron. p. 43.   I (2) Duch. Hiſt. Chat. p. 24.
Tom. I.   H h

de Soiſſons, & de la Châtellenie de Pierrefonds. Ce nom vien du latin *Cala* ou *Cella*, qui ſignifioit un Oratoire, une Chapelle de même qu'*Oratorium*, *Baſilica* ou *Biſulca*; avec cette differ鉄rence cependant, qu'on appliquoit plus ordinairement le nom de *Cella* aux Chapelles, qui avoient ſervi de retraite aux premiers Chrétiens, dans les temps de perſécution.

Chelles eſt ſitué ſur l'ancienne chauſſée Brunehaud, près de Martimont, de Béronne, & du Chêne Herbelot. Dès qu'il fut permis de doter les Egliſes, un Seigneur de Chelles donna à l'Egliſe du lieu la plûpart des biens qu'il poſſédoit dans le canton, avec les droits honorifiques qui en dépendoient. Ces biens vinrent aü pouvoir du Chapitre de Soiſſons, parce que le Prêtre deſſervant de Chelles étoit originairement un Clerc de l'Egliſe Cathédrale.

Au commencement des troubles qui agiterent la France pendant plus de deux ſiécles, le Chapitre de Soiſſons mit la terre de Chelles ſous la protection d'un Comte, auquel il fit préſent d'un bien ſis à Chelles même, à titre de *Sauvement*. L'autorité de ce Seigneur ne ſuffiſant pas à écarter les partis, le Clergé de Soiſſons demanda au Seigneur de Pierrefonds un Chevalier, qui devoit ſe charger de la défenſe du château de Chelles. Le Chapitre propoſoit de donner au Chevalier des fonds de terre, avec la qualité de *Vicomte*. Le Seigneur de Pierrefonds accepta l'offre, & ſe chargea d'autant plus volontiers de la défenſe du château de Chelles, que ce château touchoit preſque aux dépendances du ſien.

Le Sauvement & la Vicomté de Chelles ont été deux Fiefs héréditaires juſqu'au milieu du onziéme ſiécle. Le Militaire à qui le droit de Sauvement avoit été accordé, eut entr'autres deſcendans, le Comte Notker & le Chevalier Berolde, qui hérita du droit de Sauvement. Berolde embraſſa l'état Eccléſiaſtique, & fut élû Evêque de Soiſſons ſous le regne de Robert, avant l'an 1015. Il céda à ſon Clergé ſon droit de Sauvement, avant l'an 1052, & éteignit ainſi une dette conſidérable, que le Chapitre devoit acquitter tous les ans.

Jean de Pierrefonds poſſédoit en 1098, la plus grande partie de la Vicomté de Chelles (1). Manquant de fonds pour ſon voyage de la Terre-Sainte, il céda ſon droit de Vicomté à l'Egliſe de

(1) Dorm. t. 1. p. 57. Berg. Val. Roy. p. 41.

S. Gervais, moyennant feize marcs d'argent & deux fols de cens
à fes Succeffeurs, payables le jour de S. Denys neuf Octobre.
Par le même accord, le Chapitre de S. Gervais s'obligea, à faire
chanter à fon intention une Meffe toutes les femaines pendant
fon abfence, à donner un repas à l'iffue de la Meffe, & à laver
les pieds à un pauvre. Les Chanoines s'engagerent auffi à lui fonder un anniverfaire après fa mort. Ce traité fut ratifié par Frédelinde, femme de Jean, par fes cinq enfans, par Pierre, Ernaud,
& l'Evêque Hugues de Pierrefonds, tous trois freres de Jean,
par fix Dignitaires de la Cathédrale, vingt Eccléfiaftiques, &
feize Chevaliers.

Cette donation n'empêcha pas, que la terre de Chelles ne relevât du château de Pierrefonds, même à plus d'un titre. Cette
terre fut toujours foumife à fa jurifdiction, & gouvernée par un
Militaire de ce château (1). Je trouve parmi les noms des Chevaliers qui foufcrivirent la Charte de l'an 1102, portant donation de S. Mefmes à Marmoutier, la fignature d'un Payen de
Chelles, Chevalier, *Paganus de Calî.* Lorfqu'Agathe de Pierrefonds époufa Conon, Comte de Soiffons, elle confervoit des
droits fur la terre de Chelles (2). Elle en fit la remife au Chapitre
de Soiffons.

Il y eut à Chelles en l'an 1128 un évenement, qui mérite
d'être raconté (3). Une femme du lieu reffentit pendant trois femaines, les douleurs de l'enfantement. Au bout du terme, elle
accoucha de trois pierres; la premiere, groffe comme un œuf
d'oye; la feconde, comme un œuf de poule; la troifiéme, comme une noix. Délivrée de ces trois concrétions, elle mit au monde un enfant qui reçut le Baptême, & qui vécut. L'accouchée,
malgré l'épuifement de fes forces, revint en fanté. Comme elle
attribuoit fa délivrance à un pélerinage, qu'elle avoit promis de
faire à Notre-Dame de Soiffons, elle fe rendit à cette Eglife,
accompagnée de fes voifines, & préfenta les trois pierres, qu'on
enfila, & qu'on fufpendit dans un endroit apparent de l'Eglife. Ce
trait eft raconté dans l'Hiftoire de Notre-Dame d'après l'Abbé Hugues *Farfitus,* contemporain de S. Bernard.

Lorfqu'on établit le Siége de l'Exemption de Pierrefonds, la
terre de Chelles fut mife au nombre de fes dépendances, comme

(1) Gall. Chr. inftr. tom. 10. p. 106.
(2) Berg. p. 22. v°.

(3) Hift. N. D. p. 494.

étant un bien de la Cathédrale de Soiſſons. J'ai lû dans un ancien dénombrement, que Chelles dépend de l'Exemption, quant à la partie qui appartient à S. Gervais. En 1680, le Chapitre de Soiſſons prétendoit Juſtice, Vicomté, Avouerie, & le cours de l'eau ſur le territoire de Chelles : les Gens du Roi de Crépy ſoutenoient qu'à Chelles il y avoit ſix Fiefs, dont un ſeul relevoit du Chapitre de Soiſſons. Avant 1703, la terre de Chelles ſe diviſoit en deux parties, dont une relevoit de l'Exemption, & l'autre du Bailliage de Pierrefonds, avec Roncherolles, & quelques Fiefs voiſins.

Le Seigneur Jean de Pierrefonds, qui a donné lieu à cette digreſſion, partit peu de temps après ſa donation. Il mourut l'année même de ſon départ, laiſſant de Frédelinde ſon épouſe, deux fils, Hervé & Vermond ; & trois filles, Héliſende, Herlinde & Eliſabeth. Vermond & Hervé eurent une nombreuſe poſtérité, dont nous parlerons dans la ſuite.

§. Le magnifique Palais de Quierzy éprouva, ſur la fin du neuviéme ſiécle, le ſort commun à toutes les Maiſons Royales de la contrée : les Normands le pillerent & le dévaſterent. Dépouillé de ſes commodités & de ſes agrémens, il fut abandonné de nos Rois, & donné en Fief à des Châtelains qui le fortifierent, & ſe firent appeller *Cheriſis*, du nom latin *Cariſiacum*, qu'on traduiſoit ainſi dans le langage vulgaire.

D. Michel Germain (1) eſtime, qu'avant Gérard de Cheriſy premier du nom, le château de Quierzy avoit été tenu en Fief par ſon ayeul ou par ſon pere, à vie ſeulement. Selon ce ſentiment, il faudroit admettre un rejetton de Nicolas I, Seigneur de Pierrefonds, établi à Quierzy, auquel on auroit confié le gouvernement des deux châteaux de Bethizy & de Laon. Il eſt certain que les premiers Châtelains de Laon ſortoient de la Maiſon de Cheriſy, & que pendant long-temps, Bethizy & Laon n'ont fait qu'une même Prevôté. Que Gérard I & Nivelon I, ayent été freres, ou fils de deux freres, c'eſt ce que je ne puis prouver par des monumens certains. On eſt ſeulement aſſuré qu'ils ſortoient d'une même tige.

Gérard de Cheriſy, premier du nom, étoit un homme de petite taille, fort mince de corps, d'une intrépidité & d'une vivacité, qui le faiſoient généralement redouter. Il n'avoit qu'un œil. Je ne

(1) Diplom. p. 265.

puïs dire s'il avoit perdu l'autre à la guerre ou par accident. Il ne
se dissimuloit pas ce défaut, & signoit Gérard le borgne, *Gerar-*
dus strabo (1). Guibert, Abbé de Nogent, le dépeint comme un
guerrier formidable, qui intimidoit d'un seul regard, ceux qui lui
causoient le moindre sujet de mécontentement. Herman le qualifie noble Prince & Châtelain de Laon. Guillaume de Tyr le
met au nombre des premiers Seigneurs François, qui n'avoient
pas le titre de Comtes : *inter viros majores qui non erant Comites.*

Vers l'an 1070, Gérard le borgne eut un différend très-vif avec
Radbod, Evêque de Noyon. Radbod avoit obtenu du Roi Philippe I le château de Quierzy en pur don, afin qu'il eût la facilité
d'y mettre à l'abri ses vassaux pendant les temps de guerre, & d'y
transporter les effets précieux de son Eglise, & ceux de son Palais.
Quoique Gérard n'eut qu'à vie le gouvernement du château de
Quierzy, il en disputa la jouissance à l'Evêque Radbod, & fit
tant, que l'Evêque fut contraint de lui donner en Fief héréditaire,
le domaine que le Roi venoit d'accorder au Prélat, de la maniere
la plus authentique & la plus incontestable.

En l'an 1083, le Roi Philippe I demanda à Giraud, Abbé de
Sauve-Majoure, des Moines de son Monastere, afin de les placer
à Saint Léger en Laigue. Les Moines se rendirent à la Cour, &
reçurent du Roi un Diplôme, qui les mettoit en possession de l'E-
glise & de la Maison de S. Léger. Ce Diplôme est signé du Sénéchal, du Connétable, & de plusieurs grands Seigneurs, dont les
noms sont placés après celui de Gérard le borgne. La signature de
ce dernier est en ces termes : *Gerardus strabo de Cherisiaco.*

Après que la premiere croisade eut été résolue au Concile de
Clermont en 1095, sous le Pontificat d'Urbain I I, Godefroy de
Bouillon qui en fut déclaré le chef, choisit parmi les Seigneurs
François, ceux dans lesquels il reconnut plus de prudence & de
valeur, pour l'accompagner à la Terre-Sainte. Gérard de Cheri-
sy fut de ce nombre (2).

A son retour de la Terre-Sainte, Gérard revint à Laon, où il
reprit ses fonctions de Châtelain. Il termina sa vie par une fin tragique, en l'an 1107. Il avoit des ennemis puissans, qui lui gardoient depuis long-temps une haine mortelle. Ils ne savoient où
l'attaquer, ni comment le surprendre, parce que Gérard manioit les

(1) Hist. Montm. p. 28. preuv. hist. Châ-   (2) Guill. Tyr. Gesta Dei per Franc. p. 209.
till. p. 685.   p. 275.

armes avec adreſſe, & ſe tenoit ſur la défenſive par tout où il alloit, excepté dans les Egliſes (1).

Il avoit la louable coutume, de faire ſa priere à certaines heures, dans l'Egliſe de Notre-Dame de Laon, ſans cortége & ſans armes. Quelques-uns de ſes ennemis firent le noir complot, de l'y prendre en trahiſon. Ils choiſirent pour l'exécuter, le temps où Gérard, proſterné au pied du maître Autel de Notre-Dame, prioit avec un grand recueillement. Ils ſe jetterent ſur lui, & le percerent de coups. Quoique terraſſé & accablé par le nombre, il eut la force de ſe débarraſſer & de ſe relever, menaça ſes aſſaſſins de ſes geſtes, & leur lança des regards qui les effrayerent. Il retomba ſur le champ en défaillance, à cauſe du ſang qu'il perdoit, & il expira.

Ainſi finit le vaillant Gérard, l'ennemi du vice, & le fléau des méchans; victime d'un zele plus ardent qu'éclairé. Guibert, Abbé de Nogent, rend juſtice à ſon intégrité, à ſa grande habileté dans la ſcience militaire, & à la ſévérité de ſes mœurs. Franc dans ſes propos; mais trop dur & trop animé, il reprenoit avec un ton trop amer, ceux qu'il trouvoit en faute. Il aſſaiſonnoit ſes entretiens de traits mordans; malheur à ceux qui devenoient l'objet de ſa cenſure; ami zélé des gens de bien, ennemi irréconciliable des méchans. Quoiqu'il n'en voulût qu'à ceux qui manquoient à la probité, la ſévérité de ſes maximes le faiſoit redouter en tous lieux, ſur-tout dans les trois pays du Laonnois, dont il gouvernoit la capitale, du Noyonnois où il poſſédoit le château de Quierzy, & dans le Dioceſe de Soiſſons, où ſont ſitués les forts châteaux de Bethizy & de Pierrefonds (2).

Il eut un fils, qu'on nomma Gérard le vieux dans la ſuite des temps. Celui-ci fonda Long-pont, & fut la tige d'une illuſtre Maiſon, dont les rejettons ſeront ſouvent nommés dans cette Hiſtoire.

52.L'origine de Bethizy eſt fort obſcure. Son nom vient du latin *Beſtum*, qui ſignifie un lieu de pâturage. Avant d'examiner cette origine, il faut diviſer le territoire en trois parties : qui ſont, Bethizy-Saint-Martin, Bethizy-Saint-Pierre, & le château.

La ſituation de Bethizy-Saint-Martin ſur la chauſſée Brunehaud eſt un ſujet de croire, que ce lieu a été fondé par les premiers cultivateurs, qui ſont venus dans les Gaules. L'Egliſe de S. Martin

(1) Herm. mir. S. Mar. Laud. t. 1. c. 1. | (2) Guib. de vit. ſuâ lib. 3. c. 5.

avoit le titre de Paroiſſe dès l'an 1060. J'ai obſervé que les plus anciens Doyens de Chrétienté, alternatifs entre Bethizy & Ver-berie, ont été Curés de S. Martin.

Bethizy-Saint-Pierre, ou la Chambrerie, a commencé par une ferme du Fiſc, *Prædium*, accompagnée d'un clos de vignes, & de quelques dépendances. Cette métairie demeura au pouvoir de nos Rois depuis ſon origine, juſqu'au regne de Charles le Simple. Nous apprenons d'une Charte de ce Prince, datée de l'an 907, qu'à la priere du Comte Thierry, Abbé laïc de Mornien-val, le Roi donna à ce Monaſtere pluſieurs manſes ſituées en divers lieux de la vallée d'Autonne, une entr'autres à Bethizy (1). Dans la Charte de cette donation rapportée aux Annales Béné-dictines, on lit *Veſteriaco* pour *Biſliſiaco*. D. Germain, dans ſon ouvrage ſur les anciens Palais, cite une Charte de l'an 1028, où le Roi Robert fait mention du *Prædium* en queſtion, comme d'un territoire contigu au Palais de Verberie (2).

Le même Bérolde ou Giraud, qui avoit une part dans la terre de Chelles, lorſqu'il fut élû Evêque de Soiſſons, poſſédoit auſſi un clos de vignes à Bethizy, & quelques terres à S. Sauveur, qui paroît avoir reçu de lui ſon nom de *Giromenil*. Giraud fit préſent de ſon clos de vignes de Bethizy à l'Egliſe de Soiſſons (3). Le Chapitre de cette Egliſe tira de Bethizy pendant long-temps, ſa proviſion de vin pour ſes uſages communs. Giraud mourut en 1052. Cette vigne avoit appartenu au *Prædium* ſelon toute apparence, & avoit été abandonnée par nos Rois aux ancêtres de Berolde. Ce clos a été l'origine de la Chambrerie de Bethizy, domaine conſidérable, dont nous parlerons.

On peut expliquer ainſi les premiers commencemens du fort château de Bethizy; d'après le ſentiment du P. Mabillon, & de D. Germain; qui en placent la fondation ſous le Roi Robert.

Ce Prince ayant perdu ſon fils ainé Hugues, couronné à Com-piegne en 1017, fit ſacrer à Reims vers l'an 1026, ſon ſecond fils Henry I, malgré l'oppoſition de la Reine Conſtance ſon épouſe, qui le portoit à préférer Robert ſon fils cadet, ſur l'eſprit duquel elle comptoit apparemment exercer le même empire, que ſur celui du Roi ſon mari. Malgré le couronnement du Prince Henry, elle pourſuivit ſon deſſein de préférer Robert à ſon aîné; & afin de

(1) Ann. Bened. t. 6. p. 642. (3) Gall. Chr. t. 9. p. 348.
(2) Diplom. p. 252.

foutenir fa démarche, elle fit fortifier quelques châteaux, & en bâtit d'autres fur des lieux naturellement fortifiés. On met le château de Bethizy au nombre de ces derniers.

Un tertre élevé de plus de deux cens pieds, & efcarpé de toutes parts, dans une vallée fertile, & dont la cime dominoit fur la crête des montagnes voifines, parut aux créatures de la Reine Conftance, un emplacement propre à bâtir une fortereffe imprenable.

On peut fe former une idée générale du fort château de Bethizy, bâti fur le plan de la Reine Conftance, en partageant d'abord le tertre en deux parties : l'une regarde le Septentrion, l'autre le Midi. La partie Septentrionale n'offre à la vue, qu'une peloufe de deux cens pieds d'élévation, couronnée d'une tour ovale. L'autre partie étoit couverte de bâtimens, difpofés en amphithéatre. Le chemin qui conduifoit au château & à la tour, cottoyoit une pente très-roide. Le corps de logis, compofé de plufieurs étages, étoit adoffé contre le tertre. Une belle plate-forme paroiffoit audeffus du comble des toits, & regnoit le long de la partie du tertre qui regarde le Midi. C'eft-là qu'on bâtit dans la fuite l'Eglife de S. Adrien, les logemens des Religieux & l'Hôtel du Châtelain.

Arrivé à cette plate-forme, on avoit encore à gravir une nouvelle pente, avant de toucher au fommet du tertre qui eft applati. La furface de ce fommet repréfente une ovale, autour de laquelle on afsît une ceinture de fortes murailles. On dreffa au milieu une tourelle en forme de guérite, plus haute du double que les murs du couronnement. Au pied de la guérite, paroiffoit l'ouverture du puits, où l'on defcendoit jufqu'à l'eau, par deux efcaliers collatéraux. Ces efcaliers communiquoient à des fouterrains fpacieux, dont plufieurs avoient une iffue dans la campagne, au pied du tertre. J'ai trouvé moyen de pénétrer il y a quinze ans, dans une de ces falles fouterraines. Le goût d'architecture des voûtes & des arcades fe rapporte vifiblement au regne de Robert. Il a tous les caracteres du premier Gothique, qui a fuccédé en France au goût Romain, après les ravages des Normands.

On conftruifit un four, qui avoit une iffue dans la tour, & une autre iffue dans le château. On plaça à côté du four, le logement du Fournier. La charge de Fournier de Bethizy fut érigée en Fief prefqu'auffi-tôt après fon établiffement. Le titulaire de ce Fief fe nommoit *Bolengarius*. J'ai vu des actes du treiziéme fiécle, où

le

VÜE
de la Tour
et de l'ancien Chateau de B...

Boulanger de Bethizy prend la qualité de Chevalier. En 1654, le Fief du Four Bannier de Bethizy confervoit une partie de fes droits, & appartenoit au fieur Nicolas Fricaut. Le titulaire avoit droit de prendre dans la forêt de Cuife, deux charges de bois par jour, telles qu'un fort cheval pouvoit les porter.

On plaça au-deſſus de la principale porte d'entrée de la tour une Chapelle, qu'on dédia fous l'invocation de Sainte Geneviéve. On y attacha un revenu de deux muids de bled de mouture, mefure de Paris, à prendre fur le moulin banal de Bethizy, fix muids de vin du cellier du Roi, quatre livres parifis en argent, & dix fols pour le luminaire & la lampe. Ces dix fols pouvoient valoir alors douze à quinze livres de notre monnoye. Cette Chapelle transférée à S. Adrien depuis la démolition de la tour, eft un bénéfice fimple de deux cens livres, à la collation du Duc de Valois.

53. Le Palais de Verberie ne confervoit plus fon ancien éclat. Les Normands l'avoient pillé & dégradé à plufieurs reprifes. Nos Rois ne laiſſoient pas de le venir occuper ; mais ils n'y faifoient plus de ces voyages d'appareil, où toute leur Cour les accompagnoit. Frédérune, époufe de Charles le Simple, ayant fondé l'Églife Collégiale de S. Clément à Compiegne, obtint du Roi fon mari des revenus en rentes & en fonds de terre, dont elle tranfmit la propriété aux Clercs de la nouvelle Eglife (1). Le Roi fit préfent à l'Églife de S. Clément, par une Charte particuliere, de deux fermes fituées à Verberie, avec fix familles de ferfs, dont on rapporte les noms. Il donne de plus à cette Eglife le jardin même du Palais, fitué entre le corps de logis du château, & le pont de l'Oife, la neuviéme partie des revenus du château, en foin, en feigle, en vin, & enfin un neuviéme dans le droit de travers qu'on percevoit à caufe du pont. Cette donation eft de l'an 919.

Depuis cette année jufqu'au regne de Robert, les Bouteillers de France & les principaux Officiers du Palais de Verberie firent ériger en Fiefs héréditaires, des biens qui leur avoient été donnés à vie feulement. Le reffort de ce Palais, qui avoit été fi confidérable, fous les Rois des deux premieres races, fe réduifoit au principal corps de logis du château.

Robert & Conftance voulant donner un relief à la forterefſe de Bethizy, tranférerent en ce lieu le fiége de la jurifdiction, qui

(1) Diplom. p. 563.

avoit été jufques-là comme attaché au Palais de Verberie. L'u-
fage d'ailleurs & la sûreté publique demandoient, que la juftice
fût rendue dans des endroits, où l'on n'eût rien à craindre de la
part des vagabonds & des factieux. On forma la jurifdiction de
Bethizy, en réuniffant fous le même reffort les dépendances des
deux territoires de Bethizy & de Verberie, de façon cependant que le titre de Chef-lieu feroit confervé à Verberie. C'eft
pour cette raifon qu'on nomme encore Châtellenie de Bethizy
& de Verberie, cette Jurifdiction. On laiffa à Verberie un Prevôt
& un *Vintre*, charge finguliere, dont nous allons expliquer les
fonctions.

La *Vintrerie* de Verberie n'étoit autre chofe dans l'origine,
que la garde ou la geole des prifons du Palais, fituées à Herneufe,
à l'extrémité du parc. Comme cette charge réuniffoit les fonctions
de nos Prevôts des Maréchaux & des Exempts de Maréchauffée,
elle fut érigée en Fief, & conférée à des Gentilshommes. Les dépendances du Fief de la Vintrerie confiftoient » dans une grande
» place aboutiffant à l'eau d'Oife, vingt-fix arpens de terre, deux
» arpens de vignes appellés *Clos de la Vintrerie*. Le Vintre avoit
» le droit de prendre à fon profit toutes épaves par eau & par terre,
» excepté les bêtes à pied fourché, abbonnage de terres tant en la
» vallée qu'en la montagne, le tiers du meffage, cens, rentes &
» vinage, & droit de juftice dans fon Fief, comme il s'étendoit «.

Les vieux titres portent, » Qu'il étoit borné d'un côté par la
» forêt de Cuife, de l'autre par la riviere d'Oife & par la Chapelle
» de Charlemagne «, qui eft l'Eglife paroiffiale de S. Pierre. La
feule trace qui refte de ce Fief, eft un petit canton appellé *Boc-
het le-Vintre*, à côté des fermes d'Herneufe.

On prétend que ce Fief étoit poffédé dès la fin du dixiéme fiécle,
par un Chevalier de la Maifon des Seigneurs de Mello. Les noms
des premiers Vintres me font inconnus jufqu'en 1221. Il eft fait
mention du Fief de Pierre le Vintre, dans deux titres de l'an 1221
& de 1245, portant donation par le Roi Philippe Augufte aux
habitans de Verberie, d'un marais fitué près le Fief du Vintre.

Pierre le Vintre époufa une Dame appellée Elifabeth (1), veuve de Pierre de la Ferté-Milon; avec laquelle il donna quelques
biens à S. Thomas de Crépy, par acte de l'an 1221, paffé devant
le Doyen Rural de Verberie.

_____

(1) Cart. S. Thom. n° 163.

En l'an 1245, il y avoit à Verberie deux Chevaliers réſidens, qui prenoient le ſurnom de *Vintres*, Daniel & Pierre. Daniel n'eut qu'une fille. Pierre continua la lignée.

Pierre eut un fils, dont on ignore le nom. Celui-ci eut un autre fils appellé Jean le Vintre, dont il eſt fait mention dans un titre des Mathurins, de l'an 1350. Jean fut pere de N. de Merlo, dit le Vintre, qui vivoit en 1380. Merlo paſſoit pour l'un des braves Chevaliers de ſon temps. Il fut pris en combattant vaillamment contre les Anglois. Après ſa mort, le Fief de la Vintrerie paſſa à Jean le Vintre ſon fils, ſecond du nom, ſurnommé Marc-d'Argent. Jean II après un long procès dont nous parlerons, vendit ſon Fief en 1403, au Duc de Valois, frere du Roi Charles VI. Il eut de la poſtérité. Je lis dans un acte du 5 Juin 1469, le nom d'un de ſes deſcendans, appellé Jean le Vintre, Ecuyer, qui demeuroit à Verberie, où il avoit un patrimoine.

La charge de Vintre obligeoit le titulaire » à fournir au Châte- » lain de Bethizy des priſons, à faire appréhender au corps, lier » & renfermer ſous bonne & ſûre garde, les malfaiteurs & les cou- » pables juridiquement condamnés. « Le Vintre avoit à ſes ordres des Sergens chevaucheurs & des Sergens à pied.

On nommoit en terme de baſſe latinité *Vinctura* & *Caſtellagium*, l'exercice de la charge de Vintre. Le Continuateur du Gloſſaire de Ducange ſemble reſtreindre la ſignification du mot *Vinctura*, à la peine prononcée contre ceux dont on prend les animaux en délit. Ce que je viens d'expoſer fait connoître, que cette ſignification doit être plus étendue.

54. Le Roi Robert mourut au mois de Juillet de l'an 1031. Conſtance ſoutenue d'Eudes, Comte de Champagne, & de Baudouin, Comte de Flandres, voulut accomplir le deſſein qu'elle avoit formé de placer le jeune Robert ſur le Trône, à l'excluſion du Prince Henry, fils aîné du Roi Robert. Elle tenoit ſous ſon obéiſſance les plus fortes places du Royaume (1): les villes de Sens & de Senlis, les forts châteaux de *Bethizy* & de Dammartin, de Coucy & du Puiſet en Beauce. Fiere de ſa puiſſance, elle leva l'étendart contre le préſomptif héritier de la Couronne. Henry ne fut pas intimidé par les préparatifs de la Reine ſa belle-mere. Aidé de Robert, Duc de Normandie, il battit dans trois occaſions le Comte de Champagne, ſoumit les rebelles à ſon autorité, & pardonna

(1) Ducheſn. tom. 4. p. 148.

à fon frere. Conftance mourut dans ces entrefaites, un an jufte après le Roi fon mari.

Cette mort caufa un embarras extrême aux partifans de Conftance. Le Roi pouvoit les perdre fans injuftice ; il aima mieux leur pardonner. L'exemple du Comte de Champagne avoit entraîné le Comte de Dammartin, le Comte de Crépy, le Comte de Melun & les Bardouls, le Châtelain de Bethizy, & les Goûverneurs des places que je viens de nommer. Le Roi Henry leur rendit fes bonnes graces, & les reçut au nombre des Seigneurs de fa Cour. Quelques-uns prétendent néanmoins, que les Seigneurs de Crépy perdirent une grande partie de leur Comté de Vexin.

Henry voulant témoigner à ces Seigneurs, combien il comptoit fur la fincérité de leur retour, alla vifiter dans leurs châteaux plufieurs d'entre eux. Il fit un voyage à Melun, accompagné d'une Cour nombreufe. On comptoit parmi les Seigneurs de fa fuite, Gautier, fils du Comte de Crépy, Eudes, Comte de Dammartin, Dreux de Conflans, & Hugues de Bethizy, fils du Châtelain Richard I. Ce voyage nous eft connu par un acte confervé aux archives de S. Pierre de Chartres, paffé à Melun le quatre des Ides d'Août. Dreux, Archidiacre de Vexin, avoit dreffé l'acte : le Roi le figna, avec les Seigneurs dont je viens de parler.

Le Chevalier Richard, pere de Hugues de Bethizy, avoit été établi Châtelain de la fortereffe de Bethizy, du confentement du Roi Robert, par la Reine Conftance. Il eft qualifié noble & vaillant Chevalier dans les titres. Outre l'honneur de fon pofte, il jouiffoit d'un revenu confidérable, attaché à fa place, & aux biens que Mélifende fon époufe avoit apportés en dot. Son Fief de Châtelain lui donnoit droit de haute Juftice fur fes dépendances, le privilége de prendre dans la forêt de Cuife, le bois à bâtir & le bois à brûler dont il avoit befoin, avec le droit de lever quatre deniers fur chaque fille de joye, qui paffoit ou qui féjournoit à Bethizy. Je n'ai pas le dénombrement des biens & des fonds de terre attachés à ce Fief : le Châtelain avoit fon hôtel au château, fur la plate-forme qui fervoit de repos, en montant du château à la tour. Je lis dans un acte du quinziéme fiécle, que cet hôtel *prenoit avec fes cours & jardins depuis la Chapelle S. Adrien, venant droit à la jambe de la porte du château.* Il avoit au Pleffier-Châtelain une maifon de plaifance, dont le nom rappelle encore le fouvenir de fon premier poffeffeur.

Richard acheva fous le regne de Henry I, les parties du château que la Reine Conftance avoit laiffées imparfaites. Il bâtit à fes frais une Chapelle à côté de fon hôtel, & forma le deffein d'y fonder un Chapitre. L'établiffement avoit été conduit à fa fin, avant que le Roi Henry I décédât.

Philippe I, fils & fucceffeur du Roi Henry, donna au Châtelain Richard I plufieurs marques de fon eftime. Richard fe difpofant à faire confacrer la Chapelle, qu'il avoit fait bâtir entre la tour & le château de Bethizy, invita le Prince à la cérémonie de cette Dédicace (1), qui avoit été fixée au fix des Calendes de Juin, c'eft-à-dire au vingt-cinq Mai. Henry I n'y parut pas; il permit à Philippe fon fils de le repréfenter, & à la Reine Anne de Ruffie fon époufe, d'accompagner le jeune Prince. La Dédicace fe fit avec pompe. La nouvelle Eglife fut confacrée fous l'invocation du Martyr S. Adrien, par Heddon, Evêque de Soiffons, affifté d'Hélinand, Evêque de Laon, & de Frolland, Evêque de Senlis. Plufieurs Seigneurs du premier rang parurent à cette cérémonie : Galerand, grand Chambrier, Thibaud de Crépy, Seigneur de Nanteuil-le-Haudouin, Nivelon I, Seigneur de Pierrefonds, Hugues, fils du Châtelain Richard, Clarus, Seigneur de Verfigny, Renaud de Bazoches, Eudes, Comte de Dammartin, & un grand nombre d'autres perfonnes de la premiere diftinction, *multi alii.*

A l'iffue de la cérémonie, on dreffa un acte, dans lequel on trouve l'énumération des biens, accordés à la Chapelle de Saint Adrien par le Chevalier Richard. On obferve que diverfes portions de ces biens relevoient de la cenfive d'Eudes, Comte de Dammartin. Eudes céda tous fes droits par une rénonciation authentique, pour le repos de l'ame de fon pere Manaffé. On donne au jeune Prince la qualité de Roi, parce qu'il avoit été facré l'année précédente, du vivant de fon pere.

La Charte de fondation eft datée du fix des Calendes de Juin, indiction quatriéme de l'an 1060. Elle contient deux termes remarquables, *Atrium* & *Parochia.* Le premier fignifie le cimetiere ou le parvis d'une Eglife. On n'ofoit pas encore inhumer dans les Eglifes. L'Evêque Heddon & l'Evêque Hélinand benirent l'*Atrium* de la nouvelle Eglife, pour fervir de fépulture au Châtelain & aux perfonnes de fa maifon. La Charte porte que fi un

(1) Louvet Hift. 6. t. 2. p. 7. y. ed. 1635.

étranger, un Chevalier ou telle autre personne désire être enterré dans ce même lieu, il ne sera pas exempt de payer au Prêtre de sa Paroisse les droits qui lui sont dus. Cette restriction regardoit principalement l'Eglise de Saint-Martin-Bethizy. Les Paroisses de campagne étoient encore rares à la fin du onziéme siécle.

Le Roi Henry I mourut à Vitri en Brie, le quatre du mois d'Août suivant. Il avoit eu trois fils de la Reine Anne de Russie, Philippe, Robert, mort en 1060, & Hugues le Grand, qui devint Comte de Crépy. Anne de Russie épousa trois ans après cette mort, Raoul III, Comte de Crépy.

Richard de Bethizy fonda quatre prébendes dans la Chapelle de S. Adrien, & une dignité de Doyen, à laquelle il attacha diverses prérogatives. Il bâtit au Doyen un hôtel à côté du sien, & lui donna un four banal situé aux Courtilles. Il obtint du Roi Philippe I, le Palais ou Maison Royale de Cuise avec ses dépendances. Il en appliqua les revenus au Chapitre de son Eglise, & se fit attribuer l'inspection générale de la forêt de Cuise, le plus bel appanage de cette ancienne Maison. Depuis ce temps, jusqu'à l'établissement des Maîtrises au quatorziéme siécle, la charge d'Inspecteur général ou de Juge gruyer de la forêt de Cuise n'est pas sortie de sa maison : nous parlerons de cette charge importante & de ses prérogatives.

Après une carriere assez longue, le Chevalier Richard se retira à S. Quentin de Beauvais, où il termina sa vie dans les exercices de la vie Religieuse. On lit ce qui suit, dans l'Obituaire de cette Abbaye : *XVII. Kal. Octobris obiit Richardus Castellanus de Bistisiaco Canonicus ad succurrendum.* Il fut inhumé à S. Quentin, & ne jouit pas du privilége qu'il avoit obtenu, d'être inhumé devant la Chapelle qu'il avoit fondée.

Hugues de Bethizy son fils entra en possession de ses charges, dès qu'il eut pris le parti d'embrasser la vie réguliere. Hugues avoit eu beaucoup de crédit à la Cour du Roi Henry I, du vivant de son pere. Il avoit, comme on l'a vu, accompagné ce Prince au voyage de Melun, après la réduction de cette place. Le jour de la Dédicace de S. Adrien, il donna à cette Eglise un pré, sis à Bethizy près la fontaine Thierry. En 1079, il ajouta deux Chanoines réguliers de S. Quentin de Beauvais, aux cinq Chanoines séculiers que son pere avoit fondés. Il ordonna qu'après la mort de chaque Chanoine séculier, on mettroit en sa place un Chanoine régulier de S. Quentin, jusqu'à ce que le Chapitre fût renouvellé. Cette disposition fut confirmée par une Bulle du Pape Grégoire VII, de l'an 1083. L'Eglise de S. Adrien est appellée *Cella Sancti Adriani* dans cette Charte. Hugues étoit mort en 1117. Il laissa un fils qu'il avoit nommé Richard comme son pere, & que nous appellerons Richard II. On croit qu'il imita Richard I, & qu'il passa les derniers jours de sa vie à S. Quentin de Beauvais.

De son temps, les Chanoines de S. Adrien furent troublés dans la jouissance des biens, qu'ils tenoient des libéralités du Roi Philippe I, & du Chevalier Richard. L'illustre Ives de Chartres prit la défense des Chanoines, & écrivit en leur faveur à Hugues de Pierrefonds, Evêque de Soissons (1). Il exhorte l'Evêque, dans une de ses lettres qui a été conservée, à prendre le Chapitre de Bethizy sous sa protection, & le conjure d'avoir pour les Clercs de Bethizy des entrailles de pere. *Fratres nostros Bistisiacenses pro amore Dei & nostro juvante, contra malevolorum infestationes paternè supportate.*

55. Vers ce même temps, une femme de Verberie appellée Manna, fut miraculeusement délivrée d'un retirement de nerfs, à la guérison duquel les Médecins avoient renoncé. Cette femme après avoir épuisé toutes les ressources, eut révélation d'aller en pélerinage à l'Eglise Cathédrale de Soissons, & d'y implorer l'intercession de la Sainte Vierge, & des Martyrs S. Gervais & S. Protais. Manna accomplit ce qui lui avoit été inspiré, après s'être disposée au pelerinage par la priere, par les jeûnes, & par les bonnes œuvres. Manna reçut la santé dans l'Eglise Cathédrale de Soissons, en présence d'une multitude de peuple (2).

En reconnoissance d'un tel bienfait, cette femme se voua à la Sainte Vierge & aux Saints Martyrs, elle & sa postérité. En signe de l'obligation qu'elle contractoit, elle fonda une rente de quatre deniers, payable tous les ans à l'Eglise de S. Gervais par elle ou par ses descendans, sous peine d'excommunication contre celui des siens qui manqueroit d'y satisfaire. En l'an 1115, Lisiard de Crépy étant Evêque de Soissons, l'on comptoit cinq générations issues de Manna; & l'on tenoit registre à la Cathédrale de ceux de ses descendans, qui avoient payé le cens.

56. Le pays d'Orceois passa aux Comtes de Troyes, avec Ouchy sa capitale, vers le temps où Crépy & une partie du Valois vin-

(1) Ep. 42. aliàs 113. Gall. Chr. t. 9. p. 354. ┃ (2) Dorm. Hist. Soiss. tom. 1.

rent au pouvoir des Comtes du Vexin & d'Amiens. Ces deux Maifons avoient une commune origine. Leurs rejettons defcendoient de Bernard, Roi d'Italie, petit-fils de Charlemagne. La Champagne & la Brie appartenoient en grande partie aux Comtes d'Amiens, à la fin du neuviéme fiécle. Héribert II ayant laiffé Hildégarde héritiere de fes grands biens, cette Dame les porta en dot au Comte Valeran, tige des Comtes de Vexin. Des révolutions arrivées après la mort de Gautier I, priverent les enfans de ce Seigneur d'une grande partie des terres, que leur ayeul avoit poffédées dans la Champagne.

En l'an 958, Robert de Vermandois, fils d'Héribert II, s'empara de la ville de Troyes & du Comté de Champagne, qu'il garda dix ans. Le Comte Oldéric gouvernoit alors le pays d'Orceois. Oldéric defcendoit d'un de ces Comtes de pays, qui n'étoient que les Intendans fous Charlemagne. Ne pouvant s'oppofer aux entreprifes des Comtes de Champagne, il confentit à relever d'eux immédiatement, conferva fa qualité de Comte, & garda l'hôtel qu'il occupoit au château d'Ouchy.

Oldéric nous eft connu par un titre du Cartulaire de Montier-Ramey (1), daté du château d'Ouchy, *Ulcheïo caftro*, le huit des Ides de Juillet, la dixiéme année du regne de Lothaire, qui revient à l'an 964. Il eft appellé Comte d'Ouchy dans cette Charte. Il eft marqué dans ce titre, qu'il fait préfent à l'Eglife en queftion de quelques biens, du confentement de Robert, Comte de Troyes, fon *Senieur*. On y nomme Aimeric, oncle d'Oldéric, & les deux fils de celui-ci, Raoul & Lanulphe.

Robert, Comte de Troyes, mourut fans poftérité, l'an 868. Héribert III fon frere hérita du Comté de Champagne & de la terre d'Ouchy. Le Roi Lothaire, content de fes fervices, lui confirma la jouiffance du Comté de Champagne, & l'honora du titre de Comte Palatin, que fes Succeffeurs ont confervé. Héribert mourut au mois de Décembre de l'an 993, & laiffa un fils nommé Etienne, qui poffédta le Comté de Champagne jufqu'à l'an 1020. La fucceffion du Comte Etienne échut à Eudes II, Comte de Blois, à caufe de Leutgarde fa bifayeule, femme de Thibaud I, Comte de Blois. Eudes fut tué dans un fanglant combat près de Bar-le-Duc, le dix-fept Septembre 1037. Ses deux fils, Etienne & Thibaud, jouirent fucceffivement des Comtés de Champagne

(1) Templeux.

&

& de Brie. Les deux freres prirent parti pour la Reine Conſtance contre le Roi Henry I. Ayant été vaincus, ils ſe ſoumirent, & rentrerent dans les bonnes graces du Roi, Thibaud ſur-tout.

Le Comte Thibaud faiſoit de fréquens voyages au château d'Ouchy. Il prend la qualité de Comte d'Ouchy dans pluſieurs Chartes. C'étoit un Prince pieux, qui tenoit à honneur de ſervir la religion, & de protéger la vertu perſécutée. Il fonda vers l'an 1076, dans ſon château d'Ouchy, une Collégiale de Chanoines ſéculiers (1). Il aſſigna au Chapitre & à l'Egliſe qu'il rebâtit, des revenus en rentes & en fonds de terres, & logea les Chanoines dans ſon château.

Il avoit dans Ouchy un Prevôt, chargé de l'adminiſtration de ſes affaires. Cette charge de Prevôt nous eſt connue par une Charte de l'an 1077, accordée par Thibaud de Pierrefonds, Evêque de Soiſſons. On remarque à la fin de cette piéce, la ſignature d'un Thibaud, Prevôt de Thibaud Comte d'Ouchy : *Signum Theobaldi præpoſiti Comitis Theobaldi d'Oulchy* (2).

S. Arnoul, Evêque de Soiſſons, ayant été exilé de ſa ville Epiſcopale, le Comte Thibaud lui offrit le château d'Ouchy pour retraite. L'exil de S. Arnoul arriva ainſi.

Après la mort de Thibaud de Pierrefonds, le Siége de Soiſſons fut rempli par un certain Urſion, frere de Gervais, Sénéchal du Roi Philippe I, qui avoit été élu par intrigue, contre les diſpoſitions des ſaints Canons (3). Le Pape Grégoire VII, informé de cette élection, ordonna à Hugues de Die, ſon Légat en France, d'aſſembler un Concile, où l'on examineroit l'affaire d'Urſion. Comme on ne pouvoit pas tenir ce Concile ſous l'obéiſſance du Roi Philippe I, le Comte Thibaud offrit ſa ville de Meaux, où l'aſſemblée eut lieu en l'an 1080. On y dépoſa Urſion, & Arnoul, reclus de S. Médard, fut élu Evêque de Soiſſons d'une voix unanime, à la place de l'intrus. Après cette élection, S. Arnoul alla à Soiſſons prendre poſſeſſion de ſon Siége. Gervais vint à ſa rencontre avec des gens armés, & l'obligea de ſe retirer.

Le Comte Thibaud, informé du procédé de Gervais, offrit de nouveau à S. Arnoul ſon château d'Ouchy pour retraite. S. Arnoul accepta l'offre, & établit ſon Siége en ce château. C'eſt à Ouchy que Liſiard de Crépy reçut les ordres ſacrés des mains du ſaint Prélat.

(1) Dorm. Hiſt. Soiſſ. t. 2. ch. 12. 19.
(2) Gall. chr. t. 10. inſtr. p. 99.
(3) Sec. 2. Bened. t. 2. an. 1080.

Tome I. K k

Un Moine appellé Evroulf, étant tombé malade à Ouchy, S. Arnoul obtint la guérifon par fes prieres. Le jour que le Bienheureux Simon de Crépy mourut à Rome, Arnoul eut à Ouchy révélation de cette mort. Ce Saint finit fa carriere dans une ville de Flandres. Sa vie écrite en trois Livres, eft confervée dans la Bibliotheque de Long-pont (1). Les deux premiers ont été compofés par le Moine Hariulf, le troifiéme par Lifiard de Crépy, Evêque de Soiffons.

Thibaud, Comte de Champagne, vécut jufqu'à l'an 1090. Il eut quatre fils d'Alix, feconde fille de Raoul II, Comte de Crépy : Henri, Etienne, Philippe Evêque de Châlons, & Eudes de Champagne. Henri hérita du Comté de Champagne, & vivoit encore en 1125.

La Vicomté d'Ouchy eft l'une des plus anciennes de la Champagne. M. Bruffel la met au nombre des Vicomtés particulieres, qui ne reconnoiffoient d'autres Seigneurs immédiats que les Comtes de Champagne ; de même que celles de Bar-fur-Aube, de Châtillon-fur-Marne, de Château-Thierry & de Provins. Elle ne reffortiffoit ni à Troyes ni à Meaux, qui étoient les deux Vicomtés générales de la Champagne & de la Brie (2).

Nous avons une fuite non interrompue des Vicomtes d'Ouchy, depuis Oldéric, contemporain de Robert Comte de Troyes, qui vivoit en 960, jufqu'à préfent. Ces Officiers prenoient d'abord la qualité de Comte. Ce titre qui fembloit confondre le fubalterne avec le fupérieur, fut changé en celui de *Vicomte* depuis la mort de Lewlf petit-fils d'Oldéric.

Oldéric eut deux fils, Raoul & Lanulphe. Je n'ai rien découvert fur la vie de Raoul. Lanulphe vivoit encore au commencement du onziéme fiécle. Il eut un fils nommé Lewlf, qui époufa une Dame Hildearde. Lewlf fe qualifioit Comte d'Ouchy. Henry I, Comte de Champagne, faifoit cas de fa perfonne. Après la mort de Lewlf, Henry lui fonda un anniverfaire dans l'Eglife Collégiale d'Ouchy. Il affigna à cet effet une rente de trente fols, monnoye de Provins, fur le péage d'Ouchy, que le Baillif & le Prevôt d'Ouchy devoient tous les ans délivrer aux Chanoines.

Depuis la confifcation de la terre de Neuilly en Orceois fur Hugues le Bâtard, jufqu'à Thibaud Comte de Champagne &

(1) Spicileg. t. 1. p. 633.   1. (2) Bruffel, ufag. des Fiefs, p. 676.

d'Ouchy, l'Histoire de ce lieu est fort obscure. Il paroît que cette terre fut rendue de nouveau à l'Eglise de S. Remy de Reims, qu'elle passa par échange, de cette Eglise aux Seigneurs de Nanteuil-la-Fosse, & de ceux-ci aux Comtes de Champagne, qui l'annexerent à leur Vicomté d'Ouchy.

Thibaud, Comte de Champagne, qui fonda la Collégiale d'Ouchy, bâtit ou acheva l'Eglise de S. Remy au Mont de Neuilly. J'ai reconnu à la tour & à plusieurs endroits de cette Eglise, un goût d'architecture qui se rapporte au temps, où le Comte Thibaud vivoit. Ce Seigneur rendit au Chapitre de Neuilly une partie des biens, qui lui avoient été enlevés.

Quelques-uns expliquent ainsi la réunion de la terre de Neuilly au Comté de Champagne. Ils avancent que cette terre ayant été enlevée à l'Eglise de Reims par un Comte de Crépy, Raoul II, Comte de Valois & de Senlis, la donna en dot à Alix sa seconde fille, lorsqu'elle épousa Thibaud, Comte de Champagne.

Le premier château de Neuilly étoit situé sur le Mont-Saint-Remy. Les prédécesseurs de Thibaud y entretenoient un Chevalier, qui relevoit du Vicomte d'Ouchy, avec un Prevôt-Receveur. On rendoit dans le château la justice aux vassaux de la terre, depuis qu'il avoit été fortifié. Ainsi dès le onziéme siécle, la terre de Neuilly en Orceois réunissoit les deux principales conditions, qu'on jugeoit nécessaires pour former une Châtellenie, une Collégiale & un fort château.

57. Raoul I, Seigneur de Crépy, recueillit ce qu'il put, de la succession de ses deux freres Ermenfréde & Gerbert. Quoique privé d'une grande partie de leurs domaines, il ne laissoit pas de prendre les titres de Comte de Vexin, Pontcise, Chaumont, Mantes & Meulant, d'Amiens, Dreux & Crépy. La Morliere, Bergeron & Muldrac n'ont point connu ce Seigneur, quoiqu'il ait été l'un des hommes importans de son siécle. Ils nomment Raoul I, le Comte de Crépy, qui épousa la fille de Hilduin, Comte de Breteuil.

Raoul I tenoit une conduite peu conséquente. Il joignoit à une avidité insatiable du bien d'autrui, une grande dévotion envers les Saints. Il empiétoit sans scrupule sur les terres du Roi, des Eglises & de ses voisins, tandis qu'il établissoit des pélerinages & des confrairies, & fondoit des Eglises. Peut-être avoit-il dessein d'user de représailles, & de se dédommager des biens qui lui avoient été enlevés par de semblables procédés.

Il fit transférer les Reliques de S. Arnoul, le Martyr dans son château de Crépy, & donna lieu à une foire qui s'est tenue pendant long-temps, durant l'octave de la fête de S. Arnoul en Juillet. On a une Histoire exacte de cette Translation, qui est curieuse dans ses circonstances (1).

Un Prêtre, originaire du Valois, nommé Constance, ne trouvant pas dans sa patrie les moyens de mener une vie commode à son gré, alla chercher fortune dans un autre pays. Il trouva de l'emploi dans une Eglise de la forêt Iveline, où reposoit le Corps de S. Arnoul le Martyr. Constance avoit un génie souple & adroit, que la nécessité rendoit encore plus flexible. Il gagna la confiance des Prêtres desservans de cette Eglise, au point que les clefs du trésor lui furent confiées. Ces Prêtres avoient cru trouver en lui un homme de bon commerce, & d'une fidélité exempte de suspicion.

Constance n'admettoit pas cette maxime, qu'on retrouve sa patrie par tout où l'on rencontre les moyens d'une subsistance honnête. Il aimoit le pays de sa naissance : il ne pouvoit y revenir, sans tomber dans une grande disgrace. L'amour de la patrie, & la crainte de perdre un état certain, se livrerent un long combat dans son esprit. La vue de l'état de misere où il alloit tomber, le retenoit ; le souvenir de la contrée où il avoit été élevé, l'y appelloit. Cependant l'amour de la patrie l'emporta ; & afin de lever les difficultés de tous les genres, il imagina un stratageme opposé au devoir, à la bonne foi, & aux sentimens de reconnoissance qu'on doit aux bienfaiteurs. Il crut qu'en emportant avec lui les Reliques de S. Arnoul dans sa patrie, on s'empresseroit à lui procurer un établissement conforme à ses désirs.

Rien de plus commun que les vols de Reliques pendant les siécles d'ignorance. Ils passoient pour des ruses permises & agréables aux Saints, pourvu que la violence n'eût aucune part à l'enlévement. Le procédé de Constance eût été excusable suivant les maximes du temps, si en l'exécutant, il n'avoit pas abusé de la confiance, que ses confreres sembloient lui avoir vouée. Voici de quelle maniere il fit son larcin.

Il porta dans le trésor de l'Eglise un sac rempli de laine. Il choisit le temps de l'après-midi, où les Chanoines ses confreres se dédommageoient par un sommeil de quelques heures, des

(1) Boll. Julius, tom. 4. p. 415.

veilles de la nuit. Dans cette Collégiale , comme dans la plûpart des autres , on se levoit à minuit pour Matines. Constance ouvrit le trésor , & prit la plus grande partie des Reliques de S. Arnoul. Il ôta de son sac la moitié de la laine, y déposa les Reliques, & le remplit ensuite jusqu'au comble, de la même laine qu'il avoit ôtée. Il sortit furtivement avec son sac, & prit sa route vers le Valois.

Les Chanoines à leur réveil trouverent le trésor ouvert, & ne virent plus qu'une partie des Reliques. L'évasion de Constance décela son larcin. On court à sa poursuite, on l'atteint, on le fouille, on visite même son sac. Comme on ne vit rien à la superficie, & qu'on ne sentît extérieurement, quoique ce soit qui résistât au toucher, on se contenta de lui reprocher sa fuite , & on le laissa continuer sa route.

Après une marche forcée , Constance arriva de nuit à Roquemont, terre ancienne du Valois près de Crépy , qui étoit pour lors un bourg considérable. Il s'y arrêta , tira les Reliques de son sac , & ces Reliques parurent resplendissantes d'une vive lumiere. Constance passa outre, & se rendit à Vez , capitale du Valois, où les Reliques jetterent le même éclat. Il y eut même quelques miracles. Ces choses se passoient pendant la saison de l'Automne.

Le Comte Raoul apprit en son château de Crépy , ce qui venoit d'arriver au bourg de Vez. Soit dévotion, soit intérêt, il sollicita vivement le Prêtre Constance , de venir déposer les Reliques dans la Chapelle de son château , avec promesse de récompense. Celui-ci prêta l'oreille aux propositions du Comte : il consentit à tout, & l'on convint du temps, où les Reliques seroient transferées.

Le vingt-septiéme jour de Septembre de l'an 949, la Translation des Reliques de S. Arnoul se fit de Vez au château de Crépy. Ceux qui les portoient s'arrêterent à Vaumoise , & arriverent le même jour au château de Crépy. La cérémonie du dépôt se fit avec pompe : le Comte Raoul y présidoit. Raoul fonda dans son Eglise un Chapitre de Prébendés, pareil à celui de S. Arnoul de la forêt Iveline au pays Chartrain. L'histoire de cette Translation porte , que cette Eglise étoit placée dans l'angle du château. Le Comte imposa aux nouveaux Chanoines l'obligation de célébrer l'Office tant de jour que de nuit, de recevoir les pélerins dans l'Eglise, & d'exposer à certains jours les Reliques à la vénération des fidéles. Afin que ces Ecclésiastiques trouvassent dans un revenu convenable de quoi subsister, outre le secours des oblations, il donna au nouveau Chapitre la terre d'Oger, avec ses Eglises, ses dépendances & ses coutumes. Par les noms d'Eglises ou d'Autel, il faut entendre des oratoires de dévotion, auxquels la piété des fidéles avoit attaché des revenus. Ceux dont il est ici question, se voyoient entre Oger & Chavercy.

Raoul donna au Prêtre Constance la Cure de Vaumoise, & une prébende du Chapitre, qu'il venoit de fonder. Celui-ci ne jouit pas long-temps de sa bonne fortune. Il se souilla publiquement par une action si honteuse, que le Comte fut obligé de le renvoyer, à la sollicitation de ses Confreres. Constance perdit par un adul- tere, ce qu'il avoit acquis par un larcin.

Aussi-tôt que les Reliques furent déposées au château de Cré- py, il y eut un concours prodigieux de personnes, de tout âge & de toute condition. On prétend qu'il se fit plusieurs miracles, ceux-ci entr'autres.

Un enfant qui avoit été mordu d'un chien enragé, fut guéri par l'attouchement des Reliques.

Une fille possédée du démon avoit des accès si furieux, qu'elle se jettoit sur ceux qui l'approchoient, voulant les dévorer. Elle proféroit des paroles impudiques, & tenoit des propos qui fai- soient horreur. On ne pouvoit la contenir qu'en la chargeant de chaînes. Sa guérison paroissoit désespérée, parce qu'on avoit em- ployé sans succès divers traitemens. On la conduisit au château de Crépy, & du moment, où on lui eut appliqué les Reliques de S. Arnoul, elle fut guérie.

Une femme avoit été saisie du malin esprit pendant l'absence de son mari. Celui-ci la fit traiter comme frénétique. Voyant qu'a- près avoir épuisé toutes les ressources, il n'en pouvoit plus jouir, il la fit conduire à S. Arnoul de Crépy. A la vue de l'Eglise, la malignité de la femme redoubla : il lui prit même d'étranges con- vulsions. Comme on s'approchoit pour l'exorciser, elle proféra ces paroles d'un ton qui fit trembler les assistans : *Je suis le Dia- ble.* On continua néanmoins les prieres, & la possédée fut enfin guérie par l'attouchement des Reliques.

On invoque S. Arnoul de Crépy, contre plusieurs sortes de maux, & principalement dans les maladies inflammatoires. On n'a pas à Crépy toutes les Reliques du saint Martyr ; une partie est restée à S. Arnoul de la forêt Iveline. Nous l'apprenons du procès-verbal d'un Evêque de Chartres, qui en a fait la visite. Les Religieux de Crépy conservent ses principaux ossemens avec son chef.

La plûpart des anciennes foires doivent leur origine à des établissemens de pélerinage, ou à des Translations de Reliques. On appelloit *Landits* ces sortes de foires, *Indicta*, parce qu'elles devoient se tenir dans un lieu, dont on marquoit le contour. Ces sortes de foires étoient rares en France, depuis l'Edit de Piste; donné en 884, qui proscrivoit toutes celles qui avoient été établies sans permission. Raoul obtint du Roi Louis d'Outremer un Diplôme, qui l'autorisoit à fonder une foire dans Crépy, pendant le temps de l'année où l'on y voyoit une plus grande affluence de peuple. L'établissement convenoit au Comte, parce que les droits de foire lui appartenoient. Il devenoit nécessaire aux pélerins & aux voyageurs, dont le grand nombre demandoit des secours abondans. La Charte du Roi Louis d'Outremer a été perdue : elle est seulement citée dans une autre Charte de Philippe d'Orleans Comte de Valois, datée de l'an 1371.

La foire de Crépy est l'une des plus anciennes de la Champagne & de la Brie. On y venoit de la Champagne par le chemin de Meaux, & des Pays-bas par le chemin de Bapaume ou de Flandres. Ce chemin aboutissoit au-dessous de S. Arnoul; sur la gauche du village de Duvy. Il traversoit la prairie, où il y avoit un pont de plusieurs arches. Il cottoyoit les murs du château. Il entroit dans Crépy par une porte souterraine, à côté de S. Aubin. On a découvert dernierement la porte souterraine & des restes de l'ancien chemin qui étoit encore pavé. Dix-sept villes de Flandres ont soutenu le commerce de cette foire pendant plusieurs siécles. Elle commençoit en Juillet le lendemain de S. Arnoul, & continuoit pendant toute l'octave. Cette foire, l'une des plus considérables des anciennes foires chaudes de Champagne & de Brie, a été la premiere cause de l'accroissement du château de Crépy. 58. Roquemont, dont il est fait mention dans l'histoire de la Translation des Reliques, est une ferté du Valois, située sur la gauche du chemin, qui conduit de Verberie à Crépy, à une grande lieuë de Bethizy & de Crépy, & à deux lieues de Verberie. Ce lieu dépend du Diocese de Senlis, de la Châtellenie de Verberie, & du Bailliage de Crépy. Il y a plusieurs Roquemonts en France. Roquemont près Crépy est situé sur une hauteur : on le nomme *Rupimons* dans les titres latins.

Trois grands chemins s'y rendoient au milieu du dixiéme fiécle. Le grand chemin de Flandres en Champagne, un fecond
chemin qui venoit de la chauffée Brunehaud, & un troifiéme qui
eft nommé chemin *Pontois* dans un titre de S. Thomas de l'an
1240. Vers l'an 1060, les deux terres de Roquemont & de Nery
étoient deux portions du territoire de Bethizy. Depuis ce temps
jufqu'au milieu du treiziéme fiécle, ces deux terres ont été divifées en un grand nombre de Fiefs, que nos Rois affignoient à chacun des Chevaliers, qu'ils prépofoient à la garde du château de
Bethizy. De là vient que le nom de Roquemont eft commun à
plufieurs familles anciennes, qui n'étoient cependant pas alliées.

En l'an 1180, vivoit un Mathieu de Bethizy, Chevalier, qui
avoit un hôtel à Roquemont (1). Une partie des dixmes de Nery
relevoit de lui en Fief. Au commencement du fiécle fuivant, Renaud de Roquemont, Chevalier, & Robert de Roquemont, Archidiacre de Senlis, furent mis au nombre des Hommes jugeans
de Crépy, à caufe de leur Fief fis au Pleffis fous Cuvergnon; de
même que Jean de Roquemont à caufe de fon Fief fis à Orouy.
Dans un acte du Cartulaire de S. Thomas, daté de l'an 1240, je
lis les noms de Jean de Roquemont, dit Galard, de Gilon de Roquemont, de Gautier & Pentecofte de Neuilly près Roquemont.
En 1273, les Foreftiers du Roi firent défenfe à Renaud de Roquemont (2), de prendre dans la forêt de Cuife le bois dont il avoit
befoin pour fon ufage. Renaud les traduifit au Parlement de la
Pentecôte 1273. Les Foreftiers furent condamnés, & le Parlement confirma Renaud dans fon droit.

Je trouve dans plufieurs titres fans dates, le nom d'un Raoul de
Roquemont, Archidiacre de Senlis, qui poffédoit plufieurs Fiefs
à Bethizy, à Verberie, & à Villers-Saint-Frambourg (3). Renaud
de Roquemont, Abbé de Chalis, gouverna ce Monaftere depuis
1496 jufqu'en 1508. A la réformation de la Coutume de Valois,
faite en 1539, le Chapelain de la Porte-Pierrefonds à Compiegne
déclara qu'il avoit part dans la haute Juftice de Roquemont.
Il y avoit à Roquemont fept Fiefs principaux, le grand hôtel,
& le petit hôtel dont la cenfive s'étendoit jufqu'à Verrines: un
château fortifié qu'on nommoit *la tour Rocart*; le Fief du Chapelain Royal de Bethizy; le Fief du Chenelet & celui de la Tour-

(1) Louvet, t. 2, p. 7.
(2) Olim, t. 1.
(3) Gall. Chr. t. 10. p. 1511.

Choquet

Choquet. Ces domaines relevoient de la Tour de Bethizy, tant en Fief qu'en arriere-Fief. Suivant une transaction passée vers le milieu du dernier siécle, les habitans de Roquemont sont sujets à la banalité du moulin de Bethizy, & ne peuvent aller à celui du Parc que par tolérance. M. le Comte de Pierrecourt est présentement Seigneur du principal Fief de Roquemont. La haute Justice de tout le territoire appartient au Duc de Valois. Les ruines de Roquemont font connoître, que ce lieu a été considérable. L'Eglise est du treiziéme siécle. Il ne passe plus de grands chemins à Roquemont.

59. Raoul I, vécut plusieurs années après la Translation des Reliques de S. Arnoul. Il ne vit pas les dernieres années du dixiéme siécle. Il laissa deux fils, Gautier qui lui succéda, & Gui ou Gozefrize, qui occupa le Siége Episcopal de Soissons, depuis l'an 972, jusqu'en 995.

Guy fut du nombre des Prélats, qui assisterent au Concile du Mont-Notre-Dame, en l'an 972. En 987, il signa comme témoin (1) une Charte, que le Roi Hugues Capet accorda au Monastere de Corbie. Il est nommé le premier des Suffragans de la Province de Reims, dans une lettre de Gerbert, datée de l'an 991. Son pere & ses ayeux avoient usurpés des biens considérables au Monastere de S. Riquier. Les Religieux de cette Abbaye employerent la médiation du Pape Jean XVI, afin de rentrer, s'il étoit possible, dans leurs premiers droits. Le Pape écrivit à Guy, Evêque de Soissons, d'engager le Comte de Crépy son frere, à rendre aux Eglises ce qu'on leur avoit enlevé. La lettre du Pape est datée de l'an 993. Les Religieux de S. Crépin-le-Grand eurent aussi recours à Guy en un cas tout semblable. L'Evêque détermina le Comte son frere, à restituer à S. Médard un moulin sur la riviere d'Autonne, & diverses piéces de terres situées tant à Orouy qu'aux Eluats, *apud oratorium & lupi saltum.* L'acte par lequel Gautier remit les Religieux en possession de leurs terres, est daté de l'an 995.

Gautier second, surnommé le Blanc, à cause de sa chevelure ou de son teint, & Gautier le Vieux, à cause du grand âge auquel il est parvenu, fut Comte de Valois, d'Amiens, du Vexin, de Dreux & de Meulant. Il avoit épousé, du vivant de son pere, Adele, fille d'Héribert Comte de Senlis. Duchesne, & la plûpart des

(1) Gall. Christ. t. 9. p. 346.

Compilateurs ont pris le change, au sujet de cette alliance. Ils avertissent, que vers le temps où elle fut conclue, la Seigneurie de Crépy passa aux Comtes de Senlis (1). C'est le contraire. Les Comtes de Crépy ou de Valois entrerent par cette alliance en possession du Comté de Senlis, & continuerent de fixer leur séjour au château de Crépy.

Le·Moine Helgaud (2) met le Comte Gautier, au nombre des plus grands & des plus puissans Seigneurs, qui vivoient de son temps. Gautier tenoit un état proportionné à ses grands biens. Il fit plusieurs entreprises considérables, qu'il exécuta avec autant de somptuosité que de goût. Il rebâtit & fortifia le château de Crépy. Il y fonda un Monastere & une Eglise, qui ont été illustrés par des évenemens importans.

On lit dans la Chronique du même Helgaud, qu'un puissant Seigneur nommé Gautier fit bâtir la forteresse de Crépy dans un goût magnifique : *Castrum Crispiacus à Waltero potenti nobiliter constructum*. Le Comte distribua son château sur le plan qui suit.

Il rebâtit l'Eglise dans l'angle du château, à la place de l'ancienne. Il fit élever sur la gauche, un peu plus loin que cette Eglise, un Donjon accompagné de tours énormes : il reste encore quelques portions de ces tours. Le Donjon comprenoit trois corps de logis : deux jardins, séparés par deux gros murs de cloture. On reconnoissoit encore toutes ces parties en 1438, après le troisiéme siége de Crépy. Ce Donjon devoit servir de citadelle au château. Il jetta ensuite les fondemens d'un vaste & magnifique corps de logis, qu'il conduisit à sa fin. Ce corps de logis commençoit à la Porte aux Ointiers, & finissoit au Donjon. La façade regardoit Sainte Agathe. Il mit en jardin tout le terrein de Crépy, qu'on nomme aujourd'hui la Couture. La Porte aux Ointiers est postérieure à ces temps : elle tire son nom de plusieurs Marchands Parfumeurs, *Unctores*, qui demeuroient à côté de cette Porte.

Gautier fit tracer ensuite la même enceinte, qui environne présentement la Ville de Crépy. Dans l'intervalle de cette enceinte & des appartemens du château, il se forma un *bourg* en peu de temps, par l'assemblage d'un certain nombre de familles, auxquelles Gautier permit de bâtir, moyennant une redevance an-

(1) Hist. Chat. p. 656, Morliere, Hist. d'Am. p. 64. | (2) Vit. Robert. reg. Duchesn. t. 4. p. 74.

huelle. Le Comte foumit ces familles à un Gouverneur, qui prit
le nom de *Burgare*. On détruifit pour former ce bourg, une boiffiere qui tenoit aux jardins du château. On appella fauxbourg,
une autre portion de maifons qui fe forma hors de l'enceinte, &
à côté des Bordes. Gautier établit dans cette partie un fecond
Officier, qui eft nommé *Villicus* dans un titre de l'an 1070 (1).

Les Clercs ou Chanoines, fuccefleurs de ceux que Raoul I
avoit placés dans fon Eglife, menoient une vie licentieufe, & fe
gouvernoient plutôt en Laïcs déréglés, qu'en Eccléfiaftiques.
Gautier les réforma, & les tranfplanta dans le Fief des Bordes,
auprès d'une Chapelle de S. Etienne premier Martyr. Il exécuta
enfuite un deffein qu'il avoit formé, de mettre des Religieux de
l'Ordre de S. Benoît à leur place. Ce renouvellement fe confomma ainfi.

Avant d'appeller à Crépy les Religieux qu'il fe propofoit d'y
placer, le Comte leur prépara des lieux réguliers (2) ; il forma
enfuite une Communauté de Profès, qu'il fit venir de divers Monafteres. Il leur donna pour Chef le Moine Girard, Religieux de
Rebais, homme d'un rare mérite & d'une vie édifiante, doué du
talent de porter les autres à la pratique de la vertu, plus encore
par fes exemples que par fes difcours, quoiqu'il fût naturellement
éloquent. Il avoit puifé ces perfections dans une éducation diftinguée, que fes parens avoient commencé à lui donner dès l'âge le
plus tendre.

Girard étoit originaire d'une terre appellée *Jelia*, au pays
Chartrain. Il avoit pour pere Fulbert, Seigneur du lieu. Sa mere
fe nommoit Adelaïde. Ses parens, après lui avoir donné les premiers principes d'une éducation chrétienne, le confierent aux
foins de l'illuftre Gerbert, l'un des grands hommes de fon fiécle,
qui, après avoir rempli les Siéges de Reims & de Ravennes, fut
élevé enfin au Souverain Pontificat, fous le nom de Sylveftre II.
Gerbert avoit alors trois autres difciples, qu'il inftruifoit en même temps que Girard : le Roi Robert, Fulbert qui devint Evêque de Chartres, & Herbert, Juif converti. Girard en quittant
Gerbert, paffa dans les écoles de l'Evêque de Chartres, où fa vocation à l'état monaftique fe déclara. Il ne fortit de ces écoles,
que pour aller prendre l'habit de religion au Monaftere de Rebais.

---

(1) Ann. Bened. t. 6. p. 8. Gall. Chr. t.
30. inftr. p. 423. Marlot, t. 2. p. 131.

(2) Spicil. t. 2 p. 287. Ann. Bened. t.
4. p. 203. Sec. 6. Bened. part. 1. p. 361.

Quoiqu'occupé à cacher aux yeux des hommes les vertus qui pouvoient lui attirer quelques dégrés de confidération dans le cloître ou dans le monde, il acquit une réputation de régularité, de modeftie & de charité, qui lui gagna tous les cœurs. Ses perfections éclaterent, malgré l'humilité dont il fe fervoit comme d'un voîle, afin d'écarter les regards. Le Comte Gautier inftruit de fes vertus, le demanda à fes Supérieurs, & l'obtint. Girard arriva à Crépy en 1006.

La bâtiffe de l'Eglife de S. Arnoul de Crépy a duré plus de foixante ans. Il paroît que Gautier le Blanc acheva le Chœur, & qu'il laiffa la Nef imparfaite. Il embellit les dedans de la partie qu'il finit, & plaça la Châffe de S. Arnoul dans un endroit apparent.

Toutes les Eglifes où l'on conservoit des Reliques, comptoient un certain nombre de jours folemnels pendant l'année, auxquels on defcendoit ces Reliques, pour les expofer à la vénération des Fidéles. On ôtoit les offemens de leur Châffe, & on les plaçoit à nud fur une crédence, qu'on avoit eu foin de couvrir d'un tapis précieux.

Le Comte Gautier, qui ne négligeoit rien de ce qui pouvoit contribuer à rendre le culte de S. Arnoul plus folemnel, fit venir de Gréce un tapis de foye que l'on conferve encore, & qui devoit paffer dans le temps pour un morceau rare & précieux. Ce voîle eft une piéce d'étoffe de foye croifée, à fond bleu, de quatre pieds de haut fur fix de large, femée de léopards paffans, rangés trois par trois, bardés & comme chamarés de rouge & de verd. Deux des trois fe regardent, & touchent de leurs pattes une infcription Grecque, autant de fois répétée qu'il y a de regards. Cette infcription figurée, comme on la voit à côté, fignifie que *fous le regne des Empereurs Chrétiens, Bafile (II) & Conftantin (VII,)* le voîle en queftion a été fabriqué.

Bafile fecond, furnommé le Bulgaroctone, fils aîné de Romain II, Empereur de Conftantinople, déclaré Céfar le vingt-deux Avril 960, & fait Empereur après la mort de fon pere, en Mars 963, couronné feulement le vingt-cinq Décembre 969, mourut l'an 1025. Conftantin VII, frere cadet de Bafile, fut couronné avec lui le vingt-cinq Décembre 969, & mourut en Novembre ou Décembre de l'an 1028.

L'explication de cette infcription, tout-à-fait barbare, eft due

Σ. ΚΩΝΣΤΑΝΤΙΝΟΥ·

ΣΤΩΝ. ΔΕΣΠΟΤΩΝ.

ίνι. τῶν. ἰησοῦ-φίλο-χριστῶν. δεσπότῶι.

tino Christicolis Imperatoribus.

aux recherches & à l'habileté de Dom Taffin, auteur du nouveau
Traité de Diplômatique, & de M. l'Abbé Barthelemi, de l'Académie des Belles-Lettres. Ces deux Savans ayant jugé fur une
fimple efquiffe, que cette infcription rare dans fon genre méritoit d'être fcrupuleufement tranfcrite, M. l'Evêque de Senlis, invité par MM. les Religieux de S. Arnoul, fe tranfporta fur les
lieux, & fit l'ouverture de la Châffe, où la piéce d'étoffe eft en-
fermée. J'ai figuré l'infcription avec toute l'exactitude qui a dépendu de moi; & le fieur Caron, Graveur, l'a parfaitement rendue. La piéce d'étoffe fert de troifiéme enveloppe aux Reliques.

Les étoffes de foye étoient fort rares en France, lorfque le
Comte Gautier fit préfent de ce tapis à l'Eglife de S. Arnoul. On
n'en fabriquoit pas en Europe; on les tiroit de Gréce & d'Afie.
On a quelques exemples d'un pareil préfent, fait à d'autres Eglifes par des perfonnes du plus haut rang. On lit dans Surius, que
le Roi Carloman donna à l'Eglife de S. Hubert, *un voîle* qui avoit
été ouvragé chez l'étranger : *velum peregrino opere elaboratum.*
L'Impératrice Placidie voulant marquer la dévotion qu'elle portoit à S. Germain d'Auxerre, envoya fur les lieux un voîle, qui
devoit fervir au même ufage que celui dont il s'agit.

Sous la direction de l'Abbé Girard, le Monaftere de S. Arnoul
s'accrut & acquit une réputation de régularité, qui s'étendit en peu
d'années (1). Richard Duc de Normandie, ayant deffein de mettre la réforme dans l'Abbaye de Fontenelles, chercha un fujet, auquel il put confier l'exécution de cette entreprife. On lui indiqua
Girard Abbé de Crépy, comme un faint Religieux, qui joignoit la
prudence au zele, & l'exemple au précepte. Le Duc réfolut d'en
faire l'acquifition, à quelque prix que ce fût. Il eftimoit cette acquifition plus qu'une conquête, parce qu'il eft plus glorieux encore de triompher du vice & du déreglement des mœurs, que de
fonder un empire de barbares, ou de gouverner un Etat fans police.

Le Comte de Crépy confentit difficilement à perdre l'Abbé Girard. Il céda enfin aux preffantes follicitations du Duc de Normandie, & permit même à quelques Religieux d'accompagner
leur Chef. Girard fut regretté dans la contrée, comme un Religieux doué de talens, qu'on trouve rarement réunis dans un même
fujet. Il portoit une phifionomie qui prévenoit en fa faveur. Il avoit

(1) Sec. 3. Bened. part 1. p. 367. Spicil. t. 2. p. 289. t. 3. p. 252.

la voix douce & fonore, parloit avec facilité & en bons termes ; excelloit dans l'art du chant & dans tous les genres de littérature , qu'on cultivoit de fon temps. L'Abbé Girard fe choifit un Succeffeur, & partit de Crépy en l'an 1027, après avoir gouverné le Monaftere de S. Arnoul pendant vingt-un ans.

Il ne regna pas auffi long-temps dans Fontenelles : au bout de quatre années, paffées dans le pénible emploi d'établir une réforme , il fe trouva un Moine, qui voyant éclater dans fon Abbé des vertus oppofées à fes vices , forma le noir deffein d'attenter à fa vie. Il choifit pour l'exécution, la nuit du vingt-neuf au trente Décembre de l'an 1031 , & affaffina fon Abbé. Dieu déclara la fainteté de fon ferviteur par des miracles. L'Abbé Girard fut canonifé comme Martyr de la Regle.

L'Abbé Lefcelin fuccéda à S. Girard dans le gouvernement du Monaftere de Crépy. Le Moine Helgaud fait ainfi le portrait de Lefcelin dans la Vie du Roi Robert (1).

» Le Seigneur Gautier, fondateur de la noble Abbaye de S. Arnoul de Crépy , a rendu ce Monaftere célèbre à jamais , par le » foin qu'il a pris de l'illuftrer. C'eft lui qui de nos jours a placé » l'Abbé Lefcelin à la tête de cette Maifon. Lefcelin étoit un » homme de bon témoignage, un obfervateur exact de la difci- » pline Monaftique. Il ne fe paffoit pas d'année, qu'il ne rendît » vifite au Roi Robert. Ce Souverain le recevoit avec bonté, & » lui faifoit accueil comme à un ferviteur de Dieu, & prenoit plai- » fir à l'entretenir. Leurs difcours rouloient fur les chofes céleftes. » Robert ne le laiffoit jamais aller fans le combler de préfens , » qu'on pouvoit regarder comme des dons céleftes, puifqu'ils » étoient le fruit d'une parfaite charité «.

L'Abbé Lefcelin joignoit à l'efprit du gouvernement & aux vertus monaftiques le talent de la poéfie. Il mit en vers la Vie de S. Arnoul le Martyr, telle qu'on l'avoit alors. Il diftribua tout l'ouvrage en quatre chapitres (2). Dans le premier, il raconte en Poëte la naiffance de S. Arnoul , fon mariage avec fainte Scariberge niéce de Clovis ; il fait l'hiftoire de fes voyages, de fes pélerinages & de fon premier retour à Reims. Dans le fecond chapitre , il traite de fon entrée dans l'état eccléfiaftique , de fa promotion à l'Ordre d'Exorcifte, & du pouvoir qu'il avoit de chaffer les démons. Dans le troifiéme, il repréfente S. Arnoul fortant de

{1) Duchefn. t. 4. p. 74.   I   (2) Boll. 4. Jul. p. 410. 415.

Reims, & voyageant en divers lieux. Il le fuit dans fes pélerinages, à Touloufe, à Poitiers, à Tours où il eft fait Évêque, & où, après fon intrônifation, il opére des miracles. Dans le chapitre quatriéme, on fait mention de fon retour à Reims, de fon martyre & de fa dépofition dans la forêt Iveline.

Il reftoit à expofer, comment le corps de S. Arnoul avoit été apporté du pays Chartrain au château de Crépy. Lefcelin, vivement follicité d'ajouter un cinquiéme chapitre à fon Poëme, ne put s'y réfoudre. Afin cependant de ne rien laiffer à défirer fur ce fujet, il écrivit une defcription en profe de cette Tranflation, où fe rencontrent plufieurs traits d'hiftoire très-lumineux : ouvrage qui lui coûta moins de peine, qui eft cependant bien préférable au Poëme, par la vérité & par la folidité des matieres.

Le Poëme & la Relation furent reçus avec un applaudiffement général. Le Poëme furtout parut un chef-d'œuvre. L'Abbé Lefcelin fut le feul, qui fut rendre juftice à la foibleffe & à la médiocrité de fa production. Il déclare à la fin de fon Poëme, que fes vers & fa compofition ont befoin de toute l'indulgence des Lecteurs. L'ouvrage n'eft en effet qu'une profe verfifiée & mal cadencée. L'Abbé Lefcelin mourut à Crépy en 1031, après quatre ans de gouvernement. Les Ecrivains du temps obfervent comme une chofe remarquable, que le Roi Robert, S. Girard & l'Abbé Lefcelin, décéderent tous trois la même année ; le Roi à Melun, Girard à Fontenelles, & Lefcelin à Crépy. Je vais rapporter fur le Comte Gautier le Blanc plufieurs traits, qui acheveront de le faire connoître.

En l'an 887, le Comte Gautier avoit trois fils, avec lefquels il fe rendit à Compiegne, à la Cour du Roi Hugues Capet. Il figna avec eux comme témoin, un Diplôme par lequel le Souverain confirmoit l'Abbaye de Corbie, dans la jouiffance de fes biens (1). Ses trois fils font nommés Gautier, Godefride & Raoul, dans la Charte en queftion. Ces noms ont changé dans la fuite : le premier fut appellé Drogon, & le fecond Foulques ; le troifiéme conferva fon nom de Raoul. Gautier voulant imiter la libéralité du Roi, donna en cette rencontre au Monaftere de Corbie, une terre appellée *otmaricourt*, pour l'entretien du luminaire & pour l'encens de l'Eglife (2).

Gautier ne conferva pas jufqu'à la mort ces difpofitions favo-

---

(1) Gall. Chr. t. 10, inftr. p. 283.   I   (2) Gall. Chr. t. 9. p. 1272.

rables. En 998 , il s'empara de Corbie & de la Vicomté, & commit des vexations fans nombre contre les Eccléfiaftiques, fous le nom de Foulques fon fils , qui avoit été élevé fur le Siége d'Amiens. Il imitoit la conduite de prefque tous les grands Seigneurs fes femblables , qui n'étoit qu'un tiffu d'inconféquences , parce qu'ils vivoient fans principe. Ils ufurpoient les biens d'une Eglife , & les donnoient à une autre ; puis ils les reprenoient à la derniere , qui avoit fenti les effets de leur générofité. Le Seigneur Gautier eft nommé Comte de Crépy, dans une Charte de 984, dans une feconde (1) de l'an 997, & dans une troifiéme de l'an 1008.

Parvenu à un grand âge , il réfolut de partager de fon vivant tous fes biens entre fes enfans , à l'exception du chateau de Crépy. Il donna le Comté d'Amiens à Drogon fon fils aîné, & à Raoul , celui de Senlis qui lui revenoit du chef de fa mere. Il procura à Foulques de grands revenus en biens d'Eglife. Il avoit eu le fecret de le placer fur le Siége Epifcopal d'Amiens, dans un âge peu avancé. Le Comte avoit une fille nommée Adele. Il la donna en mariage à Valeran , Comte de Meulant, avec une dot compofée d'une partie des biens, qu'il poffédoit dans le Vexin.

Je ne puis dire en quelle année le Comte Gautier le Blanc décéda. On ne peut point placer fa mort plutôt que l'an 1027. Son corps fut inhumé dans un caveau à côté de l'Eglife de S. Arnoul extérieurement, à l'endroit de cette Eglife qui a été détruite en 1433.

Drogon conferva le Comté d'Amiens après la mort de fon pere. Il avoit époufé Godiove , fœur d'Edouard Roi d'Angleterre, de laquelle il eut deux fils , Gautier & Fulcon. Gautier mourut fans poftérité. Fulcon devint Evêque d'Amiens. Drogon décéda après fon fils aîné en l'an 1035. Le Comté d'Amiens retourna aux Comtes de Crépy. Nous parlerons avec quelqu'étendue de Raoul II, qui fut Comte de Crépy après la mort de fon pere.

Foulques tint une conduite indigne du rang qu'il occupoit. Il dépouilloit les Clercs de fon Eglife de leurs biens , pour fe les approprier (2). Ives de Chartres le reprend févérement de fa conduite , dans quelques-unes de fes lettres. Gerbert lui écrivit auffi de fon côté, pour lui reprocher fon impéritie, fon mauvais gouvernement, & plufieurs tours de jeuneffe qui le deshonoroient.

(1) Ann. Bened. t. 4. p. 690.　　　Chrift. t. 9. p. 1162.
(2) Morliere, Hift. d'Am. p. 178. Gall.

On

On croit qu'il fe rendit aux remontrances de Gerbert, & qu'il fe corrigea. Il avoit beaucoup de crédit à la Cour du Roi Robert (1). Il affifta au Sacre de Henry I en 1027, mourut en l'an 1030, & eut pour Succeffeur, Fulcon fon neveu.

60. Les terres de Vic-fur-Aifne & de Berny éprouverent quelques révolutions, pendant le cours du dixiéme fiécle. Après la mort du Roi Eudes, un Comte Arnoul fe préfenta devant le château de Vic-fur-Aifne, qu'il prit d'affaut (2). Il s'empara auffi de la terre de Berny, & jouit de fon ufurpation pendant quelques années. Les Religieufes de Marchiennes trouverent enfin l'occafion de mettre le Roi Lothaire dans leurs intérêts, & d'obtenir la réparation du tort, qu'on leur avoit caufé dans *leur terre d'Aifne :* c'eft ainfi que Berny eft appellé dans les écrits, qui font mention de ces chofes. En l'an 976, le Roi Lothaire fit un voyage à Douay avec Hemma fon époufe, & les Religieufes de Marchiennes trouverent un accès favorable auprès de la Reine. Lothaire, à la follicitation d'Hemma, fit expédier une Charte à Douay même, par laquelle il eft ordonné, que la terre appartenant au Monaftere de Marchiennes, fera remife avec fes droits & dépendances, à l'Abbeffe Judith & aux Freres de la Maifon de Sainte Rictrude. On y fait défenfes à quelque Seigneur que ce puiffe être, de jamais empiéter fur la *terre d'Aifne*, fous peine d'une amende de cent livres d'or ; cinquante livres pour le Roi, & cinquante livres au profit du Monaftere. Cette peine d'une amende, au payement de laquelle le Souverain fe trouvoit intéreffé, retint ceux des Seigneurs voifins, qui avoient le plus d'avidité : ce qui fit que le Monaftere de Marchiennes poffëda fans trouble fa terre de Berny jufqu'au regne de Louis VII.

On ne rendit pas juftice aux Religieux de S. Médard d'une maniere auffi fatisfaifante, touchant le château de Vic-fur-Aifne. Il leur fut rendu, pris & repris en diverfes rencontres. Un Comte nommé Etienne l'enleva d'abord à S. Médard ; mais *Robert fils de Chapez*, ce font les termes de la Chronique (3), obligea l'ufurpateur à reftitution. Un autre Seigneur nommé Hugues s'empara du même château à main armée ; il le rendit de lui-même à S. Médard en l'an 1047. L'année fuivante 1048, on tint un Concile à Senlis, où il fut décidé que la terre de Vic-fur-Aifne appar-

(1) Duch. t. 2. p. 841.
(2) D. Bouq. t. 9. p. 640.

(3) Chron. S. Med. an. 1031. Gall. Chr. t. 9. p. 413. t. 10. p. 1163.

tenoit légitimement & fans partage aux Religieux de S. Médard.
Les Religieux avoient follicité cette efpéce de confirmation, ne
fachant plus à quels moyens recourir, pour fe préferver de l'ufurpation.

Après la reftitution faite par le Comte Etienne, les Religieux
qui avoient reconnu dans ce Comte une grande bravoure, lui
avoient propofé de prendre la défenfe du château comme Avoué.
Le Comte avoit accepté : mais il s'étoit laiffé gagner peu de temps
après par le Seigneur Hugues, auquel il avoit livré le château.

Le jour de la Pentecôte de l'an 1049, le Roi Henry I reçut
fous fa fauve-garde le château de Vic-fur-Aifne. Il déchargea en
même temps le Monaftere des corvées & des coutumes injuftes,
que Robert de Coucy exigeoit tyranniquement des hommes de
S. Médard établis à Vic-fur-Aifne.

Après la mort du Roi Henry I, Albéric Seigneur de Coucy
empiéta fur les dépendances de la terre & du château de Vic-fur-
Aifne, molefta les vaffaux de S. Médard, entreprit de les foumettre à fa juftice, & exigea d'eux plufieurs droits (1). Le Roi
Philippe I, força le Comte Albéric à fe défifter de fes pourfuites,
& à rendre à S. Médard dans la quinzaine, les droits qui lui appartenoient, fous peine d'être arrêté & d'être emprifonné à Senlis. L'ordre du Roi eft daté de l'an 1066. Ce dernier trait peut
être regardé, avec celui qui le précéde, comme l'un des premiers
évenemens qui ont préparé l'établiffement de l'Exemption de
Pierrefonds fous la jurifdiction du Juge Royal de Senlis.

6. Héribert Comte de Senlis étant mort, Raoul de Crépy, fils
de Gautier le Blanc, & petit-fils d'Héribert par fa mere, prit poffeffion du Comté de Senlis, avec le confentement de Gautier le
Blanc fon pere. Il quitta alors le nom de Crépy, & prit celui de
Senlis. Il eft appellé *Radulphus Sylvanectenfis* dans plufieurs
Chartes. On le qualifioit de même à la Cour du Roi Robert, auprès duquel ce Seigneur jouiffoit d'une grande faveur. Templeux
nous apprend, qu'en l'an 1015, le Comte Raoul accompagna le
Roi Robert à une expédition qu'il fit en Bourgogne (2).

Raoul, ayant été pourvu du Comté de Senlis, chercha un parti
convenable à fon rang, à fes inclinations, & aux grands biens
qu'il devoit efpérer de la fucceffion de fon pere. Il porta fes vues
fur Ade ou Adée, fille du Comte Hilduin, Seigneur de Breteuil,

(1) Diplom. p. 271.   ‡ (2) Templ. p. 140.

de Clermont en Beauvoisis, & de la riche terre de Nanteuil-le-Haudouin. Par cette alliance, Raoul épousoit en quelque sorte la flatteuse espérance, de réunir un jour les deux domaines limitrophes de Nanteuil & de Crépy. Hilduin, informé des desseins de Raoul, prévint sa demande. Il lui accorda sa fille en mariage, & fit présent de la terre de Nanteuil à cette Dame, pour lui servir de dot. Le mariage fut conclu. Cet évenement nous met dans la nécessité de reprendre l'histoire de la terre & des Seigneurs de Nanteuil, depuis la fin du neuviéme siécle.

Sous les Successeurs du Roi Charles le Chauve, les Comtes de Ponthieu dépouillerent les Religieux de Nanteuil d'une grande partie de leurs biens, & leur enleverent la terre de Herly en Ponthieu, que S. Valbert leur avoit laissée de son vivant. Guillaume I, qui vivoit en l'an 965, se signala sur-tout dans ce genre de conquête. Il est connu pour avoir pris à main armée, les Comtés de Boulogne & de Térouanne, à leurs possesseurs légitimes. Guillaume eut plusieurs fils. On appella l'aîné Guillain, Gilduin & Hilduin, diminutif du nom de son pere. Ce fils ajouta à ses domaines, les Comtés de Breteuil & de Clermont en Beauvoisis, & en transmit la propriété à Gilduin II son fils. Gilduin II eut deux enfans mâles, Manassé & Hilduin, qui vivoient sous le regne de Robert en 1029. Les noms de ces deux freres sont écrits au bas d'une Charte signée du Roi Robert & de Constance, portant confirmation de quelques biens à l'Eglise de Notre-Dame de Chartres (1). Hilduin III eut un fils nommé Evrard, dont les descendans n'ont point de rapport à notre objet. Adéé qui épousa Raoul, Comte de Senlis, devoit être fille de Hilduin ou Gilduin II, Comte de Breteuil & de Clermont, & Seigneur de Nanteuil. C'est de son nom ou de celui de son pere, que Nanteuil a été appellé Nanteuil-le-*Hilduin*, puis Nanteuil-le-*Haudouin*. Bergeron a mal expliqué l'étymologie de ce nom, en le faisant venir de *Hautedoue*, vieux mot qui signifie *grand douaire* ou *haut douaire*. La terre de Nanteuil n'a pas été donnée originairement en douaire, mais en dot.

Il paroît que les Religieux de Nanteuil se retirerent à Luxeuil, après avoir cédé à la force, que les Comtes de Ponthieu commençoient à exercer sur eux. Ils abandonnerent à ces Seigneurs les deux terres de Herly en Ponthieu, & de Nanteuil en Brie, bien

(1) Hist. Montm. p. 74.

réfolus d'y rentrer, dès qu'ils en trouveroient l'occafion. Ils uferent, pour enlever ces deux terres à leurs ufurpateurs, du ftratagême que l'Abbé Girard employa vers le même temps, au fujet de la terre de Rivecourt. Ils prirent à Luxeuil les Reliques de S. Valbert, & les porterent folemnellement à Herly en Ponthieu, comme une nouvelle prife de poffeffion, ou plutôt comme une fommation faite à d'injuftes poffeffeurs, de rendre un patrimoine ufurpé (1).

Les Religieux de Luxeuil entrerent proceffionnellement dans Herly. Le bruit de leur arrivée s'étant répandu dans les lieux voifins, il fe fit un concours prodigieux de peuple, qui demanda hautement le rétabliffement des Religieux dans un bien, qu'ils avoient reçu de S. Valbert, & dont le Saint les avoit lui-même invefti.

Les Intendans prépofés à l'adminiftration de Herly, intimidés par la clameur, furent obligés de céder. Quelques miracles arrivés dans ces entrefaites exciterent de plus en plus le zele de la multitude, & confirmerent les Religieux dans la jouiffance, qu'ils venoient d'obfenir.

Encouragés par ce fuccès, les Religieux de Luxeuil réfolurent d'aller à Nanteuil, afin de tenter la même expédition. Ils arriverent à la riviere de Marne fans oppofition. Les Officiers adminiftrateurs de la terre de Nanteuil, informés de leur deffein & de la route qu'ils tenoient, s'étoient rendus à l'autre bord de la riviere, afin de les empêcher de paffer outre. Plufieurs miracles opérés dans le chemin avoient raffemblé à la fuite des Reliques une foule de peuple, qui marquoit la meilleure volonté de repouffer les efforts des régiffeurs, & de furmonter les obftacles qui pourroient arrêter les Religieux dans leur route. Les régiffeurs ayant connu le danger de plus près, jugerent à propos de chercher leur falut dans une retraite précipitée. Ils manderent au Comte leur maître la fituation de leurs affaires, & furent les témoins involontaires de l'entrée de leurs adverfaires dans le bourg de Nanteuil (2).

Les fuites de cet évenement ne nous font pas connues. Il y a toute apparence que les Comtes de Breteuil vinrent en perfonne fur les lieux, qu'ils combattirent les prétentions des Religieux, & que ceux-ci ayant trouvé de l'appuy, il y eut de grands dé-

(1) Sec. 3. Bened. part, 2. p. 457.   ∥ (2) Adfon. cap. 13. 14.

bats (1). Tout fut terminé vers l'an 1000, par un accord entre le Comte de Breteuil, beau-pere de Raoul II, & les Religieux de Luxeuil. On convint que ceux-ci rentreroient en possession du Monastere & des bâtimens de sa dépendance ; qu'ils desserviroient la Chapelle de S. Georges, & jouiroient d'une portion d'héritage, sur laquelle les Seigneurs de Nanteuil ne pourroient exercer aucuns droits.

Les Comtes de Breteuil exigerent des Religieux une renonciation formelle à leurs prétentions, sur certaines parties de la terre & du château de Nanteuil. Cette espéce de compensation termina tout, & amena une paix durable, dont les deux partis gouterent les fruits, les Religieux sur-tout. Les choses étoient en cet état, lorsque la terre de Nanteuil passa de la Maison des Comtes de Ponthieu, dans celle des Comtes de Crépy.

Le Comte Raoul, depuis son mariage jusqu'à la mort de son pere, partagea sa résidence entre les châteaux de Senlis & de Nanteuil. Il demeuroit plus habituellement dans celui-ci que dans l'autre. Il eut d'Adée son épouse deux fils, Raoul & Thibaud, & deux filles, Constance qui ne fut pas mariée, & Alix, qui épousa Thibaud III, Comte de Champagne.

Ce Seigneur témoigna aux Religieux toutes sortes de complaisance & de bonté. Il acheva à ses frais leur Eglise de Notre-Dame ; bâtit les deux tours & le chevet du Chœur. Il fit fondre plusieurs cloches, qu'on plaça dans les deux tours. On conserve une de ces cloches dans la tour de S. Babylas, sur laquelle on lit cette inscription : *Mentem sanctam Spontaneam, honorem Deo, & patriæ liberationem. Radulphus Sylvanectensis nos fecit.* Ce Seigneur prenoit pour armes, si l'on en croit Templeux, l'écusson de gueule à six fleurs de lys d'or, que ses descendans ont conservé.

Raoul perdit son épouse au château de Nanteuil. Il la fit inhumer dans un caveau particulier, à côté des murs du Sanctuaire de l'Eglise de Notre-Dame, extérieurement, sur la droite. On perça le mur, deux siécles après la mort de cette Dame, & on lui éleva dans l'épaisseur du mur sous une arcade, un mausolée qu'on voit encore. La statue est couchée, la tête posée sur un chevet, & les pieds appuyés sur une figure de lion léopardé.

La mort de Gautier le Blanc laissa Raoul II son fils, maître de la Seigneurie de Valois & du château de Crépy. Il quitta le

_____

(1) Hist. de Meaux, t. 1. p. 120.

château de Nanteuil, & vint habiter le lieu de sa naissance. Il partagea ses biens entre ses deux fils Raoul & Thibaud, à l'imitation de son pere. Il sépara en deux portions le château de Crépy. Il réserva le corps d'hôtel avec ses dépendances à Raoul son aîné, & donna le donjon à Thibaud. Il fit deux lots de tous ses bois, & établit un Gruyer pour chaque partie. Il voulut qu'après lui, le Comté de Valois fût possédé, avec ses annexes & ses prérogatives, par son fils aîné, à l'exception des terres de Levignen, de Villers-Saint-Georges, présentement Villers-Cotteretz, Villers-emmi-les-champs, Betz, Morcourt, Bouillanci, Boissy & Peroi-les-Gombries, Saintines & Nery, qu'il jugea à propos de distraire du Comté de Crépy, en faveur de Thibaud, à condition cependant que Thibaud tiendroit ces terres en *pairage* du Comté de Crépy. Il ajouta à ces domaines la terre & le château de Nanteuil, avec les reliefs & les prérogatives qui en dépendoient.

Templeux cite un Arrêt de l'an 1328, qui fait mention de cet ancien partage. L'Arrêt déclare que *les saisines de certaines prises faites* appartenoient au Seigneur de Nanteuil, attendu qu'il tenoit comme pair de Fief, les terres de sa Seigneurie qui relevoient du Comté de Valois, *en vertu de partition faite anciennement entre deux freres.* J'ai lû dans un dénombrement, que de l'ancien château de Nanteuil, relevoient quarante-un grands Fiefs, avec d'autres moindres Fiefs & arriere-Fiefs.

62. Le Comté de Valois ou de Crépy ne fut pas plus de trois ans au pouvoir du Comte Raoul II. Ce Seigneur mourut en l'an 1030, & fut inhumé, non dans l'Eglise de Nanteuil auprès de l'Autel, comme Templeux l'avance; on eût violé une loi qu'on regardoit comme sacrée en ce temps-là. Son corps fut déposé dans un caveau voûté, à côté de la sépulture de Gautier le Blanc son pere, attenant les murs du chœur de S. Arnoul extérieurement.

Ses vassaux le regretterent comme un Seigneur équitable, paisible & bienfaisant, humain, ennemi des exactions & des procédés injustes. Il eut assez de lumiere & de bonne foi, pour adopter les maximes d'une morale, opposée au systême de cupidité, que ses ayeux avoient suivi. Il avoit pris naissance au château de Crépy, ainsi que ses deux fils Raoul & Thibaud. En quittant Crépy pour occuper le château de Nanteuil, il avoit emmené Thibaud son second fils, & avoit laissé Raoul son fils aîné, sous la conduite du

Comte Gautier son pere. On suit presque toujours pendant le cours de la vie, les impressions qu'on reçoit dans un âge tendre. Thibaud imita les vertus de son pere; Raoul enchérit sur son ayeul, dès qu'il fut en son pouvoir de suivre ses inclinations. Avant de passer à ce qui regarde Raoul & Thibaud, nous ferons quelques remarques sur les Seigneuries de Levignen & de Betz, sur les deux offices de Gruyers de Valois, & sur les armoiries des anciens Comtes de Vexin & de Valois. Je commence par la notice des deux terres de Levignen & de Betz.

63. Levignen & Betz sont deux terres du Duché de Valois, situées, l'une sur la grande route de Paris à Soissons, l'autre à côté, entre Nanteuil-le-Haudouin & Villers-Cotteretz.

La Seigneurie de Levignen est l'une des premieres terres du Duché de Valois, depuis qu'elle a été érigée en titre de Comté. Elle est nommée *Luviniacum* dans les Chartes latines; *Levignem & Levignen* dans les actes écrits en François. Ce Comté, ainsi que celui de Nanteuil-le-Haudouin, est une dépendance de la Châtellenie, du Bailliage & de l'Election de Crépy.

Le château de Levignen fut fondé long-temps avant le Palais de Bargny connu dans les chroniques dès le regne de Clotaire I. L'Eglise de Levignen est une des plus anciennes du Diocese de Soissons. Le Palais de Bargny en dépendoit, au commencement de notre Monarchie. Levignen & Bargny ont passé ensemble, du Domaine de nos Rois à celui des Comtes de Valois. Depuis le partage de Raoul II, fait avant l'an 1030, jusqu'à l'extinction de la branche des Seigneurs de Pacy en Valois, la terre de Levignen n'a pas cessé d'appartenir aux Seigneurs de Nanteuil, à l'exception des portions qui en ont été démembrées.

Un accord de l'an 1180, passé entre les Religieuses de Collinances & les Chanoines de S. Aubin de Crépy, fait mention d'une mesure particuliere de Levignen pour les grains: *Sextarium de Luviniaco.* En 1222, Philippe I de Nanteuil jouissoit des dixmes de Levignen. En 1225, il chargea cette dixme d'une rente de six sextiers de bled & de trois sextiers d'avoine. Un titre de l'an 1222 nomme la forêt de Levignen, parmi les dépendances de la Seigneurie de Nanteuil.

Après le décès de Philippe I de Nanteuil, la terre & le château de Levignen échurent à Thibaud, Chantre de Beauvais, son fils aîné. En 1252, Thibaud de Nanteuil chargea la terre de Levi-

gnen d'une rente en bled, au profit de S. Aubin de Crépy. J'ai
lû un acte de l'an 1255, dans lequel Thibaud prend la qualité de
Seigneur de Levignen. En 1313, un Seigneur de la Maison de
Pacy affranchit les habitans de Levignen de toute servitude. En
1484, Jean Gorgias, dit Porc-épi, Ecuyer, Seigneur de Bregy en
Multien, fit hommage de la terre de Levignen au Roi Louis XII,
au château de Crépy. Au siécle suivant, il y avoit dans Levignen
plusieurs maisons Seigneuriales ou hôtels de Fiefs, occupés par
des personnes qualifiées. En 1527, le sieur Roger de S. Blaise se
qualifioit Seigneur de Levignen & du Châtel. En 1635, Jean
d'Autry prenoit le titre de Châtelain de Levignen & de Betz. M.
Lallemand de Levignen, ayant réuni la plûpart des Fiefs situés sur
le territoire de Levignen en un seul corps de Seigneurie, obtint en 1723, des Lettres patentes datées du mois de Décembre,
qui érigent la terre de Levignen en Comté.

L'ancien château de Levignen étoit accompagné d'un donjon, de même que le château de Crépy. Ce donjon consistoit dans
une maîtresse tour, flanquée de plusieurs tourelles. On distinguoit
dès le quatorziéme siécle, la Seigneurie du donjon de Levignen,
de la Seigneurie du château. Les biens qu'on nomme les francs-
Fiefs du Valois, relevent de la Seigneurie du donjon. Ce domaine a été possédé par les Comtes & par les Ducs de Valois jusqu'en 1440. Par contrât du treize Décembre de cette année,
Charles Duc d'Orléans vendit la Seigneurie de la Tour de Levignen, au sieur Billard Chevalier, avec le droit de travers. Le
Prince se réserva la Mairie du lieu. Les héritiers du sieur Billard
vendirent ce Fief au sieur de la Noue, qui le céda à Jean Gorgias dit Porc-épi.

64 Betz & Bethizy ont la même étymologie. Ces deux noms signifient un lieu de pâturage. Betz est un lieu fort agréable par sa
situation. Le château & les jardins méritent d'être vus. Le château est la résidence des Seigneurs de Levignen. Les jardins sont
arrosés par un gros ruisseau. Je n'ai rien découvert sur la terre de
Betz, qui remonte au-delà du dixiéme siécle. Les Comtes de
Troyes la posséderent en premier lieu, & la céderent ensuite au
Seigneur de Crépy. Raoul II fit entrer cette terre dans le lot
des biens, qu'il destina à Thibaud I son second fils. Les Seigneurs
de Betz ont été les mêmes que ceux de Nanteuil, jusqu'à Gérard
VI, fils de Philippe I de Nanteuil.

Il

Il y avoit anciennement huit Fiefs situés dans l'étendue de la terre de Betz : la plûpart des titulaires prenoient le nom de Betz, quoiqu'ils ne fussent pas Haut-Seigneurs de la terre. Ces Fiefs sont, le Bois-Milon, la Mothe, Nantouillet, Vaux, Civoisy, le Fresne, le Chesnoy, & le Vief de Valois ; ils relevoient des Seigneurs de Nanteuil pour la plûpart. Voici les noms de quelques anciens possesseurs de ces Fiefs.

Nous trouvons à la fin d'un accord de l'an 1180, la signature d'un Roger de Betz, qui paroît comme témoin. On lit à la fin du testament de Thibaud III, Seigneur de Nanteuil, rédigé en l'an 1182, la signature d'un Guillaume de Betz. Roger de Betz eut un fils nommé Matthieu de Betz, dont le Fief relevoit de Philippe I de Nanteuil en 1222.

Dans le partage que firent entre eux les enfans de Philippe I, la terre & le château de Betz échurent à Gérard, sixiéme fils de Philippe. En l'an 1242, Gérard fit présent aux Religieux de Cerfroid, de deux muids de bled hibernage, à prendre sur son moulin de Betz. Après le décès de Gérard, la Seigneurie de Betz vint au pouvoir de Thibaud son frere aîné, Chantre de l'Eglise de Beauvais, & Seigneur de Levignen. En 1262, Thibaud donna aux Mathurins de Paris, tout ce qu'il possédoit à Betz. Les Mathurins jouirent paisiblement jusqu'à la mort de Thibaud, de tout ce que leur avoient donné Gérard & Thibaud son frere aîné.

En 1270, Renaud de Nanteuil, Évêque de Beauvais, intenta un procès aux Mathurins de Paris. Il redemandoit à ces Religieux la terre & le château de Betz, qu'il prétendoit avoir été aliéné, contre la disposition expresse d'un article de la Coutume de Valois. Les Mathurins proposerent un compromis, que l'Evêque accepta. Les parties nommerent arbitre, Gautier de Chambly, Archidiacre de Brie. On convint que la terre de Betz retourneroit à Renaud de Nanteuil, & que celui-ci donneroit aux Religieux en dédommagement, une somme de cinq cent livres tournois. L'Evêque ne jouit pas de son retrait : il fit présent de la terre de Betz au Chapitre de Beauvais par acte de la même année, à la charge de quelques prieres pour le repos de l'ame de Thibaud son frere.

Le Chapitre reçut ce bienfait avec reconnoissance. Il décida que le Prélat jouiroit de la terre & du château sa vie durant, & après lui, ses deux neveux, Jean Evêque de Troyes, & Thibaud le jeune, Chantre de Beauvais, jufqu'au décès du dernier des deux.

La mort de Thibaud le jeune arrivée en 1300, mit le Chapitre en poffeffion du préfent de Renaud. Les Chanoines firent valoir pendant quelque temps la terre de Betz. L'éloignement les obligea à la fin de l'affermer à longues années. Les fermiers uniquement occupés de leurs intérêts, laifferent dégrader le château. Le 15 Septembre 1378, le Chapitre paffa un bail à cens de douze années, à Jean de Vaucoftel ou Vaucobert, des cens, rentes, viviers, eaux, maifons, prez, faulx, main-morte, for-mariage, taillis & autres profits dépendans de la Seigneurie de Betz : le château tomboit en ruine. On lit dans un état dreffé en 1394, l'article qui fuit : » Item, la court du pourprins où fû le chaftel » du Chapitre, eft toute pleine de buiffons & épines «. Des baux de 1398 & 1415 nous apprennent, que les revenus de la Seigneurie de Betz ne confiftoient plus qu'en viviers & en cenfives. Ces viviers & ces cenfives furent affermés en 1479 à un Chirurgien de Paris, la fomme de cent fols Parifis : circonftance qui fait croire, que le Chapitre avoit aliéné fucceffivement plufieurs portions de cette ancienne terre.

Les Seigneurs particuliers, qui avoient des Fiefs dans l'étendüe de ce domaine, chercherent à s'élever, à la faveur de cette décadence. En 1450, Regnaut de Marly prenoit la qualité de Seigneur de Betz, quoiqu'il ne poffédât que le Fief du Chefnoy. Il avoit un château fur ce Fief, que Jean & Antoine de Marly fes deux fils occuperent après fa mort.

En 1500, le Chapitre de Beauvais fit faifir le Fief de la Mothe de Betz, parce que le propriétaire avoit manqué de fournir un *homme de Fief.* Ce Fief confiftant en un hôtel ou château, des prez, des rivieres & des terres, fut affermé par le Chapitre la fomme de huit livres Parifis. en 1521, à noble homme Charles du Briffel, Ecuyer, Prévôt de Dammartin. En 1517, Chriftophe de Campreney, Chevalier, fe qualifioit Seigneur de Betz. Le Fief de la Mothe retourna à fes premiers poffeffeurs. Celui fur qui le Chapitre l'avoit faifi, fe nommoit Romain de Betz. Il paroît que depuis la démolition du château, le nom de Betz avoit été donné plus particuliérement au château de la Mothe : plufieurs titres le nomment *Fief de Betz.* Dans un acte de l'an 1527, Louis Romain, Seigneur de la Mothe de Betz, déclare que fon Fief releve du château de Levignen. Il y a toute apparence, que les Seigneurs de Levignen avoient alors acquis les droits du Chapitre de Beauvais : en 1578, Louis Romain prenoit le même titre. Betz & Levignen font encore unis préfentement, & appartiennent à M. Lallemant de Levignen, Intendant d'Alençon.

65. Les deux offices de Gruyers de Valois font une divifion de l'ancienne charge de Forestier de Mail, dont nous avons parlé à la page 75. Cette divifion a été une fuite du partage des biens de Raoul II entre fes deux fils, & du mariage de fa fille Alix avec Thibaud, Comte de Champagne. Il y eut un accord entre les deux Comtes, qui fixoit les limites des bois de Brie & de la Gruerie de Valois, & qui déterminoit les droits des Seigneurs & ceux que les deux Gruyers devoient exercer.

Le contour de la Gruerie de Valois eft ainfi marqué dans les titres. » De la Croix-aux-Pellerins près Crépy, à S. Ladre, Bar-» gny, Anthilly ; de l'ormelet de Rouvres jufqu'au gué de Tref-» mes. De Trefmes à la Jargonne, jufqu'à Bouillancy, Nanteuil-» le-Haudouin, Verfigny, Saint Samfon, Ducy-la-Houatte, Lé-» pinette de Roquemont, d'où l'on tombe à Duvy près la Croix-» aux-Pellerins «. Ce contour contient deux mille fix cent cinquan-te-un arpens cinq perches en bois.

Les Seigneurs de Crépy & de Nanteuil percevoient plufieurs droits dans cette étendue, par le miniftere de leurs Gruyers. Ils en affermoient le pacage & les étangs. Toutes les maifons, fer-mes, hameaux & villages compris dans l'arondiffement, de-voient cenfives à celui des deux Seigneurs, duquel ils relevoient. Les habitans du village de Rouvres en Multien devoient au Sei-gneur de Crépy, » trente-deux poules par an, payables à fon » Gruyer *féant* devant la Croix au Bourg, la veille de S. Arnoul » en Juillet, fous peine de foixante fols & un denier neret d'a-» mende «.

Ces habitans devoient un pareil nombre de poules au Seigneur de Nanteuil, le lendemain de Noel ; plus, un minot de bled pris à Rouvres par chacun an. Le maître de la ferme du mouton, fife audit Rouvres, devoit *bailler & fournir* au Seigneur de Nanteuil la cage, pour élever fes poulets : trait de fimplicité qui marque l'œconomie de ce temps, où les revenus de la terre de Nanteuil paffoient de beaucoup le produit confidérable, qu'elle rapporte préfentement. Le nom de Rouvres vient du mot latin *Robur*, qui ſignifie un chêne. Ce lieu eſt nommé dans une Charte de l'an 907, concernant Mornienval (1).

Les deux Gruyers percevoient auſſi certains droits en leur nom. En l'an 1120, chaque *hoſtiſe* & chaque ménage de la terre de Ba-zoches près Crépy, devoient aux Gruyers un pain & un denier, à cauſe de leur droit d'uſage en la Gruerie (2).

Ces mêmes Officiers faiſoient une *cueillette* générale de grains en certains mois de l'année. Le maître de la ferme du mouton au village de Rouvres devoit leur fournir les ſacs, avec les chevaux, harnois & voitures, dont ils avoient beſoin. Ils devoient les rece-voir dans leur tournée, les loger, les chauffer, donner foin & avoine à leurs chevaux, & du pain à leurs chiens, ſans rien exiger d'eux. Cette derniere redevance, toute ſinguliere qu'elle eſt, ſe percevoit dans pluſieurs Provinces de France. Nous liſons au Spi-cilége (*t. 3. p. 399,*) qu'en l'an 1051, Renaud Comte de Bour-gogne, remit à ſes vaſſaux, ſes droits de *Mareſcalia* touchant la nourriture de ſes chevaux, & les coutumes appellées *Canaria*, qui les obligeoient à nourrir ſes chiens.

Les Gruyers jouiſſoient d'un autre droit tout-à-fait ſingulier. Tous les ans, le lendemain de Noël, le fermier du moulin ban-nier de Crépy, ſitué alors près de Duvy, leur devoit trois pains blancs tenant enſemble, chacun du prix de deux deniers nerets, & un autre denier neret fiché dans chaque pain. » Eſt tenu ledit » fermier du moulin, apporter chacun an le *devoir* en queſtion aux » deux Gruyers, à l'iſſue de la grande Meſſe Paroiſſiale de Duvy, » & placer leſdits pains ſur les pas de la Croix du Cimetiere, ſous » peine de ſoixante ſols & un denier neret d'amende envers les » deux Seigneurs de Crépy & de Nanteuil, revenant ladite amen-» de à trente-ſix ſols pariſis. Que ſi les pains ne tiennent pas l'un » à l'autre, ou que les nerets ne ſoient pas fichés dans les pains, » le Bannier payera l'amende de ſoixante ſols & un denier : & au » défaut du payement du principal & de l'amende, il eſt loiſible » aux Gruyers de prendre les ferremens & marteaux du bannier, » les enlever & retenir, juſqu'à ce que le fermier dudit moulin » ait ſatisfait au *devoir* «.

Ces deux charges ont été poſſédées depuis leur diviſion, par des perſonnes de la premiere diſtinction. Pierre le Gruyer, huitiéme

---

(1) Ann. Bened. t. 6. p. 642.   (2) Gall. Chriſt. t. 10, inſtr. p. 436.

fils de Philippe I, Seigneur de Nanteuil, tiroit son surnom de sa charge.

6&. Les armoiries des premiers Comtes de Vexin & de Crépy sont un point important à examiner. Il peut en résulter des notions intéressantes, propres à jetter un grand jour sur l'origine des armoiries en France.

Les armes sont des symboles permanens, introduits pour caractériser les personnes & pour distinguer les familles. Les emblêmes sont anciennes : les Egyptiens s'en servoient comme de signes propres à désigner les personnes par leurs qualités. Ces signes ne tiroient pas à conséquence ; on ne les perpétuoit pas dans les familles comme des marques d'honneur ; on ne les regardoit pas comme des titres de noblesse, qui rappelloient le souvenir des ayeux.

Les premieres armoiries ont été introduites en France, par le ministere & par l'exemple des Comtes de Vexin & de Valois. L'usage des armes s'est établi par dégré, sur le déclin de la seconde race de nos Rois. Il n'y avoit en France qu'un principal Oriflamme, espéce de banniere de soye, que l'Avoué de S. Denys portoit au bout d'une pique dans les combats, & sur laquelle étoient représentées plusieurs figures de fantaisie. Les monumens nous apprennent, que le privilége de porter l'Oriflamme appartenoit aux Comtes de Vexin, Généraux-nés de l'Abbaye de S. Denys, où l'Oriflamme demeuroit pendant la paix. Le Généralat de S. Denys répondoit à la dignité de Gonfanonier, qui existe encore dans quelques Républiques & dans certaines villes libres : Gonfanon, Oriflamme & Banniere, sont des termes synonimes.

Jusqu'au temps des troubles, il n'y eut gueres en France qu'une banniere, que les Souverains faisoient porter à la tête de leurs troupes, lorsqu'ils marchoient en force contre les ennemis de l'état. Les Normands parurent, qui mirent la Monarchie à deux doigts de sa perte. Les Rois accablés de toutes parts, ne savoient plus à qui faire face. Ils permirent aux Seigneurs particuliers, qui avoient le secret d'ériger leurs bénéfices militaires en Fiefs héréditaires, de rassembler leurs vassaux, & de combattre les ennemis séparément. De cette sorte, chaque terre considérable devint comme une petite monarchie, qui ne relevoit du Roi que pour la forme. Chacun d'eux leva banniere à l'imitation du Souverain, & mit sur sa banniere un signe distinctif, propre à marquer ses

inclinations, fa puiſſance, ou un genre particulier de mérite qu'
tenoit à honneur.

A l'avenement de Hugues Capet au Trône, Gautier le Blanc,
Comte de Crépy, poſſédoit le Comté de Vexin en qualité d'A-
voué-né du Monaſtere de S. Denys. Cette qualité lui donnoit auſſi
le privilége de porter l'oriflamme de France, & une ſorte de ſu-
périorité ſur tous les porte-bannieres du Royaume.

Hugues Capet & ſes premiers Succeſſeurs, voulant donner un
appas à l'humeur guerriere des Seigneurs François, qui ne ceſ-
ſoient de chercher diſpute aux Souverains, ou qui en venoient
continuellement aux armes les uns avec les autres, aviſerent
l'établiſſement des tournois; combats ſimulés qui favoriſoient l'inclination des Seigneurs, & les détournoient des occaſions de ver-
ſer le ſang. Et afin qu'il y eût plus de rapport entre ces combats
ſimulés & les combats effectifs, il fut permis à chaque Seigneur d'y
paroître avec ſa banniere & ſon bouclier, orné du ſymbole qu'il
avoit adopté. La diverſté des emblêmes ſervit à diſtinguer les
Seigneurs les uns des autres.

Dans le grand nombre de ces emblêmes, pluſieurs ſe trouverent reſſemblans. Il fallut avoir recours aux métaux, aux briſures,
& à divers expédiens, pour diſtinguer les figures d'animaux, de
plantes, &c. qui ſe reſſembloient. Le ſoin d'établir l'ordre & d'é-
carter la confuſion fut départi au Porte-oriflamme de France,
qui jouiſſoit pour lors des Comtés de Vexin & de Valois.

Ce Seigneur ne pouvant ſuffire ſeul aux détails de ſon emploi,
établit des ſubalternes qu'on nomma *Hérauts* : un ſeul d'abord, puis
pluſieurs de ſuite, à chacun deſquels on donna le nom des Provinces principales de la Monarchie. Il appella le premier Valois, du
nom de la contrée, où il faiſoit habituellement ſa réſidence. Cette
derniere circonſtance eſt atteſtée par Bergeron, qui écrivoit en
1580 (1). »Encore aujourd'hui, dit-il, nous eſt délaiſſée quelque
» marque de l'ancienne ſplendeur du Valois, par l'inſcription &
» nomination du premier des douze Herauts d'armes, qui par ma-
» niere de certain & dextre augure ſe nomme *Valois*, comme
» Chef & Doyen des autres».

Cette explication fait remonter au-delà des croiſades, l'origine
des armoiries en France. Il faut de toute néceſſité la rapporter
aux premiers troubles du gouvernement féodal, après la fin du

(1) Val. Royal, p. 4.

neuviéme fiécle. Les armes particulieres des Comtes de Valois & de Vexin exiftoient dès-lors.

Les Comtes de Valois & de Vexin pouvoient lever trois fortes de bannieres ; celle de France, celle de S. Denys, & leur banniere particuliere, fuivant les circonftances. On a tant écrit fur l'ancienne banniere de France, & fur le Gonfanon de S. Denys, qu'il eft inutile d'entrer en difcuffion fur ce fujet. Nous ne nous occuperons que des armes de famille des premiers Comtes de Valois ou de Crépy : deux titres fynonimes, que ces Seigneurs prenoient indiftinctement.

Les premiers Comtes de Crépy & de la Maifon de Vexin avoient pour fymbole, le lion, le léopard & le tigre : plus fouvent le lion léopardé, que le lion ou le léopard feul. Ces emblêmes marquoient la puiffance de ceux qui les prenoient, & leur expérience dans le métier des armes. Plufieurs monumens nous font connoître, que les Seigneurs de Valois prenoient le lion léopardé pour fymbole, dès le dixiéme fiécle.

L'ancien voîle de foye confervé à S. Arnoul, & dont nous avons donné la defcription, eft le refte d'une piéce d'étoffe beaucoup plus longue, fur laquelle on avoit repréfenté exprès les figures fymboliques, qui caractérifoient les Seigneurs du château de Crépy au dixiéme fiécle. Les lions léopardés, bardés & affrontés, qui font femés fur cette efpéce de tapis, exprimoient la force & le pouvoir de ces Comtes.

L'Abbé Étienne, Supérieur du Monaftere de Befe (1), voulant faire connoître les ayeux de Simon de Crépy, & Simon lui-même avant fa converfion, les dépeint fous l'emblême du léopard & du lion. Il décrit ainfi l'entrée de ce dernier dans le cloître, avec une emphafe prophétique : » En ces jours-là, l'époux qui eft Je-» fus-Chrift, a fait fortir l'Eglife du fond des antres des lions, & » des repaires des léopards, retirés fur les hauteurs : ces grands » du fiécle, qui étoient ci-devant de vrais lions par leur cruauté, » & des léopards à caufe de l'affemblage de toute forte d'iniquité, » font devenus par un changement fubit, des hommes mortifiés, » d'une candeur fupérieure à l'éclat de la neige ».

Les léopards & les lions défignent ici le pouvoir énorme & prefqu'arbitraire des Seigneurs de Crépy. Par les hauteurs, il faut entendre les montagnes & les lieux efcarpés, où ces Seigneurs

(1) Achery, Not. ad Guib. p. 596, ad an. 1080.

avoient élevé des forterefles. Cette explication étoit conforme
aux devifes de ces Seigneurs, excepté que l'Abbé Etienne donnoit un fens odieux à des fymboles, dont les Seigneurs de la Maifon de Vexin fe faifoient honneur.

Les tombeaux, les cénotaphes, & tous les monumens drefſés
dans les Eglifes de Notre-Dame de Nanteuil & de S. Arnoul de
Crépy, en mémoire des principaux rejettons de la Maifon de
Vexin, tant ceux qui exiftent, que ceux que l'on fait avoir exifté
avant le dernier fiége de Crépy en 1433, étoient & font encore
accompagnés de lions léopardés ou de figures de tigre. Les armes
de la Ville de Crépy font encore un tigre de fable. Au temps de
Bergeron, elles étoient les mêmes qu'aujourd'hui.

Damien de Templeux & la Morliere (1) prétendent, je ne fai
à quel titre, que les Seigneurs de Crépy, Comtes de Vexin &
d'Amiens, ont quitté leurs armes à la fin du dixiéme fiécle, pour
prendre un écu de gueule à fix fleurs de lys d'or, pofées 3, 2, 1.
Ils femblent. fixer l'époque de ce changement prétendu, au
temps où Raoul, fecond fils de Gautier le Blanc, prit pofſeſſion
des domaines de fon pere. Ces deux Auteurs, auxquels d'ailleurs
nous fommes redevables d'un grand nombre d'excellentes recherches, fe font trompés dans cette occafion.

Les Seigneurs de Crépy & de Nanteuil ont confervé le lion &
le léopard dans leurs fceaux & dans leurs armes, jufqu'au commencement du treiziéme fiécle, deux cens ans après la mort de
Raoul II. Nous obferverons que Philippe I de Nanteuil, qui vivoit en 1221, a commencé à prendre les fleurs de lys dans fes
armes. C'eft un fentiment qui paroît reçu du plus grand nombre
des Savans (2), que l'on n'a commencé qu'aux regnes de Louis
VII & de Philippe Augufte, à femer de fleurs de lys la banniere
de France, quoique les fleurs de lys remontent jufqu'au temps de
Charles le Chauve. Combien de familles prenoient & prennent
encore les fleurs de lys dans leurs armes, fans être affiliées au
trône, & fans avoir eu aucune part à l'ancienne charge de Porte-
Oriflamme de France?

Il eft probable que la Morliere aura été induit en erreur par Damien de Templeux, & que celui-ci qui avoit vifité les lieux, fe
fera arrêté au tombeau d'Adele, fille du Comte Hilduin, époufe
de Raoul II, auquel on remarque des fleurs de lys, de même

(1) Hift. Am. p. 139. 142.   I   (2) Mem. Acad. B. L. t. 20. p. 591.

qu'à

qu'à une partie des voûtes de l'Eglife de Nanteuil, que Raoul II paffe pour avoir bâti. L'Eglife de Nanteuil a été rétablie à plufieurs reprifes, & prefque rebâtie au treiziéme fiécle. Le tombeau de la Dame Adele a été conftruit deux cens ans après fa mort.

Il réfulte de cette digreffion, que les anciens Comtes de Valois ont eu grande part à l'établiffement des armoiries en France, qu'ils avoient le lion & le léopard pour armes particulieres, & que leurs defcendans n'ont arboré les fix fleurs de lys, qu'après la fin du douziéme fiécle.

62 On voit des hommes extrêmes dans leurs actions, qui portent le vice ou la vertu à fon comble : on en trouve auffi, mais plus rarement, qui fe font un jeu de paffer du crime à la vertu, & de la vertu au crime; de la dévotion au facrilége; de la foibleffe & du fcrupule, au mépris des loix divines & humaines.

Ce dernier affemblage de qualités oppofées fut le caractere de Raoul III, Comte de Crépy & de Valois, du Vexin & d'Amiens, de Vitri, Bar-fur-Aube, Péronne & Montdidier, l'un des plus puiffans Seigneurs & des plus abfolus, qui aient exifté en France. Il eft diverfement nommé dans les auteurs. Les uns l'appellent Rodolphe II, & le confondent avec fon pere. D'autres le nomment Raoul le Grand à caufe de fon crédit, de fes richeffes, & du pouvoir énorme qu'il s'étoit arrogé. Muldrac ne l'a pas diftingué de Raoul I; c'eft pour ce fujet qu'il lui attribue la tranflation des Reliques de S. Arnoul (1).

Le Seigneur Thibaud de Mailly dans fon roman, qualifie Raoul III, *Comte de Crépy*. Templeux cite deux Chartes, l'une de l'Abbaye de S. Remy de Reims, l'autre de S. Vannes de Verdun, qui donnent à ce Seigneur le même titre. Marlot (2) cite une Charte ancienne, au bas de laquelle on lit le nom de Raoul III parmi les foufcriptions, avec le titre de Comte de Valois, *Comes Vadenfis*. Guibert, Abbé de Nogent-fous-Coucy, trace ainfi le portrait de ce Seigneur (3): » Il y a, dit-il, encore de nos jours, » plufieurs perfonnes qui ont vu le Comte Raoul. Elles peuvent » dire à quel point il avoit fait monter fa puiffance, quelle auto- » rité il s'étoit acquife, & de quel defpotifme il ufoit. Trouvoit-il » un château à fa bienféance, il l'affiégeoit; place attaquée, place » prife, tant étoit grande fon habileté dans la partie des fiéges.

(1) Cart. S. Arnulp. Crifp. Achery not. ad Guibert, p. 596.

(2) Hift. Ecc. Rem. t. 2. p. 118.

(3) Guib. de vit. fuâ lib. 1. cap. 10.

» De toutes les places fortes qu'il prenoit, il n'en rendoit aucune. Il
» tenoit un rang diſtingué parmi les plus grands Seigneurs du Royau-
» me, à cauſe de ſon extraction. L'alliance qu'il a contractée avec
» la Reine mere de Philippe I, eſt la preuve de ſa nobleſſe «.

On trouve dans le roman de Thibaud de Mailly., un tableau
de ſa perſonne, beaucoup plus chargé que le précédent. Thibaud
le repréſente comme le plus emporté des hommes, & comme un
guerrier fougueux, d'une violence ſans égale, qui employoit le
menſonge & le parjure à l'accompliſſement de ſes deſſeins, &
enlevoit des places de vive force à leurs propriétaires, au mépris
du droit naturel & de la puiſſance ſouveraine.

A travers les défauts dont ſa vie a été un tiſſu, l'on entrevoit
quelques bonnes qualités, qui auroient pu percer, s'il n'avoit pas
trouvé le principe de ſes défauts dans une éducation conforme
aux maximes qu'il ſuivoit, & s'il eût vécu dans des temps moins
orageux. Sous un gouvernement plus abſolu & plus tranquille, il
auroit pû être l'épée & le bouclier de l'état, au lieu qu'il en fut
le fléau.

Le Comte Raoul III, né & baptiſé au château de Crépy, y fut
auſſi élevé ſous les yeux de Gautier le Blanc ſon ayeul. Ayant atteint l'âge du mariage, ſon ayeul & ſon pere lui chercherent un
parti convenable à ſa naiſſance & à la fortune qui devoit lui arriver après leur décès. Le choix de Raoul & de ſes parens tomba
ſur Adelhaïs, fille du Comte Naucher, qui lui apporta en dot les
Seigneuries de Bar-ſur-Aube & de Vitri. Ses nôces furent célébrées
à Crépy. Malgré la bizarrerie de ſon caractere, il vécut avec ſa
nouvelle épouſe dans une grande union. Il en eut deux fils & deux
filles. Il donna à l'aîné de ſes fils le nom de Gautier ſon ayeul,
& voulut qu'on appellât Simon le ſecond. L'aînée des filles nommée Adele ou Hildebrante, épouſa Héribert IV, Comte de Vermandois; la ſeconde fut mariée à Barthelemi de Broyes ou de
Beaufort, fils de Hugues I, ſurnommé Bardoul, Seigneur de Pitiviers (1).

Hugues Bardoul, premier du nom, étoit petit-fils de Renaud
Seigneur de Broyes près de Sézannes en Brie, de Beaufort en
Champagne, & de Pitiviers au Dioceſe d'Orléans. Renaud vivoit ſous le regne de Hugues Capet. Il alla à Rome en pelerinage, où il mourut. Il laiſſa un fils nommé Iſambert ou Erembert,

_____

(1) Hecmereus, p. 117, ann. 1046.

qui fut pere de Hugues Bardoul, Seigneur de Broyes, Beaufort, Pitiviers & Nogent-l'Erembert. Ce fils joua un grand rôle à la Cour du Roi Robert. Hugues prit le parti de la Reine Conſtance contre le Roi Henry I, avec pluſieurs Seigneurs que nous avons déja nommés. Henry l'aſſiégea dans ſon château de Pitiviers. Bardoul ſoutint les efforts de l'armée du Roi pendant deux ans. Réduit à ſe rendre par famine, il fut privé de ſes honneurs, de ſes biens, & banni du Royaume. Cependant le Roi Henry le rétablit peu de temps après, en conſidération de ſa valeur & de ſes qualités guerrieres. Depuis ce temps, il accompagna le Roi à une expédition contre le Duc de Normandie, & dans un combat où il fut fait priſonnier. Hugues I, dit Bardoul, fut pere du Seigneur Barthelemi, qui épouſa la fille du Comte de Crépy.

Dans un acte de l'an 1064, Barthelemi eſt qualifié *Chevalier très-noble* (1) ; & dans un autre de l'an 1081, on le nomme *Chevalier très-fameux.* Il eut de ſon épouſe, fille du Comte de Crépy, une fille, & un fils qu'on nomma Hugues (2), & qui prit le ſurnom de Bardoul. Quelques-uns ont prétendu, qu'après la mort de Barthelemi, ſa veuve avoit épouſé Thibaud Comte de Champagne. C'eſt une erreur qui confond la niece avec la tante. Barthelemi étant mort en l'an 1081, Henry, Comte de Champagne, prit ſous ſa tutele, Hugues II ſon fils. Le nom de ce jeune Seigneur eſt cité dans des titres des années 1081, 1089, 1101, 1110. Il avoit pour armes, ainſi que ſes ancêtres, un écu d'azur à trois broyes d'or. Il ſera ſouvent fait mention de cette illuſtre & ancienne Maiſon dans cette Hiſtoire, à cauſe de ſes alliances avec les Seigneurs de Crépy.

Raoul III, Comte de Valois, perdit ſon épouſe Adelhaïs en l'an 1053. Les Religieux de Crépy firent à cette Dame de magnifiques obſéques. On l'inhuma dans un caveau voûté, à l'endroit qui ſervoit de ſépulture aux Seigneurs de Crépy. Le Comte fit faire à ſon intention des prieres publiques dans l'Egliſe de S. Arnoul. Il fonda un anniverſaire, & donna à ce ſujet aux Religieux l'Autel de Boneuil, qu'il poſſédoit. Ce n'étoit pas le ſeul bien d'Egliſe, dont Raoul percevoit les revenus. J'ai compté cinquante-trois bénéfices dont il jouiſſoit ; Abbayes, Prieurés, Chapelles ou Autels, ſimples & à charge d'ames. Les uns lui avoient été cédés par de

(1) Duch. Hiſt. Broy. p. 10. Alberic. chron. ann. 1061 .Merliere. Hiſt. Am.p. 64.   (2) Anſelm. t. 2. p. 838. 268.

grands Monafteres, afin de mériter fa protection. Les autres luî avoient été offerts, afin d'écarter fa cupidité, comme un appas qu'on donne à une bête féroce, dont on craint les morfures. Il avoit ufurpé le refte, à S. Remy de Reims, à S. Médard de Soiffons, à Sainte Agathe de Crépy, à Mornienval, &c. Un ancien abus fembloit colorer le paffage des bénéfices eccléfiaftiques dans les mains laïques. Non-feulement un Seigneur marié poffédoit une Cure, un Prieuré, &c. il pouvoit auffi tranfmettre l'ufufruit des Eglifes libres à fon époufe ou à des femmes fes proches parentes (1).

Peu de temps après la mort d'Alix, fille de Naucher, le Comte de Valois époufa en fecondes nôces une Dame, que des titres de la ville d'Amiens furnomment Hahaïs ou Haquenez. Son extraction ne m'eft pas connue. Il paroît qu'elle étoit alliée d'affez près aux Comtes de Champagne. Raoul III vécut avec cette Dame dans une parfaite union, l'efpace de fix années. Engagé après ce terme dans les liens d'un amour illicite, il conçut du dégoût pour fon époufe légitime, & chercha à la répudier, afin de contracter un troifiéme mariage, plus conforme à fes inclinations.

Le Roi Henry I avoit beaucoup de confiance dans la valeur & dans l'habileté du Comte Raoul. Ce Seigneur excelloit furtout dans l'art des fiéges. Le Roi ayant réfolu d'affiéger en perfonne Château-neuf en Thymerois, nomma le Comte de Valois à la tête des Généraux & des Seigneurs, qui devoient l'accompagner (2). Ce fiége eut lieu en l'an 1058. Le Roi avoit auffi auprès de fa perfonne Thibaud Comte de Chartres, Simon de Montfort, Gualeran de Meulant, & Hugues Bardoul pere de Barthelemi, à qui le Roi avoit rendu fes bonnes graces. L'année fuivante 1059, le Roi fit facrer & couronner dans l'Eglife de Reims Philippe fon fils, âgé de fept ans. Il avoit invité à cette pompe les plus puiffans Seigneurs de fon Royaume. A l'iffue de la cérémonie, on dreffa un acte, qui conftatoit le couronnement du jeune Prince (3). Cet acte eft figné du Roi, du Duc de Bourgogne, des Comtes de Flandres & d'Anjou; on lit après ces noms celui de Raoul en ces termes, *Radulphus Comes Vadenfis.* Les Comtes de Vermandois, de Ponthieu & de Soiffons, fignerent après le Comte de Valois. On lit auffi parmi les foufcriptions, celle de Hugues, Abbé de S. Arnoul de Crépy.

(1) Bouq. Dr. pub. t. 1. p. 289.
(2) Duch. Hiff. Chateauvill. p. 8.
(3) Marlot Hiff. Eccl. Rem. t. 1. p. 114.

Le Monaſtere de S. Martin-des-Champs à Paris ayant été re-bâti vers l'an 1060, le Roi Henry I lui donna quelques biens, par un Diplôme ſigné de ſa main & de celle de pluſieurs Seigneurs de ſa Cour. Le nom de *Raoul Comte de Crepy* paroît après ceux du Roi, de la Reine Anne, & du Prince Philippe ſon fils. Il précéde ceux du Chambrier, du Connétable, du Sénéchal, du Bouteil-ler, & du grand Queux (1).

Le Roi Philippe I conſerva au Comte de Valois le même cré-dit, que ce Seigneur avoit eu à la Cour de ſon pere. En l'an 1062, Philippe accorda un Diplôme aux demandes des Religieux de l'Abbaye de S. Pierre-lès-Chartres. Le Comte Raoul III ſigna cette piéce comme témoin, avant le grand Chambellan, avant Thibaud de Montmorency, & Adelard Précepteur du Roi (2). Ces traits font connoître la conſidération, dont ce Comte jouiſſoit à la Cour, & quel rang il tenoit dans l'état.

Le Comte Raoul ne reconnoiſſoit de puiſſance au-deſſus de la ſienne, que celle qu'il pouvoit faire ſervir à l'accompliſſement de ſes deſſeins. Il ne craignoit ni les armes du Roi, ni les cenſures de l'Egliſe. Il répudia, malgré le Pape & tout le Clergé, ſon épou-ſe légitime, & contraſta une alliance illégitime avec la Reine Anne, mere de Philippe I, malgré le Roi ſon fils.

Pendant ſon ſéjour à la Cour, le Comte avoit lié une connoiſ-ſance intime avec la Reine Anne de Ruſſie. Après le décès du Roi Henry I, cette Dame s'étoit retirée à Senlis, où le Comte de Crépy la voyoit ſouvent. Ce commerce de viſites ourdit la trame d'une intrigue amoureuſe, qui éclata peu d'années après la mort du Roi Henry I, au point que la Reine & le Comte convinrent de s'é-pouſer. La viduité de la Reine favoriſoit ce deſſein; Haquenez, femme de Raoul, y mettoit un obſtacle invincible. Le Comte réſolut de la répudier, ſous prétexte du crime d'adultere. L'effet de cette réſolution fut très prompt. Raoul épouſa la Reine auſſi-tôt après ſon divorce.

La Répudiée, piquée au vif du double affront qu'on lui faiſoit, en l'éloignant & en l'accuſant fauſſement d'adultere (3), alla à Rome porter ſes plaintes au Pape Alexandre II. Le Pape l'écouta; cependant il ne voulut rien prononcer, ſans avoir fait faire ſur les lieux les informations qui ſont d'uſage. Il écrivit en France à Ger-

---

(1) Hiſt. Montm. p. 74.
(2) Ibid.

(3) Marlot Hiſt. Eccl. Rem. p. 120.

vais, Archevêque de Reims, & le nomma Commissaire avec l'Archevêque de Rouen. Les deux Prélats ayant rempli leur commission, Gervais récrivit au Pape en ces termes :

» Notre Royaume est agité par de grands troubles. La Reine
» mere a épousé le Comte Raoul, ce qui cause au Roi un déplaisir
» sensible. Les courtisans qui l'environnent, ne sont pas affectés
» de même. . . . . Quant à la Dame que Raoul a répudiée, nous
» avons reconnu que les plaintes qu'elle a présentées à votre Sain-
» teté, sont justes : que c'est à tort qu'on l'a renvoyée, & sous des
» prétextes absolument faux «. . . . .

Le Pape faisant droit sur le rapport des Commissaires, ordonna au Comte de reprendre l'Epouse qu'il avoit répudiée, & de renvoyer celle avec laquelle il avoit contracté une nouvelle alliance. Raoul insensible aux avis & aux menaces, persista opiniâtrément dans ses désordres. Le Pape le trouvant inflexible, lança contre lui l'excommunication. Raoul sans s'étonner, persévéra dans son endurcissement.

Cependant le Roi dissimulant son chagrin, recevoit le Comte de Crépy parmi les Seigneurs de sa Cour. Etrange position d'un Souverain, que les circonstances obligent à ménager un sujet, qui n'a pas craint de lui déplaire. La dissimulation, qui est presque toujours un vice chez les particuliers, est souvent prudence chez les Grands. En l'an 1065, le Roi Philippe I fit un voyage à Corbie. Le Comte Raoul l'accompagna avec ses deux fils, Gautier & Simon. Le Roi jugeant à propos d'accorder quelques biens au Monastere de Corbie, fit expédier une Charte qui en contenoit le dénombrement. Le Roi signa cette Charte, & voulut qu'à son exemple, le Comte & ses deux fils écrivissent leurs noms au bas (1).

L'Abbé Hugues, qui avoit succédé à l'Abbé Lescelin dans le gouvernement du Monastere de Crépy, mourut vers ce même temps (2). Il avoit assisté en 1059, au Sacre de Philippe I, au nombre des Abbés les plus distingués du Royaume. Il jouissoit d'une grande considération, tant à cause de l'attachement & de l'estime singuliere que le Comte Raoul lui portoit, qu'à cause de son rare mérite & de ses vertus. Il menoit une vie mortifiée (3); à mesure qu'il avançoit en âge, il redoubloit ses austérités.

· Quelque temps avant de mourir, il sentit sa fin approcher. Loin

(1) Morliere, p. 181.
(2) Gall. Christ. t. 10. col. 1485.

(3) Marlot. p. 120. Boll. Aug. t. 6. p. 591.
591.

d'appréhender la mort, il la considéroit comme le terme d'un exil, & comme le principe d'une vie qui n'auroit pas de fin. Le défir qu'il conçût de s'unir à Dieu fut fi grand, qu'il fit plufieurs pélerinages, pour obtenir une mort prochaine. Il eut fpécialement recours à l'intercession de S. Ail, Patron de Rebais. Hugues avoit été élevé dans le Monaftere de ce lieu. Il fit à pied le voyage de Crépy à Rebais, quoiqu'accablé d'infirmités. Il y arriva la veille de la Fête de S. Ail de l'an 1065. Il paffa quatre jours en prieres fur le tombeau du Saint, & revint à Crépy le cinquiéme jour. Il obtint à fon retour la grace, qu'il avoit été demander. Il décéda, & Dieu fit connoître fa fainteté par des miracles. L'Eglife l'a mis au nombre des Saints, & a placé fa Fête au mois d'Août.

Le Comte Raoul III fit achever l'Eglife de S. Arnoul, que Gautier le Blanc fon ayeul avoit commencée. Il n'épargna rien pour la rendre une des plus belles qu'il y eut en France. L'édifice avoit trente-fept toifes de longueur, fur neuf de large, fans croifées. On voyoit alors peu d'Eglifes auffi fpacieufes. L'architecture de ces temps étoit encore timide, en comparaifon de ce qu'on vit fur la fin du fiécle fuivant & au commencement du treiziéme. La premiere Eglife de S. Arnoul avoit peu d'élévation. Les entablemens commencoient au-deffous des vitraux de la Nef, qui font tous du treiziéme fiécle. Deux bas-côtés, qui regnoient autour de l'Eglife, communiquoient avec la Nef & avec le Chœur, par des arcades en plein ceintre, qu'on voit encore.

Après la mort de Baudouin, Comte de Flandres, arrivée en 1067, le Roi âgé de quinze ans, ne voulut plus de tuteur. Il jugea à propos de gouverner par lui-même. La fucceffion de Baudouin caufa de grands débats, auxquels le Roi voulut prendre part. Il fe déclara pour Arnoul, contre Robert le Frifon qui demandoit la Flandre, conformément au teftament de Baudouin fon frere. Il y eut entre les troupes de Robert & celles du Roi un fanglant combat, où l'armée de Philippe fut défaite. Robert profitant de fa victoire, alla droit à Vitri qu'il affiégea. La garnifon fit quelque défenfe, & fe rendit enfuite. Ce double échec n'abbatit pas le courage du jeune Roi. Il eut recours au Comte de Crépy, auquel il demanda des troupes & l'affiftance de fes confeils.

Raoul III qui n'aimoit pas Robert le Frifon, faifit avec un double plaifir, l'occafion d'être utile à fon Souverain, & d'affermir de plus en plus fon autorité & fon crédit. Le fiége de Vitri fut réfolu. Raoul raffembla les grands vaffaux de fes Comtés, & leva des fubfides extraordinaires. Il prit le commandement de fes troupes, mena avec lui fes deux fils Gautier & Simon, & alla joindre le Roi devant Vitri. Il confia à Gautier fon aîné le commandement de l'avant-garde; pour lui, il demeura au centre de fon armée, ayant auprès de fa perfonne Simon fon fecond fils.

62.Gautier étoit un jeune guerrier plein de feu, fachant la guerre par principes plus que par expérience. Par tout où il ne voyoit pas le danger en face, il ne le foupçonnoit pas. Se défiant peu de la rufe, il lui fuffifoit de fe mettre en garde contre les forces de fon adverfaire, foit pour attaquer, foit pour fe défendre. Sa hardieffe & fon intrépidité égaloient celles de fon pere. A la fin de fes exercices militaires, il avoit, pour coups d'effai, enlevé de vive force à des Monafteres plufieurs châteaux fortifiés. Raoul aimoit éperdument ce digne héritier de fes fentimens. Il eft ordinaire aux parens, de chérir ceux de leurs enfans qui leur reffemblent le plus, & d'aimer mieux leur voir un penchant pour leurs vices favoris, que pour les vertus qui leur font oppofées. Raoul III penfoit ainfi fur le compte de fon fils Gautier.

Les Généraux de Robert le Frifon, qui connoiffoient ce caractere ardent jufqu'à la fougue, lui drefferent une embufcade auprès de Reims, dans laquelle ils fe douterent que fa vivacité ne manqueroit pas de l'entraîner. Ils firent avancer quelques bataillons d'élite, derriere divers objets qui les mafquoient, & envoyerent en avant une poignée de leurs gens, avec ordre de lâcher pied au premier choc, & de fe replier fur les bataillons, avec lefquels ils feroient face enfuite.

La vue d'un ennemi inférieur en nombre anima le courage du jeune guerrier. Penfant enlever ou tailler en piéces la troupe qu'il découvroit, il fondit fur elle avec impétuofité. Il n'éprouva qu'une foible réfiftance, de la part d'un ennemi difpofé à lâcher pied, afin de lui donner le change. Emporté par fon ardeur guerriere, Gautier pourfuit les fuyards, tombe dans le piége qu'on lui avoit tendu. Les bataillons paroiffent, les fuyards fe rallient, & oppofent au jeune Militaire un front redoutable, foutenu par un nombre de combattans, bien fupérieur au corps de troupes, qu'il commandoit.

Celui-ci oubliant que le courage doit céder au nombre & à la force, lorfqu'il y a un danger évident d'être accablé, foutint fa démarche,

marche, au lieu de se replier sur l'armée de son pere. Il se porte au milieu des bataillons ennemis, & combat comme un lion à la tête des siens. La troupe de Robert le Frison s'ouvrit pour le recevoir, & l'enveloppa. Ce fut alors que percé de coups en un instant, il expira, victime de sa témérité & d'une folle confiance dans sa bravoure, & dans le succès de quelques combats précédens, où il avoit eu l'avantage. Sa mort termina l'action. Sa troupe fut dissipée ou prise, & l'on retrouva le corps du jeune Comte parmi les morts.

Le Comte Raoul apprit en même temps la nouvelle de l'échec & de la mort de son fils. Une douleur plus vive encore que celle des blessures, qui avoient ôté la vie à ce fils, le jetta dans un accablement extrême, plus aisé à concevoir qu'à exprimer. La nature a des droits, qu'elle exerce avec tyrannie. On doit mettre au nombre des plus durs, le tribut qu'elle exige des peres, qui perdent un enfant chéri.

Après avoir donné un libre cours à sa douleur, le Comte de Crépy pensa aux funérailles de son fils. Une foule de réflexions se présenterent à son esprit ; & quoiqu'excommunié & hors du sein de l'Eglise, il consulta & s'informa du sujet, qui avoit pu irriter la Divinité contre lui, & l'affliger d'une telle perte.

Les personnes auxquelles il s'adressa, lui dirent, que cette mort arrivée près de Reims, étoit l'effet d'une juste punition de Dieu, qui avoit voulu venger les Moines de S. Remy de cette ville, des dommages que le jeune Comte leur avoit causés, en leur ravissant à main armée, des métairies, des terres, & même quelques châteaux fortifiés.

Raoul entra dans ces vues, & craignit avant tout pour le salut de l'ame de son fils, lui qui n'avoit aucun soin de la sienne. Il prit des mesures promptes & solides, pour réparer les torts causés à l'Eglise de Reims, & pria les Religieux de S. Remy, d'accorder une place au corps de son fils, dans l'enceinte de leur Monastere, afin qu'il fût d'une maniere plus immédiate sous la protection de S. Remy, & afin qu'au jour du Jugement, ce Saint le secourût de son intercession.

Les conditions étoient trop avantageuses aux Religieux, pour ne pas les accepter. Ils marquerent dans leur cloître un endroit, où le corps de Gautier devoit être inhumé, & le Comte de Crépy y fit creuser un tombeau. Le convoi se fit avec une pompe extraordinaire, qui étoit beaucoup relevée par la préfence du Roi & de tous les Officiers Généraux de l'armée.

Immédiatement après la célébration des obféques, le Comte Raoul accomplit la promeffe, qu'il avoit faite aux Religieux de S. Remy. Il leur reftitua les biens, que fon fils leur avoit ufurpés. Il fit préfent à leur Abbaye du fort château de Buit, *Buxitum Caftrum*, qui fuivant Marlot, a pris depuis ce temps, le nom de *Pompille* (1). Il y a un hameau de *Buit* près de Mornienval, qu'il ne faut pas confondre avec *Buit* près Reims, comme a fait Damien de Templeux. Ce dernier lieu n'a rien de remarquable. Le Comte de Crépy entretenoit dans le château de Buit une garnifon confidérable, commandée par fix Officiers de marque.

La donation du château fut confirmée aux Religieux de S. Remy, par une Charte authentique, à laquelle le Roi mit fa fignature. Cette Charte expofe les circonftances, que je viens de raconter. On y donne le nom de cimetiere au cloître des Moines, où la fépulture de Gautier fut placée : *in cemeterio, id eft clauftro Monachorum*. On y fpécifie, que le délaiffement du château de *Buit* a été fait avec le confentement du Comte Simon, frere du défunt, qui lui-même a fait fon préfent par le miniftere de Raoul de Vez ; que le Comte Héribert de Vermandois, gendre du Comte de Crépy, & le très-noble Seigneur Barthelemi, fils de Bardoul, fecond gendre de Raoul, ont ratifié la donation, à condition que les revenus du château de Buit feroient employés au foulagement des freres infirmes de l'Abbaye de S. Remy.

Cette piéce importante n'eft pas datée : l'année en eft incertaine & difficile à fixer. Lorfque le jeune Gautier perdit la vie, l'armée du Roi alloit faire le fiége de Vitri. Connoiffant l'année de ce fiége, celle de la mort du jeune Comte nous fera auffi connue. Les uns placent le fiége de Vitri fous l'an 1072 (2). Marlot rapporte ce fiége à l'an 1071. Ces deux dates font poftérieures au double évenement, qui nous occupe. On lit dans la Chronique du Moine Albéric fous l'an 1061, la note fuivante, *Traditio Vitriaci* ; & fous une feconde date poftérieure à la premiere de quinze ans, *Redditio Vitriaci*. Mais comme cet Auteur ne range pas toujours exactement les évenemens felon les dates propres à chacun, on ne doit faire aucun fond fur celles-ci.

La Morliere (1) fait mention d'un titre de l'an 1069, qui prouve qu'en cette année, le fils aîné du Comte de Crépy ne vivoît plus. Cette Charte est un acte, par lequel le Comte de Crépy accorde quelques biens à l'Eglise de S. Firmin d'Amiens, du consentement de la Reine Anne son épouse : elle est signée de la main de l'un & de l'autre, *Carta manu meâ scripta & uxoris meæ Annæ.* Le Comte de Crépy délivra cette Charte, pendant un voyage qu'il fit à Amiens, cette même année 1069. Il faut donc nécessairement, que le siège de Vitri & la mort de Gautier soient arrivés ou au commencement de l'an 1069, ou sur la fin de l'année précédente 1068.

En ce temps le Comte Raoul tenoit un rang distingué à la Cour du Roi Philippe I. Ce Prince dissimuloit ou avoit oublié la répugnance, qu'il avoit marquée pour l'alliance de la Reine sa mere avec le Seigneur de Crépy. Cette alliance avoit acquis à Raoul un dégré de considération, qui l'élevoit à la classe des premiers Courtisans. Quelques actes lui donnent le titre de Prince.

En l'an 1071, le Roi jugea à propos de confirmer une Charte d'immunité, favorable à l'Eglise de S. Spire de Corbeil, & souscrivit cette même Charte. Les Prélats présens à la Cour signerent après le Roi ; & immédiatement après ceux-là, les Princes laïcs, *laïci Principes.* Le nom du Comte Raoul se trouve au nombre de ces dernieres signatures (2).

Nous ne savons pas, si la Dame Haquenez, seconde femme du Comte Raoul, vivoit encore en cette année. Il y a apparence qu'elle étoit décédée, & que cette mort avoit rendu légitime, l'alliance prohibée de la Reine Anne avec Raoul. L'état d'excommunié dans lequel Raoul mourut, sembleroit prouver le contraire ; cette difficulté est levée par la remarque de quelques Auteurs, qui annoncent que le Comte fut frappé deux fois d'anathême ; la premiere, au sujet de son divorce ; la seconde, parce qu'il avoit enlevé de force les villes de Péronne & de Montdidier, qu'il refusoit de rendre à ses possesseurs légitimes.

Haquenez mourut à Paris. On inhuma son corps près le collatéral droit du rond-point de l'Eglise de S. Martin-des-champs. Il paroît, que le chagrin de son divorce avoit accéleré le terme de sa vie, voyant que les premiers chefs de la puissance spirituelle & de la

---

(1) Hist. d'Am. p. 73. 432. | (2) Hist. Montm. p. 77.

puiffance temporelle n'avoient pu parvenir, à la rétablir dans fes droits.

70. Il y a plufieurs fentimens touchant l'extraction d'Anne de Ruffie, fur le temps & fur le lieu de fa mort. Les uns prétendent, que fon furnom eft une corruption de celui de Roucy, & qu'elle avoit pris naiffance en France. Ils ajoutent, que le mariage d'une Princeffe de Ruffie avec un Roi de France n'eft pas vraifemblable, à caufe de l'éloignement des deux Empires, & de la difficulté du commerce dans des temps auffi anciens.

D'autres avancent que la Reine Anne, ne pouvant plus fupporter le deshonneur d'une alliance contraire aux maximes de la religion, avoit pris le parti de retourner en Ruffie l'an 1066. Ce fecond fentiment eft réfuté par le contenu de la Charte de 1069, rapportée dans l'hiftoire d'Amiens : la fignature de la Reine fe lit au bas de cette piéce. Voici ce qui eft de certain touchant la naiffance & le décès de la Reine Anne de Ruffie, troifiéme femme de Raoul III Comte de Crépy.

M. Guftave Benzelftiern, dans un mémoire imprimé en Dannemark il y a feize ans, prouve clairement que la Reine Anne de Ruffie avoit pour pere Jurifcloth, Roi des Ruffes, fils d'Uladimire ; que ce Souverain avoit trois filles ; que l'aînée des trois fœurs avoit époufé Harold, Roi de Norwege ; que la feconde avoit été donnée en mariage au Roi de Hongrie ; que la troifiéme ayant été recherchée par le Roi de France Henry I, fur la réputation de fa rare beauté, Jurifcloth fon pere la lui avoit accordée. Gautier Savoir Evêque de Meaux avoit été député en Ruffie pour en faire la demande, & l'avoit obtenue. Ce voyage de Gautier eft attefté par tous les monumens, & eut lieu en 1050.

Après la mort du Roi Henry I, Anne de Ruffie fe retira à Senlis, où elle fonda S. Vincent. Ceux qui révoquent en doute fon mariage avec le Comte de Crépy, comme une méfalliance hors de vraifemblance, ignorent que dans ces temps de foibleffe & de confufion, la puiffance de certains Seigneurs égaloit & furpaffoit quelquefois celle du Roi. Le Comte Raoul III joignoit à cet avantage, celui de la naiffance : il defcendoit de Charlemagne par Hildegarde ou Hédelgarde, Dame de Crépy. D'ailleurs, Guibert, Abbé de Nogent-fous-Coucy, Auteur prefque contemporain, s'explique fi clairement fur cette alliance (1), qu'elle ne

(1) De vitâ fuâ, lib. I. cap. 20.

peut être le fujet d'un doute raifonnable. Il qualifie le Comte, *Radulphus de Crifpeio vitricus Regis Philippi :* Raoul de Crépy, beau-pere du Roi Philippe. Le Moine Albéric s'explique de même en fa Chronique, *p.* 109.

La Reine Anne, époufe en fecondes nôces de Raoul III, mourut en France, & non pas en Ruffie. L'année de fa mort eft incertaine, mais le lieu de fa fépulture eft connu. En 1682, le P. Méneftrier, Jéfuite, a découvert fon tombeau dans l'Abbaye de Villiers, Ordre de Cîteaux, près la Ferté-Alais en Gâtinois (1). Une tombe plate couvroit fa fépulture. La figure de la Reine y étoit repréfentée, une couronne en tête, de la forme à peu près, des bonnets que les Electeurs de l'Empire prennent pour marque de leur dignité. Sur un retour en demi-cercle, on lifoit ces mots : *Hic jacet Dña Agnes uxor quondam Henrici Regis ,* Ci gift la Dame Agnès, ci-devant femme du Roi Henry.

M. Benzelftiern obferve dans fon Mémoire, qu'on donnoit indiftinctement à cette Dame, les noms d'Anne, d'Agnès & d'Adelaïde. Dans la Charte de fondation de S. Adrien de Bethyzi, elle eft appellée Agnès.

71.Raoul III donna jufqu'à la fin de fa vie des marques de cette cupidité infatiable, qui le portoit à envahir tout ce qu'il trouvoit à fa bienféance. Les villes de Péronne & de Montdidier étoient deux places importantes, & par les fortifications qui en défendoient les approches, & par le produit de leurs domaines. Raoul déja maître d'une partie de la Picardie, prit, fans forme de procès, la réfolution d'unir ces deux villes à fes poffeffions de la contrée. Péronne appartenoit alors à l'un des defcendans d'Héribert I, Comte de S. Quentin ou de Vermandois; qui n'avoit ni les talens ni les moyens de faire face à un ennemi auffi puiffant, que le Comte de Crépy. Le Seigneur à qui la ville de Montdidier appartenoit, n'avoit gueres que fon bon droit, pour fe maintenir dans la jouiffance de cette ville & de fes dépendances.

Le Comte qui ne connoiffoit aucune des regles de l'équité naturelle, lorfqu'il avoit une fois formé un projet d'invafion, fit les préparatifs néceffaires pour conquérir ces deux villes. Les deux Seigneurs informés de fes deffeins, prirent leurs mefures pour oppofer à ce redoutable adverfaire une longue & vigoureufe réfiftance, à la faveur des fortifications de leurs villes, qui paffoient pour

_____

(1) Journ. des Sav. p. 126. an. 1682. Anfelm. t. 1. p. 73.

imprenables. On croit que ces deux Seigneurs avoient donné quelque sujet de mécontentement au Comte de Crépy, mais on n'en a pas de preuves.

Quoiqu'il en soit des motifs & des circonstances, Raoul investit successivement ces deux places. Le premier des deux sièges parut d'abord une démarche téméraire de la part du Comte. Mais celui-ci fit en peu de temps de si belles dispositions, & poussa le siége de Péronne avec tant de vigueur, qu'il surmonta tous les obstacles de la nature & de l'art, & s'empara de la place.

Montdidier eut le même sort que Péronne. Après avoir expulsé de ces deux villes les premiers propriétaires & leurs créatures, il les réunit à ses domaines de Picardie.

La prise de Péronne fit un honneur infini aux qualités guerrieres du Comte de Crépy. Il en prit le surnom de *Raoul de Péronne*, qu'il conserva jusqu'à la mort. La dureté de son procédé déplût aux gens de bien. Les anciens Seigneurs dépouillés de tout, porterent leurs plaintes au Pape, & vinrent à bout de le faire excommunier une seconde fois. Le Comte soutint cette disgrace, & conserva les deux places jusqu'à la fin de sa vie.

En l'an 1074, le Comte Raoul fit un voyage au château de Montdidier. Il y fut attaqué d'une maladie, dont les progrès rapides le mirent au tombeau. Son corps fut inhumé à côté de la Chapelle du château, dans un caveau où il demeura deux ans, jusqu'au temps de son exhumation, dont nous rapporterons bientôt les particularités.

Ainsi finit cet homme extraordinaire, dont la vie fut un tissu d'actions contradictoires, une suite de forfaits & de brigandages, entremêlés de quelques traits d'une dévotion mal entendue, qui consistoit à doter & à orner certaines Eglises, des biens & des dépouilles de plusieurs autres, par forme de restitution : grand homme de guerre & Général accompli, sur-tout dans la partie des siéges : foible & superstitieux dans l'adversité, féroce & impie dans le cours de ses succès, vivant au milieu de ses voisins comme en pays ennemi. L'histoire de son divorce prouve, qu'il avoit des passions.

Il laissa au Comte Simon son fils, des sommes immenses & plusieurs corps de troupes bien aguerris & bien tenus ; car ce Seigneur avare d'ailleurs & plein de cupidité, n'épargnoit aucun des moyens, qui pouvoient servir à protéger ses violences. Le dénombrement des bénéfices simples & à charge d'ame qu'il retenoit, seroit long à exposer. Les Comtés de Valois, d'Amiens, de Péronne, de Montdidier, & le Vexin presqu'entier, formoient dans la Picardie, l'arrondissement d'un domaine très-étendu.

Le Comté d'Amiens comprenoit un grand nombre de bourgades, & le Comté de Valois alloit jusqu'aux portes de Reims. On verra bien-tôt, que les terres de Raoul, situées dans la Champagne du côté de Vitri & de Bar-sur-Aube, comprenoient une grande étendue de pays. Le Comte Simon, après sa conversion, dota de ces seuls biens, dix à douze Monasteres, ce qui n'empêcha pas les Bardouls de recueillir après la mort de Simon, une succession considérable, sans toucher aux biens des Monasteres, & sans avoir part aux domaines de la Picardie.

72 La vie paisible que menoit Thibaud de Crépy, premier du nom, Seigneur de Nanteuil, & frere de Raoul III, est la preuve que les liens du sang n'influent pas toujours sur la ressemblance des caracteres. Cette vie fait un contraste frappant avec la conduite du Comte Raoul. Tandis que celui-ci faisoit retentir la France du bruit de ses armes, & que les vassaux de ses domaines gémissoient sous une dure oppression, Thibaud jouissoit d'un parfait repos, s'occupoit du bonheur des siens, & marquoit son respect pour la Religion & pour ses Ministres, par les actions d'une solide piété, & par des libéralités envers les Monasteres & les Églises.

Thibaud ayant été invité à la Dédicace de l'Eglise de S. Adrien de Bethizy, parut à cette cérémonie parmi les Seigneurs, qui composoient la Cour du Roi Philippe I. On lit son nom parmi les souscriptions de la Charte de 1060, par laquelle le Roi confirma sur les lieux la fondation de la Collégiale, que l'on venoit de consacrer. Sa signature paroît immédiatement après celle du grand Chambrier, & avant celle de Nivelon I, Seigneur de Pierrefonds. Dans le titre de fondation de l'Abbaye de S. Jean-lès-Vignes, dressé en 1076, on lui donne le rang de Comte. Il fit achever à ses frais l'Eglise de Notre-Dame de Nanteuil, que le Comte Raoul II son pere avoit commencée, & ajouta deux belles cloches à celles dont Raoul II avoit fait présent. Il améliora les biens des Religieux de Nanteuil, & augmenta leurs revenus du produit des moulins de la vallée Houdry.

Thibaud I ne demeuroit pas habituellement au château de Nanteuil : il passoit une partie de l'année au donjon de Crépy, qui avoit été diftrait du château, en vertu du partage dreffé par Raoul II. Ce donjon contenoit des appartemens vaftes & majeftueux, mais il y manquoit une Chapelle Collégiale ; établiffement, qui paffoit alors pour un accompagnement néceffaire à un château fortifié.

L'établiffement commença par un nouveau corps de Chapelle, que Thibaud fit élever fur le modéle de celle de S. Adrien de Bethizy. Il la fit dédier, & y transféra les offemens de plufieurs Saints, qui avoient été mis en dépôt dans le donjon de Crépy, à cette occafion.

Vers l'an 878, les Reliques de S. Aubin, Evêque d'Angers ; de S. Tugduald & de S. Brieuc, Confeffeurs, & de S. Papuce Martyr, furent transférées de la ville de Chartres, où l'on ne les croyoit pas en sûreté, dans divers lieux fortifiés. De château en château, elles furent apportées à Crépy, vers le temps où le Comte Gautier le Blanc venoit d'achever le donjon de fon château, environ l'an 988.

La nouvelle Églife étoit compofée d'un rez-de-chauffée & d'une Chapelle haute confacrée à la fainte Vierge. Thibaud fit placer les Reliques dans la Chapelle baffe ; & comme S. Aubin étoit le plus connu des Saints que je viens de nommer, la Chapelle baffe d'abord, & toute l'Eglife enfuite en prirent le nom. Muldrac conjecture (1) que cette Chapelle fut finie en 1070.

Le culte de S. Aubin eft ancien en France & très-répandu. L'on y compte foixante-dix Paroiffes, dédiées fous fon invocation. Celle de Rozoy-Saint-Aubin, située dans la Châtellenie d'Ouchy, eft de ce nombre. Ce Saint, iffu d'une famille noble au territoire de Vannes en Bretagne, naquit vers l'an de J. C. 469. On rapporte fon élévation fur le Siége Epifcopal d'Angers, à l'an 529. Il gouverna l'Eglife d'Angers pendant vingt-un ans, & mourut en odeur de fainteté vers l'an 550, à l'âge de quatre-vingt-un ans. Six ans après fa mort, fon corps fut levé de terre en préfence de S. Germain, Evêque de Paris. On en détacha dans la fuite quelques parcelles, qu'on porta à Chartres, & de Chartres au fort château de Crépy.

Thibaud de Nanteuil furvécut peu d'années, à la fondation de l'Eglife de S. Aubin. Il y plaça un Clerc avant fa mort, c'eft-à-dire, un Prêtre ou Chapelain, auquel il affigna des revenus fixes.

(1) Valois Roy. p. 34.

L'année

L'année de fon décès n'eft mentionnée dans aucun titre de ma connoiffance. Il vivoit encore après l'an 1074, que mourut Raoul III. Il parvint à un grand âge : fes cheveux blancs lui firent donner le nom de Thibaud le Blanc. Avant fa vieilleffe on le nommoit Thibaud le riche, tant à caufe de fes grands biens, qu'à caufe du bon ufage qu'il en favoit faire, & par oppofition à l'avarice exceffive du Comte de Crépy fon frere.

C'étoit alors un ufage commun, de donner des furnoms aux perfonnes de marque. Le furnom fe prenoit dans le fond du caractere de la perfonne, dans une action d'éclat, fouvent même dans un défaut du corps. Dès que la voix publique avoit confacrés ces noms, les perfonnes les plus diftinguées ne s'en offenfoient pas. Ils joignoient même ces noms diftinctifs à leurs fignatures. Le fameux Gérard I de Cherify, furnommé *le Borgne*, fignoit *Gerardus Strabo*, comme on en a déja fait la remarque.

Il y a apparence, que le Seigneur Thibaud I décéda vers l'an 1080. Il laiffa trois fils (1), qui partagerent fa fucceffion; Pierre, Adam & Lambert. On lit ces trois noms dans un titre de l'an 1099, qui leur donne à tous trois la qualité d'héritiers de Thibaud. Pierre mourut peu de temps après cette époque, fans laiffer de poftérité; Lambert de même.

Adam qui n'avoit d'abord eu en partage que le feul donjon de Crépy, recueillit toute la fucceffion de fon pere, & cette bonne fortune lui fit donner le furnom d'Adam le riche.

Adam avoit auffi hérité des vertus de fon pere. Celles de fes actions qui nous font connues, donnent de lui l'idée d'un Seigneur libéral & pieux, doux & humain envers fes vaffaux, & d'un accès facile.

Auffi-tôt après la mort de Thibaud I, il prit la réfolution de donner à l'Eglife de S. Aubin la forme d'une Collégiale. Comme il n'avoit alors qu'une fortune très-bornée, fes moyens ne lui permettoient pas de fonder des prébendes. Il imagina un plan d'affociation, qui devoit raffembler dans fon Eglife à certains jours de la femaine, un Clergé nombreux, compofé de Prêtres feulement. Outre l'office folemnel que ces Prêtres devoient célébrer, le fond de l'affociation exigeoit la pratique de plufieurs vertus morales, & celle de quelques regles, propres à entretenir une union fraternelle parmi les membres de la Société. Cette pieufe union

(1) Cart. Nant. Hift. Meaux, t. 2. p. 154.

parut d'abord aux yeux du public, une parenté spirituelle, pareille à celle qui réunit les enfans sous un même toit & sous les loix d'un pere commun : de là les noms de *Confraternité* ou de *Confrairie*.

La Confrairie aux Prêtres est l'une des premieres, qui ayent été établies en France. L'origine de la plûpart des autres ne remonte pas plus haut que le regne de Louis VII, tandis que celle-ci a été fondée en l'an 1080. Les titres latins la nomment *Confratria* & *Confraternitas Presbyterorum :* elle est appellée dans les Chartes françoises, *magne Confrairie*, & *Confrairie aux Trouvaires*, c'est-à-dire, *Confrairie aux Prêtres*. Depuis sept cens ans qu'elle subsiste, la forme de son gouvernement n'a pas changé, excepté qu'au douziéme siécle on y admit des Laïcs & des femmes, lorsqu'elle fut transférée de S. Aubin à S. Denys de Crépy. Le Chef s'élit tous les ans, & prend la qualité d'Abbé. On lui choisit deux Asseseurs ou Conseillers, avec lesquels il préside à l'observance des regles & à l'administration des biens temporels.

73. En l'an 1099, le Monastere de Nanteuil avoit déja embrassé la réforme de Cluny, & son premier titre d'Abbaye avoit été changé en Prieuré. Cette circonstance nous est connue par un titre de cette année, expédié sous le nom de Hugues ou Eudes Dammartin. Warmes ou Viarme, Prieur de Cluny, paroît dans cet acte, comme ayant quelqu'autorité sur cette maison. Il est marqué de plus, que cette Maison doit payer à Cluny un marc d'argent chaque année. Une Bulle du Pape Urbain II, datée de l'an 1095, semble indiquer, que la réunion de Nanteuil à l'Abbaye de Cluny avoit déja été effectuée.

L'Eglise de S. Samson près Baron fut soumise au Monastere de Nanteuil, vers l'an 1097, avec les biens qui en dépendoient, à la charge d'une redevance annuelle envers l'Abbaye de Cluny. Cette Eglise avoit été ci-devant desservie par une Communauté réguliere, que les malheurs des temps précédens avoient obligé de réduire à deux Moines; la plûpart des biens ayant été pillés ou envahis. Comme la regle de S. Benoît ne pouvoit pas être observée par deux Religieux, on jugea convenable de réunir Saint Samson à Nanteuil.

Eudes, Comte de Dammartin; Pierre, Adam & Lambert de Nanteuil, tous trois fils de Thibaud le Riche, concoururent à effectuer cette réunion. L'Evêque de Senlis & l'Abbesse de Chelles ayant des droits à exercer sur les biens dépendans de S. Samson

& sur l'Eglise du lieu, on demanda leur consentement.

Mathilde, Abbesse de Chelles, détermina les Religieuses de sa Communauté, non-seulement à trouver bon le changement, mais encore à y concourir de leurs libéralités, par l'abandon de leurs droits. Le désistement de la Communauté de Chelles est constaté par un acte en bonne forme, qui porte entr'autres choses, que l'Abbesse & ses Religieuses renoncent aux prétentions, qu'elles peuvent avoir sur l'Eglise de S. Samson : qu'elles abandonnent au Monastere de Nanteuil la propriété de la grande place située devant l'Eglise, pour la convertir en un cimetiere & en un parvis, *ad atrium constituendum*, sauf les droits de l'Eglise de Baron.

Létalde, Evêque de Senlis (1), accorda aussi son consentement, en qualité de Curé primitif de l'Eglise de Baron. Hubert, successeur de Létalde, poussa plus loin la générosité. Après avoir ratifié par un acte de l'an 1100, ce que son Prédécesseur avoit fait, il déclara que l'Eglise de S. Samson devoit être regardée, comme un patrimoine de l'ordre de Cluny ; que l'Abbé de ce chef-lieu auroit désormais la jurisdiction spirituelle sur les *sujets* de cette Eglise, & que le Prêtre de S. Samson pourroit exercer les fonctions Curiales & tous autres droits de Chrétienté, *& alia jura Christianitatis.* Cette piéce est adressée à l'Abbé de Cluny.

Tout ceci prouve, qu'on usoit alors d'une grande circonspection, pour empêcher le relâchement de s'introduire dans l'état Religieux. On subdivisoit en quelque sorte les filiations des Monasteres, afin d'ôter aux particuliers tout sujet de se soustraire aux pratiques de la regle. On concevoit, qu'un Religieux livré à lui-même perd bien-tôt l'esprit de son état ; qu'abandonné au désœuvrement ou à la dissipation, ces deux situations fomentent en lui presque toutes les espéces de vices.

74. Simon de Crépy, seul fils du Comte Raoul III, depuis la fin tragique du jeune Gautier, entra en possession, par la mort de son pere, de tous les domaines dont ce dernier Seigneur avoit joui. Simon avoit à la vérité deux sœurs ; mais suivant l'usage, il ne devoit leur revenir, que ce que le Comte leur frere voudroit bien leur céder. En l'année qui suivit la mort de son pere, le Comte Simon de Crépy passoit pour le plus grand terrien, pour le plus puissant & le plus riche particulier du Royaume.

Le Comte Simon avoit pris naissance au château de Crépy, où

(1) Gall. Chr. t. 10. col. 1395. Hist. Meaux, t. 2. n°. 11.

Q q ij

il avoit auffi paffé les premiers temps de fon enfance (1). Auffi-tôt qu'il eut atteint l'âge de raifon, Guillaume le Conquérant, Duc de Normandie, le demanda au Comte Raoul fon pere, dans le deffein de prendre foin de fon éducation, & de l'inftruire dans la profeffion des armes. Guillaume & Raoul avoient entr'eux des relations intimes. Ils étoient liés de parenté, & par des correfpondances habituelles à caufe de la proximité de leurs domaines, de la Normandie & du Vexin : & ce qui mérite auffi d'être confidéré, ils excelloient tous deux dans la connoiffance pratique de l'art militaire.

Guillaume le Conquérant garda auprès de lui le jeune Comte jufqu'à l'an 1064, & le remit enfuite au Comte Raoul qui le lui avoit confié. Raoul III préfenta le jeune éleve du Duc de Normandie au Roi Philippe I, qui le combla de careffes, & lui conféra le grade d'Officier général dans fes armées. Il lui deftina auffi une place parmi les Barons de fon Confeil. Il flattoit ainfi l'amour-propre d'un fujet trop puiffant, & gagnoit l'amitié du Duc de Normandie, qui avoit commencé à former le jeune Comte (2). En 1065, le Roi ayant réfolu de faire un voyage à Corbie, il nomma Simon de Crépy parmi les Seigneurs de fa Cour, qui devoient l'accompagner.

Quoique Raoul affectionnât Gautier fon fils aîné plus que Simon fon cadet, il eut foin de procurer à ce dernier, tout ce qui convenoit à fon rang. Il garda auprès de fa perfonne Gautier fon aîné, comme le préfomptif héritier du château de Crépy & de fes principaux domaines, & donna à Simon le château de Vez, après lui avoir formé fa maifon. Simon comptoit parmi fes principaux Officiers, un Châtelain, un Voyer, un Sénéchal, & diverfes perfonnes revêtues des charges utiles au fervice des grands Seigneurs. En 1068, la place de Châtelain de Vez étoit remplie par un Chevalier nommé Raoul, celle de Voyer par un Officier appellé *Erigerus :* le Sénéchal fe nommoit Simon, de même que le Comte fon maître.

Ces difpofitions font une réfutation bien marquée du fentiment, qui repréfente le Comte Simon comme un bâtard, dont le Comte Raoul n'avoit jamais pris foin, & qu'on avoit comme abandonné à fa deftinée. Les doutes qu'on a tâché de répandre fur la légiti-

_____

(1) Vita Simon. Crifp. cap. 6. Alberic, Chr. p. 113.

(2) Alberic, p. 100. Hift. Amiens, Monliere p. 181.

mité de fa naiffance, font fuffifamment éclaircis dans les Tables chronologiques du P. Labbe; nous citerons plufieurs titres authentiques, où Simon de Crépy eft déclaré fils de Raoul & d'Adele. La meilleure preuve de fa légitimité, eft qu'après la mort de fon pere, il prit poffeffion de tous fes biens, fans appeller à cette fucceffion fes deux fœurs, mariées pour lors à deux Seigneurs puiffans; Héribert Comte de Vermandois, & Barthelemi fils de Bardoul.

Les diftinctions dont Simon fut honoré par les Papes & par les Rois, achevent de diffiper les nuages, que des Auteurs mal informés ont voulu élever fur de fimples probabilités, qui font fans fondement.

Il paroît, que le caractere du Comte Simon étoit moins animé & moins ouvert, que celui de Gautier fon aîné; mais un jugement fain & des plus folides lui tenoit lieu d'un extérieur brillant & vif, qui en impofe & qui prévient favorablement ceux qui ne font attention qu'aux dehors, & qui portent leurs jugemens fur les premieres apparences.

Dès que le Comte Raoul III eut les yeux fermés, le Roi Philippe I fe crut délivré d'un fujet, dont le caprice & la puiffance énorme pouvoient porter un préjudice à fon autorité. Quoiqu'il fût comme affuré, que le Comte Simon ne fuivroit pas les erremens de fon pere, il prit diverfes précautions pour abaiffer fa puiffance. Il lui fufcita d'abord un ennemi puiffant, dans la perfonne de Barthelemi de Beaufort, Seigneur de Broyes & de Pitiviers, qui avoit époufé la feconde fœur de Simon. Barthelemi enleva de vive force au Comte Simon les trois terres de Bar-fur-Aube, de Vitri & de la Ferté.

Ce coup de main tira Simon comme d'un profond affoupiffement: il prit des mefures très-promptes, pour s'oppofer à de pareilles hoftilités; & pendant qu'il raffembloit fes vaffaux afin d'en former un corps d'armée, il apprit que le Roi lui-même fe difpofoit à l'attaquer. Il remit à un temps plus favorable le foin de reconquerir les trois Comtés, que le Seigneur Barthelemi venoit de lui enlever, & jugea plus à propos d'arrêter l'exécution des deffeins du Roi, qui tendoient à le dépouiller de la meilleure partie de fes domaines.

Les premiers actes d'hoftilité commencerent de la part des troupes du Roi, qui prirent quelques bourgades, & ravagerent quelques portions de cette étendue de pays, qu'on nommoit alors *le Valois* dans le sens général.

Le Comte usa de représailles. Il s'avança sur les terres du Roi à la tête de ses troupes, & envoya en divers lieux des détache-mens, qui commirent tous les excès, qu'on se permet en guerre. Cette conduite du Comte fit diversion. Le Roi vint le trouver à la tête de son armée pour le combatre, & Simon l'attendit de pied ferme.

Je ne puis dire, à quel nombre de combattans pouvoit monter chaque armée. On est seulement instruit, qu'il y eut plusieurs chocs, où le Comte Simon remporta l'avantage, & fit plier les troupes du Roi. Ces démêlés causerent des maux sans nombre aux pays, qui étoient le théâtre de la guerre. Le Valois fut en proye, pendant plusieurs mois, à des malheurs de tout genre.

Le Roi voyant qu'il ne pouvoit obtenir, ce qu'il avoit espéré se procurer par la force de ses armes, chercha d'autres moyens de vaincre l'opiniâtreté de son sujet. Il eut recours au crédit de quelques personnes, qui avoient beaucoup d'empire sur l'esprit du Comte, pour lui inspirer des sentimens opposés à ceux qui le fai-soient agir. Ces personnes vinrent à bout de persuader à Simon, que c'est dans un sujet, quelle que soit sa puissance, une action contraire au droit naturel, de lever l'étendart contre son Souve-rain. On lui ajouta, que le Pape désaprouvoit une telle conduite, & que marchant sur les traces d'un pere, qui avoit toujours vécu les armes à la main, il devoit appréhender de mourir comme lui, hors du sein de l'Eglise, & frappé d'anathême.

Simon de Crépy avoit la conscience timorée. Ces propos le jetterent dans une mélancolie & comme dans une mer de scru-pules & de pensées diverses, qui lui causoient de grandes inquié-tudes sur son salut. Des réflexions sans nombre se présenterent à son esprit. De tous les sujets qui allarmoient sa conscience, l'ex-communication de son pere l'affectoit le plus. Il prit le parti d'é-crire au Pape, afin de calmer ses agitations. Dans sa lettre, il sup-plie le Pontife de lui indiquer un moyen efficace de relever, s'il étoit possible, l'excommunication de son pere, & de faire rentrer dans le sein de l'Eglise, celui qui par sa désobéïssance avoit mérité d'en être exclu.

Le Pape lui fit réponse, qu'il ne connoissoit que trois moyens d'obtenir ce qu'il désiroit : qu'il devoit avant tout, restituer les

biens que son pere avoit mal acquis, & répandre d'abondantes au-
mónes dans le sein des pauvres : que pour fléchir la colere de Dieu
contre son pere, il ne voyoit rien de plus efficace, que de faire célébrer ces Messes. Le Pape ajoute, que tant que le corps de Raoul
reposera au centre du domaine usurpé, qui avoit été la cause de
l'excommunication, ce corps seroit toujours un objet d'horreur
aux yeux de Dieu ; qu'il devoit se hâter de le faire exhumer, &
de le placer au château de Crépy, dans le lieu qui servoit de sépulture à ses ancêtres.

Le Comte reçut la lettre du Pape avec beaucoup de respect &
de satisfaction. Il suivit les avis du Pontife comme des préceptes,
& les exécuta sans différer. Il fit dire un grand nombre de Messes,
distribua des aumônes, & se disposa à restituer les biens que son
pere avoit mal acquis, à ceux auxquels ils appartenoient : &
comme la plus grande partie de ces biens avoient appartenus à des
Monasteres que Raoul avoit ruinés, Simon forma le dessein de
fonder douze Maisons Religieuses, auxquelles il devoit donner
ces biens en dot.

Le transport du corps de Raoul, de Montdidier à Crépy, ren-
controit de grandes difficultés. Exhumer un cadavre enterré depuis deux ans, c'étoit se préparer le hideux spectacle de toutes les
horreurs, que la terre couvre après la mort. Cependant le Comte
persista dans son dessein. Il voulut, qui plus est, assister à l'exhumation. Le corps de Raoul fut levé de terre, en présence d'un grand
concours de peuple.

Simon n'avoit pas seulement dessein d'accélérer la cérémonie
par sa présence : il vouloit voir une derniere fois celui qui lui avoit
donné le jour. Il eut cette triste satisfaction, qui coûta cher à ses
sentimens. La présence de son pere excitant sa tendresse, il voulut jouir de sa présence une derniere fois, & fit lever le suaire qui
couvroit sa face, afin de le contempler. Quel effroi saisit ses sens,
lorsqu'il apperçut une tête gonflée de bouffissure dans toutes ses
parties, un teint livide, des yeux déja corrompus, des joues &
des lévres, qui commençoient à être attaquées de pourriture ! Au
premier moment qu'on lui dévoiloit ce triste spectacle, un ver
d'une grosseur énorme sortit de la bouche du cadavre, amenant
avec lui des morceaux corrompus de sa langue.

Le Comte ne put soutenir long-temps la présence de tels objets. Il s'écria dans les premiers accès d'une surprise mêlée d'une

fecréte horreur : » Eſt-ce bien là le Seigneur Raoul mon pere, ce
» Comte ſi puiſſant, ce Guerrier ſi redouté & ſi renommé dans
» l'art des ſiéges ? Lui que la mort a tant de fois reſpecté dans les
» combats, & qui a emporté de vive force tant de châteaux & de
» places fortifiées ? O état déplorable d'un Héros fameux par tant
» d'exploits ! Sort étrange d'un guerrier autrefois ſi puiſſant, à qui
» les perſonnes du plus haut rang craignoient de déplaire, que le
» Souverain n'a jamais oſé attaquer, & contre lequel toutes les
» forces réunies de l'Etat n'auroient pu rien opérer qui lui fût con-
» traire « !

    Ces réflexions ſont abrégées d'un diſcours très-pathétique, que
le Seigneur Thibaud de Mailly met à la bouche du Comte Simon,
au moment de l'exhumation de ſon pere. Je rapporterai les premiers vers de ce diſcours, parce qu'ils ſont expreſſifs, quoiqu'é-
crits dans un ſtile barbare & ſuranné de pluſieurs ſiécles. Thibaud
débute ainſi :

Ains vous veuil Amentoivre¹ à Simon de Crépy,	1. Souvenir.
Que li cuens Raoul ſen pere défouy,²	2. Exhuma.
Et treuva dans ſa bouche un froy (ſerpent) plus que demy³	3. Un ver.
Qui lui rongeoit la lang' dont jura & menty.	
Li cuens vit la Merveille, il en fut eſbahy,⁴	4. Frappé d'une ſur- priſe mêlée d'effroi.
Eſt-ce don la men pere, qui tant chaſtiaux Broï⁵ ?	5. Aſſiégea & prit.
Ja n'avoit-il en France nuz Prince ſi hardy,	
Qui oſa vers li faire,⁶ ne guerre ne eſtry.⁷	6. Attaquer, moleſter.
Quan qu'il avoit au ſiec,⁷ laiſſa & enhaït⁸	7. Siécle. 8. Conçut de l'aver- ſion.
Si bien le laiſſa voir que ſa terre en guerpit.⁹	9. Il fit l'abandon de ſes terres.
Dedans une foreſt en eſſil s'enfouit,¹⁰	10. S'enfonça dans une épaiſſe forêt.
Là devint charbonner & tel ordre choiſit,¹¹ &c.	11. Exerça la profeſ- ſion de charbonnier.

    Les quatre derniers vers du diſcours expliquent la converſion,
& la retraite du Comte Simon dans les bois, afin de s'y occuper
par humilité, aux emplois les plus vils. Nous rapporterons bientôt

tôt plus au long les circonſtances de ſon changement de vie.

Le tranſport du Comte Raoul, de Montdidier à Crépy, ſe fit avec beaucoup d'appareil. Les Religieux de S. Arnoul avoient diſpoſé un caveau particulier, pour y placer ce dépôt. Ils reçurent le corps avec toute la pompe, que ſa préſence du Comte Simon ſembloit demander; & célébrerent pluſieurs Meſſes à notes, pour le ſalut d'un homme, qui étoit mort excommunié. La réponſe du Pape à Simon fait augurer, que le Comte Raoul avoit donné des marques de repentir au moment de ſa mort, & que ſon ſalut n'étoit pas tout-à-fait déſeſpéré.

Ce tranſport ſolemnel ſe fit le onze des Kalendes d'Avril de l'an 1076, avant Pâques (1077 ſelon notre maniere de compter) indiction quinziéme, épacte vingt-trois, l'an ſeixiéme du regne de Philippe I. Cette date eſt ainſi exprimée dans les écrits, qui ont été la matiere de ce récit.

A l'iſſue du convoi, le Comte fit dreſſer un acte en ſon nom; dans lequel ſont conſignés les traits principaux que j'ai rapportés (1). Il fonda un ſervice & des Meſſes pour le repos de l'ame de ſon pere, & pour le ſalut de la ſienne; & fit à cette occaſion pluſieurs préſens aux Religieux & à l'Egliſe de S. Arnoul. Il donna aux Religieux la terre de Boneuil, & orna leur Egliſe de deux candelabres fort précieux. Ces deux préſens ſont annoncés dans l'acte, que Simon ſcella de ſon anneau d'or, afin de lui donner le dernier dégré d'autenticité. Cette piéce eſt contreſignée du Sénéchal & des principaux Officiers de ſa Maiſon. Il y prend la qualité de *Comte par la grace de Dieu:* formule ordinaire en ces temps-là, qui ne tire pas à conſéquence. C'eſt à tort que quelques auteurs mal informés ont prétendu, que les Seigneurs puiſſans l'employoient, dans la prétention de tenir leurs domaines & leurs Comtés de leur épée & de Dieu ſeul. L'ambition de Raoul III ne fut jamais portée au point, de vouloir décliner l'autorité du Souverain, à plus forte raiſon celle du Comte ſon fils, dans une circonſtance où il projettoit de ſe réconcilier avec le Roi, & avoit conçu le deſſein de renoncer au ſiécle, & de faire à Dieu le ſacrifice de tous ſes biens.

Le lugubre appareil d'un convoi qui avoit duré pluſieurs jours, raſſembla dans l'eſprit de Simon, une foule de réflexions accablantes, qui le jetterent dans une grande perplexité, touchant le

(1) Achery not. ad Guib. p. 596. Alberic. chron. Sec. 3. Bened. part. 2. p. 371.

Tome I. R

genre de vie qu'il devoit embraſſer. Il conſidéroit, qu'en ſuccédant
aux grands biens de ſon pere, il courroit de grands riſques pour
ſon ſalut. Le hideux ſpectacle de ce pere exhumé, avoit gravé
dans ſon imagination des traces, qui ne pouvoient s'effacer, &
qui lui cauſoient une mélancolie profonde (1).

Des idées ſombres de ſolitude & de retraite occupoient ſans
ceſſe le Comte Simon; & le Roi qui en fut informé, le fit entretenir dans ces penſées. Ses amis au contraire cherchoient à le diſſiper & à l'engager dans les liens du mariage, eſpérant que les
ſoins de cet état & la préſence d'une jeune épouſe rameneroient
le calme dans ſon eſprit.

Simon écoutoit les deux partis. Cependant il céda aux inſtances de ſes amis, qui le portoient à s'engager dans l'état du mariage.
Le choix d'une épouſe ſuccéda pendant quelque temps aux projets de retraite. Comme le jeune Seigneur jouiſſoit de la réputation d'un caractere doux & ſociable, ces qualités qui relevoient
l'éclat de ſa naiſſance & de ſa fortune, firent rechercher ſon alliance. Guillaume le Conquérant lui offrit une de ſes filles en mariage. Alphonſe, Roi d'Eſpagne, lui fit propoſer une Princeſſe de
ſon ſang. Robert, Prince de la Pouille, fit les mêmes démarches
en faveur d'une Dame de ſa maiſon. Le Comte qui préféroit la
vertu à la naiſſance & aux richeſſes, ne voulut pas ſe décider ſur
un objet auſſi important, ſans avoir préalablement aſſemblé les
Barons de ſes domaines, afin d'avoir à ce ſujet leur avis. Quelques-uns lui ayant propoſé la fille de Hildebert, Comte d'Auvergne, comme une perſonne qui réuniſſoit de rares qualités, Simon
la demanda en mariage & l'obtint.

Dans la célébration de ſes nôces, le Comte eut ſoin d'écarter,
tout ce qui pouvoit avoir la moindre apparence d'une diſſipation
exceſſive. Cependant on ne négligea rien de tout ce qui pouvoit
relever l'éclat d'une auguſte cérémonie, qui alloit unir par des liens
indiſſolubles, deux perſonnes vertueuſes. Un peuple nombreux
raſſemblé de toutes parts, & ſur-tout une foule de vaſſaux arrivés
pour rendre une ſorte d'hommage à cette alliance, ſe félicitoient
par avance, du bonheur que l'union des deux époux ſembloit leur
promettre. Ils auguroient toutes ſortes de biens pour leurs enfans,
dans la perſuaſion qu'une alliance auſſi accomplie ſeroit le germe
d'une poſtérité bienfaiſante.

(1) Alberic. p. 112.

Les sentimens sont partagés sur les suites de ce mariage. Les uns placent immédiatement après la célébration de ces nôces, un voyage du Comte Simon à Rome, où le Pape Grégoire VII l'avoit fait inviter de se rendre. D'autres prétendent que ce voyage eut lieu avant l'exhumation du corps de Raoul III, & que Simon de Crépy partit pour Rome, comme pour faire une réponse verbale à la lettre, que le Souverain Pontife lui avoit adressée.

Les deux sentimens impliquent contradiction, pour des raisons qu'il seroit trop long d'exposer. Ce voyage, s'il a eu lieu, doit être placé dans l'intervalle des fiançailles & de la célébration des nôces : ceux qui en font mention, en exposent ainsi les motifs, les circonstances & les suites.

Le Roi Philippe I, effrayé du succès des armes de Simon, qu'il avoit regardé jusques-là comme un génie borné, & comme un sujet sans talens, conçut beaucoup d'ombrage de l'alliance, qu'il alloit contracter. Comme Simon avoit un fond de religion, accompagné d'une piété affectueuse, il crut que les remontrances du Pape agiroient puissamment sur son esprit, s'il pouvoit obtenir la médiation du Pontife. Le Roi avoit en vue deux objets : le premier, d'obliger le Comte à mettre bas les armes, & à s'abstenir de toute espéce d'hostilités. Le second, de réveiller & de tâcher d'effectuer le projet, que Simon avoit premiérement conçu, de se confiner dans une solitude, ou de prendre l'habit de religion dans un Monastere. Le Pape entra dans les vues du Roi. Le Comte de Crépy s'étant rendu à Rome pour complaire à Grégoire, celui-ci mit tout en œuvre, pour l'amener à ses fins.

Il représenta à Simon, combien il est contraire à l'ordre & aux maximes du droit naturel, qu'un sujet fasse la guerre à son Souverain, qu'une telle conduite le rendoit désagréable aux yeux de Dieu, dont les Rois sont les images & les lieutenans sur la terre. Le Pape ajouta beaucoup de choses, propres à toucher & même à intimider Simon. Dès qu'il le vit ému, il changea de langage, & lui donna des avis paternels, sur les mesures qu'il avoit à garder. Il passa des avis aux ordres, & lui défendit de la maniere la plus expresse, de prendre désormais les armes contre son Souverain, dans quelque rencontre que ce fût. Simon promit tout.

Le Pape alors lui dit, que pour abolir devant Dieu la mémoire du passé, il devoit se soumettre à une pénitence, qu'il alloit lui imposer : le Comte l'accepta. Le Pape content de sa docilité, &

craignant qu'après son retour en France, Simon ne fût détourné de l'accomplissement de ses promesses, par la rigueur des peines canoniques, s'imposa un tiers de la pénitence, & chargea deux Religieux des deux autres tiers. Le Comte par ce moyen fut renvoyé absous.

Grégoire VII content de ce succès, crut à propos de ne rien entamer touchant l'exécution du second objet. Il en chargea deux personnages célébres en ces temps-là ; Hugues, Cardinal-Evêque de Die, & Hugues Abbé de Cluny, qui se trouvoient à Rome en même temps que Simon. Il leur ordonna d'accompagner le Comte pendant le temps de son retour en France, comme par honneur, & pour prendre soin de sa personne ; mais au fond, pour l'entretenir dans les sentimens qu'il lui avoit inspirés, & pour tâcher de le déterminer à embrasser la vie Monastique : fonction dont le Prélat & l'Abbé s'acquitterent avec tout le succès possible.

Simon de Crépy trouva, à son retour en France, une Cour nombreuse qui l'attendoit (1). Les deux Légats, contens d'avoir fait revivre en lui ses premieres pensées de retraite, sans oser mettre aucun obstacle à la célébration de ses nôces, retournerent l'un à son Abbaye, l'autre à son Diocese. Le Comte de son côté prit la route d'Auvergne, accompagné d'une suite nombreuse, & d'un train proportionné à son état & à sa fortune.

Ses nôces furent célébrées dans le Palais du Seigneur Hildebert. La joye que le Comte d'Auvergne avoit d'abord conçue de cette alliance, fut passagere. La premiere nuit de ses nôces, le Comte Simon persuada à son épouse de garder la continence, & de se consacrer à Dieu chacun dans un cloître. La jeune épouse, dans le cœur de laquelle une éducation chrétienne avoit rassemblés les principes de plusieurs vertus héroïques, ayant donné son consentement aux propositions de son mari, Simon choisit le Monastere de S. Eugende ou S. Oyand au Mont-Jura, & son épouse celui de Lavau-Dieu, dépendance de la Chaise-Dieu.

Le Moine Albéric prétend, que ces deux époux partirent chacun pour sa destination, la nuit même de leurs nôces, à l'insçu du Comte d'Auvergne & des Seigneurs, qui avoient assisté à la cérémonie de leur mariage. Il ajoute que le Comte Simon prit la route du Mont-Jura, accompagné de cinq Chevaliers. Il est plus convenable d'ajouter foi au récit des autres Auteurs, qui supposent la

_____
(1) Guib. de vit. sua, lib. 1. cap. 10.

résolution prise par les deux époux la nuit de leurs nôces, & exécutée, après avoir employé les moyens convenables à l'exécution de leurs desseins.

Albéric suppose la conversion de cinq Chevaliers, que le Comte Simon détermina à embrasser le même genre de vie, que celui qu'il se proposoit de suivre : ce qui devoit demander quelque délai.

En effet, Simon, non content de la résolution qu'il avoit prise de se sanctifier, en marchant dans la voie du salut, convertit par son exemple & par ses conseils cinq Chevaliers de marque, qui formerent la même résolution que lui. Deux de ces Chevaliers, nommés Raoul & Francon, prirent les devans; & les trois autres, appellés Robert, Arnoul & Warnier dans la Chronique de Beze, l'accompagnerent. Ils trouverent en arrivant au Mont-Jura, un jeune Seigneur nommé Etienne, qui prit l'habit de religion en même temps qu'eux (1).

Le changement du Comte Simon fit une peine sensible aux parens de son épouse, d'autant plus, que sans se contenter de satisfaire son inclination pour la vie religieuse, il y avoit déterminé leur fille, dont la présence faisoit leur consolation. La haute noblesse du Royaume étoit partagée de sentimens, sur la conduite que Simon avoit gardée. Les uns le blâmoient d'avoir tenu sa résolution trop secréte, sans en faire part à ses proches : d'autres l'excusoient, pensant qu'il avoit voulu prévenir par-là les obstacles, qu'on eût pû mettre à sa conversion. Quelques-uns, édifiés du sacrifice qu'il faisoit de toute sa fortune, & de son renoncement aux honneurs, voulurent l'imiter.

Hugues, Duc de Bourgogne & Comte de Macon, touché de cet exemple, alla se faire Moîne à Cluny avec plusieurs Gentilshommes, auxquels il avoit inspiré des sentimens pareils aux siens. Il y fut reçu par l'Abbé Hugues, son parent, principal auteur de la retraite du Comte de Crépy. Toutes ces choses se passoient en l'an 1077.

Simon de Crépy passa dans la vie monastique cinq années, pendant lesquelles il arriva plusieurs évenemens, qu'on a peine à ranger sous des dates certaines. Il fit beaucoup de voyages, les uns par ordre de ses Supérieurs, les autres pour satisfaire sa dévotion.

(1) Chron. Besuens. Spicil. t. 2. p. 434.

Il fonda en divers lieux douze Prieurés, un entr'autres dans les affreux déferts de Mouthe. Il confomma fa réconciliation avec le Roi Philippe I, & fit avec ce Souverain plufieurs accords, touchant fes domaines. Le Comte pria le Roi de trouver bon, qu'il cédât à l'Abbaye de Cluny une partie du Comté du Vexin avec la ville de Mantes, & ce Prince lui accorda fa demande (1). Il traita auffi avec les Bardouls, touchant les Comtés de Bar fur Aube, de Vitri & de la Ferté, fur lefquels il affigna des rentes à la plûpart des douze Prieurés qu'il fonda.

En ce temps, l'efprit de ferveur & de régularité avoit porté la réputation de l'Ordre de Cluny à fon comble. L'Abbé Hugues foutenoit cette réputation par un gouvernement des plus fages. Le Comte Simon eftimoit perfonnellement l'Abbé Hugues, comme le principal auteur de fa converfion, & comme le pere commun de tous ceux, qui vivoient fous fa direction dans la retraite. Le choix que Simon avoit fait du Monaftere de S. Claude, ne lui permettant pas de fe mettre fous l'obédience immédiate du S. Abbé, il voulut fe dédommager en quelque forte, en foumettant à Cluny l'Abbaye de S. Arnoul de Crépy.

Il fit part de fon deffein à l'Abbé Hugues, par une lettre remplie de témoignages d'affection & de refpect, pour la perfonne du chef & pour la régularité de tout l'Ordre (2). Il déclare dans cette lettre, qu'il veut fubordonner à la réforme de Cluny l'Abbaye de S. Arnoul, fondée dans le château, qu'on nomme *Crifpy*; & il prie le S. Abbé d'y envoyer quelques-uns de fes Religieux, pour y introduire fa regle : qu'en attendant fa réponfe, il va travailler à obtenir le confentement du Roi, celui de l'Evêque de Senlis & de fes *Hommes*. Cette lettre n'eft pas datée.

Simon accomplit fa promeffe ; il follicira les confentemens, qui lui furent accordés. Le Comte s'étoit tranfporté à Paris pour cet effet. Avant d'en partir, il fit dreffer un acte, dans lequel font exprimées les demandes, qu'on lui accordoit. L'acte fut paffé le jour de la Touffaint, dans l'Eglife de Notre-Dame de Paris, en préfence du Roi, & non dans celle de Notre-Dame des Champs, où font préfentement les Carmélites, comme le P. Anfelme l'a avancé. Le Roi figna l'acte, & après lui l'Evêque de Senlis & les principaux Officiers de la Maifon du Comte. L'année n'eft pas marquée.

(1) Bibl. Clun. col. 527.   J   (2) Gall. Chr. inftr. p. 207. t. 10.

L'Abbé Hugues reçut avec joye la lettre du Comte Simon (1).
Au lieu des Religieux qu'on lui demandoit, il vint en personne
au château de Crépy visiter la Communauté de S. Arnoul, & donner à Simon de nouvelles marques de son empressement, à concourir à l'exécution de ses vues. L'Abbé fut reçu à Crépy avec
des distinctions, conformes à la haute idée, que le Comte avoit de
ses éminentes vertus. Le peuple bordoit les rues de son passage.
Un Chevalier nommé Robert, qui languissoit d'une fiévre invé-
térée, alla au-devant de lui hors des portes de la ville, & le pria
de le secourir de son intercession auprès de Dieu, à l'effet de lui
obtenir la guérison de son mal. L'Abbé Hugues reçut le Chevalier avec des marques de bonté, & celui-ci obtint la guérison,
qu'il désiroit.

Hugues ayant pris connoissance de la regle & du gouvernement de S. Arnoul, jugea à propos de changer la dignité d'Abbé
en celle de Prieur; suppression qu'il opéra dans toutes les Abbayes de sa dépendance, à l'exception de deux ou trois; d'où lui
est venu le surnom de *Casse-Crosse*. Il fixa le nombre des Religieux de Crépy à vingt-huit Profès, le Prieur compris (2); il établit, ou plutot laissa subsister les charges de Prevôt, de Sacristain,
de Chantre & d'Infirmier, & ordonna que tous les jours on célé-
breroit quatre Messes hautes *cum notâ*, dans l'Eglise de S. Arnoul,
& deux Messes basses *sine notâ*; qu'on feroit l'aumône deux fois
la semaine, & qu'on exerceroit l'hospitalité envers tous les passans, qui se présenteroient. Avant son départ de Crépy, il fonda
une Messe pour le Roi de Sicile, dans la même Eglise de S. Arnoul.

Lorsque Hugues de Cluny opéra ce changement, le Monastere
de S. Arnoul avoit été gouverné par quatre Abbés consécutifs;
S. Gérard en premier lieu, l'Abbé Lescelin, S. Hugues de Crépy,
& Raherius, qui paroît avoir abdiqué la qualité d'Abbé, sur les remontrances du pieux Abbé de Cluny. Raherius est nommé
Prieur de Crépy dans un titre de l'an 1088, portant donation de
l'Eglise de Bazoches à Marmoutier (3). *Raherius Prior de Cris-
piniaco.* Il eut le Prieur Etienne pour Successeur (4).

Peu de temps après que Simon eut fait profession à S. Claude,
ses Supérieurs le députerent au Roi Philippe I, pour obtenir de

---

(1) Bibl. Clun. col. 444. 441. 442.
(2) Ibid. col. 1712.
(3) Gall. Chr. Inst. t. 10. p. 103.
(4) Ibid. p. 1483. Muld. p. 33.

lui une grace en faveur de leur Monastere. Le Roi tenoit sa Cour au château de Compiegne. Simon se rendit à la Cour en habit de Moine. D'abord on ne le reconnut point. Du moment où il s'annonça pour être le Comte de Crépy, on le présenta au Roi, & le bruit de son arrivée se répandit dans toute la contrée.

Après avoir rempli sa mission, il traversa une partie du Valois, avant de retourner à son Monastere. Il trouva partout sur son passage, une foule de peuple, que la curiosité & le plaisir de jouir de sa présence, avoient rassemblé. Le contraste d'un état pauvre & humilié, annoncé par l'habit monastique, avec l'état qu'il portoit peu d'années auparavant, causoit une surprise, qui attiroit sur lui tous les regards.

Les actes de sa vie ne marquent pas, s'il vint au château de Crépy. On y lit seulement, qu'il passa à la Ferté-Milon : que le jour de ce passage devoit être celui de l'exécution d'un malheureux, qui avoit tué son meilleur ami ; apparemment sans le vouloir. L'action ayant paru graciable au Comte, il accorda à ce malheureux sa protection, & obtint sa grace.

Ceux qui rangent ce voyage de Simon de Crépy sous l'an 1092, tombent dans une erreur manifeste. Il y avoit alors dix ans, que le Comte avoit terminé sa vie à Rome, entre les bras du Pape. Les auteurs de ce sentiment ajoutent, que lorsque Simon se présenta au Roi, ce Prince s'étoit rendu à Compiegne, pour assister à la cérémonie du dépôt d'un S. Suaire, que les Chanoines de S. Corneille avoient reçu en présent. Ou la cérémonie du S. Suaire est antérieure à l'an 1092, ou il est faux que Simon de Crépy soit venu trouver le Roi a Compiegne dans cette conjoncture.

L'exemple de S. Arnoul le Martyr, qui avoit passé les dernieres années de sa vie, à visiter les lieux de piété & les tombeaux des Saints, porta Simon de Crépy, à se sanctifier par ce même genre de dévotion (1). Il entreprit le pélerinage de Jérusalem, afin de satisfaire la dévotion qu'il avoit, de prier sur les lieux, où J. C. avoit opérés les principaux mysteres de notre rédemption. Arrivé à Jérusalem, il descendit en habit de Moine, à l'hospice du Monastere de Josaphat. Ce Monastere avoit pour Supérieur l'Abbé Hugues, ancien Profès de S. Arnoul de Crépy. Hugues ignoroit la conversion de Simon : & comme pendant son séjour à Crépy, il avoit toujours vu le Comte vêtu d'habits magnifiques, au sein d'une

____

(1) Cart. S. Arn. Crisp.

Cour brillante, il le méconnut d'abord sous l'habit monastique.

Simon en se nommant, frappa l'Abbé Hugues d'une grande surprise. Il en fut reçu, avec les démonstrations de la joye la plus vive. L'Abbé fit son possible, pour le retenir quelque temps dans son Monastere : Simon se refusa à ses instances. Il alla visiter les saints lieux, & accéléra son retour, sans prendre le temps de se remettre des fatigues de son voyage. L'Abbé Hugues ne pouvant prolonger son séjour, pria Simon de se charger d'une lettre pour le Prieur de Crépy.

Cette lettre que l'on conserve encore, est datée de l'an 1081 : elle porte en substance, qu'il profite de l'occasion du Comte Simon, pour lui envoyer du bois de la vraye Croix, quelques parcelles de l'endroit du Calvaire, où la Croix avoit été plantée ; un morceau du Sépulchre de J. C. un morceau de la Crêche, où il est né, & un autre morceau du tombeau de la Sainte Vierge sa mere. Il finit en marquant, que si le Comte n'avoit pas été si pressé de partir, il auroit joint à ces présens une tenture d'étoffe précieuse, propre à orner l'Eglise de Crépy.

On conserve encore à S. Arnoul de Crépy, les Reliques rapportées par le Comte Simon. Elles sont enchassées dans une Croix de vermeil, d'un beau travail. Elles sont d'autant plus précieuses, qu'elles ont été choisies par un Abbé du premier Monastere de Jérusalem, dans un temps de paix & avant les Croisades d'où sont venues la plûpart de celles que l'on conserve dans les Eglises, & dont l'authenticité n'est pas toujours certaine.

A son retour de Jérusalem, Simon vint à Crépy. Il y séjourna peu. Il retourna au Mont-Jura, & employa à diverses œuvres de piété, le reste de l'année 1081, & le commencement de la suivante. Il varioit ses occupations, de maniere qu'il passoit du cloître à la vie solitaire, & qu'il quittoit les déserts, pour chercher dans les villes & dans les campagnes les ames, qui avoient besoin d'être ramenées de leurs égaremens.

Parmi les exercices du cloître, il choisissoit les plus humílians & les plus pénibles. Passoit-il à la vie solitaire ? il choisissoit les lieux les plus retirés pour y vaquer à l'oraison, ou bien il visitoit dans le fond des forêts, les atteliers des charbonniers & des bucherons, auxquels il demandoit de l'emploi ; comme on ne le connoissoit en aucune sorte, on s'empressoit de le charger d'ou-

vrages pénibles. Simon recevoit le fardeau, & obéiffoit à ces artiſ-
fans, comme à fes maîtres.

Lorſqu'il alloit dans les campagnes & dans les villes, il les par-
couroit en Apôtre. Il ne paſſoit preſqu'aucun jour, fans gagner des
ames à Dieu. Les douze Monaſteres qu'il fonda, furent peuplés
de perſonnes, auxquelles il avoit lui-même inſpiré le goût de la vie
monaſtique. Il convertit en un feul jour foixante Chevaliers, qui
prirent enſuite l'habit monaſtique par fon conſeil. Tout ceci montre, que le Bienheureux Simon de Crépy menoit une vie active &
continuellement occupée, foit dans la folitude, foit dans le cloître, & qu'il ne fe contentoit pas d'une oiſive contemplation, per-
fuadé qu'il n'eſt aucun état dans la vie, où l'on foit difpenſé de
chercher à être utile à fes femblables.

En ce temps le Pape Grégoire VII avoit une affaire de la derniere importance à terminer avec Robert, Comte de la Pouille,
le même qui avoit offert fa fille en mariage au Comte Simon. Le
Pape confidérant, que le changement de Simon n'avoit fait
qu'augmenter l'eſtime & les égards qu'on lui portoit, lorſqu'il vivoit dans le monde, jugea que fa médiation lui pouvoit être d'un
grand fecours auprès du Prince de la Pouille. Grégoire manda Simon, & celui-ci fe rendit à fes ordres fans différer (1). Le Pontife
ayant expliqué au Comte fes intentions, Simon partit pour la
Pouille, & entama auprès du Comte la négociation, qui faifoit
le fujet de fa miſſion. Robert vit le Comte Simon avec une joye
fenſible. Il le reçut avec les témoignages d'une eſtime fans bornes, fondée fur l'aſſemblage de fes vertus. A la premiere expofi-
tion du fujet qui l'amenoit, il lui accorda toutes fes demandes.

Le retour de Simon à Rome cauſa au Pape un plaifir fenſible.
Ce Pontife, plus jaloux du gouvernement temporel des états
Chrétiens que du fpirituel, crut qu'en fixant Simon auprès de fa
perfonne, il pourroit tirer parti de fon crédit dans bien des rencontres. Il voulut le retenir à Rome, mais Simon le pria avec
toute forte d'inſtance, de lüi accorder la permiſſion de retourner
dans fa retraite.

Le Pape lui répondit, qu'il n'étoit pas en fon pouvoir de con-
fentir à un retour fi prompt; que fes fervices pouvant être de quelque utilité à l'Egliſe de J. C. il devoit confulter Dieu & les Apôtres S. Pierre & S. Paul, fur la réfolution qu'il avoit à prendre;

(1) Vit. Sim. Criſp. cap. 12, 13, Alberic. chr. p. 135.

qu'avant de se déterminer, il lui conseilloit d'aller prier dans la Confession de S. Pierre, & que suivant les pensées qui lui seroient révélées, il se décideroit à demeurer à Rome, ou à retourner dans sa retraite.

Au lieu de quelques heures de recueillement, que le Pape lui avoit conseillées, Simon passa une nuit entiere dans la Confession de S. Pierre. La fraîcheur de la nuit, dans un climat auquel il n'étoit pas accoutumé, l'attitude dans laquelle il prioit, tantôt à genoux, tantôt prosterné, un reste de fatigue de son voyage de la Pouille, lui causerent une indisposition, dont il ressentit de vives atteintes, en sortant au jour, du lieu de sa priere. La maladie s'accrut en peu de temps, & fit des progrès si rapides, que sa vie se trouva en danger.

Grégoire qui avoit été la cause innocente & involontaire de cet accident, en conçut un déplaisir sensible. Il oublia en quelque sorte sa dignité, afin de procurer en personne au Comte tous les services, que les particuliers se rendent entr'eux pendant leurs maladies. Le mal ayant été trouvé sans reméde, le Pape administra le Comte. Il lui donna le Viatique de sa main, fit les prieres accoutumées, & l'exhorta à la mort. Il ne le quitta plus depuis ce temps. Le voyant décliner & prêt à passer, il le prit entre ses bras, & Simon, après quelques momens, rendit l'esprit dans le sein du Pontife, la veille des Kalendes d'Octobre, ce qui revient au trente Septembre, de l'an 1082. Au moment qu'il expiroit, S. Arnoul Evêque de Soissons, qui tenoit son Siége au château d'Ouchy, eut révélation de sa mort (1).

Le Pape prépara au Comte Simon des funérailles magnifiques, convenables au rang qu'il avoit tenu dans le monde, & à l'affection qu'il lui avoit portée (2). Trente Congrégations assisterent à ce convoi, sans compter les Grands & les personnes de la premiere distinction, qui se trouverent à Rome au temps de ces obséques. Le Pape les y avoit invitées. Simon fut inhumé dans le caveau des Papes, honneur extraordinaire, dont on avoit à peine quelques exemples.

Mathilde, Reine d'Angleterre, qui avoit aimé Simon tendrement, conçut une vive douleur de sa perte. Elle envoya à Rome une grande somme d'argent, destinée à lui ériger un monument, digne de sa naissance & de la sainteté de sa vie. Ce monument fut

(1) Gall. Chr. t. 9. p. 351.   ₰   (2) Alberic, p. 126.

commencé par les soins du Pape Grégoire VII, qui avoit préparés les plus beaux marbres, pour y être employés. Urbain II, connu sous le nom de Eudes de Châtillon, avant qu'il parvint au souverain Pontificat, acheva ce tombeau, & composa une épitaphe de huit vers latins, qu'il y fit graver. Ces vers sont hexametres & pentametres. Urbain tâche d'y peindre les vertus de Simon, qu'il juge préférables à sa haute extraction. Il met au nombre de celles où il a excellé, l'amour de la pauvreté & de la solitude, le sacrifice de ses biens, le triomphe de son esprit sur les impressions de la chair. Les quatre derniers vers font connoître son second voyage de Rome, sa dévotion au Prince des Apôtres, le lieu de sa sépulture, & l'objet du monument.

Tout le mérite de cette épitaphe, est d'avoir un souverain Pontife pour Auteur. Elle est sans diction, & contient des fautes, qu'on s'est permises apparemment comme des licences poëtiques. Malgré ces défauts, j'ai cru devoir la transcrire ici toute entiere.

Simon habens nomen majorem sanguine claro.

 Francorum procerum pars ego magna fui.

Paupertatis amans, patriam mundumque reliqui.

 Spiritum divitiis omnibus anteponens.

Post ad Apostolicam celestis principis aulam,

 Eximius tanti me patris egit amor.

Quo duce promerear tandem super astra levari.

 Hospitor hic sacras conditus ante fores.

Les Religieux de S. Arnoul, dont le Comte Simon pouvoit être regardé comme le second Fondateur, signalerent leur amour & leur reconnoissance par un mausolée, qu'ils consacrerent à sa mémoire : moins somptueux & moins orné que celui de Rome, il ne laissoit pas d'avoir un genre de mérite. Ils le placerent à l'entrée d'une Chapelle de Sainte Marguerite, qui a été détruite pendant les derniers siéges de Crépy, & dans laquelle étoient les sépultures des Seigneurs de Valois, Comtes de Vexin. Ce mausolée a été conservé. On le voyoit il y a quelques années, à gauche, en entrant dans l'Eglise de S. Arnoul par la grande porte.

Ce monument qui a été remanié au treiziéme siécle, représente un Pape assis (Grégoire VII) revêtu de sa chappe & des ornemens pontificaux, la Thiare en tête. On voit à ses pieds la figure du Bienheureux Simon de Crépy en habit de Moine, à genoux sur un prie-Dieu, les mains jointes & posées sur ce prie-Dieu, la moitié du corps tournée vers le Pape, qui lui présente une Mitre ornée de Fleurs de lys. Derriere le prie-Dieu est une figure de singe, qui foule aux pieds un léopard.

La Mitre fait allusion aux dignités Ecclésiastiques, que le Comte avoit refusées depuis son entrée dans le cloître. Le léopard foulé aux pieds, signifie le mépris, que Simon avoit fait des pompes du siécle, & de tous les biens périssables : nous avons remarqué, que les ancêtres de Simon avoient choisi le léopard pour armes ou symbole. Le singe & les Fleurs de lys ont été ajoutés au treiziéme siécle. A juger de l'extérieur du Bienheureux Simon par la figure qui le représente, il avoit la face pleine, & la taille courte.

Une vie pénitente & sanctifiée par l'assemblage d'un grand nombre de vertus, qui avoient paru avec éclat aux yeux du monde chrétien, & terminée par une mort, qu'on pouvoit regarder comme un sacrifice d'obéissance aux conseils d'un souverain Pontife, devoit nécessairement être couronnée par une canonisation, obtenue par les suffrages du Clergé & du peuple, comme c'en étoit l'usage alors. Simon de Crépy reçut ce tribut d'hommages, peu de temps après son décès.

L'Abbé Châtelain (1) met au vingt-neuf Septembre la Fête du *Bienheureux Simon de Crépy*, » qui fut, dit-il, Comte de Crépy » en Valois, puis Moine de S. Oyand, à présent S. Claude, Fon- » dateur de S. Ivaroles en Champagne, & de plusieurs autres Mo- » nasteres, inhumé à S. Pierre du Vatican, & particuliérement » honoré par les Prémontrés de Vermand en Picardie ; Fondateur » de la Mothe, Diocese de Besançon, Doyenné de Varasque ».

Cette Mothe est le Prieuré de Mouthe en Franche-Comté, où il paroît que le Saint demeuroit plus souvent qu'ailleurs, à cause de l'air de solitude propre à ce lieu. C'est de cet amour de la solitude, qu'il faut interpréter le passage du roman de Thibaud de Mailly, où il est marqué que le Bienheureux Simon mourut à Rome *en guise d'Hermite*. Ce genre de vie doit être rapporté à son séjour de Mouthe, & non au temps qu'il passa à Rome, & pendant lequel il ne s'absenta de la Cour du Pape, que pour aller trouver Robert, Comte de la Pouille.

La fin chrétienne du Comte Simon, comparée avec celle de

(1) Marl. p. 401.

fon pere qui mourut excommunié, la violence de l'un, la douceur de l'autre ; la conduite d'un fils qui répandoit libéralement fes richeffes dans le fein des néceffiteux, avec celle d'un pere qui dépouilloit jufqu'aux indigens de leurs poffeffions légitimes, la retraite de Simon dans un Couvent, tandis que le Comte Raoul fon pere avoit paffé fa vie à ufurper les biens des Monafteres, & à vexer les Religieux qu'il dépouilloit, font voir que la Providence fait réferver des remédes proportionnés aux maux extrêmes, &, lorfqu'il en eft befoin, oppofer l'édification au fcandale. Ces alternatives offrent auffi à l'efprit un contrafte, qui excite naturellement la furprife : elles montrent que la vie des hommes comparés les uns aux autres, les peres même aux enfans, n'eft qu'un tiffu de contradictions.

J'ai puifé les faits ci-devant expofés, dans Guibert Abbé de Nogent, & dans les favantes notes du P. d'Achery fur cet Auteur. J'ai beaucoup profité du Cartulaire de S. Arnoul de Crépy, fource excellente de beaucoup de faits fûrs & intéreffans. J'ai auffi confulté la Vie latine du Bienheureux Simon, qui fe trouve à la fuite des ouvrages de Guibert, imprimés in-folio en 1651. Cette Vie qui a été tirée par D. Luc d'Achery de la Bibliotheque d'Orcamp, paroît avoir été écrite par un Auteur prefque contemporain ; mais les faits expofés fans ordre, ne font pas rangés fous les dates convenables. Cette Vie eft divifée en quinze Chapitres.

En 1728, on imprima à Befançon, une Vie écrite en François du Bienheureux Simon de Crépy, comprenant cent-trois pages in-12. L'Auteur eft tombé dans un grand nombre de méprifes, faute d'avoir confulté les fources primitives. Il obferve fur la fin, que plufieurs miracles éclatans ayant été opérés au tombeau de Simon, le Pape Alexandre II le déclara Saint, & que Grégoire VII le canonifa. Ce fentiment eft oppofé à la vérité & à la vraifemblance. Le Pape Alexandre II, décéda en 1073, neuf ans plutôt que Simon de Crépy, & Grégoire VII ne lui furvécut que trois ans.

L'Auteur ajoute, que dans la fuite on transféra une partie du Corps du Bienheureux Simon au Monaftere de S. Oyand, & uné autre portion dans l'Eglife du Prieuré de Mouthe, où il y a une Chapelle, érigée en l'honneur de ce Saint Fondateur.

75. Sur la fin du onziéme fiécle, on réunit aux grands Monafteres, beaucoup de Chapelles & de Prieurés defferyis par un feul ou par

deux Religieux. On avoit deux objets, en prenant ce parti. On vouloit en premier lieu, prévenir le relâchement & la vie peu édifiante & toute féculiere des Religieux, qui ne font aftreints à aucune regle. On empêchoit auffi par ces réunions, que les Seigneurs laïcs ne vinffent à s'emparer de ces bénéfices, fous le prétexte qu'on les deffervoit mal, & que les intentions des Fondateurs n'étoient pas remplies. Une foule d'exemples de pareilles invafions avoit rendu le Clergé circonfpect.

Tandis qu'on travailloit à détruire ces abus, les Evêques & les Grands qui faifoient profeffion d'une folide piété, concourroient fans le favoir, à introduire par leurs libéralités envers les Monafteres & les Chapitres réguliers, d'autres abus plus grands encore. On s'empreffoit de réunir à ces Communautés des bénéfices à charge d'ames, dans la perfuafion qu'une vie exemplaire & mortifiée fuffifoit, pour conduire les fidéles dans la voye du falut.

Qu'eft-il arrivé de ce changement ? Le contraire de ce qui faifoit l'objet des vœux & des efpérances de ces perfonnes pieufes. On reconnut dans la fuite, qu'il faut pour la conduite des ames, une expérience qu'on n'acquiert pas dans les cloîtres, & à laquelle il eft néceffaire d'être dreffé de bonne heure, par les préceptes & par les exemples. Tel méne une vie pénitente & mortifiée, qui jettera le trouble & le découragement dans les confciences par fes confeils. Les Ordres les plus fervens ont été ceux où le relâchement a été plutôt introduit; fource des abus, qui ont porté les Eccléfiaftiques avides de biens à époufer ces ordres, dans l'efpérance d'obtenir quelqu'un des bénéfices qui y font attachés. Les Evêques par ces pratiques jointes à l'excès du zele, qui les faifoit renoncer à leurs droits fur les Monafteres, ont préparé des entraves à leurs Succeffeurs, & ont caufé un tort infini au gouvernement des ames, en voulant y appliquer le fceau de la perfection. Parmi les fages Réglemens du Concile de Trente, on doit compter celui, qui tend à rendre aux féculiers le gouvernement des ames, & à rappeller les réguliers dans les cloîtres, pour y vivre fuivant leur profeffion.

Hilgot, Evêque de Soiffons, avoit été Chanoine & Doyen de Sainte Geneviéve de Paris, avant d'être élevé fur fon Siége. Il confervoit à ce Chapitre une affection, dont il chercha toujours l'occafion de donner des marques fenfibles à fes anciens confreres (1).

(1) Gall. Chr. t. 9. p. 352.

Il foumit en 1085 , l'Eglife de S. Vaft de la Ferté-Milon &
celle de Sainte Geneviéve de Marify à ce Chapitre. Les difpofitions où il étoit de concourir à l'ornement de fa Collégiale , eurent leur effet touchant Marify & la Ferté-Milon , après les remontrances de Sevin , Doyen de Sainte Geneviéve.

En vertu de cette donation , Sevin envoya fur les lieux plufieurs Chanoines de fa Communauté , prendre poffeffion. L'on
penfa avant tout , à rebâtir l'Eglife qui tomboit de vétufté ; elle
ne fut pas achevée fur le champ ; elle dura plufieurs années à bâtir. L'acte qui met S. Vaft de la Ferté-Milon fous la dépendance
de Sainte Geneviéve , porte que l'Eglife en queftion n'étoit pas
éloignée de la Ferté. C'eft la même Eglife qu'on voit encore ,
excepté quelques portions confidérables , qui ayant été ruinées
pendant les guerres , ont été rebâties dans des temps poftérieurs.
Le plus grand nombre des maifons du lieu environnoient alors
cette Eglife. Elles ont toutes été détruites fucceffivement , de façon que l'Eglife de S. Vaft qui en occupoit le centre , eft préfentement ifolée. La ville actuelle de la Ferté-Milon , eft contenue
dans la grande enceinte de l'ancienne Ferté. Pendant les temps
dont nous parlons , la fortereffe ou Ferté n'avoit de commun avec
le bourg de S. Vaft , que la proximité , & la facilité de fervir de
refuge aux habitans du bourg , aux approches des ennemis & dans
les temps de calamités. Lorfque l'Eglife de S. Vaft paffa fous la
dépendance de Sainte Geneviéve , elle jouiffoit du titre de Paroiffe ou d'Eglife Matrice du canton. La Ferté & fes annexes en
relevoient. Cette Paroiffe eft encore deffervie par un Religieux de
Sainte Geneviéve , & conferve le titre de Prieuré-Cure.

Les députés que l'Abbé Sevin envoya prendre poffeffion de
l'Eglife de S. Vaft , fe tranfporterent enfuite à Marify , où ils
firent les formalités néceffaires , pour affurer au Chapitre de Sainte
Geneviéve de Paris la jouiffance des droits , que l'Evêque de Soiffons avoit accordés.

Le territoire fitué au-delà de l'Ourcq par rapport à S. Vaft de
la Ferté-Milon , dépendoit d'une Eglife Paroiffiale de S. Pierre ,
dont on ignore la fondation. Ce territoire & l'Eglife portoient
dès-lors le nom de Charcy. Cette Paroiffe avoit dans fon reffort ,
une Collégiale ou Monaftere du titre de Sainte Madelaine. On y
fuivoit la regle de S. Benoît felon les apparences ; ou du moins
les Clercs de cette Maifon devoient y être foumis par leur inftitution.

tution. Soit que le nombre des Clercs ne fût pas affez grand pour obferver la regle, foit que le relâchement fe fût introduit parmi eux, on jugea à propos de les foumettre au Monaftere de S. Pharon de Meaux, fur la fin du onziéme fiécle.

Je n'ai rien découvert fur cette ancienne Communauté, qui remonte plus haut que cette date. La tour qu'on voit encore à côté de l'Eglife, m'a paru un ouvrage du onziéme fiécle commençant. Au temps de la Comteffe Eléonore, il y avoit encore une Communauté de Moines en cet endroit. Ce fait nous eft connu par fa Charte aumôniere de l'an 1194, dans laquelle il eft marqué, que la Comteffe remet aux Moines de la Ferté-Milon, *Monachis de Firmitate-Milonis*, quatre fols de cens, qu'ils devoient au domaine de fon château. Elle accorde de plus aux Religieux de S. Pharon de Meaux, de qui relevoit ce Monaftere, la permiffion d'effarter cent-vingt arpens de bois. Peut-être la Comteffe a-t'elle voulu défigner par cette derniere expreffion, les Religieux mêmes de la Magdelaine, tirés de la Communauté de S. Pharon.

La même année, où l'Evêque Hilgot foumit les Eglifes de S. Vaft de la Ferté & de Marify à Sainte Geneviéve, il accorda une Charte aux Religieux de Marmoutier, pour confirmer la donation, qui leur avoit été déja faite de l'Eglife de S. Sulpice de Pierrefonds. On lit cette condition dans la Charte (1); que le Doyen de Soiffons fera à perpétuité la *Perfonne* de cette Eglife, & qu'en cette qualité, il recevra chaque année cinq fols de cens, qu'il diftribuera le jour de S. Gervais, aux Chanoines fes confreres.

77. L'architecture du onziéme fiécle eft diftinguée de celle des fiécles fuivans, par un caractere de folidité qui furprend. Elle confervoit les principales parties du goût Romain, à l'exception de la nobleffe & de l'élévation. Il y a dans plufieurs cantons du Valois, des tours quarrées, des cancels, des portions de croifées & de bas-côtés, qui font de ce temps. On les diftingue par les arcs en pleins ceintres des fenêtres & des voûtes, par le maffif & l'épaiffeur des murs, & par le peu d'élévation qu'on donnoit aux planchers & aux voûtes. Le maffif des murs difpenfoit de la néceffité de les foutenir par de gros piliers : les ornemens font rares dans les bâtimens de cet âge. Dans leur conftruc-

(1) Gall. Chr. t. 10. inftr. p. 100.

tion, l'on n'avoit d'autre but que de les rendre durables. On fa-
crifioit à l'utilité, la délicateffe & l'agrément. Les maîtres en architecture étoient des génies timides & fans effort, qui travailloient péfamment, fans une connoiffance pratique des graces,
dont leur art étoit fufceptible.

78. L'Abbaye de S. Jean-lès-Vignes de Soiffons eft fituée dans le
reffort du Duché de Valois, de même que le Fauxbourg qu'elle
occupe, & un autre Fauxbourg qui porte préfentement le nom
de Crife, & qu'on appelloit anciennement Fauxbourg de S. André. On fuit dans ces deux cantons la Coutume de Valois. A
l'égard de l'Abbaye de S. Jean-lès-Vignes en particulier, plufieurs
Ducs de Valois y ont nommé, à caufe de leur qualité. Les deux
Fauxbourgs de Crife & de S. Jean dépendent de la Châtellenie
de Pierrefonds, parce que dans l'origine, les habitans de ces deux
Fauxbourgs fe font mis fous la protection des Seigneurs du chef-
lieu de ce reffort. La fondation de l'Abbaye de S. Jean-lès-Vignes
a été ainfi exécutée.

Il y avoit près de Soiffons une Paroiffe appellée S. Jean-du-
Mont, dont le Prêtre prenoit la qualité de *Cardinal*, dès le milieu
du onziéme fiécle. Ce nom attribué aux Curés de quelques Paroiffes, avoit la même force & la même fignification, que celui
de *Matrice*, qu'on donnoit aux Eglifes Baptifmales, pour marquer leur fupériorité fur les autres Eglifes d'un même canton. Plufieurs Prêtres habitués, qui formoient une efpéce de Collégiale
dans l'Eglife de S. Jean-du-Mont, aidoient le Cardinal à remplir
les fonctions du miniftere, & à célébrer l'Office Divin. La Communauté jouiffoit d'un revenu très-borné, parce qu'à l'occafion
des troubles, une grande partie de fes biens avoit été envahie
par des Chevaliers de la contrée, auxquels on n'avoit pu réfifter.
Ces malheurs dont tous les jours on reffentoit les fuites, n'em-
pêchoient pas le Cardinal & fes Prêtres de mener une vie réguliere, & de remplir avec fcrupule toutes les parties de leurs fonctions. Les grands biens font des caufes de diffipation, qui nui-
fent à la regle : ils concourent à l'affoibliffement de la difcipline.
D'un autre côté, un revenu trop borné, fuivant la maniere de penfer de ceux qui en jouiffent, eft prefque toujours un prétexte de
négliger fes devoirs.

Un Chevalier du Soiffonnois, appellé Hugues de Château-
Thierry, poffédoit plufieurs bénéfices, qu'il avoit envahis. Il per-

cevoit les revenus de cinq Autels ou Eglifes, fituées à Charly, à Montlevon, à S. Agnan en Brie, à Rofoy, à Arthefe ou S. Bandry, lieux dépendans du Diocefe de Soiffons. Hugues, fur les remontrances de Thibaud de Pierrefonds, Evêque de Soiffons, fe détermina à reftituer ces cinq Eglifes, à condition que les Prêtres de S. Jean-du-Mont en auroient la jouiffance, & que Thibaud les mettroit lui-même en poffeffion. L'Evêque reçut la propofition du Chevalier, & mit fes promeffes à exécution, dès qu'il eut obtenu le défiftement de Hugues.

Thibaud fit dreffer à ce fujet un acte, dans lequel, après une vive fortie contre ceux qui ufurpent les biens des Eglifes, ou qui les gardent contre le gré des Titulaires ou des Collateurs, il impofe au Chevalier Hugues une pénitence, en expiation de fa conduite paffée. Il déclare enfuite, que les Eglifes déja citées appartiendront déformais aux Clercs & au Prêtre de S. Jean, & afin de donner plus de force à fon titre, il obtint du Roi Philippe I, une Charte qui en confirme les difpofitions. La Charte du Roi eft datée de l'an 1076; on y remarque après la fignature du Roi, celles de Thibaud, Seigneur de Nanteuil, de Hugues de Château-Thierry, d'Albéric de Lify-fur-Ourcq, d'Evrard de Cherify, & de Guy de Châtillon. Le Roi ordonne, que le Prêtre-Cardinal de S. Jean adminiftrera les revenus de ces Eglifes, & qu'il continuera de rendre compte de fa conduite à l'Evêque & à l'Archidiacre.

Le P. Legris, Auteur de la Chronique de S. Jean-lès-Vignes, a voulu, à l'imitation des Auteurs d'Hiftoires particulieres, infinuer que le Chevalier fondateur de fon Abbaye tenoit un rang diftingué dans l'Etat. D'autres l'ont confondu avec Hugues Bardoul, premier du nom. Renaud, dans fon abrégé de l'Hiftoire de Soiffons, le prétend iffu de l'illuftre Maifon des Comtes de Champagne. Hugues, fondateur de S. Jean, n'étoit qu'un fimple Officier, aux ordres des Comtes de Champagne. Il occupoit une place parmi les Chevaliers, que ces Seigneurs prépofoient à la garde de leur Vicomté de Château-Thierry, & à la confervation de leurs droits. Thibaud de Pierrefonds qui connoiffoit fa valeur, l'avoit chargé de l'Avouerie de plufieurs bénéfices. Le Chevalier, au lieu de la protection qu'on attendoit de fes fervices, avoit ufé de violence & de ftratagêmes, pour s'en attribuer les revenus. C'eft la raifon pour laquelle l'Evêque de Soiffons marque tant d'humeur contre lui dans fa Charte.

Ces reproches de l'Evêque doivent être plutôt regardés comme des avis paternels, que comme des invectives. Le Chevalier Hugues eut, depuis cette action, la plus grande part dans l'estime du Prélat : & lorsque Thibaud donna l'année suivante, l'Autel de Bainson à Coincy, il voulut que le Chevalier Hugues signât avec lui, l'acte qui fut dressé à ce sujet (1).

Hugues, tant qu'il vécut, combla de biens les Clercs de Saint Jean-du Mont. Il possédoit un clos de vignes considérable par son étendue, & situé à côté de l'Eglise de S. Jean. Il fit présent de ce clos à la Communauté des Clercs, dont la maison prit à cette occasion le surnom de *S. Jean-lès-Vignes*, qu'elle porte encore.

En 1088, Henry Evêque de Soissons, réunit avec le consentement de son Chapitre, une prébende de sa Cathédrale, à la Communauté des Clercs de S. Jean. Avant la fin de ce siécle, les Papes accorderent plusieurs priviléges à cette Société naissante, qui prit la forme d'un Monastere de Chanoines réguliers. Les Seigneurs de Pierrefonds, les Evêques de Soissons & de Meaux, concoururent par leurs bienfaits à son parfait établissement. Il paroit que dès les premiers temps, la regle de S. Augustin y fut introduite. Cette regle est la base des constitutions actuelles de l'Abbaye.

Les premiers Chefs de cette Congrégation prirent la qualité d'Abbés, titre commun alors à tous les Supérieurs des Communautés & des Associations. Le Chef de la Confrairie aux Prêtres prenoit ce même titre, comme on l'a vu, quoique la supériorité de cet Officier ne durât qu'une année.

Le premier Abbé de S. Jean-lès-Vignes se nommoit Odon. Il n'est rien arrivé sous son gouvernement, qui regarde sa personne. Il eut pour successeur un frere de Henry, Evêque de Soissons, nommé Roger. Celui-ci reçut la Bulle, par laquelle le Pape Urbain II approuva la fondation de la nouvelle Abbaye. Cette Bulle datée de l'an 1089 lui est adressée. En 1093, il souscrivit en ces termes une Charte de l'Evêque Hugues de Pierrefonds, concernant S. Thibaud; *Rogerus, Abbas & Canonicus.* On peut consulter sur les autres particularités de cette fondation, la Chronique de S. Jean-lès-Vignes, composée en latin par le P. Legris, Chanoine régulier de S. Jean, & Prieur de la Ferté-Gaucher. Cet

(1) Gall. Chr. t. 10. instr. p. 99.

Ouvrage, imprimé en 1619, forme un volume in-12 de 320 pages.

79. Vers ce même temps, le Monaſtere de Coincy ſubit une réforme & un renouvellement, qu'on peut regarder comme une ſeconde fondation. Sa premiere origine eſt inconnue. Elle ſe perd dans les premiers ſiécles de l'Ere chrétienne. Le bourg eſt auſſi fort ancien.

Le bourg de Coincy a commencé par un château fortifié, & accompagné d'un donjon. Les troubles du gouvernement féodal raſſemblerent dans la ſeconde enceinte de cette fortereſſe, un grand nombre de familles, qui y bâtirent des demeures. Les Seigneurs de ce fort château fonderent une Collégiale dans cette ſeconde enceinte, pour l'utilité de ceux qui y étoient établis. La Collégiale fut changée en une Abbaye, que des fragmens de titres appellent *Conſiacum*.

En l'an 1072, Thibaud III, Comte de Champagne, renouvella ce Monaſtere, en lui accordant de nouveaux biens, & en réformant les anciennes conſtitutions, ſur des regles plus parfaites. L'Abbayé fut changée en un Prieuré plus régulier, & plus nombreux que le premier Monaſtere.

La ville ou bourg de Coincy eſt ſituée ſur le chemin d'Ouchy à Château-Thierry, à ſix lieues au midi de Soiſſons, au milieu d'une belle plaine. Ce lieu a donné ſon nom à pluſieurs hommes illuſtres du treiziéme ſiécle. On conſerve en l'Abbaye de Notre-Dame de Soiſſons (1), un livre des Miracles de la Sainte Vierge, écrit en vers françois par Gautier de Coincy, Religieux de Saint Médard, vers l'an 1200. Ce livre eſt orné de figures magnifiquement enluminées. Gautier de Coincy devint Prieur de Vic-ſur-Aiſne, & mourut en 1233, revêtu de la charge de Grand-Prieur de S. Médard de Soiſſons.

Gobert de Coincy remplit après lui, la place de Prieur de Vic-ſur-Aiſne, vers l'an 1214. Gobert avoit fait profeſſion à S. Médard dans un âge peu avancé (2). Il paſſa comme ſon Prédéceſſeur, du Prieuré de Vic-ſur-Aiſne à celui de S. Médard, & mourut en 1236 au mois de Septembre. On compte parmi les Abbés de S. Médard, un Jérôme de Coincy, qui fut élevé à cette dignité, au mois de Septembre de l'an 1253, après avoir été Prieur de cette même Abbaye. En 1260, vivoit un Gérard de Coincy, qui jouïſ-

(1) Hiſt. N. D. p. 62.　　　　(2) Spicil. t. 2. p. 489. 490.

foit d'une grande confidération parmi fes contemporains.

Thibaud III, Comte Palatin de Champagne & de Brie, de Blois, de Chartres & de Tours, eut en l'an 1072 un fils, de la Comteffe Adelaïde fon époufe, qui fut nommé Eudes ou Odon. Thibaud avoit une haute idée de la fainteté de Hugues, Abbé de Cluny. Il crut que s'il pouvoit engager cet illuftre Abbé à adminiftrer le Sacrement de Baptême à fon fils, les vertus du Miniftre ne manqueroient pas d'être une fource de bénédictions & de faveurs, que Dieu répandroit fur la vie du nouveau né (1).

La réforme de Cluny avoit été introduite & reçue dans le Monaftere de Coincy avant cette naiffance, & par conféquent cette Maifon réguliere étoit de la filiation du S. Abbé. Les deux époux fentirent, que les préfens qu'ils feroient à la Communauté de Coincy, feroient cenfés faits à l'illuftre Chef de toute la Réforme. C'eft pourquoi ils donnerent en toute propriété un alleu confidérable, avec le bourg & la terre de Coincy, au Monaftere du lieu. Le Pape Grégoire VII, confirma cette donation par fa Bulle datée de l'an 1077.

Thibaud de Pierrefonds, Evêque de Soiffons, ajouta au riche préfent du Comte de Champagne, l'Autel de Bainfon qu'il ôta aux Chanoines de fon Chapitre. Après la mort de l'Evêque Thibaud, Hilgot fon fecond Succeffeur, réunit au Monaftere de Coincy, quatre Autels fitués le premier à Dormans, le fecond à Cour-Robert, le troifiéme à Janviliers près de Mont-mirel en Brie, le quatriéme à Sermoife près de Braine (2). Hilgot venoit de retirer ces quatre Autels des mains laïques; & afin d'éviter les inconvéniens qui les y avoient fait paffer, il voulut que le Doyen de fa Cathédrale fût à perpétuité la *Perfonne* de ces quatre Autels, fous l'obligation aux Moines de Coincy, de payer annuellement cinq fols de cens à S. Gervais de Soiffons.

Hilgot fuivoit l'exemple de Hugues de Pierrefonds fon Prédéceffeur, qui avoit foumis à Coincy les quatre Autels de Saponay, de Ronchers, de Berny & de Spanlx, fous la redevance de huit fols de cens à S. Gervais, & fous la condition que le *Perfonnage* de ces quatre Autels feroit attribué au Doyen de la même Eglife de S. Gervais.

Le Pape Urbain II, Eudes de Châtillon, qui avoit commencé fa fortune par la place de Sécrétaire de l'Evêque Thibaud de

(1) Gall. Chr. t. 9. p. 391. | (2) Gall. Chr. t. 10. inftr. p. 101.

Pierrefonds, conservoit quelques droits sur l'Autel de Bainson. Il s'en désista par une Bulle datée de l'an 1096, & confirma la donation de Thibaud (1). Le Prieuré de Coincy compte aussi parmi ses premiers bienfaiteurs, Etienne de Champagne & Guy de Braine.

Le nombre des Religieux de Coincy ayant été augmenté par S. Hugues en 1072, le Comte Thibaud crut devoir leur préposer un nouveau Supérieur. Il choisit lui-même le Religieux Bérenger, qui occupoit encore la place de Prieur en 1085. A Bérenger succéda Wicher, qui continuoit de vivre en l'an 1110.

Les anciens titres nomment le Monastere de Coincy tantôt *Abbatiola*, tantôt *Cella*. Le Prieuré de Coincy conserve une Jurisdiction considérable, qui s'étend sur vingt-une Paroisses du Diocese de Soissons, & sur une autre Paroisse du Diocese de Laon. Tous les ans le jour de S. Pierre, Patron de l'Eglise & de la Maison, le Prieur tient un Synode, auquel les Curés de ces Paroisses doivent assister, de même que ceux de Châtillon-sur-Marne, de Melleroy, de Leuvrigny & de Bainson. Ce Synode se tient dans le Chapitre de la maison.

80. Après la mort de Simon de Crépy, & même depuis l'exhumation de son pere & son entrée au cloître, le patrimoine de ce Seigneur fut comme démembré en une infinité de portions; sans compter les biens qu'il donna aux Monasteres, ceux qu'il assigna aux douze Prieurés de sa fondation, & tout ce qu'il vendit & dont il distribua le prix aux pauvres. Ses Comtés & ses domaines passerent sous la puissance de différens Seigneurs.

Le Roi entra en possession du Comté de Vexin; & comme la ville de Mantes, l'une des principales dépendances du Comté, avoit été cédée à l'Abbaye de Cluny, Philippe I la retira des mains des Religieux, en les dédommageant d'ailleurs. (2). En l'an 1087, la ville de Mantes étoit au pouvoir du Roi, suivant le rapport de Guillaume de Jumiége.

Les Seigneurs de Ponthieu envahirent le Comté d'Amiens en grande partie; l'Evêque Guy, fils d'Enguerrand I, Comte de Ponthieu, à l'exemple, & peut-être à l'instigation des autres usurpateurs, prit part au butin, & réunit à la manse de l'Evêché d'Amiens, plusieurs héritages considérables. Cette conduite d'un

---

(1) Duchesn. Hist. Chat. p 24. | lib. 2. c. 11. 12. Guill. Jum. l. 7. c. 44.
(2) Anselm. t. 2. p. 267. Olderic Vital. |

Evêque, qui auroit dû s'oppofer feul aux voies de fait exercées par les ufurpateurs, fembla confirmer ceux-ci dans la jouiffance de ce qu'ils avoient mal acquis (1). Cependant ils ne retinrent cette proie, que pendant un court efpace de temps. Le Comté d'Amiens rentra au pouvoir des héritiers de Simon.

Quant aux domaines fitués dans la Champagne, Etienne, fils du Comte Thibaud III, en céda une partie à Hugues Bardoul, fecond du nom, fils du Seigneur Barthelemi & d'Alix de Crépy. Il garda le refte, comme defcendant d'une autre Dame Alix, fille de Raoul II, Comte de Crépy.

Les terres du Valois furent le partage de Hildebrante, fœur aînée du Comte Simon, mariée à Héribert, Comte de Verman-dois, du vivant de fon frere. Une fille unique fortit de cette allian-ce; Adéle de Vermandois, qui époufa Hugues le Grand, frere du Roi Philippe I. Ainfi finit, dans la perfonne de Simon de Cré-py, la branche aînée des premiers Seigneurs de Valois, Comtes de Vexin. La branche cadette de cette illuftre Maifon demeura a Nanteuil, jufqu'à la fin du treiziéme fiécle; mais fes rejettons n'eurent aucune part à la fucceffion du bienheureux Simon, pas même aux biens, dont ils poffédoient une partie par indivis, avec les Seigneurs du château de Crépy. Ces biens retournerent fans partage, au Prince Hugues le Grand, frere du Roi.

Ives de Chartres, parle en ces termes de l'alliance du Comte Hugues le Grand avec l'héritiere du Comté de Valois : » Il eft » venu à notre connoiffance, que le Comte de Meulant Guale-» ran veut époufer la fille de Hugues, Comte de Crépy, (Hugues » le Grand.) Ils font parens de très-près. Des perfonnes de poids » nous ont affurés, que de Gautier le Blanc, eft née la mere du » Comte Gualeran, & que de Gualeran, eft fortie la mere du » Comte Robert. Le même Gautier le Blanc a été pere d'un » Comte Raoul, de qui eft defcendue la Comteffe de Vermandois, » mere de l'époufe de Hugues, Comte de Crépy, dont la fille » veut époufer le Comte de Meulant. « Ce texte juftifie la généa-logie des premiers Comtes de Crépy, que j'ai établie.

La divifion des domaines du Comte Simon fut un coup favo-rable à l'autorité du Roi, qui défiroit depuis long-temps cette efpéce de difperfion. Ce Prince influa, autant qu'il put, fur ce dé-membrement. Ce fut de fa part un procédé judicieux, de s'oppo-

(1) Morl. Hift. Am. p. 190.

fer

fer à ce qu'un feul de fes fujets poffédât des biens affez confidérables, pour être en état de faire la guerre à fon Souverain.

8e. Il y a beaucoup d'obfcurité fur les premiers Seigneurs de Bazoches. Il paroît qu'avant la fin de la feconde race de nos Rois, la
Seigneurie du lieu avoit été donnée aux Evêques de Soiffons, &
qu'à l'occafion des troubles, ceux-ci choifirent pour défenfeurs
de leurs domaines, des Chevaliers qui prirent le furnom de Bazoches, du château à la défenfe duquel on les avoit prépofés.
Plufieurs traits hiftoriques confirment le fentiment, que la Seigneurie de Bazoches appartenoit anciennement aux Evêques de
Soiffons.

On lit dans Flodoard (1), que l'Evêque de ce Siége avoit auprès de l'Eglife de S. Rufin, fon manoir Epifcopal, c'eft-à-dire,
un château. Un titre de l'an 1093, concernant S. Thibaud, nous
fait connoître, qu'en cette année, le même Evêque poffédoit un
domaine, qui comprenoit une partie du territoire de Bazoches (2).
Dormay obferve, que de tout temps, les Evêques de Soiffons ont
eu une fupériorité marquée fur les Seigneurs laïcs de Bazoches,
qui, en figne de leur fubordination & de leur qualité de vaffaux,
(*Cafati*) devoient être du nombre des quatre Chevaliers, qui portoient l'Evêque, à fa premiere entrée folemnelle dans la ville de
Soiffons.

L'Eglife de Bazoches eft le titre du premier Doyenné Rural
du Tardenois. Le Doyenné de Fere en eft un démembrement.
La préfence des Evêques, que la proximité de leur château &
le foin de leurs affaires amenoient fouvent fur les lieux, paroît
avoir été le motif, qui aura déterminé à établir ce Doyenné à Bazoches, plutôt que dans d'autres endroits plus confidérables du
canton. Ces traits réunis marquent une jurifdiction ancienne, une
fupériorité, un dégré d'autorité, qui caractérifent l'état & la puiffance d'un Seigneur. Le domaine que les Evêques de Soiffons
poffédoient à Bazoches, leur avoit été cédé au feptiéme fiécle par
les Archevêques de Reims, qui tenoient cette terre des libéralités
du grand Clovis.

Il y avoit à Bazoches deux Collégiales, l'une de S. Rufin au
château, l'autre de S. Thibaud dans le bourg. Nous avons expofé
l'origine & les premiers accroiffemens du Chapitre de S. Rufin :

(1) Lib. 4. c. 53.　　　¶ (2) Dorm. t. 2. p. 73.

Tome I.　　　　　　　　　　　　　　　　　　　V v

cette Eglife fut deffervie par des Séculiers, jufqu'à l'an 1136 qu'on la foumit à Marmoutier. Il nous refte à préfenter, ce que nous avons découvert fur l'Eglife Collégiale de S. Thibaud.

La fondation de S. Thibaud eft très-obfcure. Je ne trouve rien qui regarde cette Eglife, avant fa réunion à Marmoutier, qui a été exécutée ainfi.

L'Eglife de S. Thibaud appartenoit à un Chapitre de Clercs féculiers, qui menoient une vie peu conforme à leur état. En l'an 1088, on prit la réfolution de mettre des Religieux de Marmoutier à leur place. Rainaud, Archevêque de Reims, & Hilgot Evêque de Soiffons, confommerent cette réforme, à l'occafion de la reftitution, que fit à S. Thibaud Manaffé de Bazoches, des biens eccléfiaftiques qu'il avoit ufurpés. Ce Seigneur avoit auffi fur l'Eglife de S. Thibaud, des droits légitimes & effectifs, qui rendoient fon confentement néceffaire à la réunion. Les deux Prélats obtinrent ce confentement, & drefferent une Charte, dans laquelle l'établiffement de la réforme eft expliqué.

On fpécifie dans cette piéce, que les Religieux nouvellement arrivés de Marmoutier, recevront les oblations; qu'ils auront en leur poffeffion le cimetiere ou parvis de l'Eglife; qu'ils jouiront des biens de cette Eglife, confiftant dans un bourg, un moulin, un four, un vivier; beaucoup de coutumes, des vignes, des prés, des terres labourables, & plufieurs maifons (1). On lit parmi les noms qui terminent la Charte de l'an 1088, ceux de Pierre de Bazoches, de Raherius Prieur de Crépy, d'Artaud Prieur de S. Thibaud, & de Guillaume de Pacy.

Peu de temps après la conclufion de cette affaire, Manaffé de Bazoches eut quelques différens avec les Moines de S. Thibaud, & profita de la conjoncture, pour enlever à ceux-ci des biens, qu'il trouvoit à fa bienféance. La réflexion rappella ce Seigneur à des fentimens plus équitables. Touché de repentir, il alla trouver Henry Evêque de Soiffons (2), & remit à ce Prélat en préfence de témoins, les biens qu'il avoit enlevés aux Religieux.

En l'an 1093, on tint un Concile à Reims, la troifiéme femaine de Carême, dans lequel Hugues de Pierrefonds, Evêque de Soiffons, propofa de confirmer aux Moines de S. Thibaud, la propriété des biens dont ils jouiffoient. Hugues penfoit, que cette for-

____

(1) Gall. chr. t. 10. inftr. p. 103.   I. (2) Hift. Chat. p. 684.

malité mettroit de plus en plus les Religieux à l'abri des invasions. Il obtint sa demande (1).

Le bourg & le château de Bazoches n'avoient pas encore été fortifiés sous le regne de Eudes. Voici un trait qui semble prouver, qu'ils étoient ouverts de toutes parts (2). Sous le gouvernement de ce Prince, une troupe de ces brigands, qui désoloient les campagnes, entra dans Bazoches pour piller les maisons & faire du butin. Un soldat ayant apperçu une femme qui lui plaisoit, la poursuivit, dans le dessein de la violer. Celle-ci lui ayant d'abord échappé, courut se réfugier dans l'Eglise de S. Rufin, où le soldat entra. Mais par l'intercession des Saints Martyrs, elle fut miraculeusement préservée de la brutalité de cet infâme.

Avant que le château de Bazoches fût fortifié, il y eut plusieurs Translations des Reliques de S. Rufin & de S. Valere, de Bazoches à Reims & à Soissons.

C'est à l'occasion de ces mêmes troubles, que le château de Bazoches fut fortifié. Les Archevêques de Reims & les Evêques de Soissons, excédés des déprédations continuelles, que les troupes des factieux & des gens sans aveu y exerçoient, prirent le parti de donner en Fief une partie de la terre de Bazoches à des Gentilshommes, qui se chargerent du soin de revêtir le château de fortifications, & de mettre le bourg en état de défense (3). Ces Gentilshommes prirent la qualité de Seigneurs de Bazoches, quoique vassaux des Evêques de Soissons ; ce titre leur appartenoit effectivement, à cause de leur Fief & de leur séjour habituel dans le manoir de ce Fief.

Les premiers Chevaliers, à qui la défense du château & de la terre fût confiée, étoient membres de l'illustre Maison de Châtillon-sur-Marne, dont une branche a pris le surnom de Bazoches.

Marlot rapporte (4) après Duchesne, qu'en l'an 909, Hérivée donna à son frere Eudes ou Odon les terres de Bazoches & de Châtillon-sur-Marne. Hérivée tenoit son Fief de Bazoches, de l'Eglise de Reims, de laquelle il étoit réputé bénéficier. L'obligation lui avoit été imposée par les Chefs de cette Eglise, de défendre Bazoches contre les attaques des Normands.

La suite des premiers Seigneurs de Bazoches est interrompue ;

(1) Gall. chr. t. 9. p. 362.
(2) Templ. p. 155.
(3) Duch. Hist. Chat. p. 679.
(4) T. 1. lib. 4. p. 541.

depuis Odon jufqu'à Milès de Châtillon, qui vivoit fous le Roi Henry I. Milès eut deux fils : il donna fon nom à l'aîné : le fecond fut appellé Manaffé. Milès II fut marié, & laiffa des enfans fous la tutêle de fon frere Manaffé. En ce même temps vivoient deux Militaires, appellés Renaud & Pierre, qui prenoient tous deux le furnom de Bazoches. Le nom du premier fe lit à la fin de l'acte de fondation de S. Adrien de Bethizy, daté de l'an 1060. Pierre paroît au nombre de ceux, qui ont foufcrit la Charte de 1088, concernant S. Thibaud. Le premier pouvoit tirer fon nom du lieu de Bazoches près de Crépy, qui n'eft pas éloigné de Bethizy. Quant au fecond, ce devoit être un Chevalier, parent ou affocié des Gentilshommes Seigneurs de Bazoches. Duchefne place la mort de Manaffé fous l'an 1080. Cette date eft fauffe. Manaffé, comme on l'a vu, vivoit encore après l'an 1088.

Milès de Bazoches, fecond du nom, avoit laiffé trois fils ; Hugues, Gervais, & Gaucher. Ce dernier fut Prieur de Sainte-Gemme. Hugues eut en partage les terres de Bazoches, de Coulonges & de Vauferé. Il eut plufieurs enfans, qui lui fuccéderent.

Gervais de Bazoches jouit parmi fes contemporains de la réputation d'un rare mérite, fondée fur fa prudence, fur fa bravoure, & fur la réunion de plufieurs belles qualités. On lit fon nom au bas d'une Charte de l'an 1102, concernant Rebais, avec le titre de Baron (1). Quelques-uns le mettent au nombre des Avoués ou Vicomtes du Mont-Notre-Dame ; leur fentiment nous paroît vraifemblable.

Duchefne écrit (2) qu'en l'an 1096 ; Gervais accompagna les Princes Chrétiens au premier voyage de la Terre-Sainte. Après que Hugues de Fauquemberg, Prince de Galilée & de Tabarie eut été mis à mort par les Turcs de Damas, Gervais reçut le gouvernement de cette principauté vers l'an 1107. Il remporta fur les Infidéles plufieurs victoires fignalées. Les Turcs qui le regardoient comme leur plus dangereux ennemi, le furprirent dans une embufcade, & l'emmenerent prifonnier à Damas.

Les Chrétiens offrirent une grande fomme d'argent pour fa rançon, que les Turcs refuferent. Sachant combien Gervais avoit part à l'eftime des Princes Croifés, les Turcs demanderent les villes de Ptolémaïde, de Zapha & de Tabarie ; ce qu'on ne put

(1) Hift. Meaux, t. 2. p. 180.   (2) Hift. Chat. p. 680.

leur accorder. Baudouin proposa aux Infidéles une somme de cent bezans d'or, au lieu de rendre ces villes ; les Turcs rejetterent son offre : & outrés du déplaisir de ne pas obtenir ce qu'ils désiroient, ils résolurent d'ôter la vie à Gervais. On conduisit ce brave Officier dans la place publique de Damas, où il fut percé de flêches.

Saboas, le plus puissant d'entre les Turcs, demanda la tête de Gervais, qui lui fut apportée. Il la fit écorcher en sa présence, ordonna que la chevelure fût séchée au soleil, & voulut qu'elle fût portée devant lui au bout d'une pique, en mémoire de l'avantage que les siens avoient remporté sur un aussi vaillant homme.

Fratellus raconte différemment cette derniere circonstance. Il prétend que Gervais fut pris par Tudequin, Roi de Syrie, qui lui fit trancher la tête ; qu'après l'exécution, Tudequin en fit enlever la chevelure, qu'il prit le crâne de cette tête, & que l'ayant fait border d'un filet d'or, & orner de pierres precieuses, ce crâne lui servoit de coupe dans ses repas.

Hugues de Bazoches, frere aîné de Gervais, ne nous est connu par aucune action remarquable. Il est fait mention de lui dans une Charte de l'an 1077, accordée à S. Thibaud par l'entremise de Manassé son oncle. Thibaud, Comte de Champagne, confirma les dispositions de cette Charte, ainsi que Ebles Comte de Roucy, & Hugues de Château-Thierry. Cette piéce fut rédigée en présence de Dreux, dit le Chauve, de Thierry d'Acy, de Milon de Fismes, de Reynier d'Ormont, & de Bernier de Château-Thierry (1). En l'an 1103, Hugues de Bazoches restitua à l'Eglise de S. Rufin & de S. Valere, la dixme du moulin de son château, dont ses Prédécesseurs s'étoient affranchis. Étant au lit de la mort, il fit présent à la même Eglise de cinq sols de rente, à prendre sur le moulin de Tannieres.

Hugues laissa en mourant, une épouse nommée Basile ou Basilie, qui respecta ses dernieres volontés. Basile augmenta de beaucoup, le legs que son mari avoit fait à S. Rufin. Car au lieu des cinq sols de rente, elle abandonna à cette Eglise, la propriété de toutes les dixmes de Tannieres, à la charge cependant de donner tous les ans un muid de bled aux Religieux de S. Thibaud, & un demi muid, dont le prix seroit employé au luminaire

(1) Duchesn. ibid. p. 681.

de leur Eglife. Lifiard, Évêque de Soiffons, confirma toutes ces chofes, par une Charte de l'an 1122.

Bafilie devenue veuve du Seigneur de Bazoches, demeura mere de cinq enfans; favoir, quatre garçons, Guy, Gaucher, Hugues, & Girard, & une fille, nommée Hermengarde.

Fin du fecond Livre.

SOMMAIRE DU TROISIEME LIVRE.

SOMMAIRE DU LIV. III.

SOMMAIRE DU LIV. III.

HISTOIRE
DU DUCHÉ
DE VALOIS.

LIVRE TROISIEME.

Contenant ce qui s'est passé dans le Valois pendant le douzième siécle.

E douziéme siécle a été fécond en établissemens Ecclésiastiques. Le nombre des Fiefs & des arrie-re-Fiefs s'est aussi beaucoup augmenté : de ma-niere que la meilleure partie des biens du Royau-me tourna au profit de ces deux Etats. Les Croi-sades & les pélerinages de long cours ont été la cause principale de ce changement.

Un genre de dévotion se saisit subitement de tous les esprits ; sans en excepter ceux des Seigneurs, dont les uns conçurent le-dessein de restituer les biens qu'ils avoient mal acquis, d'autres s'épuiferent en libéralités pour le falut de leurs ames ; d'autre enfin, fuivans le torrent qui entraînoit à la Terre-fainte la haute Nobleffe de France, vendoient à bas prix leurs domaines aux Eglifes, ou compofoient avec des Chevaliers fubalternes, afin d'avoir de quoi fournir aux frais de leurs voyages, & de pourvoir à la confervation de ce qui leur reftoit de biens, pendant leur abfence.

Ajoutez à ces conjonctures cette terreur panique de la fin du monde, qui troubla les efprits. On s'empreffoit d'obtenir par l'abandon de fes biens, quelques prieres. A peine certains Monaf-teres pouvoient-ils fuffire, à recevoir les grands biens qu'on leur offroit. On donnoit à la fin des métairies confidérables, pour quelques oraifons. Il eft aux confins du Valois une ferme de qua-torze charrues, qui a été donnée à une célébre Abbaye pour un *De profundis.*

L'Eglife ou l'Etat ont-ils gagné à ce changement? Quelles ont été les fuites d'une pareille révolution? La ruine des anciennes familles, le relâchement de la difcipline dans les Monafteres déja établis, & un germe de diffipation préparée à ceux qu'on fondoit à grands frais, & qu'on dotoit avantageufement.

La plûpart des Gentilshommes, prépofés à la confervation des terres & des châteaux, uniquement occupés de l'avancement de leur fortune, négligerent les intérêts qu'on leur avoit confiés. Plufieurs Seigneurs trouverent à leur retour, une déprédation dans leurs biens, qui réduifit les uns à une affreufe difette, & obligea les autres à ufer de voyes injuftes, afin de réparer leurs pertes.

1. La mort d'Héribert IV, Comte de Vermandois, mari de Hildebrante, avoit précédé de plufieurs années, celle du Bien-heureux Simon de Crépy. Héribert & Hildebrante n'eurent pas d'enfans mâles de leur mariage, mais feulement une fille nommée Adele, qui époufa Hugues le Grand, frere du Roi Philippe I. L'année de cette alliance ne nous eft pas connue. Nous favons feulement qu'après la mort d'Héribert, Hugues le Grand entra en poffeffion du Comté de Vermandois, & que la retraite & le décès de Simon le rendirent maître du Comté de Valois, ainfi que de la ville & du château de Crépy, où il établit fa réfidence. Hugues le Grand eft le Chef de la branche Royale de Vermandois & de Valois, qui finit par la mort de la Comteffe Eléonore, arrivée en l'an 1214.

Hugues

Hugues le Grand commença à prendre la qualité de Comte de Crépy, avant la fin du onziéme siécle. On lui donne ce titre dans une Charte de l'an *1095*, rapportée au *Gallia Chriſtiana* (1), de même que dans une autre piéce, citée par M. Simon dans ſon Supplément à l'Hiſtoire du Beauvoiſis (2). On a pluſieurs ſouſ-criptions du Comte Hugues, antérieures à ces deux actes : ſon nom ſe trouve parmi ceux des Seigneurs, qui ont aſſiſté à la Dédi-cace de S. Martin-des-Champs, en l'an 1067 (3). Deux autres Chartes, l'une de l'an 1069, concernant la fondation de S. Mar-tin de Pontoiſe, & l'autre de 1079, touchant les franchiſes de de S. Quentin de Beauvais, contiennent ſon nom ; mais ces pié-ces lui donnent ſeulement la qualité de frere du Roi. Ainſi l'on ne peut tirer aucune induction de ces ſignatures, pour connoître en quelle année ce Seigneur a pris poſſeſſion du Comté de Valois. Ives de Chartres lui donne toujours le titre de Comte de Crépy dans ſes lettres, mais ces lettres ſont ſans dates.

Il y a apparence, que l'alliance de Hugues le Grand avec Adele fut conclue, depuis la mort du Comte Simon, dans l'intervalle des années 1082 & 1090, & qu'il fut qualifié *Comte de Crépy*, auſſi-tôt après ſon mariage.

Pluſieurs Auteurs donnent à ce Prince des armoiries en regle ; mais ils ne s'accordent pas ſur le blaſon de ces armes. Les uns prétendent, qu'il les portoit de gueules au château d'or mâçonné de ſable, & ſommé de trois tours de même. D'autres lui attribuent les armes de France actuelles, d'azur à trois fleurs de lys d'or, deux en chef & une en pointe. MM. de Sainte Marthe écrivent, que ce Prince en épouſant Adele, avoit adopté ſes armes échi-quetées d'or & d'azur, en y ajoutant trois fleurs de lys d'or en chef (4). Ce dernier ſentiment eſt le ſeul, qui mérite attention. Le château ſommé de tours, étoit la figure du ſceau de la Collégiale de S. Aubin, au quatorziéme ſiécle. On ſait, que les armes actuel-les de France ne remontent pas plus haut, que le regne de Char-les VI.

Les premiers Comtes de Braine portoient échiqueté d'or & d'azur, de même que les premiers Comtes de Crépy de la bran-che Royale de Vermandois. Afin d'éviter la confuſion, les Com-tes de Braine ajouterent à leurs armes une bordure de gueules, &

(1) Tom. 10. inſt. p. 207. | (3) Hiſt. Montm. p. 75. 85.
(2) P. 36. | (4) Anſelm. t. 1. p. 532.
Tom. I.   X x

les Comtes de Crépy, trois fleurs de lys en chef. On n'avoit pas encore alors des regles fixes, touchant la diftinction & l'hérédité des armoiries dans les familles.

Bergeron commence à Hugues le Grand, la fuite des Seigneurs de Valois. Il ne paroît pas avoir eu connoiffance de ceux qui l'ont précédés.

Hugues le Grand eut, pendant fa vie, beaucoup de refpect pour les chofes faintes. Il donnoit dans toutes les rencontres, des marques d'une folide piété, & d'un caractere bienfaifant, qui lui gagnoient tous les cœurs. Il acheva l'Eglife de S. Arnoul, à laquelle il manquoit encore quelques ornemens. Il paffe pour avoir bâti les deux tours, qui accompagnent le chevet du chœur de cette Eglife.

Quoique le Monaftere de S. Arnoul fût foumis au Chef d'Ordre de Cluny, l'Evêque de Senlis avoit le pouvoir d'exercer fur cette Maifon bien des droits, par le miniftere de l'Archidiacre & des autres Officiers de fon Eglife. Ce partage de la puiffance fpirituelle pouvoit être l'occafion d'un conflict de jurifdiction, propre à troubler la paix, & tout-à-fait nuifible à la regle (1). Les Religieux de S. Arnoul craignant d'effuyer un refus de l'Evêque de Senlis, en s'adreffant directement à lui, prierent le Comte Hugues de les favorifer de fa protection auprès de cet Evêque, afin d'en obtenir le défiftement des droits, qu'il pouvoit exercer.

Le Comte reçut favorablement les repréfentations des Religieux, & entra dans leurs vues. Il écrivit à l'Evêque de Senlis une lettre preffante, qui eut fon effet. Il demandoit au Prélat par fa lettre, que le Monaftere de S. Arnoul fût foumis à tous égards, à l'autorité de l'Abbé de Cluny. L'Evêque accorda tout dans la réponfe qu'il fit au Prince : & afin de rendre fon défiftement plus authentique, il écrivit à l'Abbé de Cluny une lettre, qui exprimoit fon confentement, & qui portoit, que déformais, l'Abbé de Cluny auroit fur les Religieux & fur la maifon de S. Arnoul, une autorité fans partage : *Sub imperio veftræ dominationis, & fanctitatis fubdatur omnibus modis.* La lettre de l'Evêque eft datée de l'an 1095.

Hugues le Grand partit pour la Terre-Sainte, l'année fuivante 1096 (2). Il chercha à fe diftinguer dans cette expédition, par des moyens tout différens, de ceux que la plûpart des Seigneurs François employoient, dans le deffein de fe faire remarquer. Simple &

(1) Gall. Chr. t. 10. inftr. p. 202.   ‡ (2) Guib. geft. dei per Franc. lib. 2. cap. 7.

modeſte par caractere, il aimoit mieux donner l'exemple d'une conduite ſoutenue & uniforme dans la pratique des vertus chrétiennes, que d'en impoſer par le brillant appareil d'une ſuite nombreuſe. Quoique frere unique du Roi, ſa fortune ſe bornoit aux revenus, qu'il retiroit des deux Comtés de Valois & de Vermandois ; ce qui le mettoit dans la néceſſité d'uſer d'économie, & favoriſoit l'éloignement qu'il avoit pour le luxe.

Ses biens, dit Guibert, n'étoient proportionnés ni à ſa naiſſance, ni à ſon vrai mérite. La plûpart des *Seigneurs François* l'emportoient ſur lui par le train qu'ils menoient, mais le Prince les effaçoit tous par l'éclat de ſes vertus, par ſon intelligence & par ſa valeur. L'habileté dont il fit preuve dans pluſieurs rencontres, où il donna d'excellens conſeils & paya de ſa perſonne, lui acquit la confiance du ſoldat, & lui mérita le ſurnom de Grand.

Il eut beaucoup de part à la priſe d'Antioche & de Nicée, que les Chrétiens conquirent ſur les Infidéles en 1097. Après la victoire que l'armée des Croiſés remporta près d'Antioche, les Princes Chrétiens réſolurent d'envoyer une députation ſolemnelle à l'Empereur de Conſtantinople. On compoſa cette députation des perſonnes les plus diſtinguées de l'armée, & le Prince Hugues le Grand en fut nommé le chef.

Ce choix partoit d'un ſentiment unanime, qui plaçoit le Comte au-deſſus de tous les Princes Chrétiens. L'opulence & l'éclat des parures, que les premiers Seigneurs de cette Croiſade employoient à ſoutenir ou à relever leur dignité, faiſoient bien moins d'impreſſion ſur les eſprits, ajoute Guibert, que la douceur des mœurs & l'aſſemblage des belles qualités du Comte de Crépy. Affable & populaire, il étoit auſſi doux dans le commerce, que vaillant dans les combats. Il accordoit aux perſonnes conſacrées à Dieu des diſtinctions, par un principe de religion. Sa ſobriété ſervoit d'exemple. Les Seigneurs du plus haut rang avoient recours à ſes conſeils dans les conjonctures délicates, & ils y déféroient. Sans la malheureuſe affaire où il reçut le coup fatal qui termina ſes jours, il auroit été d'un commun accord, déclaré Roi des Etats conquis ſur les Infidéles.

On trouve dans le même Auteur (1) un trait, qui fait honneur à la magnanimité de ce Seigneur. Avant que la bataille d'Antioche ſe donnât, l'armée chrétienne étoit abſolument dépourvue de

(1) Guib. ibid. lib. 6. cap. 2, n° 5.

X x ij

subſiſtances. La rareté exceſſive des vivres faiſoit, que les plus grands Seigneurs ne pouvoient ſe procurer, pas même au poids de l'or, ceux qui ſont le plus néceſſaires à la vie. La miſere des Généraux égaloit celle des ſoldats. L'Intendant du Prince Hugues, ſenſible à la ſituation de ſon Maître qui ſouffroit une faim cruelle, épuiſa toutes les reſſources, qui pouvoient lui procurer la découverte de quelqu'aliment. Il trouva à la fin un pied de chameau, qui lui coûta fort cher. Il le fit cuire & le préſenta au Prince, qui en mangea avec beaucoup d'avidité. Une indigeſtion plus dangereuſe que la faim, ſuccéda à ce repas. Le Comte tomba pluſieurs fois dans des ſincopes, accompagnées de ſymptômes effrayans, & perdit ce qui lui reſtoit de forces.

Dans cet excès d'accablement, on vint lui annoncer que la bataille alloit ſe livrer, & on lui ajouta qu'il pouvoit en attendre l'iſſue ſans aucun riſque dans Antioche, avec les troupes qui bloquoient le château. Le Prince ſembla renaître à ce propos, & donna des marques d'un courage héroïque, qui ranima le peu de forces que ſon mal avoit comme abſorbées. Il fit cette réponſe : Je veux, dit-il, paroître à l'action & y payer de ma perſonne. Si je ſuis compris dans le nombre des morts, à la bonne heure ; je ne puis terminer ma vie par une fin plus heureuſe, que celle de la ſacrifier aux intérêts de la Religion. Il parut effectivement au combat à la tête des François & des Flamans, qui avoient leur Comte avec eux. Les ordres qu'il donna à propos, la valeur & l'intrépidité qu'il fit paroître & dont il anima les troupes qu'il commandoit, contribuerent beaucoup à décider la victoire en faveur des Chrétiens.

Le Prince à ſon retour de la premiere Croiſade, vint ſe délaſſer de ſes fatigues au château de Crépy. Il y tenoit une Cour peu nombreuſe, mais très-bien compoſée. La naiſſance n'étoit pas un titre excluſif pour y être admis : quiconque excelloit dans la pratique des vertus civiles ou militaires, ou dans la littérature, avoit un droit acquis de prétendre à ſon intimité. L'Abbé de Nogent-ſous-Coucy, que nous avons déja cité pluſieurs fois, témoigne dans ſes écrits, que ce Prince l'honoroit de ſa bienveillance & de ſon eſtime, qu'il recevoit avec bonté ſes viſites, & l'admettoit à ſes entretiens.

En l'an 1100 ou 1101, Hugues le Grand entreprit un ſecond voyage de la Terre-Sainte, où il n'arriva pas (1). Il fut l'une des vic-

(1) Guib. ibid. lib. 8. cap. 5.

times, que le perfide Empereur des Grecs immola à ses soupçons injustes. Hugues & les autres chefs de l'armée Chrétienne, trompés par les démonstrations d'une fausse amitié, que cet Empereur leur avoit réitérée pendant leur Ambassade au temps de la premiere Croisade, reçurent de lui des guides, qui conduisirent l'armée Chrétienne dans une embuscade, que les Infidéles avoient préparée. Cinquante mille hommes périrent par les armes des ennemis du nom Chrétien. Hugues le Grand ne demeura pas dans l'embuscade parmi les morts ; mais il reçut un coup de flêche à la rotule du genou, & cette blessure lui causa des douleurs cruelles. On le transporta dans la ville de Tharse en Cilicie, où l'on essaya en vain de tous les remédes, qui pouvoient lui procurer quelque soulagement : il y mourut le 18 Octobre de l'an 1102, à l'âge de quarante-cinq ans (2). Son corps fut inhumé dans l'Eglise de S. Paul. Sa perte causa un déplaisir sensible à tous les Chrétiens d'Outremer. On le regretta dans le Valois & dans le Vermandois, comme un Prince humain & bienfaisant, qui rassembloit des vertus directement opposées aux vices des anciens Seigneurs de ces deux Provinces.

Adele de Vermandois demeura veuve avec trois fils & quatre filles, nés tous sept au château de Crépy. Raoul, l'aîné des Princes, eut la meilleure part des domaines de son pere. Simon, le second, devint Evêque de Noyon. Henry ou Aimery, le troisiéme, eut en partage le Comté de Meulant & la Seigneurie de Louvry en Valois.

Mahaud, l'aînée des quatre filles, fut mariée en 1090, à Raoul Seigneur de Baugency, & fut mere de la Dame Agnès, qui épousa Enguerrand de Coucy. La seconde, épousa Boniface, Marquis d'Italie. La troisiéme, fut mariée à Hugues I, Seigneur de Gournay. Elisabeth, la quatriéme, épousa Robert Comte de Meulant, qui la laissa veuve après peu d'années (2). Cette Dame ayant jugé à propos de contracter une seconde alliance avec Guillaume II de Varennes, Comte de Surrey en Angleterre, le Comté de Meulant que son premier mari lui avoit apparemment assigné en douaire, passa au Prince Henry son frere.

Nous nommerons Raoul IV, le fils aîné de Hugues le Grand & d'Adele, afin de le distinguer des autres Seigneurs de Valois,

---

(1) Robert de Mont. ad an. 1102. | (2) Herman. lib. 1. cap. 2.

qui ont porté ce même nom avant lui. Sa vie & ſes actions nous occuperont dans un autre endroit de cette Hiſtoire.

Simon, frere de Raoul, ayant fait paroître dès ſa jeuneſſe, quelqu'inclination à l'état Eccléſiaſtique, reçut la tonſure Cléricale, & fut nommé à la dignité de *Coutre* de l'Egliſe Collégiale de Saint Quentin (1). Il paſſa de cette place à une autre beaucoup plus relevée. Il parvint au Siége Epiſcopal de Noyon en l'an 1123, dans un âge peu avancé. Hériman ayant à parler de lui, vers le temps où il avoit été inthroniſé, l'appelle un jeune homme, *adoleſcentem*. Simon aimoit beaucoup le ſéjour de Crépy: il y rendoit à ſon frere aîné des viſites très-fréquentes. C'eſt lui qui fonda la riche Abbaye d'Orcamp dans ſon Dioceſe, en 1129.

C'eſt auſſi à lui que commence la ſuite des Evêques de Noyon, Comtes & Pairs de France. Ce titre lui fut donné, ſoit à cauſe de ſon rang de Prince, ſoit dans la vue de le dédommager de la diſtraction qu'on fit, du Siége de Tournay d'avec celui de Noyon; ce qui ôtoit à ſa juriſdiction une étendue de pays conſidérable (2). Il fit quelques donations à Mornienval, & enrichit de ſes bienfaits pluſieurs Monaſteres du Valois. Il entreprit le voyage de la Terre-Sainte à la ſuite du Roi Louis VII, en l'an 1146, & mourut à Séleucie l'an 1148. Si le terme de ſa vie eût été prolongé, il avoit réſolu d'abdiquer ſa dignité & de ſe rendre ſimple Religieux dans l'Abbaye d'Orcamp. Son corps ayant été rapporté de Séleucie en France, on l'inhuma dans l'intérieur de cette même Abbaye.

Du Tillet appelle Aimeric ou Emeri, le troiſiéme fils de Hugues le Grand. On le nomme Henry dans l'acte de l'an 1118, qu'Adele ſa mere fit dreſſer en faveur des Religieux de S. Arnoul. Il eſt cité au Cartulaire de Philippe Auguſte ſous le nom de *Henricus de Chaumiaco*. Il eſt la tige des Comtes de Meulant & de Chaumont en Vexin, dont pluſieurs, ainſi que lui, faiſoient leur principale réſidence au château de Louvry en Valois, dans la Châtellenie de la Ferté-Milon. Nous donnerons la ſuite des deſcendans de ce Seigneur.

Dès que la nouvelle de la mort de Hugues le Grand fut arrivée en France (3), Adele ſa veuve fit expédier en ſon nom toutes les affaires, qui regardoient les Comtés de Vermandois & de Valois.

(1) Spicileg. 4° tom. 12. p. 468. | tom. 6. p. 96.
(2) Gall. Chr. t. 9. p. 1002. Ann. Bened. | (3) Herman. lib. 1. cap. 2.

Elle continua d'occuper le château de Crépy, dont elle se qualifioit Dame & Comtesse. Damien de Templeux cite un titre pos-
térieur à la mort de Hugues le Grand, dans lequel elle se nomme
Comitissa Crispeii.

Elle donna aux Religieux de S. Arnoul des marques de sa protection en plusieurs rencontres. Elle confirma d'abord leurs priviléges, par un acte en son nom, daté du six des Ides de Décembre de l'an 1102, environ deux mois après la mort du Prince son
mari (1). Par un autre acte de la même forme que ce dernier, elle
accorda l'année suivante 1103, une prébende de l'Eglise de Saint
Quentin en Vermandois, à l'Eglise de S. Quentin de Beauvais.
L'acte porte qu'elle a pris à ce sujet, le consentement de ses fils.

Le temps qui adoucit les regrets les plus vifs, changea insensi-
blement la résolution, que la Dame Adele avoit d'abord formée
de demeurer veuve, par attachement & par respect pour la mémoire du Comte Hugues le Grand. De nouvelles considérations
firent naître en elle d'autres dispositions, après dix à douze années
de veuvage. Renaud II, Comte de Clermont en Beauvoisis, gagna d'abord son estime par une cour assidue, & lui parut à la fin
mériter son alliance, à laquelle ce Seigneur aspiroit. Renaud étoit
fils de Hugues de Clermont, & de Marguerite, troisiéme fille de
Hilduin Comte de Roucy.

L'année des secondes nôces d'Adele est incertaine. On ne doit
pas les placer plus tard que l'an 1113. On a la preuve qu'en cette
année, elle nomma conjointement avec Renaud son second mari,
un successeur à Barthelemi, cousin de Renaud, dans la Trésorerie
de S. Quentin en Vermandois (2).

Ce second mariage n'ôta pas du cœur de la Comtesse, les sentimens qu'elle devoit à la mémoire du Prince Hugues le Grand.
Elle fonda en l'an 1118, des prieres & des services dans l'Eglise
de S. Arnoul, pour le repos de l'ame de ce Seigneur. Elle donna
à cet effet aux Religieux de S. Arnoul, du consentement de Renaud & de ses fils, tout ce que les Comtesses de Crépy avoient
coutume de posséder au château de cette ville, à Feigneux, à Vez
& à Largni. L'acte de donation porte, que la Comtesse accorde
aux Religieux ces revenus pour les aider à subsister, à condition
qu'elle aura part à leurs prieres ainsi que le Comte son mari, ses
trois fils & ses filles (3).

(1) Spicileg. t. 3. p. 437. Gall. Chr. t.   (2) Acheri not. ad Guib. p. 597.
10. col. 485.   (3) Gall. Chr. t. 10. instrum. p. 424.

Renaud & Adele eurent de leur mariage une fille appellée Marguerite, qui épousa d'abord Charles, Comte de Flandres, puis Thierry d'Alsace, qui fut aussi Comte de la même Province. Renaud survécut à Adele. Cette Dame qui vivoit encore en 1123, mourut peu de temps après.

Au lieu de Renaud, quelques Auteurs lui donnent pour second mari, Hugues Champ-d'Avene, Comte de S. Pol. D'autres prétendent, qu'elle épousa en secondes nôces Baudouin d'Ené. Ces deux sentimens, destitués de fondement, n'ont plus de partisans. Après la mort d'Adele, Raoul son fils aîné prit possession du château de Crépy & des domaines qui en dépendoient.

2. C'est principalement pendant le douziéme siécle, que la puissance des Seigneurs de Pierrefonds a été portée au plus haut point. Nivelon II, fils aîné de Nivelon I, entra en possession de la meilleure partie des biens de son pere. Nous avons parlé de ses trois freres Jean, Pierre & Ernaud au livre précédent : il avoit une sœur nommée Marie, qu'on croit avoir épousé le Chevalier Renaud, troisiéme fils de Guillaume, Comte de Soissons (1).

Hugues, quatriéme frere de Nivelon II, ayant été destiné à l'état Ecclésiastique dès son bas âge, devint Evêque de Soissons en l'an 1091, étant encore fort jeune. Plusieurs lettres de l'Evêque Ives de Chartres lui sont adressées. Il consultoit ce savant Prélat, & suivoit ses conseils. Ives, dans une de ses lettres, lui recommande les bonnes lectures, la méditation & l'oraison, de peur que son cœur encore tendre, & son esprit facile à recevoir les impressions, ne donnassent entrée aux passions. Instruit des maximes de la Religion & des devoirs de son état par un maître aussi habile, Hugues de Pierrefonds donna à son frere Nivelon II, plusieurs avis, dont celui-ci profita.

C'est à la sollicitation de l'Evêque son frere, que Nivelon soumit à Marmoutier l'Eglise de S. Mesmes. Hugues de Pierrefonds, sollicité par Ives de Chartres qui avoit été Abbé de S. Quentin de Beauvais, accorda ses attentions & une protection particuliere aux Clercs ou Religieux de S. Adrien de Bethizy. La dévotion du temps le porta à entreprendre le voyage de la Terre-Sainte en l'an 1102. Les fatigues de ce voyage lui causerent une maladie dangereuse, de laquelle il mourut à Aquilée l'année suivante 1103.

(1) Duchesn. Hist. Chat. p. 48. Derm. Hist. Soiss. t. 2. p. 26.

Nivelon

Nivelon II avoit épousé du vivant de son pere (1), Havoise de Montmorenci, fille d'Hervé & d'Agnès. Il eut d'elle quatre fils ; Pierre, Ancoul, Nivelon, Drogon, & une fille appellée Adele ou Aveline de Pierrefonds.

La vie de Nivelon II nous est peu connue. L'acte, par lequel Jean I de Pierrefonds donna la Vicomté de Chelles à l'Eglise de Soissons en 1098, le nomme *Nivelo Petra-fontensis Dominus.* Nivelon II signa cet acte comme témoin. En l'an 1102, il se croisa avec Hugues de Pierrefonds son frere, Evêque de Soissons, & entreprit le voyage de la Terre-Sainte. Avant son départ, il soumit au Monastere de Marmoutier la Collégiale de S. Mesmes, établie dans son château de Pierrefonds, avec les biens & les droits qui en dépendoient.

L'acte de cette donation contient les particularités suivantes (2). Il porte, que désormais l'Eglise de S. Mesmes sera desservie par des Religieux de Marmoutier, qui prendront la place des Chanoines séculiers, à mesure que ceux-ci laisseront des prébendes vacantes par décès ou par démission. Nivelon déclare ensuite, qu'il n'est pas le seul auteur de ce changement ; que son épouse & ses enfans y ont eu part, & que Hugues de Pierrefonds son frere, Evêque de Soissons, y a beaucoup contribué par ses pressantes sollicitations ; que les Gentilshommes de son château l'ont approuvé, de même que tous les notables du bourg de Pierrefonds. Nivelon logea dans son château les premiers Moines, qui vinrent de Marmoutier. La Charte porte, qu'il leur destina un corps de logis attenant l'Eglise, composé d'une sale voutée, destinée aux exercices de la regle & au travail des mains ; d'une cuisine, d'un jardin où il y avoit un puits & une terrasse située à l'Orient, qui dominoit sur le chemin public, & dont la vue s'étendoit fort loin.

Les formalités qu'on employa, pour consommer ce changement, sont remarquables. L'acte de donation ayant été dressé & signé dans l'Eglise de S. Sulpice de Pierrefonds, Nivelon le joignit au livre des Collectes, qui lui fut présenté. Prenant ensuite ce livre, il s'avança vers l'Autel, suivi de sa femme & de ses enfans, & le remit entre les mains de Hugues, Prieur du Monastere, en présence de treize Chevaliers, de treize Bourgeois, de Roger son Sénéchal, de Guibert son Ecuyer, & de deux Archers,

(1) Hist. Montm. p. 80.   ʃ (2) Gall. Chr. t. 10. instr. p. 106.

Tom. I.   Y y à la vue d'une multitude de perfonnes de tout état, qui affistoient à la cérémonie. La Charte de donation nous a été tranfmife (1). On lit au bas les fignatures de Havoife de Montmorenci, épouse de Nivelon, & de fes quatre fils, celles des treize Chevaliers & des treize Bourgeois.

On a deux confirmations de cette donation (2); la premiere, de Lifiard de Crépy, Evêque de Soiffons, datée de l'an 1113 : l'autre de Jofcelin, Evêque de cette même Ville, datée de l'an 1144. Elles font adreffées à Guillaume Abbé de Marmoutier, & aux Religieux de S. Sulpice de Pierrefonds. Dans une lettre d'Odon Abbé de Marmoutier, datée de l'an 1136, on qualifie du nom *Cænobia* les deux maifons de S. Sulpice & de S. Mefmes.

L'année même de cette réunion, Enguerrand, Seigneur de Coucy, donna au Chapitre de Soiffons le tiers des revenus d'une Eglife, qu'il poffédoit à Pierrefonds (3).

On croit, que Nivelon II mourut à la Terre-Sainte la même année, que l'Evêque Hugues de Pierrefonds fon frere. Pierre & Nivelon fes deux fils aînés décéderent peu d'années après lui, fans laiffer de poftérité. Ancoul qui avoit embraffé l'état Eccléfiaftique, devint Evêque de Soiffons. Dreux ou Drogon fuccéda à fon pere. Il ne faut pas confondre l'aîné de ces quatre fils avec Pierre, Vicomte de Pierrefonds, qui vivoit encore en 1183.

Ancoul de Pierrefonds, nommé Prevôt de Soiffons en 1128, paffa de cette place à la dignité d'Evêque en 1152, & gouverna l'Eglife de Soiffons jufqu'en 1158. C'eft le même que Bergeron nomme Arnoul dans fon Valois. Il n'étoit pas neveu, mais petit-fils de Nivelon I. On a fur la vie de ce Prélat plufieurs traits, dont les dates ont été confervées (4).

Il confirma la donation de S. Thibaud de Bazoches à Marmoutier, en 1153. Il foumit auffi à cette Abbaye l'Eglife de S. Rufin & de S. Valere. Il contribua beaucoup à l'établiffement des Religieufes de S. Jean-aux-bois. En 1158, il donna aux Religieux de Coincy l'Eglife de S. Pierre à la chaux de Soiffons, & releva de fon excommunication Robert de Dreux, Comte de Braine, frappé d'anathême, à caufe des vexations qu'il avoit exercées contre les Religieux de Coincy. Ancoul mourut au mois de Septembre de l'an 1158. Son corps fut tranfporté de Soiffons à Long-

(1) Gall. Chr. inftr t. 10. p. 106.
(2) Ibid. t. 9. p. 355. 358.
(3) Dorm. Hift. Soiff. t. 2. p. 73.
(4) Gall. Chr. t. 9. p. 360.

pont. Il eſt inhumé dans le chœur de l'Egliſe, auprès du Sanctuaire, du côté de l'Evangile. On dreſſa, peu de temps après ſa mort, un monument de pierre ſur ſon tombeau. Ce mauſolée ſe voit encore ; on y lit cette inſcription : *Hic jacet Anculphus, Epiſcopus Sueſſionenſis.*

Aveline de Pierrefonds épouſa Jean, Comte de Soiſſons, de qui elle eut beaucoup à ſouffrir (1). Le Comte qui n'avoit recherché ſon alliance que par des vues d'intérêt, afin de jouir de quelques héritages limitrophes à ſon Comté, lui cauſa toutes ſortes de peines. Il l'accuſa publiquement d'adultere. Ce reproche fit dans le public, un éclat ſcandaleux. L'Evêque Liſiard de Crépy, inquiet du parti qu'il devoit prendre, en écrivit au célebre Ives de Chartres. Il en reçut une réponſe ſage & ſatisfaiſante, dont il profita. Il eut le bonheur de terminer l'affaire, & de rapprocher les parties.

J'ai lû au Cartulaire de Mornienval, un acte daté de l'an 1122, & paſſé dans l'Egliſe de S. Jean-aux-bois, par lequel Aveline de Pierrefonds donne à Mornienval une piéce de terre ſiſe à Jaulzy, d'une étendue à recevoir trois muids de ſemence, meſure de Soiſſons. Cette Dame donna auſſi quelques biens au Monaſtere du Charme. Elle ſurvécut à ſon mari, & mourut le dix-huit Juin de l'an 1149 ou 1150.

Après la mort de Nivelon II, ſes biens vinrent au pouvoir de Drogon I ſon quatriéme fils. Les deux aînés ne vivoient plus. Ancoul, le troiſiéme, content des revenus attachés à ſa dignité d'Evêque de Soiſſons, n'avoit rien réclamé de la ſucceſſion de ſon pere. Drogon prenoit auſſi la qualité de Seigneur de Virmes. Il épouſa Béatrix de Rochefort, Dame de Crécy en Brie, fille de Guy le Rouge, & veuve de Manaſſé de Tournehem (2).

Drogon ne prit part ni aux Croiſades, ni à aucune de ces expéditions de mode, qui mettoient dans la néceſſité d'abandonner le ſoin de ſes affaires & de s'expatrier. Il s'occupa preſque toute ſa vie, du ſoin d'embellir ſon château & d'en augmenter les dépendances. Il y tenoit une Cour nombreuſe, & partageoit ſon temps, entre les plaiſirs de la table & le divertiſſement de la chaſſe. Craint & reſpecté de ſes voiſins, à cauſe des forces qu'il pouvoit raſſembler en peu de temps, il alloit de pair avec les premiers Seigneurs du Royaume.

(1) Dorm. t. 2. p. 75. 78.   (2) Hiſt. Chat. Duc. p. 48. Dorm. t. 2. p. 138.

En l'an 1137, il parut au nombre des Seigneurs, qui formoient la Cour de Thibaud, Comte de Champagne, à Sézanne en Brie. Il y signa comme témoin, une Charte expédiée au nom du Comte de Champagne. Son nom suit immédiatement ceux du Comte de Retest & du Comte de Grandpré, & précéde ceux de Gaucher de Châtillon, de Mathieu de Montmorenci, & de plusieurs Chevaliers de marque (1). On a un titre de la même année, concernant Mornienval, à la fin duquel on lit son nom, avec ceux d'Archambaud, Doyen de Crépy, & de Jean le Turc son parent. En 1144, il fit présent à l'Abbaye de Long-pont de la belle ferme de la Gorge (2). Dans le Cartulaire de Collinances, Drogon & Béatrix son épouse font mis au nombre des bienfaiteurs de cette maison (3). Il fit présent en l'an 1155, à la priere de l'Abbé Henry, aux Religieux de Valseri, d'un domaine sis à Ambleny, qu'on nommoit le Château, *quod Castellum dicitur* (4).

Il paroît, que la plûpart de ces libéralités étoient des restitutions, ou des présens équivalens à d'autres biens Ecclésiastiques, que Drogon avoit enclavés dans ses domaines. L'usurpation qu'il fit sur les Religieux de S. Pierre en Chastres d'une portion de leurs bois, pour les joindre à son parc, sans forme de dédommagement, donne de sa personne l'idée d'un Grand peu scrupuleux, sur les moyens de s'approprier ce qui lui convenoit.

De son temps, la Châtellenie de Pierrefonds comprenoit une étendue de pays presqu'aussi considérable, que celle qu'elle contient aujourd'hui. Le pouvoir que Drogon y exerçoit, étoit absolu. Les troupes qu'il entretenoit dans ses Avoueries, affermissoient ce pouvoir & le rendoient presqu'arbitraire, soit par rapport à la jurisdiction, soit par rapport au domaine. Dans ses Chartes, il nomme cette étendue, les lieux de sa domination, *in omni loco dominationis nostræ*. Il possédoit une grande partie de la forêt de Retz & plusieurs cantons de celle de Cuise : il entretenoit un Juge-Gruyer, qui présidoit à la police de ses bois; & ce Juge avoit sous lui, des Sergens à ses ordres. Le nombre des péages qu'il percevoit & des impôts qu'il levoit, exciteroit l'étonnement, si nous nommions tous ceux, dont nous avons connoissance.

Nous ignorons l'année, où Drogon est mort. Béatrix son épouse lui survécut, avec un fils nommé Drogon comme son pere, &

(1) Hist. Montm. p. 92.
(2) Chr. Long. p. 18.
(3) Hist. Meaux, p. 37.
(4) Gall. Chr. p. 9. p. 486.

deux filles, Ade & Marguerite de Pierrefonds. Béatrix parvint à un grand âge. En l'an 1172 elle fit son testament, par lequel elle donne à l'Abbaye d'Hyeres au Diocese de Paris, un bien sis à Bagneux, du consentement d'Agathe sa petite fille (1). Elle étoit alors attaquée d'une maladie, qui la mit au tombeau.

Nous nommerons Drogon II le fils du Seigneur, dont nous venons de parler. Ade de Pierrefonds, sœur aînée de Drogon II, épousa Gautier de Châtillon, second du nom (2), pere de Guy, & ayeul de Gaucher III, qui fut Seigneur en partie de Pierrefonds. Gaucher II se trouva avec Drogon I son beau-pere, à plusieurs cérémonies publiques. Ils sont nommés l'un & l'autre, dans une Charte de Thibaud de Crépy de l'an 1134. Ces deux Seigneurs parurent ensemble cette même année à la Cour, que tenoit à Meaux, Thibaud, Comte de Champagne. Trois ans après, ils firent de compagnie le voyage de Sézanne en Brie, dans le dessein de rendre leurs devoirs au même Comte de Champagne. Ce Prince les reçut avec la distinction qu'ils méritoient. Gaucher II fut tué à Laodicée par les Sarrasins en l'an 1147. Ade son épouse vivoit encore en 1162.

Marguerite de Pierrefonds épousa Pierre de Vic-sur-Aisne, duquel elle eut trois fils; Pierre, Milon & Drogon. Milon mourut avant ses deux freres, & fut inhumé à Long-pont (3). L'on a un titre de l'an 1178, dans lequel Marguerite de Pierrefonds paroît avec ses deux autres fils Pierre & Drogon. Ce titre fait présumer, que son mari ne vivoit plus. Marguerite épousa en secondes nôces, un Seigneur de la maison de Chambly, qui vivoit encore en l'an 1196. Pierre, son aîné, devint Vicomte de Pierrefonds. Il signa deux Chartes en cette qualité, l'une de l'an 1183, l'autre de 1184 (4).

3. On rapporte au temps, où Drogon I possédoit le château & la Châtellenie de Pierrefonds, l'origine du Bourget près de Paris, qui en est une dépendance. Ce lieu, quoique bien peuplé, n'est qu'une Succursale du village de Dugny.

Le Bourget a commencé par deux maisons, situées sur la droite du grand chemin, qui conduit de Paris à Senlis. L'une est la premiere maison qu'on rencontre en entrant, & qui porte le nom des Mathurins, auxquels elle appartient. L'autre est l'hôtellerie du

(1) Hist. dioc. de Paris, t. 9. p. 414.
(2) Hist. Chat. p. 30. 33.
(3) Chron. Long. p. 64.
(4) Chron. L. ibid. p. 71. Cart. Ph. Aug. f. 12.

Moulinet d'or, qui a été bâtie fur les ruines d'un ancien Monafte-re de filles. Ce Couvent exiftoit feul fur le territoire actuel du Bourget, dans les temps dont il eft ici queftion. Ce Monaftere pouvoit bien être un démembrement de l'Abbaye de S. Denys, de laquelle il aura été diftrait, lorfque les Communautés Religieu-fes ont ceffé d'être doubles.

Ces Religieufes, rebutées de prendre la fuite pendant les trou-bles, réfolurent de rechercher la protection de quelqu'Avoué puif-fant, qui les défendroit contre les partis de factieux & de vaga-bonds, qui paroiffoient inopinément dans les campagnes, & pil-loient les maifons. Elles eurent recours au Seigneur de Pierre-fonds, dont le nom & la puiffance donnoient de la crainte aux partifans. Il y eut un traité entre les Religieufes & ce Seigneur, par lequel celui-ci s'obligeoit à fortifier le Couvent, & à y pla-cer une garnifon, commandée par un Chevalier de fon château : les Religieufes de leur côté promettoient de fe foumettre à fa ju-rifdiction, & de lui abandonner en toute propriété un certain nombre de *livrées* de terres, & un efpace de terrein autour des bâtimens du Monaftere, où il pourroit bâtir un bourg.

En vertu du Traité, le Seigneur de Pierrefonds fit entourer le Couvent de deux enceintes de fortes murailles; & dans l'inter-valle de ces deux enceintes, il bâtit quelques logemens, où plu-fieurs familles du voifinage vinrent fe réfugier. Ce terrein qui s'a-vançoit en forme d'ovale, du côté de Senlis & vers Paris, fut gar-ni de maifons en peu d'années, à caufe de la fûreté qu'on y trou-voit. Le peuple nomma *Bourget* ce nouvel amas de maifons, du mot latin *burgum*, par lequel ces fortes d'établiffemens font défi-gnés dans les Chartes anciennes.

Dans des temps poftérieurs, on rapprocha, en faveur de la fû-reté publique, le grand chemin, des murs de ce Bourget. On bâ-tit plufieurs auberges fur la gauche, avec une Chapelle à l'ufage des particuliers, qui demeuroient hors de l'enceinte du bourg. Les Seigneurs de Pierrefonds n'ont jamais étendu leur jurifdiction fur ces maifons; ils l'ont confervée feulement fur celles du côté op-pofé. Les Ducs de Valois ont long-temps confervé la jurifdic-tion de la premiere partie du Bourget. Bergeron & Muldrac font mention de ce droit, que quelques Officiers du Bailliage de Cré-py ont encore exercé, au commencement de ce fiécle. Le Bour-get eft à plus de quatorze lieues de Pierrefonds.

3. Si l'on fait attention aux autres Avoueries & aux domaines, que Drogon I possédoit par-delà Soissons , l'on concevra qu'il devoit jouir d'un crédit & d'une puissance énormes, sous des Souverains qui n'avoient pas encore recouvré l'autorité, qui devoit leur ap-partenir.

Drogon II succéda au Seigneur Drogon I , & jouit de presque tous les biens, que son pere avoit possédés. Il prenoit la qualité de Seigneur de Pierrefonds , du vivant de Béatrix sa mere. Il céda cependant à ses sœurs quelques portions des revenus de son pe-re ; & à l'imitation de ses ayeux , il chercha à s'en dédommager par des usurpations.

Les Chanoines de Sainte Geneviéve de Paris possédoient un Fief, qui avoit titre de *Chastellenie* , au milieu des domaines de Drogon II; celui-ci s'en empara. Il mit garnison dans le manoir , & soumit à sa jurisdiction tous les hommes de ce canton , qui re-levoient de Sainte Geneviéve (1). L'Abbé Odon , Doyen de cette Communauté, sentant parfaitement qu'il n'obtiendroit rien par ses remontrances, d'un usurpateur aussi décidé , employa au-près de lui la médiation de Nivelon de Cherisy, Prevôt de l'E-glise de Soissons , & parent de Drogon.

Le Seigneur de Pierrefonds écouta favorablement les représen-tations du Prevôt, & rendit à Sainte Geneviéve , en considéra-tion de Nivelon , le domaine qu'il avoit usurpé. De peur que Dro-gon ne revint contre sa promesse, Nivelon engagea ce Seigneur à passer un acte de garantie, par lequel il promettoit de maintenir les Chanoines de Ste Geneviéve, dans la jouissance des biens, qui avoient été le sujet de la contestation. L'acte est daté de l'an 1171.

Les Religieux de S. Pierre en Chastres avoient reçu de Drogon le même traitement, que le Chapitre de Sainte Geneviéve de Pa-ris; l'issue de leurs sollicitations, pour recouvrer leurs biens , ne fut pas aussi favorable. Drogon avoit enclavé dans son parc de Pierrefonds une partie des bois qui leur appartenoient , & ne vouloit pas consentir à les leur rendre. Il ne voulut même prêter l'oreille à aucun tempéramment. Les Religieux se trouverent dans la nécessité d'attendre, que la mort eût détaché ce Seigneur de ses grands biens (2). L'année de cette mort n'est marquée dans aucun des titres , qui sont venus à ma connoissance. Drogon laissa

(1) Cart. S. Genev. Paris, fol. 102.   ş   (2) Cart. S. Petr. à Cast. fol. 22.

héritiers de ses domaines, un fils appellé Nivelon, & une fille qui est la célebre Agathe de Pierrefonds.

Nivelon, fils de Drogon II, est le troisiéme Seigneur de Pierrefonds, qui ait porté ce nom. Il jouit pendant un court espace de temps de la succession de son pere (1). Il épousa une Dame, fille de Dreux de Mouchy, & non de Moucé, comme il est marqué à la page 22 du Valois Royal de Bergeron. Nivelon III mourut, sans avoir eu d'enfans de ce mariage. Son décès rendit sa sœur Agathe, seule héritiere de tous les biens de la branche aînée des Seigneurs de Pierrefonds.

Drogon qui n'avoit pas soupçonné, que Nivelon lui survivroit si peu de temps, avoit conclu de son vivant, le mariage de sa fille Agathe avec le Comte de Soissons, comme une alliance qui devoit être avantageuse à cette Dame. Il paroît même que pour déterminer le Comte de Soissons au choix de sa fille; il avoit promis & cédé au futur époux, une portion de la Seigneurie de Pierrefonds. L'évenement rendit cette alliance beaucoup plus avantageuse à Conon, qu'à son épouse.

L'Auteur de l'Antiquité des Villes range sous l'an 1178, la célébration de ce mariage : cette date est une erreur. Dormay écrit (2), que Conon prenoit la qualité de Seigneur de Pierrefonds, six ans avant la mort d'Ives de Nesle. Une Charte de l'an 1171, accordée en faveur de Long-pont, représente Conon & la Dame Agathe comme unis par les liens du mariage, & même comme étant en possession d'une grande partie de la Seigneurie de Pierrefonds. Cette Charte porte en substance (3), que les deux époux ratifient la donation faite aux Religieux de Long-pont, des fermes de Vauberon & de la Gorge, avec l'usage dans la forêt de Retz. On y ajoute, qu'ils prennent aussi sous leur sauvegarde & protection tous les biens de l'Abbaye, situés dans l'étendue de la Châtellenie de Pierrefonds, de la même maniere que le Comte Raoul de Crépy en avoit agi touchant les biens de la même Abbaye, situés dans ses Domaines. On a deux autres Chartes de Conon & d'Agathe, qui regardent Long-pont, l'une de l'an 1175, l'autre de l'an 1178.

S'il n'y a point d'erreur dans la date des Chartes que je viens de citer, on doit en conclure que Drogon II & Nivelon III mouru-

(1) Duch. Hist. Chat. p. 48. Aimoin. cont. lib. 5. cap. 55.

(2) Hist. t. 2. p. 137.
(3) Chr. Long-p. p. 58. 59. 64.

rent

tent en l'an 1174, le pere avant le fils, & que la Dame Agathe leur fuccéda, fur la fin de cette même année. Le teftament de Béatrix, veuve de Drogon I, dreffé en l'an 1172, fuppofe qu'Agathe de Pierrefonds fa petite fille jouiffoit pour lors de la Seigneurie de Pierrefonds. Béatrix y fait une donation, à laquelle on déclare, que le confentement d'Agathe étoit néceffaire : on ne parle ni de Nivelon, ni de Drogon fon pere.

Agathe de Pierrefonds perdit Conon fon mari en 1181. Elle accorda à cette occafion plufieurs bienfaits à l'Abbaye de Longpont, afin d'engager les Religieux à prier pour le repos de l'ame du Comte de Soiffons, de Drogon fon pere, de Nivelon fon frere, & pour le falut de la fienne (1). Elle confirma les Clercs de Sainte Geneviéve de Paris dans la jouiffance des coutumes, qu'ils poffédoient dans l'étendue de fes domaines, rendit aux Moines de S. Pierre en Chaftres les bois, que fon pere leur avoit enlevés, & accorda divers priviléges à l'Abbaye de Long-pré. On lit au bas d'une Charte de cette Dame, concernant Long-pré, les noms de Guillaume fon Champion, & d'un autre Officier, qui fe qualifie Grand Maître de fa maifon : *Athleta ejus & Magifter ejus.*

Cette Dame mourut, fans avoir eu d'enfans de Conon Comte de Soiffons. Sa fucceffion fut partagée entre les héritiers de Jean I de Pierrefonds, les Cherifys & les Châtillons, iffus de Gaucher II & d'Ade de Pierrefonds, fille de Drogon I.

5. Nous placerons les faits, qui regardent les terres de Berny, de Vic-fur-Aifne & de la Ferté-Milon, à la fuite de ce que nous avons rapporté touchant les Seigneurs de Pierrefonds, parce que ces terres étoient ou fous la fauve-garde de ceux-ci, ou défendues par des Chevaliers iffus de leur maifon, ou attachées à leur château.

Depuis l'Ordonnance, qui affujettiffoit à une amende confidérable, ceux qui ufurpoient les biens de l'Abbaye de Marchiennes fitués à Berny, cette terre n'éprouva aucune efpéce de déprédation, de la part des Seigneurs voifins. Le trait qui fuit, nous fait connoître, que la double Communauté de Marchiennes avoit à Berny un Econome qui prenoit foin des bâtimens, qui adminiftroit les affaires, & qui faifoit valoir les biens dépendans de cette terre.

(1) Dorm. t. 2. p. 137. Tref. des Chart. vol. 7. oblig. 2. n° 6. Cart. Siz Gen. f. 93. | Cart. S. Petr. à Caftr. fol. 22.

L'Econome de Marchiennes établi à Berny, avoit befoin de matériaux, pour réparer un bâtiment. Il fit defcendre dans les carrieres du lieu un ouvrier, auquel il ordonna de lui tirer plufieurs blocs de belles pierres. Ces carrieres, femblables à celles qu'on voit aux environs de Paris, n'avoient d'autre entrée, qu'une efpéce de puits, dans lequel on defcendoit les ouvriers à l'aide d'un treuil, qui fervoit auffi à enlever les matériaux du fond de la carriere.

L'ouvrier employé par l'Econome, ayant apperçu une belle pierre à l'un des piliers, qui foutenoient la voûte de la carriere, ébranla cette pierre à coups de maffe. Le pilier auquel cette pierre fervoit de bafe, croula fubitement, & entraîna dans fa chûte une grande partie de la voûte. L'Econome étoit préfent, lorfque ce malheur arriva. Il gémit fur le fort du malheureux ouvrier, qui venoit d'être enfeveli fous les ruines de la carriere. Il fe hâta d'affembler d'autres ouvriers, auxquels il ordonna de fouiller dans les décombres, moins pour fauver la vie du carrier, que pour en tirer fon corps & lui donner la fépulture (1). Quel fut l'étonnement de ces ouvriers, lorfqu'approchant de l'endroit où le carrier étoit engagé dans les ruines, ils entendirent une voix, qui leur demandoit tous leurs foins pour accélérer fa délivrance? Cette priere redoubla l'activité des ouvriers. Le carrier fut trouvé fans fracture d'aucun de fes membres, & même fans contufion, dans l'intervalle de deux rochers, qui s'étoient croifés en tombant.

Le bruit de ce qui venoit d'arriver, fe répandit au loin. Des perfonnes de tout état fe rendirent à Berny par curiofité, afin d'apprendre plus fûrement les circonftances de l'évenement, de la bouche de celui même qui avoit été délivré. A ceux qui demandoient au carrier, comment il avoit pu être ainfi préfervé de tout accident, celui-ci répondoit, qu'il s'étoit recommandé à Sainte Eufoye de Marchiennes dans l'inftant du danger, & qu'il attribuoit fon bonheur à fon interceffion.

Albéric raconte ainfi dans fa Chronique un autre évenement du même temps, qui eft tout-à-fait fingulier. » A Berny qui eft une » terre du Diocefe de Soiffons, fituée fur les bords de la riviere » d'Aifne, il y avoit un très-long fouterrain, où perfonne n'avoit » encore ofé entrer de mémoire d'homme. Une jeune payfanne, » à qui fa belle-mere avoit donné une truye à garder, mena paître » cet animal auprès de l'ouverture de ce fouterrain, & l'y laiffa

(1) Boll. Mart. t. 2. p. 461.

» entrer par mégarde. Elle y fuivit l'animal, afin de l'obliger d'en
» fortir. Mais l'obfcurité le lui fit bien-tôt perdre de vue. Les téne-
» bres & l'écho des voûtes, joints à la crainte des mauvais traite-
» mens, qu'elle avoit lieu d'appréhender de la part d'une belle-
» mere, frapperent la jeune fille d'une frayeur fubite, & lui occa-
» fionnerent cette vifion.

» Elle crût appercevoir un vieillard affis & environné de grands
» tréfors. Elle revint fur fes pas toute tremblante, & fut raconter
» à fa belle-mere, ce qu'elle avoit cru voir. Dès ce moment, dit
» la Chronique, elle commença à prophétifer, & prédifoit l'ave-
» nir à ceux qui la venoient confulter.

» Hugues Évêque de Soiffons (je ne fai fi c'eft Hugues de Pierrefonds qui vécut jufqu'en 1103, ou Hugues de Champfleuri qui
remplit le Siége Epifcopal de Soiffons depuis l'an 1159, jufqu'en
1175) » informé de ce qui fe paffoit à Berny, défendit à tous fes
» diocéfains, fous peine d'excommunication, de vifiter cette fille
» & de la confulter. Le démon, ajoutoit l'Evêque, prend mille
» formes différentes pour féduire les fimples. Il déguife fes illu-
» fions de toutes manieres, & il eft dangereux d'accorder la moin-
» dre croyance aux preftiges, dont il eft l'auteur «.

Il n'eft pas marqué dans Albéric, ce que devint cette affaire.
On a lieu de croire, que les menaces & les avis de l'Evêque arrêterent le concours de ceux, qui venoient par curiofité rendre vifite
à la jeune payfanne, afin de la confulter. L'idée de ces tréfors s'eft
perpétuée dans le canton, depuis le douziéme fiécle jufqu'à nos
jours, dans cette efpece de proverbe que les gens du lieu ont
fouvent à la bouche : *Entre Vaux & Berny , font les tréfors du
Roi Henry*. Cet Henry eft apparemment le vieillard, ou le Roi
Henry I, au regne duquel on aura attribué cette hiftoire, qui paroît n'être arrivée que fous le regne de Louis VII. La terre de
Berny étoit alors fous la fauve-garde des Seigneurs de Pierrefonds.

Vers le commencement du douziéme fiécle, l'Abbé & les Religieux de S. Médard de Soiffons voulant fe mettre à l'abri des entreprifes des Seigneurs de Coucy , demanderent une fauve-garde
aux Seigneurs de Pierrefonds. Ceux-ci leur envoyerent un Chevalier & une garnifon, qu'ils fe chargerent d'augmenter, felon
les temps & les circonftances, où la garde du château & de la terre
de Vic-fur-Aifne demanderoit plus ou moins de foin. Les Reli-

gieux de leur côté attacherent au gouvernement militaire de leur château, un Fief situé dans la vallée de Montigny près de la Gorge. Le Seigneur de Pierrefonds exigea, que le Chevalier du château fût son homme-lige, & que toute la terre de Vic-sur-Aisne fût soumise à la jurisdiction de sa Châtellenie.

En l'an 1140, ce Fief appartenoit à Milon de Vic-sur-Aisne (1), qui dans un acte de cette année, se qualifie homme-lige de Dreux Seigneur de Pierrefonds, & transmet la garde du château de Vic-sur-Aisne avec la propriété de son Fief, à Pierre de Vic-sur-Aisne son fils. Pierre épousa Marguerite de Pierrefonds, de laquelle il eut trois fils, que nous avons déja nommés; Pierre II, Drogon & Milon. Drogon fut mis en possession du gouvernement de Vic-sur-Aisne. Hemery (2) rapporte un titre de l'an 1177, qui fait mention d'un Guillaume de Vic-sur-Aisne, contemporain de ces trois freres, *Guillelmus desuper axonam.*

Il faut rejetter comme une opinion insoutenable, le sentiment qui place sous l'an 1136, l'établissement de l'Exemption de Pierrefonds. C'est précisément en ce temps, que la puissance & le crédit des Seigneurs de Pierrefonds ont été portés au plus haut point. Occupés continuellement du soin d'étendre leur jurisdiction, comment auroient-ils souffert, qu'on la démembrât à leur préjudice? L'Exemption établie à Compiegne, est postérieure à cette date de plus de deux siécles.

En l'an 1194 ou 1196, les Religieux de S. Médard jugerent à propos de transférer au château de Vic-sur-Aisne les Reliques de Sainte Léocade. Ils vouloient pourvoir à leur sûreté par ce transport. La cérémonie s'exécuta avec une sorte de pompe. Les Reliques ayant été déposées dans l'Eglise du château, l'Abbé de Saint Médard, Gautier III, établit auprès de l'Eglise une communauté de ses Religieux, qui devoient célébrer l'Office Canonial, & prendre soin de tout ce qui avoit rapport au culte de la Sainte.

Léocade, Léocadie ou Locaye, sont trois noms synonymes, que les légendes donnent à une même Sainte, honorée dans l'Eglise comme Vierge & Martyre. Sa légende apprend, qu'elle étoit née en Espagne dans la ville de Tolede, vers l'an de J. C. 304. Adon & Usuard mettent Sainte Léocade au nombre des Vierges, qui ont confessé la Foi. D'autres Auteurs ajoutent, qu'elle souffrit le martyre sous Dacien, Préfet de l'Espagne Tarraconnoise. Il est

(1) Chron. Long. p. 19. 63. 64.　　　I. (2) Aug. Vir. p. 165.

certain, qu'elle termina sa vie dans la ville de Tolede, & qu'après sa mort, on lui décerna un culte public (1).

Lorsque les Sarrasins commencerent leurs irruptions en Espagne (2), on transféra dans le Haynaut les Reliques de cette Sainte. On les déposa d'abord à S. Guilhin près de Mons : c'est du Haynaut, qu'une portion de ces Reliques a été apportée à S. Médard, & transférée dans la suite au château de Vic-sur-Aisne, où la Châsse de la Sainte est demeurée jusqu'en 1590.

6. Il y a beaucoup d'embarras dans la suite des descendans de Jean I de Pierrefonds, Vicomte de Chelles, & second fils de Nivelon I. Jean eut deux fils, Vermond & Hervé, & trois filles que nous avons déja nommées. Vermond fut la tige des Chevaliers-Coutres ou Gouverneurs de la Ferté-Milon sous les Comtes de Crépy. Hervé fut marié de même que son frere, mais il y a tant d'obscurité & de confusion dans la généalogie de ses descendans, qu'on se perd en voulant établir une filiation exacte.

Frédelinde, femme de Jean I, avoit un frere Chevalier, appellé Hildebert, dont on lit le nom parmi ceux qui terminent la Charte de 1102, concernant S. Mesmes de Pierrefonds. On lit aussi ceux de Vermond & de Jean dit le Turc, petit neveu de Hildebert, & fils de Vermond. Hervé, frere aîné de Vermond, ne comparoît pas dans cette Charte ; mais on trouve parmi les souscriptions, celle de Rainaud son fils & de Payen de Chelles.

Jean, fils de Vermond, eut une fille nommée Hersende, qui épousa Vermond ou Guermond, Vicomte de Buzanci (3), duquel elle eut quatre fils qui vivoient en 1190, savoir, Hervé de Buzanci, Mathieu d'Artennes, Drogon & Thibaud Chanoine de Soissons. Voici des traits détachés touchant plusieurs Chevaliers de Pierrefonds, qui vivoient au douziéme siécle.

En 1143, Vermond de Pierrefonds signa l'acte (4) par lequel Drogon I permettoit aux Religieux de S. Pierre en-Chastres, de rentrer en possession des biens qu'il leur avoit enlevés. Dans un autre titre de l'an 1144, il prend la qualité d'homme-lige du même Seigneur. Une autre Charte de l'an 1155, fait mention de deux Chevaliers, Rainaud & Vermond, Fieffés de Louatres. Nous parlerons bientôt de Jean I, dit le Turc.

(1) Muldr. p. 51.
(2) Baillet, 9 Dec.
(3) Chr. Long. p. p. 345.

(4) Cart. S. Petr. à Cast. Ch. Long. p. p. 19. 20. 39.

J'ai eu communication d'un extrait de l'ancien Cartulaire de S. Riquier, qui a été brûlé. J'ai trouvé fous les années 1173 & 1190, les noms de Hugues de Pierrefonds, de Clémence sa femme & de Robert leur fils, de Gaucher, de Guillaume & de Hugues, fils de Guillaume ou de Gaucher, *Hugo filius*.

Hugues de Pierrefonds eut un fils nommé Hervé, qui signa comme témoin conjointement avec Jean de Roye, un acte dreffé au nom d'Agathe de Pierrefonds, daté de l'an 1183. Le nom du même Hervé est encore écrit au bas d'une confirmation du même titre (1). Il y a apparence, que Hugues de Pierrefonds étoit fils de Henry de Banru, Chevalier, qui est plusieurs fois cité au Cartulaire de Mornienval fous l'an 1122. Hugues & Hervé ont été fuccessivement Seigneurs en partie de Banru & de Morte-fontaine.

Hervé de Pietrefonds eut un fils appellé Thierry de Banru, dont on lit le nom dans l'Histoire de Châtillon par Duchesne, (p. 687) fous l'an 1188. On donne à celui-ci un fils nommé Thierry de *Voucies*, c'est-à-dire, de Vauciennes, qui vendit en 1225 plusieurs fonds de terres au Monastere d'Avenay (2). Banru est un Fief de la Paroisse de Montigny-Langrain, relevant en plein du château de Pierrefonds. Suivant des déclarations des années 1542 & 1578, 1602 & 1655, la Seigneurie de Roy-Saint-Nicolas, appellée autrefois le Fief des Bourguignons, relevoit de Banru, ainsi que d'autres mouvances moins considérables, dénommées dans ces actes.

Je lis dans un titre de l'an 1163 les noms d'un Drogon de Pierrefonds, fils de Raoul & petit-fils de Simon de Pierrefonds (3). Drogon possédoit un bien à Morte-fontaine .L'acte par lequel Conon Comte de Soissons, & Agathe de Pierrefonds, accorderent en l'an 1171 plusieurs priviléges à Long-pont, fait mention de Philippe & de Landry de Pierrefonds.

J'ai mieux aimé rapporter ces noms féparément, que de vouloir établir des généalogies incertaines fur des probabilités & fur des ressemblances; d'autant plus que dans les temps dont il est ici question, diverses familles de Chevaliers, qui n'avoient entre elles aucune liaison de parenté, prenoient les noms d'un même château, d'un même Fief, celles même dont les chefs étoient fimples Chevaliers de garnifon. Duchesne n'a pas toujours été

(1) Chron. Long-p. p. 71. 75. Gall. Chr. | (2) Gall. Chr. t. 9. p. 367.
t. 9. p. 363. | (3) Chron. Long-p. p. 51. 6o.

affez attentif à obferver cette regle, établie fur les faits que j'ai déjà rapportés, & fur ceux que je dois produire encore, au fujet des forts châteaux de la Ferté-Milon & de Bethizy.

5. Les hauts Seigneurs de la Ferté-Milon n'en prenoient pas le titre, parce que ce domaine étoit uni à la Seigneurie de Crépy & du Valois, dont ces Seigneurs portoient le nom. Ils laiffoient ce privilége aux Chevaliers leurs fubalternes. La fuite des hauts Seigneurs de la Ferté-Milon pendant le douziéme fiécle, eft la même que celle des Comtes de Crépy. De Hildebrante, fœur aînée du Bienheureux Simon de Crépy, la propriété de la Ferté-Milon paffa à fa fille Adele, époufe du Prince Hugues le Grand.

Templeux prétend, que Raoul IV, fils de ce Prince, acquit la Seigneurie de la Ferté-Milon. Son fentiment n'eft pas fondé : cette terre lui échut par fucceffion, après la mort d'Adele fa mere, qui avoit époufé en fecondes nôces le Comte de Clermont. L'erreur de Templeux vient, de ce qu'ayant eu connoiffance que la Ferté-Milon avoit appartenu à un Comte de Clermont, il n'a pas fait attention que ce bien venoit au Comte, de fon époufe veuve de Hugues le Grand, & mere de Raoul IV.

Raoul eut un fils & deux filles, qui poffédèrent fucceffivement le château de la Ferté-Milon. Le fils Raoul V en jouit peu de temps. Elifabeth, l'aînée des deux filles, ayant époufé le Comte de Flandres, lui tranfmit la jouiffance de ce domaine, fa vie durant. Jacques de Guife dans fa Chronique (1) met la Ferté-Milon au nombre des dépendances du Valois, que le Comte de Flandres poffédoit vers l'an 1168. Celui-ci y renonça après la mort de fon époufe, comme avoit fait le Comte de Clermont après le décès de la fienne. Ce fecond délaiffement rendit la Comteffe Eléonore, fœur cadette de l'époufe du Comte de Flandres, maîtreffe du château & de la Seigneurie de la Ferté-Milon.

Eléonore ufa en plufieurs rencontres des droits, qu'elle avoit comme Dame du lieu. En l'an 1184, elle donna à l'Eglife de Noé-fort vingt fols parifis, à prendre fur le change de la Ferté-Milon, & foixante autre fols dix ans après, fur la même ferme. En 1194, elle fit préfent à l'Eglife de S. Vaft d'un vivier, fitué près de la Collégiale de S. Vulgis, & d'un muid de bled de rente, à prendre fur la grange de la Ferté-Milon (2).

Pendant tout cet efpace de temps, la Ferté-Milon eut des Sei-

(1) Hemereus, p. 163.   L (2) Hift. Meaux, p. 20.

gneurs fubalternes, qui en portoient le nom. Outre le Garde, le Chevalier du guet, l'Afinaire & le Portier, quatre Officiers titrés dont nous avons parlé, les Comtes de Crépy entretenoient à la Ferté-Milon un Chevalier Châtelain, qui fe qualifioit Seigneur du lieu, *Dominus*. On rapporte l'origine de cette charge, telle qu'elle fubfiftoit au douziéme fiécle, au temps où Hugues le Grand fit le voyage de la Terre-Sainte, avec Jean I de Pierrefonds, Hugues de Pierrefonds Evêque de Soiffons, Gérard de Chérify, Châtelain de Laon, &c. Hugues le Grand remit le gouvernement en chef de fon château à Hugues le Blanc, & quelques parties de ce même gouvernement, aux defcendans de Jean I de Pierrefonds, Vicomte de Chelles.

Hugues le Blanc peut être comparé à tous égards, à Richard I, Châtelain de Bethizy. Il tenoit aux Seigneurs de Valois par des devoirs, pareils à ceux qui attachoient Richard aux fervices des Rois Henry I & Philippe I. Il donna au Prieuré de S. Vulgis la même forme, que le plan fur lequel Richard avoit fondé la Collégiale de S. Adrien.

Je n'ai pû découvrir, de quelle Maifon Hugues le Blanc fortoit. Il ne faut pas le confondre, comme ont fait quelques-uns, avec le Comte Hugues le Grand, frere du Roi : ce feroit prendre l'Officier pour le Maître. D'ailleurs, Hugues, frere du Roi, mourut de fes bleffures l'an 1102, & Hugues le Blanc vivoit encore en 1122. Hugues le Blanc doit être auffi diftingué de Hugues de Château-Thierry, qui fonda S. Jean-lès-Vignes en 1176, & de Hugues de Bethizy fils de Richard. On préfume, qu'il tiroit fon origine d'une Maifon de Gentilshommes, établie au château ou au bourg de Pierrefonds.

Hugues le Blanc époufa une Dame appellée Helvide, de laquelle il eut un fils nommé Guillaume (1). En l'an 1096, ce Seigneur fut préfent à la donation, que fit Hugues de Pierrefonds Evêque de Soiffons, de l'Eglife de Nogent-l'Artaut, lieu fitué fur la riviere de Marne, au Monaftere de S. Germain-des-Prez de Paris. Il figna comme témoin, l'acte de donation en ces termes, *Hugo albus*

Depuis la Tranflation du Corps de S. Vulgis à la Ferté-Milon, la Chapelle du Château avoit été deffervie par des Clercs féculiers, qui rempliffoient mal leurs fonctions, & qui négligeoient le

(1) Gall. Chr. t. 10. inftr. p. 105.

culte

culte de S. Vulgis & de S. Sébastien. Les choses en étoient
au point, que Hugues se vit réduit à la nécessité de renouveller
la Communauté de ces Clercs, afin de couper racine aux abus.

La vie exemplaire, que menoient les Religieux de la nouvelle
Abbaye de S. Jean-lès-Vignes de Soissons, lui fit naître le dessein
de placer à S. Vulgis des Clercs réguliers de cette Maison. Il
communiqua ce dessein à Hugues de Pierrefonds, Evêque de Soissons, qui entra dans ses vues, & approuva le changement. Hugues le Blanc obtint ensuite le consentement de Pierre III, Abbé
de S. Jean, auquel il promit d'augmenter le revenu des prébendes. L'Abbé Pierre jouissoit parmi ses contemporains de la réputation d'un rare mérite & d'une prudence consommée, qu'il avoit
acquise sous la conduite de S. Bruno. Il édifioit ses Religieux,
plus encore par ses exemples que par ses discours.

Tout ayant été disposé par le concours de l'Evêque, de l'Abbé
& du Chevalier, on dressa une Charte, dans laquelle les principales circonstances du renouvellement de S. Vulgis sont exprimées (1). Cette piéce porte en substance, que Hugues le Blanc,
Seigneur Châtelain de la Ferté-Milon, conjointement avec Helvide sa femme, Guillaume leur fils, & Sibille leur belle-fille, a
remis entre les mains de l'Evêque de Soissons tous ses droits sur
l'Eglise de S. Vulgis & ses dépendances, sans se réserver quoique
ce soit. On ajoute, que ce délaissement est fait, à condition que
Pierre, Abbé de S. Jean, sera mis en possession tant des biens de
l'Eglise de S. Vulgis, que des droits cédés par le Chevalier Hugues; & que l'Abbé Pierre enverra à la Ferté-Milon trois Religieux & un Prieur de sa Maison, qui desserviront la Chapelle de
S. Vulgis, & exerceront les fonctions Curiales à l'égard des Chevaliers du château, & de ceux de leurs gens, qui demeurent dans
l'enceinte de la forteresse.

Hugues le Blanc avoit promis à l'Abbé Pierre d'augmenter le
revenu des anciennes prébendes; il remplit sa promesse, & fit
présent aux nouveaux Chanoines, d'un four banal, d'un moulin
& de plusieurs fonds de terre.

Dix ans après ce renouvellement, Lisiard de Crépy, Evêque de
Soissons, confirma tout ce que ses Prédécesseurs avoient fait. Il
ajouta des bois aux revenus du Prieuré, & approuva la donation,
qu'une Dame Odote avoit faite à l'Eglise de S. Vulgis, lorsque

(1) Chr. S. Joan. in vin p. 84.

Tome I. Aaa

son fils avoit pris l'habit de Religion dans la Maison de S. Jean.
Le même Prélat donna aussi l'Eglise de Troesnes à S. Jean. La
permission, que Lisiard accorda aux Religieux de S. Vulgis, d'exercer dans le château les fonctions du Ministere, a été la source des
contestations qui se sont élevées dans la suite, entre les deux
Communautés de Sainte Geneviéve de Paris & de S. Jean-lès-
Vignes de Soissons.

L'Eglise Paroissiale de S. Vast appartenoit à Sainte Geneviéve.
Lorsque l'Eglise de S. Vulgis fut renouvellée, le Clergé de Saint
Vast étoit composé, 1°. d'un Chapitre d'Ecclésiastiques, auxquels
Etienne, Abbé de Sainte-Geneviéve, donne la qualité de Chanoines dans sa lettre CLIVe, *Canonicos Firmitatis Milonis.*
2°. D'un Prêtre ou Curé. Il est fait mention de ce Curé, dans
un accord de l'an 1158, passé entre les deux Communautés
de Reuil & de S. Jean-lès-Vignes. 3°. D'un Chapelain (1). Suivant deux titres de 1172 & de 1177, la nomination du Curé
& du Chapelain appartenoit à l'Abbé de Sainte Geneviéve de
Paris.

Damien de Templeux met Hugues le Blanc au nombre des
Seigneurs, qui ont eu part à la fondation de l'Abbaye du Charme.
Une partie des biens, dont Adam de la Croix & Foulques doterent
cette Maison dans son origine, étant située sur la censive de Hugues, celui-ci donna son consentement ainsi que Guillaume son
fils, par une Charte qu'ils signerent; Hugues & Guillaume firent
aussi leurs présens.

Au fond de piété qui portoit Hugues le Blanc à pratiquer ces
bonnes œuvres, ce Chevalier joignoit des qualités militaires dont
il fit preuve (2). Thomas de Marle, le plus cruel & le plus mé-
chant des hommes, s'étant révolté contre Enguerrand de Coucy
son pere, se renferma dans la forteresse de Montaigu près de Marchais en Laonnois, avec un corps de troupes composé de Brigands & de scélérats déterminés, que l'espérance de l'impunité
avoit rassemblés sous ses ordres. Il faisoit des sorties fréquentes,
& non-content de piller, il ravageoit tout par le fer & par le feu,
dans les lieux des Dioceses de Laon & de Reims, qui n'étoient
pas éloignés de son château. Il pénétra même jusques dans l'A-
miennois, où il commit des excès de cruauté. Enguerrand son

(1) Hist. Meaux, t. 2. n° 83. Cart. S. | (2) Dorm. t. 2. p. 82. ann. 1114.
Genev. fol. 68.

pere, manquant de fecours pour foumettre ce fils dénaturé, pria Hugues le Blanc de le feconder, & celui-ci lui prêta main-forte.

L'Auteur de la vie du Roi Louis le Gros exalte les principales qualités de Hugues le Blanc, comme celles d'un Chevalier généreux & magnifique : ce qu'il rapporte de ce Seigneur, eft placé fous l'an 1120 dans fon hiftoire (1). En l'an 1121, Hugues figna l'acte d'une donation faite à Nanteuil, en ces termes : *Hugo qui dicitur Albus.* L'année fuivante 1122, il confirma par une Charte fignée de fa main, la donation de quelques biens fis au grand Rofoy près d'Ouchy, & affifta au contrât, par lequel, à la perfuafion de S. Bernard, la Collégiale d'Ouchy fut foumife à l'Abbaye de S. Jean-lès-Vignes. Depuis cette année, je ne connois plus de titres, qui le concernent. On ignore, s'il a eu pour fucceffeur immédiat Guillaume fon fils.

De fon temps & après fa mort, plufieurs Chevaliers de marque portoient le nom de la Ferté-Milon. L'acte par lequel Lifiard, Evêque de Soiffons, confirma la fondation du Prieuré de S. Vulgis, eft contrefigné de Teffon & de Guérin de la Ferté-Milon, deux Chevaliers du château. Teffon mourut Religieux de S. Jean-lès-Vignes un onziéme jour de Septembre.

En l'an 1131, vivoit un Geoffroi de la Ferté-Milon, qu'on croit avoir été fils de Guillaume, & petit-fils de Hugues le Blanc : mais on n'a rien de certain fur ce fujet. Lorfque le Monaftere de Long-pont fut fondé fur les terres de Gérard de Chérify, ces terres relevoient en plein fief de Geoffroi de la Ferté-Milon (2). La Charte aumôniere de la Comteffe Eléonore fait mention d'un Guillaume de la Ferté-Milon, qui vivoit en 1184 ou 1194.

Divers actes du douziéme fiécle font mention d'un Giflebert de la Ferté, chef d'une des Familles nobles, dont je viens de parler. Il eut un fils nommé Raoul, qui fonda l'Abbaye de Val-Chrétien en 1134. Giflebert figna l'acte de cette fondation comme témoin, & comme partie confentante aux difpofitions de fon fils, & au plan dreffé par Joffelin Evêque de Soiffons. Dix ans après la fondation de ce Monaftere, Giflebert l'enrichit de plufieurs revenus. Il eft cité dans un acte de l'an 1144, par lequel Dreux I, Seigneur de Pierrefonds, fait un préfent à l'Abbaye de Long-pont (3).

(1) Hift. Meaux, t. 2. n°. 33.　｜　t. 10 p. 113.
(2) Chron. Long-p. p. 4. Gall. Chr. inftr.　｜　(3) Chron. Long-p. 20.

J'ai vu aux archives de cette derniere Abbaye un titre de l'an 1145, figné par Eudes de la Ferté-Milon : c'eft l'Odon le Turc dont parle Bergeron, petit-fils, à ce qu'on croit, de Jean I Vicomte de Chelles ; fils d'Hervé, & neveu de Vermond.

Ce furnom de *Turc* eft remarquable, relativement au temps dont il eft ici queftion. L'étymologie en eft incertaine. Vient-il du mot d'*Urc*, qui étoit pour lors le nom de la riviere d'Ourcq & du territoire de la Ferté-Milon qu'elle arrofe ; ou des Turcs, que Eudes ou fon pere auroient combattu avec avantage pendant les premieres Croifades ; ou enfin d'une complexion mâle & vigoureufe, femblable à celles des barbares de ce nom ? C'eft furquoi il n'eft gueres poffible de prononcer avec certitude. Le fecond fentiment me paroît plus naturel & plus fimple que le premier.

Plufieurs defcendans de Vermond ont pris comme ceux-ci le furnom de Turc. Jean II fon fils aîné eft appellé Jean le Turc dans tous les titres : il mourut en l'an 1154. Jean II eut un fils nommé Raoul le Turc (1), qui lui fuccéda dans fes titres & dans la jouiffance de fes biens. Une Charte d'Ancoul de Pierrefonds, Evêque de Soiffons, apprend, qu'en l'année 1154, Raoul le Turc devint Chevalier à la mort de fon pere, & qu'il tenoit alors l'Avouerie d'une partie de la forêt de Retz fous le Comte Raoul IV, Seigneur de Crépy & de Valois, qui lui en avoit confié la garde. Raoul avoit pour collégue Vermond fon parent, dans l'autre partie de la forêt de Retz. Raoul le Turc eft mis au nombre des principaux bienfaiteurs de Long-pont. C'eft de lui, que les Religieux de cette Maifon tiennent le beau Tréfond de Notre-Dame-en-Retz ou de l'Aumône : il eft à croire que le Comte de Crépy avoit donné ce Tréfond au Chevalier Raoul, comme le prix de fa vigilance (2).

Raoul le Turc époufa Adele, fille d'Adam de la Ferté-Milon, peu de temps après la mort de fon pere (3). Je crois que cet Adam eft l'Odon le Turc de Bergeron, & l'Eudes de la Ferté-Milon, mentionnés dans les titres de Long-pont. Outre la Dame Adele, Adam avoit un fils nommé Thierry de la Ferté-Milon, dont je ne connois pas les defcendans. En 1159, Adele de la Ferté-Milon donna au Monaftere de Collinances fon bois des Clofeaux. Adam fon pere vivoit encore deux ans après. On a l'acte par lequel, en

---

(1) Chr. Long-p. p. 41.
(2) Chron. Long-p. p. 147.

(3) Hift. Meaux, t. 1. p. 37. Cart. ph. Aug. fol. 136.

l'an 1161, ce Chevalier donna à la Communauté de Coffinan-ces (1), du confentement de Thierry fon fils, fon bois d'Epinay ou des Brouffes. On penfe qu'il étoit fils de Guérin de la Ferté-Milon, & petit-fils d'Adam de la Croix, qui vivoit encore en 1102.

En l'an 1175, Raoul le Turc confirma par un acte figné de fa main le préfent, que fon beau-pere, fon beau-frere, & Adele fa femme avoient fait à Collinances. Il y ajouta deux muids de bled de rente, à prendre fur la terre de Mareuil. En 1182, il figna ainfi, comme témoin, l'acte dreffé par ordre de Philippe d'Alface Comte de Flandres, pour conftater & expliquer la fondation de S. Thomas de Crépy, *Radulphus Turcus.* Le Cartulaire de Mor-nienval contient une piéce fignée par le même Raoul le Turc, portant donation à cette Abbaye d'une rente de dix livres, par Philippe d'Alface Comte de Flandres.

Raoul jouiffoit parmi fes contemporains de la réputation d'un excellent Capitaine. Tout annonçoit dans fa perfonne un guer-rier redoutable par fes talens militaires, par la force & par la vi-gueur de fes membres, & par les traits d'une phifionomie capable d'intimider ceux qu'il fixoit. Peut-être cet extérieur a-t-il été l'o-rigine de fon furnom de Turc.

L'affemblage de ces qualités acquit à Raoul la confiance des Eccléfiaftiques, au point qu'il étoit comme l'Avoué général de tou-tes les Eglifes de la contrée. Il avoit le fauvement de Marify & de tous les biens, que l'Abbaye de Sainte Geneviéve poffédoit dans le Valois. Il eft marqué dans un dénombrement de ces biens, daté de l'an 1183, qu'ils font fous le domaine & fous l'A-vouerie de Raoul le Turc, *de Dominio & advocatione Radulphi Turci.* La Comteffe Eléonore nomme Raoul le Turc dans fa Charte Aumôniere, comme le principal Officier, auquel elle avoit confié la défenfe de fon château de la Ferté-Milon.

Ce Seigneur eut un fils appellé Jean le Turc, lequel fut pere d'un Nivelon le Turc, qui eft cité dans plufieurs titres du fiécle fuivant. Quelques-uns veulent, qu'il n'ait eu que trois filles, mais ils le confondent avec Raoul fils de Giflebert de la Ferté-Milon, Fondateur de Val-Chrétien.

En ce temps, la Seigneurie de Charcy, fituée de l'autre côté de la riviere d'Ourcq par rapport au château de la Ferté-Milon, formoit un domaine féparé, d'une grande étendue. Elle comprenoit le territoire, où eft préfentement placée la Chartreufe de Bourg-Fontaine, avec les dépendances d'un triage, qu'on nommoit alors de la Bonne-Fontaine. Les Religieux de Bourg-Fontaine ont un titre de l'an 1157, dans lequel il eft fait mention d'un Gentilhomme nommé Guillard, qu'on y qualifie Seigneur de Charcy.

8. Nous avons donné ci-devant une defcription complette des Palais du premier ordre, que nos Rois des deux premieres races occupoient, en traçant le plan de l'ancien Palais de Verberie : nous nous propofons de donner ici une idée des parties principales, qui compofoient l'ancienne ville de Crépy, afin qu'on ait dans cette defcription, une connoiffance complette de la maniere, dont les villes fortifiées étoient diftribuées fous le gouvernement des premiers Rois de la troifiéme race. Le plan que je vais expofer, a fubfifté depuis la mort de Gautier le Blanc jufqu'à la fin du treiziéme fiécle.

On diftinguoit cinq quartiers dans la ville, ou plutôt fur le territoire de Crépy ; celui du Donjon, celui du Château, le Bourg, la Ville & les Bordes. J'ai déja marqué les limites de ces différentes divifions, en parlant du renouvellement du château de Crépy fous le Seigneur Gautier le Blanc.

Les Seigneurs de Nanteuil auxquels appartenoit le donjon, entretenoient dans cette efpéce de citadelle un Châtelain, qui étoit indépendant des Seigneurs de Crépy, maîtres du château. A la fin du teftament de Thibaud III de Nanteuil, dreffé en l'an 1182, on lit parmi les foufcriptions le nom de Robert fon Châtelain, *Caftellarius*. On entroit dans l'enceinte du donjon, par la porte fouterraine du grand chemin de Bapaume.

L'efpace occupé par le château, fe terminoit aux premieres maifons de la Ville, à la Poterne, à la Croix-au-Bourg, & à la porte-aux-Ointiers, fur laquelle eft préfentement placé l'horloge de la Ville. On entroit dans le château par deux portes principales ; celle de Compiegne & celle des Pourceaux. Philippe d'Alface Comte de Flandres & de Crépy, du chef de fa femme Elifabeth, voulant avoir une nouvelle iffue du côté du Fief des Bordes, fit percer près de S. Michel une nouvelle porte, qui paroît être celle qu'on nomme aujourdhui Porte du Paon. Une Charte de ce Seigneur & de fon époufe Elifabeth apprend, que pour pratiquer

cette iſſue & conſtruire le pont-levis , il avoit fallu abbattre la
maiſon du nommé Herbert le Potier, appartenant à S. Arnoul, &
que dans la vue de dédommager les Religieux de ce Monaſtere,
le Comte de Flandres avoit abandonné à Thibaud, Prieur de S.
Arnoul, la maiſon du nommé Baudouin d'Arras, bâtie de l'autre
côté du pont , avec la juſtice de ſon emplacement. Suivant ce
trait , le territoire du château & celui du bourg devoient aboutir
en pointe à la porte du Paon.

L'enceinte du Bourg continuoit depuis l'emplacement actuel
de la porte du Paon juſqu'à la Croix de ſon nom, & juſqu'aux murs
du château & du donjon. Cette troiſiéme portion de Crépy avoit
un Gouverneur particulier, auquel les titres donnent les deux
noms de *Burgare* & de *Bougre*. Ce dernier terme qui eſt préſentement un mot groſſier dans le commerce du monde , n'avoit
alors rien de choquant pour les oreilles. La charge de l'Officier
auquel on donnoit ce nom, revenoit aux emplois des Burgraves
d'Allemagne. Nous aurions déſiré pouvoir ſupprimer cette ex-
preſſion dans le détail qui va ſuivre ; la nature du récit que nous
entreprenons, ne nous a pas permis de le faire. Il y a des rencontres, où la délicateſſe du lecteur doit céder aux circonſtances ; il
n'eſt ici queſtion que de ſe transporter en idée dans des temps anciens , & d'adopter pour un inſtant un terme, qui étoit alors conſacré par l'uſage.

Les châteaux de Pontoiſe , de la Ferté-Milon, de Pierrefonds ,
de Bethizy , & même le Palais de Verberie , avoient chacun un
bourg, de même que celui de Crépy. A Pontoiſe comme à Crépy,
il y a eu pendant long-temps une Croix-au-Bourg. Nous avons
déja obſervé, qu'on donnoit le nom de bourg à la partie des forts
châteaux, où les habitans des campagnes venoient s'établir pendant les troubles , afin d'être à l'abri des incurſions. Ils y bâtiſ-
ſoient des demeures, & payoient des redevances au Gouverneur
du bourg, ou au Seigneur du château , ou bien à ceux à qui le Seigneur ou le Gouverneur jugeoit à propos de transmettre la propriété de leurs droits. On appelloit ces habitans *Burgenſes* en latin , & *Bourgeois* en François. La charge de Burgare de Crépy,
revenoit à celle de Châtelain , de Garde ou de Chevalier des autres forthereſſes. L'office actuel de Capitaine de Crépy répond à
l'ancienne charge des Burgares , dont nous allons préſenter la
ſuite par ordre de dates.

Dès que le Seigneur Gautier le Blanc eut achevé de fortifier son château, plusieurs familles obtinrent de lui la permission de s'établir au-dedans de la seconde enceinte, en lui payant un droit. Gautier reçut ces familles, & régla le tribut, qu'elles lui devroient. Il préposa un de ses Chevaliers à la garde du bourg, & se réserva le tribut des familles.

Vers le temps où ce Seigneur fit venir l'Abbé Girard & des Religieux de S. Benoît, afin d'établir une Communauté de Réguliers, à la place du Chapitre de Chanoines séculiers qui desservoient la Chapelle de son château, il transmit à la nouvelle Communauté les droits annuels, que lui devoient les habitans du bourg (1). Il obtint à ce sujet le consentement du Roi Robert, & l'agrément du Pape. Adele son épouse s'unit à lui, afin de rendre par son consentement, la donation plus stable encore.

Tant que Gautier vécut, le Chevalier Burgare content de ses appointemens, exerça ses fonctions, & laissa les Religieux dans la paisible possession des droits qui leur avoient été accordés. Nous ignorons le nom du premier Gouverneur du bourg, que Gautier plaça de sa main. Ce premier Officier eut un fils, qui se nommoit Haymon de Crépy (2). Haymon eut deux fils, Arnoul & Hugues. Arnoul eut en partage la terre de Grand-Villers-au-bois, située près de S. Just en Picardie, *Grande Villare*, Hugues succéda à son pere dans son poste de *Burgare* vers l'an 1086.

Hugues après avoir exercé pendant quelque temps ses fonctions, se persuada que les droits perçus par les Religieux sur les habitans du bourg appartenoient à sa charge, & sur ce fondement, il commença à les inquiéter, & à s'approprier le tribut, que devoient annuellement les bourgeois. Hugues ignoroit, que la donation du bourg avoit été faite à S. Arnoul de la façon la plus solemnelle; qu'elle avoit été ratifiée par le Roi & par le Pape, après avoir été conclue en présence & par le ministere des Archevêques de Sens & de Reims.

Après qu'il eut joui quelque temps de son usurpation comme d'un bien légitime, les Religieux de S. Arnoul l'attaquerent. Hugues se défendit d'abord; mais aussi-tôt qu'il eut pris connoissance des titres & des droits de ceux-ci, il se relâcha de ses prétentions. Les Religieux de leur côté, ne voulurent pas le traiter à la rigueur. Hugues consentit de rendre aux Moines ce qui leur appar-

(1) Gall. Chr. t. 10. instr. p. 209. 423. | (2) Archiv. de la Cathedr. de Beauvais.

tenoit;

noit, & ils permirent au Burgare de conferver fon hôtel fa vie durant, & d'en transmettre la jouiffance à Drogon fon fils aîné, fous
la fimple redevance d'une rente annuelle de trois fols. La conven-
tion fut exécutée de point en point. Hugues & Drogon vécurent
en bonne intelligence avec les Religieux de S. Arnoul.

Drogon étant mort, les Religieux permirent à fa veuve de demeurer dans l'hôtel, qui à la rigueur, devoit leur revenir, & d'y
élever un fils en bas âge, nommé Enguerrand, qu'elle avoit eu de
Drogon fon mari. La charge de Burgare paffa au Chevalier Thiennard de Crépy, qui l'exerça en attendant que le jeune Enguerrand eût l'âge & l'expérience néceffaires, pour remplir cet emploi.

Lorfqu'Enguerrand eut atteint l'âge d'homme, les Comtes de
Crépy qui avoient reconnu en lui beaucoup d'intelligence, le
formerent aux affaires, & l'envoyerent à Amiens, où il paffa dix
ans avec la qualité de leur Baron, c'eft-à-dire, de leur Confeiller.

Une Charte de l'an 1108 fait connoître, qu'en cette année
Enguerrand demeuroit encore à Amiens. Pendant ce temps Thiennard, fucceffeur de Drogon, vivoit de bon accord avec les Religieux, & favorifoit leurs intérêts.

En l'an 1116, Enguerrand quitta la ville d'Amiens, dans le deffein de venir fe fixer à Crépy, à l'hôtel que fon pere avoit occupé,
& où il avoit été élevé. Il entra dans le bourg, accompagné d'un
parti nombreux, auquel les Religieux ne jugerent pas à propos
d'oppofer la moindre réfiftance. Fier de ce fuccès, Enguerrand
entreprit d'empiéter fur les droits des Moines, & d'étendre fon
autorité fur la plus grande partie du bourg. Les Religieux voyant
qu'ils alloient devenir la victime de leur patience, penferent à con-
trebalancer le pouvoir, que le jeune Officier vouloit s'arroger. Ils
convoquerent dans l'intérieur de leur Couvent une affemblée
folemnelle, à laquelle ils inviterent les perfonnes les plus confidérables de la contrée.

Parmi les noms des affiftans, on remarque ceux de Clérem-
baut Evêque de Senlis, de Hugues Prieur de Bethizy, de l'illuftre Guibert Abbé de Nogent-fous-Coucy, d'Odon Abbé de
S. Crépin de Soiffons, de Baudouin Abbé de S. Vincent de Senlis, de Martin Prieur de S. Martin-des-Champs de Paris, de Hilon
Prieur de Coincy, d'Artaud Prieur de Nanteuil, fans compter
ceux d'un grand nombre d'Eccléfiaftiques féculiers & réguliers,
diftingués par leur mérite, mais qui n'étoient pas titrés.

Les Moines de S. Arnoul comptoient dans cette assemblée plusieurs Seigneurs laïcs & quelques Chevaliers, qu'ils avoient disposés à leur accorder leur bienveillance, & à leur donner dans le besoin des marques de leur protection. Adam de Crépy, Seigneur de Nanteuil, Daimbert de Montreuil, Raoul de *Mastroso*, le Chevalier Richard Châtelain de Bethizy, Payen de Chelles, Gautier de Fresnoy, Thiennard de Crépy, & divers particuliers remarquables par leurs emplois formoient la classe des laïcs : le Prevôt Foulques & le Receveur Viard parurent aussi à cette assemblée, afin de s'acquitter de ce qui pouvoit dépendre de leur ministere.

L'affaire qui divisoit Enguerrand & la Communauté de S. Arnoul ayant été mise en délibération, Enguerrand ne fut pas trouvé recevable dans ses prétentions. L'assemblée le manda. Instruit du nombre & de la qualité des personnes qui la composoient, il sentit son crédit annéanti, prit la fuite avec ceux de son parti, & ne reparut plus. Le succès des Religieux ne nuisit en aucune sorte au poste de Burgare : ils concourrurent au contraire avec les Comtes de Crépy à en augmenter les prérogatives.

Thiennard ou Thémard de Crépy jouit de son emploi quelque temps encore après l'assemblée de l'an 1117. Il eut pour successeur Jean le Bougre, dont le nom se trouve dans plusieurs actes. En l'an 1144, Jean signa comme témoin, une Charte que Raoul IV, Comte de Crépy, avoit délivrée en faveur de Long pont(1). On lit cette souscription *Joannes Bulgarius*, au bas d'une autre Charte, que le même Comte accorda aux Prémontrés de Braine, entre le nom de Thibaud de Crépy, Seigneur de Nanteuil, & celui d'Enguerrand frere du Burgare. Jean possédoit les terres d'Ivort & de Pondront. Il fut marié & eut un fils nommé Ernulphe ou Arnoul. Il est marqué dans une des piéces justificatives de l'Histoire de Meaux (n° 96) qu'Ernulphe fils de Jean *Bugrus* a confirmé à Collinances le présent que son pere avoit fait à ce Monastere, des dixmes d'Ivort, tant en bois qu'en terres.

Le même Arnoul prend le titre de *Bulgarus* à la fin d'une Charte accordée à Mornienval en l'an 1182. Il signa *Arnulphus Vulgrus* la Charte de fondation de S. Thomas de Crépy, avant Raoul le Turc. Le Cartulaire de la Confrairie aux Prêtres commence par une piéce de l'an 1185 de la Comtesse Eléonore, qui est ainsi

(1) Chr. Long-p. p. 14. Gall. Chr. instr. t. 10. p. 118.

contrefignée par ce même Arnoul, *Arnulphus Bugarus.* On lit encore fon nom, parmi ceux qui font cités dans la Charte Aumô-niere de la Comteffe Eléonore de 1194. Il figna *Arnoldus Burga-rus* un autre titre de la même année.

Arnoul eut un fils nommé Jean, que nous appellerons Jean II, pour le diftinguer de fon ayeul. Ce Jean fecond paffoit pour un des hommes édifians de fon fiécle, à caufe de la folide piété dont il faifoit profeffion. Le Roi Philippe Augufte faifoit cas de fa perfonne, & le favorifa dans plufieurs rencontres. Le nom de ce Gentilhomme eft répété plufieurs fois dans le Cartulaire de ce Prince en ces termes, *Joannes dictus Bougre* (1). On lit dans le réfultat d'une enquête faite en 1212 par ordre du Roi, que Jean a droit d'ufage dans fes bois d'Ivort. Dans des lettres de l'an 1219, le même Chevalier Jean témoigne, que fon droit d'ufage lui a été accordé par la Comteffe Eléonore, afin de pacifier les différens qui s'étoient élevés entre lui & Arnoul d'Ivort, qui étoit apparemment fon proche parent ou fon frere. Il ajoute, que cet ufage regardoit tant fon château d'Ivort, que le moulin de Pondront. Je parlerai ailleurs de la Seigneurie d'Ivort.

En l'an 1214, il y eut un échange (2) entre le Roi Philippe Augufte & Frere Guérin, Evêque de Senlis, d'une part, & Jean *li B.* de l'autre. Guérin quitta au Roi fuivant l'accord, l'hommage que lui devoit Jean II, à caufe de fon Fief. Le même Chevalier Jean eft repréfenté au Cartulaire de S. Thomas de Crépy, comme un Gentilhomme puiffamment riche en fonds de terres, fituées la plûpart entre Ivort & Crépy.

Pénétré de l'injuftice des procédés de ceux qui enlevoient les biens des Monafteres & des perfonnes confacrées à Dieu, il tint une conduite conftamment oppofée à leurs maximes. Il donna des marques de fa libéralité aux Chanoines de S. Thomas de Crépy, aux Religieufes de Mornienval, & à l'Affociation de la Confrairie aux Prêtres de Crépy, dont il étoit membre. Son nom & fon furnom font écrits en plufieurs endroits du Cartulaire de la Confrairie, comme étant l'un de fes principaux bienfaiteurs. Nous apprenons d'un titre de Mornienval, qu'en l'an 1220 le Chevalier Joannes li Bogres avoit pour époufe une Dame Ermentrude, & un fils appellé Nivelon le Bougre. L'année où mourut Jean II eft incertaine.

(1) Cart. Ph.-A. Fol. 131. 136.   J   (2) Gall. Chr. t. 10. p 1410.

Nivelon son fils lui succéda dans ses biens & dans sa charge avant l'an 1242. Jean avoit de son vivant associé ce fils à la Confrairie aux Prêtres. Nivelon signe en ces termes un acte de la Confrairie, daté de la même année 1242, *Nivelo Miles de Ponte Rotundo dictus Bougre*. Il ne vécut pas long-temps après cette année, ou il se démit de sa charge. On trouve au même Cartulaire une piéce de l'an 1248, dans laquelle on donne à un certain Arnaud de Vaumoise la qualité de *Burgare*.

Arnaud de Vaumoise ne vivoit plus en l'an 1268. Le Burgare Pierre lui avoit succédé. Pierre est nommé dans les titres, *Petrus Li B Petrus ly Bulglus*, & *Pierre de dessous la Tour*, parce qu'il avoit de ce côté là son hôtel. Le premier titre qui le nomme, est un contrât de vente, daté du mois de Décembre 1268, portant abandon moyennant une somme de six livres parisis, d'une place sise aux Courtilles, entre la maison d'Eméline la Reine & celle de Joubert, surnommé le Bogres. Peut-être ce Joubert avoit-il exercé ci-devant les fonctions de Burgare.

Le dernier Burgare de Crépy dont on ait connoissance, se nommoit Robert. On lui donne le surnom de Bougre, dans un titre du mois de Mars 1278, portant amortissement.

Six ans après cette date, Charles de France reçut en appanage le Comté de Valois, & établit sa résidence au château de Crépy. Il abolit la charge de Burgare, & créa à la place de cet Officier, un Capitaine du château. Depuis la réunion des trois Fiefs du Donjon, du Bourg & du Château, qui fut consommée sous le regne de Philippe Auguste, la charge de Burgare n'étoit plus qu'un titre sans fonctions utiles.

La famille des Gentilshommes, qui avoient pris ce titre de pere en fils depuis plus de trois siécles, ne fut pas éteinte : plusieurs de ses rejettons s'établirent à Villers-Cotteretz, à Ivort, à Anthilly. Ils sont souvent cités dans les titres du quatorziéme siécle sous les noms de Boulglards, Boilglands, Boulards & Broilards.

Lorsque les Comtes de Crépy rétablirent la charge de Burgare pendant les premieres années du douziéme siécle, ils y attacherent de fort beaux droits. M. Brussel (1) prétend que de sa nature, cet office se tenoit en Fief, & que de lui sont émanés les droits de Bourgage. M. Bouquet (2) étend les droits de Bourg ou de

_____

(1) Tom. 2. p. 845.   (2) Dr. public, p. 211. D. Bouq. t. 9. p. 618.

Bourgage fur les marchés , fur les impôts, fur les monnoies , fur les maifons du bourg & fur les terres.

Le Burgare de Crépy avoit un hôtel à Crépy , & une maifon de plaifance à la campagne. Le corps de logis qu'il occupoit dans la feconde enceinte du château de Crépy , étoit appuyé contre les murs de la principale tour du donjon. Ce corps de logis eft indifféremment appellé dans les titres, l'hôtel du Burgare, l'hôtel au Boulgle ou l'hôtel de deffous la Tour. Avant que cet hôtel eût été bâti ou deftiné au logement du Gouverneur du bourg, on appelloit Place-Boiffiere le terrein qui étoit devant. On planta une Croix dans cette place, qui portoit le même nom. La place & la Croix changerent de nom à l'occafion du nouveau logemens du Burgare, & font appellées , Place & Croix aux Boulgles , dans plufieurs actes du douziéme fiécle,

Le Burgare avoit une maifon de plaifance au Pleffis-fous-Cuvergnon , de même que le Châtelain Richard I de Bethizy avoit la fienne au Pleffis-Châtelain ; hameau qui retient encore cette feconde dénomination, de la qualité de fon premier poffeffeur. La plûpart des anciens titres nomment le Pleffis-fous-Cuvergnon *Pleffis au Bougre*, depuis même que ce dernier terme a été mis dans la fociété, au nombre des mots qu'on ne peut plus proférer décemment. Des actes de la fin du regne de François I l'appellent ainfi : Denys Carrier ne l'écrit pas autrement, dans la lifte des lieux du Bailliage de Valois, qu'il a dreffée vers l'an 1590.

Le Fief du Burgare fis au Pleffis, comprenoit plufieurs arriere-Fiefs dans fa mouvance. Une déclaration fournie au dernier Terrier de Valois , met au nombre des dépendances de ce domaine , un Fief fitué au même lieu du Pleffis, produifant autrefois dix feptiers de bled par an , & deux fols dix deniers parifis de rente. Une autre Déclaration du même temps place dans la même mouvance , le Fief de Renaud de Roquemont fis au Pleffis-au-Bougre , & maintenant poffédé par les Chartreux de Bourg-Fontaine. Ces deux arriere-Fiefs donnoient rang de Pair & d'homme-jugeant aux Affifes de Crépy. On peut confulter fur l'office de Burgare, ce que M. Ducange en dit dans fon Gloffaire.

· Je renvoye touchant l'ancienne ville de Crépy, à ce que j'en ai déja rapporté. Je me contenterai d'y ajouter quelques obfervations, que je n'ai pas produites. Cette ville avoit un Maire pour Gouverneur. Suivant Chopin , la Mairie de Crépy eft l'une des plus anciennes de la Champagne. M. de Valois dans sa notice (p. 163) cite des lettres du Roi Louis le Gros de l'an 1119, dans lesquelles il est fait mention de la ville de Crépy sous le nom de *Crispeïum.*

Je n'ai pu découvrir, à quel endroit de l'ancienne ville l'hôtel du Maire étoit situé. Ceux qui le placent à Méremont, n'ont d'autres garants de leur opinion, que l'étymologie du nom. Il est plus naturel de penser, que cet hôtel devoit être placé au milieu de la ville. L'Officier du Criage avoit son manoir, à côté de ce même hôtel.

L'office du Criage étoit tenu en Fief, & donnoit à son possesseur le droit exclusif, » de faire toute proclamation & cri public qui se font de par le Roi en la ville; aucun autre ne pouvant » exercer ces fonctions sans le congé du Fieffé : à lui seul appartient de porter le bassin & chandelier, faire ou faire faire les cris » des décrets & autres ventes : il prend pour son profit les deniers » tombans dans le bassin, fournissant ledit bassin & les chandelles. » *Item,* lui est dû une charretée de bois de chaque vente qui se fait » en la forêt de Retz, & une buche à choisir de chaque chariot ou » charette chargée de bois de cette forêt, entrant par la porte de » Long-pont, soit que la voiture doive rester dans la ville, soit » qu'elle doive passer outre. Il peut faire moudre son bled pour la » nourriture de toute sa famille, à tel moulin que bon lui semble, » sans payer mouture : doit jouir le possesseur dudit Fief, d'une » rente de deux sextiers de bled à prendre sur la Seigneurie de » Rouville «. Ce détail est contenu dans un dénombrement de l'an 1376. Il fait connoître qu'anciennement on érigeoit tout en Fief, jusqu'aux fonctions serviles.

Le Fief du Criage comprenoit deux autres Fiefs dans sa mouvance; la Grand-Maison & le Moulinet. La Grand-Maison après avoir été possédée successivement par plusieurs Chevaliers du nom de Roquemont, a passé aux Fusillers, & de ceux-ci aux Rangeuils. Le Criage & les deux arriere-Fiefs donnoient à leurs possesseurs le droit de Pairie & d'homme-jugeant aux Assises de Crépy.

Suivant divers titres des années 1163, 1271, 1278, 1284, & 1430; les fours bannaux de la ville occupoient un canton situé dans un fond attenant les murs du donjon. L'usage exigeoit qu'on ne souffrît aucuns fours à pain, à chaux ou à plâtre dans l'intérieur des villes, à cause du danger des incendies; d'autant plus qu'alors

on bâtiſſoit plus en bois qu'en pierres. L'Officier qui préſidoit à la
police de ce canton, ſe nommoit Boulanger ou Fournier : il jouiſſoit de divers droits en vertu de ſa charge, qu'il tenoit en Fief du
Seigneur de Crépy. Le Chapitre de S. Aubin percevoit dans ce
canton pluſieurs redevances qui ne ſubſiſtent plus, depuis que
les maiſons ſur leſquelles on les leur avoit aſſignées, ont été détruites.

Nous avons rapporté à la page 90 de cet ouvrage l'ancien état
du lieu de Bazoches. Suivant un accord de l'an 1120 entre Raoul
IV, Comte de Crépy, & les habitans de ce lieu, qui regardoit la
ville de Crépy, ces habitans avoient été originairement aſſujettis
à de mauvaiſes coutumes, dont ils prierent le Comte de les déchar-
ger. Raoul accorda leur demande, à condition que les Bourgeois
du lieu payeroient par chaque ménage une mine d'avoine & une
poule à lui & à ſes ſucceſſeurs ; & aux deux Gruyers, un pain &
une poule. Le Comte dans ſa Charte d'exemption (1) ſépare en
deux claſſes les habitans de Bazoches, celle des Bourgeois &
celle des payſans *ruſtici*. Bazoches étoit encore un lieu très-peuplé au ſiécle ſuivant.

Pluſieurs Officiers des Comtes de Valois avoient leurs hôtels
à Duvy. Une Charte de l'an 1186, concernant S. Adrien de Bethizy, fait mention de deux Chevaliers, l'un nommé Euſtache,
l'autre Boulard de Duvy (2). Vers ce même temps, la Comteſſe
Eléonore fit réparer le Palais de Bouville.

Les dehors de Crépy ſe diviſoient en trois parties. On diſtinguoit trois ſortes de dépendances principales ſur ſon territoire :
les Bordes, le Fauxbourg & la Banlieue. Les Bordes étoient les
fermes du château, ſituées près S. Thomas. Le Fauxbourg conſiſtoit dans un amas de maiſons, ſituées extérieurement à côté de
la principale porte du Bourg. Ceux qui habitoient cette partie
des environs de Crépy, payoient un droit au Burgare. Cette portion de terrein eſt appellée *foriſburgum* dans les titres latins, &
forſbours dans les vieilles Chartes Françoiſes, comme qui diroit,
dehors du Bourg. On nommoit Banlieue, les hameaux & les
cenſes diſtribués à une lieue autour de la ville.

Ce plan de l'état de Crépy au douziéme ſiécle, eſt à peu près
celui des villes les plus conſidérables de la province. On peut,

(1) Gall. Chr. t. 10. inſtr. p. 423. Borg.   (2) Louvet, Hiſt. Beauv. t. 2. p. 7. 9.
Val. Roy. p. 19. 20.

pour un plus grand éclaircissement, recourir à ce que nous avons exposé, touchant l'origine & la première distribution de la ville de Crépy, à la *page* 86 de cette Histoire, & aux *pages* suivantes. Ce partage des villes en plusieurs quartiers convenoit aux circonstances de ces temps de troubles, où le peuple éprouvoit toutes sortes de vexations, & où les Seigneurs les plus modérés se trouvoient dans une nécessité habituelle de se tenir sur leurs gardes, & de veiller, les armes à la main, à la conservation de leurs domaines, & même à la sûreté de leur personne.

9. Le nombre des Religieux de S. Jean-lès-Vignes de Soissons croissoit de jour en jour, parce que la regle de S. Augustin s'observoit dans cette Maison, avec une piété digne des premiers temps du Christianisme. Ce surcroît de Religieux mit dans la nécessité d'augmenter les lieux réguliers, & de rebâtir l'Eglise sur un plan plus vaste. On commença les travaux de l'Eglise (1) en l'an 1108.

L'Eglise du château d'Ouchy étoit desservie par un Chapitre de Chanoines séculiers, pareil à celui de S. Vulgis au château de la Ferté-Milon, que Hugues le Blanc avoit réformé, ou plutôt renouvellé, en mettant à la place des Chanoines séculiers des Religieux de S. Jean-lès-Vignes. S. Bernard, qui avoit été témoin du premier changement, le proposa à Thibaud le Grand, Comte de Champagne, comme un exemple à suivre, en introduisant à la place des Clercs séculiers de son château d'Ouchy, des Chanoines réguliers de S. Jean. Le Comte entra dans les vues du S. Abbé; & après avoir pris sur ce sujet les avis de Hugues le Blanc & de Lisiard de Crépy, Evêque de Soissons, il résolut d'exécuter la réforme, dont S. Bernard lui avoit inspiré le dessein (2).

Le Comte, avant de rien entamer, sollicita le consentement des Chanoines en place, & l'obtint, avec le dénombrement de leurs biens & de ceux de l'Eglise, qui relevoient des domaines de Thibaud, dont ils avoient autrefois fait partie. Le Comte de Champagne remit entre les mains de Lisiard, Evêque de Soissons, l'état de ces biens, & l'Evêque en fit la donation à Gautier, Abbé de S. Jean, qui l'accepta.

Thibaud augmenta le revenu des prébendes. Satisfait de la générosité avec laquelle les Chanoines avoient donné leur agré-

(1) Chr. S. J. Vin. p. 80.   (2) Chr. ibid. p. 88. 89.

ment, il décida qu'ils conserveroient leurs prébendes, & qu'ils jouiroient leur vie durant, de l'augmentation qu'il y avoit faite : qu'à mesure qu'un d'entr'eux décéderoit, il seroit remplacé par un Chanoine régulier de S. Jean, jusqu'au parfait renouvellement du Chapitre.

Ces choses furent arrêtées au château d'Ouchy, où le Comte de Champagne tenoit sa Cour. De peur que l'on ne changeât quelque chose à ces dispositions, Thibaud le Grand les fit rédiger par écrit ; il signa l'acte qui les contenoit, & après lui S. Bernard, l'Evêque Lisiard, Hugues le Blanc ; & d'autres Seigneurs écrivirent leurs noms au bas du titre, en qualité de témoins. La piéce originale de cette fondation s'est conservée jusqu'à nos jours : elle est datée de l'an 1122.

Cette piéce ayant été communiquée à l'Abbé Gautier, ce Supérieur envoya un de ses Religieux à Ouchy, afin de prendre possession du trésor & des ornemens de l'Eglise. Romuald, Archevêque de Reims, mit le sceau en sa qualité de Primat à ce renouvellement, par une Charte qui confirma celle de l'an 1122. Le Chapitre d'Ouchy ne fut entiérement renouvelié, qu'en l'an 1150, après la mort ou la démission de tous les Chanoines séculiers, deux ans avant la mort de Thibaud le Grand, Comte de Champagne, arrivée le 10 Janvier 1152.

Ce Seigneur laissa plusieurs enfans de Mahaut son épouse, qui partagerent entr'eux les états. Henry, l'aîné des garçons, succéda au titre de Comte Palatin de Champagne, que son pere avoit porté, & prit possession du château d'Ouchy. On a de ce Prince une Charte, datée de l'an 1169, par laquelle il donne à Notre-Dame d'Ouchy une demeure seigneuriale à Ciergy, avec les bois du lieu, des terres, des hostises, des bois à Montigny, & le moulin banal d'Ouchy. Il confirme aussi par sa Charte, les changemens faits par Thibaud son pere.

Les Religieux d'Ouchy reçurent de lui plusieurs bienfaits. En l'an 1177, il accorda au Prieur le droit de Justice, à la réserve des appels du duel & des hommes de la terre de Notre-Dame, comme elle s'étend, lesquels ressortiront à la Justice de son Comté : il accorde aux hommes de l'Eglise de Notre-Dame le privilége de n'aller à la guerre, qu'au dernier ban.

Vers ce même temps, une Communauté de Templiers s'établit à Ouchy. Je n'ai pu apprendre aucune des circonstances de fa fondation. Après l'extinction de cet Ordre en France, les biens de la Maison d'Ouchy furent réunis à l'Ordre de Malthe.

L'Eglise paroissiale d'Ouchy-la-Ville fut soumise à S. Jean-lès-Vignes de Soissons, trois ans après celle du château. Elle possédoit originairement des biens considérables, dont elle fut obligée pendant les troubles, de sacrifier une partie pour conserver l'autre. Les Prêtres qui la desservoient, ayant besoin de sauvegarde pendant les guerres civiles, avoient choisi les Comtes de Soissons pour protecteurs. Ceux-ci s'emparerent peu à peu & par dégrés des biens de l'Eglise, de maniere que sous Guillaume, Comte de Soissons, ce Seigneur tenoit l'Eglise paroissiale d'Ouchy-la-Ville en bénéfice, quoique laïc (1). Guillaume eut un fils nommé Manassé, qui hérita de ce bénéfice après sa mort. Manassé ayant embrassé l'état Ecclésiastique, devint Evêque de Soissons en l'an 1106. Afin d'empêcher, qu'après lui, ce bénéfice à charge d'ames ne passât de nouveau dans des mains laïques, il fit présent de l'Eglise au Chapitre de sa Cathédrale, à condition qu'il seroit pourvu à la desserte.

Cette donation n'empêcha pas, qu'après la mort de l'Evêque, un Chevalier nommé Guy du Donjon ne s'emparât des revenus de l'Eglise & n'en jouît de la même maniere que le Comte avoit fait. Cependant, comme Guy étoit sur le point d'entreprendre le voyage de la Terre-Sainte, il conçut quelque repentir de son procédé, & donna l'Eglise d'Ouchy, par un acte en bonne forme daté de l'an 1125, avec celle d'Arcy-Sainte-Restitue, à l'Abbaye de S. Jean-lès-Vignes de Soissons (2).

Le Chevalier Guy empruntoit son surnom de la Seigneurie du Donjon d'Ouchy qu'il possédoit. Il y avoit au château d'Ouchy deux Fiefs ou Seigneuries particulieres, celle du Donjon & celle de la Vicomté (3). Guy vivoit encore en l'an 1156 : on a un titre de cette année, qui le nomme *Wido de Dunjun*. La Seigneurie du Donjon d'Ouchy, distinguée comme à Crépy de celle du château, a toujours subsisté depuis Guy : mais les successeurs de ce Chevalier nous sont inconnus jusqu'en 1553. Dans un acte de ce temps, François de Harlus, Seigneur en partie du Plessis-Châtelain, prend la qualité de Seigneur du Fief du Donjon d'Ouchy.

Les Vicomtes d'Ouchy étoient les représentans des Comtes

(1) Gall. Chr. t. 9. p. 355.
(2) Chron. p. 96.

(3) Gall. Chr. instr. t. 10. p. 123.

de Champagne, & les Gouverneurs de leur château. Nous donnerons une fuite complette de tous ceux qui ont poffédé cet office, puis fon origine jufqu'à préfent.

Voici la fuite des Comtes, Haut-Seigneurs du château d'Ouchy pendant le douziéme fiécle: Etienne Comte de Champagne, tué en 1102 à la même action où Hugues le Grand reçut une bleffure mortelle: Thibaud IV & Henry fon fils dont nous venons de parler, ont fuccédé à Etienne. Henry I fut pere de Henry II, qui mourut d'accident en l'an 1197. Thibaud V, frere de Henry II, hérita des biens de celui-ci. Thibaud V avoit époufé en 1195 Blanche de Navarre. Il mourut en 1201, & laiffa fous la tutele de Blanche Thibaud VI fon fils, qui fut l'unique héritier de fes états.

Les premiers Gouverneurs du château d'Ouchy prenoient la qualité de Comtes. Cet ufage changea fous Henry I, Comte de Champagne, après la mort du Comte Leulf. Les fonctions & les prérogatives de ces Comtes fubalternes ne différoient pas de celles des Vicomtes leurs fuccefleurs.

Leulf emporta, en mourant, les regrets des Comtes de Champagne fes fupérieurs, & de tous les vaffaux du Comté d'Ouchy. Il avoit époufé une Dame nommée Hildéarde, qui avoit la même part que lui dans l'eftime publique. Après la mort des deux époux, on leur fonda par reconnoiffance un fervice commun, fuivi de deux repas, dont l'ordre & la dépenfe font ainfi réglés dans un titre de l'an 1177.

Au premier repas feront admis fans diftinction tous les Clercs qui fe préfenteront. Les plats feront remplis jufqu'au comble. On donnera pour premier fervice un plat de porc frais, auquel fuccédera un autre plat garni de membres d'oyes. On fervira pour troifiéme plat, une fricaffée de poulets, nourrie d'une bonne fauce liée avec des jaunes d'œufs.

Le fecond repas fera fervi comme le premier, excepté qu'à la place du porc frais, on fervira un plat de vache: *ex carne vaccinâ.*

Ceci nous donne une idée des grands repas de ces temps-là. Il paroit, qu'on préféroit les ragoûts & les viandes bouillies aux viandes rôties. On aimoit mieux un feul plat par fervice, pourvu qu'il fût bien affaifonné & bien garni, que la multiplicité des mets en petite quantité.

Le premier repas se donnoit à l'issue des Vigiles : la portion de vin de chaque convive étoit fixée à un demi septier, dont la qualité devoit être celle d'un bon vin potable, qui tint un juste milieu entre le plus délicat, & celui du plus bas prix : *Quod neque de pejori neque de meliori esse debet.*

Vers l'an 1230, Blanche, Comtesse de Champagne, trouvant que ces deux repas causoient trop d'embarras à ses Officiers, en fit évaluer la dépense. Le prix de chaque repas fut fixé à trente sols, soixante sols les deux, monnoie d'Ouchy. Elle ordonna, que cette somme seroit tous les ans prélevée par le Bailli & par le Prevôt d'Ouchy, sur le grand tonlieu du Comté, & délivrée à ceux qui avoient coutume de faire, dans ces deux rencontres, les honneurs de la table. Cette redevance a été transportée depuis sur les domaines de Neuilly-Saint-Front.

Leulf eut pour successeur Albéric d'Ouchy, premier du nom. Albéric fut un Chevalier sans retenue, qui usurpoit les biens des Monasteres & des Eglises (1). Au lit de la mort, il fut touché de repentir de sa conduite passée. Il rendit à l'Eglise de Nanteuil-le-Haudouin la moitié des bénéfices qu'il possédoit à Auteuil, avec les droits de justice & les autres priviléges qui en dépendoient. La mort d'Albéric I arriva en l'an 1121. Sa veuve Adelaïde & ses enfans firent présent des dixmes de Chouy à la même Eglise de Nanteuil pour le repos de son ame.

Albéric avoit un frere nommé Robert d'Ouchy, qui etoit Prêtre. Robert signe comme témoin un acte de l'an 1122, par lequel Hugues de Bazoches rend à l'Eglise de S. Rufin des biens de cette Eglise, qu'il retenoit injustement (2).

La Vicomté d'Ouchy passa d'Albéric I à Albéric II son fils aîné. Ce dernier est cité dans un titre de Long-pont, daté de l'an 1132. En 1144, il signa ainsi une Charte de Drogon I, Seigneur de Pierrefonds, *Albericus de Ulceïa.* On connoît par un acte de l'an 1156, que ce Chevalier vivoit encore en cette année (3). L'acte expédié au nom d'Ancoul de Pierrefonds porte, que la terre de Parcy où les Religieux de Long-pont ont du bien, appartient au Chevalier Albéric d'Ouchy. On ajoute, que tout récemment le même Albéric Chevalier venoit de céder en Fief la moitié de la terre de Parcy à Renaud & à Vermond, Chevaliers

(1) Hist. Meaux, t. 9. n° 33.
(2) Gall. Chr. t. 10. instr. p. 109.

(3) Chron. Long-p. p. 10. 40. Gall. Chr. t. 10. instr. p. 123.

de Loüatres, fils de Pierre, & petits-fils d'Hervin.

En cette année, Albéric II ne poſſédoit plus la Vicomté d'Ou-chy. Cette charge appartenoit au Chevalier Bernier. Un titre du Monaſtere d'Igny fait mention de ce Vicomte, de Jean ſon frere, & d'un Philippe d'Ouchy, dont il eſt principalement queſtion dans cette Charte qui eſt datée de l'an 1156 (1).

M. de Valois dit avoir lû des lettres de Joſlein Evêque de Soiſ-ſons, datées de l'an 1150, dans leſquelles il eſt parlé d'un Sava-ric d'Ouchy, *Savaricus de Ulcheïo* (2). Un titre du Charme porte, que dans le même temps Savaric a fait préſent aux Religieuſes de cette Maiſon de la dixme de Pernant, avec le conſentement de l'Evêque de Meaux. Il eſt marqué au Cartulaire de S. Crépin-en-Chaye de Soiſſons, qu'Emmeline, femme de Savaric d'Ou-chy, a donné à cette Abbaye ſeize ſextiers de vinage, lorſqu'A-dée ſa fille y fut reçue converſe.

Albéric II eut un fils nommé Barthelemi d'Ouchy, dont il eſt fait mention dans un titre de Long-pont de l'an 1152. Ce Cheva-lier eſt encore connu, par l'accident qui lui arriva, de tuer ſans le vouloir, Gaucher de Montmirel, fils d'Elie de Montmirel & de la Ferté-Gaucher. On inhuma Gaucher à Long-pont. Barthe-lemi vivoit encore en 1163 (3). On croit qu'il fut pere d'Albéric d'Ouchy, troiſiéme du nom, auquel on donne dans un titre de l'an 1178, la qualité d'Avoué de Chacriſe.

Albéric avoit en cette année pluſieurs enfans (4). Il encourut la diſgrace de Nivelon de Chériſy, Evêque de Soiſſons, à cauſe des violences qu'il exerçoit contre les habitans de Chacriſe. Ces ha-bitans ayant porté leurs plaintes au Prélat, celui-ci leur accorda ſa protection. Nivelon mit Albéric à la raiſon, & l'obligea de ſe renfermer dans les bornes de ſa juriſdiction, qu'il vouloit trop éten-dre. Et afin de prévenir d'autres excès de la même nature, auxquels l'Avoué pourroit ſe porter, l'Evêque fit dreſſer un acte de noto-riété, qu'il obligea Albéric de ſigner avec ſa femme & ſes en-fans. Cet acte eſt daté de l'an 1180. Albéric avoit alors un fils nommé Vermond. Il paroît encore avec toute ſa famille, dans une Charte de Long-pont de l'an 1186.

Au Vicomte Bernier, ſuccéda le Chevalier Philippe d'Ouchy, qui pouvoit bien être ſon fils. On donne à celui-ci la qualité de

(1) Gall. Chr. t. 9. p. 360.
(2) Not. Gal. p. 615. Ren. Hiſt. Soiſ. pr. f. 8.
(3) Chr. Long-p p. 38. 50.
(4) Hiſt. N. D. de Soiſſ. p. 156.

Vicomte d'Ouchy, dans une ceſſion de l'an 1197. Le titre qui exprime la donation porte, qu'en cette année, Philippe a donné à l'Abbaye de Chartreuve cinq hord. & trois quartiers d'avoine, avec cinq quartiers de froment & un brédeling, à l'occaſion de la priſe d'habit de ſon fils dans cette même maiſon. L'on ajoute que le Vicomte a fait ce préſent, avec le conſentement de Philippe ſon fils, de Pierre ſon frere, de Gérard, de Colin & de Jean. Il paroît, que ce dernier eſt le même Jean Vicomte d'Ouchy, ſuccef-ſeur de Philippe, dont il eſt parlé dans quelques piéces de l'an 1206. Il y a auſſi apparence, que le Gérard de la Charte étoit Gérard de Chériſy, troiſiéme du nom.

En ce même temps vivoit un Eccléſiaſtique nommé Raoul d'Ou-chy, proche parent de l'Evêque Nivelon. Raoul remplit la place de Prevôt de l'Egliſe de Soiſſons, depüis l'an 1193 juſqu'en 1208. Raoul fonda pendant cet intervalle, la Chapelle de S. Crépin, de S. Corneille & de S. André dans l'Egliſe Cathédrale. Il étoit frere d'Aveline de Cramailles Vicomteſſe d'Ouchy, que l'Evêque Ni-velon nomme ſa niéce, dans quelques-unes de ſes lettres.

Ces Gentilshommes du nom d'Ouchy étoient preſque tous attachés aux Comtes de Champagne & Officiers du château d'Ou-chy, où ces puiſſans Seigneurs faiſoient de fréquens voyages & des ſéjours aſſez longs.

10. Thibaud IV Comte de Champagne eſt le premier, qui ait don-né à Neuilly la forme d'une bourgade. Ce lieu avoit été juſques-là compoſé de pluſieurs fermes, *Coloniarum*, ſituées à quelque diſ-tance les unes des autres. Thibaud fit bâtir à Neuilly un château, dont on voit encore les reſtes. Il en jetta les fondemens en pleine campagne, parce que les bâtimens ſitués ſur l'éminence ne lui appartenoient pas. Ce château étoit un édifice quarré, flanqué de huit tours rondes, une à chaque angle & une autre entre deux. Ce qui reſte des anciens murs, eſt un maſſif fort épais, formé de moi-lons liaiſonnés avec une chaux excellente, & revêtu de pierres quarrées, d'une belle taille & d'une aſſiſe bien entendue. Le Com-te fit creuſer autour du château des foſſés profonds, dans leſquels il fit conduire l'eau d'une ſource abondante, ce qui formoit une eſpéce d'inondation.

Après que le château eut été achevé, Thibaud y fonda une Chapelle de S. Sébaſtien pour la commodité de la garniſon. Il confia le commandement de cette garniſon à un Chevalier de

fon château d'Ouchy. Cet établissement avoit pour but la conservation de la terre & de tout le canton, contre les incursions
des partis qui désoloient les campagnes.

Le Comte auroit pu élever le nouveau château sur la hauteur :
mais comme cette portion du territoire de Neuilly étoit un patrimoine, qui avoit autrefois appartenu à l'Eglise de Reims, il ne
voulut pas y bâtir. Il fit plus : il forma par délicatesse de conscience, le dessein d'accorder à quelqu'Abbaye les droits qui lui
avoient été transmis par ses prédécesseurs sur l'Eglise de S. Remy : il choisit à ce qu'on prétend, l'Abbaye d'Essomes, & mit le
Prieuré de S. Remy sous sa dépendance. Le Prieuré-Cure de S.
Remy au Mont de Neuilly relève encore de cette même Abbaye, mais le Titulaire ne conserve plus les droits, que Thibaud
avoit accordés à ses prédécesseurs. Il n'est plus Seigneur sur son
fonds, & n'a aucun droit de justice sur l'emplacement de sa maison, de son Eglise & de son enclos. Les anciens Prieurs possédoient plusieurs Fiefs à Chivres & à Villers-les-Rigaud ; ils avoient
un tiers dans la Seigneurie de Gandelus, & une part dans celle
de Courchamp.

Après la mort de Thibaud IV, les Comtes de Nevers acquirent une part dans la Seigneurie de Neuilly. Ils en jouirent jusqu'en 1218, que Hervé Comte de Nevers céda tous ses droits sur
Neuilly à Madame Blanche Comtesse de Champagne.

Nous n'avons pas une suite aussi complette des Chevaliers, qui
ont gouverné le château de Neuilly, que celle des Vicomtes, qui
ont été préposés par les Comtes de Champagne, à la garde du
château d'Ouchy. Le premier Châtelain de Neuilly dont nous
ayons connoissance, se nommoit Guillaume, & vivoit en l'an
1180. Il est appellé *Guillelmus miles de Neuilly* dans un titre de
cette année, qui fait partie du Cartulaire de S. Crépin-en-Chaye
de Soissons. Guillaume avoit alors un fils nommé Albéric, qui se
sentant quelque vocation à la vie réguliere, avoit choisi l'Abbaye
de S. Crépin pour retraite.

Le Chevalier Guillaume jouissoit des dixmes de Wichel. Il
détacha une partie de ces dixmes, & en fit à l'Abbaye le présent
qui étoit d'usage, lorsqu'un séculier ou un laïc prenoit l'habit de
Religion. Il fit aussi à cette Maison la remise d'un muid de bled
de rente, qu'il percevoit tous les ans, sur une ferme de sa dépendance.

Le titre de l'an 1180 fait auffi mention d'un autre Chevalier, nommé Hélie de Neuilly. On lit au nombre des foufcriptions, qui terminent la Charte Aumôniere de la Comteffe Eléonore, dreffée en l'an 1194, le nom d'un Albert de Neuilly Chevalier, qui figne immédiatement après Arnoul le Bulgare.

11. A Nanteuil-le-Haudouin, Adam le Riche, Seigneur du lieu & du Donjon de Crépy, paffoit une heureufe vieilleffe exempte d'infirmités. On prouve, que ce Seigneur vécut au-delà de l'an 1121, par des actes dans lefquels il eft cité comme préfent. Il parut en l'an 1115 & en 1119 à la donation qui fut faite de la terre de Chevreville à l'Eglife de Notre-Dame de Nanteuil. En 1117, les Religieux de S. Arnoul l'inviterent à l'affemblée, qu'ils convoquerent contre le Chevalier Enguerrand, & ce Seigneur s'y rendit. En 1121, il fit un voyage à Soiffons. Lifiard fon fils occupoit alors le Siége Epifcopal de cette ville. Ce voyage nous eft connu par l'acte d'une donation faite à l'Eglife de Nanteuil, d'une terre fife à Auteuil près de la Ferté Milon.

Adam le Riche avoit alors deux fils : Thibaud II qui lui fuccéda, & Lifiard de Crépy Evêque de Soiffons. Les Auteurs qui lui donnent un fils aîné nommé Adam, ont été induits en erreur, en fuppofant, que les titres dont je viens de parler, ne pouvoient regarder qu'un de fes enfans. Le grand âge auquel Adam eft parvenu, concilie tout, & rend inutile l'exiftence d'un Adam II, Seigneur de Nanteuil. Cette erreur peut venir encore de la lecture peu réfléchie d'un titre de l'an 1153, qui fait mention d'un Adam de Nanteuil. Cet Adam n'étoit que Sénéchal des Seigneurs du lieu. Rien n'indique, en quelle année Adam le Riche eft mort. Nous parlerons en premier lieu de l'Evêque Lifiard fon fecond fils, afin de ne pas interrompre le récit, de ce qui regarde Thibaud II & fon fucceffeur.

Lifiard ou Louifiard font deux diminutifs du nom de Louis. Le nom de Lifiard fut donné au fecond fils d'Adam le Riche, dans fa jeuneffe. Lifiard entra dans l'état Eccléfiaftique prefqu'au fortir de l'enfance, & poffeda des bénéfices. Parvenu à l'âge requis pour le Soudiaconat, il reçut cet Ordre des mains de S. Arnoul Evêque de Soiffons, pendant fon exil au château d'Ouchy. Vers l'an 1185, il prit poffeffion de la dignité de Prevôt de la Cathédrale de Soiffons, à laquelle il avoit été nommé. On lui donne la qualité de Prevôt, dans l'acte par lequel Hilgot Evêque de Soiffons

accorde

accorde à Marmoutiers l'Eglise de S. Sulpice de Pierrefonds.

Le Siége Episcopal de *Soissons* étant venu à vacquer, on jetta les yeux sur *Lisiard de Crépy* pour le remplir. *Lisiard* prit possession de ce Siége, en l'an 1108. La troisiéme année de son Episcopat, il réunit plusieurs bénéfices aux deux Communautés de Coincy & de S. Jean-lès-Vignes. La maniere dont il s'acquitta de ses fonctions, lui mérita l'estime publique.

L'illustre *Guibert*, Abbé de Nogent-sous-Coucy, étant sur le point de publier son principal ouvrage, résolut de le mettre sous la protection de quelque personnage du plus haut rang, qui joignit la science à la vertu. Il crut trouver dans *Lisiard* les qualités qu'il cherchoit, & lui dédia cet ouvrage.

Dans l'Épître dédicatoire qu'il adresse au Prélat, il le loue sur son ancienne noblesse, sur son amour pour les lettres, & sur son profond savoir. Il met la douceur des mœurs, l'honneur, la bonté d'ame & la modestie, au nombre des principales qualités qui méritoient à *Lisiard* l'amour & les respects du public. Enfin cet Auteur le dépeint comme l'un des Evêques les plus accomplis de son siécle (1).

On a de *Lisiard* un écrit daté de l'an 1113, par lequel il maintient les Religieux de Marmoutiers dans la possession de la Collégiale de S. Mesmes de Pierrefonds, que l'Abbé de Marmoutiers faisoit desservir par les Moines de S. Sulpice. *Hariulf*, Abbé d'Aldenbourg, ayant entrepris d'écrire en deux livres la vie de l'Evêque S. Arnoul, dédia cet Ouvrage au Prélat Lisiard, comme à celui des Disciples de ce Saint, qui lui ressembloit davantage par l'assemblage de ses vertus. Lisiard reçut favorablement cet écrit. Après l'avoir examiné, il le trouva insuffisant. Il y suppléa, en composant un troisiéme Livre sur ce même sujet, & présenta cette Vie complette de S. Arnoul au Concile assemblé à Beauvais en l'an 1120, dans le dessein d'accélérer la Canonisation du S. Prélat; ce qu'il obtint.

Il joua un grand rôle dans l'affaire du fameux Abailard portée au Concile de Soissons; il accorda plusieurs graces & combla de bienfaits les Religieux de Nanteuil-le-Haudouin sa patrie, de même que les Chanoines réguliers du château d'Ouchy. C'est à sa persuasion que Hugues de Bazoches se détermina à restituer les biens de l'Eglise de S. Rufin, qu'il avoit usurpés. Le célebre Ives

(1) Guib. Gesta Dei per Franc.

Tom. I. Ddd

de Chartres faifoit un cas diftingué de la perfonne & des belles qualités de l'Evêque Lifiard. Ses lettres 203, 209, 279 & 280, lui font adreffées. Lifiard mourut le dix-huit Octobre de l'an 1126 (1).

Thibaud II, frere aîné de Lifiard, avoit époufé une premiere femme nommée Mathilde. Cette Dame étoit morte en 1120, avant qu'il entrât en poffeffion des Seigneuries de Nanteuil & du Donjon de Crépy. Mathilde laiffa un fils, que nous appellerons Thibaud III. Thibaud II jouiffoit alors d'un revenu en fonds de terres, qu'Adam fon pere lui avoit affigné. Après la mort de fon époufe, il donna aux Religieux de Nanteuil un four banal, à condition qu'ils célébreroient des Meffes & feroient des prieres pour le repos de fon ame.

Enrichi par la fucceffion de fon pere, il penfa à contracter une nouvelle alliance, & époufa Elifabeth de Châtilion. Il en eut une fille nommée Agnès, qui fut mariée dans la fuite à Guillaume de Garlande, Seigneur de Livri, & Sénéchal de France (2).

Malgré le préfent dont j'ai parlé, Thibaud ne garda aucuns ménagemens avec les Religieux de Nanteuil. Il eut avec eux de grands démêlés, parce que s'étant emparé fans forme de procès d'un terrein qui faifoit partie de l'enclos de leur Couvent, pour aggrandir fon château, il refufoit de dédommager les Religieux de leur perte. Ceux-ci trop foibles pour réfifter aux voyes de fait du Seigneur Thibaud, oppoferent à fon crédit la protection de l'Evêque de Meaux, qui fe chargea de revendiquer les droits qu'on leur avoit enlevés. Cet incident changea les difpofitions du Seigneur de Nanteuil, & le rappella à des fentimens plus équitables.

Le mal étoit difficile à réparer, & la reftitution du terrein ufurpé paroiffoit prefqu'impoffible, parce que Thibaud avoit élevé fur ce terrein un corps de logis, contigu aux autres bâtimens de fon château. Quoiqu'il reconnut fes torts, il ne voulut faire aucune démarche auprès des Religieux. Il s'adreffa directement à Pierre Abbé de Cluny, dont il obtint la médiation. L'Abbé Pierre calma les efprits, & termina le différend, par un compromis qui porte en fubftance :

» Que les Religieux auroient la liberté du paffage à travers le » nouveau corps de logis : que déformais il feroit permis à tout

(1) Gall. Chr. t. 9. p. 351. & 355.   (2) Anfel. t. 6. p. 31. Templ. p. 144.

» Religieux du Monaſtere, de faire à ſa Maiſon tel legs qu'il ju-
» geroit à propos, ſans que le Seigneur de Nanteuil put réclamer
» aucun droit : que Thibaud céderoit à la Communauté des Reli-
» gieux le droit de *Ban de vin* qu'il faiſoit exercer pendant le mois
» d'Août : que le même Seigneur renonceroit au privilége qu'il
» avoit d'emmener à la guerre les hommes du Couvent ; ou qu'il ne
» pourroit en uſer qu'avec le conſentement du Prieur de Nanteuil :
» qu'outre ces diſpoſitions, le Seigneur Thibaud s'obligeroit à
» payer cinq ſols de cens annuellement, & qu'il défraieroit les
» Religieux du dommage qu'il leur avoit cauſé ».

Les Moines de leur côté conſentoient, que le Seigneur jouît
à ces conditions de l'emplacement uſurpé, & ſe déſiſtoient de
tous leurs droits de propriété.

L'acte où ces articles ſont contenus, fut dreſſé en préſence de
l'Abbé de Cluny, de l'Evêque de Meaux & du Prieur de Nanteuil, d'une part ; & du Seigneur Thibaud de l'autre, accompagné de ſa famille, de ſes officiers & de quelques amis. Après que
l'acte eut été ſigné, on le porta à l'Egliſe, où les parties ſe rendirent. On le joignit au Livre des Collectes qui fut enſuite dépoſé ſur l'Autel en préſence des Contractans, comme pour lui
impoſer le dernier caractere d'authenticité. Ces choſes ſe paſſoient en l'an 1134, ſelon le Cartulaire de Nanteuil : en 1135,
ſelon D. Touſſaint Dupleſſis, auteur de l'Hiſtoire de Meaux,
Tom. 2. n°. 51.

Ce récit contient deux traits remarquables : il prouve que les
Moines quoiqu'engagés par des vœux pouvoient teſter, moyennant une redevance qu'ils payoient au Seigneur ; 2°. la cérémonie
de dépoſer ſur l'Autel les contrats ſolemnels qui terminoient les
conteſtations, ſembloit ſerrer les nœuds d'une réunion qu'on
eſtimoit ſincere & ſans aucun retour d'animoſité ou de vengeance.
Nous avons déja rapporté l'exemple d'une Charte, trente ans plus
ancienne que celle-ci, dont les circonſtances ſont exactement
les mêmes.

Thibaud II avoit un train proportionné à ſon rang & à ſes
grands biens. Il recevoit à la Cour des Comtes de Champagne
les diſtinctions dues à ſa naiſſance. Il étoit préſent à cette Cour,
lorſqu'en l'an 1134 le Comte Thibaud confirma par un acte la
donation faite aux Religieuſes de Fontaine, de la terre de *Noïum*,
entre les mains de Manaſſé, Evêque de Meaux, par Thibaud de

Villemeroi (1). Le Comte de Champagne voulut, que le Seigneur de Nanteuil signât cette Charte, conjointement avec les Châtelains Guy de Vandieres & Thibaud le Fort de Chouy. Quatre ans après, le même Thibaud de Nanteuil signa comme témoin un acte, par lequel Cécile, Abbesse de Mornienval, céde à Raoul Comte de Crépy le moulin de Fonches : son nom est ainsi exprimé : *Theobaldus filius Adam.* En l'an 1148, Raoul IV, Comte de Crépy, donna aux Prémontrés de Viviers le lieu de Javages. Cette donation fut constatée par un acte, au bas duquel on lit le nom de Thibaud de Nanteuil (2). Thibaud II mourut vers le même temps, & eut Thibaud III son fils pour successeur.

Thibaud III épousa Clémence de Bar, fille de Renaud I, Comte de Bar, & de Gislette de Vaudemont. Clémence étoit veuve du Comte de Clermont, duquel elle avoit eu six enfans. Quelques-uns prétendent, qu'avant d'épouser Thibaud III, cette Dame avoit contracté une seconde alliance avec Albéric Comte de Dammartin, dont elle étoit démeurée veuve en 1153 (3).

Plusieurs Chartes font mention de Thibaud III Seigneur de Nanteuil, en 1150, 1153, 1166 & 1177. Le nom de ce Seigneur se trouve au bas d'une autre Charte de l'an 1179, concernant l'Église de Notre-Dame du bois de Vincennes (4). Ce Seigneur ne fit rien de mémorable pendant qu'il posséda la terre de Nanteuil.

Les titres de ce même temps font mention de plusieurs particuliers, qui prenoient le nom de Nanteuil, sans être alliés en aucune sorte aux Seigneurs du lieu. Tels un Vital de Nanteuil, Prêtre, c'est-à-dire, Curé du lieu, un Adam de Nanteuil, surnommé le Sénéchal, un Raoul de Nanteuil dit le Gras, un Guy de Nanteuil dit Pamel : ces noms sont écrits dans deux titres de l'an 1153 (4).

Thibaud le jeune posséda pendant trente-quatre ans, les Seigneuries de Nanteuil & du Donjon de Crépy. Attaqué d'une maladie mortelle dont il prévit les suites, il rassembla sa famille, & déclara qu'il avoit dessein de consigner ses dernieres volontés dans un testament. Il avoit alors trois fils de Clémence de Bar son épouse, Philippe, Guy & Gautier ou Gaucher.

(1) Duch. Hist. Chat. p. 33.
(2) Gall. Chr. t. 10. instr. p. 118.
(3) Duch. H. Ch. p. 638, Ansel. t. 2. p.
268. Templ. p. 142.
(4) Hist. Montm. p. 106.
(5) Hist. Meaux, t. 2. p. 52.

L'Evêque de Senlis informé des difpofitions de Thibaud, offrit fon miniftere. Le Prélat raffembla pour fervir de témoins, les perfonnes les plus qualifiées du canton; Barthelemi de Thury, & Paulin d'Acy, que Thibaud nomma fes exécuteurs; Henry de Mortemer, Gilbert d'Acy, Hugues le Begue, Guillaume de Betz, Lambert du Val, Rainaud de S. Leu, Gérard de Boiffy, & le Chevalier Robert, Châtelain du Donjon de Crépy. L'Evêque étoit accompagné de fes grands Vicaires & de fes Sécrétaires. Clémence de Bar parut à l'acte avec fes trois fils, affiftée d'Elifabeth veuve de Thibaud II, & belle-mere du teftateur, de la Dame Ermengarde de Thury, & d'Elizende fa fœur.

Nous ne rapporterons pas ici les articles de ce teftament; on les retrouvera féparément dans le cours de cet ouvrage, relativement aux lieux & aux perfonnes qu'ils concernent. Les fignatures des Eccléfiaftiques, des Chevaliers & des Dames, préfens au teftament, font toutes au bas de l'acte. L'écrit original de ce teftament eft confervé dans les archives de S. Aubin de Crépy. IL eft daté *du treize des Calendes de Février de l'an* 1182 *fous le regne de Philippe (Augufte), Philippe d'Alface Comte de Flandres étant Seigneur du Château de Crépy.*

Thibaud furvécut peu à fon teftament : fes trois fils demeurerent fous la tutéle de Clémence de Bar leur mere. On croit qu'avant de décéder, Thibaud avoit fait le partage de fes biens. Il ne l'effectua pas, fa veuve y fuppléa; & il eft certain qu'en l'an 1185, les trois fils de Thibaud avoient des domaines féparés : le Donjon de Crépy & le château de Nanteuil appartenoient à Philippe : Guy étoit Seigneur de Bouillancy, & Gaucher poffédoit d'autres terres.

En l'an 1185, Clémence de Bar fit un accord au nom de Philippe fon fils aîné, avec les bourgeois de la Commune de Crépy (1). Le traité porte, que les bourgeois ne pourront s'étendre ni s'accroître du côté de fa Seigneurie du Donjon, fans la participation expreffe de Philippe; que le nombre des bourgeois demeurera dans l'état ordinaire; qu'après le décès de Clémence, les bourgeois feront tenus de payer tous les ans au jour de S. Remy trente livres de cens à Philippe fon fils, & trente autres livres le jour de Noel fuivant, monnoye de Crépy. On ajoute, que le même Philippe jouit du droit d'Autel & de Juftice dans toute fa terre.

(1) Templ. p. 140.

de Crépy, de même que le Seigneur du château; que les jugemens & les amendes doivent être prononcés équitablement &
fans fraude, par les Echevins de la Commune : que moyennant la
fomme de foixante livres payable en deux termes, Philippe renonce au droit d'employer les hommes de la Commune pour fes
propres affaires, hors l'enceinte du bourg. Les bourgeois de leur
côté, s'obligent à payer à l'Eglife de S. Aubin, une autre redevance annuelle de cinquante fols le jour de S. Remy.

Bergeron fait mention d'une nouvelle claufe (1) qui eft, que
Clémence abandonnoit aux bourgeois la propriété du cens, qu'ils
avoient coutume de percevoir à la porte de Crépy, avec la Mairie & la forêt de Crépy. La porte dont il eft ici queftion, eft la
porte fouterraine de Bapeaume, par laquelle on entroit dans l'enceinte du Donjon : par le mot de *Cens*, il faut entendre un droit
de péage. Cet accord fut renouvellé en 1197 & 1199. L'Autel
eft l'Eglife Collégiale de S. Aubin, dont le Seigneur du Donjon
étoit le feul patron.

Cette Eglife fut privée en l'an 1160 de l'établiffement de la
Confrairie aux Prêtres, qui en étoit le principal ornement (2).
On transféra les affemblées de cette Confrairie dans l'Eglife de
S. Denys, & l'on établit, que déformais les fimples Eccléfiaftiques y feroient admis comme les Prêtres, les laïcs même & les
perfonnes du fexe, afin qu'il n'y eût exclufion pour qui que ce
foit à l'avantage de participer aux prieres de cette pieufe affociation.

Cette révolution laiffa un grand vuide dans l'Eglife de S. Aubin.
Le Seigneur du Donjon voulut réparer cette perte, en attachant
à cette même Eglife de nouveaux revenus, qui ferviroient à entretenir plufieurs Prêtres. Thibaud III fous qui ce changement
arriva, donna quelques biens à S. Aubin pendant fa vie, & laiffa
à cette Eglife par un article de fon teftament, la dixme qu'il avoit
à Levignen & à Nery : plus, une autre dixme de foixante arpens
de bois fitués à Frefnoy-les-Gombries, qu'on étoit fur le point
de défricher : une rente de cinquante fols fur le péage de la porte
extérieure du Donjon : quatre livres de rente, à prendre fur la
cenfive de Levignen, payables le lendemain de Noël.

Les actes où ces donations font exprimées, portent que le produit de ces dixmes & de ces rentes fera employé à la nourriture

(1) Val. Roy. p. 18.   I (2) Muldr. p. 45.

& à l'entretien des Clercs, & à fournir le luminaire néceſſaire à la célébration du Service divin.

Immédiatement après la tranſlation de la Confrairie aux Prêtres, il ne reſta plus à S. Aubin que deux Chapelains & un Clerc. Le premier des Chapelains ſe nommoit Hubert, le ſecond Guillaume, le Clerc s'appelloit Arnoul. Les Seigneurs du Donjon avoient leur ſépulture à S. Aubin, de même que les Seigneurs du château avoient la leur à S. Arnoul. Il eſt vrai, que l'épouſe de Thibaud I, Seigneur de Nanteuil & du Donjon de Crépy, eſt inhumée à Nanteuil, par la raiſon peut-être que la Seigneurie du lieu étoit ſon patrimoine : mais il paroît que les corps de Thibaud I ſon mari, d'Adam, de Thibaud II & de Thibaud III, ont été inhumés à S. Aubin, de même que ceux de leurs enfans & de leurs proches. Il ne reſte aucune marque de leurs tombeaux ; parce que l'Egliſe & les bâtimens qui l'accompagnoient, ont été détruits pendant les guerres du quinziéme ſiécle, & ont été relevés de fond en comble. Philippe, fils de Clémence & de Thibaud, eſt le premier, à l'occaſion duquel les ſépultures des Seigneurs de Nanteuil ont ceſſé d'avoir lieu à S. Aubin.

Les biens du Monaſtere de Nanteuil ſe ſont beaucoup accrus pendant le cours du douziéme ſiécle. En l'an 1115, les Religieux de cette maiſon reçurent en préſent la Cure & la Seigneurie de Chevreville, pour en jouir à perpétuité. Manaſſé Evêque de Meaux, & Burchard ſon ſucceſſeur confirmerent la donation en 1119 & 1120.

Chevreville eſt une terre du Dioceſe de Meaux, contigue aux Gombries, & ſituée à une demi-lieue au midi de Nanteuil. La juriſdiction du Curé de Chevreville comprend le village de Chennevieres : l'Egliſe de ce dernier lieu eſt Succurſale de l'autre ; le Curé de Chevreville a le droit d'en nommer le Deſſervant. Outre l'Egliſe paroiſſiale, il y avoit anciennement à Chevreville une Chapelle, à côté du logement Seigneurial ; les Religieux de Nanteuil l'avoient fait bâtir pour l'uſage de ceux d'entre eux, qui réſidoient ſur les lieux, en qualité d'économes ou d'adminiſtrateurs. Cette Chapelle ſubſiſtoit encore en 1416. La Communauté de Nanteuil retiroit de cette terre trente ſeptiers de grains, deux tiers en bled & un tiers en avoine, auxquels le Prieur n'avoit aucune part.

Albéric d'Ouchy qui avoit donné en l'an 1121 aux Religieux

de Nanteuil la moitié des bénéfices qu'il possédoit à Auteuil, enchérit peu de temps après sur ce premier bienfait, en accordant aux mêmes Religieux, le droit de justice, les serfs, prez & terres labourables, les moulins, les cours d'eau & les bois qu'il possédoit sur les lieux, avec le quart des dixmes de Chouy & une rente de vingt septiers de grains.

En l'an 1122, Lisiard de Crépy donna au même Monastere l'Eglise d'Auteuil (1). Cette donation a été l'origine d'un Prieuré, formé par le séjour de plusieurs Religieux de Nanteuil, que le Prieur de cette Maison envoya sur les lieux pour desservir l'Eglise & pour faire valoir les biens qui en dépendoient.

Le Prieuré d'Auteuil est ainsi désigné dans la Bibliotheque de Cluny (2). « Auteuil est un Prieuré sous le titre de Notre-Dame. » Il est situé dans le Valois, à une lieue de la Ferté-Milon au Diocese de Soissons. Il dépend de Nanteuil. Il doit y résider trois » Moines & un Prieur «. Il n'y a plus de Communauté à Auteuil; ce n'est qu'un bénéfice simple réuni au Séminaire de Soissons. Il est chargé d'une rente annuelle de vingt livres envers le Prieuré de Nanteuil.

Le lieu d'Auteuil est peu considérable par le nombre de ses habitans. Il a donné son nom à Nicolas d'Auteuil, Trésorier de S. Frambourg de Senlis, qui jouissoit d'une réputation distinguée parmi ses contemporains (3). Nicolas vivoit en 1270. On trouve dans le Spicilege une Lettre, que Pierre de Condé, Chapelain de S. Louis, lui adressa, dans laquelle il lui annonce la mort de ce Prince. Nicolas devint Evêque d'Evreux en l'an 1281. Il fonda un obit à S. Frambourg, avant son décès.

L'Eglise de S. Samson fut presque détruite, peu d'années après sa réunion au Prieuré de Nanteuil. L'Abbé de Cluny la fit relever & en fit présent une seconde fois aux Religieux de Nanteuil par un acte de l'an 1140 (4).

L'Eglise de Silly appartenoit alors à l'Evêque de Meaux : Manassé qui occupoit le Siége Episcopal de cette ville en l'an 1157, soumit au Monastere de Nanteuil cette Eglise avec tous les biens de sa dépendance. Il accompagna ce présent d'une cession de tous les droits, que l'Archidiacre ou lui pouvoient exercer sur ce

(1) Gall. Chr. t. 9. p. 355.
(2) Bibl. Clun. p. 1713.
(3) Gall. Chr. t. 10. p. 1480. Spicil. t. 2.
p. 519.
(4) Hist. Meaux, t. 2. n° 62. 81. Gall. Chr. t. 8. p. 1614.

bénéfice;

bénéfice; il tranfmit aux Religieux la nomination à la Cure du lieu, & déclara que ni lui ni fes Succeffeurs ne pourroient exiger, fous aucun prétexte, les redevances que les Adminiftrateurs des biens de cette Eglife avoient coutume de payer. Il mit pour condition à ce préfent, que les Religieux fonderoient à fon fujet un Anniverfaire dans leur Eglife, après qu'il feroit décédé.

En l'an 1173, Raoul de Souillac, Abbé de Cluny (1), foumit à l'Eglife de Notre-Dame de Nanteuil celle de Grand-Champ. Guillaume, Archevêque de Sens, & Légat du S. Siége, confirma cette réunion en 1176. On peut rapporter à ce même temps l'origine des droits, que les Religieux de Nanteuil avoient anciennement au village de S. Maximin, près de S. Leu, au Diocefe de Beauvais. Ils nommoient à la Cure du lieu, alternativement avec l'Evêque Diocéfain.

Les noms de tous les Prieurs titulaires, qui ont gouverné le Monaftere de Nanteuil pendant le cours du douziéme fiécle, ne font point parvenus jufqu'à nous. Je n'en connois que deux; l'un nommé Artaud, qui parut à l'affemblée de S. Arnoul de l'an 1117; l'autre eft appellé Gaufride, dans la Charte aumôniere de la Comteffe Eléonore, datée de l'an 1194. Ce dernier étoit en même temps Prieur de Crépy. La Bibliotheque de Cluny (*p.* 1451.) fait mention d'un certain Bernard *Abbé*, c'eft-à-dire, Supérieur de Nanteuil, fous l'an 1182. Peut-être eft-il queftion en cet endroit d'un autre Monaftere de Nanteuil, fitué en Normandie.

Il y avoit en l'an 1135 à Nanteuil-le-Haudouin un Curé féculier, qui fe nommoit Vital.

L'Hôpital de Nanteuil a été fondé pendant les dernieres années du douziéme fiécle, par Philippe I, fils aîné de Thibaud III & de Clémence, Seigneur de Nanteuil & du Donjon de Crépy. Philippe y établit un Chapelain, auquel il accorda une rente de deux muids de bled pour fa nourriture, & fix livres en argent par quartier, à prendre fur les revenus de la maifon. Cette rente a été changée dans la fuite en une penfion de deux cens livres, qu'on fit au Chapelain, outre un logement qu'on lui accorda dans l'hôpital. La nomination de ce Chapelain fe faifoit autrefois dans l'Eglife de Notre-Dame de Nanteuil, par le concours du Seigneur & des Religieux, qui lui donnoient leurs voix conjointement.

(1) Hift. Meaux, t. 2. n° 129. t. 1. p. 121.

On a une Ordonnance du Roi Louis le Gros , datée de l'an 1119 , dans laquelle ce Prince déclare, qu'il prend fous fa protection immédiate le Prieuré de Nanteuil-le-Haudouin , de même que ceux de Crépy, de Coincy, d'Auteuil, de Grand-Champ , & quelques autres Monasteres affiliés à l'Ordre de Cluny (1).

Suivant les difpofitions de cette Ordonnance , le Roi s'engage à pourvoir à la confervation des perfonnes & des biens de ces Monasteres , à repouffer la force ouverte de leurs aggreffeurs , à condition que les Religieux qui les compofent , ne réclameront plus d'autre fauve-garde que la fienne. Cette Ordonnance eft le premier coup que Louis le Gros ait porté aux abus du gouvernement féodal, qui rendoient les Seigneurs trop abiolus , tant à l'égard du Souverain , que par rapport aux vaffaux de leurs Avoueries. Les troupes qu'ils entretenoient dans les terres des Monasteres, leur fervoient plus à foutenir les procédés d'un pouvoir arbitraire, qu'à défendre leurs protégés : il étoit facile à plufieurs de faire tête au Souverain , en raffemblant leurs troupes difperfées.

Cette Ordonnance peut être regardée comme une Charte d'exemption ou de commune, relativement aux dépendances qui en font l'objet.

12. Le Roi Louis le Gros aimoit beaucoup le féjour de Béthizy , & en occupoit fouvent le château. Outre la fûreté du lieu, ce Prince avoit attenant, la forêt de Cuife qui lui fervoit de parc, & dans laquelle il pouvoit prendre commodément le divertiffement de la chaffe.

En l'an 1108 , le Roi Louis donna aux Religieux de S. Adrien des marques de fa bienveillance , en confirmant la donation que fon pere leur avoit faite de la Maifon Royale de Cuife & de fes dépendances (2).

Il y avoit auprès du château de Béthizy, un bourg difpofé comme celui de Pierrefonds. Ce bourg avoit fon Eglife, qui étoit dédiée fous l'invocation de S. Pierre , & cette Eglife dépendoit de l'Evêque de Soiffons. Lifiard de Crépy , qui occupoit le Siége de cette ville en l'an 1123, forma le deffein d'y établir une Collégiale de Religieux, femblable à celle de S. Sulpice de Pierrefonds, que les Moines de Marmoutiers deffervoient alors (3).

Lifiard crut pouvoir exécuter ce deffein , fans fortir de fon

(1) Ordon. t. 3. p. 545.
(2) Ann. Bened. t. 6. p. 720.

(3) Berg. Val. Roy. p. 27,

Diocèse, en soumettant l'Eglise de S. Pierre de Béthizy au Monastere de S. Crépin-le-Grand de Soissons, où la Regle de S. Benoît s'observoit avec autant de zele qu'à Marmoutiers. La Charte, par laquelle Lisiard donne à S. Crépin l'Eglise en question, est datée de l'an 1123. L'Abbé de S. Crépin remplit les vûes de l'Évêque, en envoyant sur les lieux plusieurs Religieux, qui y formerent une Communauté sous la direction d'un Supérieur, qui prit le titre de Chambrier, au lieu du nom commun de Prieur.

Lisiard, après avoir pourvû aux besoins spirituels des habitans du Bourg, employa son crédit auprès du Roi, pour leur procurer divers avantages temporels. Le plus considérable des priviléges qu'il obtint, est l'exemption du droit de formariage, & l'affranchissement des servitudes auxquelles ils étoient assujettis, sous le nom spécieux de *Coutumes*. Le Roi, à qui ces droits appartenoient, comme Seigneur du Château & de tout le territoire, accorda la demande de l'Évêque, & rendit aux habitans du bourg de Béthizy une entiere liberté. Cette franchise peupla le bourg de Béthizy d'un grand nombre de familles, qui gémissoient sous l'oppression des Seigneurs voisins. A son avénement au Trône, Louis VII confirma les habitans du bourg de Béthizy dans la jouissance des droits de franchise, que le Roi son pere leur avoit accordés, par une Charte datée de ce Château.

La cérémonie du mariage du Roi Louis le Jeune avec Eléonore, fille & héritiere de Guillaume Duc d'Aquitaine, se passa au château de Béthizy en l'an 1137 : l'Abbé Suger en avoit fait les préparatifs. Le Roi venoit d'essuyer une maladie dangereuse (1) : Suger, après avoir rendu à Dieu de solemnelles actions de graces au sujet du rétablissement de la santé du Roi, partit de S. Denys, & se rendit au château de Béthizy, où il mit le dernier sceau à l'alliance du Prince. Le choix que Suger fit de ce Château pour une pompe aussi grande, semble prouver qu'il devoit être vaste & commode.

Le même Roi Louis VII autorisa en l'an 1152, l'échange que firent les Religieux de S. Adrien avec la Reine Adélaïde sa mere, de la Maison Royale de Cuise, pour des revenus équivalens à ceux que les Religieux retiroient de cette Maison.

On a deux Ordonnances de ce même Prince, datées du châ-

(1) Hist. S. Den. preuv. n°. 132. Gall. Chr. t. 7. p. 374.

teau de Béthizy. La premiere eſt datée de l'an 1155. L'autre fut
délivrée en l'an 1161, en faveur des Religieuſes de S. Jean
de Cuiſe, & porte, que tant que le Roi demeurera au château,
les Religieuſes auront la dixme du pain & du vin qui s'y conſom-
meront : ce qui ſemble ſuppoſer que le Roi ne paſſoit pas d'année,
ſans viſiter le château de Béthizy (1).

Philippe Auguſte, fils & Succeſſeur du Roi Louis VII, faiſoit
au château de Béthizy de fréquens voyages (2). Il y délivra en
l'an 1182 une Charte, en faveur de l'Egliſe de Notre-Dame de
Paris, touchant un lieu appellé *Chivres*. Dans l'acte original, le
nom de Béthizy eſt écrit *Viſtiſiaco*. La même année, ce Prince
aſſembla à Béthizy les Grands du Royaume ; il accorda auſſi aux
habitans de Chevrieres le droit d'uſage, par une Charte qui eſt
datée du même château.

Chevrieres eſt un lieu ancien du Valois, ſitué près du bois d'A-
jeux, au-delà du bord ſeptentrional de la riviere d'Oiſe. Il reléve
de la Châtellenie de Pierrefonds. Les priviléges que le Roi accorda aux habitans de ce lieu, ſont énoncés dans une enquête de
l'an 1215 (3). Il eſt marqué dans cette enquête, que les hommes de
Chevrieres jouiront en accroiſſement de leurs hoſtiſes, d'un bois
ſitué au-deſſus d'*Emereriacum*, à la charge de payer annuellement
au Roi le jour de la Touſſaint & à ſes co-partageans, quatre ſols
& ſix mines d'avoine, meſure de Senlis ; plus, quatre chapons le
jour de Noël, par chacune des hoſtiſes qui exiſtoient, ou qu'on
devoit bâtir. On ajoute, que les Gruyers du lieu jouiront de
ſoixante arpens de bois pour leur droit de gruage, & que les
hommes de *Khuys* pourront, ſi bon leur ſemble, jouir de la
même quantité de bois que les habitans de Chevrieres, en payant
la même redevance ; quant au produit de cette double redevance, on déclare qu'il doit être partagé entre le Roi, l'Abbaye de S. Denys & Philippe de Chevrieres, Chevalier, qui
a un tiers de la Juſtice du lieu, & le Roi les deux autres.

En l'an 1183, Philippe Auguſte confirma au château de Béthizy les Religieuſes de S. Jean de Cuiſe dans la poſſeſſion de
leurs priviléges & de leurs biens (4) : il augmenta leurs revenus,
& leur continua la dixme du pain & du vin, qui ſeroient con-
ſommés pendant ſon ſéjour au même Château.

(1) Dipl. p. 252. ann. Bon. t. 6. l. 79. n°. 198.　(3) Cart. Ph. Aug. part. 2. fol. 57.
(2) Lebeuf, Voi. MS.　(4) Dipl. p. 252.

Nous ferons en son lieu le récit du différend, qui divisa le Roi & le Comte de Flandre en l'an 1184. Le Comte se présenta devant la forteresse de Béthizy à la tête d'une armée nombreuse, dans l'espérance d'enlever la place au Roi par un assaut. Ses efforts furent inutiles: la garnison se défendit vaillamment, & donna au Roi le temps de s'avancer avec son armée pour délivrer la place. Le Comte, instruit des mouvemens de l'armée Royale, qui lui étoit supérieure en nombre dans ce moment, leva le siége, & fit sa retraite avec beaucoup de précipitation dans la forêt de Cuise (1).

Le Roi ne laissa pas sans récompense, une défense aussi belle & aussi utile à l'honneur de ses armes. Les habitans du lieu partageoient avec plusieurs Communes des environs le droit d'usage dans la forêt de Cuise, en un canton appellé *les monts de Béthizy*: Philippe Auguste déclara que ces mêmes habitans jouiroient seuls du droit d'usage dans ce canton, & assigna d'autres endroits aux usagers leurs voisins.

Ce Prince vint passer quelque temps au château de Béthizy, l'année qui suivit ses démêlés avec le Comte de Flandre. On a connoissance de ce voyage, par des lettres datées de l'an 1185, qu'il fit expédier en ce château pour confirmer la fondation de la Chapelle de Choisi-en-Laigue. On a encore d'autres lettres sur divers objets, expédiées au château de Béthizy au nom de ce même Prince: la plûpart sont datées des années 1189 & 1193; celles de 1189 regardent l'Hôtel-Dieu de Compiegne.

En l'an 1200, Philippe Auguste reçut à Béthizy une députation des Suppôts de l'Université de Paris: il fit droit sur leurs plaintes, & rendit une Ordonnance favorable aux Ecoliers de cette Compagnie (2).

Nous avons annoncé la fondation de la Chambrerie, sous l'an 1123. Nous allons rapporter de suite les circonstances qui ont précédé, & qui ont immédiatement suivi cet établissement.

Il est marqué dans un titre de l'an 1107, que Manassé, Evêque de Soissons, a fait présent au Chapitre de S. Gervais d'un Autel sis à Béthizy. Cet Autel est la Chapelle du Clos Bérold, dédiée sous l'invocation de S. Pierre (3). On peut se rappeller ce que nous avons observé touchant ce clos. On lit au Nécrologe de

---

(1) Guill. Britt. Philip. lib. 1.
(2) Blanch. Comp. t. 1. p. 11.

(3) Gall. Chr. t. 9. p. 355.

l'Eglife Cathédrale de Soiffons, que le même Evêque Manaffé réunit à fon Chapitre les Autels d'Ouchy, de Cuife & de Couvrelles, en même temps que celui de Béthizy.

Le Chapitre de Soiffons jouit pendant vingt ans de l'Eglife & des revenus du clos Bérold, jufqu'à ce que l'Evêque Lifiard eût opéré le changement qui s'effectua en l'an 1123, en faveur du Monaftere de S. Crépin-le-Grand de Soiffons (1). Le nouvel établiffement des Religieux de S. Crépin à Béthizy prit le nom de *Chambrerie*, au lieu du titre de Prieuré, qu'on donnoit aux Communautés de cette efpéce.

Ce nom de Chambrerie peut avoir deux origines: la premiere dans le titre d'un des principaux Officiers réguliers de S. Crépinle-Grand ; la feconde, dans un Fief de la Chambrerie, qu'on ajouta aux dépendances du Clos Bérold, depuis que les Religieux de S. Crépin eurent pris poffeffion de l'Eglife & du Clos.

On donnoit alors, & l'on donne encore dans les grands Monafteres le nom de Chambrier, à celui des Religieux en charge, qui prend foin des affaires & qui reçoit les revenus de la Maifon. Ce titre vient du mot de baffe latinité *Camera*, qui fignifioit un fonds de terre accompagné d'un manoir. Il paroît que la premiere Miffion des Religieux de S. Crépin qu'on plaça à Béthizy, avoit pour objet principal le foin de faire valoir les fonds de terres de la dépendance du Clos Bérold ; & que ces Religieux étant par leurs fonctions fous la jurifdiction immédiate du Chambrier de S. Crépin, le Supérieur de la nouvelle Communauté prit le même titre.

Ce Supérieur, qui réuniffoit les fonctions de Prieur, de Curé & de Procureur, a toûjours pris la qualité de Chambrier: Bergeron, qui étoit né a Béthizy, écrit (2) que la Chambrerie eft la Cure primitive de fa patrie. Depuis le départ des Religieux, les Vicaires perpétuels qui leur ont fuccédé dans les fonctions du miniftere, ont pris le nom de *Chambriers*. Renaud Boucher, qui fit élever vers l'an 1520 la belle tour de S. Pierre, eft qualifié *Vicaire perpétuel* & *Chambrier* dans tous les titres du temps.

Il y avoit à Béthizy un Fief de la Chambrerie, diftingué du Clos Bérold, avant l'arrivée des Religieux de S. Crépin en ce lieu : ce Fief tiroit fon nom d'un Chambrier de France, en faveur duquel il avoit été érigé. Les grands Chambriers de la

(1) Muldr. p. 77.　　　I　(2) Val. Roy. p. 12.

Couronne avoient ordinairement un Fief & un hôtel auprès des
Maisons Royales où les Souverains avoient coutume de séjour-
ner (1). Il y avoit autrefois à Paris un fief de la *grande Chambrerie*, près de Picpus. Le fief de la Chambrerie de Béthizy a
toujours relevé immédiatement du Roi, ou des Ducs de Valois.
L'Abbé de S. Crépin étoit l'*homme* de ce fief, & en recevoit
les foi & hommage. Il est prouvé par des monumens authentiques, que pendant les années 1498 & 1509, l'Abbé de cette
Maison reçut plusieurs hommages, pour des biens situés dans
l'arrondissement de ce fief (2).

Avant de former la Communauté qui devoit desservir l'Eglise
du Clos Bérold, l'Abbé de S. Crépin envoya sur les lieux un
de ses Religieux, afin de disposer toutes les choses nécessaires
à l'observance de la Regle de S. Benoît : ce Religieux fit construire un corps de logis, composé d'un cloître & de plusieurs
dortoirs voûtés, dont on voit encore de beaux restes. On rebâtit aussi à neuf une partie de l'Eglise : le rond-point du chœur
actuel de la grande Eglise de S. Pierre, a été construit dans le
même temps que les dortoirs & le cloître.

On lit au *Gallia Christiana* (3), qu'en l'année où Lisiard donna
le Clos Bérold à S. Crépin-le-Grand, ce Prélat soumit à S. Martin-
des-Champs, les autels & le cimetiere du château de Béthizy
atria. Je n'ai pas appris que les Religieux de S. Martin-des-
Champs de Paris ayent possédé à Béthizy des bénéfices ou des
fonds de terre ; mais les monumens du temps nous font connoître,
que l'Evêque Lisiard donna aux Religieux de S. Crépin établis
à la Chambrerie l'autel de S. Martin, qui étoit pour lors la
principale paroisse du canton, & dont les dixmes appartiennent
encore aux Religieux de S. Crépin.

Il s'éleva en l'an 1134 un différend touchant la Chambrerie de
Béthizy, tout pareil à la contestation qui étoit survenue en l'an
1118, entre les Religieux de S. Arnoul de Crépy, & le Chevalier Enguerrand, au sujet du bourg de ce dernier lieu. Le quartier
de la Chambrerie de Béthizy étoit un vrai bourg semblable à
ceux de Pierrefonds & de Crépy ; & il paroît que l'hôtel du Chambrier avoit été originairement la résidence du Gouverneur de ce
bourg.

(1) Bruffel. uf. Fief. t. 1. p. 645. Hist.
Dioc. Par. t. 2. p. 538.

(1) Gall. Chr. t. 9. p. 403.
(3) T. 9. p. 356.

Un particulier de Soiſſons nommé *Alod*, s'étoit maintenu juſ-qu'à ce temps dans la poſſeſſion de quelques fermages, d'une vi-gne, d'un droit de vinage & de terrage, qui avoient été accordés à l'un de ſes Auteurs, à vie ſeulement, pour être le prix de ſa vi-gilance & du ſoin qu'il prenoit de la conſervation du bourg.

Lorſqu'en 1123 les Religieux de S. Crépin reçurent en préſent le Clos Bérold & la Chambrerie, Alod trouva moyen de ſe main-tenir dans la poſſeſſion des biens, dont on lui avoit juſques-là to-léré la jouiſſance (1). En l'an 1134, Teulf, Abbé de S. Crépin, fut informé que cette poſſeſſion n'étoit pas légitime. Avant de procéder contre ce détenteur, l'Abbé fit d'exactes perquiſitions, afin de s'inſtruire à fond de l'état de l'affaire. Il fit à ce ſujet une formalité qui n'eſt plus dans nos mœurs, & qui avoit lieu alors dans l'ordre judiciaire : il aſſembla les plus anciens Religieux de ſon Monaſtere, & leur demanda, à quel titre Alod jouiſſoit des biens dont je viens de parler. Les anciens répondirent, que la jouiſſance du Bourgeois Alod étoit une uſurpation, & qu'il n'é-toit autoriſé par aucun titre, à conſerver l'uſufruit de ces biens. L'Abbé Teulf reçut ces dépoſitions, & prit à ce ſujet le ſerment des mêmes anciens qu'il avoit aſſemblés : formalités qui faiſoit foi & qui ſuffiſoit alors pour terminer un différend, lorſqu'il n'y avoit point d'opiniâtreté dans les parties.

Un Religieux ne ſeroit pas reçu préſentement en juſtice, à dé-poſer en faveur de ſon Monaſtere ; ſon témoignage ſeroit récuſé comme ſuſpect, & ne ſeroit d'aucun poids. On feroit encore moins de cas de la déciſion d'un Supérieur de Communauté, qui jugeroit ſur de pareilles dépoſitions, qu'un bien en litige appar-tiendroit à ſon Monaſtere.

Cet exemple fait connoître, combien on comptoit alors ſur la droiture & ſur la bonne foi des particuliers. Le parjure & le faux ſerment paſſoient pour être des fautes ſi monſtrueuſes & ſi con-traires aux loix de l'humanité, qu'on ne croyoit pas qu'un hom-me pût les commettre avec réflexion. Les temps ſont changés, les mœurs de même. Nos longues formalités de procédures dés-honorent plus la condition humaine, par les vices extrêmes qu'el-les ſuppoſent, que les Jugemens & les pratiques de ces temps an-ciens, qu'on nomme des ſiécles d'ignorance & de barbarie. La perfection des jugemens ne dépend pas toujours de l'érudition

(1) Mabill. Dipl. Lib. 6. N° 130. p. 600.

&

& de la combinaison des loix anciennes; ils font d'autant plus équitables, qu'ils font plus conformes aux regles du bon fens & de l'équité naturelle, & aux premiers principes de la religion.

L'Abbé de S. Crépin, fur la foi du ferment de fes Moines, manda le bourgeois Alod, & celui-ci comparut: l'Abbé ordonna au bourgeois de reftituer les biens qu'il poffédoit fans titre, fous peine d'excommunication. Alod fe foumit en apparence, & promit de renoncer à la poffeffion des biens en litige.

Alod étant de retour à Soiffons, maria promptement fa fille Adée à un bourgeois de la ville, nommé Vilard de la porte S. Vouay, & donna en dot à cette fille fes biens de Béthizy: il comptoit avoir éludé par ce ftratagême, l'effet de fa promeffe à l'Abbé Teulf. Il fit plus, il prévint le recours que l'Abbé pouvoit exercer contre lui, par un expédient très-involontaire: il mourut peu de jours après la donation qu'il avoit faite à fa fille.

Vilard, gendre d'Alod, qui ignoroit ce qui s'étoit paffé entre l'Abbé & fon beau-pere, alla trouver Teulf, & lui demanda l'inveftiture de fon Fief de Béthizy, ce que l'Abbé lui refufa. Vilard infifta, & preffa l'Abbé par de vives inftances, qui n'eurent aucun effet. Il prit alors le parti de la rigueur, & fit à l'Abbé des fommations juridiques. Teulf, dans le deffein de répondre à ces fommations, convoqua une affemblée générale, à laquelle il cita le bourgeois Vilard à fon tour.

Celui-ci préfumant que l'iffue du *plaid* ne lui feroit pas favorable, raffembla tous fes amis, & forma un nombreux parti, qui devoit l'accompagner à l'affemblée. L'Abbé de S. Crépin ayant eu avis du deffein qu'il tramoit, en informa le Roi Louis le Gros, & fupplia ce Prince, de le défendre contre la violence & contre les voyes de fait, que fon adverfaire lui préparoit. Le Roi trouvant jufte la demande de l'Abbé, mande le Prévôt Hugues Acharin, & lui ordonne de fe rendre à l'affemblée au jour marqué, d'y préfider, & de juger définitivement le différend qui en étoit le fujet.

L'Abbé Teulf & Vilard comparurent devant le Prévôt du Roi au jour marqué. Teulf prenant la parole, demanda à fa partie, de qui Alod fon beau-pere avoit acquis le Fief de Béthizy, par qui il en avoit été invefti, dans quel temps, & de quelle maniere la cérémonie de l'inveftiture s'étoit paffée.

Vilard répondit, que fon beau-pere avoit reçû l'invéftiture du Fief en queftion des mains d'Odon, Abbé de S. Crépin. Teulf demanda, que les anciens Religieux de l'Abbaye fuffent entendus fur ce fujet : ce qu'on lui accorda. Les Religieux, après avoir prêté ferment, déclarerent que l'Abbé Odon avoit cédé le Fief à la vérité, mais que ce délaiffement avoit été fait contre le gré de toute fa Communauté. Vilard récufa le témoignage des Religieux, & prétendit que leur dépofition ne devoit pas être reçûe, dans une caufe qui leur étoit perfonnelle.

Le Prevôt ne voyant aucun moyen d'accorder les parties, ou de concilier leurs intérêts, prononça, que le différend feroit terminé par la voye du duel ; ce que Teulf & Vilard accepterent.

Joflein, Evêque de Soiffons, le Comte Raynaud & l'Archidiacre Ebolus, ayant appris la décifion du Prevôt & la réfolution des parties, mirent tout en ufage pour détourner l'effet du duel. Ils vinrent à bout de ménager un accommodement entre les parties : on dreffa un compromis, qui portoit, qu'Adée, femme de Vilard, jouiroit fa vie durant, de la moitié des biens fitués à Béthizy, & que les Religieux de S. Crépin entreroient en poffeffion de l'autre moitié ; qu'après la mort d'Adée, fa moitié retourneroit aux Religieux.

L'acte contenant ce compromis, fut figné par les perfonnes les plus notables des deux partis : on diftingue parmi les noms, celui de Hugues Acharin, qui de Juge en dernier reffort étoit devenu médiateur & témoin; de même que celui d'Yves, Maire de Béthizy. Cet acte eft daté de l'an 1135, & contient l'hiftoire du différend que nous venons d'expofer. Le Pere Mabillon rapporte cette piéce dans fa Diplomatique, comme l'un des anciens monumens qui exprime le mieux la forme des jugemens par le duel.

L'Abbé Teulf furvécut peu de temps à cet accommodement : il mourut le 16 Mai de l'an 1136. Adée, femme de Vilard, décéla dans le courant de l'année fuivante 1137. Ernaud, fucceffeur de Teulf, reprit après le décès d'Adée, la jouiffance de la moitié des biens de Béthizy, qui devoient revenir à fon Monaftere; & afin d'éviter les conteftations qui pourroient naître, il obtint en l'an 1138, fuivant Bergeron, en 1139, felon les Auteurs du *Gallia Chriftiana* (1), des lettres de Joflein, Evêque de

_____
(1) Val. Roy. p. 27. G. C. t. 9. p. 393.

Soiſſons, par leſquelles ce Prélat aſſuroit à ſa Communauté la propriété des deux parts des terres de Béthizy, qui avoient été ci-devant faites. Depuis ce temps, les Religieux de S. Crépin n'ont plus été troublés dans la jouiſſance de leur Fief de la Chambrerie, & des biens qui en dépendoient.

Outre les Egliſes de S. Adrien, de S. Martin & de S. Pierre, il y avoit ſur le territoire de Béthizy quelques Chapelles, dont on ne reconnoît plus de traces. Une Bulle du Pape Eugene III, datée de l'an 1147, apprend que l'Egliſe de Montmartre poſſédoit à Béthizy une Chapelle, dix arpens de prés, & quarante arpens de terres labourables (1).

Hugues de Béthizy, premier du nom, remplit les deux charges de Châtelain de Béthizy, & de Gruyer général de Cuiſe, après la mort de Richard I ſon pere. Hugues étant lui-même décédé avant l'an 1117, Richard II ſon fils lui ſuccéda, dans ſes charges & dans ſes titres. L'acte dreſſé dans l'aſſemblée ſolemnelle, convoquée à S. Arnoul de Crépy, en l'an 1117 ou 1118, car cette date varie dans les compilations, lui donne la qualité de Châtelain de Béthizy. En l'an 1152, il conſentit à l'échange de la maiſon de Cuiſe, que la Reine, mere de Louis VII, avoit propoſée pour d'autres biens, & ſigna l'acte, par lequel cette échange fut effectuée (2).

Richard II eut un fils nommé Hugues, & une fille appellée Lucienne, qui épouſa Pierre de Béthizy, Prevôt d'Amiens. Hugues II exerça la charge de Chancelier de France ſous le regne de Philippe Auguſte, vers l'an 1180; après avoir paſſé la plus grande partie de ſa vie dans le monde, il voulut en conſacrer à Dieu les dernieres années, & choiſit, à l'imitation de ſon Biſayeul, l'Abbaye de S. Quentin de Beauvais, pour y prendre l'habit de Religion.

En entrant dans cette Maiſon, il y fit préſent d'un revenu annuel de vingt-huit muids d'avoine, afin d'avoir part à perpétuité, aux prieres de la Communauté. L'Obituaire de S. Quentin lui donne la qualité de Chancelier de France, & place ſa mort au troiſiéme jour des Calendes d'Août: l'année n'eſt pas marquée. Une Charte du Roi Philippe Auguſte, donnée à Fontainebleau l'an 1186, ſuppoſe qu'il étoit mort avant cette année.

L'Egliſe Collégiale de S. Adrien n'avoit pas encore changé

(1) Le-Beuf, Voy. MS.   (2) Ann. Bened. t. 6. p. 710.

d'état depuis fon établiſſement. Hugues II laiſſa par teſtament (1),
aux Religieux qui la deſſervoient, des dixmes à Roquemont,
une ferme & des dixmes à Champlieu, un muid de bled de
rente à prendre ſur la dixme de Néry, qu'il avoit acquiſe de
Richard d'Eſtampes; deux autres muids de bled, qu'il acheta
pour cet effet d'un nommé Charpentier, à prendre ſur une ferme
que celui-ci avoit à Glaignes; plus, ſix arpens de terres labourables, ſiſes à Cornon, dans la cenſive de Clémence, Dame de
Nanteuil. Hugues fait aux Religieux de Béthizy ce préſent, à
la charge d'un anniverſaire à perpétuité, & d'un repas à l'iſſue
du Service, auquel ſeront admis ſans diſtinction tous les Clercs,
qui auront aſſiſté à l'Office.

Le Chef des Chanoines Reguliers de Béthizy prenoit la qualité de Prieur, depuis que le Chapitre avoit été renouvellé. On
a les noms de deux Prieurs de S. Adrien, qui gouvernoient le
Chapitre, dans l'intervalle du douziéme ſiécle: le premier, appellé Hugues, fut préſent à l'aſſemblée de S. Arnoul, tenue en
1117: le ſecond, nommé Pierre, parut comme témoin à l'accord
paſſé l'an 1152, entre la Reine Adélaïde & le Chapitre de S.
Adrien, touchant la Maiſon Royale de Cuiſe. Les circonſtances
où ces Prieurs parurent au nombre des Eccléſiaſtiques & des
Nobles les plus qualifiés de la Province, prouvent qu'ils jouiſſoient d'un haut dégré de conſidération parmi leurs contemporains.

Lorſque Hugues II ſe retira dans l'Abbaye de S. Quentin de
Beauvais, il avoit trois fils, Lucien, Étienne & Renaud, auxquels il partagea ſes charges & ſon patrimoine. Lucien a été
la tige de pluſieurs Chevaliers, dont quelques-uns ont rempli
l'office de Châtelain : Etienne fut la ſouche des Gruyers de
Cuiſe : Renaud s'établit dans la Picardie, du côté d'Amiens &
de Corbie, & fut revêtu de pluſieurs charges importantes, dont
il tranſmit quelques-unes à ſes deſcendans.

Le nom de Béthizy eſt commun à un bon nombre de Chevaliers, qui vivoient dans le même temps, ſans qu'il y eut entre
la plûpart le moindre rapport de parenté. On peut les ranger
ſous trois claſſes: la premiere, compoſée des deſcendans de Richard I, qui ſont demeurés dans le Valois, aux environs de
Béthizy : la ſeconde, de ceux de ces mêmes deſcendans, qui

(3) Louv. Hiſt. Beauv. t. 2. p. 7.

ont été s'établir & qui ont fait fouche en Picardie : la troifiéme, des fimples Chevaliers prépofés à la garde du Château de Béthizy, d'où ils empruntoient leurs noms, fuivant l'ufage.

Je viens d'expofer les noms des Gentilshommes iffus de Richard I en ligne directe pendant le douziéme fiécle : on doit placer parmi ceux de la feconde claffe, un Roger de Béthizy, qui vivoit pendant les années 1158 & 1177. Il eft marqué dans un état des Seigneurs fieffés relevant de lAbbaye de Corbie, que ce Roger de Béthizy eft homme du Monaftere à caufe de fon Fief, pour lequel il eft dû à chaque mutation foi & hommage, & cinq fols à l'Abbé de Corbie. Le même état porte, que l'Abbé de Corbie a auffi le droit d'inveftir de ce Fief *fub annulo aureo*, & que le Titulaire invefti eft tenu de fe rendre aux affemblées de l'Abbaye, lorfqu'il en eft requis. Roger devint Prevôt d'Amiens (1) : il exerçoit cette charge en 1177, il fut remplacé par un Chevalier nommé Pierre de Béthizy, qui vivoit en 1195 & en 1211. Ce Pierre de Béthizy eft qualifié Seigneur de Roquincourt dans plufieurs titres. En 1195, Pierre figna comme témoin, l'acte d'une donation faite à lAbbaye du Gard.

On doit mettre au nombre des Chevaliers de Béthizy, qui n'avoient aucune alliance avec les defcendans de Richard I, Matthieu de Béthizy, qui tenoit en fief du Roi, une partie de la terre de Roquemont, & un autre Chevalier nommé Nivard de Béthizy, qui poffédoit quelques biens à Cornon en l'an 1186. Dans la nouvelle édition des Généalogies du P. Anfelme, il eft fait mention d'un Chevalier nommé Adam de Béthizy, qu'on dit avoir été pere de Hugues II de Béthizy, Chancelier de France: Hugues, comme on l'a vu, étoit fils de Richard II.

13. Le bourg de Viviers tire fon nom de quelques piéces d'eau, qui étoient originairement fituées fur fon territoire. Les premiers commencemens de ce Bourg font femblables à ceux de la Ferté-Milon : un amas de maifons, occupées par des bucherons & par des laboureurs, formoit en ce lieu un village peu confidérable, lorfque les Seigneurs de cette terre prirent la réfolution d'y élever un Château fort. Ces Seigneurs avoient deffein d'affurer cette partie de leurs domaines contre les entreprifes de leurs voifins, & contre les incurfions des Normands & des factieux.

Nous ne pouvons déterminer le temps où le premier château

(1) Morliere, Hift. Amiens, tom. 1, p. 105.

de Viviers a été bâti : on a lieu de préfumer qu'il y avoit une Ferté fur ce territoire, avant le milieu du neuviéme fiécle, & qu'on en augmenta les fortifications, afin d'arrêter les Normands dans leurs courfes. En l'an 845, le Bourg & le château de Viviers faifoient partie des domaines du Seigneur Hémogaldus, qui poffédoit auffi les terres de Marify & de la Ferté-fur-Ourcq. Les premiers Seigneurs de Viviers ayant été les mêmes que ceux de la Ferté-Milon, je renvoye à ce que j'en ai dit, en difcutant ce qui regarde l'origine de cette ville.

L'Office de Châtelain de Viviers eft fort ancien : les premiers Chevaliers qui ont occupé ce pofte, ont prefque tous été tirés par les Seigneurs de Crépy, du château de la Ferté-Milon. Il paroît même que le Gouverneur en chef de la Ferté-Milon *Dominus*, étoit en même temps Seigneur Châtelain de Viviers. Nous n'avons connoiffance que de deux Châtelains de Viviers, qui vivoient à plus de cent ans l'un de l'autre : le premier eft Hugues le Blanc, Seigneur Châtelain de la Ferté-Milon, décédé après l'an 1121 : le fecond eft Hugues Soïbers de Laon, qui vivoit en 1250. D. Martene rapporte l'épitaphe de ce dernier, à la page 10 de fes Voyages Littéraires.

Bergeron, dans fon Valois, fol. 43, écrit, que les Seigneurs de Crépy avoient aux environs de leur capitale, deux châteaux qui leur fervoient de maifons de plaifance, Viviers & Villers-Cotteretz; que Viviers étoit un château fort où ils entretenoient un Châtelain, & Villers-Cotteretz une maifon de plaifance, gouvernée en leur abfence par un Concierge; que le Prevôt forain de Crépy *alloit par fois à certains jours* tenir fes plaids à Viviers, à Villers, & au bourg d'Acy.

Ce droit du Prevôt forain de Crépy ne nuifoit pas à l'exercice de la jurifdiction ordinaire d'un Prevôt particulier, qui faifoit fa réfidence au château de Viviers. Cette jurifdiction s'étendoit fur Villers-Cotteretz & fur le Prieuré de S. George; fur la ferme du Prieuré, Pifleu, le fief de Noue, la ferme des Virginettes, Buffi en partie, Dampleu, Longue-avefne, la ferme de Leffart, la ferme de l'Épine, tout le bourg de Viviers avec fes Fiefs & annexes.

Avant la fin du douziéme fiécle, Philippe d'Alface, Comte de Flandre & Seigneur de Valois, du chef d'Elifabeth fon époufe, fit réparer les fortifications du château de Viviers, & en ajoûta de nouvelles ; trouvant çe château trop foible du côté de la Collégiale, il fit conftruire auprès de l'Eglife une groffe tour, contre le gré des Chanoines Réguliers ; ce qui occafionna un différend très-férieux entre le Comte & la Communauté des Chanoines. Ceux-ci fe plaignoient de ce que la nouvelle tour couvroit une partie de l'Eglife, & leur caufoit beaucoup d'incommodités.

Le différend fut à la fin terminé par un accord, portant que Philippe d'Alface feroit aux Chanoines Réguliers une rente de foixante fols, à prendre tous les ans le jour de S. Remy, fur les domaines de Crépy. L'acte qui conftitue cette rente, eft daté de Villers-Cotteretz le premier Décembre de l'an 1174. Le Comte fonda la même année, un anniverfaire dans l'Eglife de Viviers, pour le repos de l'ame de Raoul V fon beau-frere : il affigna pour cet effet une rente de trente fols.

L'Eglife Collégiale de Viviers a eu les mêmes commencemens & les mêmes accroiffemens que celle de Marify-Sainte-Geneviéve. Les reliques de Sainte Clotilde ayant été levées de terre en même temps que celles de Sainte Geneviéve, on les transféra hors de Paris, à caufe de la crainte des Normands : les deux Châffes furent conduites pendant quelque temps par la même route ; ceux qui les accompagnoient fe féparerent en deux bandes, aux environs de Villers-Cotteretz ; les uns continuerent leur chemin jufqu'à Marify, les autres prirent fur la gauche, & vinrent dépofer les reliques de Sainte Clotilde, dans l'Eglife du château de Viviers.

Les Eccléfiaftiques qui avoient accompagné la Châffe, étoient des Clercs de Sainte Geneviéve de Paris : Hémogaldus leur procura à tous un établiffement folide, & les logea dans fon château de Viviers. Cet évenement, qu'on peut ranger fous l'an 845, a été l'origine de la Collégiale du château de Viviers.

Lorfque la crainte des Normands fut paffée, on prit la réfolution de reconduire à Paris les reliques de Sainte Geneviéve & de Sainte Clotilde, qu'on en avoit transférées. On nomma pour ce fujet des députés : ceux-ci fe tranfporterent à Viviers, & redemanderent aux Clercs du château la Châffe de Sainte Clotilde, qu'ils avoient en dépôt ; ce qui fouffrit beaucoup de difficultés de la part des Clercs habitués, & furtout de la part du Seigneur qui avoit alors le château de Viviers en fa poffeffion. Le Seigneur foutenoit, que comme le Chapitre de fon Eglife avoit.

été fondé à l'occasion du culte de Sainte Clotilde, sa Châsse devoit demeurer au château, tant que le Chapitre subsisteroit. Les Députés, de leur côté, revendiquoient les Reliques comme un dépôt qu'on ne pouvoit conserver, sans violer les regles de la bonne foi.

On en vint à un accommodement qui portoit, qu'on feroit un partage des Reliques ; que les Clercs de Viviers conserveroient le chef & un bras de la Sainte, & que le reste de ses ossemens seroit remis aux Députés, pour être reconduit & déposé dans l'Eglise de Paris, d'où ils avoient été transférés. Ces deux portions des reliques de Sainte Clotilde sont demeurées dans l'Eglise de Viviers, jusqu'au regne de S. Louis.

Du moment où il fut décidé, qu'une partie aussi considérable des reliques de Sainte Clotilde seroit conservée à Viviers, divers particuliers firent de riches présens à l'Eglise du château, en ornemens, en argent & en fonds de terre. Les troubles ayant reparus dans le canton, vers la fin du dixiéme siécle, les Clercs de l'Eglise mirent leurs biens sous la protection des Châtelains du lieu, se soumettant au tribut qui étoit d'usage. Les Châtelains abuserent de leur pouvoir & de la confiance des Clercs; ils empiéterent peu à peu sur les biens de l'Eglise, & parvinrent par succession de temps, à se les approprier. Hugues le Blanc fut le premier de ces Officiers, qui consentit à restituer une partie de ce que ses prédécesseurs avoient usurpé (1): il en forma le dessein en l'an 1121, & l'exécuta sans différer.

Hugues le Blanc avoit été affermi dans sa résolution par l'Evêque de Soissons Lisiard, & par S. Norbert. Il fit le délaissement des biens qu'il retenoit, de la maniere que ces deux hommes illustres lui prescrivirent. Il déclara par un acte passé conjointement avec Helvide son épouse, en l'an 1121, qu'il transmettoit au Chapitre & à l'Eglise de Viviers, la propriété de plusieurs héritages qu'il désigne ; qu'il renonce à la jouissance de ces mêmes biens, dont il fait le dépôt entre les mains de Henry, Doyen de la Collégiale.

Le Doyen Henry étoit l'un des plus vertueux Ecclésiastiques de son temps : il avoit été disciple de S. Norbert, avant la fondation de l'Ordre des Prémontrés. Il étoit né dans les environs de Reims, & avoit été élevé au Monastere de S. Thierry.

(1) Gall. Christ. t. 9. p. 486.

S. Norbert,

S. Norbert, à son retour du voyage qu'il fit à Rome, pour préfenter au Pape la Regle de Prémontré, & pour en obtenir la confirmation, communiqua le nouvel inftitut à Henry fon ancien difciple, & aux Clercs de la Collégiale de Viviers. Henry & fes Chanoines reçûrent avec refpect le témoignage de confiance que S. Norbert leur donnoit : ils méditerent cette Regle, & crurent reconnoître dans tous fes points, autant de moyens de falut pour les Eccléfiaftiques qui s'y conformeroient, & autant de fujets d'édification pour les perfonnes du monde : c'eft pourquoi ils l'adopterent avec toute forte d'empreffement.

Le Chapitre de S. Martin de Laon fuivit l'exemple de celui de Viviers. On regarde ces deux Communautés comme les premieres de tout l'Ordre des Prémontrés, qui ont embraffé l'Inftitut de S. Norbert. On doit prendre pour époque du temps où ces deux Chapitres ont embraffé la réforme de S. Norbert, l'année même où ce Saint Fondateur arriva de Rome en France, c'eft-à-dire l'an 1126.

Quelques Ecrivains ont fuppofé à tort, que la réforme de S. Norbert avoit eté introduite à Viviers avant l'an 1126 : ce fentiment eft une erreur, qu'on réfute par un titre que Duchefne a extrait dans fon Hiftoire de Châtillon (p. 16.) : ce titre porte, que fous l'épifcopat de Joflein, les Chanoines Séculiers, qui deffervoient les Eglifes de Braine, de la Ferté-Milon, de Pierrefonds & de *Viviers,* ont été remplacés par des Chanoines Réguliers : or Joflein n'a été élevé fur le Siége Epifcopal de Soiffons qu'en l'an 1126.

Henry, Doyen de Viviers, en changeant deprofeffion, changea auffi de titre, & prit la qualité d'Abbé. Il eft ainfi nommé dans la Charte de fondation de l'Abbaye de Long-pont, qu'il figna comme témoin en l'an 1132. Henry reçut en l'an 1141 de Joflein, Evêque de Soiffons, l'autel de S. Agnan, qu'il réunit à fon Eglife. En 1145, tout l'Ordre de Prémontré choifit l'Abbé Henry pour Député, & le chargea d'aller à Rome féliciter le Pape Eugene III fur fon avénement au Souverain Pontificat.

S. Norbert avoit dreffé fon nouvel Inftitut de maniere que les femmes pouvoient l'obferver de même que les hommes. Plufieurs perfonnes du fexe, informées de ces difpofitions, vinrent trouver à Viviers l'Abbé Henry, & le prierent de les admettre à profeffer la nouvelle Regle fous fa direction : Henry les reçut,

& les plaça dans un corps de logis féparé, qui tenoit à l'Eglife. Le nombre des Profeffes s'augmenta beaucoup en peu d'années, au point que le bâtiment qui leur avoit été deftiné par l'Abbé Henry, ne pouvoit plus les contenir.

Henry repréfenta au Comte de Crépy Raoul IV, de qui dépendoient la terre & le château de Viviers, la fituation de la feconde Communauté qu'il avoit fous fa direction, & lui demanda un lieu où il lui fût poffible de loger plus commodément les perfonnes qui la compofoient.

Le Comte écouta favorablement les repréfentations de l'Abbé Henry, & lui accorda en toute propriété la terre de Javages, près de Viviers, avec les bâtimens d'une efpéce de cenfe, qui y étoit fituée (1). Raoul voulut accompagner ce préfent de toutes les formalités qui pouvoient en affurer la jouiffance : il fit dreffer un acte, dans lequel il déclare, qu'à la priere de l'Abbé Henry fon intime, il a cédé à ce Supérieur les lieux en queftion, pour fervir de retraite aux fœurs déjà établies dans fon château de Viviers ; afin que délivrées du tumulte & des embarras du fiécle, elles puffent remplir en paix les devoirs de leur état, & mener une vie plus commode. Il leur accorda le droit d'ufage en la forêt de Retz, c'eft-à-dire, la permiffion de prendre dans cette forêt, le bois à brûler & à bâtir, qui leur feroit néceffaire.

Cet acte, daté de l'an 1148, eft figné de Pierre, Evêque de Senlis, d'Albéric de Roye, de Thibaud de Crépy, Seigneur de Nanteuil ; du Burgare, du Prevôt, & du Chancelier de Raoul.

14. L'Hiftoire Eccléfiaftique fournit un grand nombre d'exemples de Communautés Religieufes affiliées & foumifes à une Abbaye, ou bien à un Prieuré confidérable, d'où elles tirent leur origine ; mais il eft rare de voir un Monaftere donner naiffance à une nouvelle Communauté, à laquelle il devient foumis peu de temps après avoir été le principe de fon exiftence. Cette alternative a eu lieu dans le Valois avant la fin du douziéme fiécle, entre les deux Communautés de Valfery & de Viviers : l'Abbaye de Valfery a été ainfi fondée.

L'année même où la Communauté des Religieufes de Viviers fut transférée à Javages, un particulier de la contrée nommé Jean

(1) Gall. Chrift. t. 10. Inftr. p. 118.

le Roux, fit préfent aux Chanoines Réguliers de Viviers, d'une maifon & d'un bien confidérable, qu'il avoit dans un lieu nommé *Valfery*, à caufe de fa fituation au milieu d'un vallon où l'on refpiroit un air pur (1). L'Abbé Henry accepta ce préfent avec beaucoup de reconnoiffance; charmé de la pofition & de l'agrément du féjour, il prit la réfolution d'y transférer fon Abbaye, qui, logée dans un fort château, & offufquée par des tours & de hautes murailles, étoit fujette à beaucoup d'incommodités & de défagrémens. Il crut d'ailleurs que la Regle s'obferveroit mieux dans la folitude d'un vallon & auprès des bois, que dans un château fort, au milieu d'une garnifon, dont les fonctions n'étoient propres qu'à troubler l'efprit de retraite.

Henry envoya d'abord fur les lieux quelques Religieux de Viviers, afin de difpofer les changemens qu'il projettoit. En moins d'une année, l'Abbé Henry conduific fon projet à fa fin: on le prouve par un acte de l'an 1149, dans lequel Henry prend le titre d'Abbé de Valfery.

Plufieurs Auteurs ont recherché la caufe d'une tranfmigration auffi fubite, & en ont donné plufieurs raifons: les uns prétendent qu'elle a été occafionnée par la réfiftance des Religieux de Viviers aux volontés des Comtes de Crépy: les autres rapportent la tranfplantation des Clercs de Viviers à Valfery au différend élevé en l'an 1174, au fujet de la tour. Leur fentiment fuppofe l'extinction totale & abfolue de la Communauté de Viviers. D'autres enfin prétendent que les Prémontrés abandonnerent Viviers, afin de céder à une émeute qui avoit été excitée contre eux. Ces trois raifons ne font pas recevables.

Il eft faux en premier lieu, que les Prémontrés ayent encouru la difgrace des Comtes de Crépy, au temps où le changement a eu lieu. On a une Charte de ce temps, dans laquelle le Comte Raoul IV, Seigneur de Valois, appelle l'Abbé Henry fon intime: c'eft la même Charte par laquelle il lui fait préfent du lieu de Javages. En fecond lieu, il y avoit en 1174, vingt-cinq ans que l'Abbé des Prémontrés de Viviers avoit transféré fon Siège à Valfery: d'ailleurs, le différend dont on parle, avoit été terminé par un compromis. En troifiéme lieu, ceux qui fuppofent une émeute, n'en expofent ni la date, ni les circonfances. Le compromis de l'an 1174 prouve que la Communauté

(1) Gall. Chrift. t. 9. p. 487.

Ggg ij

de Viviers n'a été ni éteinte, ni expulſée. On verra bientôt que cette Communauté ſubſiſtoit encore ſous le regne de S. Louis.

Il eſt donc néceſſaire de rapporter la cauſe du changement arrivé en l'an 1149, aux motifs que j'ai expliqués : les attraits d'un ſéjour commode & gracieux, & l'avantage d'une retraite exempte des embarras, du tumulte & de la diſſipation d'un château fort, où les puiſſans Seigneurs de Crépy venoient de temps en temps ſéjourner avec toute leur Cour.

En l'an 1153, l'Abbé Henry donna ſa démiſſion. L'Abbé Etienne lui ſuccéda : celui-ci ne parut pas avec le même éclat que ſon prédéceſſeur, quoique doué des qualités qui ſont néceſſaires à un Supérieur. Etienne eſt nommé dans une Charte de l'an 1154, expédiée par ordre d'Ancoul de Pierrefonds, en faveur de Long-pont. La qualité d'Abbé de Valſery lui eſt donnée dans cette piéce, quoique Henry ſon prédéceſſeur conſervât le même titre : on a en effet un acte de l'an 1155, expédié au nom de Dreux, Seigneur de Pierrefonds, dans lequel on appelle Henry, Abbé de Valſery ; il eſt queſtion dans cette Charte, d'une piéce de terre ſiſe à Ambleny, que Dreux donne en préſent à l'Abbaye de Valſery.

L'année où mourut Henry, eſt incertaine : le Nécrologe de Valſery marque ſeulement, qu'il décéda le troiſiéme jour des Calendes de Septembre : il fut regretté de ſes Religieux & du public, comme un Supérieur d'une vie exemplaire, qui joignoit à un grand fond de charité pour le prochain, un cœur ſenſible à la miſere des pauvres, & plein de compaſſion pour les affligés. On peut le regarder comme le fondateur des Prémontrés de Valſery & de Viviers.

15. Nous avons déjà obſervé, que le territoire actuel de Villers-Cotteretz étoit diviſé en trois portions ; la premiere appartenant aux Moines de S. Georges ; la ſeconde aux Seigneurs de Nanteuil & à leurs Avoués ; la troiſiéme aux Seigneurs de Crépy. Le gros des maiſons étoit raſſemblé entre le Prieuré & l'emplacement du château actuel, & c'eſt proprement à cet amas de maiſons, qu'on donnoit le nom de *Villers*, qui dans le langage de ce temps-là, ſignifioit un hameau, un village.

L'Hotel du Fief des Seigneurs de Nanteuil étoit ſitué au-delà du village, par rapport au Prieuré de S. Georges.

La Male-maiſon, qui étoit un château dans les regles, & qui formoit avec ſes dépendances le domaine des Seigneurs de Crépy, paroiſſoit à côté de la place actuelle du château, près de l'Egliſe paroiſſiale de S. Nicolas. Nous allons rapporter ſur chacune de ces trois portions de domaine, les traits qui les concernent.

Les Religieux de S. Georges perdirent, pendant les troubles du dixiéme ſiécle, une grande partie des biens qui leur avoient été concédés par le Roi Charles le Chauve. Cette infortune leur étoit commune avec la plûpart des autres Monaſteres de la contrée. Dans les actes d'un Concile national tenu à Meaux en l'an 1082, l'on déplore les malheurs qui avoient réduit les Communautés Régulieres à ces extrémités : on ſe plaignoit de ce que dans le plus grand nombre des Maiſons Religieuſes la Regle de leur inſtitution ne s'obſervoit plus. Après avoir examiné les moyens qu'on pourroit mettre en œuvre pour remédier à un ſi grand mal, on décida, que toutes les Communautés dont les revenus ne pourroient pas ſuffire à l'entretien de dix Religieux, ſeroient ſoumiſes aux deux Chefs-d'ordre de Marmoutier ou de Cluny, ou à l'un des Monaſteres conſidérables de leur dépendance (1). Le Prieuré de S. Georges ſubit la loi commune, & fut ſoumis au Monaſtere de la Chaiſe-Dieu en Auvergne, dépendance de Marmoutier.

Au commencement du ſiécle dont nous écrivons l'Hiſtoire, Raoul IV, Seigneur de Crépy & de la Male-maiſon, favoriſa beaucoup les Religieux de S. Georges, & augmenta leurs revenus (2). Il leur confirma en l'an 1137 la jouiſſance du tréfonds de S. Georges, & leur accorda des droits de chauffage & de pacage dans la forêt de Retz, avec la troiſiéme partie de la juſtice de Villers. Philippe d'Alſace & la Comteſſe Eléonore donnerent aux mêmes Religieux pluſieurs marques de leur protection, en conſidération de ce qu'ils avoient permis qu'on bâtit une Chapelle à côté du château de la Male-maiſon, qui étoit compris dans la juriſdiction ſpirituelle de leur Egliſe de S. Georges.

Ce que les Seigneurs de Nanteuil-le-Haudouin poſſédoient à Villers-Cotteretz au dixiéme ſiécle, ſe réduiſoit à des droits de

(1) Hiſt. Meaux, t. 1. p. 250. Muldr. | (2) Muldr. ibid.
p. 66. & 67.

relief : ils avoient transmis la propriété de presque tous leurs droits utiles aux Avoués ou Concierges du lieu, qui étoient des Chevaliers Officiers de leur Maison.

La premiere origine des *Concierges* de Villers-Cotteretz est fort obscure : on peut cependant l'expliquer en observant, que les Moines de S. Georges ayant choisi pour Avoué un des Chevaliers attachés au service des Seigneurs de Crépy & de Nanteuil, cet Officier fut préposé en même temps à la conservation du domaine de ses Maîtres, & de ceux des Religieux, pendant les guerres civiles du dixiéme siécle, & qu'il reçut de chaque possesseur un bien qu'on lui érigea en Fief, pour être le prix de sa vigilance.

Je nomme cet Officier Concierge quoique ce fût un Gentilhomme, parce que ce nom fut attaché à sa place pendant plus de six siécles, & qu'on le qualifioit encore ainsi, lorsque Bergeron écrivoit son Abrégé Historique du Valois.

Ce Gentilhomme eut son hôtel séparé de la Male-maison, jusqu'au temps où S. Louis réunit à ce demier château les portions de Fiefs, qui avoient été attachées à cette charge. Le Titulaire de cette place fixa depuis, son séjour à la Male-maison. Après que François I eut fait bâtir le château qu'on voit encore, on changea le titre de Concierge en celui de Gouverneur, le poste étant devenu plus important & plus distingué, par la qualité des personnes qui chercherent à le remplir.

On ne manque pas de monumens, pour connoître que la charge dont il est ici question, existoit dès le milieu du dixiéme siécle; mais aucun titre ne cite les noms de ceux qui l'ont possédée avant le milieu du douziéme : elle appartenoit alors à une famille de Chevaliers originaires de Duvy près Crépy, qui prenoient le surnom de Broilard & de Boulars, & dont plusieurs avoient été Sénéchaux des Seigneurs de Nanteuil.

Une Bulle du Pape Eugene III, datée de l'an 1148, fait mention d'un de ces Chevaliers (1) nommé Adam Broslard, qui tenoit en Fief de Gérard le Vieux plusieurs héritages situés du côté de Villers-Cotteretz & de Long-pont. Le même Adam reparoît dans une Charte de l'an 1153, avec le titre de Sénéchal de Thibaud, Seigneur de Nanteuil, & signe cette Charte comme témoin. En l'an 1156, ce même Gentilhomme céda au Lieu-

(1) Chron. Long-p. p. 27.

restauré, du consentement de son fils, tout ce qu'il possédoit en rentes & en fonds de terre auprès de la Bonne-fontaine, avec son vivier & son bois de S. Christophe. Adam finit sa vie à l'Abbaye de Long-pont, où il s'étoit retiré par un mouvement de religion. L'on conserve à Long-pont un titre de l'an 1177, qu'il signa ainsi, conjointement avec le fameux Pierre le Chantre, *Adamus Bruslardus.*

Dans la Charte accordée à S. Adrien de Béthizy par le Roi Philippe-Auguste, en l'an 1186, on lit les noms d'un Raoul Boulard de Duvy, & d'Alerme Boulard, son beau-frere. Dormay parle dans son Histoire (1), d'un second Adam Boulard, Chevalier, qui fut choisi en l'an 1225, pour terminer comme arbitre, un différend que Raoul, Abbé de S. Jean-lès-Vignes, avoit avec le Comte de Soissons, touchant un droit de Justice. Il paroît que ces Chevaliers étoient tous parens; je n'ai pû connoître à quel dégré. Nous parlerons de leurs descendans au Livre suivant.

Le nom de Male-maison, *Mala-domus,* est commun à plusieurs Fiefs situés dans le Valois: l'étymologie de ce nom est douteuse; on en donne diverses explications. La plus probable est celle qui suppose que cette dénomination vient, de ce que les manoirs de ces Fiefs avoient servi de retraite pendant les guerres, à des troupes de brigans & de factieux, qui envoyoient des partis faire du butin, & ravager les lieux d'alentour.

Il y a un Fief de la Male-maison, au dessus de Nanteuil-la-Fosse. Le Fief de Bruyeres, près de Limé, portoit autrefois le nom de Male-maison. L'on voyoit anciennement près de Braine, sur les bords de la petite riviere de Vesle, du côté de Courcelles, les ruines d'une Male-maison, qui avoit été un château fort, entouré de larges fossés que la Vesle remplissoit de ses eaux.

La Male-maison de Villers ne devint un lieu remarquable, qu'après avoir reçû les embellissemens & les augmentations, que le Comte Philippe d'Alsace & la Comtesse Eléonore y ajoûterent: ce n'avoit été jusque-là, qu'une métairie ordinaire, dans laquelle les Comtes de Valois prenoient leur repos de chasse.

Nous n'avons ni la description, ni le plan des nouveaux bâtimens, que Philippe d'Alsace ajoûta aux anciens: il paroît qu'il fit construire à neuf un nouveau corps de logis pour son usage,

(1) Hist. Soiss. t. 2. p. 211.

qu'il abandonna son ancien logement à un Concierge, & le reste de la métairie à un fermier. Le premier Concierge résident à la Male-maison de Villers, en prit le nom, & le transmit à ses descendans.

Le nouveau corps de logis ayant été achevé, Philippe d'Alsace trouva qu'il étoit trop éloigné de l'Eglise de S. Georges, la seule du territoire où l'on pouvoit se procurer les secours spirituels ; car le Comte avoit un grand fonds de piété, & il faisoit ses délices de sa nouvelle Maison de plaisance, tant à cause du bon air, qu'à cause du divertissement de la chasse, auquel il aimoit à s'exercer : ces deux motifs le portoient à multiplier ses voyages, & à prolonger ses séjours.

L'envie qu'il avoit d'éloigner tous les obstacles qui pouvoient le détourner de ses devoirs de Chrétien, lui fit naître le dessein de bâtir une Chapelle à côté du nouveau corps de logis : il prit à ce sujet l'avis & le consentement des Religieux de S. Georges, qui déférerent à ses vûes, à condition que la nouvelle Eglise seroit dédiée sous l'invocation de S. Maur, l'un des Saints de leur Ordre ; que le Prêtre desservant de cette Eglise seroit soumis à la jurisdiction spirituelle de leur Prieuré ; que le Prêtre ou Curé de S. Georges auroit tous les droits de Curé primitif. Le Comte souscrivit à ces conditions, & fonda la Chapelle.

Le Comte désirant pourvoir à l'utilité publique, en même temps qu'il cherchoit sa commodité, érigea en titre la place de Desservant de sa Chapelle, au lieu d'employer dans le besoin, les Chapelains qu'il avoit à sa suite : il attacha à cette place de Desservant une rente de dix muids de froment, à prendre sur la ferme de Mornienval & sur le moulin de Pondron.

L'Eglise de S. Maur n'a jamais joui du titre ni des priviléges de Paroisse : elle a toujours été un secours de S. Georges. L'Eglise de S. Nicolas, qui lui a succédé, n'a joui que fort tard du droit de Paroisse. Lorsqu'en 1635, les Religieuses de S. Remy de Senlis prirent possession des bâtimens du Prieuré de S. Georges, les habitans de Villers-Cotteretz déclarerent (1) « que » l'Eglise de ce Prieuré avoit été, de toute ancienneté, la pa- » roisse du lieu ; & qu'auprès de cette même Eglise, sont inhu- » més dans le cimetiere leurs ancêtres ». Le Prieur de S. Georges avoit conservé jusqu'à ce temps le droit d'officier trois fois l'an,

_____

(1) Muldr. p. 66 & 67.

dans

dans l'Eglife de S. Nicolas, à la Touffaint, à Noël, & le jour
de la Tranflation de S. Nicolas, en conféquence d'un accord
paffé le 28 Juillet 1526 : avant cet accord, le Prieur de S. Georges
officioit dans l'Eglife de S. Nicolas fept fois l'an.

Le Comte Philippe jouit à peine l'efpace d'une année, de ce
renouvellement de la Male-maifon. Son époufe Elifabeth, du
chef de laquelle il tenoit le Comté de Valois, étant décédée,
il fut dans la néceffité de céder la Male-maifon à la Comteffe
Eléonore fa belle fœur.

Ce que je viens d'expofer fait voir combien Muldrac a eu tort
d'avancer, qu'à la Comteffe Eléonore étoit dûe la fondation de
la Chapelle de S. Maur. Dans les Regiftres *olim* du Parlement de
Paris, il eft marqué en termes exprès, que c'eft Philippe d'Alface
Comte de Flandre, qui a fondé la Chapelle de Villers, & qu'il y
a établi un Chapelain. Le trait fuivant, qu'on trouve énoncé
dans les mêmes Regiftres, aura pû induire Muldrac en erreur.

Après que la Comteffe Eléonore eut pris poffeffion du château
de la Male-maifon, le Curé de S. Georges lui repréfenta (1),
que lorfqu'il avoit donné fon confentement à l'établiffement de
la Chapelle de S. Maur, il n'avoit pas prévû que cette fondation diminueroit un jour fes revenus : la caufe de cette diminution n'eft pas expliquée. La Comteffe entra dans les vues
du Prêtre de S. Georges, & lui accorda un dédommagement de
quatre mines de bled de rente, à prendre fur le moulin de
Coyoles, *quia Capellam fieri concelfit.*

Eléonore doubla en même temps les revenus du Deffervant de
S. Maur : elle ordonna, qu'au lieu de dix muids de froment,
on lui délivreroit tous les ans vingt-trois muids de la même nature de grains, qui feroient pris fur fa ferme de Mornienval &
fur le moulin de Pondront.

Ces difpofitions font confirmées par la Charte aumôniere de
l'an 1194. Cette piéce fait mention d'un muid de bled de plus,
qu'elle accorde aux Religieux de S. Georges, fur fa grange de
Villers : cette grange de Villers étoit comme la baffe-cour du
château de la Male-maifon.

Le Roi Philippe-Augufte ne fe plaifoit pas moins au château
de la Male-maifon, que le Comte de Flandre : il y fit plufieurs
voyages, avant que cette Maifon de plaifance eût été réunie à

(1) Chron. Long-p. p. 100.

Tom. I. H h h

fa Couronne, par le décès de la Comteffe Eléonore fa coufine. Le Cartulaire de ce Prince (1) contient une Ordonnance datée de la dix-feptiéme année de fon regne, qui revient à l'an 1196 : elle regarde l'Eglife de S. Jean de Laon, & finit par ces termes : *Datum apud Villare-Col-de-Retz*. Cette piéce eft ornée du Mono-grame du Prince, & fignée de Guy, grand Bouteiller, & de Mat-thieu Comte de Beaumont, grand Chambrier.

Ce féjour du Roi, accompagné des grands Officiers de fa Couronne, fuppofe un château confidérable par fon étendue & par fes dépendances, qui paffoit pour être le chef-lieu de tout le territoire. Villers-Cotteretz ou Col-de-Retz a toûjours été depuis ce temps un nom générique, qui comprenoit le village de S. Georges, la Male-maifon, les Fiefs des Seigneurs de Nan-teuil, & ceux des Concierges ou Châtelains du lieu.

16. Nous n'avons trouvé dans les monumens concernant Mor-nienval, aucun évenement important, depuis le milieu du on-ziéme fiécle jufqu'à l'an 1122, qui eft, dans l'Hiftoire de cette Abbaye, une époque remarquable par la Tranflation des Reliques de S. Annobert, Evêque de Séez en Normandie.

Après que S. Annobert eut été mis au nombre des Saints, fon corps fut levé de terre & renfermé dans une Châffe : on dépofa cette Châffe dans une Eglife, que la Légende de ce *Saint* ne nomme pas. Cette Eglife étant tombée dans le plus grand ap-pauvriffement, les Prêtres qui la deffervoient prirent les Re-liques du Saint, & les porterent de province en province, afin d'exciter la charité des fidéles, & de recueillir des aumônes abondantes : ils fuivoient les grands chemins, & traverfoient les lieux confidérables de chaque contrée (2).

Comme ils parcouroient la chauffée Brunehaud, qui conduit de Senlis à Soiffons, ils apprirent qu'il y avoit affez près de cet ancien chemin une grande Abbaye, occupée par des Reli-gieufes qui exerçoient l'hofpitalité. Le Chef de ceux qui accom-pagnoient la Châffe de S. Annobert, envoya prier l'Abbeffe de Mornienval, de le recevoir avec fa compagnie pour une nuit feulement. Pétronille (c'étoit le nom de l'Abbeffe) reçut avec bonté le Député, lui offrit des logemens & fon Eglife pour y dépofer les Reliques. Sur le rapport de l'Envoyé, les Eccléfiaf-tiques qui compofoient le convoi, fe rendirent à Mornienval,

(1) Part. 1. fol. 11. Part 2. fol. 33.   1   (2) Ann. Bened. t. 6 p. 44.

où l'Abbeſſe Pétronille les reçut avec tous les égards qu'ils pouvoient attendre. On dépoſa les Reliques de S. Annobert ſur une
crédence qu'on avoit ornée & placée au milieu du chœur, &
l'on diſtribua des logemens dans le bâtiment des hôtes, aux
Eccléſiaſtiques qui les accompagnoient.

Le lendemain, ces mêmes Eccléſiaſtiques ſe préſenterent de
grand matin à l'Abbeſſe Pétronille, afin de lui témoigner leur reconnoiſſance de ſon obligeante réception; après en avoir pris
congé, ils ſe tranſporterent à l'Egliſe pour enlever la Châſſe &
paſſer outre: mais, ô prodige! la Châſſe fut trouvée ſi peſante,
qu'il ne fut plus poſſible de la changer de place. Il fallut céder,
& le gîte d'une ſeule nuit coûta à ces hôtes la perte de leur
tréſor.

Cette perte, ajoûte l'Auteur de la Légende, qui étoit un
Chanoine de l'Abbaye, coûta aux paſſagers des ſanglots & des
regrets amers; mais plus leur douleur étoit vive & leur triſteſſe
accablante, plus notre joie étoit grande, & notre ſatisfaction
complette. Tandis qu'ils pleuroient amérement, nous nous féli-
citions d'un évenement, qui alloit donner à notre Maiſon un
nouveau dégré d'illuſtration.

En effet, cette aventure cauſa aux deux Communautés des
Religieuſes & des Chanoines une joie inexprimable. Ils célébrerent le miracle par des fêtes ſolemnelles, par des Cantiques
& par des chants d'allégreſſe. La Châſſe devenue plus légere fut
enlevée de la crédence & placée dans un endroit du chœur, où
elle pouvoit être apperçue des fidéles. La préſence d'un dépôt ſi
précieux attira dans l'Egliſe de Mornienval un grand concours
de pélerins.

Toutes ces choſes ſe paſſoient pendant les premiers jours du
mois de Septembre de l'an 1122. Il eſt marqué dans le Nécrologe de l'Abbaye de Mornienval, que le dépôt ou Tranſlation des
Reliques de S. Annobert arriva le jour des Calendes de Septembre, c'eſt-à-dire, le premier jour de ce même mois. On en a toujours fait la fête à pareil jour, tant que l'Abbaye a ſubſiſté. A Notre-Dame de Soiſſons, la même fête ſe célebre le ſeize Mai, le
lendemain de S. Maxime. Nous avons remarqué, que les deux
Abbayes de Soiſſons & de Mornienval ont toujours été en ſociété de prieres, & que la même regle s'obſervoit dans les deux Maiſons.

Regnault rapporte au fecond Concile de Nicée (1), la féparation des doubles Communautés d'hommes & de femmes, qui formoient les grands Monafteres. Sa propofition eft vraie, fi l'on entend par cette féparation, l'habitation dans l'enceinte d'un même corps de logis & l'affiftance aux mêmes exercices. Elle eft fans fondement, fi il veut conclure de la décifion de ce Concile, que toutes les Communautés doubles devoient être réduites à une feule Communauté de perfonnes du même fexe. La Regle de Mornienval feroit une preuve du contraire.

Les deux Communautés de Mornienval fubfiftoient au douziéme fiécle, fur le même pied qu'on voit encore aujourd'hui l'Abbaye de Notre-Dame de Soiffons & le Chapitre de S. Pierre-au-Parvis ; excepté que les Religieufes de Mornienval menoient la vie de Chanoineffes & n'étoient pas cloîtrées. La fupériorité générale appartenoit à l'Abbeffe ; le Doyen du Chapitre des hommes n'exerçoit fa jurifdiction que fur fes Chanoines, fur le Curé, fur les Chapelains, & fur les Prêtres habitués de l'Eglife de S. Denys : nous allons expofer féparément ce qui regarde ces deux Chapitres.

Avant la Tranflation des Reliques de S. Annobert, l'Abbaye de Mornienval étoit tombée dans un oubli total. Les monumens n'en font plus mention, depuis le temps où fon Eglife fut achevée. La fuite de fes Abbeffes ne commence qu'à l'an 1122. Celles qui ont gouverné cette maifon depuis la fuppreffion des Abbés laïcs jufqu'à cette année, nous font inconnues. Depuis que la Regle de S. Benoît avoit été rétablie, la Communauté des Dames avoit été beaucoup augmentée : le nombre des Religieufes ne fut fixé qu'après le milieu du douziéme fiécle, & quatre Dignitaires préfidoient à l'obfervance de la difcipline monaftique, & à l'adminiftration des biens temporels ; une Abbeffe, une Prieure, une Tréforiere & une Préchantre.

L'Abbeffe Pétronille fous qui arriva le dépôt des Reliques de S. Annobert, gouverna fa Communauté avec beaucoup de fageffe & d'œconomie, elle reçut des biens confidérables de plufieurs Seigneurs voifins, pour fervir à l'entretien de fes Religieufes & à la décoration de fon Eglife. Dreux, Seigneur de Pierrefonds, lui fit préfent, l'année même où elle reçut les Reliques, d'une terre fife à Jaulzy, contenant trois muids de femence, me-

(1) Hift. Soiff. p. 51.

fure de Soiffons (1). Agathe de Pierrefonds confirma cette donation dans la fuite, en préfence de Baudouin de Bérogne, de
Dreux de Courtieux, & de Henry de Banru, Chevaliers.

Après la mort de Pétronille, la dignité d'Abbeffe de Mornienval fut remplie par une Dame nommée Cécile, qui gouverna la
Communauté des Religienfes avec beaucoup d'édification. Les
Evêques de Senlis jouiffoient des revenus d'une des prébendes
de l'Eglife de Mornienval. Clérembaud, Evêque de cette Ville,
renonça à ce droit par confidération pour l'Abbeffe Cécile, &
déclara fon défiftement par un acte. Pierre, fon fucceffeur dans le
même fiége Epifcopal, confirma ce défiftement par une Charte
datée de l'an 1137. Cette Charte fut dreffée en préfence d'Archambaud, Prieur de S. Arnoul de Crépy, de Drogon Seigneur
de Pierrefonds, de Jean le Turc, de Guichard Maire de Mornienval, & de Thierry le Cuifinier. L'année fuivante 1138, Simon Evêque de Noyon, fils de Hugues le Grand Comte de Crépy, fit préfent à Cécile & à fa Communauté de quelques portions de dixmes.

A Cécile fuccéda l'Abbeffe Mathilde, pendant les premieres
années du regne de Louis VII. Mathilde obtint la réunion de
l'Eglife de Bettancourt à fon Monaftere. Pierre Evêque de Senlis confirma cette réunion (2). L'Abbeffe Mathilde vivoit encore
en 1159. On le prouve par un accord qu'elle fit avec Anfel, Tréforier de S. Frambourg, & avec Ebroin, Chancelier de Notre-
Dame de Senlis, touchant les dixmes de Plally.

Cette Dame ne furvécut pas plus de deux ans à cet accord.
Sa dignité étoit poffédée en l'an 1161 par Pétronille II, qui
gouverna pendant long-temps. Pétronille reçut en l'an 1176 une
Bulle du Pape Alexandre III, qui affujettiffoit fon Monaftere à
toutes les parties de la Regle de S. Benoît. Cette Bulle porte
encore, que l'Eglife des Religieufes eft bâtie fur un fond de
leur cenfive; que ces Religieufes ont le *perfonnage* de l'Eglife
Paroiffiale de S. Denys, & le tiers des dixmes de cette Eglife,
le droit d'ufage en la forêt de Cuife, une portion de dixmes
dans les Coutures du Comte & aux Effarts, une autre dixme à
Frefnoy fur la terre de la Comteffe. On ajoute, que la Communauté de ces mêmes Dámes poffède le village de Bettan-

(1) Gall. Chr. t. 9. p. 449. Cart Morn.
n° 32.

(1) Gall Chr. t. 10 p. 1474.

court avec l'Eglife du lieu, dont elles ont auffi le perfonnage (1).

Après la mort de Pétronille, Agnès de Viri fut élue Abbeffe de Mornienval : les actions d'Agnès ne nous font pas connues. L'écriture de fa tombe indique, qu'elle décéda pendant les dernieres années du douziéme fiécle. On croit touchant fon extraction, qu'elle appartenoit à la Maifon de Hangeft, & qu'elle étoit proche parente d'un Chevalier, dont on voit le tombeau à droite en entrant dans l'Eglife Abbatiale par le grand portail, à côté de la tribune.

On prétend, que la ftatue couchée fur le tombeau eft la repréfentation de Florent de Hangeft, Sire de Viri, qui vivoit en l'an 1175. Florent fut aux croifades. Il affifta au fiége d'Acre où il perdit la vie, en l'an 1191. Son corps entier, felon les uns, fon cœur feulement, felon d'autres, ayant été rapporté en France, on l'inhuma dans la grande Eglife de Mornienval.

La figure de ce tombeau repréfente un Chevalier haut de taille, couvert d'une cotte d'armes, & ceint d'un cordon garni de mailles, les éperons aux pieds, & une efpéce de fceptre à la main, terminé par un fleuron qui reffemble à une fleur de lys. La main droite de la ftatue pofe fur un écu de forme triangulaire, fur lequel on voit une croix chargée de cinq coquilles. On ne lit aucune infcription autour de ce tombeau.

En ce temps, le Comte & la Comteffe de Flandre firent préfent à l'Abbaye de Mornienval de dix livres de rente. L'Abbeffe & les Religieufes avoient deux Maires pour l'adminiftration de leur temporel : l'un réfidoit à Mornienval, l'autre à Bettancourt (2). Les fonctions facerdotales étoient exercées dans la grande Eglife des Religieufes par plufieurs Prêtres, dont le chef prenoit la qualité de Chapelain de l'Abbeffe.

Il ne faut pas confondre les Chanoines de Mornienval avec les Chapelains. Les Chanoines avoient leur Eglife à part fous le titre de S. Denys : ils célébroient l'Office Canonial. Trois claffes d'Eccléfiaftiques, diftingués les uns des autres par leurs fonctions, formoient le Clergé de cette Eglife. Le Corps des Chanoines avoit le pas fur les deux autres. Ce Corps avoit pour chef un Doyen ; un Curé & deux Prêtres exerçoient les fonctions du miniftere dans Mornienval & dans plufieurs hameaux du territoire. Ils avoient dans l'Eglife de S. Denys un autel particulier.

(1) Cart. Morn. n°. 2. | (2) Cart. S. Thom. n°. 56.

Après les Prêtres occupés à ce ministere, venoient les Chapelains, chargés d'acquitter les fondations & les Messes, & d'assister à certains Offices. La preuve de cette distribution du Clergé de S. Denys est contenue dans plusieurs titres, que j'ai parcourus.

Le Cartulaire de Mornienval renferme deux Chartes, l'une de l'an 1166, l'autre de l'an 1173, qui font mention d'un Ecclésiastique nommé Richard, auquel on donne la double qualité de Doyen & de Chanoine *Decanus* & *Canonicus*. Le même Richard est encore appellé Doyen de Mornienval dans une Bulle du Pape Alexandre III. J'ai lu à la fin d'un acte de l'an 1173, les deux signatures suivantes, *Petrus Sacerdos* & *Fulco Sacerdos*, tous deux attachés au service de l'Eglise Collégiale de S. Denys. L'accord des Religieuses passé en l'an 1159 avec les Chanoines de S. Frambourg de Senlis, est signé par deux témoins; l'un nommé *Ramerus*, qui se qualifie Chanoine; l'autre témoin étoit un Prêtre nommé Richard, Chapelain de l'Abbesse. Les Chapelles des deux Eglises de Mornienval n'étoient pas des bénéfices simples, comme presque toutes celles de nos grandes Eglises: il falloit avoir reçu l'Ordre de Prêtrise pour les posséder.

17. On ne sait pas en quelle année précisément décéda la Comtesse Adéle, veuve de Hugues le Grand, & femme en secondes nôces de Renaud, Comte de Clermont en Beauvoisis. Templeux range cette mort sous l'an 1123. Il y a tout lieu de croire qu'elle est arrivée trois ans au moins plutôt que cette date. Adéle conserva tant qu'elle vécut ses domaines du Valois & du Vermandois: Raoul IV son fils n'en jouit qu'après sa mort. Comme on a des titres de l'an 1120, qui prouvent que Raoul IV exerçoit alors dans le Valois l'autorité seigneuriale sans aucune réserve, il faut en conclure que la Comtesse Adéle ne vivoit plus en cette année, & que le Prince Raoul son fils aîné est entré en possession du Comté de Valois en l'an 1120 au plus tard.

Les Auteurs contemporains de ce Seigneur lui donnent différens surnoms dans leurs écrits. Robert du Mont l'appelle Raoul le Vieux, à cause du grand âge où il parvint. Depuis le fameux siége de Livry où il perdit un œil, on le nomme dans les Chartes, tantôt Raoul le Vaillant, tantôt Raoul le Borgne. Le Pape Innocent II l'appelle Raoul de Péronne dans une de ses Bulles de l'an 1136. Il est surnommé dans la Chronique de l'Abbé Robert, tantôt Comte de Montdidier, tantôt il est qualifié Sénéchal. Dans la Charte d'exemption que ce Seigneur accorda aux habitans de Bazoches près Crépy, en 1120, il prend le double titre de Comte de Vermandois & de Seigneur du château de Crépy. Bergeron cite un accord de l'an 1139, dans lequel on lui donne la double qualité de Comte de Vermandois & de Valois ; c'eſt auſſi le titre par lequel on le diſtingue le plus ordinairement dans les Chartes.

Le Comte Raoul IV avoit pris naiſſance au château de Crépy, & y avoit reçu une éducation convenable à ſon rang. Il épouſa en premieres nôces une Dame, ſur l'extraction de laquelle on n'a rien de certain. De Serres prétend qu'on la nommoit Gilotte, & qu'elle étoit fille de Roger, Seigneur de Château-Briant : ce ſentiment n'eſt pas ſuivi (1). D'autres la font deſcendre des Comtes de Bourgogne. Dutillet l'appelle Eléonore, & dit qu'elle étoit fille de Thibaud, Comte de Champagne.

Le Comte Raoul ſignala ſa priſe de poſſeſſion du château de Crépy & du Comté de Valois par un acte de généroſité, qui fait honneur à ſon humanité. Il déchargea les habitans de Bazoches de ſervitudes & de corvées très-dures, que ſes prédéceſſeurs avoient toujours exigées. Et afin que cette remiſe ne fut pas regardée comme un bienfait paſſager, il fit délivrer une Charte à ces habitans, dans laquelle leur nouveau privilége d'exemption eſt exprimé.

Cette Charte porte, que le lieu de Bazoches appartient à l'Égliſe de Senlis (2) ; que Raoul remet aux habitans leurs anciennes redevances, à l'exception des coutumes ſuivantes qu'il ſe réſerve. Les familles qui viendront s'établir à Bazoches, payeront chaque année quatre piéces de monnoyes *nummos*, pour le droit d'uſage dans les bois de Crépy, & ſeront ſujets à la bannalité du moulin de la Carriere. Cette piéce eſt adreſſée à Clérembaud Evêque de Senlis. La reſtriction du Comte à l'égard des nouvelles familles avoit pour objet d'empêcher, que le droit d'uſage du bois à bâtir & à brûler ne fit venir à Bazoches un trop grand nombre d'habitans : ce qui eut nui à la population des lieux voiſins, & eut cauſé un dommage conſidérable dans les bois de Crépy.

Les Légendes qui font mention de l'établiſſement de l'Ordre des Mathurins, prétendent que le Comte Raoul eut un fils

(1) Spicil. t. 12. p. 480.　　　I　(2) Gall. Chriſt. t. 10. inſtr. p. 416.

&

& une fille de son premier mariage. Elles ajoutent, que l'on donna au fils le nom de Hugues, & que cette fille fut appellée Rose : que Hugues instruit par S. Bernard, renonça au monde & se retira dans une forêt du Valois, pour y mener la vie hérémitique ; qu'il changea son nom de Hugues en celui de Félix, & que du pays où il établit sa retraite, il prit le surnom de Félix de Valois, & fonda l'Ordre des Mathurins conjointement avec Jean de Matha, dans un endroit peu éloigné de son hermitage (1). La fille reçut d'abord le nom d'Elisabeth, puis celui de Rose en entrant dans l'Abbaye de Chelles près de Paris, où elle embrassa la vie monastique.

On trouve dans les sources que nous venons de citer, qu'après avoir passé plusieurs années au Monastere de Chelles, dans les exercices d'une vie édifiante, elle fonda au Diocese de Sens un Monastere de filles, à Rosoy en Gatinois. Cette Maison est présentement ruinée. Les Religieuses ont été transférées à Ville-Chasson, puis à Moret depuis la suppression de cette seconde Abbaye. Il y a encore présentement un pélerinage à Rosoy, qui subsiste depuis le temps, où la Fondatrice fut déclarée Sainte sous le nom de Sainte Rose.

Il est certain que le Bienheureux Félix de Valois a existé, & qu'il a eu la plus grande part à la fondation de l'Ordre des Mathurins ; mais nous prouverons, qu'il ne tenoit par aucune sorte d'alliance aux Seigneurs de Valois, de la branche Royale de Vermandois.

Quant à Sainte Rose, il est prouvé par des titres authentiques, qu'elle vivoit au onziéme siécle, long-temps avant que le Comte Raoul eût épousé sa premiere femme. J'ai reçu des lieux, des mémoires positifs sur ce sujet. Je n'en ferai pas l'analise, parce que la fondation de l'Abbaye de Rosoy est une matiere étrangere à cette Histoire.

Il résulte de ces deux points, que le Comte Raoul ne paroît pas avoir eu d'enfans de son premier mariage, & que tout ce que l'on a raconté à ce sujet, doit être attribué à une pieuse crédulité, qui a confondu les temps, les personnes & les lieux.

18. Les Auteurs ne sont pas d'accord sur les raisons, qui ont occasionné le fameux siége de Livry, en l'an 1128. C'est à ce siége que le Comte de Crépy mérita le surnom de Vaillant (2). Les

(1) Ansel. t. 1. p. 539. Hist. Dioc. Par. t. 6. p. 60. (2) Ansel. t. 6. p. 198. '33.

nouveaux Editeurs du P. Anfelme attribuent la caufe de ce fameux fiége au divorce de Raoul de Vermandois Comte de Crépy,
avec fa premiere femme : mais ce divorce n'eut lieu que dix ans
après, en 1138. L'Abbé Suger apprend, qu'il fut réfolu à l'occafion d'un différend, qui s'éleva entre le Roi Louis le Gros &
Amauri Comte de Montfort (1). Le Roi d'Angleterre, le Comte
de Champagne & Guillaume de Garlande, prirent le parti du
Comte de Montfort.

Le Roi Louis le Gros, pour faire tête à cette ligue, affembla
une armée nombreufe, & manda le Comte de Crépy auprès de fa
perfonne, afin de dreffer conjointement avec lui, le plan des
opérations convenables aux circonftances. Il fut décidé que la
campagne commenceroit par le fiége du château de Livry ; place
forte & très-importante, où les ennemis du Roi avoient raffemblé une partie de leurs forces. Après avoir fait les préparatifs néceffaires, Louis le Gros accompagné du Comte Raoul, conduifit
fon armée devant le château de Livry, & employa pour le réduire, toutes les reffources de l'art militaire. On inventa même quelques machines, qui devoient être d'un grand fecours aux affié-
geans. L'Officier qui commandoit dans le château de Livry, fit
les plus belles difpofitions pour une longue & vigoureufe réfiftance.

Le Roi croyant pouvoir emporter la place d'affaut, dirigea
fa premiere attaque avec une activité & une bravoure incroya-
bles. Il paya de fa perfonne & s'expofa, afin d'animer fes troupes à bien faire. Le Comte de Crépy agit de même. Emportés
l'un & l'autre par leur ardeur au milieu du danger, & dans le fort
de l'attaque, ils furent payés de cet excès de bravoure. Le Roi
fut bleffé d'un carreau à la cuiffe, & le Comte de Crépy reçut à la
tête un coup qui lui fit perdre un œil ; accident qui lui a fait donner depuis le furnom de *Borgne.* Cependant le château de Livry
fut pris & rafé.

Deux ou trois ans après ce fiége, il y eut à Rome un fchifme
fameux par la concurrence de deux contendans à la Papauté ; Innocent II & Anaclet. Innocent fe fentant trop foible pour réfifter
à fon adverfaire, céda au temps & vint fe réfugier en France,
après en avoir prévenu le Roi Louis le Gros. Ce Prince venoit
de perdre Philippe fon fils aîné, qu'il avoit déja fait facrer à Reims.

(1) Duch. Recueil. t. 4. p. 306.

Le Pape avoit choisi la ville de Reims pour s'y fixer, en attendant le rétablissement de ses affaires. Dès qu'il y fut arrivé, le Roi prit la résolution de profiter de la circonstance, pour faire sacrer Louis son second fils par les mains du Souverain Pontife. On n'épargna rien, afin de rendre la cérémonie très-pompeuse.

Lorsqu'on eut tout disposé, le Roi se rendit à Reims avec le Prince son fils, au milieu d'une Cour brillante & nombreuse. Le Comte Raoul qui n'avoit pas moins de goût & de délicatesse, que de bravoure & d'habileté dans la profession des armes, fut chargé de l'ordonnance de cette pompe, & s'en acquitta avec un succès, dont le Pape & le Roi furent également satisfaits.

Après que la cérémonie du Sacre eut été terminée, le Roi partit de Reims accompagné de son fils, & suivi de sa Cour. Il laissa auprès du Pape le Comte de Crépy, pour lui faire compagnie, & pour lui procurer toutes les choses qui seroient convenables à la dignité du Chef visible de l'Eglise. Raoul fit quelque séjour à Reims auprès du Pape. Comme il ne trouvoit pas dans cette ville, les mêmes facilités de remplir avec honneur la commission du Roi, que dans le vaste château de Crépy, il invita le Pape à se transporter dans le lieu de sa résidence. Le Pontife reçut l'offre, & se rendit à son invitation. Raoul conduisit Innocent, de Reims au château de Crépy.

Pendant le séjour du Pape dans la capitale des Domaines de Raoul (1), Simon Evêque de Noyon, & frere de ce Seigneur, vint annoncer à Innocent II, que son Eglise Cathédrale venoit d'être consumée par les flammes, avec une grande partie des maisons Canoniales. Il venoit aussi concerter avec lui les moyens de réparer les pertes, que cet incendie avoit occasionnées. Innocent II entra dans les vues de l'Evêque, & écrivit aux Archevêques de Rouen & de Sens une lettre, par laquelle il exhorte ces Prélats, à concourir au rétablissement de l'Eglise de Noyon. Cette lettre est datée du château de Crépy le cinq des Calendes de Juillet : l'année n'est pas marquée.

Pendant ce même temps, le Pape reçut des impressions favorables à l'Ordre de Cluny, dont il donna depuis des marques sensibles. On a de lui une Bulle datée de l'an 1136, qui confirme à l'Abbé de Cluny quelques dépendances de son Monastere, situées près de Montdidier, dans les domaines du Comte Raoul (2).

---

(1) Gall. Chr. t. 9. p. 1001.　　　(2) Bibl. Clun. p. 1401.

Les fonctions que le Comte Raoul exerça au Sacre du Prince fils du Roi Louis le Gros, ont fait croire que ce Seigneur avoit agi comme Sénéchal en cette rencontre. C'est sur ce fondement que les Continuateurs du P. Anselme prétendent, qu'il possédoit cette charge en titre dès l'an 1131. Marlot embrasse le même sentiment au second Livre de son Histoire de Reims. Bergeron rapporte à l'an 1133, l'évenement qui mit ce Seigneur en possession de la charge de Sénéchal.

Il se peut faire que du moment où les Garlandes ont encouru la disgrace du Roi, on leur ait interdit toutes fonctions à la Cour, & que dès-lors le Comte de Crépy leur ait été suppléé. La charge demeura comme attachée à leur Maison jusqu'en 1150. Ils la tenoient en Fief des Comtes d'Anjou (1). Le plus ancien titre qui donne au Comte Raoul la qualité de Sénéchal, est daté de l'an 1141. Ce titre est une Charte délivrée par le Roi Louis VII, pendant un voyage qu'il fit à Niort & dans le Poitou (2). On a une autre Charte de l'an 1150, qu'il signe comme Sénéchal. C'est le Diplôme par lequel le Roi mit des Religieux de S. Benoît à Saint Corneille de Compiegne, à la place des Chanoines que Charles le Chauve y avoit fondés.

Ce fut en ce même temps, qu'arriva le divorce du Comte avec sa premiere femme. Plusieurs grands Seigneurs prirent le parti de la Répudiée contre Raoul; & le même Pape Innocent II que Raoul avoit reçu avec magnificence dans son château de Crépy, fut contraint de lancer à deux reprises les foudres de l'excommunication contre ce Seigneur, auquel il avoit accordé peu d'années auparavant son amitié & son estime.

La Reine épouse de Louis VII, avoit une sœur cadette, fille comme elle de Guillaume Duc d'Aquitaine & de Guyenne, & Comte de Poitiers. Raoul épris de la beauté de cette sœur de la Reine, résolut de l'épouser, quoiqu'uni par les liens du mariage avec une épouse légitime, qui tenoit par des alliances aux premieres Maisons du Royaume. Le Comte n'avoit qu'un moyen d'arriver à son but : c'étoit d'obtenir la dissolution de son premier mariage, qu'il prétendoit être nul pour cause de parenté.

Il s'adressa pour cet effet à Simon son frere Evêque de Noyon ; à Barthelemi Evêque de Laon, créature d'Adele sa mere qui avoit

(1) Robert. de Mont. Chron. an. 1169. [(2) Gall. Chr. instr. t. 10. p. 121. Duch. Hist. Mont. preuv. p. 44. Hist. p. 102. [

avancé fa fortune, & à Pierre Evêque de Senlis, dans le Diocefe duquel étoit fitué le château de Crépy. Prévenus en faveur du Comte, cès trois Evêques reçurent fes raifons, & concoururent à l'exécution de fes vues. Ils reconnurent qu'il étoit parent de fon époufe à un dégré prohibé, qui rendoit nulle à tous égards l'alliance qu'il avoit contractée.

Muni de la décifion des trois Prélats, le Comte fe fépara de fa premiere femme, & époufa fans délai la belle fœur du Roi que les uns nomment Alix, d'autres Pétronille (1).

Le divorce du Comte de Crépy fit un grand éclat. La Répudiée piquée au vif d'un tel traitement, réfolut de s'en venger. Elle mit dans fes intérêts les Comtes de Champagne & de Bourgogne. Plufieurs grands Seigneurs, fes proches parens, fe joignirent à elle, & porterent au Pape les plaintes les plus vives touchant l'affront qu'elle recevoit, fans l'avoir mérité. S. Bernard prit auffi part à la fituation de cette Dame : il appuya fes demandes de fon crédit auprès du Pape, & écrivit à fon fujet fes Lettres 216 & 217, dans lefquelles il expofe les circonftances du divorce qu'il condamne : il blâme ouvertement la conduite des Prélats, qui avoient prêté leur miniftere à une action fi inique.

Le Pape Innocent II adreffa au Comte des avis paternels, & chercha toutes les voyes de conciliation, qui pouvoient ramener Raoul des égaremens où fa paffion l'avoit entraîné.

Rien ne put vaincre l'opiniâtreté de Raoul : le Pape voyant qu'il ne gagnoit rien, & que fes remontrances ne pouvoient le déterminer à brifer les chaînes qui le tenoient affervi, prononça contre lui une fentence d'excommunication. Cette fente, ce lui fut notifiée par Ives Cardinal Prêtre, & Légat du S. Siége. Il fufpendit les trois Prélats de leurs fonctions Épifcopales, & leur fit fignifier cet interdit par le même Cardinal Légat (2). Ces chofes fe paffoient pendant les années 1141 & 1142.

Le Comte de Crépy n'étoit pas un de ces efprits endurcis, qui fe portent au crime par plaifir ; il n'avoit rien de ce caractere intraitable, que Raoul III l'un de fes prédéceffeurs avoit fait paroître, après que le Pape l'eut frappé d'anathême. Il eût défiré pouvoir allier fon divorce avec les regles prefcrites par les

(1) Albéric, Chron. ann. 1152. Du Tillet, Recueil, p. 74. Hiſt. de Meaux, | t. 2. n° 157. | (2) Gall. Chr. t. 9. p. 531, 1002. 1400.

faints Canons. La paſſion chez lui lutta quelque temps contre le devoir. Il fit enfin ſa ſoumiſſion au S. Siége entre les mains du même Légat, qui lui avoit ſignifié la déciſion du Pape, & fut relevé des cenſures de l'Egliſe.

Cette converſion ne dura point. Séduit par les charmes de l'é-pouſe dont on le privoit, il reprit pour l'autre ſa premiere aver-ſion, & s'en ſépara de nouveau : ce qui rendit le Comte une ſe-conde fois l'objet des cenſures de l'Egliſe. Le Pape, ſucceſſeur d'Innocent II, le frappa d'un nouvel anathême. La converſion de Raoul, le pardon du Pape, la rechute du Comte & ſa perſévé-rance dans ſes liaiſons avec la belle ſœur du Roi, remplirent l'intervalle qui s'écoula entre les années 1142 & 1147, où la premiere épouſe de Raoul termina ſa vie. Cette mort réhabilita, pour ainſi parler, la ſeconde alliance du Comte : rien ne s'oppoſa plus à ce qu'il reçut le pardon de ſes fautes. Afin d'obtenir plus aiſément ce pardon & le retour des bonnes graces du Pape, il fit aux Monaſteres & aux Egliſes des largeſſes immenſes, fit conſ-truire pluſieurs Temples avec une magnificence digne d'un Roi.

Il bâtit l'Egliſe de Long-pont, l'un des plus beaux édifices du Royaume. Il fonda le Monaſtere du Lieu-reſtauré, combla de bienfaits les Religieux de S. Jean-lès-Vignes de Soiſſons, & donna au ſeul Monaſtere de S. Arnoul de Crépy plus de mille ſols de rente (1), tant en cens qu'en fonds de terre. Pierre le Vé-nérable, Abbé de Cluny, nomme dans une de ſes lettres le Comte Raoul, parmi les principaux bienfaiteurs de ſon Ordre (2). Il re-mit aux Religieux de S. Pharon de Meaux toutes les coutumes, qu'il avoit droit de percevoir ſur leurs biens d'Eſtavigny.

Ives, Légat du S. Siége, témoin de ſes libéralités & de ſes bonnes œuvres, le reçut à pénitence, & le releva de l'excommu-nication qu'il avoit encourue.

Toutes ſortes de conſidérations engageoient le Légat à uſer d'indulgence : le Comte Raoul n'avoit plus les mêmes occaſions de chûte ; il avoit racheté ſa faute par d'abondantes aumônes & par des monumens, qui ſont encore des marques ſubſiſtantes de ſa piété & des motifs d'édification pour les fidéles. Il n'avoit pas diffamé, comme Raoul III, l'épouſe dont il s'étoit ſéparé ; l'avis & le conſentement de trois Evêques diminuoient beaucoup la gravité de ſa faute ; & quoiqu'une paſſion violente eut été le mo-

(1) Spicileg. t. 2. p. 332. t. 3. p. 495. I (2) Hiſt. Meaux, t. 2. n° 71.

bile de son action, il est certain qu'il y avoit entre sa premiere femme & lui quelqu'affinité.

Depuis la prise du château de Livry, le Comte de Crépy donna plusieurs preuves de ses talens militaires. Il aida le Seigneur Hugues le Blanc à réduire Thomas de Marle, ce fils dénaturé qui avoit pris les armes contre Enguerrand de Coucy son pere. Il lui enleva la Fere, & reprit sur lui le Comté d'Amiens, qui avoit été pendant tant de temps au pouvoir des Comtes de Crépy ses prédécesseurs. Il défit Thibaud Comte de Chartres, dans un combat qui se donna près du Puiset en Beauce, & vainquit Guy de Rochefort, l'un des plus puissans ennemis du Roi (1).

C'est une question qu'on a voulu rendre problématique, savoir si au départ du Roi Louis VII pour la Terre-Sainte, le Comte Raoul gouverna le Royaume, conjointement avec l'Abbé Suger. Les savans Auteurs du *Gallia Christiana*, (*t.* 7. *p.* 374) s'inscrivant en faux contre l'ancienne opinion de croire , que le Comte avoit été déclaré Régent du Royaume pendant l'absence du Roi Louis le Jéune, prétendent que l'Abbé Suger a été seul premier Ministre pendant cet espace de temps, & que Raoul n'a eu aucune part au gouvernement.

Que le Comte Raoul ait exercé un pouvoir absolu & exclusif en qualité de Régent pendant l'absence du Roi, c'est un sentiment que quelques-uns ont soutenu, mais que nous abandonnons. Que Raoul ait été entiérement subordonné à Suger, comme étoit Samson Archevêque de Reims, & qu'il n'ait joui que d'un pouvoir emprunté sous le bon plaisir de l'Abbé de S. Denys, c'est un second sentiment contradictoire au premier, auquel on peut opposer de graves autorités & de fortes raisons.

Duchesne écrit, (2) que le Roi Louis le Jeune allant à la Terre Sainte, chargea du gouvernement de ses Etats la Reine sa mere, Raoul Comte de Vermandois & de Valois, & Suger Abbé de S. Denys. Ce que Duchesne avance est fondé sur les monumens. On connoît par la quarante-uniéme lettre de Suger (3), que le Comte Raoul avoit part au ministere pendant le séjour du Roi à la Terre-Sainte. On a plusieurs lettres concernant les affaires de l'Etat, qui sont adressées au Comte & à l'Abbé Suger conjointement. Les Auteurs de ces lettres parlent au plurier.

(1) Ansel. t. 1 p. 153. t. 6. p. 36.   (3) Duchesn. Hist. Franc. scrip. t. 4. p.
(2) Hist. Montm. p. 101.   505. 511.

Nous avons obfervé que Raoul IV fit bâtir de fomptueux édifices, qu'il fit des largeffes & des fondations confidérables. Jacques de Guife, cité par Hémery dans fon Hiftoire de S. Quentin, apprend que ce Seigneur amaffa des biens immenfes, & qu'il laiffa à fes enfans une très-riche fucceffion. Ces circonftances fuppofent, que ce même Seigneur a eu grande part au maniment des Finances, qui font l'une des parties effentielles du gouvernement. Ajoûtez, qu'indépendamment des difpofitions particulieres du Monarque, fa charge de Sénéchal, fon rang de Prince, fes qualités guerrieres, la confiance dont le Souverain l'honoroit, l'avoient comme initié dans le miniftere.

Ces confidérations nous femblent rétablir l'ancien fentiment, qui donne au Comte Raoul la qualité de Régent du Royaume pendant l'abfence du Roi Louis VII. Ce titre ne fut pas pour le Comte un fujet d'exercer avec empire l'autorité qui lui avoit été confiée. Il agit de concert avec la Reine mere & avec l'Abbé Suger, pour remplir les vues de celui qui l'avoit rendu dépofitaire de fa puiffance. Raoul fe comporta dans toutes les rencontres comme un Miniftre fans ambition, intelligent & intégre, malgré les grands biens qu'il amaffa. Il les reçut en grande partie des libéralités du Roi, & ne fit aucune des fondations éclatantes dont nous avons parlé, fans fon confentement.

Quelques Auteurs ont prétendu, que Pérronelle ou Pétronille de Guyenne, feconde femme de Raoul & belle fœur du Roi, mourut du vivant de fon mari; & que ce Seigneur époufa en troifiémes nôces Laurence d'Alface. Ils ajoûtent, que Laurence, après avoir été féparée pour caufe de parenté d'avec Henri III Duc de Limbourg, avoit contracté une autre alliance avec Juvin de Gand, Seigneur d'Aloft, dont elle eut un fils nommé Thierry : que Laurence furvécut à Raoul & époufa Henri Comte de Namur & de Luxembourg, & qu'elle mourut en 1170 (1): ce fentiment eft appuyé fur une ancienne généalogie des Comtes de Flandre, & fur la Chronique de Guillaume de Nangis. Cette Chronique étant lue fans attention, femble favorifer cette même opinion, qui cependant eft fauffe.

Il eft certain que Pétronille de Guyenne eut une fille pofthume du Comte fon mari : c'eft la célébre Comteffe Eléonore. Ce feul trait bien prouvé détruit tout ce qu'on peut avancer en fa-

(1) Thefaur. Anecd. t. 3. p. 387.

veur

veur du troiſiéme mariage du Comte de Crépy. Il paroît que l'Auteur de la généalogie des Comtes de Flandre a été induit en erreur, par l'alliance contractée entre Philippe d'Alſace, fils aîné de Thierry Comte de Flandre, & Eliſabeth fille aînée de Raoul Comte de Valois. Le ſentiment que je propoſe a été embraſſé par du Tillet, dans ſon recueil des Rois (*p.* 74.).

Raoul IV mourut comme il avoit vécu depuis ſa réconciliation avec le Pape, & depuis ſa ſoumiſſion aux loix de l'Egliſe Romaine. Il conſerva juſqu'au dernier moment les ſentimens d'un cœur tendre & affectueux envers le Créateur, & d'une réſignation parfaite à ſes ordres. Il avoit été entretenu dans ces ſentimens par les Religieux de S. Arnoul de Crépy, qui en tout temps avoient éprouvé de ſa part les effets des diſpoſitions les plus favorables. Il donna en leur conſidération à l'Abbaye de Cluny cinq cent marcs d'argent d'un ſeul article, ſans compter les préſens qu'il fit en particulier à la Maiſon de S. Arnoul.

Les Religieux de Crépy de leur côté lui témoignerent leur reconnoiſſance avec un zele & un dévoûment, qui ne laiſſoient rien à déſirer. Aux approches de ces inſtans terribles, qui précédent la ſéparation de l'ame & du corps, ils redoublerent leurs ſoins, & vinrent à bout de procurer au Comte les conſolations les plus douces, & tous les ſecours ſpirituels qu'une ame peut attendre des plus ſaints & des plus zélés miniſtres. Raoul rendit l'eſprit entre leurs bras.

Auſſi-tôt que ce Seigneur eut les yeux fermés (1), l'Ordre entier de Cluny lui rendit des honneurs, qu'il n'accordoit qu'aux Souverains. On n'épargna rien à Crépy pour célébrer ſes obſéques avec la plus grande pompe. On lui fit un Service ſolemnel; & ſon corps fut inhumé avec cérémonie dans l'endroit, qui avoit ſervi de ſépulture aux Comtes de Valois ſes prédéceſſeurs. On lui éleva un Mauſolée, qui fut détruit en l'an 1431, à la priſe du château de Crépy par les Anglois.

Pierre le Vénérable, Abbé de Cluny, en reconnoiſſance des bienfaits dont le Comte avoit comblé ſon Ordre, envoya une lettre circulaire dans toutes les Maiſons Religieuſes de ſa dépendance, afin qu'on y fît des prieres ſolemnelles pour le repos de l'ame d'un protecteur auſſi généreux. Il voulut qu'on célébrât à ſon intention un *tricennaire* à Cluny & un *tricennaire* à Crépy;

(1) Spicileg. t. 3. p. 495. t. 2. p. 332.

K k k

qu'on dît trente Meſſes dans chacune de ces deux Maiſons ; pendant trente jours conſécutifs. Il ajouta, que chaque Prêtre de Cluny diroit en ſon particulier trois Meſſes hautes; que les Religieux qui ne ſeroient pas Prêtres, réciteroient trois fois les ſept Pſeaumes de la Pénitence; que tous les Prêtres de la Réforme qui n'auroient aucune part aux deux tricennaires, diroient chacun deux Meſſes.

L'Abbé Pierre preſcrit par la même lettre, que par-tout où l'on fera un Service ſolemnel pour le repos de l'ame du Comte, on employera les mêmes cérémonies, qu'aux Services des Têtes couronnées; & que le jour du Service, on donnera un repas à trois pauvres. Il ajoute, qu'outre les prieres & les cérémonies ci-devant ordonnées, il y aura dans chaque Monaſtere de la Réforme un annuel de Meſſes, afin d'obtenir du Tout-puiſſant qu'il place le Comte en la compagnie de ſes élus, & au nombre de ceux qu'il a prédeſtinés à la vie éternelle.

Les Auteurs ne ſont pas tous d'accord ſur l'annéé où le Comte Raoul IV mourut. Robert Abbé du Mont S. Michel, rapporte cette mort à l'an 1151 dans ſa Chronique. Guillaume de Nangis range ce même évenement ſous l'an 1152. Il y a lieu de croire, que Raoul IV décéda ſur la fin de l'annéé 1151, ou au commencement de la ſuivante. Cette époque eſt confirmée par une Charte concernant Valſery, de l'an 1153, dans laquelle il eſt marqué, que le Comte Raoul étoit décédé depuis deux ans, *infrà biennium* (1).

Si l'on en croit Muldrac, qui tourne tout à l'avantage de ſon Monaſtere, le Comte Raoul IV a été inhumé à Long-pont dans l'Egliſe du lieu, qu'il avoit fait bâtir : ce ſentiment eſt détruit par pluſieurs raiſons. L'Egliſe de Long-pont n'étoit pas encore achevée, lorſque Raoul décéda. On n'inhumoit pas encore dans les Egliſes les corps des Seigneurs laïcs. Raoul V fils du Comte, eſt inhumé dans le cloître de Long-pont, quoique l'Egliſe fût achevée lorſqu'il mourut. Les Auteurs de ce ſentiment ont confondu le Prince Raoul IV avec Raoul le Vieux Comte de Soiſſons, qui eſt inhumé dans le cloître de Long-pont, à côté du jeune Raoul, fils du Comte de Crépy.

Une preuve poſitive, que le Comte Raoul IV n'a pas été inhumé à Long-pont, mais à S. Arnoul de Crépy, eſt le témoi-

(1) Spicileg. t. 3. p. 93.

gnage de la Comtesse Eléonore, fille posthume de ce Seigneur, qui, dans une Charte délivrée en 1187, déclare formellement (1) que son pere & sa mere (Raoul & Pétronille) sont inhumés à S. Arnoul de Crépy.

Raoul IV en mourant laissa un fils, qui avoit été nommé Hugues comme son ayeul, & qui prit le nom de Raoul après la mort de son pere. Il laissa aussi une fille nommée Elisabeth, & sa femme enceinte d'une seconde fille, qu'on appella Eléonore. Plusieurs Auteurs ne donnent au Comte Raoul que deux enfans, parce qu'il n'avoit effectivement qu'un fils & une fille existans, au moment de son décès. Le jeune Raoul hérita du château de Crépy avec la plus grande partie des domaines de son pere. Elisabeth épousa Philippe d'Alsace Comte de Flandre ; Eléonore eut plusieurs maris.

Quoiqu'on n'eut encore alors rien de bien fixe touchant la forme & l'hérédité des armoiries, les Généalogistes s'accordent à donner pour armes à Raoul IV, un écu échiqueté d'or & d'azur avec trois fleurs de lys d'or en chef. Ils prétendent que Pétronille son épouse portoit ses armes de gueule au léopard d'or, armé & lampassé d'azur (2).

Tout ce que nous avons rapporté jusqu'ici touchant la personne & les actions de Raoul IV, offre à l'esprit les principaux traits qui caractérisent un grand Seigneur, humain & doux dans le commerce de la vie. Il avoit un fond de religion qui le rappella des égaremens d'une passion, qui captive les cœurs tendres dès qu'elle les a une fois saisis. Sa naissance étoit des plus illustres, puisqu'il avoit un Roi pour ayeul. Ses qualités guerrieres & politiques sont connues par les actions qu'il a faites, tant en paix qu'en guerre, & sur-tout pendant le temps de la Régence, où il déféra tout pour le bien de l'Etat, aux conseils & à l'administration d'inférieurs, en qui il reconnoissoit des lumieres supérieures aux siennes. Prince aussi excellent dans le cabinet qu'à la tête des troupes ; plus parfait cependant, s'il eut eu la force de secouer le joug d'une passion impérieuse, qui le rendit l'objet des censures de l'Eglise & du blâme des gens de bien. Pieux & libéral, il racheta ses fautes par des aumônes, & emporta dans le tombeau les regrets de tous les Ordres de l'Etat.

19. Le cas particulier que Raoul IV faisoit des Religieux de

(1) Gall. Chr. t. 10. instrum. p. 223.   (2) Ansel. t. 1. p. 533.

Crépy; eſt un éloge complet de la régularité qui s'obſervoit dans cette ancienne Maiſon. Quoique le nom du Monaſtere de S. Arnoul ne ſe trouve pas dans la liſte des dépendances de Cluny, dreſſée en 1095, il étoit dès-lors ſoumis à ce chef d'ordre depuis plus de vingt ans. Pierre le Vénérable en parle dans une de ſes lettres comme d'un lieu ancien, qui dépendoit de l'Abbaye de Cluny : *antiquitùs conſtructum & Cluniacenſi Eccleſiæ ſubditum* (1).

Etienne I, premier Prieur titulaire de cette Maiſon depuis l'extinction du titre d'Abbaye, vivoit encore en 1102. Il avoit été placé à la tête de ſa Communauté par S. Hugues Abbé de Cluny, vers l'an 1080. Il reçut un morceau de la vraye Croix, qui lui fut envoyé de Jéruſalem par Hugues, Abbé du Mont-Thabor. L'uſage commençant à s'établir d'expoſer à la vénération des fidéles les reliques dans les caiſſes, d'où on les tiroit ci-devant, pour les placer à découvert ſur des crédences, on ſe vit dans la néceſſité d'orner ces mêmes caiſſes de dorures & de peintures.

Le Prieur Etienne voulut ſe conformer aux coutumes des autres Egliſes, il fit faire une Châſſe de bois, dont les écrits du temps donnent une pompeuſe deſcription. Cette Châſſe qu'on voit encore, eſt cependant d'un prix médiocre : ce n'eſt autre choſe qu'une caſſette de bois en tombeau, ſans moulures & ſans ornemens de ſculpture. Elle eſt peinte en rouge au-dedans. Les dehors ſont dorés d'une maniere fort ſimple, & décorés de quelques figures peintes ſur le bois.

La Tranſlation des Reliques de l'ancienne caiſſe dans la nouvelle Châſſe s'éxécuta avec cérémonie, en préſence de Thibaud Abbé de Pontoiſe & d'une nombreuſe aſſemblée, le même jour du mois de Septembre que Raoul I avoit choiſi, pour faire venir de Vez à Crépy ce précieux dépôt.

Les Religieux de S. Arnoul reçurent à cette occaſion pluſieurs préſens conſidérables. On leur donna en bénéfices une Egliſe de S. Germain, ſituée près du château de Pontoiſe, & une autre Egliſe appellée Moremoutier, avec deux autels qui ſont nommés dans les titres, l'un Garmigni, l'autre Villers.

La Chapelle de Sainte Marguerite fut conſtruite ou réparée vers le même temps par les ſoins du Prieur Etienne, au milieu

(1) Spicileg. t. 3. p. 495.

de l'emplacement où étoient les sépultures des Comtes de Crépy. Cette Chapelle ne subsiste plus depuis l'an 1433 ; elle étoit située à l'Orient, derriere la tour septentrionale qui accompagne le chevet du chœur de S. Arnoul. On y éleva depuis plusieurs Mausolées, qui ont été detruits pendant les guerres. Il n'est échappé au désastre, que la portion du Mausolée de Simon de Crépy, dont nous avons déja parlé.

Les listes des Prieurs de S. Arnoul ne marquent pas, en quelle année Etienne mourut. Quelques-uns lui donnent pour successeur un Religieux nommé Odon, qui devint Abbé de S. Crépin-le-Grand de Soissons dans la suite.

Odon, qu'on nommoit aussi Eudes, fut remplacé par Hugues, premier du nom, sous qui s'est tenue l'Assemblée de l'an 1117, contre les prétentions injustes du Chevalier Enguerrand. L'année suivante 1118, il reçut de la Comtesse Adéle, veuve de Hugues le Grand, la donation que cette Dame fit à son Monastere de tous les revenus qu'elle possédoit à Crépy, à Feigneux, à Bonneuil & à Largny, tant en fonds de terres qu'en fermages, afin d'avoir part aux prieres des Religieux de Crépy & de toute la Congrégation de Cluny.

Le Monastere de Crépy avoit alors dans sa dépendance, plusieurs Maisons qui lui étoient soumises. Dans la Charte du Roi Louis le Gros, datée de l'an 1119, portant droit d'exemption en faveur de plusieurs Maisons de la réforme de Cluny, l'on fait mention de celle de S. Michel de Francieres, Diocese de Beauvais, située près de Compiegne, de celle de Notre-Dame de Vernelle au Diocese de Meaux, & du Prieuré de Sainte Agathe de Crépy, où il y avoit deux Moines, de même que dans les deux autres Maisons. (1).

Le Prieur Hugues I mourut vers l'an 1120. Il fut successivement remplacé par Richard I, Imare & Hugues II qui, en l'an 1133, eurent un différend avec le Comte Raoul IV, touchant la place du marché de Crépy. Le Roi Louis le Gros accorda les parties. Le gouvernement du Monastere de Crépy passa de Hugues II à Hugues III, qui abdiqua en l'an 1147, pour être fait Abbé de S. Germain-des-Prez. Il fut suivi du Prieur Simon qui présida aux funérailles de Raoul IV, de Milon & de Thibaud, l'un des illustres Supérieurs qu'ait eu la Maison de S. Arnoul.

(1). Bibl. Clun. p. 575.

Thibaud fut élu Supérieur de Crépy en 1161 ou 1162. Il fit un voyage à Ancône en 1170, comme Député, lorsqu'il fut question de fonder en cette ville un Monastere de l'Ordre de Cluny (1). Il fit paroître en cette rencontre beaucoup de capacité, & donna des preuves d'une prudence consommée. Après son départ d'Ancône, Guillaume Évêque de cette ville, témoigna qu'il avoit pris un plaisir singulier à l'entretenir; qu'il avoit conçu de sa personne l'idée d'un excellent Religieux, doué d'une belle ame & d'éminentes qualités : *Multis & excelsis virtutibus decorato*. Plusieurs Monasteres envierent aux Religieux de S. Arnoul, un Supérieur aussi parfait, & le demanderent pour vivre sous sa discipline.

Thibaud ne pouvant se refuser aux instances de quelques-unes de ces Communautés, devint successivement Abbé de S. Basle, de S. Crépin-le-Grand de Soissons, & fut enfin élû Abbé de Cluny. Cette derniere dignité, l'une des plus considérables de l'état monastique, ne lui ôta pas le souvenir de la place qu'il avoit occupé à Crépy. Il fit plusieurs voyages au château de cette derniere ville, autant par zele & par attachement pour les Religieux de S. Arnoul, que pour faire sa cour au Comte de Flandre, qui en occupoit le château.

On a plusieurs titres signés de Thibaud Abbé de Cluny, pendant son séjour à Crépy. Il assista à la consécration de l'Eglise Collégiale de S. Thomas en l'an 1182, & signa vers ce même temps quelques Chartes, délivrées en faveur des Religieuses de Collinances (2). Thibaud mourut Cardinal.

Les talens ne se communiquent pas, mais ils peuvent être mis au grand jour & perfectionnés par les soins qu'on prend de les cultiver & de les produire. Thibaud ayant été nommé Supérieur de S. Arnoul, choisit pour Sous-Prieur un Religieux de la maison, nommé Ranulphe. Il le forma au gouvernement, & à l'administration des affaires. Ranulphe avoit une belle main & écrivoit en perfection. Il renouvella les Livres du chant & de la psalmodie, & transcrivit plusieurs Livres édifians. On conservoit encore à S. Arnoul, il y a quelques années, un Breviaire écrit de sa main (3). Ce Breviaire a ceci de particulier, que le Calendrier & le Propre ne sont pas ceux de Cluny.

(1) Bibl. Clun. col. 1432. Rob. an. 1181. | (3) Le Beuf. Voy. Manuf.
(2) Hist. Meaux, t. 2. n° 148.

Il écrivit aussi une Bible en trois volumes, où se trouve le fameux passage de la premiere Epître de S. Jean. Il fit rebâtir le réfectoire, & mit un nouvel ordre dans la distribution des aumônes.

L'activité avec laquelle Ranulphe se livroit au travail, abrégea ses jours. Il mourut pendant que Thibaud étoit encore Prieur de Crépy. C'eût été un digne successeur de ce grand homme, s'il lui eût survécu. On fonda à Ranulphe un anniversaire en reconnoissance de ses services, avec un repas à l'issue de l'Office, dont l'Aumônier de S. Arnoul devoit faire les frais : *Congruam procurationem.*

Etienne II prit la place de Thibaud, lorsque celui-ci passa de Crépy à Soissons. Etienne ne fit rien de mémorable, non plus que ses Successeurs Hubert ou Imbert, Richard, Garnier & Geoffroi qui étoit en même temps Prieur de Nanteuil. Imbert reçut une Bulle du Pape Luce III, en l'an 1184, & obtint de la Comtesse Eléonore, en l'an 1187, le droit d'usage, en un canton de la forêt de Retz (1).

20. L'ancien Palais de Verberie subsistoit encore ; mais il ne conservoit plus rien de son premier état. On divisoit son territoire en trois parties qu'on nommoit, les terres de Saintines, de Fay & de Long-mont. Ces trois terres, à l'exception du corps de logis du château, appartenoient ou aux Seigneurs de Nanteuil, ou aux grands Bouteillers, ou aux Maisons de S. Corneille de Compiegne & de Chalis, dès l'année même qu'on y introduisit des Moines de Cîteaux.

La terre de Saintines comprenoit une partie du territoire de Nery, Géromenil ou S. Sauveur, Noë-Saint-Martin & Villeneuve en partie. La terre de Fay, *terra de Fayaco*, renfermoit la Borde, Trumilly, Verrines, Huleu, Montespilloy, même Chamicy & Reuilly. On distinguoit deux *Long-monts*, en la vallée & en la montagne ; *Longus-mons in valle*, & *Longus mons in colle.* Le Long-mont de la vallée s'étendoit jusqu'au Fay d'une part, sur Vaucelles & sur S. Vast de l'autre. Le Long-mont de la colline comprenoit partie de Nery & Roquemont, Glaignes & Sery.

Le nom de *Saintines* vient de la situation du château, chef-lieu du territoire, dans une vallée de marais, au milieu d'une

(1) Gall. Chr. instr. t. 10. p. 223.

iſle entourée des eaux de la riviere d'Autonne. Le lieu de Saintines eſt placé dans la vallée d'Autonne, entre Béthizy & Verberie. Le château & une portion des bois de la forêt de Cuiſe qui
en dépendoit originairement, ſont encore appellés château de
l'iſle & bois de l'iſle dans les titres. On écrivoit primitivement
Sain-iſle pour Saintines. Le premier de ces deux noms, eſt formé
de deux mots de baſſe latinité, *Saina* & *Inſula*, dont le premier
indique un terrein marécageux, & l'autre une portion de terre au
milieu des eaux. Pluſieurs Géographes ignorant cette explication, ont écrit *Saintives* ſur leurs cartes, comme pour marquer
un lieu dont l'Egliſe avoit été ſous l'invocation de ce Saint de
Bretagne.

Templeux dit que Saintines eſt une Seigneurie, poſſédée autrefois avec celle de Neri par les Seigneurs de la Maiſon de
Crépy-Nanteuil. Je n'ai rien découvert touchant les temps où le
premier château de Saintines a commencé d'être bâti. Je penſe
qu'il n'a pas reçu la forme d'un château avant le regne de Robert,
ſur la fin duquel la Reine Conſtance fit conſtruire la fortereſſe de
Béthizy. L'emplacement actuel du château de Saintines appartenoit au Roi, qui en fit préſent à un Chevalier de Béthizy, pour
être le prix de ſes ſervices, & ce Chevalier y bâtit un manoir.

On peut regarder Thibaud I, Seigneur de Nanteuil, comme
le premier, en faveur de qui nos Rois jugerent à propos de diſ-
traire de leur domaine la terre de Saintines. Thibaud n'avoit pas
encore épouſé l'héritiere du Comté de Nanteuil. Il n'étoit que
ſimple Chevalier, jeune encore, & ſous la puiſſance de Raoul II
Comte de Senlis ſon pere, qui devint enſuite Comte de Crépy.

Thibaud eut de ſon épouſe un fils nommé Adam, auquel il
donna comme en appanage la terre de Saintines. Adam renouvella l'ancien manoir : il bâtit un château & un donjeon ſur les
fondemens duquel celui d'aujourd'hui a été élevé. Il en prit le
ſurnom d'Adam de l'Iſle : une Charte de l'an 1069 le qualifie ainſi.
On voit encore des reſtes de mur au midi du château & ſous le
clocher de la paroiſſe, qui ſont de ſon temps (1). Sa ſouſ-
cription à cette Charte eſt précédée de celles de Hugues le
Grand, frere du Roi & mari de ſa couſine Adele de Crépy, de
Valeran grand Chambrier, de Guy le Bouteiller, & de quelques
autres Seigneurs.

(1) Hiſt. Montm. p. 77.

Devenu

Devenu poſſeſſeur de la terre de Nanteuil après le décès de ſon pere, il ne laiſſoit pas de venir occuper de temps à autre le château de Saintines. Afin de rendre plus commode la communication d'un lieu à l'autre, il fit dreſſer un grand chemin, dont on voit encore les reſtes, dans une gorge qui aboutit au chemin de Verberie à Saintines.

Thibaud II fils d'Adam, & Thibaud III, ont poſſédés ſucceſſivement la terre & le château de Saintines. Damien de Templeux cite un titre de l'an 1175, qui qualifie Thibaud III, Seigneur de la terre de Saintines. J'ai lu une Charte originale de l'an 1177, portant que le Roi Louis le Jeune, a accordé au Chevalier Thibaud III & à ſes Succeſſeurs à perpétuité, pour leurs hôtes de Néry & de Saintines, le droit de couper en la forêt de Cuiſe le bois vif dont ils auroient beſoin pour bâtir, & celui qui leur ſeroit néceſſaire pour ſe chauffer. La Charte ajoute, que le Roi accorde cette permiſſion, à condition que les vaſſaux des deux terres payeront à leur Seigneur une nouvelle redevance. Thibaud III obtint deux ans après, le même droit d'uſage pour les habitans de Géromenil.

Philippe de Nanteuil, premier du nom, fils aîné de Thibaud III, fut dans ſa jeuneſſe l'un des Chevaliers du fort château de Béthizy & Seigneur de Saintines. Après la mort de ſon pere, arrivée en l'an 1182, il prit poſſeſſion de la terre de Nanteuil, & donna quelque temps après le château & une grande partie de la terre de Saintines à Guillaume ſon cinquiéme fils, qui vivoit encore au ſiécle ſuivant.

Les titres font mention de pluſieurs Chevaliers, qui poſſédoient divers Fiefs ſur le territoire de Saintines, au temps dont il eſt ici queſtion : tel un Guillaume le Loup qui vivoit en l'an 1137. Guillaume eut un fils nommé Guy, qui fut grand Bouteiller de France, & Seigneur de Saintines en partie, comme ſon pere. On lit dans une enquête de Philippe Auguſte, dreſſée en l'an 1215, le nom d'un Hugues de Liſle, qui poſſédoit un Fief à Saintines, ainſi qu'un autre Chevalier nommé Pierre le Loup, qui vivoit encore en 1230.

Thibaud de Nanteuil Evêque de Beauvais, fils de Philippe I, & frere de Guillaume de Crépy, poſſédoit à Saintines une portion d'héritage dont il fit préſent à ſon Chapitre, vers le temps où il lui donna la dixme de Géromenil. Les deſcendans de Richard I, Châtelains de Béthizy, jouiſſoient auſſi pour lors, de quelques biens érigés en Fief ſur le même territoire. Les Chartes nous apprennent, que ces biens leur venoient du chef de Méliſende, femme du Châtelain Richard I.

On a toujours diſtingué le château de Saintines du reſte de la terre ; encore aujourd'hui le château reléve de Néry, & la terre dépend de la tour de Béthizy. Cette différence de relief vient de ce que, dans l'origine, nos Rois abandonnerent l'iſle du château, ſans aucun retour, aux Seigneurs de Nanteuil, tandis qu'ils ſe réſerverent la propriété immédiate de la terre de Néry & de ſes annexes, afin de pouvoir en démembrer dans l'occaſion le nombre des livrées de terres qu'il étoit d'uſage d'accorder aux Chevaliers prépoſés à la garde des fortereſſes du canton.

Les deux terres de Ville-neuve ſur Verberie & de Noë-Saint-Martin étoient deux autres annexes de Néry, dont pluſieurs portions furent ſucceſſivement démembrées en faveur du même uſage. Il eſt parlé, dans une enquête du même Prince faite en 1215, d'un Hugues de Villeneuve. On lit dans un compte rendu à Philippe Auguſte en 1202, le nom d'un Baudoin de Noë, qui payoit au Roi une redevance annuelle de cent cinq ſols. Il ſuffiſoit qu'un Chevalier poſſédât quelques livrées de terre ſur une Seigneurie, pour qu'il en prit le nom. Une donation de la terre de Noë-Saint-Martin, datée de l'an 1270, porte que le revenu de cette terre eſt eſtimé la valeur de trente livrées ; qu'elle avoit été ci-devant acquiſe par la Dame d'Erménonville du Chevalier Jean de Tharcy, couſin de Renaud Evêque de Beauvais, qui s'en étoit réſervé l'uſufruit ſa vie durant.

Il y a apparence, que Renaud rentra en poſſeſſion de cette terre, ou qu'il s'étoit réſervé la propriété d'une de ſes portions. Un article de ſon teſtament daté de l'an 1183 annonce, qu'il donne à la Fabrique de S. Pierre de Beauvais, la terre qu'il poſſédoit à Noë-Saint-Martin près Verberie.

21. Ce Prélat poſſédoit auſſi la Seigneurie de Vauxcelles, dont le territoire eſt contigu à celui de Saintines. Le nom de ce lieu vient de ſa poſition dans une vallée, & d'une très-ancienne Chapelle, Cella, dont on peut rapporter l'origine aux premiers temps du Chriſtianiſme. Elle eſt préſentement détruite : les biens qui en dépendoient, ont été uſurpés ou diſſipés. Le teſtament de Renaud nous apprend, qu'en l'an 1284, l'Egliſe de Vauxcelles

étoit defservie par plusieurs Chapelains, auxquels ce Prélat accorde une place pour bâtir. Renaud possédoit la Seigneurie de Vauxcelles sans partage. Cette Seigneurie lui valoit dix neuf liv. qui jointes à vingt-cinq livres qu'il retiroit de sa part de Saintines, & à huit livres de loyers qu'il recevoit de la moitié du moulin de Néry, faisoient une somme de cinquante deux livres de revenu, qu'il percevoit tous les ans dans ce canton.

22. Fay, Fayel, la Faux & Feux, sont des noms de lieux, qui ont une même origine. *Fagus,* mot latin qui signifie un faux, un hêtre, en est la racine. On distinguoit trois Fays dans le canton dont l'Histoire nous occupe : le grand Fay, *Terra de Fayaco,* le petit Fay & le Fayel.

Le grand Fay n'est plus présentement qu'une ferme située près de Saintines. Le petit Fay étoit un Fief situé près Francourt. Les propriétaires du petit Fay ont été pendant long-temps possesseurs de l'hôtel & du Fief du Tertre. Avant l'an 1335, Jean de Roquemont acheta l'hôtel du Tertre avec ses dépendances, & en fit présent aux Religieux de Chalis. Le Roi Philippe de Valois en confirma la donation par une Charte.

Le Fayel étoit un Fief déja subsistant au douzième siècle. Il est fait mention dans une Charte de la Comtesse Eléonore, concernant Saint Quentin, d'un Chevalier nommé Autbert, qui possédoit le Fief & le château du Fayel, de même que d'un certain Thibaud de Sery, aussi Chevalier (1). Le Fayel forme aujourd'hui un village, dont l'Eglise est une Succursale de Rivecourt. On y voit un très-beau château, qui est comme le chef-lieu de plusieurs terres voisines, parce que le Seigneur qui y réside ordinairement, est possesseur de ces terres.

Nous avons déja annoncé ces trois *Fays,* à la page 175 de cette Histoire : nous entrerons dans quelque détail sur le grand Fay, parce qu'il a été un domaine considérable, & parce que sa réunion à Chalis a été le principe de la réputation & des richesses, qui ont rendu ce Monastere l'un des plus distingués du Royaume. Ces sortes de détails font aussi connoître, par quels dégrés les domaines des anciens Palais ont été démembrés ; les changemens & les dégradations auxquels les établissemens les plus brillans sont sujets.

Les titres distinguent dans le grand Fay l'hôtel, c'est-à-dire,

(1) Hist. Meaux, t. 2. n° 127.

L l l ij

le corps de logis du château, d'avec ses annexes, qui confiſtoient dans une ferme attenant le château *Grangia*, une Borde *Borda*, & une Boiſſiere *Boiſſeria*. Le reſſort de la terre étoit borné par les deux territoires de Long-mont, & s'étendoit juſqu'à Braſſeuſe, Monteſpilloy, Roquemont, Vérines, &c.

Les ruines qu'on voit encore ſur l'emplacement de l'ancien château de Fay, & qui étoient beaucoup plus conſidérables ſur la fin du dernier ſiécle, annoncent que ce lieu avoit été couvert d'une longue ſuite de bâtimens. On a trouvé, il y a vingt ans, autour de la ferme actuelle, des aquéducs, des tuyaux de plomb, & divers conduits ſouterrains, conſtruits pour diſtribuer l'eau dans toutes les parties du premier château. Le puits eſt très profond, parce que Fay eſt ſitué ſur une montagne. Il eſt revêtu de belles pierres de taille d'un beau poli. On deſcendoit autrefois juſqu'à l'eau de ce puits par un eſcalier de pierre collatéral, qui communiquoit auſſi avec pluſieurs réduits ſouterrains couverts de voûtes ſolides.

Le château de Fay fut bâti originairement, comme pour ſervir d'accompagnement au Palais de Verberie. Vers la fin du dixiéme ſiécle, le domaine de ce château fut érigé en une terre Seigneuriale, & donné en Fief aux grands Bouteillers de la Couronne. En l'an 1127, la terre de Fay appartenoit à un Seigneur appellé Barthelemi de Fourqueux, qui ſelon les apparences, étoit allié à la Maiſon des Bouteillers de ce temps-là.

Le Roi Louis le Gros, voulant renouveller la maiſon de Chalis, & en faire un Monaſtere conſidérable, acquit de Barthelemi de Fourqueux, l'hôtel & la grange de Fay, qu'il donna en préſent à cette Maiſon, à l'imitation de ce qu'avoit fait le Roi Robert un ſiécle auparavant, en faveur des Clercs de S. Corneille de Compiegne, en rachetant le Fief de la Tour pour leur en attribuer la propriété. Chalis étoit alors un Prieuré de l'Ordre de S. Benoît, dépendant de l'Abbaye de Vézelay. Les Religieux qui l'occupoient, avoient à peine le revenu néceſſaire pour une honnête ſubſiſtance.

Louis le Gros ayant perdu le Prince Charles ſon frere, qu'il aimoit tendrement, réſolut de lui donner, même après ſa mort, des témoignages ſenſibles de ſon attachement. Il crut perpétuer ſa mémoire & procurer à ſon ame les ſecours ſpirituels dont elle pouvoit avoir beſoin, s'il changeoit le Prieuré de Chalis en une

Abbaye confidérable, qui porteroit le nom d'un frere qu'il avoit tant chéri. C'eſt pourquoi il donna à cette Maiſon religieuſe, les trois terres de Fay, de Comelles & de Vaux-Laurent, & voulut que l'on changeât l'ancien nom de *Califium* en celui de *Carolilo-cus*, comme qui diroit, la Communauté ou l'Abbaye de Char-les (1).

Fay étoit ſans difficulté la plus confidérable des trois terres, que les Religieux de Chalis reçurent en préſent. Le Cartulaire de cette Abbaye commence à l'année de la donation du Roi Louis le Gros. Ceux qui l'ont rédigé, l'ont diviſé en trois par-ties. La premiere eſt annoncée ſous le titre de *Fayaco*.

L'exemple du Roi fut ſuivi par pluſieurs Chevaliers de la con-trée, qui imiterent ſa généroſité. En l'an 1137, Guillaume le Loup de Saintines ou de Senlis remit aux Religieux de Chalis une redevance annuelle que ceux-ci payoient, à cauſe du ter-rein ſur lequel leur maiſon étoit bâtie. Il prit à ce ſujet le con-ſentement de Guy ſon fils aîné & de ſa fémme Adeluya. L'année ſuivante 1138, le Roi Louis VII confirma la donation de la terre de Fay, que ſon pere avoit faite. Il déſigna cette terre en ces termes : *Terram juxta Beſtiſiacum quæ vocatur Fay*. Je retrouve là même déſignation dans un dénombrement de l'an 1464, où il eſt marqué, que les Religieux de Chalis ont au-deſſus de Béthizy & de Saintines un hôtel & grange appellés le grand Fay (2).

La Charte de confirmation du Roi Louis le Jeune fait men-tion d'une terre ſituée à Villeneuve, de laquelle Joſſelin de Dam-martin avoit fait préſent à Chalis (3). Il y eut en 1166 un échange conclu entre Guy le Bouteiller, fils de Guillaume le Loup & les Religieux de Chalis, d'une terre, d'une vigne & de quel-ques biens ſis en la vallée de Vauxcelles, pour un clos ſitué en-tre Fay & *Henri Vilers* : ce dernier lieu eſt probablement le vil-lage de Vilers près de Braſſeuſe. Quatorze ans après cet échange, le clos en queſtion appartenoit à un particulier nommé Hardouin Lieſquarz, qui le donna en aumône à Chalis l'an 1180, avec ſix arpens de terre qu'il poſſédoit près de Fay.

La terre de Fay, avec les biens dont je viens de donner le dénombrement, ont été pendant long-temps la plus forte partie du revenu de l'Abbaye de Chalis. Ils ſuffiſoient, joints au tra-

(1) Gall. Chr. t. 10. p. 1108.
(2) Archiv. S. Petri Bellov.

(3) Gall. Chr. inſtr. t. 10. p. 212.

vail des mains, pour faire fubfifter une Communauté nombreufe. On fuivoit encore l'ufage des fiécles précédens, favoir, que quand une Communauté Religieufe recevoit en préfent un domaine, accompagné de fermes & de terres labourables, le Supérieur envoyoit fur les lieux un certain nombre de Religieux, de Servans & de domeftiques, pour en faire valoir les dépendances. L'Abbé de Chalis, fuivant cet ufage, envoya fucceffivement à Fay plufieurs Religieux, tant Clercs que Servans, qui, au commencement du treiziéme fiécle, formoient une Communauté de douze Moines. Ils avoient alors une vafte Eglife, qui fert actuellement de grange à la ferme de Fay. On voyoit encore les reftes des cloîtres & les lieux réguliers, il n'y a pas cent ans. Chalis tiroit de Fay fes provifions de bled, & toutes les chofes néceffaires à la vie, excepté le vin des Meffes & des hôtes, que l'on faifoit venir d'ailleurs. L'on peut avancer fans craindre d'exagérer, que la donation de la terre de Fay à la Maifon de Chalis a opéré le renouvellement, qui d'un Prieuré pauvre & fans réputation, a rendu cette Maifon l'un des plus célebres Monafteres de France.

23. On peut recourir touchant l'antiquité de la terre de Long-mont, à ce que nous en avons dit à la page 6 de ce volume. Le nom de Long-mont étoit au douziéme fiécle un terme générique, commun à plufieurs terres fituées depuis Roberval & Rhuys jufqu'à Saintines, le long des montagnes. On appliquoit plus particulierement ce nom à l'étendue des trois Paroiffes de S. Germain, de S. Vaft & de S. Pierre de Verberie.

Les Fiefs & les fonds de terres fitués dans cet arrondiffement appartenoient aux mêmes maîtres, que ceux des deux terres de Saintines & de Fay; les Bouteillers, l'Evêque de Senlis & les Moines de Chalis y avoient la plus grande part. Ces portions font autant de démembremens de l'ancien palais de Verberie, qui ont paffé du domaine de la Couronne au Châtelain & aux Chevaliers d'armes du château de Béthizy, & de ceux-ci aux Bouteillers de Senlis.

En l'an 1172, Guy le Bouteiller *guido pincerna* (1) donna en aumône à Chalis la part qu'il avoit dans la terre de Long-mont en la montagne, du confentement de Marguerite fon époufe, de Guy & de Guillaume fes deux fils. Il ajouta pour furcroit de

(1) Cart. Carol. Fayac. n° 19.

préfent au même Monaftere la portion de Néry, qui avoit ci-
devant appartenu à Mélifende, apparemment l'époufe de Richard I Châtelain de Béthizy : ce qui feroit prefque foupçonner
que les Bouteillers de Senlis avoient la même origine, que les
premiers Châtelains de Béthizy. Un Evêque d'Amiens donna
auffi à Chalis vers le même temps, un bien fitué au Tertre, peu
diftant de l'Eglife de S. Vaft de Long-mont.

Depuis l'an 1172 jufqu'en 1180, le même Guy le Bouteiller,
fils de Guillaume le Loup, eut cinq fils. Il nomma Renaud, le
quatriéme, & Nivelon, le cinquiéme ; il eut auffi une fille qui fut
appellée Adeluya. Guy déclara par une Charte de l'an 1180,
qu'il tenoit quitte l'Eglife de Chalis de toutes les redevances
qu'elle avoit coutume de lui payer, à caufe des biens qu'elle
poffédoit au Long-mont dans la vallée, excepté trois clos de
vignes que les Religieux avoient auprès du Tertre. Il déclara
auffi avoir touché une fomme de cent foixante livres pour l'a-
bandon de ces droits (1).

Suivant un dénombrement de l'an 1182, cité dans une Bulle
du Pape Luce III, l'Eglife de Senlis poffédoit au Long-mont &
à Saintines, à Roquemont près de Chavercy, vers Crépy, du
côté de Bazoches, les autels d'Oger-Saint-Mard & de Duvy avec
leurs dépendances, l'Eglife de Trumilly avec la Chapelle de
Vérines, *de Veterinis*, le village même de Vérines avec fa Juftice ; des hoftifes ou fermages, des terres, des coutumes, des droits
& des rentes (2). L'Evêque avoit à Vérines un droit de procuration, qu'il remit aux habitans en 1206, moyennant un cens
de 20 fols parifis, payable en Juin le jour de S. Gervais.

On connoît par un article du Teftament de Renaud de Nanteuil Evêque de Beauvais, que dès l'an 1170, ce Seigneur avoit
perçu pendant fa vie une rente de cent fols parifis fur la terre de
Long-mont : que ces cent fols lui étoient payés tous les ans des
deniers du Bouteiller *de Burfâ buticularii*. On ajoute, que cette
rente avoit été retraite par le Prélat de la noble Dame d'Erménonville fa proche parente, qui l'avoit acquife du Chevalier Jean
de Thury.

En l'an 1173, Anfelme le Bouteiller, Chevalier, vendit à
Robert de Creffonfart Evêque de Senlis, tout ce qu'il poffédoit
à Verberie & fur la terre de Long-mont, à Raray & à Huleu, en

(1) Gall. Chr. t. 10. inftr. p. 435. (2) Gall. Chr. ibid & t. 10. p. 407.

terres, vignes, prés, maisons, Justice & censive, moyennant la somme de 1200 livres : le contrat de vente est daté du mois de Juillet. Cette vente se fit du consentement du Roi Philippe le Hardi, de qui les terres en question relevoient, à cause de la tour de Béthizy & du château de Verberie. L'Eglise de S. Vast située au centre du territoire de Long-mont, relevoit de l'Evêque de Soissons pour le spirituel & pour le temporel. Les possessions que cet Evêque avoit auprès de l'Eglise, & l'emplacement même de l'Eglise, étoient dans la censive des Bouteillers.

Le territoire du Long-mont s'étendoit jusqu'à Reuilly, Chamicy & Montespilloy du côté de Senlis. On peut consulter sur ce que nous avons rapporté touchant Reuilly & Chamicy la pag. 28 de ce volume. Nous allons donner une notice de Montespilloy, parce que nous parlerons souvent de ce lieu à l'occasion des guerres.

24. Bergeron a cru expliquer l'étymologie de Montespilloy en nommant ce lieu *Mont aux pillards*. Cette origine n'est pas absolument destituée de vraisemblance, parce que la fameuse tour dont on voit encore les restes, a souvent servi de retraite à des partis & à des troupes de brigands. Mais on nommoit déja ce lieu Montespilloy, avant les troubles auxquels l'explication de Bergeron fait allusion. Des titres des onze & douziéme siécles nomment ce lieu *Mons spiculatorum*. La position de Montespilloy est sur une hauteur. On donnoit anciennement les noms de *spicula* & *spicla* aux hauteurs fortifiées, où l'on plaçoit des redoutes pour donner des signaux, & pour observer les marches des armées. La tour de Montespilloy domine sur une grande partie du Valois & du Comté de Senlis.

Au temps de Létaldus (1) Doyen de S. Frambourg de Senlis, qui vivoit en 1076, Foulques, Trésorier de la même Eglise, donna à cens un bois sis à Montespilloy pour quatre s. de rente, à Guidon fils de Gautier, à condition qu'après le décès de Guidon & de son héritier, le bois retourneroit à l'Eglise de S. Frambourg.

En l'an 1180, Guy le Bouteiller donna aux Religieux de Chalis tout ce qu'il possédoit au bois de Tremblay, avec une partie de la forêt d'*Espilloir* (2). Un dénombrement des biens de l'Eglise de Senlis dressé en 1182, met l'autel de Montespilloy

___
(1) Gall. Chr. t. 10. p. 1473. 1479. | (2) Ibid. inst. p. 435. 220.

de

de *Monte spiculatorio*, au nombre des bénéfices dépendans de cette Eglise. Vingt-neuf ans après, Gaufride Evêque de Senlis (1) porta les Chanoines de sa Cathédrale, à abandonner les droits qu'ils avoient sur l'Eglise de Montespilloy, à l'Abbé & aux Chanoines réguliers d'Hérivaux.

L'Evêque faisoit cette demande à l'occasion de la mort du Curé de Montespilloy; il désiroit que ce bénéfice fut réuni à l'Abbaye d'Hérivaux, dont le Supérieur enverroit un de ses Religieux sur les lieux, pour y exercer les fonctions du ministere. Le Chapitre de Senlis se rendit aux désirs de l'Evêque. Il consentit à la réunion, à condition cependant qu'il conserveroit le droit d'investir le Régulier desservant; que ce Régulier feroit l'Office & s'acquitteroit des fonctions du ministere; qu'il dépendroit de la Jurisdiction de l'Evêque pour le spirituel, & qu'il releveroit du Chapitre quant au temporel, & payeroit tous les ans dix sols de cens, cinq sols à Pâques & cinq sols à Noël: qu'il prêteroit serment à l'Archidiacre, au Doyen & au Chapitre. On ajouta, que si l'Abbé d'Hérivaux jugeoit à propos de déplacer le Régulier, le successeur qu'il enverroit contracteroit les mêmes obligations en entrant en place.

Les revenus de cette Cure furent augmentés dans la suite, par plusieurs donations faites en divers temps. En 1266, Béatrix, femme de Guillaume de Senlis, Seigneur de Brasseuse (2), donna au Chanoine de Montespilloy huit arpens de terre situés entre Raray & Brasseuse. J'ai lu un titre de l'an 1268, où ce même Seigneur, mari de Béatrix, est appellé Guillaume Chevalier, Sire de *Montespilloir*.

Il y avoit alors à Montespilloy un château fort, très-ancien, qu'on démolit au siécle suivant pour construire un château neuf, auquel la tour dont on voit de si beaux restes servoit de citadelle ou de dongeon. Ce château & celui de Chaversy ont long-temps été les deux principales forteresses de la contrée. Il en sera souvent question dans cette Histoire.

Je suis ici la loi que je me suis imposée, de donner la notice des lieux qui ont été remarquables, ou par des évenemens intéressans, ou par la qualité des personnes qui les ont possédés, ou par des circonstances qui peuvent jetter quelque jour sur l'origine & sur la généalogie des grandes maisons, ou enfin, qui

(1) Ibid. p. 1407. instr. p. 217. | (2) Ansel. t. 6. p. 166.

Tom. I.   M m m

peuvent prévenir ou applanir des difficultés touchant les affaires, tant publiques que particulieres. Nous penſons que dans un Ouvrage tel que celui-ci, il eſt eſſentiel d'allier, & ſouvent même de préférer l'utilité à l'agrément, & de faire plus de cas des ſuffrages du petit nombre de ceux qui aiment les recherches inſtructives, que des louanges des lecteurs déſœuvrés, qui n'eſtiment que ce qui les flatte, ou qui réveille par des traits vrais ou faux, mais ſaillans & extraordinaires, un eſprit appeſanti par le loiſir d'une vie oiſive.

25. L'Abbaye de Lieu-reſtauré a été fondée au douziéme ſiécle, ſur le territoire du château Royal de Boneuil. Il y avoit dans l'emplacement où elle eſt bâtie, une Maiſon de Gentils-hommes accompagnée d'une Chapelle. L'origine de l'un & de l'autre eſt inconnue. La Chapelle avoit été autrefois dotée de biens-fonds & de rentes. La plus grande partie de ces biens étoit paſſée au pouvoir de quelques Officiers du château de Boneuil, par uſurpation ou par accord (1).

En l'an 1131, Luc de Roucy, Chanoine de Laon, demanda cette Egliſe au Comte de Crépy Raoul IV, avec promeſſe de la faire deſſervir par des Chanoines Réguliers de l'Ordre de Prémontré. Le Comte de qui dépendoit cette Chapelle, l'accorda au pieux Eccléſiaſtique, dont il déſiroit favoriſer le déſſein. La conceſſion de Raoul ne fut effectuée que ſept ans après, en l'an 1138. Joſlein Evêque de Soiſſons, ayant joint ſes ſollicitations à celles du Chanoine de Laon, obtint du Comte la donation de pluſieurs biens, tant en rentes qu'en fonds de terre, dont on annexa les revenus à cette Chapelle.

Le renouvellement de l'Egliſe demeura imparfait juſqu'à l'an 1145, où le Comte Raoul prit la réſolution de relever de leurs ruines les bâtimens, qui avoient autrefois ſervi de logemens aux Clercs de cette Chapelle. Ce rétabliſſement eſt l'origine du nom de *Lieu-reſtauré*, comme qui diroit un lieu *rétabli*, *rebâti* ou *réparé* : dénomination que l'Abbaye conſerve encore.

Le Comte unit aux biens de la nouvelle Maiſon les dixmes de Bargny & d'autres revenus, par le miniſtere de Pierre Evêque de Senlis. L'Evêque fut auſſi chargé d'exécuter le renouvellement de l'ancienne Communauté dans toutes ſes parties. Pour remplir à ce ſujet les vues de Raoul, il remit à Luc Abbé de

(1) Gall. Chr. t. 9. p. 502.

Cuiffi les biens & la Maison de Lieu-restauré, pour y placer des Religieux de son Ordre. Luc raffembla dans cette Maison une Communauté de Prémontrés, auxquels il donna un chef nommé Haymon avec la qualité d'Abbé.

Haymon reçut l'année même de son installation, une Bulle du Pape Eugene III, qui confirmoit son élection, & approuvoit la donation des biens, dont la nouvelle Abbaye venoit d'être pourvue. Haymon augmenta les biens de sa Communauté. Il reçut en préfent un pâturage fis à Boneuil, des favars au même lieu, quelques terrages, un faut de moulin, des dixmes à Feigneux & à Vaumoife. Il se fit affurer la jouiffance de ces biens par des actes en bonne forme, que S. Bernard figna comme témoin, ainfi que l'Abbé de Cuiffi, l'Abbé de Long-pont & quelques autres Eccléfiaftiques diftingués (1).

La Réforme de Prémontré admettoit à l'obfervance de la Regle les femmes comme les hommes : ufage qui faifoit revivre la difcipline des premiers Monafteres. Dès l'an 1146, il y avoit une Communauté de Sœurs au Lieu-reftauré. On l'apprend d'une Charte de Joflein Evêque de Soiffons, qui porte, qu'en cette année, deux fœurs de Jean de Cormelles ont pris l'habit de Religion; l'une Elifabeth, au Monaftere de Lieu-reftauré; l'autre nommée Sybile à l'Abbaye de Braine (2).

Sous le gouvernement de l'Abbé Haymon & de fes fuccceffeurs Odon, Herbaut, Foulques, Hugues & Martin, la Communauté de Lieu-reftauré reçut en préfent des dixmes, des terres & des rentes. Amaury Evêque de Senlis lui accorda deux fixiémes de dixmes. Vers l'an 1157, Adam le Roux de Crépy donna en aumône au Lieu-reftauré, tout ce qu'il poffédoit de dixmes à la Bonne-fontaine. Guy le Roux fon fils donna à la même Abbaye tout ce qu'il avoit au même lieu, en terres cultivées & incultes avec un vivier. On appelloit alors *Bonne fontaine*, l'emplacement actuel de la ferme de Béfemont près de Bourg-fontaine.

Anfelme fils de Payen Gruné, Adam Boulard, Henri & Bernard de Piffeleu, donnerent, à l'exemple de Guy le Roux, tout ce qu'ils poffédoient aux environs de la Bonne-fontaine, en bois, terres & landes propres à effarter. Adam de Betz avoit à Ormoy un bien, dont il fit préfent au même lieu. Matthieu,

(1) Muldrac, p. 32.   (2) Chron. Long-p. p. 24.

Comte de Beaumont donna, conjointement avec la Comtesse Eléonore son époufe, quatre-vingt arpens de bonnes terres. La Comteffe avoit beaucoup d'égards pour les Religieux de cette Communauté naiffante. Parmi les foufcriptions de fa Charte aumôniere, on lit le nom de Martin, Abbé de Lieu-reftauré.

Ces donations occafionnerent quelques différens, entre les deux Communautés de S. Arnoul de Crépy & de Lieu reftauré. Ils furent affoupis par des arrangemens, par des partages, & tout-à-faits terminés par une tranfaction paffée en l'an 1192, entre l'Abbé de Cluny & Martin Abbé de Lieu-reftauré. Les Bénédictins de Crépy poffédoient fur le territoire de Nanteuil, les biens que Simon de Crépy leur avoit donnés (1).

Bergeron, Bouchel & Muldrac, ont commis des faütes confidérables, en voulant expliquer le nom & la fondation de Lieu-reftauré. Bergeron avance, que cette Abbaye a été fondée en l'an 1130, & que dans la fuite, le Comte Raoul en a relevé les ruines. L'Evêque Joffein & le Comte Raoul étoient contemporains. Bouchel a confondu le Comte Raoul IV avec Raoul V fon fils. Muldrac appelle Raoul I notre Raoul IV, & oublie l'Evêque Joffein, qui eut tant de part à la fondation. Prefque tous les biens dont je viens de faire le dénombrement, ont été remis d'abord entre les mains de l'Evêque Joffein, pour être annexés à la manfe de la nouvelle Abbaye.

26. En ce temps l'ancien Palais de Bargny étoit réduit à un état d'anéantiffement, qui permettoit à peine de connoître s'il avoit exifté. Ce lieu confacré dans nos faftes par tant d'évenemens honorables, avoit fubi le fort de ces anciennes maifons Royales dont il ne refte plus de traces, dont la fituation eft un problême parmi les Savans, & une matiere à difcuffion. C'eft que rien n'eft à l'abri de l'injure des temps, qui brifent les Sceptres, renverfent les Trônes, & détruifent jufques dans leurs fondemens les palais les plus fuperbes.

Plufieurs caufes ont concouru à la deftruction du Palais de Bargny. Ce Palais ayant été donné avec fes dépendances au Monaftere de S. Denys, les Religieux de cette Abbaye négligerent l'entretien des bâtimens, & fongerent uniquement à tirer parti des droits utiles. Lorfque la terre de Bargny paffa aux Comtes de Valois, il eut été befoin de le rebâtir de fond en comble pour

(1) Archiv. Bourg-f. Gall. Chr. t. 9. p. 503.

pouvoir l'occuper. Comme ces Seigneurs avoient ailleurs plufieurs châteaux, celui de Bargny leur devenoit inutile. Ils abandonnerent au Maire du lieu ce qui reftoit de l'ancien corps de
logis. Le village s'eft formé des débris de ce château, dont le
principal édifice étoit placé à côté de l'Eglife actuelle du lieu.
Cette Eglife étoit la Chapelle du Palais. Elle fût donnée en l'an
1145 avec fes revenus à l'Abbaye de Lieu-reftauré, par Raoul
IV, Comte de Vermandois & de Valois (1). Elle fut érigée en
paroiffe en l'an 1238, par diftraction de Levignen. On venoit
de la rebâtir lors de cette érection. L'Evêque de Meaux en avoit
alors le patronage. Au mois de Janvier de l'an 1238, avant Pâques, Pierre Evêque de Meaux tranfmit ce droit de patronage
à l'Abbé de Lieu-reftauré. Il conferva pendant onze ans un droit
de procuration. Michel, Abbé de Lieu-reftauré, acquit ce droit
de l'Evêque de Meaux au mois de Janvier 1249, 1250, avant Pâques (2).

L'office de Maire de l'ancien Palais de Bargny continua de
fubfifter malgré la deftruction du château. Le Titulaire de cette
charge conferva fon droit de Jurifdiction fur vingt-une paroiffes,
qui avoient été le reffort du château. Ce Maire devint l'Officier
des Comtes de Valois, du moment où la Seigneurie & la haute-
Juftice du lieu furent tranfmifes à ces Comtes.

Les Seigneurs de Crépy placerent la Mairie de Bargny au
nombre des Juftices fubalternes, qui devoient reffortir aux affifes
du Bailliage général de Valois. Ces Seigneurs démembrerent en
divers temps des portions de la terre de Bargny, qu'ils donnerent en Fief à des Officiers ou à des Chevaliers leurs vaffaux.

Après la mort de Raoul IV & de Raoul V fon fils, la Comteffe
Eléonore donna en aumône aux Religieufes de Long-prez les
pains de coutume qu'elle avoit à Bargny. La redevance des pains
de coutume marquoit, felon M. Bruffel (3), que l'on avoit bat-
tu monnoie dans les lieux où on les percevoit.

La Comteffe avoit pour grand Queux, un Officier nommé *Gui-*
gerus, & quelquefois Guillaume dans les Chartes Françoifes. Sa-
tisfaite de fes fervices, elle lui accorda pour récompenfe le Fief
de Bargny, apparemment la Mairie du lieu. J'ai lû dans un titre
de l'an 1198, le nom de ce même Officier, qu'on y qualifie Sei-

---

(1) Muldr. p. 50. Gall. Chr. t. 9. p. 503. | Chr. t. 8. p. 1626. t. 9. p. 503.
(2) Hift. Meaux, t. 2. n° 326. Gall. | (3) Uf. des Fiefs. p. 525.

gneur du Fief de Bargny. Dans un second acte de la même année, Guillaume prend la qualité de Seigneur du Fief de Bargny, qu'il reconnoît devoir aux libéralités de la Comtesse.

Une piéce des archives du Valois nous apprend, qu'en l'an 1602, l'Ordre militaire de S. Jacques de l'épée, établi en Espagne, avoit un bien à Bargny. Nous apprenons d'une enquête, faite par ordre de Philippe Auguste en l'an 1215, que du temps de Raoul V, d'Elifabeth & d'Eléonore fes deux sœurs, les hommes de la Mairie de Bargny, devoient voiturer à Crépy par corvées, l'avoine & le bled de rente, que les Comtes de Valois percevoient dans le canton. Ces habitans avoient la permission de prendre dans la forêt de Retz, les bois qui leur étoient néceffaires pour fabriquer leurs voitures.

On lit dans une autre enquête du même Prince les noms d'Odon de Bargny, dépofant pour le temps de Raoul V ; de Vivien & de Regnaut de Bargny, dépofans en faveur de Philippe I de Nanteuil, touchant les droits qu'il avoit fur un bois appellé *Hyen fylva*. Je ne connois point ce nom de lieu. Ce pourroit bien être le triage appellé *Braifilva* dans les anciens titres. Ce *Bray-fylva* étoit fitué entre Nanteuil & le village de Bray (1).

Un titre de l'an 1288, fait mention d'un Eccléfiaftique de marque, appellé Renaud de Bargny, Archidiacre de Sézannes en Brie, Diocefe de Troyes. Renaud laiffa en mourant, deux cens livres pour fonder une Chapelle dans l'Eglife de S. Thomas de Crépy.

En l'an 1322, les Comtes de Crépy poffédoient encore la plus grande partie de la Seigneurie de Bargny. J'ai lû dans le répertoire de Charles de Valois, pere du Roi Philippe de Valois, qu'en cette même année, Raoul Mauvoifin de Vez devoit au Prince Charles fix fextiers de grains, pour vingt-quatre arpens de terres en friche, fis aux favars de Bargny. La Seigneurie de Bargny eft partagée préfentement entre l'Abbé de Lieu-reftauré & les Chartreux de Bourg-fontaine.

27. La fuite des Seigneurs de Braine n'a plus rien d'obfcur, depuis le temps où André de Baudiment epoufa la Dame Agnès de Braine. Nous avons déja rapporté quelques traits touchant ce Seigneur. Comme les circonftances de fa vie font peu connues,

(1) Gall. Chrift. t. 10. p. 239. inftrum.

nous allons rapporter tout ce que nous avons pu découvrir à son sujet.

Une Charte de l'an 1120, & une autre qui est sans date, font mention, qu'André de Baudiment étant avec l'Abbé d'Igny au Mont-Notre-Dame, a donné en aumône à l'Abbaye d'Igny, tout ce qu'il possédoit sur le territoire de Ressons. On lit parmi les signatures de la seconde Charte, le nom d'un Payen de Braine, *Paganus de Branâ.* André de Baudiment est encore cité dans une Bulle du Pape Innocent II, datée du quatre des Ides de Décembre 1132. Cette Bulle est une confirmation des biens, qui avoient été donnés par différens particuliers à la nouvelle Abbaye d'Igny. Le nom d'André de Baudiment paroît aussi dans une Charte de l'an 1123, concernant S. Martin-des-Champs. On lit dans cette même pièce, celui de Thibaud Comte de Champagne, dont André étoit Sénéchal (1).

En l'an 1137, André de Baudiment avoit quatre fils & trois filles. L'aîné des garçons s'appelloit André comme son pere ; le second Thibaud ; Gui le troisiéme ; Valeran le quatriéme. André embrassa l'état monastique dans l'Abbaye de Pontigni ordre de Cîteaux. Au renouvellement de la maison de Chalis, André fut choisi pour la gouverner en qualité d'Abbé. Il se rendit recommendable par un conduite très-réguliere, qui remplit les espérances qu'on avoit conçues de lui. Quelques-uns prétendent qu'il étoit né d'un premier lit, avant que le Sénéchal son pere eut épousé Agnès de Braine.

Thibaud (2) passa une partie de sa vie dans le monde, sans contracter d'alliance. Agnès de Braine sa mere ayant jugé à propos de se retirer au Monastere de Fontenille, pour y finir sa vie sous l'habit de l'Ordre de Prémontré, Thibaud l'y suivit & imita son exemple.

Guy fut marié, & hérita en 1137 de tous les biens de son pere. Nous parlerons bientôt de son alliance & de sa postérité.

Valeran fut d'abord destiné à l'état Ecclésiastique, dans le seul dessein d'être pourvu de bénéfices (3). Il avoit à peine atteint l'âge de raison, qu'on le revêtit de la dignité d'Abbé du Chapitre de S. Martin d'Epernay. Après avoir joui des revenus attachés à cette dignité, il abdiqua par scrupule en l'an 1128, à la

---

(1) Hist. Meaux, t. 2. n° 35.
(2) Gall. Chr. t. 9. p. 489.
(3) Gall. Chr. t. 10. p. 1120.

perfuafion de S. Bernard, & fe fit Moine à Clairvaux. L'année même de fa profeffion, S. Bernard le détacha avec douze Religieux de fon Ordre, pour aller occuper l'Abbaye d'Orcamp, que l'Evêque Simon, frere du Comte de Crépy, venoit de fonder. Il bâtit l'Eglife de la nouvelle Abbaye, & la fit confacrer par Renaud Archevêque de Reims, affifté de plufieurs Suffragans.

Sous fa direction, la Regle de Citeaux fleurit dans Orcamp, au point que fa Communauté faifoit l'admiration de toute la contrée. Il s'acquit par fon intelligence & par fes vertus, la réputation d'un des plus grands maitres de fon fiécle dans la vie fpirituelle. Plufieurs Maifons Religieufes s'adrefferent à lui pour avoir de nouvelles regles de conduite. Il leur envoya les Statuts de fa Communauté. Les Monafteres de Beaupré & de Froidmont au Diocefe de Beauvais, & celui de Mortemer au Diocefe de Rouen, fe foumirent à la Regle d'Orcamp.

L'Abbé Valeran mourut à Igny le 27 Juin 1142, d'une pleuréfie qui l'y furprit. Son corps y eft inhumé (1).

Les trois filles d'André de Baudiment embrafferent l'état du mariage. Euftache l'aînée époufa d'abord Eudes, Comte de Corbeil, & enfuite Guillaume de Garlande, Sénéchal de France & Seigneur de Livry. Helvide ou Havoife la feconde fut mariée à Guy de Dampierre, & Hubeline la troifiéme, à Gautier Comte de Brienne.

André de Baudiment ayant formé le deffein de fe retirer dans un Monaftere, pour y mener la vie réguliere, exécuta ce deffein en l'an 1137. Il fit un abandon de tous fes biens à Guy fon fils, & alla prendre à Clairvaux l'habit de Religion. Agnès de Braine fon époufe demeura plufieurs années dans le monde, & fuivit à la fin le pieux exemple de fon mari. Ils moururent l'un & l'autre dans leur retraite, Agnès à Fontenille, André à Clairvaux (2).

Guy avoit époufé une Dame nommée Alix, avant que fon pere fe retira à Clairvaux. Il en eut trois enfans; deux garçons & une fille. Hugues l'aîné des garçons fut furnommé le Blanc, à caufe de fon teint. Hugues reçut de Guy fon pere la Seigneurie de Chery: il mourut fans poftérité du vivant de fon pere. Guidon fon cadet décéda de même fans avoir pris d'alliance. La fille à laquelle on avoit donné le nom d'Agnès fon ayeule, devint

(1) Marlot. t. 2. p. 869. app.   J (2) Marten. Voy. Litt. p. 16.

par

par ces deux morts feule héritiere préfomptive des grands biens de fon ayeul & de fon pere.

Guy de Braine eft peu connu par fes actions (1). Milon Comte de Bar-fur-Seine lui demanda fa fille Agnès en mariage, & l'obtint. Guy furvécut peu d'années à cette alliance ; il mourut en 1144, avant Alix fon époufe.

Le Comte Milon eut deux filles de fon mariage, Perronelle & Marie : celle-ci mourut fans alliance. Perronelle époufa Hugues du Puifet, Vicomte de Chartres, qui devint Comte de Bar-fur-Seine après la mort de Milon fon beau-pere.

En l'an 1109 vivoit un Chevalier nommé Raoul de Braine, qui donna un Fief à l'Abbaye de S. Médard de Soiffons (2). Plufieurs titres font mention d'un Pierre de Braine, qui vivoit en ce même temps. Je ne fai s'il appartenoit à la Maifon de Baudiment, ou s'il tiroit fon origine des mêmes ayeux, que l'époufe d'André de Baudiment (3). En l'an 1134, Pierre de Braine parut avec fon époufe à l'acte de fondation de l'Abbaye de Val-Chrétien. On lit fon nom au bas de cet acte, *Petrus de Branâ.* Pierre poffédoit entre autres biens le tréfonds de Démentart, dont il fit préfent à l'Abbaye de Long-pont. Cette donation eft rapportée dans une Bulle du Pape Eugene III, de l'an 1148. Il eft auffi fait mention de lui dans un titre de l'Abbaye d'Igny, daté de l'an 1150. Ce titre porte, que l'Abbaye a reçu en préfent des revenus en fonds de terres, qui relevoient du Fief-de Pierre de Braine, *de cujus feodo omnia erant ;* & que Pierre a bien voulu en ratifier la donation. Il ne paroît pas que Pierre de Braine ait eu de la poftérité.

Agnès de Braine perdit Alix fa mere & Milon fon mari, à peu de temps l'un de l'autre. Le Comte Milon étoit mort en l'an 1150. On le prouve par une Charte de cette année, délivrée par Joflein Evêque de Soiffons, portant que la Dame Agnès a donné à l'Eglife de Braine la pêche, le fond & le cours de l'eau d'un étang fis à Cuiffy, & une rente à prendre fur l'autel de Bruyeres, afin qu'en confidération de ce préfent, les Religieux de Braine fiffent des prieres pour le repos de l'ame du Comte de Bar fon mari.

Le veuvage de la Dame Agnès dura peu. Les biens immenfes

(1) Gall. Chr. t. 10. inftr. p. 110.   (3) Gall. Chr. t. 10. inftr. p. 113.
(2) Gall. Chr. t. 9. p. 435.   Muldr. Val. Roy. p. 140. 147.

qu'elle avoit recueillis des fucceffions de fon pere, de fon ayeul, de fes oncles, de fes freres & même du Comte Milon, la rendoient l'une des héritieres les plus opulentes du Royaume. Ces biens furent un appas pour Robert Comte de Dreux, frere du Roi Louis VII, ou fi l'on veut, un fecond motif de rechercher l'alliance de la jeune veuve, qui avoit d'ailleurs toutes les qualités d'une femme vertueufe (1). Robert fit la demande de cette Dame. L'accord fut conclu, & le mariage célébré en l'an 1152, comme Templeux & Duchefne l'ont très-bien remarqué, & non pas en l'an 1153, comme Muldrac l'a avancé. Robert eft la tige de la branche royale des Comtes de Dreux & de Braine, & de celle des Comtes de Bretagne, iffus de Pierre Mauclerc fon petit-fils. Les Comtes de Dreux n'ont prefque pas ceffé de réfider au château de Braine, jufqu'à l'extinction totale de cette illuftre branche.

Damien de Templeux obferve, que la Seigneurie de Braine n'a jamais été érigée en titre de Comté, par un diplômé émané de quelqu'un de nos Rois. Ce titre lui eft venu de la qualité des premiers Seigneurs de la maifon de Dreux. Robert I prenoit, immédiatement après fon mariage avec la veuve du Comte Milon, le titre de Comte de Dreux & de Seigneur de Braine. Depuis qu'il eut difpofé de fes domaines de Dreux en faveur de fon fils aîné, vers l'an 1184, il commença à fe qualifier Comte de Braine. Il prit les armes de fon époufe, échiquetées d'or & d'azur à la bordure de gueules.

Le Comte Robert, héritier par fa femme des grands biens des anciens Seigneurs de Braine, n'imita pas leur conduite envers les Monafteres & les Églifes. Il chercha au contraire les occafions d'aggrandir fes domaines, au préjudice de plufieurs Communautés Religieufes voifines de fon château de Braine. Il trouva peu de réfiftance dans quelques-unes de ces Communautés. Les Moines de Coincy furent moins patiens que les autres. D'abord ils fe récrierent contre les vexations du Prince, puis ils porterent leurs plaintes à Rome, fur le refus que fit le Comte, de reftituer ce qu'il leur avoit enlevé. Les chofes en vinrent au point, que Robert fut frappé d'excommunication par le Pape.

Rappellé à des fentimens plus équitables par les peines de l'anathême, il offrit à Ancoul de Pierrefonds Evêque de Soiffons,

(1) Templ. p. 156. Duch. Hift. Dreux. p. 19. Muldr. p. 122. Chron. Long-p.

de reftituer ce qu'il avoit mal acquis, pourvu qu'on lui promit de le relever de l'état d'excommunié. Ancoul foufcrivit à la propofition du Comte, & reçut de ce Seigneur tout ce qu'il avoit ufurpé à Coincy. L'Evêque rendit publique la réconciliation du Prince, par une lettre datée de l'an 1158. Il annonce dans cette lettre, que Robert ayant fatisfait à l'Eglife, il a été abfous des peines prononcées contre lui, à caufe de fes ufurpations & de fa défobéiffance (1).

Robert ne fit prefqu'aucune action d'éclat. Tout ce qu'on fait de lui fe réduit à des faits peu importans (2). En l'an 1179, il fonda dans l'Eglife de S. Ived de Braine quelques prieres, pour le repos de l'ame du Prince Henry fon frere, Archevêque de Reims. L'acte de cette fondation porte, qu'elle a été faite du confentement d'Agnès fon époufe, de Guillaume fon fils & de fes autres enfans. En l'an 1180, le Comte accorda à la ville de Dreux une Charte de commune & de franchife, qui commence ainfi : *R. par la patience de Dieu, Comte de Dreux & de Braine.* Quatre ans. après, il maria Robert fon fils aîné avec Yoland de Coucy, & lui donna le Comté de Dreux. Il ne fe réferva que le Comté de Braine.

Dans un titre de l'an 1186, Robert I eft nommé conjointement avec Agnès fon époufe, qui prend la qualité de Dame héréditaire du château de Braine. Ce titre eft figné de Maître Gautier Médecin du Comte, & d'Oilard Châtelain de Braine. Il porte, que du confentement de Guillaume, Jean & Robert leurs fils, le Comte & la Comteffe de Braine font la remife aux Religieux de Long-pont de quelques droits de mouvance qui leur étoient dûs, à condition que ces Religieux feroient dans leur Eglife les mêmes prieres pour le repos de l'ame de Pierre leur fils, que celles qui étoient d'ufage lorfqu'un Abbé de la Maifon décédoit (3). Il ne faut pas confondre ce jeune Seigneur avec le Pierre de Braine, dont nous avons parlé plus haut.

On a du Prince Robert I deux autres Chartes, datées de l'an 1187 : l'une eft le contrat d'une rente qu'il conftitue à fes deux filles, Marguerite & Béatrix, Religieufe du Charme, fur le travers de Braine : l'autre, qui eft peu remarquable, eft fignée de fes trois fils, Robert, Guillaume & Jean (4). Robert I fonda la

---

(1) Gall. Chr. t. 9. p. 364.
(2) Hift. Dreux, p. 21.
(3) Chron. Long. p. 79.
(4) Duch. Hift. Dreux, p. 22.

N n n ij.

Collégiale de S. Thomas du Louvre à Paris la derniere année de sa vie, & décéda le 11 Octobre de l'an 1188.

Après la mort du Comte, la Dame Agnès sa veuve fit quelques actions de marque. Elle renouvella le Prieuré de S. Remi de Braine, bâtit le château du Haut, qu'on nomme aujourd'hui *la Folie*, fit clore de murs le parc du château de Braine, & bâtit le moulin de Quinquempoix sur la riviere de Vesle.

Quelques mémoires qu'on m'a communiqués touchant le Prieuré de S. Remi de Braine, annoncent qu'il a été fondé par Agnès de Braine, veuve du Prince Robert I : c'est une erreur. Matthieu Herbelin ne parle en aucune sorte de cette fondation. La Comtesse Agnès n'a fait que décorer ce Monastere par ses bienfaits.

L'origine de ce Prieuré se perd dans les premiers siécles de notre Histoire. La tradition du pays prétend, que la premiere Communauté de S. Remi a été établie par Chilpéric I Roi de Soissons. L'on y suivit d'abord la Regle de S. Benoît. Les Religieux reçurent ensuite la réforme de Cluny. Comme ils vécurent plusieurs siécles sans rivalités, sans prétentions, & sans avoir aucuns différends avec leurs voisins, les anciens titres ne font point mention d'eux. Ils ne commencent à être connus dans les monumens, que vers le temps où l'Abbaye de S. Ived fut fondée, parce que les actes de cette fondation font mention de quelques biens limitrophes à ceux de S. Remi.

Je n'ai pu découvrir sur cette Communauté, que trois anciennes Chartes des années 1141, 1257 & 1264. La premiere nomme seulement quelques portions de terres, dont jouissoient les Religieux de S. Remi. On lit dans la seconde, que l'Abbé & les Religieux de S. Remi possédoient le moulin neuf de la ville. La derniere, datée du mois de Mars, porte que Marie Comtesse de Dreux & de Braine a reconnu, que les maître, freres & sœurs de l'hôpital de Braine, sont sujets à la banalité des fours du Prieuré de S. Remi, & qu'ils sont tenus de payer tous les ans huit sextiers de bled à ce bénéfice.

Sur la fin du treiziéme siécle, la Communauté perdit le titre d'Abbaye avec une partie de ses biens. On la soumit au Monastere de la Charité-sur-l'Oire, & il n'y eut plus à S. Remi de Braine, qu'un Prieur & un Sacristain. Nous rapporterons dans les Livres suivans, diverses particularités touchant les droits de ce Prieuré.

Le château du Haut, *castrum de Celso*, a été bâti par Agnès de Braine après la mort du Comte Robert I, pour servir comme de citadelle à la ville de Braine & à son château. L'édifice ayant été brûlé en 1423, nous ne pouvons pas en donner une description complette. Les murs qui ont été conservés en grande partie, sont assis sur un rocher de quarante pieds de hauteur, entouré d'un fossé large & profond, taillé à vif dans le roc. Ces murs flanqués de plusieurs tours, d'une hauteur & d'une épaisseur considérables, étoient défendus par une seconde enceinte garnie de tours, & d'ouvrages extérieurs.

La hauteur sur laquelle on voit encore les restes de cette espéce de forteresse, est située à trois cens toises au couchant de Braine. On prétend qu'anciennement, le château du Haut communiquoit avec la ville de Braine par des souterrains. Il a été érigé en Fief & séparé du domaine de la terre de Braine, pendant une longue suite d'années. Il est présentement réuni à la Seigneurie de cette ville.

Agnès de Braine, veuve du Prince Robert, acheva avant son décès l'établissement de l'Abbaye des Prémontrés de Braine, que son pere & sa mere avoient commencé à former. Nous avons différé jusqu'ici à parler de cette fondation, afin de rapporter de suite les principales circonstances qui ont été l'occasion de son établissement, & qui l'ont conduit à sa fin.

La Communauté des Clercs qui desservoient l'Eglise Collégiale du château de Braine, après avoir plusieurs fois changé de regle, depuis la Translation des Reliques de S. Ived, jusqu'au temps où André de Baudiment entra en possession de la ville & du Comté de Braine, avoit fini par n'en plus avoir. Les Clercs du château menoient une vie relâchée & scandaleuse, & ne gardoient plus aucune des pratiques qui avoient été prescrites au temps de leur institution. Le mal étant extrême, André de Baudiment jugea plus à propos de supprimer le Chapitre que de le réformer (1).

André consulta sur ce sujet Joslein Evêque de Soissons. Joslein avoit des droits à exercer sur l'Eglise de S. Ived de Braine, en sa qualité d'Evêque de Soissons, de même que le Chapitre de sa Cathédrale (2). Joslein conseilla au Seigneur de Braine, de renouveller le Chapitre de S. Ived au lieu de le supprimer. Il l'engagea

(1) Templ. p. 156. I (2) Dorm. t. 2. p. 71.

à augmenter le revenu des prébendes , & lui promit de faire à l'Eglife de S. Ived , conjointement avec les Chanoines de Soiſ-fons, l'abandon de tous les droits qu'ils pouvoient exercer. An-dré qui n'avoit que des vues de perfeſtion, déféra aux avis de l'Evêque , & accepta la condition qu'on lui propofoit. Il fit un fort aux Chanoines pour les engager à remettre leurs prébendes. Il augmenta le revenu de ces prébendes, & chargea Joſſelin du re-nouvellement de fa Collégiale. Ces chofes fe paſſoient en l'an 1130.

L'Evêque crut, qu'en fubftituant des Chanoines réguliers aux féculiers qu'on venoit de dépoſſéder, il tariroit la fource des an-ciens abus, & préviendroit ceux qui pourroient naître.

Les Ordres Religieux étoient alors fort multipliés, fans être tous également recommandables par une conduite édifiante , & par la pratique des vertus monaſtiques. Les plus anciens n'obfer-voient plus les regles de leur inſtitution : quelques-uns de ceux dont la fondation étoit plus récente , donnoient déja priſe au re-lâchement ; ceux qui avoient été les plus parfaits dans l'origine , ne conſervoient plus rien de leur premier état. C'eſt qu'il faut des fecours furnaturels & un détachement bien rare de toutes les affeſtions humaines , à ceux qui font profeffion de s'élever au-deſſus de tous les penchans qui flattent le tempéramment ou l'a-mour propre.

L'Ordre des Prémontrés qui ne faifoit que de naître , paroiſſoit avec un éclat plus folide aux yeux de Joſlein, que cette ferveur paſſagere , qui avoit accompagné les commencemens des autres Ordres Monaſtiques. La circonftance fixa fon choix. Il plaça dans la Collégiale du château de Braine autant de Religieux Prémon-trés, qu'il y avoit de prébendes. Il donna à ces Religieux un Chef nommé Giſlebert, avec la qualité d'Abbé. André de Baudi-ment & la Dame Agnès fon époufe approuverent cette inſtalla-tion, & accorderent aux Religieux de nouveaux bienfaits. Ils leur donnerent la redixme de tout le territoire de Braine, avec les dixmes de S. Aubin, apparemment Roſoy-Saint-Aubin; à la char-ge de leur faire tous les ans un anniverſaire après leur mort. Cette fondation s'exécute encore préſentement, tous les ans le feize de Juillet. Les dixmes de S. Aubin furent enlevées aux Prémon-trés de Braine, peu d'années après cette donation. On ne les leur reſtitua qu'en l'an 1197 : ces dixmes étoient alors au pouvoir d'un

particulier nommé Hugues de Guny : Nivelon de Chérify Evêque
de Soiſſons , contraignit ce particulier de les rendre aux Religieux
de S. Ived.

Joſlein confirma la donation du Seigneur de Braine , par une
Charte qu'il fit expédier , & par laquelle il donne lui-même a la
nouvelle Abbaye , quelques revenus qu'il poſſédoit à Hoſtel (1).

Guy de Braine combla les Prémontrés d'attentions , après la retraite de ſon pere & de ſa mere. De ſon temps , la nouvelle Communauté reçut en préſent toutes les dixmes de Blanzy , excepté
la part de l'Egliſe du lieu , celle du Prêtre de cette Egliſe , &
celle de la Couture S. Rufin (2).

Les Religieux de S. Ived mettent au nombre de leurs premiers
bienfaiteurs , le Roi Louis VII qui leur donna les dixmes de
Vailli ; le Chapitre de S. Corneille de Compiegne , qui leur céda
la Chapelle de Bouqui ; Renaud Comte de Soiſſons , qui leur accorda quelques terres de ſes domaines , & d'autres particuliers
moins connus , qui ſacrifierent une partie de leur fortune , à la ſatisfaction d'avoir part aux prierés des nouveaux Réguliers de
Braine.

Une Charte de l'an 1141 nous apprend , que parmi les biens
donnés à S. Ived , les Prémontrés avoient des terres limitrophes
à celles que les Bénédictins de S. Remi poſſédoient auprès du
moulin de ce nom. Cette Charte eſt ſignée de Renaud Comte de
Soiſſons , de Gérard de Cherify , de Pierre de Braine , du Seigneur
Hellon de Villers , d'Adon de la Cour-Landon , & de Jacques
de Ribemont. La proximité des biens occaſionna un différend
entre les deux Communautés de S. Ived & de S. Remi ; l'affaire
dura plus de dix ans. Ancoul de Pierrefonds Evêque de Soiſſons ,
la termina en l'an 1153.

Les Prémontrés eurent auſſi quelques conteſtations avec les
Chanoines du Mont-Notre-Dame , touchant les dixmes. Joſlein
Evêque de Soiſſons , accorda les parties dès l'an 1140.

Agnès de Baudiment ou de Champagne favoriſa beaucoup les
Prémontrés de Braine après la retraite de Guy , & même après
qu'elle eut épouſé Robert l'frere du Roi. On rapporte l'hiſtoire
de l'Hoſtie miraculeuſe , à l'année même de ſes ſecondes nôces
avec le Comte de Dreux. Les circonſtances de cet évenement
varient dans les écrits de ceux qui nous l'ont tranſmis ; nous nous

(1) Gall. Chr. t. 9. p. 358. 364.   I   (2) Ibid. p. 360. t. 10. inſtr. p. 116.

conformons ici à ce que D. Martenne en raconte dans ses Voyages (1).

Il y avoit à Braine plusieurs familles Juives, dont les unes vivoient de leur trafic ; les autres étoient assujetties à la servitude.
Il se trouva dans une de ces familles, une jeune Juive d'une rare
beauté, dont les charmes firent une forte impression sur l'esprit de
la Comtesse de Braine. Une seule difficulté empêchoit la Comtesse, de donner à sa vive amitié tout l'effort qu'elle auroit désiré.
Cette belle figure cachoit une ame infidéle, souillée du péché
originel, & rebelle à la loi de grace.

Pour laver ces taches, la Comtesse entreprit de convertir la
jeune infidéle à la foi. On la catéchisa d'abord avec assez de succès : on vint à bout de lui inculquer les principaux mysteres de
notre Religion, excepté celui de l'Eucharistie. La Juive déclara, que jamais elle ne pourroit se déterminer à croire la présence réelle, si elle ne voyoit Jesus-Christ à la place de l'Hostie, sous
la figure humaine.

Comme cette apparition ne pouvoit s'effectuer sans un miracle, on eut recours aux jeûnes, aux processions, aux prieres solemnelles pour l'obtenir. Ce miracle ne pouvoit arriver qu'à la
Messe. On choisit pour la célébrer, le plus recommandable des
Religieux de S. Ived par sa piété & par ses mérites. Le jour de
cette Messe ayant été indiqué, Henri de France Archevêque de
Reims, frere du Roi & du Comte de Braine, s'y rendit. Il assista
à la Messe, accompagné d'Ancoul de Pierrefonds Evêque de Soif-
sons, de Pierre Abbé de Braine, & d'une Cour composée de
personnes du plus haut rang. On permit aux familles Juives
l'entrée de l'Eglise de S. Ived.

Au moment de l'élévation, Jesus-Christ parut à la place de
l'Hostie, sous la forme d'un enfant, & disparut presqu'aussi-tôt,
de maniere qu'il ne resta plus que les espéces de l'Hostie consacrée, entre les mains du Prêtre. La Juive ne put tenir contre cette
apparition : elle se convertit, demanda le Baptême, & un grand
nombre de Juifs suivirent son exemple.

On montre dans le trésor de S. Ived, le calice qui servit à la
célébration de cette Messe. La coupe de ce calice contient un
petit Reliquaire de philagrame en or, qui s'éleve du fond, de quatre à cinq pouces. L'Hostie étoit placée dans ce Reliquaire. Dom

(1) Tom. 1. p. 33.

Martenne

Martenne dit, qu'on la voyoit encore entiere de son temps, qu'elle étoit de la grandeur d'un denier, & qu'elle avoit onze lignes de diamétre. Il ne reste plus présentement de cette Hostie, qu'un peu de poussiere. On avoit gravé ces deux vers à côté de l'Hostie :

Ad vitem vitæ sitientes oro venite ,
Et vinum licitè de verâ fugite vite.

On établit une Confrairie en mémoire de ce miracle. Elle est autorisée par plusieurs Bulles des Papes. Les Confreres font tous les ans une procession solemnelle, le Dimanche dans l'Octave de la Fête-Dieu.

La chasuble qui servit à célébrer la Messe où le miracle arriva, est un monument qui mérite d'être vu. Elle est ornée de figures en broderie d'or ; ces broderies sont relevées par l'éclat de pierres précieuses enchassées dans l'or. Le fond de la chasuble est une étoffe croisée de soye cramoisi, semée de figures de lions affrontés par couples, brochés en or-trait, d'une grande fraîcheur. Autour de l'ouverture par où le Prêtre passe la tête, & le long du derriere de cette chasuble, regne une large bande engreslée & remplie de semences de perles fines en plein, avec d'autres perles rondes & grosses, en espace les unes des autres sur la bordure. Il y reste quelques autres pierres précieuses, mais en petit nombre : on s'apperçoit qu'il y en avoit beaucoup. Sur le devant on remarque la figure d'un Séraphin, & à l'opposite celle d'un *Agnus Dei* , toutes deux aussi brodées en perles fines.

Cet ornement est un des plus riches & des plus anciens, qu'on ait conservé jusqu'à nos jours. On prétend qu'il a été donné à l'Eglise de S. Ived par l'Archevêque de Reims frere du Roi.

Les premiers Abbés de S. Ived de Braine n'ont rien fait de mémorable pendant leur gouvernement. On lit le nom de Gislebert premier Abbé de Braine, au bas de la Charte de fondation de l'Abbaye de Long-pont, dressée en l'an 1132. Gislebert eut pour successeur l'Abbé Pierre, auquel Joslein adressa deux Chartes ; l'une en 1141, l'autre en 1145, par lesquelles ce Prélat confirme les Religieux de Braine dans la jouissance des biens attachés à leur maison. La seconde de ces deux piéces, est signée de Normannus Chancelier de l'Evêque, de Hugues Abbé de Prémontré, de Gautier Abbé de S. Médard de Soissons, d'Ives Comte de Soissons, de Gérard de Chérisy, de Pierre & de Barthelemi de Braine, d'Enguerrand Martifarz & du Prevôt Payen. L'Abbé

Pierre mourut la même année qu'André de Baudiment, en 1145.

Les Abbés Raoul, Guéric, Baudoin, Hugues, Louis, Guillaume, & Pierre II, ont remplacé fuccessivement Pierre I. On peut voir au *Gallia Chrisliana* (1), ce qui est arrivé à Braine fous le gouvernement de ces Abbés, les donations qu'ils ont reçues, les acquisitions & les transactions qu'ils ont faites.

Le Monastere de Braine étoit double dans fon origine, de même que les autres Abbayes de Prémontrés. Les Religieuses occupoient un bâtiment féparé par un mur, du corps de logis des hommes. Ce bâtiment touchoit au cloître des Religieux. La Communauté des femmes exiftoit dès l'an 1140. On l'apprend de deux titres datés de cette année; l'un est une transaction entre les Chanoines du Mont-Notre-Dame & les Religieux de Braine. L'autre est une piéce déja citée, qui porte qu'en cette année, Sybille fille de Jean de Cormelle, a pris l'habit de Religion à S. Ived de Braine. On voit encore dans la basse-cour de l'Abbaye de Braine, le corps de logis des premieres Religieuses.

Ces Sœurs de l'Ordre occuperent ce bâtiment pendant peu d'années. La Comtesse de Braine leur donna pour retraite, une espéce de cense nommée Bruyeres, située au pied du Mont-Notre-Dame, à une demi-lieue de Braine. Il y avoit une Chapelle en ce même lieu.

Il y a une paroisse de Bruyeres près de Val-Chrétien, qui est du Valois, de même que la cense en question. En l'an 1589, le Curé de cette Paroisse paya fix livres onze fols quatre deniers pour les députés du Duché de Valois aux Etats de Blois. Je ne fai, auquel de ces deux Bruyeres il faut appliquer, ce qui est rapporté de la donation faite par Agnès de Braine de l'étang de Cuissy aux Religieux de S. Ived. L'acte de cette donation fpécifie, que la Dame Agnès en a dépofé l'acte fur l'autel de Bruyeres (2).

En l'an 1154, la Communauté des Religieuses de Braine, étoit tout-à-fait établie à Bruyeres. Cette particularité nous est connue, par une donation de la Comtesse de Braine aux *Religieuses de Bruyeres*, d'un étang situé à Ancy, où l'Abbaye de S. Ived posséde encore une ferme.

Ancy ou le Pont-d'Ancy, est un lieu fort ancien. On y passoit autrefois la Vesle fur un pont, dont on appercevoit encore les débris il y a quelques années. On a trouvé auprès de ce pont en

(1) Tom. 9. p. 490. (2) Gall. Chr. ibid.

démoliffant de vieux murs, des membres de ftatues mutilées ; beaucoup de tuiles canelées très-épaiffes, des bris de marbre de toutes les fortes. Un payfan de Limé, creufant, il y a quinze ans, un foffé affez près de l'ancien pont, brifa d'un coup de hoyau un vafe de verre, femblable à une grande bouteille, qui étoit rempli-d'offemens. Il déterra un peu plus loin, des os d'homme, d'une grandeur extraordinaire. On a mefuré un *Tibia*, qui avoit vingt-deux pouces de longueur.

Tous ces monumens nous ont paru de trois âges différens. Nous croyons, que les offemens d'une grandeur extraordinaire appartiennent au temps, où les Gaulois fe gouvernoient felon leurs loix. Les offemens renfermés dans des urnes de verre, de même que les ftatues mutilées, font poftérieures au regne d'Augufte. Les tuiles canelées font communes dans le Valois, fur plufieurs emplacemens qu'on fait avoir été habités fous les Romains du Bas-Empire, un peu avant la fondation de la Monarchie Françoife.

La réunion des circonftances fait préfumer, qu'il y avoit eu d'abord en ce lieu, une habitation de Gaulois; qu'on y avoit bâti une maifon de plaifance, après le regne d'Augufte; & que cette maifon aura été détruite ou endommagée, au temps de l'établiffement de la Monarchie Françoife : dans l'obfcurité de temps auffi reculés, on ne peut marcher, pour ainfi-dire, qu'à tâtons. Faute de faits certains, il faut s'aider de conjectures. J'ai cru devoir rapporter ici ces antiquités, parce que je n'aurai plus occafion de parler du pont d'Ancy. Je reviens au Couvent de Bruyeres.

Je n'ai pu favoir, combien de temps la Communauté de Bruyeres a fubfifté. Il n'y a plus qu'une ferme à Bruyeres : elle appartient aux Prémontrés de Braine. On voit encore à côté de cette ferme, des débris de l'ancien Monaftere. On lit aux Annales de Prémontré, que les biens de la Communauté de Bruyeres ont été changés en un bénéfice fimple, qui appartient au Séminaire de Soiffons.

La jeune Juive convertie par les foins d'Agnès de Baudiment Dame de Braine, mourut à ce qu'on prétend, peu de temps après le Comte Robert I. Son corps fut inhumé dans le chœur de l'Eglife de Braine, en un endroit où l'on voyoit autrefois une pierre plus longue que large, fans infcription, entre la tombe d'Agnès & celle de Robert II fon fils.

Duchefne affure, qu'Agnès de Baudiment, veuve de Robert I

Comte de Dreux, vivoit encore en 1202, quatorze ans après sa mort du Prince son mari. On connoît, qu'elle étoit décédée en l'an 1217, par l'acte d'une donation faite à S. Germer par Philippe de Braine Evêque de Beauvais, de plusieurs meubles qu'il avoit hérité de la succeslion de la Comtesse sa mere.

Agnès étant morte, son corps fut inhumé au milieu du chœur de l'Église de Braine. Ce qu'on lit à ce sujet dans les Voyages de D. Martenne, que cette Dame est inhumée au milieu du cloître de l'Abbaye, est visiblement une faute. On couvrit sa sépulture d'une tombe qu'on voit encore. L'effigie de la Comtesse est représentée au naturel sur cette tombe : elle est relevée en bosse : la tête de l'effigie est d'une grande beauté. La tombe est de pierre dure, sans inscription & sans date. Le bas n'est qu'ébauché.

La Comtesse laissa dix enfans, six fils & quatre filles, qui partagerent sa succession. Robert l'aîné des mâles, qui avoit reçu en partage le Comté de Dreux du vivant de son pere, hérita du Comté de Braine, après le décès de la Comtesse sa mere. Philippe le second des garçons, & Henry le troisiéme, embrasserent l'état Ecclésiastique. Philippe devint Evêque de Beauvais, & Henry Evêque d'Orléans. Guillaume de Dreux, Jean & Pierre de Braine, trois autres fils d'Agnès & de Robert I, font peu connus par leurs actions. Guillaume mourut sans alliance avant l'an 1208, & fut inhumé à Long-pont. Il est fait mention de Jean dans une Charte de l'an 1187. Cette piéce qui est en même temps signée de Robert & de Guillaume, est le seul monument où le nom de Jean soit écrit. Pierre de Braine est cité dans un titre de l'an 1179, comme étant possesseur d'un Fief situé du côté du tréfond de Démentard. La ferme de Démentard & une grande partie du tréfond relevoient de ce Fief (1). Pierre mourut en l'an 1186, suivant la Chronique de Long-pont, qui se trouve à ce sujet en contradiction avec le titre de l'an 1187, déja cité. Nous avons remarqué, que Pierre de Braine fut inhumé à Long-pont, avec des honneurs extraordinaires.

Robert, Philippe & Henry, nous font beaucoup plus connus que leurs freres. L'article de Robert II nous occupera dans un autre endroit de cette Histoire. Nous allons rapporter les principaux traits, qui caractérisent plus particuliérement la vie de Henry & de Philippe.

(1) Chron. Long-p. p. 67. 79.

Henry de Dreux entra dans l'état Ecclésiastique, par inclination & par choix. Il fut d'abord Archidiacre de Brabant dans l'Eglise de Cambrai. Il passa de cette dignité à celle d'Evêque d'Orléans, en l'an 1186. Depuis son inthronisation, il reçut de Pierre de Blois une lettre, par laquelle cet homme célèbre l'engage à solliciter le Roi Philippe Auguste son cousin germain, à demander au Clergé de France des prieres, plutôt que des secours d'argent, pour lever une armée contre les Sarrasins (1). Henry entreprit le voyage de Rome en 1198, pour travailler à la délivrance de Philippe son frere, que les Anglois tenoient prisonnier. Arrivé à Sienne en Toscane, il fut attaqué d'une maladie qui le mit au tombeau, le vingt-cinq Avril de la même année 1198. On rendit à sa mémoire, tous les honneurs qui étoient dûs à son caractere & à sa naissance. On l'inhuma dans l'endroit, qui servoit de sépulture aux Evêques du lieu. Agnès sa mere vivoit encore. Elle fonda un Service pour le repos de son ame dans l'Eglise Cathédrale de Reims. (2).

Rien n'est plus commun que de voir des sujets engagés dans un état contre leur inclination, contre leur gré, contre leur vocation. Les parens qui forcent leurs enfans à embrasser un genre de vie contraire à leurs dispositions, à leurs talens, à leur caractere, perdent ces enfans, se manquent à eux-mêmes & à la société. Tel auroit excellé dans la profession des armes, qui deshonore l'état Ecclésiastique, par une vie dissipée, & par une conduite opposée aux bienséances, qu'un Ministre des Autels doit garder pour l'honneur de son caractere. Voici un exemple de cette conduite.

Philippe de Dreux naquit au château de Braine, avec un génie & des qualités directement opposées au genre de vie, que ses parens lui firent embrasser dans la suite. Dès qu'il eut atteint l'âge & les forces nécessaires, il prit parti dans les armées, & fit le voyage de la Terre-sainte, où il donna des preuves de bravoure & d'habileté dans la profession des armes. A son retour en France, il vit son oncle Henry Archevêque de Reims, qui l'engagea par des raisons de fortune, à se faire Ecclésiastique. Philippe fut nommé Evêque de Beauvais en l'an 1176, & prit possession de son Siége en 1180 (3).

Il eut part aux plus grands évenemens de son temps, militaires

(1) Petr. Blef. p. 112. an. 1188.
(2) Gall. Chr. t. 2. p. 1456.

(3) Duch. Hift. Dreux, p. 31.

& civiles. Il affifta au Couronnement de Philippe Augufte, comme Pair de France. En 1182, il fit le voyage de S. Jacques en Galice. Le Roi Philippe Augufte & le Roi d'Angleterre étant partis pour la Terre-Sainte, l'Evêque de Beauvais les y fuivit, & s'expofa en combattant vaillamment pour les intérêts de la Religion. Moins heureux qu'à fon premier voyage, il fut pris par les Infidéles, & conduit prifonnier à Babylone : il fe retira de leurs mains à prix d'argent, & revint en France. En l'an 1193, il unit la Vidamie de Gerberoy à fon Siége de Beauvais.

Les Rois de France & d'Angleterre, après avoir marché de bon accord contre les Infidéles, fe diviferent entre eux. Les Généraux du Roi d'Angleterre poufferent leurs partis jufqu'aux portes de Beauvais. A la vue des ennemis, l'Evêque fentit renaître fon ardeur guerriere, & oublia fa dignité. Il raffembla à la hâte un corps de milice bourgeoife, qui n'avoit jamais vu l'ennemi.

Quoique le nombre des Anglois fût fupérieur à celui du corps des bourgeois, l'Evêque réfolut d'exécuter une fortie. Il fe couvrit d'une armure complette ; le bouclier au bras, le cafque en tête, le corps couvert de la même cotte d'armes qu'il avoit portée à la Terre-Sainte. Il s'avança avec beaucoup d'intrépidité à la tête de fa troupe, pour charger les Anglois. Ceux-ci reçurent les bourgeois, avec une fierté qui les effraya. La troupe de l'Evêque lâcha pied, fans écouter la voix de fon Chef, qui faifoit les derniers efforts pour rallier les fuyards. Le bataillon fut diffipé : ceux qui n'eurent pas le temps de fe fauver dans la ville, furent faits prifonniers; l'Evêque lui même tomba au pouvoir des Anglois, tandis qu'il cherchoit à rétablir le combat.

Le Chapitre de Beauvais écrivit au Pape, pour le prier d'obtenir du Roi d'Angleterre, la délivrance de fon Evêque. Henry, Evêque d'Orléans, entreprit le voyage de Rome, dans le deffein d'accélérer le moment où Philippe fon frere devoit être rétabli dans fon Siége.

Le Pape adreffa au Roi d'Angleterre un Bref, par lequel il le prie, avec toute forte d'inftance, de rendre la liberté à l'Evêque de Beauvais *fon fils, fon cher fils*. Le Roi d'Angleterre envoya au Pape la cotte d'armes de l'Evêque, & chargea fon député de porter ces paroles au Pontife en la lui préfentant : *Tunica filii tui hæc eft?* Reconnoiffez-vous la Tunique de votre fils? Le Pape à qui le député raconta de quelle maniere l'Evêque avoit été pris, répondit : ce n'eft plus ni mon fils, ni celui de l'Eglife, c'eft un foldat de Mars & non de Jefus-Chrift ; qu'il fe rachete à prix d'argent. Le Roi d'Angleterre exigea fix mille marcs d'argent, que l'Evêque paya.

Ce contretemps ne guérit pas l'Evêque de fa manie pour la profeffion des armes. Il marcha contre les Albigeois en l'an 1212, & combattit contre eux avec beaucoup de valeur.

Au retour de cette campagne, il eut un différend très-vif avec le Comte de Boulogne (1). Celui-ci ayant attiré le Comte de Clermont dans fon parti, l'Evêque appella à fon fecours fes neveux, fils de Robert II Comte de Braine. Le Comte de Boulogne commença les hoftilités. Il prit & rafa un fort qui appartenoit à l'Evêque. Le Prélat fecouru de fes neveux, ufa de repréfailles : il enleva de vive force un fort appartenant au Comte de Boulogne, & le rafa. Cette petite guerre dura peu : les parties en vinrent à un accommodement.

Le Pape apprenant que l'Evêque de Beauvais avoit oublié fes anciennes infortunes, & continuoit de mener la vie d'un militaire, au lieu d'édifier fon Clergé & fon peuple par une conduite exemplaire, lui écrivit une lettre fort vive, par laquelle il lui défendoit de porter l'épée. L'Evêque prenant à la lettre la défenfe du Pape, s'abftint de porter l'épée & de manier cette arme. Il fe fit faire une maffe d'armes garnie de picots & de pointes, & s'en fervoit au lieu d'épée. Il fuivit Philippe Augufte aux guerres de Flandres, parut avec éclat à la mémorable journée de Bouvines & paya de fa perfonne avec un courage héroïque (2). Il affomma un grand nombre d'Anglois, & terraffa Etienne Longue-épée Comte de Salifbury, frere naturel de Jean Roi d'Angleterre. Il ne lui ôta pas la vie : il le fit prifonnier & le livra à Jean de Nefle. Il affifta en l'an 1216, en qualité de Pair de France, au fameux jugement de Melun, touchant la Comteffe de Champagne. En l'an 1217, il fit fon teftament. Il donna à fon Chapitre, des dixmes qu'il poffédoit à Chévrières, & fit préfent à l'Abbaye de S. Germer d'une piéce de vaiffelle d'or, qui lui venoit de la fucceffion de là Comteffe de Braine fa mere.

On trouve dans les Décrétales, plufieurs refcrits des Papes Alexandre III & Innocent III, adreffés à Philippe Evêque de Beauvais. La plus remarquable des circonftances de fa vie, eft

(1) Rigord ad an. 1212.   1. (2) Guill. Brito. Ph. lib. 10.

l'établiffement de la publication des bancs de mariage, pour la sûreté des conjoints & pour l'utilité publique (1).

Sa déférence, fon refpect pour les avis des Papes, & fes attentions pour le maintien de la difcipline Eccléfiaftique, lui font beaucoup d'honneur affurément : mais ces perfections prouvent feulement qu'il avoit beaucoup d'efprit & de jugement, & ne le difculpent pas de la faute qu'il fit d'entrer dans l'état Eccléfiaftique, par égard pour des avis qui n'étoient fondés que fur des vues d'intérêt. Celles de fes qualités qui cauferent un fcandale général, euffent été regardées comme des graces d'état, s'il eût continué de fuivre la profeffion des armes qu'il avoit d'abord embraffée. Il mourut à Beauvais au mois de Novembre de l'an 1217; regretté de fes diocéfains, à caufe de fes vertus civiles, & d'un caractere bienfaifant, qui le portoit à prévenir ceux qu'il pouvoit obliger.

28. La fondation de l'Abbaye de Chartreuve a fuivi de près l'établiffement des Prémontrés de Braine. Chartreuve eft un lieu ancien. Ses noms latins, *Cartovorum*, *Caftrovorum* & *Cartovra*, font compofés des deux mots, *Caftrum* qui fignifioit un château fortifié, & *Evora* ou *Euvre*, qui dans l'ancien langage fignifioient une forêt. La fituation de Chartreuve autorife cette explication.

Il y a apparence, que le premier château de Chartreuve avoit été bâti par les Romains. Sa premiere origine n'a pas d'époque certaine. Après la conquête des Gaules par les Francs, ce lieu devint une terre du Fifc (2). Cette terre fut donnée aux ayeux du Seigneur Gomnoald. Celui-ci vendit ce domaine, fur la fin du feptiéme fiécle, à S. Rigobert Archevêque de Reims, moyennant une fomme de cinq cens fols d'or, que le faint Prélat lui paya comptant. S. Rigobert fit préfent de cette terre à fon Archevêché.

Vers le temps où la terre de Braine fut enlevée aux Archevêques de Rouen, des Chevaliers, vaffaux des Comtes de Vermandois, ravirent à main armée la terre de Chartreuve aux Archevêques de Reims; les terres de Chartreuve & de Chéry pafferent de ces Chevaliers au pouvoir des Comtes de Champagne, & de ceux-ci, aux Seigneurs de la terre de Braine.

Après la mort du pere de la Dame Agnès, qui époufa André de Baudiment, les terres de Chartreuve & de Chéry échurent à

(1) Gall. Chr. t. 9, p. 732.　　(2) Flodoard. lib. 2. chap. 11.

Hugues

Hugues le Blanc frere d'Agnès. Hugues forma le deſſein de placer des Religieux à Chartreuve, avant que l'Abbaye de Braine eut été fondée ; mais il mit pluſieurs années à l'exécuter. Quelques Auteurs ayant égard au temps où Hugues forma ſa réſolution, ont avancé que l'Abbaye de Chartreuve eſt le premier Monaſtere de Prémontrés, qui ait été fondé au Diocèſe de Soiſſons. Cette fondation eſt poſtérieure à celle de Valſery, établie d'abord à Viviers (1).

Hugues de Chéry eut beſoin pour exécuter ſon projet, du conſentement de Guy ſon frere & de la Dame Agnès de Braine ſa ſœur, parce que les biens qu'il ſe propoſoit de donner en dot au nouveau Monaſtere, dépendoient en partie de ces deux perſonnes. Hugues demanda auſſi le conſentement de Henry I Roi d'Angleterre, qui avoit apparemment quelques prétentions à exercer ſur les mêmes biens. Il obtint ce qu'il déſiroit.

Guy de Braine, dont il eſt ici queſtion, doit être diſtingué de Guy de Baudiment, fils d'André, qui poſſéda la terre de Braine après le décès de ſon pere. L'un étoit l'oncle, l'autre le neveu. Guy de Braine, frere de Hugues & d'Agnès, eſt cité ſous le nom de *Vido de Breina* dans une Charte de l'an 1123, concernant le Monaſtere d'Igny. Il eſt marqué dans cette piéce, que Guy a fait ſon préſent à cette Abbaye, ſous le bon plaiſir du Seigneur Thibaud Comte de Champagne (2). Guy mourut ſans poſtérité, de même que Hugues le Blanc ſon frere. Les biens de ces deux Seigneurs revinrent à Agnès leur ſœur, avec les droits particuliers que Hugues s'étoit réſervés ſur l'Abbaye de Chartreuve. C'eſt par cette raiſon, que les Comtes de Braine ſont encore reçus à Chartreuve comme Patrons, lorſqu'ils s'y préſentent : ce qui arrive ordinairemeut aux mutations.

Hugues, après avoir aſſuré un fond de ſubſiſtance aux Religieux qu'il vouloit faire venir à Chartreuve, choiſit le chef qui devoit gouverner la nouvelle Communauté en qualité d'Abbé. Il jetta les yeux ſur un Prémontré nommé Odon, qui avoit la réputation d'une rare intelligence & d'une vie exemplaire. Odon fut chargé de l'achevement des lieux réguliers & de l'inſtallation des Religieux, qui devoient compoſer la nouvelle Communauté. Nous ignorons en quelle année Odon mit fin à l'établiſſement de l'Abbaye de Chartreuve. Les Abbés ſes ſucceſ-

(1) Gall. Chr. t. 9, p. 483. t. 10. inſtr. p. 128. | (2) Gall. Chr. t. 10. inſtr. p. 110.

feurs n'ont rien fait qui mérite d'être rapporté. Sur la fin du dou-ziéme fiécle, Philippe d'Ouchy fit préfent à Chartreuve d'un re-venu en grains, lorfque Philippe fon fils prit l'habit de Prémontré à Chartreuve.

Odon forma une Communauté de femmes dans l'enceinte de fon Monaftere. Cette Communauté fubfiftoit encore à Chartreuve en l'an 1197. Le trait qui fuit, en eft la preuve.

Il eft marqué dans une Charte de Fulbert Évêque de Térouan-ne, datée de cette même année 1197, que Fulbert & fa femme Herœa fe font retirés à Chartreuve avec Doline leur fille ; qu'ils ont donné tous leurs biens à l'Abbaye avec ces reftrictions ; 1°. que Fulbert & fa femme demeureroient dans l'Abbaye fans prendre l'habit de l'Ordre, & qu'ils y meneroient la vie fécu-liere ; 2°. que Doline leur fille prendroit l'habit de Religion, & fuivroit la Regle des Sœurs de l'Ordre; 3°. que le pere & la mere de la Religieufe conferveroient leur vie durant une partie de leurs biens, pour lefquels ils payeroient à l'Abbaye une rente annuelle d'un marc d'argent.

Les Religieufes furent transférées quelques temps après en un endroit fitué entre Chartreuve & Chéry, à un demi quart de lieue au nord de Chartreuve. Il n'y a plus préfentement qu'une métairie en cet endroit, qu'on nomme la *ferme des Dames*, ou *les Dames fous Chery*. L'ancienne Eglife fubfifte encore, avec quelques portions des lieux réguliers.

29. Les Chanoines du Mont-Notre-Dame eurent plufieurs con-teftations avec les premiers Prémontrés de Chartreuve & de Braine, touchant des biens limitrophes. Ces conteftations furent terminées par une tranfaction paffée en l'an 1140, entre l'Abbé des Prémontrés de Braine & Thomas, Doyen du Mont-Notre-Dame. L'acte dont on a encore l'original, porte que les Chanoines du Mont-Sainte-Marie cédent aux Religieux de Braine le moulin de Joye, à condition que les Religieux payeront annuellement aux Chanoines, une rente de fept muids & demi du plus beau froment, qui fera récolté fur les ter-res de la ferme de Bruyeres.

Ce moulin de Joye fubfifte encore. Il eft fitué au bas du Mont-Notre-Dame, fur la petite riviere qui fépare les deux ter-ritoires du Mont-Notre-Dame & de Quincy. Il y avoit autrefois près de ce moulin un *pont de Jouife*, où paffoit le grand chemin de Paris à Reims : on gagnoit Ouchy, en montant la boulerie de Tannieres.

Le Doyen Thomas, qui conclut l'accord dont on vient de parler, étoit un Ecclésiastique vertueux, pour qui l'Evêque Josselin avoit une grande estime. Il survécut peu d'années à cet accord. Après sa mort, son Chapitre rendit à sa mémoire les honneurs qu'il avoit mérités. On l'inhuma dans l'Eglise, & l'on plaça à côté de son tombeau une épitaphe, dont l'inscription est conçue en ces termes :

Est homo vermis, humus est, & mundi gloria fumus,
    Et presens vita, transit ut umbra cita.
Pes, tutela, manus, Cleri fuit iste Decanus,
    Pauperis & baculus, quem tegit hic tumulus.
Cum nulli sensus mortem demat neque census
    His Thomas nituit, qui tamen ecce ruit.

Ces vers, quoiqu'assez mal tournés, font un éloge complet du Doyen Thomas. Ils le représentent comme le pere des pauvres, comme l'ami & le défenseur de ses Confreres. L'Eglise où ce Doyen fut inhumé, étoit la même qui avoit été bâtie par Gérard de Roussillon, Fondateur du Chapitre. Les vers que nous venons de transcrire, sont parfaitement bien figurés en caracteres moitié romains, moitié gothiques, avec beaucoup d'abbréviations & de liaisons. L'épitaphe se voit encore dans la croisée gauche de la grande Eglise du Mont-Notre-Dame, au dessous de la voûte. Elle est dans un sens renversé (1).

30. La Maison des Seigneurs de Bazoches se perpétua pendant tout ce siécle, par une illustre & nombreuse postérité. Hugues de Bazoches, dont nous avons parlé au Livre précédent, eut quatre fils ; Guy, Gaucher, Hugues II & Gérard, & une fille nommée Ermengarde, dont il est fait mention dans un titre de l'an 1134. Guy de Bazoches eut des descendans, dont nous allons parler.

Gaucher eut en partage les terres de Coulonges & de Pouilly, avec une portion de la Seigneurie de Bazoches. Il confirma les donations faites a S. Rufin par son pere. Il donna en l'an 1134, à l'Eglise de S. Thibaud, un moulin situé sur la chaussée

(1) Duch. Hist. Chat. p. 68.

de Bazóches. On conferve un acte de l'an 1141, par lequel il donna un pré à l'Eglife de S. Ived de Braine. Il mourut fans enfans en 1148.

Hugues II époufa l'héritiere de la Vidamie de Châlons. Je n'ai rien découvert fur Gérard.

Guy de Bazoches entra en poffeffion de la plus grande partie des domaines de fon pere. Quelques titres du temps portent, qu'il reftitua à l'Eglife de S. Thibaud la dixme de Corthain, que fon pere avoit ufurpée, & qu'il la donna à un Chevalier de fon château, nommé Ifuard, pour lui tenir lieu de quinze livres. Guy rembourfa le Chevalier, & rendit la dixme. Afin de réparer le tort que l'ufurpation de fon pere avoit caufé à l'Eglife de S. Thibaud, il donna à cette Eglife la dixme de fon alleu de Parthy. Il époufa Hermengarde de Roucy, de laquelle il eut deux fils; Hugues de Bazoches, & Gervais qui lui fuccéda.

Hugues fe fit Moine à l'Abbaye d'Igny, fans vocation pour l'état qu'il embraffoit. Ce Religieux n'eft connu que par un crime énorme. Il attendit & tua dans un dortoir de fon Monaftere, Gérard Abbé de Clairvaux.

Gervais de Bazoches époufa du vivant de fon pere, une Dame nommée Havoife. On lit dans un acte de l'an 1154, que ce Seigneur confirma les Religieux de S. Ived de Braine dans la jouiffance de tous les biens qu'ils poffédoient à *Chortiaut*, apparemment Courteau. L'acte qu'il fit dreffer à ce fujet, fut paffé en préfence de Guillaume Abbé de Chartreuve, & d'Ancoul de Pierrefonds Evêque de Soiffons. En l'an 1161, il conftitua une rente à l'Eglife de S. Rufin pour l'entretien d'une lampe, qui devoit brûler jour & nuit devant une Image de J. C. L'année de fa mort eft incertaine.

Havoife fon époufe lui furvivoit en l'an 1169, avec fix fils & deux filles, qu'ils avoient eu de leur mariage. Nicolas, l'aîné des fix garçons, fuccéda à fon pere dans la plus grande partie de fes biens.

Guy le fecond fut Chanoine de *Soiffons*; Gaucher le troifiéme mourut jeune, & fut enterré à S. Rufin; Gautier le quatriéme prit le parti des armes & devint Chevalier. On lit fon nom dans un acte de l'an 1169. Milès le cinquiéme fut fait Abbé de S. Médard de Soiffons. Robert le fixiéme fut marié, & eut un fils qu'on nomma Pierre de Bazoches. Fauque de Bazoches, l'aînée des deux filles, fut mariée en premieres nôces à Renaud de Courlandon, & en secondes nôces, à Raoul de Séry. Alix de Bazoches, sœur cadette de Fauque, épousa le Seigneur de Balaam, dont elle eut quatre fils.

Nicolas possédoit la Seigneurie de Bazoches dès l'an 1169. Il passa en cette année un compromis avec les Religieux de S. Ived de Braine, touchant des terres situées à Barbonval, Longueval & Serval. Il épousa en 1188, Agnès de Chérisy, fille de Gérard III. Il en eut une fille & six fils. La fille prit le nom d'Agnès, & épousa d'abord Raoul de Château-Porcien ; puis Erard Seigneur d'Aunay, après la mort de Raoul.

Nicolas, l'aîné des six garçons, succéda à son pere. Nous le nommerons Nicolas second, pour l'en distinguer. Gautier de Bazoches, troisiéme fils de Nicolas I, eut en partage la terre de Villesavoye, & fit branche dans la Maison de Bazoches. Les cinq autres enfans embrasserent l'état Ecclésiastique. Jacques de Bazoches fut Evêque de Soissons. Gervais de Bazoches, second frere de Nicolas II, devint Archidiacre de cette même Ville. Nivelon, cinquiéme fils de Nicolas I, fut Chanoine de la même Cathédrale & Archidiacre, ainsi que Gervais son frere. Gérard le cinquiéme, fut nommé à un Canonicat de la même Eglise de Soissons, & fut élevé dans la suite sur le Siége Episcopal de Noyon.

Jacques de Bazoches a été le plus illustre de cette nombreuse Famille. Il fut d'abord pourvu de la dignité de Trésorier de la Cathédrale de Soissons, & nommé ensuite Evêque de cette Ville en l'an 1219. La circonstance de son Episcopat qui l'a rendu plus célebre, est le choix qu'on fit de sa personne pour sacrer le Roi S. Louis en l'an 1226. Le Siége de Reims étoit vacant. En 1223, il acquit de Mélisende de Chérisy sa tante, un revenu de dix-huit muids de froment & de dix-sept muids d'avoine, à prendre sur la maison de Long-pont. Gobert de Chérisy son oncle, ratifia cette vente. En 1227, l'Évêque Jacques de Bazoches consacra la grande Eglise de Long-pont, en présence du Roi S. Louis. Il mourut après l'an 1241.

Les biens de l'Eglise de S. Rufin de Bazoches, qui avoient suffi dans l'origine à l'entretien de soixante-douze Clercs, ne produisoient plus qu'un revenu modique au douziéme siécle (1).

(1) Ann. Bened. t. 6. p. 280. 671.

Les premiers fonds de cette Eglife avoient été ufurpés en grande partie. La diminution du produit avoit impofé la néceffité d'éteindre foixante Canonicats , & de n'en réferver que douze.

Vers l'an 1136, Joflein de Vierzy Evêque de Soiffons , reçut du Roi la permiffion de réunir à Marmoutier la Collégiale de S. Rufin de Bazoches. Il obtint auffi les autres confentemens néceffair s. Voici quelles furent les conditions de cette réunion (1).

L'Evêque convint avec Odon Abbé de Marmoutier, que l'Eglife de S. Thibaud déja occupée par des Religieux de fa Maifon, feroit foumife à celle de S. Rufin : que les Chanoines féculiers de S. Rufin conferveroient leurs prébendes jufqu'à la mort, & qu'à mefure que chacun d'eux décéderoit, il feroit remplacé par un Moine : que les Chanoines & les Moines vivroient féparément ; que le plus nombreux des deux corps feroit l'Office Divin dans le chœur, & l'autre dans la nef : que le premier jouiroit des droits de nomination & des priviléges des Dignités ; que cependant les legs pieux feroient divifés en deux parties égales.

Ces particularités font contenues dans une lettre de l'Abbé Odon, adreffée à l'Evêque de Soiffons. Odon témoigne au Prélat, que le Monaftere de Marmoutier eft redevable aux Evêques fes prédéceffeurs, de la réunion des Eglifes de S. Thibaud de Bazoches, & de S. Sulpice de Pierréfonds, à fa Communauté.

31. Chaque fiécle a eu fon genre de dévotion. Il n'y en a pas où les fondations de Monafteres ayent été auffi multipliées, que pendant le douziéme. Trois grands Ordres Religieux partageoient l'eftime & les libéralités des perfonnés pieufes ; les Bénédictins, les Bernardins & les Prémontrés. Parmi ces Monafteres, les derniers établis avoient toujours plus de part aux aumônes des fidéles que les autres, parce que les premiers commencemens font toujours accompagnés de plus de ferveur.

L'Abbaye de Long-pont a été fondée avec beaucoup de fomptuofité & de magnificence. Elle tient encore un rang diftingué parmi les Maifons religieufes de la filiation de Clairvaux.

Avant que ce Monaftere fût fondé , il y avoit un village de Long-pont & une Eglife paroiffiale, à côté de l'emplacement actuel de l'Abbaye. L'origine de ce village eft fort obfcure. Il paroît que dans les premiers temps il faifoit partie du domaine des Seigneurs de Crépy. Ces Seigneurs le donnerent en Fief à quel-

(1) Gall. Chr. t, 9. p. 357.

ques-uns de leurs Chevaliers de la Ferté-sur-Ourcq, qui partagerent cette terre entre eux. Les principales portions de cette terre furent réunies par le pere d'Agnès de Long-pont, femme de Gérard de Chérify, fils de Gérard le Borgne. Lorſque l'Abbaye fut fondée, une grande partie de la terre relevoit de Geoffroi de la Ferte-Milon. Agnès de Long-pont porta ce domaine en dot à Gérard de Chérify, lorſqu'elle l'épouſa. Comme Gérard appartenoit à la Maiſon des Seigneurs de Pierrefonds, il obtint des Seigneurs de Crépy, que ſon Fief de Long-pont relevât par la ſuite de la Châtellenie de Pierrefonds. Le nom de Long-pont avoit été donné à cette terre, parce qu'on arrivoit au village par une longue chauſſée, percée de pluſieurs arches qui repréſentoient un pont.

L'Egliſe paroiſſiale du lieu avoit joui anciennement de gros revenus, que les Chevaliers de la Ferté-Milon avoient envahis. La plûpart de ces biens étoient parvenus par ſucceſſion à Gérard, mari d'Agnès de Long-pont. Gérard poſſeda longtemps ces biens, ſans ſavoir qu'ils avoient été uſurpés. L'Evêque de Soiſſons le lui fit connoître, & lui donna des avis. Gérard reçut avec docilité les remontrances du Prélat; car il avoit hérité de ſon pere les ſentimens d'une éminente piété (1). Le Siége Epiſcopal de Soiſſons étoit pour lors occupé par Joſcelin de Vierzy, le pere ou le reſtaurateur de tant de Monaſteres.

Joſcelin propoſa à Gérard de placer à Long-pont des Religieux de Cîteaux, au lieu des Clercs ſéculiers qui deſſervoient originairement l'Egliſe. L'Evêque obtint ſa demande, & penſa à fonder à Long-pont un Monaſtere, où l'on obſerveroit la Regle de Cîteaux. Comme les biens qu'on alloit reſtituer, ne pouvoient ſuffire à la ſubſiſtance d'une Communauté nombreuſe, il donna à l'Egliſe de Long-pont deux charrues de terre, dépendantes de la ferme de Morambeuf, paroiſſe de Vierzy. Ancoul de Pierrefonds Prevôt du Chapitre de Soiſſons, & Nivelon de Chérify Archidiacre du Dioceſe, poſſédoient l'un & l'autre quelques biens dans le canton. L'Evêque les engagea à en faire le ſacrifice à l'Egliſe de Long-pont. Matthieu de Louatre & Renaud ſon frere, voulant avoir part au nouvel établiſſement, céderent des terres & des prez, des étangs & des bois, qu'ils avoient à Favieres. Ces particularités ſont rapportées dans un écrit daté de l'an 1132,

(1) Chron. Long-p. Sueſſ. p. 28.

qu'on doit regarder comme la Charte de fondation de l'Abbaye de Long-pont. On lit au bas les signatures de Burchard Evêque de Meaux, d'André de Baudiment, & de Geoffroi de la Ferté-Milon. Le Roi Louis le Gros approuva les dispositions de cet écrit, par un Diplôme daté de l'année suivante 1133. Le Pape Innocent II ratifia tout, par sa Bulle de l'an 1141.

L'Evêque de Soissons fit venir des Religieux de Cîteaux à Long-pont, avant la fin de l'an 1132, 1133, avant Pâques. On lit dans la Chronique de Guillaume de Nangis (1), que l'Abbaye de Long-pont a été fondée le jour de Pâques ; ce qui signifie que l'on a commencé ce jour-là d'y observer la Regle. Il doit être ici question de la fête de Pâques, premier jour de l'année 1133.

Rien ne fait connoître qu'on ait bâti de nouveaux logemens pour recevoir les Religieux de Cîteaux. Il y a apparence que ces Religieux occuperent en premier lieu, les logemens qui avoient autrefois servis aux Clercs de l'Eglise de Long-pont. Ils passerent près de dix ans, privés d'une Eglise spacieuse & de logemens sains & commodes.

S. Bernard qui vivoit pour lors, prit beaucoup d'intérêt à cette fondation. Comme l'établissement ne pouvoit être réputé consommé, sans le renouvellement de l'Eglise & des lieux réguliers, il chercha quelque puissant Seigneur qui fût assez opulent, pour entreprendre à ses frais la construction d'une Eglise & des lieux claustraux propres à faciliter l'observance de sa Regle. Il profita habilement d'une conjoncture, que son grand crédit rendit favorable à l'exécution de ses desseins.

Le Prince Raoul IV, Comte de Crépy, frappé d'excommunication à cause de son divorce, cherchoit à rentrer dans le sein de l'Eglise. Avant de le recevoir à pénitence, on lui imposa plusieurs obligations, parmi lesquelles on prétend que S. Bernard fit insérer celle de bâtir l'Eglise & le Monastere de Long-pont. D'autres assurent, que le Comte choisit de son propre mouvement, ce genre d'expiation. Quoiqu'il en soit des circonstances & des motifs, Raoul fit jetter les fondemens de la grande & magnifique Eglise de Long-pont, vers le temps où il fut relevé de son excommunication par Ives, Légat du saint Siége.

L'Eglise de Long-pont est un des beaux vaisseaux du Royaume. Elle est bâtie dans un grand goût, avec autant de solidité que

(1) Spicileg. t. ?. p. 5.

de

de délicateſſe. Elle a trois cens vingt-huit pieds de long , & quatre-vingt-huit pieds de large , ſur quatre-vingt quatre pieds d'élévation en-dedans œuvre. La croiſée eſt longue de cent cinquante pieds , n'ayant été bâtie que pour l'uſage des Religieux dans une eſpéce de ſolitude ; le Chœur en occupe la plus grande partie ; la Nef eſt peu conſidérable. Au-deſſus des arcades , par leſquelles la Nef & le Chœur communiquent avec les bas-côtés , regne une galerie fermée dans tout le contour de l'Egliſe. Les galeries fermées ſont un ornement d'architecture commun aux grandes Egliſes , qui ont été bâties ſur la fin du douziéme ſiécle. La croiſée eſt terminée par deux roſes d'un beau travail ; une troiſiéme roſe qui ſert d'ornement au grand portail , donne beaucoup de jour à l'entrée de la Nef. Les voûtes ſont éclairées par des vitraux très-bien percés & très-bien ménagés. Originairement les roſes & les vitraux étoient des griſailles de gros verres , enchaſſés dans des cadres de bois , comme à Pontigny & à la Cathédrale de Soiſſons. Les murs , quoique d'une grande portée , n'ont preſque pas de fondation.

Tout l'édifice ne fut pas achevé du vivant de Raoul IV Comte de Crépy. Ce Prince eut ſeulement la ſatisfaction de finir les principaux lieux réguliers. Ces lieux ſont ſpacieux , dégagés , bien voûtés. Ils paſſent pour les plus beaux de tout l'Ordre de Citeaux. Les trois dortoirs ont été achevés du vivant de Raoul , ainſi que le réfectoire , qui eſt une belle ſalle , aſſez ſpacieuſe pour contenir deux cens convives. Les dortoirs ont été dégradés pendant les guerres de Religion.

Alix ou Pétronille , ſeconde femme de Raoul , qui avoit été le ſujet du divorce de ce Seigneur , eut beaucoup de part à la fondation de Long-pont. On apperçoit à l'extrémité des jardins de cette Abbaye , un pan de muraille ſurmonté d'une cheminée à tuyau rond. Cet ancien mur eſt le reſte d'un hôtel , que cette Dame fit bâtir , afin d'être témoin de plus près des vertus des premiers Religieux , & de s'édifier de leur vie exemplaire. Après la mort de Pétronille , la Comteſſe Eléonore ſa fille occupoit cet hôtel , lorſqu'elle venoit rendre viſite aux Religieux de Long-pont. Ce corps de logis fut accordé dans la ſuite aux Evêques de Soiſſons , auxquels il ſervit long-temps de Maiſon de plaiſance.

Les pierres qui ont ſervi à la conſtruction de tous les bâtimens, ont été prifes dans des carrieres, qu'on voit encore aux environs de l'Abbaye.

Le Monaftere de Long-pont acquit des biens immenfes, avant la fin du douziéme fiécle. Raoul I V y fit préfent des deux plus riches fermes de fon Comté de Vermandois; Héronval & le Tronquoy. Il exempta les Religieux de tous péages dans l'étendue de fes domaines. Raoul le Jeune fon fils leur accorda le droit de pacage & d'ufage dans fes forêts. Elifabeth, fœur aînée du jeune Comte, donna aux mêmes Religieux la riche métairie de Morambeuf avec la Juftice du lieu. Eléonore fa fœur, Dreux Seigneur de Pierrefonds, & les Seigneurs les plus puiffans de la contrée, comblerent à l'envi le nouveau Monaftere de leurs largeffes. En l'an 1191, les Religieux de Long-pont reçurent en préfent les deux fermes de Vauberon & de la Gorge.

Le premier Abbé régulier de Long-pont fut placé de la main de S. Bernard. Le Saint choifit Hugues Pipars, Prieur de fon Abbaye de Clairvaux. Hugues abdiqua volontairement en l'an 1145, & eut pour fucceffeurs Baudoin, Geoffroy & l'Abbé Girard, qui a été l'un des grands hommes de l'Ordre de Cîteaux. Lié d'une étroite amitié avec S. Bernard, il fut auffi le fidéle imitateur de fes vertus. Après la mort du pieux Abbé, il écrivit fa vie fous le titre de *gefta fancti Bernardi*. Les Abbés Alexandre, Hugues de Caffel, Hugues de Troyes, Hugues de S. Quentin & Adam, le remplacerent fucceffivement.

Le fameux Pierre le Chantre parut à Long-pont, fous le gouvernement de l'Abbé Adam. Pierre ayant formé le deffein de paffer les dernieres années de fa vie fous l'habit & fous la Regle de Cîteaux, choifit l'Abbaye de Long-pont pour retraite. Pierre étoit né à Reims. Il quitta fa patrie pour venir faire à Paris fon cours de Théologie. Il prit les dégrés de Docteur dans la célebre Univerfité de cette Ville. Il fut élevé par fon mérite à la dignité de Chantre de l'Eglife Cathédrale. Pierre occupoit cette place, lorfqu'on le nomma Evêque de Tournai, d'une voix unanime. Sa modeftie ne lui permit pas de déférer aux empreffemens du Clergé & du peuple, qui l'avoient choifi : il refufa. Il confomma, pour ainfi-dire, fon renoncement aux honneurs, en partant de Paris pour fe rendre à Long-pont. Il prit avec lui tous les ouvrages qu'il avoit compofés, & les retoucha pour la plûpart. On conferve encore ces mêmes Ouvrages manufcrits dans la Bibliotheque de Long-pont.

Muldrac s'étend beaucoup fur la vie & fur les écrits de Pierre le Chantre, dans la Chronique de Long-pont (1). Il raffemble fur cet homme illuftre, tous les témoignages qu'il a pû trouver. Pierre mourut à Long-pont en odeur de fainteté en l'an 1197, avant la fin de fon Noviciat. Ses Ouvrages ne font pas à l'abri de tout foupçon d'erreur. Pierre le Chantre eft accufé par plufieurs Théologiens, d'avoir cru que la confécration des deux efpéces Euchariftiques eft indivifible.

Les Religieux de Long-pont inhumerent fon corps dans leur cloître, à côté de la porte de l'Eglife. On lit cette infcription au-deffus de fon tombeau : *D. O. M. Hic jacet Petrus Cantor Parifienfis Doctor celeberrimus, qui in Epifcopum Tornacenfem electus, humiliter declinavit, & fuis auditoribus fcientiæ ac normæ morum exiftens, affumpto in hoc Monafterio, Ciftercienfi habitu, vitam beato fine complevit, 14. Cal. Jun.* 1180 La date de cet épitaphe eft fauffe : il faut 1197 au lieu de 1180.

Son corps ayant été levé de terre, fut placé dans une Châffe de bois, qu'on a attachée à l'un des piliers du Sanctuaire, avec cette infcription.

Hoc jacet in loculo Petrus venerabilis ille,
Egregius Cantor, Parifienfe decus.

A la fin du douziéme fiécle, le nombre des Religieux de Long-pont montoit à deux cent : on y voyoit arriver de toutes parts des perfonnes de diverfes conditions, qui venoient demander l'habit de l'Ordre. Les Religieux étoient divifés en quatre claffes ; la premiere compofée des Prêtres, c'étoit la moins nombreufe ; la feconde, formée des Clercs ou Religieux de Chœur, foit qu'ils euffent reçus quelqu'ordre inférieur, ou qu'ils fuffent *in viâ*. Les Freres convers, Lais ou Servans, formoient la troifiéme claffe. On les nommoit auffi *Freres rendus.* La quatriéme claffe étoit un état mixte. On portoit l'habit de l'Ordre, fans être engagé par des vœux folemnels. Ces fortes de prifes d'habit étoient ordinairement l'effet d'un vœu prononcé à l'article de la mort, ou dans un danger urgent. Selon la nature & les conditions du vœu qui avoit été formé, les perfonnes qui s'étoient obligées, ou pratiquoient certaines parties de la Regle, ou fe

(1) pag. 110. & fqq.

retiroient dans le Monaftere auquel elles s'étoient vouées. On donnoit a cette claffe de Pénitens, le nom de *Monachi ad fuccurrendum*. Ce genre de dévotion avoit pareillement lieu dans les Monafteres de filles. On recevoit à Mornienval des Religieufes *ad fuccurrendum* ou *in articulo mortis*.

Gérard II de Chérify, qui contribua le plus par fes libéralités à la fondation de l'Abbaye de Long-pont, parvint à un âge fort avancé : ce qui lui fit donner le furnom de Vieux. Le même principe de Religion, qui l'avoit porté à facrifier une partie de fes biens à l'établiffement d'une Communauté réguliere, le détermina à imiter dans la retraite, les exemples de vertu qui l'avoient d'abord édifiés. Il partagea fes biens entre fes enfans, & prit la réfolution de confacrer à Dieu ce qui lui reftoit de vie. Agnès fon époufe, prit part à fa réfolution. L'un & l'autre entrerent à Long-pont dans le même temps, & y prirent l'habit de Cîteaux. Gérard & Agnès moururent à Long-pont. Le Nécrologe de l'Abbaye donne à Gérard la qualité de Moine *ad fuccurrendum*.

Joflein de Vierzy Evêque de Soiffons, mourut en l'an 1151 ; après vingt-cinq ans d'Epifcopat. Son corps fut dépofé à Long-pont, & confervé jufqu'à ce que la grande Eglife eût été bâtie. On l'inhuma dans le Sanctuaire, où l'on voit encore fon tombeau : diftinction bien rare, dans un temps où les Status de l'Ordre de Cîteaux défendoient encore d'inhumer qui que ce foit dans les Eglifes, à l'exception des Rois, & des Fondateurs qui mouroient revêtus de dignités Eccléfiaftiques. Joflein méritoit à tous égards, les diftinctions dues aux Fondateurs. On lit fur fon tombeau une infcription, dans laquelle on le loue d'avoir introduit à Long-pont des Religieux de Cîteaux, & d'avoir été le pere de plufieurs Maifons Religieufes.

Il y a deux Maifons de Long-pont dans l'Ifle de France ; celle dont nous venons d'expliquer la fondation, & une autre fituée fous Mont-l'Héry. La premiere eft du Diocefe de Soiffons & de la Filiation de Clairvaux. L'autre dépend du Diocefe de Paris, & appartient à l'Ordre de Cluny.

Le P. Muldrac, ancien Prieur de l'Abbaye de Long-pont, a compofé une Chronique, qui contient les principales Chartes qu'il a trouvées dans les Archives de fa maifon. Il a auffi expliqué fort au long l'origine de cette même Abbaye, dans un Chapitre de fon Valois Royal.

32. Val-Chrétien est un lieu situé à l'une des extrémités du Va-
lois, sur la riviere d'Ourcq, au pied d'une montagne; proche de
Fere en Tardenois; à six lieues de Soissons, & à quatre lieues de
Château-Thierry.

On prétend que cet endroit a pris le nom de Val-Chrétien,
parce que les premiers Chrétiens des Gaules y avoient un rendez-vous, où ils s'assembloient pendant les persécutions des Empereurs Romains. L'Eglise de Val-Chrétien passe pour avoir été
l'une des premieres bâties du canton.

Cette Eglise fut d'abord pourvue de biens considérables, dont
elle fut ensuite dépouillée pendant les troubles. On ne trouve
dans les monumens rien de positif à ce sujet, avant le temps
où elle fut donnée à des Religieux de l'Ordre de Prémontré.

Vers l'an 1134, le Chevalier Raoul de Cramailles, fils de Gislebert de la Ferté-Milon, possédoit assez près de l'Eglise de Val-
Chrétien un Fief de Reincourt, consistant en trois cens arpens
de terre, vingt-cinq arpens de prés, cent arpens de bois, & un
moulin sur l'Ourcq, qui est présentement en masure : cette masure conserve encore le nom de Reincourt. Raoul avoit aussi,
comme Seigneur de ce Fief, le cours de l'eau, un jardin, des
friches, quelques hostises ou fermages. Ayant conçu la dévotion
de fonder un Monastere à Val-Chrétien, il remit son Fief entre
les mains de l'Evêque Joslein, & le pria d'effectuer son dessein.
André de Baudiment, Seigneur de Braine, approuva cette donation. Le Fief de Reincourt relevoit de lui.

Raoul ajouta dans la suite quelques biens aux dépendances de
ce Fief; mais il se réserva son hôtel, un pré, quelques arpens
de terres, & chargea son présent d'une rente viagere de quatre
muids de méteil, de trente livres en argent, dont on devoit
payer moitié à Gisele son épouse, si cette Dame lui survivoit.
Il se réserva aussi le revenu de deux prébendes, & demanda que
ceux de ses descendans nés ou à naître, qui voudroient prendre
l'habit de Religion & faire profession dans le nouveau Monastere,
y fussent reçus jusqu'au nombre de sept, sans rien payer.

Il stipula dans l'acte de donation, que faute par les Religieux
de remplir ces obligations, il pourra les rassembler en Chapitre, & leur présenter l'acte de donation : que sur leur refus d'y
satisfaire, le Chevalier Raoul pourra arrêter les revenus du Fief
& de tout son legs, jusqu'à ce qu'il soit remboursé de sa créance :

claufe finguliere, qui fuppofe dans les membres d'une Communauté qui n'exiftoit pas encore, un principe de mauvaife foi & des fubterfuges, oppofés aux premiers principes de la Religion, de l'honneur & de la probité. Raoul étoit maître de fon bien : pourquoi le facrifier au préjudice de fes enfans à des Eccléfiaftiques, dont il foupçonne la bonne foi ? S'il croit les Religieux honnêtes gens, pourquoi tant de défiance ? Lorfque Raoul fit cet abandon, il avoit une femme & trois filles.

L'acte de cette donation fut dreffé en préfence de Renaud Archevêque de Reims, d'Urfus Abbé de S. Remi, de Gireme Abbé de Chartreuve, de Godefroi Abbé de Château-Thierry, & du Prémontré Urfus, que Gautier Abbé de S. Martin de Laon avoit envoyé, pour être le chef de la Communauté qu'on devoit établir. Plufieurs laïcs diftingués parurent à cet acte ; Pierre de Braine accompagné de fon époufe ; Hugues le Blanc Seigneur de Chéry, Giflebert de la Ferté-Milon, Hubert & Albéric d'Ouchy.

Après que cette affaire eut été confommée, Urfus, défigné Abbé du nouveau Monaftere, raffembla plufieurs Religieux, qu'il avoit fait venir de S. Martin de Laon & de quelques autres Maifons de fon Ordre. Urfus jouit pendant fept ans de la dignité d'Abbé. Il eut pour fucceffeurs les Abbés Grimaldus, Maurice, Barthelemi, Vautier & Odon.

Plufieurs perfonnes de marque ajouterent de nouveaux revenus à ce préfent du Chevalier Raoul. Guy de Garlande donna plufieurs terres. Giflebert de la Ferté-Milon fit préfent d'un Fief, qu'il avoit à Cramailles. Robert I Comte de Braine donna une ferme de deux charrues, fituée à la Belle-fontaine. Thibaud Comte de Troyes tranfmit à la nouvelle Communauté la propriété de fon moulin de Choifeul près de Dormans, & de la ferme de Sainte Croix avec trois charrues de terres, qui en dépendoient.

On établit à Val-Chrétien une Communauté de femmes : elle y fubfifta dix ans, dans le meme enclos que les hommes. On les fépara enfuite, & l'on transféra les femmes à la ferme de Sainte Croix, après y avoir pratiqué toutes les commodités qui parurent néceffaires à l'obfervance de la Regle.

Le Pape Eugene III confirma la fondation de Val-Chrétien par une Bulle datée de l'an 1147, & adreffée à Maurice Abbé du lieu.

33. Le Prieuré de Coincy prit de nouveaux accroiſſemens pen-
le cours du douziéme ſiécle. Thibaud IV, Comte Palatin, de
Champagne & de Brie, confirma par une Charte les donations
faites à ce Prieuré, par ſon ayeul & par ſon pere (1). Il s'engagea
pour lui & pour ſes Succeſſeurs à ne rien demander autre choſe
à cette Maiſon, qu'une meſure de vin & un pain, moins comme
une redevance, que comme une preuve & un monument de la
piété de ſes peres. Le Comte approuva auſſi, en préſence de la
Comteſſe Mahaud ſon épouſe, d'Hély de Montmirel, de Hugues de Château-Thierry, & de Hugues de Liſy-ſur-Ourcq, les
donations faites par Guy de Braine.

En l'an 1110, Wicher Prieur de Coincy, rentra par la protection de Liſiard de Crépy Évêque de Soiſſons, dans la jouiſſance
de pluſieurs bénéfices, qui apparemment avoient appartenus autrefois à la Communauté de Coincy. Ces bénéfices étoient ſitués
à Créſancy, à Condé en Brie, à Vauciennes près Damery, *Wl-
cénis*, & à Celles près de Condé, *Kalet*.

Liſiard céda quelques redevances qu'il avoit à prendre ſur ces
bénéfices, à condition que les Religieux de Coincy payeroient
tous les ans dix ſols de cens au Chapitre de Soiſſons, le jour de
ſa naiſſance pendant ſa vie, & le jour de ſon anniverſaire après ſa
mort.

Wicher eut pour ſucceſſeurs pendant ce ſiécle, les Prieurs Hugues, Barthelemi, Anſcher, Vaucher, Girard, Guillaume &
Jean I, auquel eſt adreſſée une Bulle du Pape Urbain III, datée
de l'an 1186. Jean tranſigea l'an 1204, avec l'Abbé d'Igny, touchant les dixmes de Condé.

34. Raoul IV Comte de Crépy, avoit laiſſé en mourant, un fils
& une fille ſous la tutele de Valeran Comte de Meulant. Son
épouſe Pétronille de Guyenne ou de Poitiers étoit enceinte de
la Comteſſe Eléonore, dont elle accoucha l'année même de cette
mort. Jacques de Guiſe obſerve, que le jeune Raoul n'avoit pas
encore un an accompli, lorſqu'il perdit le Comte ſon pere. Eliſabeth ſa ſœur aînée, n'avoit gueres que deux ans (2).

Valeran Comte de Meulant, méritoit la confiance que le
Comte Raoul lui avoit marquée, en mettant ſa famille ſous ſa
tutelle (3). Il étoit neveu du Comte, & couſin germain de ſes pu-

(1) Gall. Chr. t. 10. inſtr. p. 107. 110.   (2) Hemer. p. 163.
t. 9. p. 391.   (3) Robert Demont. Dutillet, p. 74.

pilles. Quoiqu'il fût encore jeune, il avoit le bon sens, l'intelligence & la prudence de l'âge le plus mûr. Brave de sa personne, il possédoit la science militaire aussi parfaitement qu'un ancien Capitaine. Lorsque le Comte Raoul mourut, il avoit déja obtenu plusieurs grades dans les armées, sans faveur, par le seul mérite de ses belles actions. Il avoit acquis l'estime publique sans partage, non seulement dans son Comté de Meulant; il jouissoit de la réputation la plus flatteuse dans toute la Normandie. Hémery rapporte dans son Histoire de Saint Quentin plusieurs vers d'un ancien roman, dans lequel Valeran est représenté comme un jeune Seigneur qui avoit déja mérité par des faits d'armes éclatans, l'estime du Roi & la confiance des troupes.

> *Bacheler su de joene Jouvent*
>
> *Honc de la force, nous graignor hardement.*
>
> *Devant Candie porta son bras sanglant,*
>
> *En la bataille ot près de notre gent.*
>
> *Li Roi commande s'arriere-garderie,*
>
> *A Galeran de Meulant o se fie,*
>
> *A lui se tiennent tous ceux de Normandie.*

Roman. apud Hemer. p. 161.

Valeran donna, dans l'administration des biens immenses de ses pupilles, des preuves du discernement le plus parfait. Il falloit un Seigneur tel que lui, parce que le Comte Raoul I V avoit laissé de grandes sommes d'argent, dont un tuteur moins scrupuleux que Valeran, auroit pu faire usage pour son compte, en attendant la majorité de ses pupilles. Il employa ces sommes à l'augmentation & à l'amélioration des terres & des biens dont il avoit le gouvernement. Il acquitta les dettes du Prince son oncle, & fit quelques acquisitions.

Il signala son humanité & sa tendresse, par les soins paternels qu'il prit de la santé du jeune Raoul, qui avoit apporté en naissant de grandes infirmités. Peut-être en auroit-il arrêté le cours par la sagesse de ses traitemens, s'il eût joui d'une plus longue vie. Valeran mourut à la fleur de l'âge. Les enfans du Comte de Crépy, n'ayant pas encore l'usage de la raison, ignorerent la perte qu'ils faisoient. Leur tutelle passa au Seigneur Ives de Nesle Comte de Soissons.

L'année

L'année de ce changement eſt incertaine. On a une Charte de ce Comte, datée de l'an 1153, par laquelle il confirme aux Religieux de Viviers, les donations que Raoul IV leur avoit faites. Mais comme le Seigneur de Nanteuil paroît avec lui dans cette Charte, qui d'ailleurs ne contient rien qui marque l'autorité d'un tuteur, on ne peut pas en conclure, que le changement fût alors effectué.

Je ne connois rien de plus ancien ſur ce ſujet, qu'un acte de l'an 1157, par lequel le jeune Raoul donne à Collinances le tiers des dixmes d'Antilly, & une rente de quelques muids de bled, qu'un certain Pierre de Meulant avoit reçus en préſent du Comte ſon pere (1). Cet acte eſt ſigné d'Ives de Neſle & d'Albérie de Roye. Ives prend la qualité de tuteur dans un titre de l'année ſuivante 1158, concernant le Monaſtere de S. Prix (2).

Quoique le jeune Raoul V eût une ſœur aînée, tous les actes qui regardent l'adminiſtration des biens de la ſucceſſion du Comte ſon pere, ſont dreſſés en ſon nom. Comme mâle, il devoit poſſéder les Comtés, les terres titrées, & la plus grande partie des domaines de ſon pere.

Raoul V, ſurnommé le jeune, tant à cauſe du bas âge où il prit poſſeſſion de ſes grands biens, qu'à cauſe du peu de temps qu'il vécut, & par oppoſition à la grande vieilleſſe de ſon pere, étoit né au château de Crépy. Il vint au monde avec une complexion très-délicate. On prétend même, qu'il apporta en naiſſant la lépre éléphantine, qui paſſoit alors pour la plus dangereuſe de toutes les eſpéces. C'eſt par cette raiſon qu'il eſt appellé Raoul le Lépreux dans pluſieurs titres. Le ſurnom de Lépreux lui eſt donné dans des piéces du Cartulaire de Philippe Auguſte.

Son bas âge & ſa ſanté l'exclurent pendant long-temps du gouvernement de ſes propres affaires. Le Comte Valeran régla ainſi l'adminiſtration de ſes biens. Il partagea ſes domaines en pluſieurs diſtricts. Il établit dans chacun un Conſeil de *Barons*, qui avoient le pouvoir de terminer les affaires courantes. Les membres de ces conſeils ſont nommés *Barones, Conſules, homines Conſulari poteſtate*, par les Écrivains du temps. Dans les cas extraordinaires, le gouverneur ou le tuteur du Comte ſe tranſportoit ſur les lieux, & préſidoit aux aſſemblées des Barons.

Le jeune Comte avoit un conſeil particulier de Barons, pour

---

(1) Hiſt. Meaux, t. 2. n° 81.   (2) Chron. Long-p. p. 44.

le feul Comté de Vermandois. Il paroît que ce confeil fe tenoit ordinairement à Saint Quentin. À l'égard du Comté de Valois, il étoit gouverné par les principaux Officiers du Prince ; le Bailli, le Sénéchal & le Chancelier. Les départemens de ces Officiers ne nous font pas bien connus. La décifion des affaires contentieufes appartenoit au tribunal des Pairs de Fiefs.

Ives de Nefle ne changea rien aux fages difpofitions du Comte de Meulant : il eût encouru le blâme des gens de bien, en refufant de fuivre les erremens d'un fi grand homme.

En l'an 1158, le même Comte de Soiffons convoqua à Saint Quentin, une affemblée extraordinaire des Barons du Comté de Vermandois, à laquelle il préfida. Il avoit invité à cette efpéce de Cour pléniere, les plus qualifiées des perfonnes qui prenoient part à la tutele du jeune Prince. Cette affemblée nous eft connue par un réfultat, concernant la Communauté des Religieux de Saint Prix. Le Prieur de cette Communauté ayant une grace à demander, fe préfenta à l'affemblée : l'on dreffa un acte à ce fujet, dans lequel ce Prieur eft nommé : cet acte finit ainfi : » Fait & arrêté en » préfence du Seigneur Ives de Nefle, gouverneur du Comté de » Vermandois, & en préfence des Barons de ce Comté, dont les » noms s'enfuivent.... Ratifié de l'autorité des témoins & par » la puiffance Confulaire, *Confulari poteftate :* « c'eft-a-dire, de l'avis des Barons. Les Barons du Vermandois exerçoient les mêmes fonctions à peu près, que les Pairs de Fiefs du Valois.

Le Comte de Meulant n'avoit fait l'emploi que de la moindre partie des tréfors, que le pere du jeune Raoul avoit laiffés. Ives de Nefle adminiftra le refte, avec une fidélité fcrupuleufe. L'Abbréviateur de Jacques de Guife obferve, comme une exception très-rare, dans des temps où la cupidité obfédoit prefque tous les états, le militaire fur-tout (1), que le Comte de Soiffons ne détourna pas à fon profit, une feule obole des tréfors du jeune Prince.

La réputation que le Comte Valeran avoit fi bien méritée dans la profeffion des armes, écarta d'abord les prétentions de plufieurs Seigneurs, qui n'avoient rien de plus à cœur, que de profiter de la minorité du jeune Prince, pour empiéter fur fes domaines, & pour reculer à fon préjudice les bornes de leurs poffeffions. La mort de ce Seigneur changea leurs difpofitions : elle leur infpira

(1) Abbrev. Jac. Guif. lib. 9. c. 71.

des fentimens ambitieux, & fit éclore le germe d'une cupidité qui leur étoit comme naturelle. Ils refpectoient les belles qualités d'Ives de Nefle, mais ils ne le craignoient pas.

Ives inftruit de leurs defleins, prévint les effets d'une efpéce de ligue, que plufieurs Seigneurs avoient formée, afin de s'approprier par la force & par la fraude certaines poffeffions du jeune Comte, qu'ils trouvoient à leur bienféance. Le Comte de Soiffons prit chacun d'eux féparément, mit les uns à la raifon, & punit les plus opiniâtres.

Muldrac prétend, qu'en l'an 1163, Ives de Nefle ne géroit plus les affaires du Comte de Valois (1). Il appuye fon fentiment fur une Charte de cette année, qui eft au nom du jeune Comte. Muldrac n'avoit pas obfervé, que Raoul V n'avoit encore qu'onze ans, lorfque cette Charte fut dreffée; & que prefque tous les actes que le Comte de Soiffons a fait expédier touchant les deux Comtés de Vermandois & de Valois, font au nom du jeune Prince: la Charte citée par Muldrac, eft fignée du Comte Ives de Nefle & d'Albéric de Roye, de même que celle de l'an 1157.

Il paroît certain que Raoul V a été marié, mais on varie beaucoup touchant l'époufe qu'on lui choifit (2). L'Auteur de l'ancienne Généalogie des Comtes de Flandres, qui eft rapportée au Spicilege, marque que Marguerite d'Alface fille du Comte Thierry, a époufé Raoul fils de Raoul le Comte. L'Auteur ajoute, que comme l'un des deux conjoints n'étoit pas nubile, on différa de les laiffer habiter enfemble: que dans cet intervalle, le jeune Raoul fut frappé de lépre, & qu'il mourut de cette affreufe maladie: qu'après fa mort, Marguerite d'Alface époufa Baudoin de Hainaut, duquel elle eut une nombreufe poftérité.

On m'a fait part de la copie d'un ancien titre de la ville d'Amiens, dans lequel on lit le fait que je viens d'énoncer, avec fes circonftances; excepté qu'au lieu de Marguerite, on lit Laurette d'Alface. Peut-être ce changement de nom eft-il une faute de Copifte.

Dormay écrit, (3) que Raoul V ayant atteint l'âge de vingt-cinq ans (c'eft quinze ans) on lui chercha une époufe; & qu'au temps qui avoit été fixé pour la cérémonie de fon mariage, il fut attaqué de la lépre, & mourut fans poftérité.

(1) Chron. p. 5.
(2) Thef. anecd. t.3. p. 389.

(3) Hift. Soiff. t 2. p. 111.

On lit dans l'Hiſtoire généalogique du P. Anſelme, que le jeune Comte a été marié deux fois (1), la premiere à Marguerite d'Alſace fille de Thierry; la ſeconde à Sybile d'Anjou, qui après la mort de Raoul, épouſa le Comte de Haynaut en l'an 1194.

Quelques-uns de ces ſentimens impliquent contradiction. Pour les concilier avec pluſieurs traits que j'ai déja rapportés, on doit penſer que le jeune Comte fut affligé preſqu'en naiſſant, de la lépre éléphantine, & qu'il en fut guéri pendant quelque temps: qu'on profita de cet état de ſanté pour le marier; qu'au milieu des préparatifs de ſes nôces, il fut frappé de nouveaux accès de lépre, qui le mirent au tombeau.

L'année & les circonſtances de ſa mort ſont incertaines. L'Abbréviateur de Jacques de Guiſe écrit, qu'après avoir langui d'une maladie chronique qui le retenoit continuellement au lit, il décéda ſous la tutele du Comte de Soiſſons, Ives de Neſle. Gilles de Roye cité par Hémery, rapporte la mort du Comte, à l'année où Thierry Comte de Flandres fit ſon quatriéme voyage à la Terre-Sainte; ce qui revient à l'an 1169. Meyer prétend (2) que Raoul V. mourut avant l'âge de puberté. Muldrac (3) avance, que ce jeune Seigneur a ſurvécu quinze à ſeize ans au Comte ſon pere, & qu'il décéda vers l'an 1168. Ce dernier ſentiment nous paroît le plus ſûr.

Raoul V, ſurnommé le jeune & le lépreux, mourut au château de Crépy. Son corps, dépoſé d'abord à S. Arnoul, fut tranſporté à l'Abbaye de Long-pont, où il reçut les honneurs de la ſépulture. On l'inhuma dans la partie du cloître, qu'on nomme encore de la Lecture ou de la *Collation*, à côté de la porte de l'Egliſe, dans l'épaiſſeur d'un gros mur, auquel le cloître eſt comme adoſſé. Son tombeau eſt orné de figures, qui nous ont paru avoir été ſculptées peu de temps après ſa mort. L'inſcription de ce tombeau eſt tout-à-fait moderne, elle eſt conçue en deux vers.

Fratri juncta ſoror, Comiti Comitiſſa Radulpho
Nobilis Elienor, hîc tumulata jacet.

. Cette inſcription ſuppoſe, que Raoul & ſa ſœur Eléonore ſont inhumés dans le même tombeau. Nous prouverons au Livre ſuivant, que la Comteſſe Eléonore eſt inhumée dans l'Egliſe du Parc-aux-Dames près de Crépy. Ainſi Raoul V repoſe ſeul dans ſon tombeau.

(1) Tom. 1. p. 534.   (3) Val. Roy. p. 114.
(2) Bouchel. p. 12.

Les biens du jeune Raoul retournerent à Elisabeth sa sœur aînée, qui avoit épousé Philippe d'Alsace, Comte de Flandres, frere de Marguerite d'Alsace, que la mort du jeune Comte rendit veuve, sans postérité.

35. Après la mort du Roi Louis le Gros, la Reine Adélaïde sa veuve obtint la jouissance des domaines de la ville de Compiegne, & se retira dans cette ville. Nous avons parlé à la page 57 de cet ouvrage, de l'acquisition qu'elle fit de l'ancien Palais de Cuise en l'an 1152. Après en avoir joui peu de temps, elle changea ce Palais en un Monastere. Telle fut l'occasion de ce changement.

Il y avoit auprès de la maison de Cuise, une Communauté de filles, fort ancienne, & trop nombreuse relativement au peu d'étendue des bâtimens qu'elles occupoient. Adélaïde qui avoit beaucoup d'égards pour les personnes consacrées à Dieu, fit transférer la Communauté de ces Religieuses dans son Palais de Cuise. Elle leur abandonna l'Eglise de ce château pour y célébrer l'Office Divin, & fit construire des dortoirs qu'on voit encore. Informée que le bâtiment de l'Eglise menaçoit ruine, elle la fit relever de fond en comble, avec la tour qui sert encore de clocher. On garnit les vitraux de grisailles, comme à Long-pont (1).

En l'an 1154, la Reine Adélaïde fut attaquée de la maladie, qui la mit au tombeau. Avant de mourir, elle pria son fils le Roi Louis VII, de prendre soin de l'achévement du Monastere qu'elle venoit de fonder, & de pourvoir à la subsistance des Religieuses qu'elle y avoit établies. Le Roi exécuta les dernieres volontés de sa mere. Il prit la Communauté de S. Jean de Cuise sous sa protection, & lui accorda la dixme du pain & du vin, qui se consommoient pendant son séjour aux Palais de Compiegne, de Verberie & de Béthizy. Le Roi assura aux Religieuses de Cuise la jouissance de son bienfait, par une Charte datée de l'an 1155. Les Seigneurs de la Maison de Pierrefonds firent aussi leurs présens au nouveau Monastere, en rentes & en fonds de terres, à condition cependant que ces biens & la plûpart des possessions de cette Maison releveroient de leur Châtellenie (2).

Dès qu'on vit le Roi & les Seigneurs de Pierrefonds accorder leur protection au nouveau Monastere, un grand nombre de

(1) Ann. Bened. tom. 6. p. 710. | p. 123. Diplom. p. 278.
(2) Gall. Chr. t. 9. p. 454. t. 10. instr. |

personnes du sexe vinrent de toutes parts à S. Jean-au-bois, demander l'habit de Religion. L'on reçut les premieres qui se présenterent. Lorsqu'on se fut apperçu que cette dévotion dégénéroit en un concours, qui multiplioit les charges du Monastere au-delà de ses revenus, le Roi rendit une Ordonnance, par laquelle il enjoint à l'Abbesse de S. Jean-au-bois, de ne recevoir aucune Novice avant que le nombre des Religieuses eut été réduit à quarante. Cette Ordonnance est de l'an 1175. L'Eglise que la Reine mere n'avoit pas eu le temps de finir, fut achevée. On y éleva trois autels : le premier sous l'invocation de S. Jean-Baptiste, Patron de l'ancienne Chapelle ; le second sous le titre de Saint Quentin ; le troisiéme sous l'invocation de Sainte Marguerite (1).

Le Roi Philippe Auguste accorda aux Religieuses la même protection que son pere. On a une Charte de ce Prince, datée de l'an 1180, par laquelle il leur donne à perpétuité, la dixme du pain & du vin du château de Choisy, & de sa maison de Pierrefonds (2).

La premiere Abbesse à qui le gouvernement de S. Jean-au-bois fut confié, se nommoit Rosceline. Elle reçut plusieurs Bulles des Papes, & quelques Ordonnances du Roi Louis VII, touchant les constitutions de sa Communauté. Le Pape Alexandre III la qualifie Abbesse de S. Jean-Baptiste de la Maison du Roi, dans une Bulle datée de l'an 1175. Les Evêques de Soissons lui adresserent plusieurs Chartes, relatives aux affaires de sa Maison (3).

Rosceline obtint de deux Evêques de Noyon, Renaud & Etienne, des gratifications & des fonds, pour l'entretien & pour les habillemens de ses Religieuses. Elle eut beaucoup de part à un évenement mémorable, qui rendit sa Communauté célebre dès sa premiere origine : elle trouva le moyen de fixer dans son Abbaye les Reliques de Sainte Euphrosine, que le Roi Louis VII avoit apportées de la Terre-Sainte.

Le culte de Sainte Euphrosine commençoit à s'étendre en France, tant à cause des circonstances merveilleuses de la vie de cette Sainte, qu'à cause de la dignité du Prince qui l'avoit établi.

Sainte Euphrosine prit naissance à Alexandrie, vers l'an de Jesus-Christ 413. Son pere nommé Paphnuce, présida lui-même

____

(1) Ann. Bened. ibid. Val. Roy. p. 7.   (3) Gall. Chr. t. 9. p. 454.
(2) Ann. Bened. t. 6. p. 519.

à fon éducation. Dès qu'Euphrofine eut atteint l'âge d'être mariée, plufieurs jeunes gens la demanderent. Elle avoit alors pris la réfolution de mener la vie folitaire ; mais la crainte qu'elle avoit de déclarer fes fentimens à fon pere, homme entier & abfolu, qui ne vouloit trouver aucune réfiftance à l'accompliffement de fes volontés, l'obligea de garder un profond filence fur fes deffeins.

Euphrofine voyant approcher le moment où fon pere avoit réfolu de l'engager dans les liens du mariage, fe coupa les cheveux, prit un habit d'homme, & alla fe préfenter à l'Abbé Théodofe, pour être reçue au nombre de fes Moines. L'Abbé lui permit de prendre l'habit de l'Ordre, & lui donna le nom de Smaragde. La Sainte prit le parti de déguifer fon fexe, parce qu'en entrant dans un Monaftere de filles, il ne lui auroit pas été poffible de fe fouftraire aux recherches de fon pere.

Smaragde foutint les épreuves du noviciat avec la plus grande ferveur. On l'admit à faire profeffion. Comme le changement d'habit ne changeoit pas fon fexe, Euphrofine conçut de juftes fcrupules de paffer fa vie, quoiqu'inconnue, au milieu d'une Communauté d'hommes. Elle demanda à l'Abbé Théodofe la permiffion de mener la vie de reclus, ce qui lui fut accordé. Elle foutint ce genre de vie pendant trente-huit ans, avec une patience toujours égale.

Arrivée à ce terme, elle fut attaquée d'une maladie mortelle. Paphnuce vivoit encore. Il avoit toujours préfent à l'efprit le fouvenir de fa fille qu'il croyoit décédée ; trente-huit années n'avoient pas encore adouci en lui les regrets de fa perte. Euphrofine conçut le deffein de donner à fon pere, le fpectacle attendriffant de fe faire connoître. On avertit Paphnuce, qui fe rendit au reclufoir & reconnut fa fille. La double fituation d'une fille mourante, qui revoit fon pere après une abfence de trente-huit années, & d'un pere qui retrouve une fille chérie qu'il croyoit perdue, pour la perdre dans quelques momens fans efpérance d'aucun retour, fe conçoit mieux qu'elle ne peut s'exprimer.

Paphnuce, après la mort d'Euphrofine, imita fon facrifice. Il prit l'habit de Religion, & mourut dans le même Monaftere où fa fille avoit fait profeffion.

La fainteté d'Euphrofine fut déclarée prefqu'auffitôt après fa mort, par un miracle éclatant. Son culte s'étendit rapidement dans tout l'Orient, où sa Fête a été long-temps fixée au vingt-cinquiéme jour de Septembre.

On n'est pas d'accord sur les circonstances, qui ont précédé & qui ont accompagné la Translation des Reliques de Sainte Euphrosine en France. Les uns prétendent, que ces Reliques furent conservées dans la ville d'Alexandrie, jusqu'au temps de la Croisade, à laquelle le Roi Louis VII eut part : que ce Prince ayant obtenu des Chrétiens d'Alexandrie le corps de la Sainte, il le fit transporter en France. D'autres avancent, que le corps de Sainte Euphrosine fut d'abord transféré d'Alexandrie à Rome, & que le Roi Louis VII le reçut du Pape en présent, un onziéme jour du mois de Février.

Les sentimens sont encore partagés touchant les circonstances, qui ont fait passer les Reliques de Sainte Euphrosine au pouvoir des Religieuses de S. Jean-au-Bois. Les uns assurent, que l'Abbesse Rosceline demanda au Roi Louis VII la Châsse de Sainte Euphrosine, & que ce Prince accorda cette Châsse à l'Abbesse. D'autres racontent ainsi l'histoire de la Translation des Reliques, du Palais du Roi à S. Jean-au-Bois.

Le Roi avoit destiné la Châsse de la Sainte à une Eglise qu'il faisoit bâtir à Reims. Lorsque l'Eglise fut achevée, il fit remettre cette Châsse à des Députés de cette Eglise, qui se chargerent de la conduire avec la décence & les honneurs convenables. Les Députés dépoferent le corps de Sainte Euphrosine sur une voiture qu'ils avoient préparée, & prirent la route de Reims par la chaussée Brunehaud, le seul chemin public de la contrée où l'on pouvoit voyager commodément.

Les conducteurs arriverent à la nuit assez près de S. Jean-au-Bois. L'Abbesse Rosceline eut, dit-on, révélation du passage de ces Reliques ; on ajoute même, que du moment où la voiture entra sur la partie du territoire de S. Jean-au-Bois, que la chaussée traverse, les cloches sonnerent toutes seules, c'est-à-dire, qu'on ne vit personne sous le clocher qui les sonnoit.

Rosceline fit inviter les conducteurs à venir prendre quelque repos dans son Monastere : ce que ceux-ci accepterent. Ils avoient laissé la voiture sur le grand chemin, où ils se proposoient de retourner, après quelques heures de délassement. Mais Rosceline fit tant d'instance aux voyageurs pour les engager à passer la nuit au Couvent, que ceux-ci ne purent se refuser à la politesse

de

de son procédé. L'Abbesse envoya deux Novices au chariot, avec ordre de prendre les Reliques, & de les apporter dans l'Eglise du Monastere. Ses ordres furent ponctuellement exécutés.

L'hospitalité que Rosceline exerçoit avec un si grand zele, partoit d'un principe d'intérêt, & d'un désir ardent d'acquérir, à quelque prix que ce fût, la propriété des Reliques. Soit qu'elle fût assurée du consentement du Roi, soit qu'elle eût gagné les conducteurs, les Reliques de Sainte Euphrosine demeurerent dans l'Eglise de S. Jean-au-bois, où il s'établit un pélerinage, qui s'est soutenu par la dévotion des fidéles, jusqu'en 1631, que les Religieuses furent transférées à Royal-lieu.

On fait encore à S. Jean-au-bois la fête de Sainte Euphrosine, le Dimanche après la *Quasimodo.* On rend le même jour à cette Sainte un culte beaucoup plus solemnel, à Royal-lieu. Avant la Translation des Reliques à S. Jean-au-bois, on célébroit cette Fête le onze Février. On va en pélerinage à Sainte Euphrosine de Royal-lieu pour la fiévre.

L'Abbesse Rosceline parvint à une vieillesse fort avancée. Elle gouvernoit encore le Monastere de S. Jean-au-bois en l'an 1190. Après sa mort, elle fut remplacée par les deux Abbesses Perronelle, & Hildéarde de Verberie.

36. Avant que le Comte Raoul V. épousât Marguerite d'Alsace, fille de Thierry Comte de Flandres, Philippe d'Alsace, fils aîné de Thierry, avoit demandé l'alliance d'Elisabeth, soeur aînée de Raoul, & l'avoit obtenue. L'année de son mariage avec cette Dame n'est pas fixée d'une maniere invariable dans les Auteurs & dans les Chartes (1). La plûpart prétendent, que la cérémonie des nôces avec Elisabeth se fit à Beauvais en l'an 1156. Elisabeth n'avoit pas encore atteint l'âge nubile.

Thierry pere de Philippe d'Alsace, comptoit parmi ses ayeux, Baudoin bras de fer Comte de Flandres; Sybile son épouse, mere de Philippe, étoit fille du Comte de Jérusalem, & tante paternelle de Henry Roi d'Angleterre; elle descendoit de Charlemagne, à cause du mariage du Comte Baudoin avec Judith fille de Charles le Chauve.

Philippe d'Alsace avoit deux freres, Mathieu & Pierre, lorsqu'il épousa Elisabeth. Matthieu fut Comte de Boulogne, & contracta, après le mariage de son frere, la même alliance avec

(1) Hem. r. p. 164. Robert Demont. an. 1164. Thesaur. Anecd. t. 3. p. 337.

Eléonore sœur d'Elisabeth & du Comte Raoul V. Pierre d'Alface entra d'abord dans l'état Ecclésiastique sans vocation : il quitta cet état, pour épouser la Comtesse de Nevers. Ces alliances tendoient, suivant la remarque de Robert Dumont, à réunir au Comté de Flandres les domaines de Péronne, de Saint Quentin, & toutes les possessions que Raoul IV avoit acquises ou héritées du côté des Pays-Bas. Philippe & Elisabeth vécurent quelque temps séparés l'un de l'autre.

En l'an 1157, Thierry Comte de Flandres, entreprit le voyage de la Terre-Sainte, avec Sybile son épouse. Avant de partir, il mit ordre à ses affaires, & pria le Roi d'Angleterre de prendre soin de ses Etats, ainsi que de son fils & de sa jeune bru. Le Roi d'Angleterre répondit à la confiance, que le Comte son oncle lui avoit témoignée.

On lit aux Annales de Flandres, qu'en l'an 1158, Philippe d'Alface fit un voyage dans le Comté de Crépy. Il y venoit apparemment rendre visite au Comte son beau-frere, dont la foible santé étoit pour lui un sujet d'inquiétude & d'espérances : Raoul V n'avoit pas de plus proche héritier qu'Elisabeth sa sœur aînée, femme du Comte Philippe.

L'Auteur de l'Histoire de Meaux rapporte parmi ses preuves, (n° 93) une piéce sans date, concernant le Couvent de Fontaine-les-Nonains. On lit dans cette piéce, que Philippe Comte de Flandres par la grace de Dieu, & Elisabeth son épouse, ont donné à cette Maison cent sols de rente, à prendre sur le domaine de Crépy. On juge que cette piéce est de l'an 1160. Raoul le jeune vivoit encore. Si cette date est certaine, la donation prouve que les sœurs de Raoul, avoient une part dans la Seigneurie de Crépy.

On prétend, que pour lors Raoul V occupoit le château de Crépy, que le Comte de Flandres demeuroit au Palais de Bouville, & que la Comtesse Eléonore habitoit un vaste hôtel près Sainte Agathe, auquel son séjour a fait donner le nom d'hôtel de la Comtesse. Trois Maisons aussi illustres devoient répandre un grand éclat sur la ville de Crépy.

37. Le Comte de Flandres projetta dès ce temps, de fonder à Crépy une Collégiale de Chanoines séculiers, sous l'invocation de S. Etienne premier Martyr. Il n'avoit été question d'abord, que de réparer une ancienne Chapelle de ce nom, que Gautier le

Blanc avoit fait transférer dans la partie extérieure du château, qu'on nommoit *les Bordes*, comme qui diroit la baſſe-cour ou les fermes.

Tout ce qu'on nomme préſentement fauxbourg de S. Thomas, étoit alors un amas de fermes : une partie du territoire qu'elles occupoient ayant été données en fief par les Seigneurs de Crépy à des Officiers de leur château, on appella ce même endroit le Fief des Bordes. Ce nom fut changé pour un temps en celui de Fief des Foucards, parce que des particuliers de ce nom l'ont poſſédé pendant une longue ſuite d'années. En 1571, le poſſeſſeur de ce Fief avoit un four banal pour l'uſage de ſes vaſſaux. Son domaine comprenoit quatorze maiſons, douze jardins, une cour, une place & l'hôtel de Dunkerque. Ce Fief eſt préſentement poſſédé par les Religieuſes de S. Michel, qui doivent à ce ſujet homme vivant & mourant au Seigneur de Crépy. Bergeron qui écrivoit en 1580, dit que de ſon temps, » ſe voyoient encore d'un » côté ès fauxbourgs de Crépy, les granges & métairies près Saint » Thomas, & de l'autre côté, les cenſes & métairies de Mére- » mont »; ce qui prouve, que les fermes de l'ancien château n'a- voient pas été toutes détruites par les Anglois au ſiécle précédent.

Le Comte choiſit cet emplacement, comme le plus commode qu'il pouvoit trouver ſur le territoire de Crépy, pour élever un grand & ſomptueux édifice, avec divers accompagnemens ; tels qu'un cloître pour les Chanoines, & un hôpital pour les pélerins, pour les paſſans & pour les pauvres.

Il ne paroît pas que Philippe d'Alſace ait rien exécuté, avant la mort de Raoul ſon beau-frere : il dreſſa ſeulement le plan de ſes opérations, & commença d'amaſſer les matériaux néceſſaires.

Ce plan d'embelliſſement & d'aggrandiſſement de la ville de Crépy étoit la ſuite d'un autre plan que Philippe d'Alſace avoit formé, d'établir ſon ſéjour au château de cette ville. Ce ſéjour le rapprochoit de la Cour de France, où il avoit un grand crédit. Le Roi Louis VII mettoit en lui toute ſa confiance & ſuivoit ſes avis, parce qu'il retrouvoit dans ce Seigneur, la prudence & les talens qui lui avoient rendu ſi chers les ſervices de l'Abbé Suger & de Raoul IV Comte de Crépy, dans les fonctions du miniſtere qu'ils avoient exercées.

Le Comte Philippe méritoit ces égards, à cauſe des belles qua- lités qu'il réuniſſoit. Jacques de Guiſe le dépeint comme un Seigneur noble, défintéreffé, bienfaifant, judicieux, & d'un efprit pénétrant : humain, populaire, & d'un accès facile : brave de fa perfonne, & plein de fentimens d'honneur, d'équité & de religion.

Philippe d'Alface ne conclut rien d'important à Crépy, avant la mort du Comte fon beau-frere (1). Cette mort arriva la même année, que celle du Comte Thierry fon pere ; de forte qu'il hérita dans le même temps du Comté de Flandres de fon chef & comme aîné de fa maifon, & du Comté de Valois, du chef de fon époufe Elifabeth. On lit dans les écrits de Jacques de Guife, qu'après la mort du Comte Raoul, Philippe d'Alface Comte de Flandres, réunit fous le même arrondiffement, les villes d'Amiens, de Saint Quentin, Montdidier, Péronne, Roye, Breteuil, Ribement & Nefle, avec leurs dépendances ; qu'il prit auffi poffeffion du Comté de Crépy, qui comprenoit alors la ville & le château de ce nom, Mareuil, Villers-Cotteretz avec toute la forêt de Retz, Reteuil, Viviers & la Ferté-Milon. Pierrefonds ne faifoit pas encore partie du Valois ; le bourg & la Châtellenie dépendoient de Seigneurs particuliers. Ouchy & Neuilly appartenoient aux Comtes de Champagne, Béthizy & Verberie étoient au Roi.

Philippe d'Alface entra en poffeffion du Comté de Flandres, immédiatement après la mort de fon pere. Dès qu'il eut terminé les affaires de cette fucceffion, il reparut à la Cour du Roi Louis VII, & vint prendre poffeffion du château de Crépy, devenu vacant par la mort de fon beau-frere. En l'an 1169, il reçut dans ce château la vifite de S. Thomas de Cantorbery, que fes démêlés avec le Roi d'Angleterre avoient obligé d'abandonner fon Siége & de s'expatrier. Je ne ferai pas ici l'hiftoire de ces démêlés : je n'en rapportérai que les traits néceffaires à l'intelligence de ce que je dois expofer.

Thomas Becquet Archevêque de Cantorbery, Primat d'Angleterre, tiroit fon origine d'une ancienne famille de la petite province du Vimeux en France, qui y poffédoit la terre de Plouic, paroiffe de Vifmes. Sous le regne de Charles VIII, cette terre paffa de la Maifon de Becquet dans celle d'Acheux, par le mariage d'Antoinette Becquet Dame de Plouic avec le Seigneur Pierre d'Acheux. J'ai extrait cette particularité d'un mémoire manufcrit, qui donne pour armes à la Maifon de Becquet, l'écu

(1) Robert. de Mont. ad ann. 1168. Mayer fol. 49.

d'azur aux barres d'argent ; ou bien freté d'argent & d'azur.

Elevé fur l'un des premiers Siéges du monde chrétien, Thomas s'appliqua à répondre à l'idée avantageufe que le Clergé & le peuple avoient conçue de lui, il fe montra dans toutes les rencontres le zélé défenfeur de fon Clergé & de fes immunités, autant par devoir & par principe, que par attachement & par reconnoiffance.

Le Roi d'Angleterre, ayant formé le deffein d'attaquer les immunités de l'Eglife de Cantorbery, trouva dans Thomas un Prélat inflexible, prêt à tout facrifier, fa vie même, pour affurer à fon Clergé la jouiffance de fes priviléges. Les chofes en vinrent au point, que Thomas n'eut pas d'autre parti à prendre, que celui de paffer en France.

Philippe d'Alface envoya au-devant de Thomas, jufqu'au port où il devoit débarquer. L'Archevêque fut reçu avec les diftinctions dues à fon caractere & à fes vertus : on le conduifit à l'Abbaye de S. Bertin, d'où il partit après quelques jours, pour fe rendre à l'Abbaye de Pontigny. De Pontigny il vint à Crépy, afin d'y rendre fes devoirs au Comte de Flandres, aux ordres duquel il devoit la réception avantageufe, qu'on lui avoit faite fur les côtes de France. En partant de Pontigny, il avoit formé le deffein d'aller de Crépy à Soiffons, pour y prier auprès du tombeau de S. Grégoire, fondateur de l'Eglife d'Angleterre, & de S. Draufin, qu'on avoit coutume d'invoquer dans les combats (1).

Le Comte reçut le Prélat dans fon château, avec les témoignages de la plus fincere amitié. Thomas paffa plufieurs jours au château de Crépy, dont il admira la force & la belle diftribution. Le Comte de Flandres eut la complaifance de le conduire partout, & de lui montrer les embelliffemens qu'il avoit fait ajouter, tant au-dehors qu'au-dedans du château.

On travailloit à la conftruction de l'Eglife, que le Comte avoit réfolu d'élever dans le Fief des Bordes, en l'honneur de S. Etienne premier Martyr. L'Archevêque, à la vue des préparatifs & du plan de l'édifice, conçut une grande idée du bâtiment qui devoit être exécuté. Il prit de là occafion de faire fa Cour au Prince qui l'accompagnoit, en louant fa magnificence, fon goût, les fentimens de piété qui le portoient à faire une œuvre auffi excellente.

(1) Duch. Script. Hift. Fr. t. 4. p. 467. Reg. Hift. Soiff. p. 40. Hift. N. D. Soiff p. 154.

Il demanda au Comte, en l'honneur de quel Saint il se proposoit de dédier la nouvelle Eglise : au premier des Martyrs, repartit le Comte. A quel premier Martyr, reprit l'Archevêque en plaisantant ; *est ce à celui qui a été*, ou *à celui qui sera*, car il y aura encore bien des Martyrs dans le monde ? en effet, les guerres des Croisades augmentoient journellement le nombre des Martyrs. Ce propos ne tira pas à conséquence pour le moment ; on eut occasion de le rappeller dans la suite.

38. Tandis que ces choses se passoient, la Dame Éléonore perdit le Comte de Nevers son mari. Le Comte de Flandres avoit eu de son épouse Élisabeth, un fils & une fille, qui étoient morts en bas âge. La santé foible & languissante de cette épouse ôtoit au Comte toute espérance d'avoir de la postérité. Voulant prévenir autant qu'il se pouvoit, les suites de la mort de son épouse, qui devoit lui imposer l'obligation de rendre les domaines du Vermandois & du Valois, s'il la perdoit sans enfans, il ménagea l'alliance de la Dame Éléonore, avec Mathieu son frere, Comte de Boulogne. Cette alliance eut lieu ; mais le Comte de Boulogne ne fut pas plus heureux que son frere : il n'eut pas d'enfans de la veuve du Comte de Nevers.

39. Après quelques années de séjour en France, l'Archevêque de Cantorbery repassa en Angleterre, & mit fin à la vacance de son Siége. Quoique le Roi eût été le principal auteur de ce rétablissement, il conçut une nouvelle aversion pour le Primat, qui paya de sa vie la haine que le Monarque lui portoit. L'Archevêque fut assassiné dans son Église ; & comme ce meurtre avoit été occasionné par la fermeté avec laquelle le Primat avoit résisté aux volontés du Roi, pour sauver les immunités Ecclésiastiques, le Clergé d'Angleterre regarda sa mort comme un vrai martyre. Le Pape & le Clergé de France porterent le même jugement. Cette mort arriva le vingt-neuf Décembre de l'an 1170, suivant l'opinion commune, en 1171, selon Robert Dumont & le Moine Albéric. On lit ce passage dans le Cartulaire de S. Thomas de Crépy ; le cinquiéme jour après Noël, en la cinquiéme Férie de l'an 1171, le Bienheureux Thomas souffrit le Martyre. L'écriture de ce passage est du treiziéme siécle.

Ce tragique évenement fut suivi de plusieurs miracles, qui parurent au tombeau du S. Archevêque. Ces miracles accélérerent sa canonisation : le Pape Alexandre III le mit au nombre des

Saints , deux ou trois ans après sa mort.

40. En ce temps le Comte de Flandres faisoit un séjour presqu'habituel au château de Crépy. Le Cartulaire de Valsery contient une Charte, datée de l'an 1174, que ce Seigneur délivra, pour confirmer la donation que le Comte Raoul IV avoit faite à cette Abbaye, de soixante sols de rente, à la charge d'un anniversaire. Il ajouta au présent du Comte, soixante autres sols de rente à prendre sur les cens de Crépy.

Bergeron semble trouver mauvais (1), de ce qu'alors le Comte de Flandres menoit à Crépy le train d'un Monarque, & de ce qu'il disposoit comme en Souverain, des Fiefs, des Seigneuries, des villages même du Comté de Valois, en faveur de ses créatures. Bergeron interprete mal les actions du Comte. Loin de chercher à empiéter sur les droits du Roi, il lui faisoit sa Cour & l'aidoit de ses conseils. En l'an 1177, il fit avec le Roi le voyage de la Terre-Sainte , d'où il revint l'année suivante 1178 (2).

41. En l'an 1179, Philippe d'Alsace passa en Angleterre avec le Roi Louis VII, pour visiter le tombeau de S. Thomas de Cantorbery, que de nouveaux miracles rendoient de jour en jour plus célébre. La présence de ce tombeau , & le concours des personnes de tout état qui venoient y faire leurs prieres, imprimerent dans l'esprit du Comte un respect extraordinaire pour la mémoire de ce Saint, qui avoit été son ami & son hôte.

Etant de retour en France, on lui rappella le propos que le Saint lui avoit tenu, en visitant la grande Eglise que l'on commençoit à bâtir dans le Fief des Bordes. Le Saint avoit demandé au Comte, à quel premier Martyr il comptoit faire dédier cette Eglise , *ou à celui qui avoit été*, ou *à celui qui devoit être* : & à ce sujet, on fit observer au Comte, que S. Thomas avoit été le premier Martyr connu & canonisé depuis son passage au château de Crépy. Le Comte saisit cette explication, comme une occasion favorable de payer à la mémoire du Saint un tribut solemnel. Il déclara, que la grande Eglise qu'il faisoit élever, n'auroit pas d'autre patron que le Saint Martyr de Cantorbery. Cette résolution fut exécutée deux ans après , lorsqu'on fit la Dédicace de l'Eglise des Bordes.

42. Le Roi Louis VII fit couronner Philippe Auguste son fils , après son retour d'Angleterre. La cérémonie du Sacre se passa à

(1) Val. Roy. p. 33.   I. (2) Meyer fol. 50.

Reims ; Henry Roi d'Angleterre, y parut comme Duc de Normandie ; Philippe d'Alſace Comte de Flandres, porta l'épée Royale.

Louis VII ſurvécut peu de temps à ce couronnement. Il mourut le dix-huit Septembre de l'an 1180, des ſuites d'une paralyſie qu'il avoit contractée à ſon voyage d'Angleterre. Il avoit prévenu ce dernier moment (1), en mettant ordre aux affaires de l'Etat. Il avoit chargé le Comte de Flandres de la tutele du Prince ſon fils, dont il étoit le parain : il le chargea auſſi de la Surintendance de ſon éducation, au rapport de Guillaume le Breton dans ſa Philippide. Ce Poëte dit en propres termes, que Philippe Comte de Flandres, fut tuteur, gouverneur & parain du jeune Prince ; *cujus erat tutor, didaſcalus atque patrinus.*

Afin d'attacher de plus en plus le Comte de Flandres aux intérêts de l'Etat & à la perſonne de ſon fils, il lui accorda la propriété des Comtés de Valois & de Vermandois. L'acte de cette donation fut ratifié par Philippe Auguſte, la première année de ſon regne.

Le Comte voulant affermir de plus en plus ſon crédit à la Cour de France, & cimenter les donations qui lui avojent été faites, uſa de l'autorité que lui donnoit ſa qualité de tuteur, pour faire épouſer au jeune Roi Philippe Auguſte, Iſabelle ſa niece, fille de Baudoin Comte de Haynaut. La Reine mere appréhendant que cette alliance ne rendit le Comte de Flandres trop abſolu, mit tout en œuvre pour faire rompre le mariage projetté. Elle vouloit écarter le Comte de Flandres, faire paſſer le maniement des affaires au Comte de Champagne, ſous le nom duquel elle eſpéroit gouverner. Cependant le mariage ſe conclud, ſans avoir égard à ſon oppoſition.

Outrée de dépit, la Reine forma une ligue contre Philippe d'Alſace, compoſée du Comte de Champagne, dans les Etats duquel elle ſe retira, du Roi d'Angleterre, & du Comte de Sancerre qu'elle fit le chef de la faction. Il y eut quelques hoſtilités de la part du Comte de Sancerre. Le jeune Roi aidé des conſeils du Comte de Flandres, punit la témérité du Comte de Sancerre, & déconcerta tous les projets de ſa ligue. Le Roi d'Angleterre fut forcé d'accepter la paix. Le Comte de Champagne ne pouvant oppoſer que de foibles efforts aux volontés du Roi, abandonna

(1) Rigord. apud Duch. t. 5. p. 7.

ſes

ſes projets. Le mariage du Roi avec la niéce du Comte de Flandres fut célébré à Bapaume, le Lundi de *Quaſimodo* de l'an
1180. Philippe d'Alſace donna à cette occaſion, le Comté d'Artois à ſa niéce. L'année ſuivante, les deux Epoux furent couron-
nés à S. Denys, le jour de l'Aſcenſion vingt-neuf Mai. Philippe
d'Alſace porta une ſeconde fois l'épée Royale (1).

On rapporte à l'année qui ſuivit ce couronnement, les premiers démêlés du Roi Philippe Auguſte avec Philippe d'Alſace
Comte de Flandres. Nous en expoſerons les circonſtances avec
d'autant plus de ſoin, qu'elles ont été négligées par les Compilateurs : les principales ſcenes de ces diſſentions ſont arrivées dans
le Valois.

43. La défaite du Comte de Sancerre ſembloit avoir affermi la
puiſſance du Comte de Flandres, à un point qui devoit ôter à ſes
ennemis toute eſpérance de le ſupplanter. Le Comte lui-même
penſoit ainſi, & conçut à ce ſujet les ſentimens d'une parfaite
ſécurité, qui lui fut très-funeſte.

La Reine mere ne pouvant détruire l'aſcendant, que le Comte
de Flandres avoit pris ſur l'eſprit du jeune Roi, eut recours à l'en-
tremiſe de Raoul de Coucy & des fils d'un certain Robert Clément, que le Roi écoutoit, qu'il aimoit, & auxquels il ſe livroit
volontiers (2). La Reine ayant attirés ceux-ci dans ſon parti, leur
inſpira la plus grande oppoſition aux deſſeins du Comte de Flandres : elle épuiſa toutes les reſſources, pour engager ces jeunes
gens à diminuer l'attachement & la confiance, que le jeune Prince
témoignoit au Comte de Flandres ; elle leur fit connoître le rôle
qu'ils devoient jouer, & leur dicta les diſcours qu'ils devoient tenir au Roi, pour lui rendre ſuſpect ſon adverſaire.

Les jeunes confidens, devenus créatures de la Reine, eurent
avec le Roi des entretiens, qui lui enleverent en peu de jours,
l'eſtime & l'attachement qu'il avoit preſque voués au Comte de
Flandres. Ils lui repréſentoient, qu'ayant atteint l'âge de ſeize
ans, il pouvoit & devoit gouverner ſes Etats par lui-même, &
mettre à profit les talens, que la Providence lui avoit départis :
que ſa déférence aux vues & aux procédés du Comte de Flandres
ne pouvoit manquer de devenir funeſte à ſes Etats & à ſes peuples : que dès le vivant du Roi Louis VII, le Comte avoit abuſé

(1) Rigord. ibid. Dutillet, Recueil des Rois, p. 93.

(2) Theſaur. Anecd. t. 3. p. 490. 1425. Meyer ibid.

de la confiance de ce Monarque , pour ourdir la trame d'un ſyſtê-me politique , qui devoit tourner tout entier à ſon avantage : qu'on voyoit ce ſyſtême ſe développer de proche en proche , à propor-tion que le pouvoir & le crédit du Comte augmentoient : ils rapprochoient auſſi ſous les yeux du Roi , les différentes acqui-ſitions que Philippe d'Alſace avoit faites , comme pour ſer-vir d'arrondiſſement à ſon Comté de Flandres ; le mariage de ſa ſœur Marguerite avec Raoul V , & l'alliance affectée du Comte de Boulogne ſon frere avec Eléonore ſa belle ſœur. Croyez-vous , ajoutoient-ils , pour jetter de plus forts ſoupçons dans ſon eſprit , croyez-vous que c'eſt ſans deſſein , qu'il a quitté ſa Cour & ſes palais de Flandres , pour venir s'établir au château de Crépy , l'une des principales fortereſſes de la contrée ? Soyez aſſuré que s'il paroît ſi aſſidûment à votre Cour , c'eſt moins pour rendre hommage à la majeſté du Trône , & par attachement à votre per-ſonne ſacrée , que par l'appas d'une ambition déméſurée , qui l'y retient & qui l'y fixe.

Ses domaines bornés ci-devant par le Comté de Péronne & par une partie de l'Amiennois , s'étendent préſentement au-delà des rives de l'Oiſe & de l'Aiſne : il demandera bientôt la Seine , pour ſéparation de vos Etats & des ſiens , & ne manquera pas de reven-diquer la moitié de votre Capitale comme un patrimoine. Hâtez-vous de rentrer dans des domaines ſi mal acquis , ſi vous voulez épargner à vos peuples les ſuites funeſtes des diſſentions domeſti-ques. Il poſſéde en propre , à la vérité , les Comtés de Valois & de Vermandois , en vertu d'une donation du feu Roi que vous avez ratifiée ; mais c'eſt ſurpriſe. C'eſt un accord entre particu-liers qui ne doit pas tenir , parce qu'un Monarque ne peut pas aliéner les domaines de l'Etat , ſans que ſes ſujets y conſentent.

Qu'attendez-vous , pour éloigner du Trône un Miniſtre inſi-nuant & ambitieux qui cherche à l'ébranler ? Vous ne pouvez fa-voriſer ſes intérêts , ſans nuire à ceux de vos peuples , ſans offen-ſer la tendreſſe d'une mere , contre laquelle ce Gouverneur impé-rieux veut vous inſpirer des ſentimens contraires à ceux que l'Auteur de la nature a gravé dans tous les cœurs , ſans manquer enfin à toute votre auguſte Maiſon , & ſans vous manquer à vous-même.

Ces réflexions placées à propos , & comme inculquées dans l'eſprit du Roi , pendant l'abſence du Comte de Flandres , changerent fes difpofitions. Il ne regarda plus le Comte que comme un ennemi caché, capable de tout facrifier à fon ambition. Quoique déja imbu des premiers principes de cette haute politique, qu'il fit briller dans le gouvernement de fon Royaume, & bien convaincu, qu'il eft des raifons d'Etat, auxquelles la reconnoiffance, l'attachement & les intérêts perfonnels doivent céder, Philippe Augufte prit avec peine, le parti de fe déclarer contre un oncle, un tuteur, un ancien ami de fa perfonne & du Roi fon pere.

La rupture fut réfolue, mais avec des modifications, des précautions qui fembloient refpecter les bienféances, & épargner au Roi les reproches d'ingratitude, que fa conduite auroit pu lui attirer, s'il eût déclaré fubitement la guerre au Comte. Le Roi ayant affemblé fes Barons à ce fujet, leur témoigna fon embarras, & les pria de chercher un tempéramment, qui ménageât fa délicateffe.

Le Comte de Clermont en Beauvoifis, Raoul de Coucy, & les fils de Robert Clément, tenoient le premier rang dans ce Confeil. On épargna au Prince le déplaifir de déclarer la guerre au Comte de Flandres, mais on convint que le Comte de Clermont commenceroit les hoftilités, fous des prétextes imaginaires; qu'il prendroit de vive force la ville de Breteuil, comme pour agacer le Comte de Flandres, & que du moment où Philippe d'Alface armeroit pour fe défendre, le Roi prendroit le parti du Comte de Clermont, & fe déclareroit contre lui.

44. Pendant que ces chofes fe tramoient, le Comte étoit au château de Crépy avec fon époufe Elifabeth, & avec une Cour nombreufe. Il y faifoit les préparatifs néceffaires pour une Dédicace folemnelle de l'Eglife Collégiale de S. Thomas. Ce Seigneur avoit raffemblé à cet effet un grand nombre de perfonnes du plus haut rang, parmi lefquelles on comptoit Henry Evêque d'Albano, Légat du Pape & Cardinal de l'Eglife Romaine, Thibaud Abbé de Cluny, Jofeph de Bruges, Godard de Gand, Hélin Sénéchal de Flandres & Gouverneur de Crépy, Gautier d'Arras, le Seigneur Raoul le Turc, Barthelemi de Thury, Arnoul le Burgare, Thibaud d'Oger, Lambert Leminier; fans parler d'Evrard Chapelain du Comte, & de tous les Officiers qui compofoient fa Maifon & qui, dans les cérémonies, paroiffoient à fa fuite.

Le Comte avoit accéléré le temps de la cérémonie, à caufe de la mauvaife fanté d'Elifabeth fon époufe, qui lui caufoit de vives allarmes. Il s'en falloit beaucoup, que l'Eglife de S. Thomas fût achevée fur le plan que ce Seigneur avoit fait tracer : les ouvriers n'avoient fini que la nef, la tour & les deux portails ; la croifée & le chœur reftoient à conftruire ; il paroît même qu'on n'avoit pas encore pofé les fondemens du chœur. Il fit fermer par une cloifon légere cette partie conftruite, en attendant que le refte fût bâti.

Cette nef pouvoit paffer dans le temps pour un excellent morceau d'architecture ; les grandes Eglifes étoient encore rares. L'édifice réunit la folidité de l'ancien gothique & la délicateffe du nouveau. Les grands arcs des fenêtres font en plein ceintre ; le goût de l'ogive ne faifoit que commencer alors. Ce qui refte de la grande tour, donne une idée très-relevée de la magnificence avec laquelle elle avoit été bâtie. Les Architectes y avoient prodigués les ornemens de pilaftres, de moulures & de fculpture.

Il y a dans ce bâtiment, deux morceaux remarquables ; un pilier fur lequel les Sculpteurs ont repréfenté une danfe de perfonnes qui fe tiennent par la main. L'autre morceau, eft la ftatue de S. Thomas de Cantorbéry, repréfenté au naturel.

Le pilier fur lequel on voit la danfe, eft placé à côté de la Chapelle Paroiffiale, à droite en entrant au chœur. La danfe eft figurée fur le chapiteau. On croit qu'elle eft l'emblême de la joye que David fit paroître, lorfqu'il danfa devant l'Arche. Il y a dans le Royaume plufieurs grandes Eglifes, où l'on voit un pilier chargé de ce même fymbole. Le pilier de l'Eglife de Crépy eft plus menu que ceux qui l'accompagnent. Une tradition fabuleufe porte, que ce pilier eft creux, & qu'il contient dans fa capacité, une lampe qui brûle depuis la fondation de l'Eglife : qu'au moment où la lumiere de cette lampe finira, tout l'édifice croulera.

La ftatue de S. Thomas de Cantorbéry eft un morceau rare & précieux, dont on n'a pas affez de foin. Cette ftatue qui eft de pierre, a été faite par ordre du Comte de Flandres ; ce Prince n'épargna aucun frais, pour qu'elle fût reffemblante. Il choifit le plus habile Sculpteur de fon temps, & l'envoya en Angleterre, afin de raffembler fur les lieux, tous les enfeignemens qu'on pouvoit recueillir, fur les traits & fur la figure du Saint. Cette ftatue eft placée entre les deux impoftes du portail collatéral qui regarde le midi. Lorſque nous l'avons examinée, le nez avoit été emporté d'un coup de pierre. C'eſt la partie la plus facile à réparer. Je lis dans l'extrait d'une vie manuſcrite de ce Saint, compoſée par Jean de Sariſbury, & conſervée à Pontigny, que Thomas avoit la douceur peinte ſur la phyſionomie : qu'il avoit le viſage plein, l'air mâle, le nez aquilin & un peu recourbé, *naſo eminentiore & parum inflexo.*

La conſécration de l'Egliſe de S. Thomas ſe fit de la maniere qui étoit uſitée dans ces temps-là. Le Légat du Pape y parut, Henry Evêque de Senlis en fit la cérémonie. Dès que la pompe eût été terminée, le Comte de Flandres raſſembla dans la même Egliſe, les plus qualifiées des perſonnes qui avoient aſſiſté à la Dédicace, & l'on dreſſa en ſa préſence & en ſon nom la Charte de fondation du Chapitre.

Cette Charte porte, que Philippe d'Alſace & la Dame Eliſabeth ſon épouſe ont fondé en l'honneur du Martyr S. Thomas de Cantorbéry une Egliſe Collégiale, auprès des murs de leur château de Crépy : que le Chapitre de la nouvelle Egliſe ſera compoſé de dix Chanoines, dont cinq feront Prêtres, trois Diacres & deux Soudiacres : que chaque Prêtre aura en augmentation des anciennes prébendes vingt livres de rente, les Diacres quinze livres, les Soudiacres douze livres : que ces rentes feront perçues ainſi qu'une autre rente de dix livres pour le luminaire, ſur les revenus du domaine de Crépy ; vingt livres de ce temps là peuvent revenir à quatre cens livres de notre monnoie : le marc d'argent ne valoit que cinquante ſols : on continue ainſi.

L'un des Chanoines aura le titre de Doyen ; un autre aura la qualité de Prevôt du cloître, & percevra une rente de cinq ſols pour honoraire de ſa charge. Cet office de Prevôt répondoit à la charge de Portier dans les grands Monaſteres. Le Prevôt prêtera ſerment tous les ans au Doyen & au Chapitre, & promettra de garder le cloître avec fidélité & avec exactitude : il ne ſouffrira pas qu'on y diſe ou qu'on y commette rien qui ſoit contraire à la décence. Il ne permettra à qui que ce ſoit de ſortir à des heures indues. S'il éprouve quelqu'oppoſition à l'exercice de ſes fonctions, il en fera ſon rapport au Chapitre.

La nomination aux Canonicats appartiendra au Seigneur de Crépy. Chaque Chanoine deſſervira ſa prébende en perſonne. Après la mort du premier Doyen, ſon ſucceſſeur ſera nommé par le Chapitre. Les Chanoines auront la liberté de montrer à lire, & de tenir les Ecoles de Crépy. Ils feront exempts de la Jurifdiction laïque, eux, leurs ferviteurs & leurs biens. Ces articles font la fubftance de la Charte de fondation.

L'Eglife de S. Thomas de Crépy eft la premiere, qui ait été dédiée fous l'invocation de ce Saint (1). Sa Dédicace a été comme le fignal d'une dévotion, qui s'eft généralement répandue. Les Religieux de Nanteuil fonderent dans leur Eglife de Notre-Dame, une Chapelle en l'honneur de ce même Saint, & ils ajouterent une leçon de fa vie à leur Légendaire. Philippe II de Nanteuil fonda dans la fuite une Meffe quotidienne à cette Chapelle, qui ne fubfifte plus. Elle étoit placée au côté droit de la principale porte de l'Eglife.

La Collégiale de S. Thomas du Louvre à Paris a été fondée vers l'an 1188, par Robert I Comte de Braine, à l'imitation de la Collégiale de Crépy (2). L'Eglife paroiffiale de Rofoy en Multien ayant été rebâtie vers ce même temps, fut auffi dédiée fous l'invocation de S. Thomas le Martyr. Les paroiffes de Montmagny & de Viliers-le-fec au Diocefe de Paris, font dédiées fous l'invocation de ce Saint. Raoul Evêque de Lifieux confacra dans l'Abbaye de Préaux un autel, fous le titre de S. Léger d'Autun & de S. Thomas de Cantorbéry. La Chapelle du château de Tillet, entre Mello & Soufriviere, eft dédiée fous l'invocation du même Saint.

45. Elifabeth de Crépy, femme de Philippe d'Alface Comte de Flandres, décéda l'année même de la Dédicace de S. Thomas de Crépy. Le Comte fon mari ayant été rappellé de Crépy en Flandres, par des affaires qui demandoient fa préfence, prit la route de cette Province par Arras. Il avoit avec lui fon époufe. Philippe d'Alface fit quelque féjour en cette Ville, qui lui avoit appartenu avant qu'il en eut fait la donation à fa niéce, époufe du Roi Philippe Augufte. Elifabeth tomba malade à Arras, & y mourut le vingt-fix Mars, jour du Vendredi Saint de l'an 1182, 1183 avant Pâques.

Muldrac (3) prétend, que le corps de cette Dame fut rapporté à Long-pont pour y être inhumé : il indique même l'endroit de fa fépulture, devant la Chapelle de S. Bernard & de S. Sé-

(1) Baillet, 29. Dec. n°. 39.   (3) Val. Roi. p. 114.
(2) Duch. Hift. Dreux, p. 23.

baftien. Il fait même la defcription de fa tombe.

La loi qu'on s'impofoit alors, de ne pas inhumer les femmes dans les Eglifes, feroit une raifon fuffifante de révoquer en doute fa defcription. L'on a des témoignages plus pofitifs, qui prouvent que la Comtesse Elifabeth a été inhumée dans la ville même où elle eft décédée.

Claude Hémery (1), qui écrivoit fon Hiftoire de S. Quentin en 1640, rapporte qu'en l'an 1600, des ouvriers enlevant un pavé devant le maître autel de la Cathédrale d'Arras, trouverent une tombe d'airain, fur laquelle on lifoit cette infcription : *Anno Domini .1182 obiit Elifabeth uxor Philippi Flandriæ & Viromandiæ Comitis, filia verò Radulphi Viromandiæ Comitis, quæ in præfenti fepulchro quiefcit.* Le P. Anfelme explique autrement la découverte de cette tombe (2). Il dit qu'en creufant le vingt-fix Novembre de l'an 1683, pour inhumer le corps du Prince Louis de Bourbon, Comte de Vermandois, fils légitimé de Louis XIV, on découvrit le monument. L'une de ces deux dates eft fauffe. L'erreur eft fûrement du côté du P. Anfelme. Hémery n'auroit pas imaginé cette découverte, quarante ans avant qu'elle eut eu lieu.

46. La mort de la Comtesse de Flandres, arrivée dans des conjonctures où l'on avoit conjuré la perte de fon mari, fut pour le Roi Philippe Augufte une occafion plaufible d'éloigner le Comte de Flandres. Il le fit fommer de rendre les Comtés de Vermandois & de Valois, qu'il n'avoit poffédés que du chef de la Dame Elifabeth fon époufe. Il déclaroit, que cette Dame étant morte, les intérêts de fa Couronne demandoient, qu'il rendit ces deux Comtés à la Comtesse Eléonore fa belle fœur.

La Comtesse Eléonore étoit fans enfans ; & comme il y avoit toute apparence qu'elle décéderoit fans poftérité, les deux Comtés devoient retourner au Roi, qui étoit fon plus proche parent. Philippe Augufte & la Comtesse avoient le Roi Henry I pour fouche commune.

Le Comte de Flandres fit une réponfe fort fimple aux prétentions du Roi. Il lui manda, que les Comtés de Valois & de Vermandois lui ayant été donnés en toute propriété par un diplôme du Roi fon pere, que lui-même avoit ratifié depuis fon avénement à la Couronne, il devoit les conferver ; que même

(1) p. 170. I (2) t. 1. p. 534.

on ne pouvoit pas l'en priver fans injuftice.

Tandis que ces pour-parler fe paffoient, le Comte de Clermont fe préfenta à la tête d'un corps de troupes devant le château
de Breteuil, qui appartenoit au Comte de Flandres. Il n'éprouva
prefque pas de réfiftance, parce qu'on ne l'attendoit pas.

Cet acte d'hoftilité tira Philippe d'Alface comme d'un profond
affoupiffement. Il avoit ignoré jufques-là tout ce qu'on avoit tra-
mé contre lui à la Cour; les intrigues de la Reine mere, les menées du Comte de Champagne, & les mauvais fervices que les
fils de Robert Clément lui avoient rendus auprès du Roi. Il ne
fit plus difficulté de croire que fes ennemis l'avoient fupplanté,
& que le parti oppofé au fien avoit prévalu pendant fon abfence.
Il mit fur pied le peu de troupes qu'il put raffembler, bien réfolu
d'arrêter les progrès de l'aggreffeur, jufqu'à ce qu'il eut fait venir de Flandres des corps de troupes plus nombreux. Hélin,
Sénéchal de Flandres & Gouverneur de Crépy, occupoit le château de cette Ville, lorfque les hoftilités du Comte de Clermont
commencerent. Philippe d'Alface le fit avertir de fe tenir fur fes
gardes, & de prévenir, s'il pouvoit, les deffeins que fes ennemis formeroient contre cette place.

Hélin ou Elin tiroit fon origine, à ce qu'on prétend, de
Bettancourt, village fitué auprès de Mornienval. Après avoir
fait fes premieres armes fous des Chevaliers du château de Crépy, les Religieufes de Mornienval le prirent pour leur Avoué,
& lui confierent la garde de plufieurs terres de leur dépendance.
Elles lui accorderent auffi la charge particuliere de Maire de
Bettancourt. Elles intérefferent fa fidélité, en lui abandonnant
un corps d'hôtel qu'il fit fortifier, & autour duquel plufieurs
maifons s'amafferent, & formerent un hameau qui fubfifte encore fous le nom d'*Elincourt*. L'hôtel conferva pendant long-
temps le nom de *voûtes d'Hélin*, parce que le Chevalier Hélin
y avoit pratiqué des fouterrains voûtés, afin de rendre fon château plus commode & plus fort.

Hélin eut des defcendans qui fe fixerent à Mornienval, &
qui conferverent une partie des biens, que les Religieufes lui
avoient donnés en Fief. Le dernier de fes defcendans fe fit Eccléfiaftique, & devint Chanoine de Mornienval. Il fit préfent à
fon Chapitre du droit d'Avouerie, qu'il avoit reçu de fes peres
par fucceffion. Il fe nommoit Jean Hélin, & vivoit en 1245

&

& 1250. (1). On croit, qu'il avoit pour pere un Guy de Bettancourt, dont il est fait mention dans le compte général rendu au
Roi Philippe Auguste, en 1203. Guy est employé dans ce compte
pour dix livres (2).

Philippe d'Alsace, de qui les Religieuses de Mornienval relevoient, à cause de sa qualité de Comte de Valois, s'attacha Hélin par ses bienfaits. Il obtint ensuite des Religieuses, que ce
Chevalier passât à son service. Il le nomma Gouverneur de Crépy, & lui conféra ensuite la dignité de grand Sénéchal de Flandres. Hélin possédoit ces deux charges, lorsque le Comte de Clermont commença ses hostilités.

Hélin ayant reçu la nouvelle de la prise du château de Breteuil, fit assurer le Comte de sa fidélité & de sa vigilance. Il lui
conseilla de partir pour la Flandres sans différer, d'en amener
des troupes, de se faire un parti, & de visiter en revenant toutes
les places fortes, qui étoient en son pouvoir.

Le Comte suivit de point en point les avis de son Sénéchal.
Il vit les principaux Seigneurs voisins de ses domaines, qu'il mit
de son parti. Il en obtint des secours d'hommes & d'argent, &
revint à la tête d'une armée de trente à quarante mille combattans. Il visita les places d'Amiens, de Montdidier & de Péronne, dont il trouva les fortifications en bon état.

Les principaux Seigneurs qui se rangerent du parti de Philippe d'Alsace, furent le Comte de Sancerre, le Comte de S. Pol,
Henry de Louvain fils de Godefroy, Hugues d'Oisy Châtelain
de Cambray, & Jacques d'Avesnes. Plusieurs de ces Seigneurs
commandoient en personne les troupes, qu'ils avoient fournies au
Comte de Flandres.

Pendant son voyage de Flandres, Philippe d'Alsace avoit confié au Comte de Haynaut le commandement des troupes qu'il
avoit rassemblées, pour arrêter les progrès des armes du Comte
de Clermont. Il donna ordre à ce Général de le venir joindre
avec son corps de troupes, d'autant plus que le Comte de Clermont s'étoit retiré des environs de Breteuil.

Il avoit été résolu dans le Conseil du Roi, que du moment où
le château de Breteuil auroit été pris, le Roi se déclareroit pour
le Comte de Clermont, & qu'il enverroit un détachement mettre le siége devant le château de Crépy. On lit dans les Annales

(1) Cart. Morn. n° 55.   I (2) Brussel. Us. des Fiefs, p. CLXX.

de Nicolas Trivet, que les Barons & les meilleurs Capitaines de Philippe Auguste détournerent ce Prince de l'entreprise, parce que ce château étoit revêtu de fortifications, qui le rendoient presqu'imprenable, & parce que le brave Hélin le défendoit avec une garnison nombreuse (1). On jugea plus à propos d'envoyer des troupes assiéger le château de Sancerre, afin que le Comte occupé à défendre ses propres domaines, ne pût aller au secours du Comte de Flandres, avec les forces qu'il avoit. On vouloit aussi punir ce Comte, qui après avoir été l'un des zélés partisans des intérêts du Roi, avoit embrassé le parti de Philippe d'Alsace.

Hélin sut en habile Capitaine profiter de cette espéce de diversion des troupes du Roi, qui n'étoient pas encore toutes réunies (2). Il sortit de Crépy avec la plus grande partie de sa garnison, prit la route de Clermont, & grossit son détachement d'un bon nombre de vassaux du Valois, qui se rendirent volontairement à ses ordres. Hélin surprit le Comte de Clermont. Il ravagea son territoire, pilla & brûla ses campagnes. Il passa aux domaines de Raoul de Coucy, l'un des Barons du Roi ; il y fit un butin considérable, & brûla tout ce qu'il ne lui fut pas possible d'emporter. Il revint ensuite au château de Crépy à la tête de son détachement, sans avoir essuyé de perte.

Albéric Comte de Dammartin avoit pris depuis peu le parti du Roi, & se disposoit à faire une irruption dans le Valois. Hélin prévint ce Comte. Il reprit le commandement du même détachement qui avoit ravagé le Clermontois, & parut inopinément devant le fort château de Dammartin à la pointe du jour ; le Comte Albéric dormoit d'un profond sommeil. Hélin prit le château d'emblée avec tant de vigueur, que le Commandant de la garnison n'eut pas le temps d'informer le Comte Albéric de ce qui se passoit. Hélin après avoir forcé les ouvrages avancés, alla droit au corps de logis du château, où il pénétra avec tant de secret & d'habileté, qu'il prit au lit le Comte Albéric, & l'emmena prisonnier.

Ce coup du Sénéchal de Flandres rompit les premieres mesures, que les Barons du Roi avoient prises. Le Roi fut obligé d'avoir recours à la défensive, & de demander du secours aux

(1) Spicil. t. 2. p. 164.
(2) Généal. Com. Fland. Meyer. Thes.   Anecd. Spicil. Ibid.

puiſſances voiſines. Il conclut un traité d'alliance avec le Roi d'Angleterre & avec Richard ſon frere Duc d'Aquitaine, rappella le Comte de Clermont du territoire de Breteuil, & raſſembla auprès de Senlis une armée, pour arrêter les courſes du Général Hélin, qui avoit déja mis l'allarme dans toutes les terres de la contrée appartenant au Roi. Philippe Auguſte prit le commandement de cette armée, qui montoit à trente ou trente-cinq mille hommes, après qu'il eut reçu les ſecours que le Roi d'Angleterre & le Duc d'Aquitaine devoient lui fournir.

Cependant le Comte de Flandres s'avançoit avec une armée plus nombreuſe que celle du Roi. Fier de ſa puiſſance, & comptant ſur l'habileté de ſes Généraux, il cherchoit à braver les troupes du Monarque, & à intimider les peuples par un appareil auſſi effrayant qu'extraordinaire. Il avoit placé dans ſon avant-garde des chars, armés en guerre à la façon des anciens. On voyoit ſur ces voitures des figures hideuſes, de toute grandeur & de toute eſpéce, qui jettoient des flammes, pouſſoient des tourbillons de fumée, & lançoient des feux de toutes parts. Le Comte arriva ſans obſtacle avec cette armée dans les plaines de Crépy, où le Sénéchal Hélin l'attendoit. L'armée de Philippe Auguſte étoit campée aux environs de Senlis, entre cette Ville, Baron & Monteſpilloy. Elle couvroit, au rapport des Ecrivains du temps, une étendue de quatre mille.

Si l'on en croit Meyer, l'armée du Comte de Flandres alloit à près de deux cens mille hommes : ce qui eſt exagéré. Les deux armées, après la jonction des ſecours qu'elles attendoient, pouvoient monter chacune à trente-cinq ou quarante mille combattans ; celle du Comte étoit plus nombreuſe que celle du Roi.

Deux grands Généraux commandoient ces armées : le Roi avoit confié pour le jour de la bataille, le commandement de la ſienne à Humfroi de Bouchain, le meilleur Capitaine du Roi d'Angleterre : Hélin avoit été chargé par le Comte de Flandres, de commander en chef le jour de l'action.

Pendant que ſes troupes prenoient quelque repos dans les plaines de Sainte Agathe, de Duvy & de Trumilly, & que ſon Général diſpoſoit tout pour une action, le Comte de Flandres alla avec un gros détachement ſe préſenter devant le château de Béthizy, dans le deſſein de ſurprendre cette place, comme Hélin avoit fait au château de Dammartin. Béthizy appartenoit au Roi, & ne faisoit pas encore partie du Valois. Le Comte trouva dans la garnison & dans les fortifications du lieu, une résistance qu'il ne put surmonter. D'ailleurs Humfroy de Bouchain vint en personne au secours de la place, avec un corps supérieur à celui du Comte. La garnison fit une sortie vigoureuse, que Humfroi protégea; elle enfonça le détachement de Philippe d'Alsace, dont les débris, & le Comte lui-même, se sauverent à la faveur de la forêt de Cuise. Cet échec fit beaucoup de tort au Comte de Flandres : il rallentit l'ardeur de ses troupes, & donna du cœur à celles du Roi. Guillaume le Breton, dans sa Philippide, vante la levée du siége de Béthizy, comme une action presque décisive, qui couvrit de gloire les armes de Philippe Auguste.

Un malheur imprévu causa au Roi une douleur des plus accablantes. Il perdit par un accident, son Général Humfroy de Bouchain. Ce triste évenement lui ôta la résolution qu'il avoit prise de marcher en force à l'ennemi.

Hélin qui n'ignoroit pas les dispositions du Roi, crut devoir profiter d'une circonstance aussi favorable que la mort de Humfroy, pour livrer bataille à l'armée Royale. Quoique l'ardeur du Comte de Flandres fût rallentie depuis l'échec de Béthizy, il se rendit aux remontrances de son Sénéchal. Le Roi prit aussi son parti : on se disposa des deux côtés à une action générale.

Vers le milieu du grand chemin qui conduit de Senlis à Crépy, l'on apperçoit à un quart de lieue dans les terres, derriere un moulin à vent, un pan de mur qui est isolé. Cette ruine est le reste d'un ancien château, que les titres appellent *Grange S. Arnoul.* Les deux armées s'avancerent jusqu'au château; l'armée du Roi couvroit la plaine qui s'étend vers Senlis; l'armée du Comte s'étendoit du côté de Crépy, de Trumilly & d'Oger-Saint-Vincent. Hélin pressoit l'action : le Comte laissoit agir son Général. Le Roi ne faisoit paroître ni timidité ni confiance. Lorsque tout eut été disposé pour le combat, les deux armées se rangerent en bataille.

On demeura deux jours entiers en présence, sans que l'on en vint aux mains. Le Roi avoit parmi ses Officiers généraux & parmi ses Barons des gens sages, qui le voyoient avec regret prendre les armes contre un Seigneur puissant, qui lui avoit servi de pere. Le Comte de Flandres avoit pareillement dans son armée, des amis sinceres, attachés à sa personne & aux deux Etats, qui

auroient défiré trouver un tempéramment pour concilier les intérêts des parties.

La furféance de deux jours fut pour ces perfonnes une occafion favorable, d'exécuter le louable projet qu'elles avoient conçu, de rapprocher les Princes, & d'épargner le fang.

On repréfenta au Roi le danger qu'il alloit courir, s'il venoit
à perdre la bataille : qu'il avoit tout à craindre de l'habileté du
Capitaine Hélin, auquel il ne pouvoit plus oppofer perfonne,
depuis la perte qu'il avoit faite du brave Humfroy de Bouchain :
que pour conferver deux coins de terre, dont on ne lui contestoit
pas la fouveraineté, il couroit rifque de perdre une grande partie
de fa Monarchie : que le Comte de Flandres n'étoit pas auffi
odieux, qu'on s'efforçoit de le peindre à fes yeux : qu'on l'avoit
attaqué fans le prévenir : que les premieres hoftilités exercées par
le Comte de Clermont, fans déclaration de guerre, donnoient
atteinte aux premiers principes du droit naturel : que ce Comte
avoit plutôt agi par des raifons d'antipathie contre Philippe d'Alface, pour fervir la haine de la Reine Mere, & la jaloufie des fils
de Robert Clément, que par un zele fincere & par les motifs d'un
véritable attachement à fa perfonne, ou par intérêt pour le bonheur de fes peuples.

Ces réflexions propofées au Roi avec la force & la candeur qui
diftinguent les grandes ames, lorfqu'elles font chargées de ménager les intérêts publics contre les artifices de la rufe & de l'envie, firent impreffion fur l'efprit de Philippe Augufte.

Les gens de bien qui avoient quelqu'afcendant fur le Comte de
Flandres, raffemblerent fous fes yeux tous les motifs, qui pouvoient le déterminer à accepter une entrevue avec le Roi, & à
renoncer à une partie de fes vues. Les raifons fur lefquelles ils
infiftoient davantage, rouloient fur le peu d'expérience du jeune
Prince, fur la légéreté d'un âge, facile à recevoir les premieres impreffions qu'on lui préfente, pour peu qu'elles ayent quelqu'apparence du bien public. On lui obfervoit, que l'acte de donation
fur lequel il fe fondoit, avoit été fait fans connoiffance de caufe
par le Roi Louis VII, au préjudice de la Comteffe Eléonore,
que cette donation fruftroit des deux domaines du Vermandois &
du Valois.

Ces confidérations ne purent déterminer le Comte de Flandres
à fe relâcher de fes prétentions. Mais il accepta une entrevue

avec le Roi, dans celui des lieux voisins du champ de bataille, qu'il lui plairoit indiquer. Les amis du Comte & ceux du Roi choisirent la Grange S. Arnoul, espéce de château dont je viens de parler. On disposa les choses, de maniere que l'entrevue des deux Princes devoit être un congrès.

L'assemblée eut lieu, presqu'aussitôt qu'elle eut été indiquée. Le Comte de Flandres ouvrit la séance, en demandant que le Roi lui garantît la propriété des Comtés de Valois, de Vermandois & d'Amiens, aux mêmes clauses qui lui avoient été accordées par le feu Roi, & que Philippe Auguste lui-même avoit confirmées, l'année de son avénement au Trône.

Matthieu Comte de Beaumont, que la Comtesse Éléonore avoit épousé en troisiémes nôces, après la mort du Comte de Boulogne, frere du Comte de Flandres, combattit la proposition de Philippe d'Alsace comme une demande injuste, qui privoit la Comtesse Éléonore son épouse d'une succession légitime. Le Roi approuva l'observation du Comte de Beaumont, & soutint que les deux Comtés de Vermandois & de Valois devant être réunis à la Couronne après la mort de la Comtesse, si cette Dame n'avoit point d'enfans, d'où il concluoit que ses domaines étoient des domaines inaliénables, qu'il ne pouvoit céder sans nuire à ses peuples.

Cependant le Comte de Flandres ne vouloit rien céder, fondé sur le diplôme de Louis VII, qui lui accordoit la propriété des deux Comtés.

Les amis du Roi & ceux du Comte de Flandres virent avec le plus grand déplaisir, les parties persister dans leurs sentimens, sans vouloir prêter l'oreille aux voyes de conciliation. Comme la mi-Décembre étoit passée & qu'on touchoit aux fêtes de Noël, on engagea le Roi & le Comte à conclure une tréve, qui devoit durer jusqu'à l'Epiphanie, & même jusqu'après les fêtes de Pâques, tant par respect pour les saints Mysteres dont l'Eglise fait mémoire pendant cette partie de l'année, qu'à cause des rigueurs d'une saison, où l'on avoit peine à trouver des fourages.

En effet, toute l'Isle de France étoit dévastée, peu de campagnes avoient été ensemencées depuis l'expédition du Comte de Clermont. Le Capitaine Hélin avoit enlevé les magasins & les provisions des fermes, dans ses trois irruptions du Clermontois, du Vermandois & du Servais.

La tréve fut proposée contre le gré d'Hélin, qui demandoit ou la paix, ou la guerre. L'armée du Roi avoit été levée à la hâte, ce Prince n'avoit plus de Général, & ses provisions ne lui permettoient pas de soutenir plus long-temps le poids de la guerre. Cependant la tréve fut acceptée. Le Comte prit avec son armée le chemin de Bapaume ; il fit trois divisions ; il marqua des cantonnemens à la premiere, aux environs de Montdidier ; il plaça l'autre à Péronne, la troisiéme à Bapaume. Cette tréve ruina les affaires du Comte, & rétablit celles du Roi. Quelques écrits placent dans cet intervalle la mort du Capitaine Hélin.

Philippe Auguste n'attendit pas, que le Comte de Flandres revint dans le Valois pour l'attaquer. Il conduisit son armée dans l'Amiennois, à l'expiration de la tréve, & écarta ainsi du centre de son Royaume, une guerre qui pouvoit devenir opiniâtre & ruineuse.

Le Roi avoit formé des magasins, & avoit fait ses provisions, lorsqu'il se mit en marche pour combattre les Flamands. Le Comte manquoit de tout ; & soit que son Sénéchal ne vécut plus, ou qu'il eut quitté son parti, ses affaires étoient mal en ordre. Le Roi vouloit le combat ; le Comte qui ne sentoit pas assez la difficulté de sa situation, ne demandoit pas mieux que d'en venir aux mains.

Déja les deux armées se trouvoient en présence dans une plaine, entre Amiens & Gerberoy, lorsque les mêmes personnes qui avoient ménagé l'entrevue de la Grange S. Arnoul, déterminerent le Roi & le Comte à renouer les premieres négociations. La ville d'Amiens fut choisie, pour être le lieu de la nouvelle conférence. Il y eut de grands débats entre le Roi, le Comte de Flandres & le Comte de Beaumont. Après de vives discussions, lès personnes qui assistoient au Congrès en qualité d'amis, de médiateurs ou d'arbitres, trouverent les raisons du Comte de Beaumont préférables à celles du Comte de Flandres. Philippe d'Alsace céda avec la plus grande peine. Il ne se rendit, que lorsqu'il eut vu tous ses amis blâmer ses sentimens & approuver ceux du Roi.

On en vint à un accommodement, qui portoit en substance, 1°. que Philippe d'Alsace Comte de Flandres céderoit les Comtés d'Amiens & de Vermandois, & qu'il recevroit en échange un revenu proportionné à celui qu'il retireroit annuellement de ces deux domaines. Le temps fut marqué auquel Philippe d'Alface devoit remettre au Roi la ville d'Amiens & toutes les dépendances de ce Comté : 2°. que la Dame Éléonore entreroit en poffeffion du Comté de Valois, immédiatement après la fignature du traité ; & que dans le cas où cette Dame décéderoit fans enfans, le Valois retourneroit à la Couronne avec la Ville de Saint Quentin, & tout ce qu'elle auroit poffédé dans le Vermandois.

C'eft ainfi que le Comté d'Amiens fortit de la Maifon de Crépy, à laquelle il avoit appartenu, depuis le mariage d'Hildégarde Dame de Crépy avec Valeran Comte de Vexin, jufqu'à la mort du bienheureux Simon de Crépy ; & depuis le mariage de Hugues le Grand frere du Roi Philippe I, avec Adéle de Vermandois, jufqu'à la conclufion du traité d'Amiens ; qui arriva après la Fête de Pâques de l'an 1184. J'ignore le jour où ce traité fut figné.

Il eft difficile d'affurer, combien de temps ont duré les démélés de Philippe Augufte avec le Comte de Flandres. Il nous a paru, que les premiers actes d'hoftilités avoient commencé par l'entreprife du Comte de Clermont, au mois d'Octobre de l'an 1182 ; & que le Roi ne fe déclara ouvertement contre Philippe d'Alface, qu'après la mort d'Elifabeth, femme de ce Seigneur, arrivée le jour du Vendredi Saint de l'an 1183.

Jufqu'au temps où le Comte de Flandres eut amené dans les environs de Crépy l'armée qu'il avoit levée dans les Pays-bas, ce qu'on nommoit alors le Comté de Valois ne fouffrit prefque rien des atteintes de la guerre, mais tout le Vermandois, le Clermontois, une partie du Beauvoifis, le Servais & une partie du Parifis, furent ravagés, dans des mois où les fruits de la terre font encore fort éloignés du point de leur maturité.

On lit dans Rigord un trait, qu'il rapporte comme une merveille, fous l'an 1183, 1184 avant Pâques. Dans tous les lieux, dit cet Auteur, où l'armée du Roi devoit paffer, on prit la précaution de couper les moiffons qui étoient en herbes : on avoit agi de même dans les cantons, où l'armée du Comte de Flandres devoit féjourner. Après que les deux armées eurent été licentiées, les moiffons repoufferent avec une nouvelle force, & vinrent en maturité par-tout où le Roi avoit conduit fon armée ; pendant que dans les campagnes où le Comte avoit fait paffer fes troupes, on ne fit point de récolte ; le peu qui reparut après

une

une nouvelle pouffe, fut defféché par les rayons brûlans du foleil. Rigord, dit que ce trait lui avoit été fouvent raconté par des Chanoines d'Amiens, comme un prodige qui fembloit défapprouver la conduite de ceux qui avoient pris parti pour le Comte, & favorifer ceux qui avoient tenu pour le Roi.

En abandonnant le Comté de Valois & le fuperbe château de Crépy, le Comte de Flandres fit un facrifice qui lui coûta cher. Le déplaifir qu'il en conçût, le porta à rompre entiérement avec le Roi Philippe Augufte; & afin de n'avoir plus avec lui aucunes relations, il fit hommage de fon Comté de Flandres au Roi d'Allemagne, fils de l'Empereur Frédéric (1).

Les Auteurs, d'où nous avons tiré tout ce que nous venons de rapporter, varient beaucoup fur les dates. Nous avons arrangé les faits dans l'ordre qui nous a paru le plus naturel. Les jugemens que ces mêmes Auteurs portent fur la perfonne & fur les qualités du Comte de Flandres, font tout-à-fait oppofés. Les Écrivains attachés aux intérêts du Roi Philippe Augufte, repréfentent le Comte de Flandres comme un vaffal ambitieux & rebelle aux ordres de fon Souverain; commandé par une cupidité défordonnée, & par un défir infatiable de tout envahir; courtifan plus intéreffé que fincere; jouant la probité, l'honneur & l'amitié; tuteur déhaturé, abufant de fon autorité, pour s'approprier une partie des biens de fon pupille.

Les Ecrivains Flamands rendent bien le change aux Auteurs François. Ils dépeignent Philippe Augufte comme un jeune Prince, qui ne craignoit pas de manquer aux premiers devoirs, que la nature impofe aux pupilles envers ceux qui les ont gouvernés. Ils accufent le Roi de perfidie, pour avoir manqué aux claufes d'un traité folemnel, que lui-même avoit ratifié. Ils font marcher de pair leur Comte avec le Roi, & repréfentent Philippe d'Alface comme un Souverain, qui ne devoit à Philippe Augufte qu'un fimple hommage libre, qu'il aima mieux porter à l'Empereur ou au Roi d'Allemagne, depuis que le jeune Prince lui avoit manqué.

Ces jugemens font outrés de part & d'autre. Il eft certain, à tout prendre, que l'ambition du Comte de Flandres étoit balancée, corrigée même par d'excellentes qualités. Pieux, brave & généreux, il étoit humain, populaire & d'un accès facile. Tant

(1) Robert de Mont. an. 1184.

Tom. I. X x x

que fon crédit s'étoit foutenu à la Cour de France, il avoit toûjours pris plaifir à accorder des graces & à répandre des bienfaits. L'ambition qu'on lui reproche, eft d'avoir voulu conferver les Comtés d'Amiens, de Vermandois & de Valois, après la mort de fon époufe Elifabeth. On ne lui en auroit pas contefté la jouiffance, fi cette Dame eut vécu, ou fi elle avoit laiffé des héritiers capables de lui fuccéder. Quel crime faire à un Grand, qui cherche à réparer fes pertes, à rétablir les efpérances dont il eft fruftré par des accidens, & à conferver des domaines qu'il a embellis, & dont la propriété lui a été accordée ?

A confidérer les chofes politiquement, Philippe Augufte avoit fujet d'écarter du centre de fes Etats un Seigneur auffi puiffant : c'étoit prudence. Philippe d'Alface, qui n'avoit rien à fe reprocher du côté de la fidélité qu'il devoit au Roi, avoit raifon de tout mettre en œuvre pour conferver des domaines, qui lui avoient été accordés & garantis : c'étoit juftice. L'un & l'autre doivent être confidérés fous différens rapports : on ne juge pas les Grands & les Souverains comme le refte des hommes.

*47. Le commerce devint floriffant dans le Valois pendant le cours du douziéme fiécle, furtout depuis l'établiffement des fociétés anféatiques, & depuis que le Comte Philippe d'Alface eut fixé fon féjour au château de Crépy. La Flandres étoit un pays de commerce, après que Baudoin le jeune eut accordé vers l'an 960, aux trafiquans de fes Etats, la protection & les facilités dont ils avoient befoin.

Dès que les foires de Champagne eurent été établies, il y eut une route de communication entre les deux provinces : elle paffoit par Crépy. Il eft fait mention plufieurs fois dans les regiftres *olim*, de dix-fept Villes des Pays-bas, qui formoient une efpéce de *hanfe*, & dont les Marchands paffoient tous les ans par Crépy, pour fe rendre aux foires de Champagne. *Decem & feptem villæ quæ venerant quotannis ad nundinas Campaniæ.*

Cette grande route étoit le chemin de Bapaume, dont j'ai déja parlé plufieurs fois. Philippe d'Alface la fit embellir & réparer en plufieurs endroits, fur-tout dans la prairie qu'on traverfe pour aller de S. Arnoul au chemin Pontois, & dans les marais de Roberval & de Noé-Saint-Martin. Le Comte levoit des droits fur cette chauffée.

On faifoit deux claffes des foires de Champagne & de Brie ;

on appelloit foires chaudes, celles d'Eté, & foires froides celles qui se tenoient pendant l'Hyver. La foire de S. Arnoul en Juillet, étoit du nombre des foires chaudes. Nous ferons connoître dans un autre endroit de cette Histoire, en quoi consistoit le commerce réciproque de la Champagne & de la Flandres. Les productions naturelles du Valois étoient alors les mêmes qu'à présent.

On établit deux foires dans le Valois pendant ce siécle, une à S. Jean-au-bois le jour de Sainte Euphrosine, une autre à Mornienval dans l'octave de la fête de S. Annobert. Il y avoit à Ouchy & à Pierrefonds, deux forts marchés toutes les semaines; & un autre à Viviers les Mardis.

Les terres payoient la dixme, & quelques-unes la *rédixme*, qui étoit un dixiéme de la dixme. En l'an 1175, Raoul le Turc donna au Monastere de Collinances la rédixme de ses terres de Mareuil, avec une autre portion de dixme, & la rédixme de cette même dixme.

On voyoit sur les ruisseaux & auprès des rivieres, beaucoup de tanneries, & dans les bois plusieurs fonderies.

Les défrichemens furent nombreux dans le Valois, pendant le douziéme siécle : ceux qui ne considerent les Ordres Religieux que du côté de l'inaction qui regne présentement dans la plûpart, seront surpris d'apprendre, que l'on doit aux Moines de ce temps-là une grande partie des défrichemens & la perfection de la culture des terres. On ne voyoit point de Monasteres un peu nombreux, qui n'eût ses manufactures d'étoffes, ses atteliers, & ses familles de serfs occupés aux métiers propres aux usages les plus communs de la vie. On employoit aux défrichemens les serfs les plus vigoureux. Chaque Monastere ressembloit à une colonie, ceux sur-tout que l'on fondoit loin des villes, auprès des bois, dans les vallées. Chaque attelier avoit pour chef un Frere servant; souvent les Religieux par un esprit d'humilité, se mêloient avec les serfs, & se livroient au même travail & aux mêmes fonctions.

On distinguoit deux sortes de fermiers, les libres & les serfs. Le fermier libre étoit un citoyen, qui louoit une ferme moyennant une redevance annuelle, en argent ou en nature de grains. On donnoit les noms de manses ou masures, d'hostises ou d'hospices, aux fermes occupées par les Serfs, qui avoient pour dépendances un certain nombre d'arpens de terres. L'hostise, prise suivant la signification stricte de ce nom, devoit être une portion de terrein contenant douze arpens, au milieu duquel on avoit bâti une retraite à l'usage du Cultivateur. Si le Serf Cultivateur avoit des enfans robustes, & aussi exercés que lui au travail, on augmentoit le nombre des arpens de terre, & alors on nommoit *familles* ces sortes de fermages.

Les Juifs avoient la plus grande part, tant au commerce extérieur, qu'au commerce intérieur du Royaume, actif & passif. On distinguoit deux sortes de Juifs, les libres & les serfs. Les Juifs libres étoient tous marchands de profession, & conduisoient seuls le commerce extérieur. Ils faisoient presque toutes leurs emplettes dans les pays, que nous nommons présentement les Echelles du levant. Ils revenoient de foire en foire dans le centre du Royaume ; & après avoir parcouru les principales foires de la Champagne, ils passoient en Flandres, par la route que je viens de nommer. Ils avoient un entrepôt de marchandises à Crépy, pour lequel ils payoient de gros droits. Ils avoient aussi des comptoirs à Pierrefonds, à Verberie, à Béthizy, à la Ferté-Milon & à Braine. Ils étoient assujettis dans chaque endroit à des regles particulieres touchant le commerce. On avoit un sceau particulier pour les obligations qu'ils passoient ou que l'on contractoit avec eux. On lit au Cartulaire du Roi Philippe-Auguste, (fol. 97, 146.) un réglement portant, que dans chaque bonne ville on établira deux charges de Prud'hommes pour tenir le sceau des Juifs ; que l'un gardera le fcel & l'autre le racloir, *rallum*. Il y avoit à Béthizy une ferme du sceau des Juifs, & une autre à Pierrefonds. Le Frere Haimard, dans son état de l'an 1202, tient comte au Roi Philippe Auguste du produit provenant du sceau des Juifs de Béthizy.

La plus grande partie des Juifs du Valois étoit assujettie à la servitude. Ils habitoient un quartier particulier dans tous les lieux de leur résidence. A Verberie, les Juifs du Roi logeoient dans une rue près du château, à laquelle on donne encore le nom de rue des Juifs dans des contrats du siécle passé. Les Juifs de la Comtesse de Braine, épouse de Robert I Comte de Dreux, occupoient une rue entiere dans Braine. Leur Synagogue étoit dans un endroit, qui est présentement une tannerie. Les Seigneurs de Crépy avoient aussi plusieurs familles de Juifs à la Ferté-Milon. Dans une des premieres piéces du Cartulaire de Philippe Augufte, on fait mention d'un Juif ferf du Roi, appellé *Léon de Pierrefonds.*

Les Seigneurs fe vendoient les uns aux autres, & trafiquoient de ces familles Juives. Ce trafic s'exerçoit à peu près comme celui des négres de nos colonies.

On excédoit d'exactions & de mauvais traitemens les Juifs commerçans. Un premier coup d'œil femble condamner la conduite des Seigneurs & des Grands, des Miniftres même qui agiffoient ainfi : les faits hiftoriques autorifent à porter un jugement tout différent, du procédé des Seigneurs. Les Juifs vivoient comme en pays ennemi, à la vérité fans forces & fans crédit : mais ils n'épargnoient ni la fraude ni le parjure, pour tromper habituellement les acheteurs, auxquels ils ne manquoient jamais de furvendre. Ils tenoient pour maxime, qu'ils devoient traiter les Chrétiens, comme Dieu leur avoit permis autrefois d'agir avec les Egyptiens.

Cinq fortes de monnoies étoient reçues dans le Valois : les fols parifis, les fols tournois & les fols nérets ; les efpéces de Châlons & de Provins, felon les lieux. On comptoit par fols parifis, dans les châteaux & dans les Maifons Royales ; à Béthizy, à Pierrefonds, à Verberie. Le fols tournois avoit cours dans'Acy en Multien, & la monnoie néret, à la Ferté-Milon & à Crépy. Bouchel, fur l'article VII de la Coutume de Valois, écrit que la monnoie parifis valoit un quart en fus du fol tournois, & le tournois un quart plus que le néret.

On comptoit par fols nérets, dans l'étendue du pays qu'on appelloit plus particuliérement alors le Comté de Valois. On les nommoit auffi, fols de Crépy, *folidos Crifpeii & Crifpeïenfis monetæ.* Nicolas Orefme explique fort clairement, l'origine & l'ufage des fols nérets ou noirets, *nigellorum.* Comme on mêloit dans ces efpéces beaucoup plus d'alliage que dans les autres, elles avoient un œil plus terne & plus *noir.* Les loix permettoient l'ufage des nérets, dans les villes & dans les cantons où le tranfport des matieres demandoit plus de frais. Bouchel diftingue deux fortes de nérets, le parifis & le tournois.

La monnoie de Provins avoit auffi cours aux environs de Crépy. Dans l'acte par lequel Raoul IV impofa une redevance aux habitans de Bazoches, il eft marqué que les amendes du lieu feront payées en monnoie de Provins. En 1194, la Comteffe Eléo-

nore laiſſa aux Religieuſes de Fontaine ſoixante ſols de Provins ,
à prendre ſur le péage de la Ferté-Milon. Les ſols de Provins
étoient d'un uſage plus commun , dans les lieux dépendans du
Comté de Champagne, à Ouchy & à Neuilly par exemple. La
Charte de Commune de Crépy fait mention d'une redevance
qu'on payoit en monnoie de Châlons.

48. Lorſque le traité d'Amiens fut conclu, la Comteſſe Eléonore avoit déja contracté quatre alliances avec différens Seigneurs. Elle avoit épouſé en premieres nôces, Godefroy Comte
d'Oſtrevant, fils de Baudoin Comte de Haynaut (1); & en ſecondes nôces, Guillaume IV Comte de Nevers, qui décéda en
l'an 1170. Après la mort de Guillaume, elle avoit pris pour
troiſiéme mari, Matthieu Comte de Boulogne, frere de Philippe d'Alſace Comte de Flandres. Matthieu ayant perdu la vie
au ſiége de Dringcourt en 1173, Matthieu III Comte de Beaumont, fils de Matthieu II, grand Chambrier de France, avoit
recherché l'alliance de la Comteſſe Eléonore , & l'avoit obtenue. Le Comte de Beaumont vivoit depuis près de dix ans avec
la Dame Eléonore , lorſqu'Eliſabeth Comteſſe de Flandres vint
à décéder.

Immédiatement après cette mort, Matthieu Comte de Beaumont prit la qualité de Seigneur du Valois, plus d'un an avant
la concluſion du traité d'Amiens. On le prouve par une Charte
de l'an 1183, rapportée par Muldrac dans ſa Chronique, p. 74.
Cette Charte commence ainſi : *Matthæus Comes Bellimontis &
Dominus de Valeſio : Eléonora Comitiſſa Bellimontis hæres &
Domina Valeſiæ*. On a une autre piéce de cette année, qui donne aux deux époux les mêmes titres (2). Ils confirment par cet
acte un préſent ci-devant fait aux Religieuſes de Fontaine par
le Comte & par la Comteſſe de Flandres. On attribue auſſi au
Comte Matthieu, le ſurnom de Grand. Le même Seigneur eſt
encore qualifié Comte de Valois, *Comes Valeſiæ*, dans deux
autres titres de l'an 1184, qui paroiſſent antérieurs à la concluſion du traité d'Amiens (3).

Dès qu'il eut été décidé dans la conférence d'Amiens, que
Philippe d'Alſace n'avoit aucun droit de ſon chef ſur le Comté
de Valois, Matthieu Comte de Beaumont ceſſa de prendre une

---

(1) Gall. Chr. t. 10. inſtr. p. 441.
(2) Hiſt. Meaux, t. 2, n° 157.

(3) Gall. Chr. t. 10. inſtr. p. 441.

qualité, qui appartenoit sans partage à la Comtesse son épouse ; au moins ne trouve-t-on rien depuis le traité d'Amiens, où ce Seigneur continue de prendre le même titre, que dans les Chartes dont je viens de parler ; il signe par-tout comme Chambrier. Il ne prend que cette qualité dans le titre de fondation du Parc, quoiqu'il paroisse conjointement avec Eléonore son épouse.

Rigord & le Moine Albéric louent le Comte de Beaumont, comme l'un des vaillans hommes de son siécle (1). Il vivoit encore au temps de la bataille de Bouvines. Il parut à cette journée célebre, & y fit preuve d'un courage héroïque. Bouchel dit avoir vu un sceau de ce Seigneur au bas d'une Charte de l'an 1206, sur lequel il est représenté à cheval, armé de toutes piéces, tenant à la main gauche un écu chargé d'un lion, avec cette légende, *Sigillum Comitis de Bellomonte* (2). Il ne faut pas le confondre avec Matthieu de Montmorenci, comme ont fait quelques Auteurs : celui-ci prenoit pour armes les seize alérions. Cette erreur est venue, de ce que ces deux Seigneurs paroissent ensemble dans quelques Chartes (3).

La Comtesse Eléonore, épouse du Comte de Beaumont, joignoit à une piété tendre & affectueuse, de l'esprit & des connoissances. Elle aimoit surtout la poësie, & parloit sa langue avec une grande pureté. Ses libéralités aux Monasteres & aux Eglises prouvent ses sentimens de religion, son respect pour le culte divin & pour le service des autels.

La protection qu'elle accordoit aux Ministres de l'Eglise, ne préjudicioit en aucune sorte au zele qu'elle avoit, de contribuer à l'avancement des sciences & de la littérature. Bergeron la met avec raison en parallele avec l'illustre Jeanne de Provence, qui commença à tirer notre poësie du cahos, en protégeant les troupes des Troubadours & des Chanteres. Eléonore préféroit les sujets de religion aux matieres profanes. Le Roman de Sainte Geneviéve qui fut reçu avec tant d'applaudissement par les amateurs du treiziéme siécle, fut composé à la persuasion de la Comtesse, & par un effet de sa protection. Ce Roman commence ainsi :

> *La Dame de Valois me prie*
> *De mettre en bon Roman la vie,*
> *D'une Sainte que moult el' clame.*

(1) Duch. t. 5. p. 596. Albéric, p. 480. | (3) Hist. Montm. p. 74.
(2) p. 22. Cout. Senl.

C'eſt-à-dire , la Dame de Valois m'ordonne d'écrire en bon ſtile, la vie d'une Sainte, dont elle implore ſouvent l'interceſſion.

Immédiatement après le traité d'Amiens, il y eut un accord particulier entre le Roi Philippe Auguſte d'une part, le Comte & la Comteſſe de Beaumont de l'autre , touchant les deux Comtés de Vermandois & de Valois. Ce traité fut paſſé ſur la fin de l'an 1184, ou au commencement de l'année ſuivante 1185. On n'a pas cette piéce entiere ; on ne la connoit que par quelques extraits fort ſuccints. Elle portoit entr'autres choſes , que le Comte de Beaumont ne prendroit plus la qualité de Seigneur de Valois, que ce titre ſeroit réſervé à la Comteſſe ſon épouſe ; qu'Eléonore cédoit au Roi la propriété du Comté de Valois , à condition qu'elle en auroit l'uſufruit ſa vie durant , & qu'elle pourroit aliéner en œuvres pies pluſieurs portions des domaines du Valois, juſqu'à la concurrence de trois cens livres , environ ſix cens livres de notre monnoie.

Cet accord épargnoit à Philippe Auguſte le déſagrément de craindre , qu'après la mort de la Comteſſe ſa couſine, le Comte de Beaumont ne voulut exercer des prétentions ſemblables à celles du Comte de Flandres, en vertu d'une donation de ſon épouſe , ou de quelques autres formalités imprévues. Les puiſſans Comtes de Crépy avoient cauſé tant d'embarras aux Rois prédéceſſeurs de Philippe Auguſte , que ce Prince vouloit prévenir juſqu'aux apparences du même déſagrément. Cet accord fut modifié & renouvellé pluſieurs fois, en 1191, 1194, 1195. Bergeron rapporte au temps de cet accord , la réunion du Valois à la Couronne : ce ſentiment n'eſt pas exact, à moins qu'on ne diſtingue une réunion de droit & une réunion de fait. On peut ranger la premiere ſous l'an 1184 ; la ſeconde n'eut lieu qu'après la mort de la Comteſſe Eléonore, vers l'an 1214.

49. Une Charte de l'an 1184, de Henry Evêque de Senlis, apprend qu'en cette année, l'Egliſe de S. Thomas n'étoit pas achevée (1). Ce Prélat ayant un droit à percevoir ſur le terrein où cette Egliſe étoit bâtie , en fit la donation au nouveau Chapitre. Il réunit auſſi à la même Egliſe l'autel, c'eſt-à-dire, l'Egliſe de S. Germain de Boiſgland. Ces donations & celles dont nous allons parler, furent confirmées par pluſieurs Bulles (2). Le

(1) Gall. Chr. t. 10. p. 440. 　 ǀ (2) Cart. S. Thom. Criſp.

Comte

Comte de Beaumont fonda la Chapelle de S. Eloi dans S. Thomas vers ce même temps. Gaufride Evêque de Senlis, fucceffeur de Henry, établit deux nouvelles prébendes, une de Diacre, l'autre de Soudiacre. Il décida, qu'à l'avenir le Doyen de
S. Thomas tiendroit fa dignité en Fief de lui & de fes fuccefleurs,
& qu'il en feroit hommage. Eléonore fit fon préfent particulier,
& donna au Chapitre une rente de cinq muids de bled fur un
moulin de Crépy, avec la permiffion de faire pêcher pendant
deux jours, dans l'étang d'Antilly.

L'Evêque Gaufride fit quelques réglemens, dont voici la fubftance : le Chanoine auquel on conférera une prébende Sacerdo-
tale, fera obligé de prendre l'ordre de Prêtrife dans l'année, ou
bien il perdra les revenus attachés à fa place. L'année canoniale
commencera le jour de S. Remy. La réfidence de rigueur fera de
deux cent foixante jours. Si un Chanoine meurt après Noël, fes
revenus courront jufqu'à la demi-année, au profit de fes héritiers : s'il meurt après Pâques, fes héritiers recevront l'année
pleine : la dignité de Doyen étoit alors remplie par un illuftre Eccléfiaftique, nommé Pierre, dont nous parlerons fouvent dans
cette Hiftoire.

50. La fondation de l'Hôpital de S. Michel de Crépy eft
auffi ancienne, que le rétabliffement du château de cette ville par
le Comte Gautier le Blanc. On doit en placer la premiere origine, au temps où le culte de S. Arnoul a commencé à s'établir
dans Crépy.

La commodité, les befoins même des pélerins, qui venoient
en foule rendre leurs hommages aux Reliques de S. Arnoul, demandoient qu'outre les auberges il y eût un hofpice général &
gratuit, en faveur des voyageurs fans moyens.

Les Seigneurs du fort château de Crépy, intéreffés par toutes
fortes de motifs à entretenir ce concours, confacrerent à l'utilité
des pélerins, une grange vafte, dépendant d'une de leurs fermes
des Bordes. Les pélerins qui voyageoient fans provifions, vivoient pendant leur féjour à Crépy, des aumônes du Comte &
de celles des perfonnes charitables, qui prenoient part à leur
fituation.

Lorfque le commerce eut établi une communication habituelle entre les provinces de Flandres & de Champagne, le nombre
des paffans qui occupoient l'hofpice, s'augmenta. On penfa alors

à procurer à ces paſſagers, deux ſortes de ſecours, les ſpirituels & les temporels. On bâtit une Chapelle à côté de l'hoſpice, pour la commodité des malades & des pauvres ; on nomma des adminiſtrateurs, qui devoient préſider à la répartition des aumônes ; & des femmes infirmieres, qui devoient prendre ſoin des malades & des indigens. Ces changemens n'ont pas d'époques certaines.

Tant que l'inſtitut des Béguines ſubſiſta, l'on prit des femmes de cet Ordre, pour gouverner l'Hôpital de Crépy. Elles furent dépoſſédées & exclues de leurs fonctions, lorſqu'on les abolit ſous le Pontificat de Clément V, parce qu'elles refuſoient de s'incliner & d'adorer Jeſus-Chriſt à l'Elévation.

On ne voit pas, que cet Hopital ait été doté d'aucune rente, avant que Philippe d'Alſace, Comte de Fiandres, eut pris poſſeſſion du château de Crépy. Peu de temps après ſon avénement, ce Seigneur donna, du conſentement de ſon épouſe Eliſabeth, onze livres de rente à cet Hôpital, & une charretée de bois à prendre tous les jours dans les bois de Crépy. L'acte de cette conceſſion porte, que l'Hôpital eſt ſitué près de S. Thomas, & qu'il eſt gouverné par un Maître, *Magiſter.*

Le Comte & la Comteſſe de Beaumont accorderent au même Hôpital, une rente de treize muids de bled froment, deſtinés au ſoulagement des pauvres. Comme le Chapitre de S. Thomas avoit la meilleure part dans le gouvernement de l'Hôpital, & que le maître de cette Maiſon étoit un ſujet tiré de leur corps, ils prétendirent que le préſent devoit leur appartenir.

Henry Evêque de Senlis donna un réglement ſur ce ſujet. Il décida, que dix des treize muids de froment appartiendroient au Chapitre ; qu'on employeroit deux autres muids au ſoulagement des pauvres ; que le treiziéme ſeroit vendu, & que le produit ſerviroit à acheter l'huile & le luminaire, néceſſaires à la célébration du Service Divin dans la Chapelle de l'Hôpital. L'Evêque fit auſſi les réglemens qui ſuivent.

Tous les jours il y aura dans la Chapelle de l'Hôpital, une Meſſe des morts chantée à notes, précédée de Vigiles à neuf leçons, & ſuivie de Recommandaces, à l'intention du pere, de la mere, du frere, de la ſœur, des premiers maris de la Comteſſe, & de Henry Roi d'Angleterre : les Chanoines de S. Thomas auront les deux tiers des offrandes faites à l'Hôpital ; la Cha-

pelle de S. Michel profitera de l'autre tiers. Le Prêtre ou Deffervant de cette Chapelle fera toujours un Chanoine de S. Thomas ; & au cas qu'il furvienne quelque procès entre les Religieux
de S. Arnoul & le Chapitre , & que les autres Chanoines foient
contraints de contribuer à l'achévement de l'Eglife de S. Thomas , le Chanoine Deffervant fera excepté. La Comteffe Eléonore accorda quelques autres rentes au même Hôpital , tant en
bled qu'en argent.

Les Hôpitaux de S. Michel , de la Ferté-Milon , de S. Nicolas de Verberie , de Béthizy , de Braine , de Pierrefonds , d'Ouchy , du Mont-Notre-Dame , de Bazoches , de Trefmes , &c.
ont été originairement des hofpices , deftinés aux mêmes ufages que celui de Crépy.

51. Les Hôpitaux changerent de nature pour la plûpart , après
le retour des premieres croifades. On y admit les lépreux pendant quelque temps. On les en expulfa enfuite , & on les plaça
dans des hofpices , qu'on bâtit dans les plaines , à caufe de la
qualité contagieufe de leur maladie. On diftingua alors deux fortes d'Hôpitaux ; les Maifons-Dieu & les Léproferies. Les Maifons-Dieu fervoient de retraite aux voyageurs , aux paffans , aux
pauvres , aux pélerins , qui vifitoient les lieux de dévotion dans
l'intérieur du Royaume. On les y traitoit même de toutes les
maladies , qui n'avoient point de rapport à la lépre. Sur les premiers indices de lépre , on les transféroit dans les Maladeries
hors des Villes.

On diftinguoit deux fortes de lépre ; la cutanée & l'éléphantine.
La lépre cutanée n'étoit à proprement parler qu'une dartre vive ,
qui attaquoit d'abord la peau des _narilles_ , que les Latins nomment _lepor_ , d'où eft venu le nom de lépre. Par-tout où le mal
s'étendoit , la peau fe féchoit , & devenoit farineufe ou s'enlevoit
par écailles. Cette incommodité défiguroit affreufement , quoiqu'elle ne fût pas dangereufe.

La lépre éléphantine eft appellée _la plus horrible des maladies_
par Falcon , dans fon Commentaire fur la Chirurgie de Guy de
Chauliac. Tels étoient , fuivant cet Auteur , les fymptômes &
les effets de cette lépre. « Les pieds , dit-il , ainfi que les mains ,
» enflent à tels gens. La peau de leur corps s'en va par écailles.
» Les cheveux leur tombent , leur bouche s'empuantit , leurs
» dents branlent , toutes les parties charnues de leur corps ne font

» à proprement parler qu'un ulcére , & il croît fur ces parties
» des puftules groffes comme des châtaignes , d'où flue continuel-
« lement un pû infect. Le malade eft en proye aux accès des
» paffions les plus brutales, auffi nomme-t-on ce fléau *grande ma-*
» *ladie.* » Cette qualification a été l'origine du nom de *Malade-*
rie , qu'on donne encore aux anciennes Léproferies.

On divifoit chaque efpéce de lépre en deux natures ; la lépre
de naiffance & la lépre d'accident. On apportoit l'une en venant au monde, l'autre fe gagnoit par la débauche, ou par le
paffage d'un pays chaud dans un climat plus froid. On remarquoit, que plus un lépreux étoit attaqué dangereufement, plus il
avoit la fureur de fe mêler avec les fains : d'où eft venu l'ancien
proverbe, que *ladres & larrons veulent tout le monde pour com-*
pagnons.

Cependant les loix leur défendoient de paroître dans la fociété ;
les perfonnes faines les fuyoient comme des peftiférés. L'extérieur d'un lépreux infpiroit tant d'horreur, qu'on regardoit comme l'effet d'une charité héroïque, l'action de lui porter quelques
fecours dans les plus grands dangers. On raconte dans la vie du
bienheureux Jean de Montmirel, comme un trait tout-à-fait rare
& prefque fans exemple ; qu'ayant rencontré un lépreux qui pé-
riffoit faute de fecours, il eut la force de panfer fes playes, & de
l'embraffer, par un mouvement de la charité la plus parfaite. On
obligeoit les lépreux à porter des cliquettes, pour avertir les fains
qui venoient à leur rencontre, de s'éloigner, ou de ne pas approcher d'eux.

Dormay obferve fort à propos (1), que les Léproferies n'ont pas
été fondées, comme les Monafteres auxquels on affectoit des rentes & des fonds de terre : mais que prefque toutes ont commencé
par des aumônes manuelles, par des contributions volontaires ,
& par des taxes que les habitans d'un canton s'impofoient, pour
prévenir les accidens d'une maladie auffi horrible. Ce n'eft gueres
qu'à la fin du douziéme fiécle, que l'on commença d'attribuer des
rentes & des fonds de terres à ces hofpices.

Au temps de Matthieu Paris , le nombre des Léproferies de la
Chrétienté montoit à plus de dix-neuf mille. Les lieux du Valois où l'on établit des Maladeries vers la fin du douziéme fiécle,
font, Crépy, Béthizy, Verberie, la Ferté-Milon, Braffoire Pa-

(1) Tom. 2. p. 188.

roiſſe de Mornienval, Roſoy en Brie, Acy en Multien, Houllon
Paroiſſe de Mareuil près de la Ferté-Milon, Ouchy-le-château,
Neuilly-Saint-Front, Pierrefonds, Courtieux, Viviers, Chelles,
Bonneuil, Chéſy en Orceois, Charly, le Mont-Notre-Dame,
Chéry, Nogentel, l'Huis, Artennes, Tigni, Pont-Archer, le
Puy d'Ambrieres, Vic-ſur-Aiſne, Autreſches, Bazoches, Braſ-
ſoire, Coyoles, Houſſes, Nanteuil-le-Haudouin, Largny, Reſ-
ſons-le-long & Braine.

Il y avoit une police particuliere touchant la conduite des lépreux & le gouvernement des Léproſeries. Voici ce que je trouve
à ce ſujet dans un ancien manuſcrit, concernant la plûpart des
Maladeries dont je viens de parler.

Dès qu'un particulier commençoit à être frappé de lépre, on le
ſéparoit de la ſociété; on lui bâtiſſoit une loge dans le canton le
plus voiſin de ſa demeure, qui avoit été conſacré au ſéjour des
lépreux: les Maladeries n'étoient que des amas de loges, auprès
deſquelles il y avoit ordinairement une Chapelle, dédiée ſous
l'invocation du Lazare, de la Magdelaine ou de Sainte Marthe.
Le lépreux avant de quitter ſa demeure, ſe formoit une eſpéce de
pacotille des choſes dont il avoit beſoin pour ſubſiſter. Les piéces
de ménage qui lui étoient néceſſaires, ſont ainſi déſignées dans
quelques écrits du temps.

»Cy enſuivent les choſes que ung meſel (un lépreux) doit
» avoir, avant qu'il entre en l'hôtel où il doit être mis.

« Premier: une tarterelle, ſouliers, chauſſes, robe de camelin,
» une houſſe & un chaperon de camelin, deux paires de drapeaux,
» un baril, un entonnoir, une courroie, ung couteau, une écuelle
» de bois.

» Item. On lui doit faire une maiſon & un puits. Il doit avoir
» un lit étoffé de coutte, couſſin & couvertures, deux paires de
» draps à lit, une huche ou un eſcrin fermant à clef, une table,
» une ſelle, une lumiere, une poële, ung andier, des écuelles à
» mengier, ung baſſin, ung pot à mettre cuire ſa chair «.

Les perſonnes opulentes, qui avoient eu le malheur de contracter cette infâme maladie, s'enfermoient chez elles, & ſe faiſoient
traiter, ou bien elles ſe retiroient à la campagne. C'eſt ainſi que
le jeune Comte Raoul V avoit paſſé les dernieres années de ſa
vie. La triſte ſituation à laquelle il avoit été réduit, fut la premiere cauſe des libéralités de ſes deux ſœurs Eliſabeth & Eléonore,

envers les établissemens qui servoient de retraite aux lépreux.

Elisabeth fonda le Chapelain des lépreux de Houllon. La Comtesse Eléonore donna aux lépreux de la Ferté-Milon dès l'an 1184, deux muids de bled; autant à ceux de Houllon, & huit mines de la même nature de grains : elle fonda un Chapelain à la Ferté-Milon, auquel elle assigna vingt muids de bled à prendre sur le moulin du Pont de Val, avec une charretée de bois à quatre chevaux par semaine : au Chapelain de Houllon, quatre mines de bled à prendre sur la ferme de Mareuil; aux lépreux de Ressons-le-long dix muids de bled. Dix ans après, la Comtesse donna par surcroit aux lépreux de la Ferté-Milon, son prez du château & deux muids de grains de plus, sur la ferme de Mareuil, avec une voiture de bois par semaine : elle fit le même présent à ceux de Houllon. Elle assigna à ceux de Crépy, deux muids de bled sur le moulin de la ville; aux lépreux de Largny, cinq muids de bled sur celui du lieu, & cent sols sur le péage du château (1).

Nous n'avons, sur chacune des Maladeries que je viens de nommer, presqu'aucun enseignement. Ce que j'ai pu découvrir, se réduit à un titre de l'an 1223, touchant la Maladerie de Mornienval, que desservoit alors un Chapelain nommé Richard. La Léproserie de Nanteuil-le-Haudoin fut fondée par les Seigneurs de cette terre. Celle de Verberie fut bâtie au douziéme siécle, auprès d'une ancienne Chapelle de S. Martin, dont on changea le titre en celui de S. Lazare & de Sainte Magdelaine. J'ai lû dans un acte de l'an 1539, que la Maladerie de Verberie avoit été anciennement composée d'une Eglise, sous le titre de Sainte Marie-Magdelaine, d'une ferme à côté, qui pour lors tomboit en ruine, & de huit cens arpens de terres, avec une maison ou infirmerie pour les ladres.

Le défaut d'enseignement vient de l'horreur, qu'inspiroient ceux que cette maladie attaquoit : le seul souvenir de leur état faisoit frémir. On se mettoit peu en peine de ce qui pouvoit les concerner. Dans les situations extrêmes, on passe facilement de la compassion à l'horreur. On regardoit les lépreux comme des spectres ambulans, ou plutôt comme des cadavres déja corrompus, qui exhaloient des vapeurs mortelles.

52. Les Religieuses de Fontevrault furent établies vers le même temps, dans les deux Maisons de Long-prez & de Collinances.

(1) Chron. Long-p. p. 100.

Le nom de Long-prez vient d'une longue prairie, à la tête de laquelle est situé le Monastere de ce nom, au pied d'une montagne. L'installation des Religieuses a été moins une fondation, qu'un renouvellement, ou plutôt un changement d'une Communauté d'hommes en une Communauté de femmes.

Depuis un temps immémorial, il y avoit en cet endroit un Chapitre de Clercs réguliers, dépendans du Monastere de S. Médard de Soissons. Le Comte de Flandres & la Comtesse Elizabeth son épouse avoient un grand respect pour les constitutions de Fontevrault. En l'an 1182, ils firent présent à la Maison & à l'Eglise du chef d'Ordre, d'une rente de vingt liv. Il paroît que dès cette année, le Comte de Flandres forma le projet de placer à Long-prez une Communauté de Fontevrault : la maladie de son épouse & la guerre qui suivit sa mort, l'obligerent de renoncer à son premier dessein.

La Regle de Fontevrault étoit, pour ainsi-dire, le contraire de celle de Prémontré, & de la constitution des anciennes Abbayes de l'Ordre de S. Benoît. Robert d'Arbrissel avoit prescrit que le Monastere de Fontevrault seroit double ; mais que la Communauté des hommes seroit subordonnée à celle des femmes : que les femmes seroient gouvernées par une Abbesse, & les hommes par un Prieur : que les hommes s'exerceroient au travail des mains.

Matthieu Comte de Beaumont & la Comtesse Eléonore son épouse, effectuerent le projet du Comte de Flandres. Dès l'an 1184, ils firent réparer la Maison de Long-prez, l'augmenterent, & rebâtirent à neuf l'Eglise, que l'on dédia sous l'invocation de Sainte Anne & de la Trinité. (1) Ils firent ensuite plusieurs donations au nouveau Monastere, avant de former les deux Communautés, qu'ils se proposoient d'y introduire. Ces donnations consistent en une chatrue de terre, un moulin, le Fief & le vivier d'Haramont, trois muids de froment à prendre sur le moulin de Pondront, cinquante muids de bled sur la grange de Feigneux, quarante livres sur les péages de Crépy, le droit de pâturage en la forêt de Retz, & la permission d'y prendre une charretée de bois par jour, vingt muids de grains sur le moulin de Vez, avec l'étang du même lieu, le Fief de Baudrimont, sur lequel est bâtie la maison, les pains de coutume de Bargny, ceux de Mareuil & de Chouy, avec la cave, les pains d'Haramont & de Largny.

(1) Muld. p. 56.

Suivant un titre de l'an 1189, Bernard de Muret donna en aumône à Long-prez une somme d'argent & quelques terres, pour servir de dot à sa fille, qui venoit d'y prendre l'habit de Religion. En l'an 1190, le Pape Clément III confirma par une Bulle du quinze Janvier, toutes les dispositions précédentes. Cette Bulle suppose, que la Comtesse Eléonore avoit fondé seule le Monastere de Long-prez (1) : parmi les signatures qui terminent la Charte aumôniere de l'an 1194, on lit le nom de Richard Prieur de Long-prez.

53. La même Regle de Fontevrault commença d'être observée à Collinances, vers l'an 1184. La Maison de Collinances a eu deux origines, qu'il est nécessaire d'expliquer.

Templeux fait venir le nom de Collinances, de sa situation entre deux montagnes. Il nous paroît plus naturel de le déduire, du terme de basse latinité *Colonantia*, diminutif du mot *Colonia*, qui signifioit une métairie.

On bâtit en ce lieu une Chapelle, je ne sai à quelle occasion, avant la fin du onziéme siécle. Les Fondateurs y attacherent des biens, dont quelques Chevaliers de la Ferté-Milon s'emparerent. Ces biens échurent à Adam de la Croix par succession. Adam plaça à Collinances, du consentement d'Eve son épouse, une Communauté de Sœurs, qui devoient célébrer l'Office canonial. L'Eglise étoit dédiée sous l'invocation de la Sainte Vierge. Cette premiere fondation arriva vers l'an 1102. Muldrac observe en plaisantant, qu'on devroit regarder la premiere Communauté de Collinances, comme la plus ancienne du monde, puisqu'elle a eu Adam & Eve pour fondateurs. Collinances est une dépendance du Diocese de Meaux.

Avant l'an 1154, Manassé Evêque de Meaux, confirma les Sœurs de Collinances dans la jouissance de tous les biens qui leur avoient été donnés (2). En 1157, Raoul le jeune, surnommé le Lépreux, accorda quelques muids de bled à Collinances, avec le tiers de la dixme d'Antilly. L'acte porte, que l'Eglise est sous l'invocation de la Sainte Vierge, & qu'on y fait l'Office canonial tous les jours. En 1159, Eve ou Adelette de la Ferté-Milon donna à l'Eglise de Collinances son bois des Closeaux; & Adam son frere fit en même temps présent à la même Eglise de son bois d'Epinay ou des Brousses (3).

(1) Chron. Long-p. p. 178.
(2) Gall. Chr. t. 8. p. 1614.

(9) Hist. Meaux, t. 2, n.° 82, 84. ... Vers

Vers l'an 1160, l'Eglife de Collinances fut rebâtie ou réparée en grande partie. Rainaud Evêque de Meaux en fit la Dédicace, l'année fuivante 1164 le dix Octobre. Le nouveau Temple reçut à cette occafion plufieurs préfens, en argent, en meubles, en bois & en fonds de terre. En l'an 1172, Adele Vicomteffe de Meaux, ajouta à ces biens un fonds de terre très-étendu; & trois ans après, Raoul le Turc accorda à la même Eglife un droit de terrage, une rédixme & quelques rentes à Mareuil (1). Philippe d'Alface lui affigna en 1182 dix livres de rente, fur le travers de Crépy. La Comteffe Éléonore fit la remife d'un droit, qu'elle avoit à prendre fur les terres de la Communauté. Elle ajouta une rente de deux muids de bled & de cinq muids d'avoine.

Les Seigneurs de Nanteuil fonderent quelques fervices dans l'Eglife de Collinances vers ce même temps. J'ai vu une quittance de lan 1192, par laquelle Sœur Ifabeau de Garges, Prieure de Collinances, reconnoit avoir reçu vingt livres, pour l'acquit des fondations faites en fon Eglife par les Seigneurs de Nanteuil.

Je n'ai pu découvrir, en quelle année les Religieufes de Fontevrault furent inftallées à Collinances. On a une Bulle du Pape Alexandre III, datée de l'an 1181, & adreffée à Helvide Prieure de Collinances, mais elle n'explique pas, de quel Ordre étoit cette Helvide. Il eft certain qu'en l'an 1185, la Regle de Fontevrault s'obfervoit à Collinances. Un titre de cette année (1) fait mention d'un Prieur de cette Maifon, nommé Martin. La Communauté d'hommes, fuppofe celle des femmes déja établie. Nous continuerons ailleurs l'hiftoire de ce Monaftere.

54. Le Prieuré de S. Nicolas de Courfon a été rebâti vers la fin du douziéme fiécle. Son origine eft fort obfcure. Sa pofition auprès de la chauffée Brunehaud fait penfer, que fon emplacement a été habité, dès que les Romains eurent fait percer, fous le regne d'Augufte, les principaux chemins publics qui traverfoient la Gaule Belgique. L'Eglife du lieu paffe pour avoir été fondée pendant les premiers fiécles de l'Ere Chrétienne. Placée au milieu des bois, fans fermeture & fans défenfe, les Religieux de cette Maifon ont toujours été expofés aux malheurs des guerres & aux déprédations. On rapporte la premiere deftruction du Monaftere de S. Nicolas

_____

(1) Gall. Chr. ibid. p. 1615. Hift. Meaux, t. 2. p. 122. | (2) Hift. Meaux, t. 2. n° 136. 148. 163.

de Courſon aux derniers ravages des Normands. Son rétabliſſement arriva deux ſiécles plus tard.

En l'an 1185, la Comteſſe Eléonore fit préſent aux Religieux de S. Nicolas en Cuiſe de trois muids de bled, à prendre tous les ans ſur les moulins de Crépy. L'Egliſe & la Maiſon venoient d'être rebâties. Il y avoit un nombre de Religieux, ſuffiſant pour obſerver la Regle. Ce nombre ayant été diminué dans la ſuite des temps, le Prieuré fut ſoumis à l'Abbaye de Marmoutiers dont il dépend encore. Mes recherches ſur cet ancien bénéfice n'ont pu me procurer d'autres traits, que ceux que je viens d'expoſer.

Muldrac écrit, (p. 74.) que de ſon temps il n'y avoit plus à S. Nicolas de Courſon ni Religieux ni Prêtres ; il parle d'un monument de pierre élevé de terre, devant le maître autel de la Chapelle, repréſentant, dit-il, la majeſté d'un Roi qui tient ſon ſceptre à ſa main, mais ſans mémoire, ſans épitaphe. Ce monument ſe voit encore, ſans ſceptre, ſans majeſté, ſans aucun caractere qui puiſſe faire connoître en quel temps il a été élevé. Il y avoit autrefois ſur ce tombeau, une inſcription, qui eſt préſentement effacée.

55. Les Chartes primitives des Communes du Valois ont été concédées, ou ſous le regne de Louis le Gros, ou ſous celui du Roi Louis le Jeune. Philippe Auguſte n'a fait que les renouveller. L'objet de ces pieces eſt important. La tyrannie des Seigneurs avoit été portée à ſon comble, depuis le premier déclin de la ſeconde race de nos Rois au temps de Charles le Chauve, juſqu'à la mort du Roi Philippe I. Les peuples gémiſſoient ſous les loix inhumaines de la ſervitude, de la main-morte & du formariage, & qui pis eſt, les Seigneurs après avoir vexé leurs vaſſaux par des corvées, leur faiſoient ſubir de mauvais traitemens : ils inſultoient même à la majeſté du Trône.

Les ſervitudes conſiſtoient dans l'eſclavage & dans la déſhérence. Le nom de *Main-morte* vient de l'uſage odieux où l'on avoit été, de couper la main droite d'un ſerf décédé, pour la préſenter au Seigneur, qui de ce moment s'emparoit de tous ſes effets, au préjudice & à l'excluſion des enfans de l'homme mort. La loi du formariage rendoit nuls tous les mariages, que les ſerfs pouvoient contracter à l'inſçu ou contre le gré de leurs maîtres.

Les droits de Commune ne ſont au fond, que des exemptions & des ſauve-gardes accordées par nos Rois, pour repouſſer la

violence & l'injustice, & pour assurer la perception de leurs.
redevances.

Chopin écrit (1), que la Commune de Crépy est l'une des plus
anciennes du Royaume. On pense avec raison, que le premier
privilége en a été concédé, d'abord aux habitans du bourg de
Crépy, ensuite à tous ceux de la banlieue, vers le temps de l'assemblée tenue à S. Arnoul en l'an 1117, contre le Burgare Enguerrand, qui vexoit les Religieux & les habitans de Crépy. Bergeron dit, que le Roi Philippe Auguste, suivant les erremens de ses
prédécesseurs, octroya aux bourgeois de Crépy le droit de Commune & d'assemblée en corps de Ville, avec la Jurisdiction ordinaire.

On appelloit *burgenses* & *bourgeois*, les habitans du bourg. La
banlieue comprenoit les fermes, les maisons de campagne, les
hameaux & quelques villages situés à une lieue autour de la ville.
Après la mort de la Comtesse Éléonore, Philippe Auguste établit
au château de Crépy le siége de cette Commune : c'est pour ce sujet, que les privilégiés sont appellés presque partout, *homines seu
manentes de circà castellum.*

La première Charte de Commune de Crépy se réduisoit à trois articles : le premier regardoit la sûreté publique, & accordoit aux habitans du bourg & de la banlieue le droit de *clameur* : espéce de
signal ou de réclamation contre la violence & les traitemens injustes, soit des Seigneurs particuliers, soit des voisins trop puissans.
On invoquoit par cette clameur le secours du Capitaine commandant les troupes du Roi. Ce Capitaine marchoit au persécuteur, à
la tête d'un corps de troupes proportionées à sa puissance. Si le persécuteur refusoit de lâcher prise, de réparer le tort qu'il avoit fait,
on l'assiégeoit dans sa maison, qu'on rasoit ensuite, s'il avoit
persisté jusqu'à la fin dans sa révolte. Ce même article exemptoit les
bourgeois & les manans de la banlieue, de la main-morte & du
formariage.

Le deuxiéme article permettoit à ces bourgeois, de tenir des
assemblées, & de former parmi eux un corps de Magistrature,
pour rendre les jugemens, & pour concerter les mesures convenables au bien public. Ce corps étoit composé d'un Maire, de
huit Echevins, qu'on nommoit aussi Jurés, parce qu'ils prétoient
serment en entrant en charge, d'un Receveur qu'on appelloit aussi
Argentier. Quinze hommes jugeans, ou quatorze sans y compren-

(1) Chop. l. 3. tit. 20. Berg. Val. Roy. p. 39.

dre le Bailly, formoient le Tribunal de la Commune. On prétend que ce nombre fut déterminé, fur celui des Juges d'Ifraël. Ce Tribunal connoiſſoit des délits, des affaires civiles & criminelles, à l'exception de trois chefs, le meurtre, le rapt & l'homicide. Le meurtre étoiṭ le cas d'un homme, qui avoit été meurtri de coups. L'homicide étoit l'action de celui qui ôtoit la vie à un autre. Le rapt eſt le crime d'un homme qui enléve de force une perſonne du ſexe. On nommoit *cas Royaux*, ces trois circonſtances : il n'y avoit que le Bailly du Roi qui en pouvoit connoître. Après que le Roi Philippe Auguſte eut réuni le Valois à ſa Couronne, les matieres contentieuſes touchant le droit de péage, devinrent un quatriéme *cas Royal*. Ces droits avoient appartenu aux Seigneurs du château & du donjon qui les affermoient. On ne reprochoit à ces Seigneurs aucune exaction, mais ſeulement aux fermiers de ces redevances.

Dans le même temps que le Roi accorda ſa protection aux bourgeois de Crépy, le Seigneur du château & celui du donjon firent un accord avec ces bourgeois, par lequel tous les droits de coutume étoient réduits à une rente de ſoixante liv. quatre-vingt muids de grains, meſure ou *ſacs* de Gatinois, dix muids de vin meſure de Laon, quatre-vingt livres monnoie de Chálons, en quatre termes, & trois cens poules. Ces Seigneurs cédoient auſſi par cet accord la Juſtice ordinaire du bourg, & ne ſe réſervoient que celle de l'enclos du château.

La Charte de Commune accordée aux bourgeois de la Ferté-Milon, ne différoit de celle de Crépy, que par rapport aux redevances. Les bourgeois de Pierrefonds obtinrent la même exemption de la main-morte & du formariage, moyennant une rente de vingt livres. Bergeron fait remonter juſqu'à l'an 1123, l'établiſſement de la Commune de Béthizy (1). Il dit que les Lettres en furent expédiées au château même. Le Maire de cette Commune eſt cité dans le compromis de l'an 1135, paſſé entre L'Abbé Teulf & le bourgeois Vuilard. Bergeron ajoute, qu'en l'an 1138, le Roi Louis VII renouvella aux Moines de S. Crépin de Soiſſons la permiſſion qui leur avoit déja été accordée, de diſpenſer de ſervitudes leurs ſujets, étant hors l'enclos du château.

J'ai lû une Charte de l'an 1221, qui ſuppoſe la Commune de Verberie déja formée. Le Maire du lieu avoit ſon hôtel auprès

(1) Valois Roy. p. 27.

du paſſage d'un ruiſſeau, qu'on nomme encore *Pierre la Maireſſe.* Dans les anciennes Chartes, les gens de cette Commune ſont appellés *hommes & manents de la bonne ville.* M. Bruſſel prétend, que le titre de *bonne ville* ſuppoſe l'exiſtence d'une Commune (1). Outre le Maire, il y avoit à Verberie un Prevôt-Garde-Juſtice, apparemment pour les affaires du Roi & pour l'enclos du château.

Comme les lieux d'Ouchy & de Neuilly appartenoient aux Comtes de Champagne, nos Rois n'ont pas exercé la même autorité que dans les lieux précédens.

Il y a du côté de Braine pluſieurs villages, qui partagent encore entr'eux un droit de Commune fort ancien : ces villages ſont, Preſles & les Boves, Cys, Ru & S. Mard. Je n'ai trouvé ſur ce droit, qu'une Charte de l'an 1286, portant confirmation par Jean de Dreux, Sire de Braine & de S. Valery, d'une vente faite par Gaucher de Châtillon aux Jurés de cette Commune, de tous les hommes & femmes de corps qu'il avoit auxdits lieux ; & en outre, de tous les héritages qu'il poſſédoit, moyennant la ſomme de deux mille livres tournois. Les habitans de ces villages ont ſoin de ſe faire confirmer dans leurs priviléges, au commencement de chaque nouveau regne.

On ne pouvoit établir les Communes, que du conſentement du Roi. Les habitans de Chelles s'étant immiſcés de nommer un Maire & des Jurés, ſans la participation du Roi Philippe le Long, ce Prince ſévit contre les gens du lieu, caſſa le Maire & les Jurés, fit briſer leur ſceau, & défendit aux habitans de s'aſſembler (2). On donnoit auſſi aux Communes le nom de *Jurées.*

56. Les Coutumes en France ſont preſqu'auſſi anciennes que la Monarchie. Marculfe en parle dans ſes formules (3). On pourroit même faire remonter ces Coutumes au temps des Gaulois, qui vivoient avant la conquête des Gaules par Jules Céſar. Ce que ce grand homme raconte dans ſes Commentaires des uſages des Gaulois, qui avoient dans chaque bourgade des loix municipales particulieres, eſt aſſez conforme à l'idée qu'on doit ſe former de notre droit coutumier du douziéme ſiécle.

Les Coutumes conſidérées dans un ſens plus reſtraint, pour des recueils écrits, des uſages propres à certains diſtricts, ne remon-

(1) Tom. 1. p. 515. tabl. p. 19.
(2) Hiſt. Dioc. Paris, t. 6. p. 58.
(3) Lib. 1. cap. 12. lib. 2. form. 8.

tent gueres plus haut, que l'établissement des premieres Communes. Beaumanoir qui écrivoit dans les temps & sur les lieux dont nous parlons, définit la coutume : » Chose générale, maintenue de » si long-temps, comme il peut souvenir à un homme sans nul » débat. Il ajoute, qu'il y a cette différence entre coutume & » usage, que *coutume est à tenir*, & *usage se prescrit* ». Telle a été dans le Valois l'origine du droit municipal ou coutumier.

On appella d'abord *consuetudines* certaines redevances Seigneuriales, telles que les corvées, les amendes, les émolumens provenant de plusieurs formes judiciaires, touchant les successions, les contrats, les péages, &c. Sous les Rois de la troisiéme race, on commença à distinguer deux sortes de coutumes, les *bonnes* & les *mauvaises*. On nommoit bonnes coutumes, celles dont il résultoit un avantage pour la police, pour la sûreté publique, & pour l'utilité de ceux qui s'y soumettoient. On appelloit mauvaises coutumes, les corvées, les servitudes, les charges & les impositions extraordinaires. Le principal objet de l'établissement des Communes fut de fixer les unes & d'anéantir les autres. On commença dès-lors à rédiger les Coutumes de chaque lieu.

Bergeron cite un ancien registre, qui avoit pour titre, *Des coutumes de Vermandois & de Valois*. Ce recueil devoit avoir été composé depuis la réunion du Vermandois & du Valois, entre l'an 1083 & l'an 1168, où mourut Raoul V. Ce coutumier contenoit des loix générales & des loix particulieres pour chaque lieu.

Les regles générales s'observoient par-tout. L'article CII de la Coutume de Valois, qui fait dépendre de la consommation du mariage le droit de la femme sur son douaire, étoit représenté par la loi qui établissoit le droit d'*osculage*. *Voyez la page* 227 *de cette Histoire*. Nous avons au treiziéme siécle un exemple de la loi coutumiere, qui défend aux testateurs de léguer plus du quint de leurs propres. Une Charte du Chapitre de Beauvais porte, qu'en l'an 1271, Thibaud de Nanteuil Chantre de Beauvais, donna, sur la fin de sa vie, la terre de Betz aux Mathurins de Paris. Après la mort de Thibaud, Renaud de Nanteuil son frere, Evêque de Beauvais, revint contre cette donation. Il la fit déclarer nulle, parce que la terre de Betz avoit été la partie la plus considérable des biens de son frere, & que selon les Coutumes du Valois, *secundum usum & consuetudinem patriæ*, un testateur ne pouvoit pas aliéner plus du quint de ses propres, *ultrà quintam partem hereditatis fuæ.* Voici un exemple du retrait lignager , qui fe rapporte à l'an 1183.

La Dame d'Erménonville , parente du même Evêque , avoit donné ou vendu une piéce de terre, fituée à Noé-Saint-Martin ; plus , cent fols parifis de rente fur la terre du Long-mont : Renaud jugea à propos de retraire ces deux objets, comme proche parent de la Dame , *retraximus jure propinquitatis.*

Chaque chef-lieu avoit fon cahier particulier de coutumes locales, touchant les péages , les redevances , les monnoies, la police des chemins , &c. Ces Coutumes étoient des obfervations jettées fur le papier, fans ordre de matieres : de là vient, que malgré deux ou trois rédactions des Coutumes de Valois, il y a fi peu d'ordre & fi peu de principes.

Philippe de Beaumanoir fe plaint de ce défordre. Il ajoute, que les matieres étoient fi variées dans les cahiers & *les droits fi divers* , qu'à peine trouvoit-on dans toute la France, deux Châtellenies *qui ufaffent d'une même coutume.* Cette diverfité caufoit beaucoup d'embarras aux Juges fupérieurs. Ces Officiers fe trouvoient fouvent dans la néceffité de renvoyer fur les lieux la difcuffion des affaires compliquées : c'eft ainfi que le Parlement de la Pentecôte de l'an 1279 renvoya une caufe au Prevôt de Crépy , pour être jugée felon la Coutume de la Province , *de confuetudine patriæ.*

Tout ceci fait connoître , combien Ricard & Loifel fe font égarés dans leurs difputes fur la Coutume de Senlis , en confondant fur ce fujet les ufages de nos peres fous le gouvernement des Princes Gaulois , fous les Romains & fous les trois races de nos Rois. On peut confidérer la Coutume de Valois fous trois âges; depuis l'érabliffement des Communes jufqu'en 1406 , depuis cette derniere année jufqu'en 1539, & depuis cette époque , qui eft celle de fa derniere rédaction, jufqu'à préfent.

57. Depuis la Tranflation de la Confrairie aux Prêtres à S. Denys de Crépy, on y admit toutes fortes de perfonnes, fans diftinction d'état ni de fexe. En l'an 1185 , on commença un très-beau Cartulaire écrit fur vélin : ce Recueil eft un des précieux monumens de la province : nous le citerons plufieurs fois.

Des perfonnes du plus haut rang prirent part à cette affociation, avant la fin du douzieme fiécle : Philippe d'Alface & la Comteffe Elifabeth fon époufe y furent admis , & firent à la Confrairie leur préfent. Philippe I Seigneur de Nanteuil, fes deux freres Guy & Gaucher de Crépy & la Comteffe Eléonore imiterent le Comte & la Comteffe de Flandres. Eléonore donna à cette compagnie un muid de bled fur le moulin de Crépy, & prit pour témoins de fa réception, Pierre Doyen de S. Thomas, fon Bailly, Anfelme Doyen d'Ivort, Dreux Abbé de Long-pont, Arnoul le Burgare, Raoul le Turc, Lambert le Minier.

Je trouve auffi parmi les noms des confreres, celui de Dreux de Buffi homme-lige du Seigneur de Nanteuil, & celui de Guillaume, grand Queux de la Comteffe.

L'Eglife de S. Denys eft appellée dans les titres. de ce fiécle tantôt Matrice, tantôt Moutier. Une Bulle du Pape Alexandre III, datée de lan 1162, la nomme Eglife Matrice, c'eft-à-dire Baptifmale, fuivant la glofe des Clémentines. (1) Une autre Bulle du même temps donne à Sainte Agathe le nom d'Eglife Paroiffiale; d'où lon peut conclure, qu'il y avoit alors à Crépy deux Paroiffes. La Charte déja citée de lan 1185, porte qu'au cas où la Confrairie feroit transferée de S. Denys dans une autre Eglife, le Pretre du Moutier, *illius Monafterii*, jouira du préfent fait à la Confrairie, à la charge d'un anniverfaire pour la mere de la Comteffe. Le nom de *Monafterium* fe donnoit quelquefois aux Eglifes Paroiffiales, de là l'ancien proverbe de *mener l'époufe au Moutier*, c'eft-à-dire, à l'Eglife pour fe marier.

58. Dans le grand nombre des Monafteres du douziéme fiécle, on n'en trouve prefqu'aucun, qu'on ait fondé pour le foulagement temporel de la fociété. La retraite, la priere & la contemplation, partageoient la vie des Moines, & des Chanoines réguliers; & l'état Religieux ne procuroit au refte des hommes, que les fecours fpirituels de l'édification & de la priere.

L'Ordre des Mathurins fut d'abord fondé dans le même efprit de retraite & de contemplation, mais diverfes conjonctures ont changé la nature de fa premiere inftitution, & l'ont rendu une fource de fecours temporels pour le foulagement des infirmes, des pélerins, des voyageurs, de ceux fur tout, qui croyoient combattre pour la défenfe de la foi, en prenant part aux croifades. Ces guerres ont ceffé; prefque tous les hôpitaux confiés aux Trinitaires ont été fupprimés; & excepté les voyages que font de temps en temps quelques Religieux pour la rédemption des captifs, cet

(1) Lib. 5. tit. 10. cap. 1. Muld. p. 29.

Ordre

Ordre comme tant d'autres, n'a plus pour objet, que l'utilité des particuliers, qui en suivent la profession.

Un Hermite du Valois nommé Félix, homme simple & craignant Dieu, menoit une vie pénitente, dans des bois dépendans de la Ferté-Milon, assez près du bourg de Gandelus, sur le bord du Clignon. Les habitans du canton appelloient *Cerfroid* le lieu de cette retraite, parce qu'on y voyoit souvent descerfs, qui venoient se désaltérer au ruisseau. Cette explication de l'étymologie de Cerfroid nous a paru plus naturelle que les autres : Robert Gaguin en est l'Auteur.

Si l'on en croit quelques Légendes, Félix étoit issu du sang Royal, & avoit eu pour pere Raoul IV Comte de Valois & de Vermandois, petit-fils du Roi Henry I ; & pour mere, la Dame Eléonore, fille de Thibaud IV Comte de Champagne, que Raoul jugea à propos de répudier dans la suite. On ajoute, que Félix étoit né à Amiens le neuf Avril 1127 ; qu'il fut élevé à Clairvaux sous les yeux de S. Bernard, avec Henry de France fils du Roi Louis le Gros, & frere de Robert I Comte de Braine ; que S. Bernard le voua à la Sainte Vierge, & qu'après avoir mené dans Clairvaux la vie monastique, il obtint de son pere spirituel, la permission de se retirer dans les bois, pour y vivre seul, loin du commerce des hommes.

Le plus ancien témoignage, par lequel on prétend justifier cette extraction, est tiré d'un propre des Saints de l'Ordre des Trinitaires, dressé en Angleterre en 1432. Gonsalés d'Avila & Pédro Lopez de Altuna, Ecrivains Espagnols, l'Auteur de l'Histoire de Séville, du Boulay, le P. Ange Manriquez dans ses Annales de Citeaux, & le Continuateur de Baronius adoptent ce sentiment, mais sans examen & sans discussion. Ils confondent l'Hermite Félix, qui selon eux porta le nom de Hugues dans sa premiere jeunesse, avec Raoul V, auquel on donna le même nom du vivant de son pere Raoul IV, Comte de Valois. Nous avons déja produit quelques réflexions sur ce sujet.

Le surnom de Valois a été donné à Félix, à cause de l'emplacement de sa solitude. Il n'est pas le seul, qui ait porté ce nom. L'on conserve dans le trésor de l'Abbaye des Bénédictins de Montreuil-sur-mer le corps d'un *Saint Valois*, Breton d'origine, qui avoit eu le nom de Gwinolé dans le monde.

Quand même on pourroit conserver au bienheureux Félix de Valois l'extraction qu'on lui attribue, l'éclat de ses vertus doit l'emporter fur l'éclat de fa naiffance. Les partifans de fon culte gagneront plus à imiter fes perfections, qu'à foutenir le préjugé d'une haute extraction.

Un Docteur de l'Univerfité de Paris, nommé Jean de Matha ; fils d'Eufème & de Marthe, né à Faucon à l'extrémité de la Provence, apprit avec beaucoup d'édification la vie que menoit le bienheureux Félix, & réfolut de l'imiter. Il alla le trouver, & le pria de l'admettre à fa fociété. Félix reçut Jean de Matha, avec les témoignages d'une amitié fraternelle : ces deux pieux perfonnages pafferent enfemble trois ans dans la folitude de Cerfroid. On nomme encore l'endroit qu'ils habitoient, *le champ des Hermites*, & l'on y a planté une Croix (1).

La réputation des Solitaires s'étendit. On fut d'abord pénétré de refpect pour le genre de vie qu'ils menoient. Enfuite plufieurs perfonnes fe préfenterent à eux, & les prierent de les recevoir comme difciples. Jean & Félix virent bien, qu'en propofant leur conduite pour regle, ils alloient devenir les Chefs d'un nouvel Inftitut : c'eft pourquoi ils réfolurent d'entreprendre avant tout, le voyage de Rome, afin de confulter le Pape. Ils arrivetent dans la Capitale du monde Chrétien le vingt-un Janvier, jour de Sainte Agnès, en l'an 1198.

Le Pape Innocent III venoit d'être élevé fur la Chaire de S. Pierre. Il reçut les Solitaires avec une bonté paternelle. Il leur accorda un entretien, dans lequel Jean de Matha raconta au Saint Pere la vifion qu'il avoit eue autrefois, d'un Ange vêtu de blanc, portant une croix de deux couleurs fur la poitrine. Quelques jours après cet entretien, le Pape eut la même vifion en célébrant la Meffe, mais plus détaillée & accompagnée de nouvelles circonftances. L'Ange lui apparut vêtu d'une longue robe, ayant fur la poitrine une croix à huit points, mi-partie de rouge & d'azur, les bras croifés. Il tenoit d'une main les fers d'un Chrétien captif enchaîné, & de l'autre, un efclave Maure auffi enchaîné, l'un à fa droite, l'autre à fa gauche, comme pour les échanger.

Le Pape regarda cette vifion, comme un figne fenfible de la volonté de Dieu ; il voulut que les Religieux du nouvel Ordre fuffent habillés comme l'Ange de la vifion ; qu'ils fuffent occupés du foin de racheter les captifs chrétiens, & qu'ils demeuraffent fous la protection de la Sainte Trinité. Il ordonna, dit Gaguin, qu'ils

(1) Hift. Meaux, t. 1. p. 179.

ne porteroient pas d'autre nom, que celui de Religieux de la très-Sainte Trinité pour la rédemption des captifs, *Monachos fanctiffimæ Trinitatis de redemptione Captivorum.* J'ai vu un acte de l'an 1270, dont le fceau avoit pour infcription ces deux mots, *redemptionis Captivorum.* L'Ange eft repréfenté dans le champ du fceau.

On croit que la maifon de Cerfroid a commencé d'être bâtie dès la fin de l'an 1198, ou l'année fuivante. On doit le fuppofer d'après ce paffage de la Chronique du Moine Albéric, qui répond à l'an 1198. « En cette année, dit cet Auteur, l'Ordre des Freres » de la Trinité a été fondé par maître Jean de France, avec le » fecours du Pape. Maître Jean établit fon Chef-d'Ordre dans un » champ, dont un Chevalier, nommé Roger, lui avoit fait préfent, » en reconnoiffance de ce qu'il en avoit été guéri de la lépre «. D. Touffaint du Pleffis prétend, que la maifon de Cerfroid fut bâtie à une demie lieue du champ des Hermites.

Jean & Félix revinrent en France, fans avoir obtenu du Pape des conftitutions détaillées. Innocent fe contenta de leur nommer deux Commiffaires ; Eudes de Sully Evêque de Paris, & Abfalon Abbé de S. Victor. L'Evêque & l'Abbé drefferent un certain nombre de points de difcipline, dans lefquels ils étendoient beaucoup l'utilité de l'Inftitut. Ils envoyerent au Pape ces articles, qui impofoient trois fortes d'obligations aux Profès du nouvel Ordre : la célébration de l'Office Monaftique, le foin des Hôpitaux & le rachât des captifs chrétiens. Le Pape fit rédiger ces articles dans la forme convenable, les revêtit du fceau de fon autorité, & les envoya à Jean & à Félix. Tels étoient les principaux points de cette Regle. (1).

Les Religieux feront les trois vœux de pauvreté, de chafteté & d'obéiffance. On fera trois parts des revenus de chaque Maifon. La premiere fervira à l'entretien des Religieux, la feconde fera employée aux befoins de l'hôpital & des pauvres, la troifieme fera réfervée pour la rédemption des captifs.

Chaque Maifon fera compofée de trois Clercs & de trois Lays: elle fera gouvernée par un Procureur, qui prendra la qualité de Miniftre. Les Religieux porteront un habit long de laine blanche, une cucule, une pélice, & un haut de chauffe *braya*, avec lequel ils coucheront, fans matelats, fans lit de plume, fans chevet, excepté dans les cas de maladie.

(1) Gall. Chr. t. 8. inftr. p. 154.

Ils feront leur voyages fur des ânes, qu'on leur prêtera, qu'on leur donnera, ou qu'ils éleveront. Il leur eft défendu de monter fur des chevaux; même d'en nourrir dans leurs Maifons. Que celui qui ne travaille point, ne mange point. Chaque Religieux aura fon office. Le filence fera obfervé à l'Eglife, au réfectoir & au dortoir. Le Miniftre général, affifté de trois Miniftres particuliers, pourra dépofer les Supérieurs de Maifons, qui mériteront l'exclufion. Les Freres lays porteront la barbe. Je paffe beaucoup d'articles, concernant les jeûnes, le gouvernement des Hôpitaux, & touchant la célébration de l'Office divin.

Le Moine Albéric fait deux réflexions fur la difcipline de cet Ordre. Il prétend, que fa conftitution emporte avec elle trop de diffipation: mais il loue l'efprit d'humilité, d'épargne & de fimplicité, qui le caractérife.

Nous fommes fort éloignés de foufcrire au premier fentiment du Moine Albéric. La retraite & la contemplation peuvent fanctifier les particuliers, qui ont reçu la grace de s'y livrer avec fruit; mais quelle utilité les infirmes qui languiffent, ceux qui ménent une vie pénible fous un dur efclavage, les pauvres enfin qui font les membres de Jefus-Chrift, retirent-ils de ce genre de perfection? Cette réflexion n'eft-elle pas une condamnation de tous les Ordres Hofpitaliers, dans un temps où la Chrétienté en retiroit tant d'avantages? Quels fléaux plus durs à fupporter, que la fervitude & les maladies? On peut oppofer à l'opinion d'Albéric un jugement tout contraire, & dire qu'il n'y a point d'état plus difficile à foutenir, que la vie contemplative; qu'il faut un courage héroïque & des graces d'état, pour éviter les diftractions, qui font un genre de diffipation bien plus funefte, que les occupations de ceux, qui fe dévouent au foulagement des malheureux, & au bien public.

L'âne dont on prefcrit l'ufage aux nouveaux Religieux, a été fort mal-à-propos pour bien des Auteurs, un fujet de plaifanter. L'âne étoit une monture ordinaire en Orient, où les chevaux font beaucoup plus rares que dans les contrées d'Occident. C'étoit la fuite d'un ancien ufage, même parmi les perfonnes riches de la Paleftine, d'employer les ânes, comme nous les chevaux. Pour donner une grande idée de Jaïr, l'un des Juges qui gouvernerent le peuple Juif, l'Ecriture dit, qu'il avoit trente fils montés fur trente ânes, & chefs de trente villes. Il eft dit d'Abdon un autre des Juges, qu'il avoit quarante fils & trente petits fils, montés sur soixante-dix ânes, & dans le Cantique de Débora, les Chefs d'Israël sont décrits, montés sur des ânes polis & luisans. Le Moine Adaman apprend, que les personnes les plus distinguées ne faisoient pas scrupule de monter sur des ânes, & que ces animaux loin d'être l'objet du ridicule qu'on leur donne de nos jours, rendoient au commerce du Levant des services journaliers pour le transport des marchandises & des convois.

Les ânes passerent en France pour des animaux utiles & estimables, depuis l'origine de la Monarchie jusqu'au treiziéme siécle. Les Abbés des Monasteres s'en servoient souvent dans leurs voyages & dans leurs visites, tant parce que cette voiture est plus douce & moins couteuse que le cheval, que parce que J. C. lui-même s'en étoit servi dans un jour de triomphe.

La journée du chemin d'un âne étoit sous le regne du Grand Clovis, une façon d'estimer les quantités de terres, comme on fait aujourd'hui par le nombre des charrues (1). L'on a une Charte du même Clovis, par laquelle ce Prince donne au Monastere de Réome dans le Tonnérois autant d'arpens de terre, qu'un Abbé monté sur son âne, peut en parcourir dans une journée. On lit dans la vie de S. Germain, que ce Saint Prélat faisoit tous ses voyages sur des ânes.

Sous le Roi Charles le Chauve, il y avoit en France des Comtes & des Vicomtes asinaires (2). Sous Philippe Auguste, on évaluoit certaines quantités de bois par *asnées*, ce qui signifioit la charge d'un âne. J'ai lû une Charte de ce Prince, qui permet à quelques Chevaliers de la vallée de Pompoint, de prendre dans la forêt d'Halate tous les jours, chacun pour sa part, autant de bois que son âne en pourra porter. L'*asnée* est encore une mesure de grains & une mesure de vin, dans le Laonnois & dans le Mâconnois. La Fête des ânes considérée dans son origine, suppose que ces animaux ne passoient pas pour des bêtes aussi ignobles que de nos jours. On peut consulter sur cette Fête, le Glossaire de Ducange.

Les Seigneurs de Crépy entretenoient encore au treiziéme siécle quatre Officiers principaux, dans leur château de la Ferté-Milon; le troisiéme se nommoit l'*Asinaire* ou l'*Asnier*. Les noms de l'*Asnier*, si communs dans quelques provinces, font connoître

(1) D. Bouquet, t. 4. p. 615. an. 496.   [(2) Ibid. t. 8. p. 470. 473.

qu'anciennement, on ne regardoit pas l'éducation des ânes comme un soin plus avilissant, que le traitement des chevaux. Il faut conclure de tout ceci, qu'au temps où l'Ordre des Trinitaires a été fondé, l'âne n'étoit pas un objet de mépris, & qu'on ne lui donnoit pas comme aujourd'hui, le dernier rang parmi les quadrupedes. Nous commettons certainement une injustice, en méprisant un animal aussi patient & aussi utile. Au reste, il ne faut pas désespérer, qu'il ne reprenne un jour faveur ; on le choisit souvent préférablement au cheval, parce qu'il est doux & tranquille.

Cette monture des Trinitaires leur fit donner pendant quelque temps le nom de Freres aux ânes : l'Auteur de la Chronique de S. Médard semble rapporter cette qualification aux premiers temps de l'Ordre : il s'exprime ainsi sous l'an 1198, *Hoc anno cœpit & institutus est Ordo SS. Trinitatis quem solebant appellare, asinorum, eò quod asinos equitabant non equos.*

Dès que Jean & Félix eurent reçu du Pape la Regle qui leur avoit été promise, en partant de Rome, ils firent à Cerfroid les dispositions nécessaires, pour recevoir les disciples qui se présentoient. Jean de Matha partit ensuite pour Rome, laissant à son Collégue le soin de bâtir & de pourvoir aux premiers besoins du nouveau Monastere. Jean obtint du Pape une Bulle de confirmation, qui lui est adressée, sans que Félix y soit nommé. Le Pape lui donna toutes sortes de marques de confiance. Il l'envoya en Dalmatie, pour présider à un Concile de discipline Ecclésiastique. Jean de Matha n'avoit encore alors que quarante ans ; Félix avoit le double.

Innocent III, désirant retenir Jean de Matha auprès de sa personne, lui donna l'Eglise de S. Thomas des Formes, & lui permit d'y établir une Communauté de Trinitaires. Pendant l'absence de Jean de Matha, Félix de Valois reçut plusieurs présens en argent & en fonds de terres. Le Roi Philippe Auguste & Marguerite de Blois accorderent plusieurs bienfaits à son Monastere. Jean de Montmirel lui abandonna la proprieté du champ des Hermites, qui contenoit deux arpens. Roger le lépreux contribua aux frais des bâtimens. Les Seigneurs de Gandelus, issus des Vicomtes de Meaux, ont comblé cette Maison de leurs bienfaits. (1).

59. Gandelus est un ancien domaine qui fut autrefois annexé au

(1) Gall. Chr. t. 8. p. 1735. Chron. Long-p. p. 135.

Valois. Il eſt ſitué ſur le ruiſſeau du Clignon, à trois lieues Sud-eſt de la Ferté-Milon, & à une lieue & demie de Cerfroid. Il eſt nommé *Grandeluco* dans les Chartes latines. Ce nom à fait penſer à quelques Auteurs, que ce lieu avoit commencé dans les temps du paganiſme, par un bois ſacré, autour duquel on avoit aſſemblé pluſieurs maiſons. L'on n'a d'autre garant de cette origine, que l'étymologie du nom.

Sous nos Rois de la ſeconde race, le bourg de Gandelus faiſoit partie du pays d'Orceois. Il vint au pouvoir des Comtes de Troyes, en même temps que les châteaux d'Ouchy & de Neuilly. Ces Comtes dans la ſuite des temps, donnerent la terre de Gandelus en Fief à leurs Vicomtes de Meaux. Gandelus appartenoit à Jean de Montmirel, lorſque l'Ordre de la Rédemption fut fondé. Jean étoit un Seigneur pieux & libéral, obſervateur ſcrupuleux des regles de la juſtice.

Ses ancêtres avoient eu part à la déprédation de l'ancienne Abbaye de Chéſy en Orceois. Il regarda l'établiſſement des Trinitaires, comme une occaſion favorable de réparer les torts de ſes ayeux, en comblant de bienfaits les premiers Profès d'un Ordre auſſi utile.

De ſon temps, il y avoit un Chevalier de Gandelus nommé Simon, qui tenoit apparemment de lui quelques portions de cette terre. Il poſſédoit auſſi une part de dixme à Béſu S. Germain. (1) Simon vivoit en 1205. On a des actes de 1210, 1218, 1219, dans leſquels Gandelus eſt appellé *Grandeluco*. Des titres de l'Abbaye de Notre-Dame de Soiſſons de l'an 1234, font mention d'une meſure de Gandelus pour les féves & pour les grains. (2) En l'an 1292, Gandelus avoit paſſé de la Maiſon de Montmorency dans celle des Chambly : Oudard de Chambly prend la qualité de Seigneur de Gandelus dans un contrat de cette année, portant vente à l'Abbaye de Notre-Dame de Soiſſons de ſa terre de Coüpru. Suivant une piéce que j'ai trouvé parmi les manuſcrits de feu M. Ducange, le même Oudard de Chambly céda en l'an 1302 au Roi Philippe le Bel, le château de Gandelus avec ſes dépendances, moyennant une rente annuelle de deux mille livres ſur le tréſor Royal.

Lannée ſuivante 1303, le Roi Philippe le Bel donna à Gaucher de Châtillon Connétable de Champagne (3) les châteaux

(1) Hiſt. Chât. p. 688.
(2) Hiſt. N. D. p. 182. 318.

(3) Blanc. compil. p. 35. Duch. Hiſt. Chât. p. 330. preuv. p. 202.

de Gandelus & de Rofoy, en échange des Châtellenies de Châtillon & de Crécy. Il y a au tréfor des Chartes (1) un accord en Parlement de l'an 1312, touchant les ponts & la chauffée de Chéfy en Orceois & les moulins de Gandelus. En 1315, Charles Comte de Valois, acquit par un échange (2) avec le Prieur de Sainte Agathe de Crépy, la terre du milieu du pont de Gandelus. En 1318, le jour de l'Epiphanie, Gaucher de Châtillon Comte de Portien (3) & Connétable de France, accorda aux Religieux de Long-pont la permiffion de bâtir au-deffus de la porte du bourg, qui fermoit le marché du côté de leur maifon. Suivant un autre titre de l'an 1328, ces mêmes Religieux poffédoient à Gandelus plufieurs corps de logis, attenant le château.

Le Roi Charles IV confirma, à fon avénement au Trône, les Seigneurs de Châtillon dans la poffeffion de la terre de Gandelus. (4) Une ordonnance rendue par ce Prince en fon grand Confeil au bois de Vincennes, le cinq Avril 1321, porte que le Roi Philippe, pere *du Roi Monfieur*, a reçu de Oudart de Chambly les terre & château de Gandelus, & qu'il en a fait préfent à Gaucher de Châtillon Connétable de France (5). En 1340, vivoit un Jean de Gandelus, qui fonda un anniverfaire dans l'Eglife Cathédrale de Soiffons.

A Gaucher de Châtillon fuccéda Jean de Châtillon fon fecond fils, qui fit branche dans fa Maifon, fous le nom de Gandelus. Jean fut Grand Queux, puis Grand Maître de France, Lieutenant Général du Duc d'Orléans, frere du Roi Jean. Il fe qualifioit Seigneur de Gandelus, Dury & Brumetz (6). En 1348, Jean de Châtillon fit un accord avec les Religieux de Cerfroid, le jour de S. Martin d'Hyver, touchant des bois & un droit d'ufage à Chéfy en Orceois. En 1383, il donna en aumône quelques piéces de terre à cette même Maifon : il vivoit encore en l'an 1386.

Jean de Châtillon avoit époufé Ifabeau de Dampierre, dont il eut une fille unique, appellée Jacqueline de Châtillon. Jacqueline époufa Jean de la Bove dit Barat, Seigneur de Bazoches, & mourut fans poftérité, le huit Septembre de l'an 1393. Elle eut pour héritier Charles de Châtillon fon oncle, qui devint Seigneur de Gandelus.

(1) Vol. 1. Val. 1. n° 52.
(2) Repert. inutil. c. n° 2.
(3) Chron. Long-p. p. 326 329.
(4) Ordon. tom. 1. p. 763.
(5) Ord. ibid. Gal. Chr. t. 9. p. 385.
(6) Duch. Hift. Ch. p. 551 559.

Charles

Charles vendit la terre de Gandelus à Louis de France, Comte de Valois, frere du Roi Charles VI, par contrât du vingt-neuf Août 1397. Le Roi par ses Lettres du six Juin 1399, érigea en titre de Pairie, les Seigneuries de Gandelus & de Ferre en Tardenois avec leurs dépendances (1). Louis, par son testament de l'an 1403, donna la terre de Gandelus au Comte de Vertus son second fils (2). Par de nouveaux arrangemens, cette même terre passa à Marguerite de Valois (3), sœur du Comte, lorsqu'elle épousa Richard Comte de Bretagne. Catherine de Bretagne, l'une de ses filles, étant sur le point d'épouser Jean de Châlons, reçut en dot la Seigneurie de Gandelus. Jean de Châlons eut des descendans, qui furent Seigneurs engagistes de la Ferté-Milon, & qui conserverent cette terre.

La propriété des domaines de Gandelus sortit de la Maison de Châlons, avant la fin du seiziéme siécle. En 1562, Guillaume de Montmorency (4) prenoit la qualité de Seigneur de Gandelus. Magdelaine de Montmorency, sa fille, porta cette terre en mariage à Henry Duc de Luxembourg, & mourut au mois de Décembre de l'an 1615. Depuis cette mort jusqu'à présent, Gandelus a toujours appartenu à des Seigneurs de la Maison de Gêvres. Blanchard dans sa compilation, *p.* 2010, cite des Lettres-patentes du dix Mars 1651, données en faveur de René Potier Comte de Tresmes, qui ordonnent, que déformais la Seigneurie de Gandelus relevera directement de la grosse tour du Louvre à Paris.

J'ai crû devoir donner cette suite des Seigneurs de Gandelus, parce que les notions que je viens de produire, tiennent à plusieurs évenemens, que je rapporterai dans les Livres suivans.

L'établissement des Mathurins, qui a amené cette digression sur le bourg de Gandelus, parut, lorsque le douziéme siécle finissoit. Nous avons seulement exposé ici la naissance de cet Ordre ; nous ferons connoître au Livre suivant ses premiers accroissemens. Nous différons de les rapporter de suite, tant afin de varier les matieres, que pour conserver la méthode

---

(1) Ordonn. t. 8. p. 331.
(2) Hist. Eccl. de Paris, p. 330.
(3) Ansel. t. 1. p. 463.
(4) Hist. Monim p. 464 466.

chronologique, & fatisfaire à la loi que nous nous fommes préf-
crite, de conduire chaque Livre de cet Ouvrage, jufqu'à la
fin d'un fiécle.

Nous avons traité de cette origine avec quelqu'étendue;
parce que le fujet regarde une Société réguliere très-répandue:
le Chef-lieu étant fitué au centre du Valois, la connoiffance
des lieux & des monumens nous a fourni diverfes particularités, qui ne font pas expofées ailleurs avec exactitude.

Nous terminerons ici le premier volume de cette Hiftoire.

Fin du troifiéme Livre.

Lightning Source UK Ltd.
Milton Keynes UK
UKHW031012180619
344611UK00006B/195/P